"O Evangelho é a bússola do Espírito"

3ª edição - agosto/2010
5.000 exemplares
(25.000 ao 30.000)

internet:
http://www.ideeditora.com.br
e-mail: comentarios@ideeditora.com.br

Capa:
César França de Oliveira

FICHA CATALOGRÁFICA
(Preparada na Editora)

Frungilo Júnior, Wilson, 1949-
F963l *Luar Peregrino* / Wilson Frungilo Júnior, Araras, SP, IDE, 3ª edição, 2010.
576 p.
ISBN 978-85-7341-469-1
1. Romance 2. Espiritismo. I. Título.
CDD -869.935
-133.9

Índices para catálogo sistemático:
1. Romance: Século 21: Literatura brasileira 869.935
2. Espiritismo 133.9

INSTITUTO DE DIFUSÃO ESPÍRITA

Av. Otto Barreto, 1067 - Cx. Postal 110
CEP 13602-970 - Araras/SP - Brasil
Fone (19) 3541-0077
CNPJ 44.220.101/0001-43
Inscrição Estadual 182.010.405.118

IDE EDITORA É APENAS UM NOME FANTASIA UTILIZADO PELO INSTITUTO DE DIFUSÃO ESPÍRITA, O QUAL DETÉM OS DIREITOS AUTORAIS DESTA OBRA.

www.ideeditora.com.br

INSTITUTO DE DIFUSÃO ESPÍRITA

ide editora

IDE EDITORA É UM DEPARTAMENTO DO INSTITUTO DE DIFUSÃO ESPÍRITA, ENTIDADE SEM FINS LUCRATIVOS, QUE PROMOVE EXTENSO PROGRAMA DE ASSISTÊNCIA SOCIAL AOS NECESSITADOS DE TODA ORDEM.

Luar Peregrino

Wilson Frungilo Jr.

ide editora

Índice

Pelos Trilhos

A Fortaleza de Rufus

As Pessoas Certas

A Hora é Agora

O Regresso

“O Evangelho é a bússola do Espírito”

DIREÇÃO NORTE

Um

— MEU DEUS! VEJAM! ALGUÉM foi atropelado! – exclama uma senhora, ao olhar para trás, atraída pelo som da freada de um carro que, arrastando os pneus, atingira de raspão um homem, aparentando uns trinta anos de idade, atirando-o a alguns metros de distância. O automóvel não para e segue em velocidade pela avenida da grande cidade.

Alguns poucos transeuntes se aproximam da vítima com o intuito de socorrê-la, enquanto a maioria passa como se nada houvesse acontecido. O movimento de pedestres e automóveis naquele horário é bastante intenso, pois são sete horas da manhã e a maioria dirige-se para o trabalho. O jovem encontra-se desacordado e pequeno fio de sangue escorre de sua cabeça, ferimento este causado pelo impacto com o solo.

– Moço, moço, você está bem? – pergunta-lhe um senhor, tentando reanimá-lo, agachado ao seu lado.

– Não toque nele – alerta uma senhora. – Precisamos chamar uma ambulância. Os enfermeiros terão condições de movimentá-lo devidamente.

– A senhora tem razão. Alguém sabe o número do telefone de algum hospital aqui na redondeza? – pergunta um outro, já com um aparelho telefônico celular na mão.

– Olhe, vem vindo um policial, ali.

O burburinho se acalma quando o policial chega e aciona um veículo de resgate para vir socorrer o acidentado e, em seguida, com muito cuidado, apalpa os seus bolsos em busca de algum documento que o identifique.

– Não estou encontrando nenhuma carteira em seus bolsos – diz o policial. – Alguém aqui o conhece ou estava com ele?

Todos os presentes meneiam negativamente a cabeça.

– Ele estava com esta mochila nas costas – informa um rapaz, trazendo a bolsa.

– Onde estava isso?

– Logo ali, perto da calçada.

– É dele, sim – informa uma moça. – Eu assisti a tudo, pois estava bem atrás. Ele carregava essa mochila nos ombros e estava com uma carteira nas mãos, procurando qualquer coisa dentro dela. Quando o automóvel o atingiu, vi a carteira sendo atirada até aquele canto – diz, mostrando a sarjeta a alguns metros. – Ainda tentei segurá-lo para que não fosse atropelado, mas... Oh! Meu Deus, foi horrível! Bateu com a cabeça no chão...

Nesse instante, a moça se descontrola e começa a chorar, ainda bastante impressionada com a cena.

– Alguém apanhou a carteira deste homem? – pergunta o policial.

As pessoas olham para o local em que a moça disse ter visto a carteira cair, mas ela não se encontra mais ali.

– Por favor – pede o policial. – Dêem uma olhada por aí e vejam se encontram a carteira para podermos identificá-lo. E quanto à senhora, por acaso poderia me informar a placa do automóvel que o atropelou?

– Não... Nem consigo me lembrar que tipo de automóvel era... Foi tudo muito rápido... – responde, procurando controlar as lágrimas. – Mas ele parece ter reconhecido o motorista, pois no momento em que o carro o atingiu, gritou um nome, olhando para o condutor. Não consegui entender, apenas percebi que ele reconheceu o homem e gritou-lhe o nome.

– E, então? Encontraram alguma coisa? – torna a perguntar o policial, encontrando apenas um silêncio como resposta.

Após algum tempo, chega uma viatura do corpo de bombeiros, especializada em socorrer acidentados. Um paramédico examina o homem, presta-lhe o primeiro socorro quanto ao ferimento da cabeça e, em seguida, com muito cuidado, imobilizam-no adequadamente e o transportam, deitado sobre uma maca, até a viatura.

– Esta mochila é dele – informa o policial, colocando-a dentro do veículo que, com a sirene ligada, abre caminho por entre as pessoas ali aglomeradas.

***

– Doutor Pacheco, o paciente está despertando – chama uma enfermeira que havia sido instruída a avisar o médico psiquiatra, assim que o acidentado acordasse. Já faz aproximadamente vinte e quatro horas que o homem está dormindo, após ser medicado com um tranquilizante, devido à sua intensa agitação que se verificara após o atendimento que fora efetuado na manhã do dia anterior por um médico plantonista do hospital e, logo após, por um outro médico, desta feita, neurologista. Fisicamente, o paciente não apresentá nenhum dano, tendo sofrido apenas algumas escoriações pelo corpo, devido à queda. O mais preocupante para os médicos era o ferimento na cabeça, ocasionado pelo choque com o solo. Aliás, nem tanto pelo ferimento porque, após exames radiológicos e eletrônicos, pôde ser constatado que não havia ocorrido nenhum traumatismo. A maior preocupação era o fato de o acidentado não conseguir lembrar-se de sua identidade e de nenhuma pessoa ligada a ele. Estava acometido de uma perda de memória, o que lhe causara uma certa agitação, própria nesses casos. Necessitaram, então, aplicar-lhe um tranquilizante para que descansasse e foi solicitada a intervenção de um psiquiatra para que avaliasse o seu grau de amnésia.

– Vamos até lá – diz o doutor Pacheco, dirigindo-se com a enfermeira até o quarto, que se encontrava com as luzes apagadas.

– Por favor, enfermeira, abra lentamente a persiana da janela.

O homem se encontra com os olhos abertos, desta feita mais calmo devido à medicação que lhe fora ministrada.

– E então, meu amigo, como se sente? – pergunta-lhe o médico.

O paciente limita-se a olhá-lo. O médico se aproxima mais e toma-lhe o pulso.

– Você não gostaria de conversar um pouco? – insiste, na tentativa de que ele se pronuncie.

O moço olha mais detidamente para o médico e lhe responde, parecendo cansado:

– Estou um pouco confuso... Isto aqui é um hospital? Em que cidade estamos?

– Você se encontra num hospital, pois sofreu um acidente ontem de manhã. Foi atropelado por um automóvel. Estamos na Capital. É uma cidade muito grande. Não se lembra?

– Não, não me lembro de nada. Porventura estou muito ferido? Não sinto dores.

– Felizmente você não teve nenhum ferimento grave. Apenas chocou a cabeça com o solo, o que acredito tenha lhe causado essa amnésia. Você poderia dizer-me o seu nome?

– Meu nome...? – pergunta, demonstrando na fisionomia um grande esforço na tentativa de lembrar-se de alguma coisa. – Não sei... não me lembro de nada e nem quem sou. O senhor... quero dizer... o doutor... penso que o senhor é um médico, não?

– Sim. Sou o doutor Pacheco.

– Doutor Pacheco... O senhor poderia me dizer quem eu sou?

– Infelizmente ainda não, porque não foi encontrado nenhum documento com você, mas será feito todo o possível para identificá-lo. A única coisa que foi encontrada e que lhe pertencia, conforme uma testemunha, foi este cantil e esta mochila que gostaria que examinasse o conteúdo. Talvez esses objetos possam fazê-lo lembrar-se de algo. Passe-me a mochila, enfermeira.

– Aqui está, doutor.

– Você se lembra dela?

– Não... Não me lembro.

– Muito bem. Agora, vou começar a retirar o seu conteúdo. Peço-lhe que preste bastante atenção e a qualquer sinal de uma recordação, por menor que seja, me fale.

Dizendo isso, o médico abre o zíper da mochila e começa a retirar objetos de seu interior. Em primeiro lugar, retira uma blusa de lã, duas camisas e algumas peças íntimas, depois, um pequeno cobertor, uma faca, um canivete de múltiplas utilidades, uma lanterna, uma corda, uma caneca, um pequeno pacote com livros e vários outros apetrechos que indicam estar o paciente preparado para alguma caminhada por algum tipo de mata.

– Não consegue reconhecer nada?

– Não.

– Pelo que estou vendo, você talvez estivesse se preparando para alguma excursão no campo. Vou dar essa informação à polícia para que investiguem junto às empresas de turismo ligadas a esse tipo de atividade. Quem sabe não poderemos encontrar alguma informação a seu respeito?

– Talvez... – responde o rapaz, bastante calmo.

– Doutor, veja o que está embrulhado neste pacote – diz a enfermeira, após abrir o embrulho e de lá tirar alguns livros de tamanho bolso.

O médico apanha um dos livros e o examina:

– Deixe-me ver... Conhece este livro?

– Conheço – responde prontamente o paciente. – É um Evangelho.

– E você conhece o seu conteúdo? Sabe o que está escrito nele?

– Sei. São passagens e parábolas de Jesus à luz da Doutrina Espírita.

Era costume do rapaz sempre levar livros consigo para os distribuir a amigos e a pessoas que se interessassem em lê-los.

– O senhor é espírita?

– Sou.

– Interessante... Então, deve conhecer pessoas que também são espíritas, não?

– Não me lembro, doutor.

– Lembra-se de frequentar algum, como os espíritas denominam, Centro Espírita?

– Também não me lembro.

– Muito bem. Vamos fazer um teste: vou ler um trecho e gostaria que me desse uma pequena explicação a respeito. Vejamos... Vou abrir uma página ao acaso... Esta aqui que tem um título que diz: "Necessidade da encarnação. A encarnação é uma punição...?"

O paciente pensa um pouco e responde:

– Não existe punição imposta por Deus, pois Ele nos ama a todos, já que somos suas criaturas e seus filhos. O que acontece, e poderíamos até fazer uma comparação com os anos e as classes que um aluno tem que percorrer para conseguir um diploma, é que o aluno aplicado, estudioso, consegue alcançar o seu intento em menos tempo que o aluno não aplicado, preguiçoso e negligente. Este último terá que refazer outras vezes a mesma classe para poder realmente aprender e isso não é uma punição, mas uma necessidade, na verdade, imposta por ele mesmo. São consequências de seus atos. No caso mais específico da reencarnação, Deus nos dá a oportunidade de podermos reviver juntamente com aqueles outros, com os quais temos os nossos débitos, uma bendita oportunidade de repararmos os nossos erros do passado. Inclusive nos favorece, através de Sua Misericórdia, com o esquecimento do passado, pois seria muito difícil convivermos uns com os outros, conhecendo o nosso passado e o do nosso semelhante.

– Muito bem. Realmente, você tem perfeita lembrança a respeito do Espiritismo. Respondeu-me até com um exemplo do livro e ainda foi um pouco mais além. Isso é um bom sinal. Nos dá muita esperança quanto ao restabelecimento de sua memória.

O médico encontra-se muito satisfeito e faz uma nova pergunta, olhando, agora, para a sinopse na quarta capa do livro:

– Diga-me uma coisa: quem escreveu este livro?

– As interpretações foram escritas por diversos Espíritos, cujas comunicações foram compiladas por Allan Kardec.

– Certo. Agora gostaria de lhe fazer mais algumas poucas perguntas de cunho geral.

– Pode fazer.

– Deixe-me ver... E não se preocupe... Pretendo apenas analisar o seu grau de conhecimento e de memória quanto a fatos que não sejam os relacionados com a sua identidade e com a de outras pessoas.

Naquele instante, com a veneziana da janela do quarto semi-aberta, um raio de luz do Sol entra por um pequeno orifício e, atingindo um vaso transparente, que se encontra sobre uma mesa na parede lateral à janela, produz a projeção de diversos raios coloridos nessa mesma parede, qual fosse um arco-íris. O médico olha para aquele fenômeno e pergunta:

– Diga-me uma coisa: está vendo aquelas luzes coloridas ali na parede?

– Sim.

– Então me responda: se elas estivessem aparecendo no céu na forma de um semicírculo, como se estivessem partindo da terra, como se chamaria esse fenômeno?

O paciente sorri e diz:

– Se estivesse ocorrendo no céu, chamaríamos de arco-íris, mas, como ocorre aqui no quarto, eu poderia simplesmente dizer que se trata de um fenômeno de refração da luz.

– Refração da luz? – pergunta o médico surpreso, mas contente.

– Sim. Quando a luz atravessa um meio transparente diferente daquele em que se encontra, ela sofre um desvio e quando isso acontece num prisma, aqui substituído por essa pequena base que tem suas paredes em forma triangular, ou seja, duas superfícies planas e não paralelas, a luz se refrata, decompondo-se nas sete cores do espectro solar. Podemos fazer o contrário com o disco de Newton.

– Disco de Newton...? – pergunta o doutor Pacheco, novamente atônito com os conhecimentos do paciente.

– O disco de Newton é apenas uma circunferência que pode ser feita com qualquer material... Papel, papelão, e que é dividido em sete partes, cada uma com uma das cores do espectro solar e que, se girado sobre o seu eixo, rapidamente fará com que a combinação dessas cores torne o disco branco, enquanto estiver girando.

– Estou impressionado com você – exclama o médico. – Eu, mesmo, já nem me lembrava desse disco ou, pelo menos, do seu nome. Responda-me mais uma coisa: quanto é vinte e três multiplicado por cinco?

– O paciente pensa um pouco e responde:

– Cento e quinze.

– Você sabe o que é um quadro-negro?

– Sei. Trata-se de uma lousa de cor preta ou verde-escuro utilizada para escrevermos nela com um giz branco ou colorido. É um instrumento de aula para o professor.

O médico pensa um pouco e faz uma última pergunta, com uma grande esperança de resolver o problema:

– Você deve saber o que é um documento de identidade, uma conta bancária, não?

– Sei.

– E poderia me dizer qual o número de um documento seu ou de sua conta bancária?

– Meu documento?

– Sim... Ou de sua conta bancária.

O moço reflete um pouco.

– Não consigo me lembrar.

– E de algum tipo de Banco, quero dizer de uma casa bancária? Lembra-se de alguma?

– Sim... um saguão... uma porta giratória... uma fileira de guichês de caixa... mesas... sim, lembro-me.

– E o nome desse Banco? Tente se lembrar.

O paciente desfila alguns nomes de bancos conhecidos, mas não se fixa em nenhum deles.

– Bem – diz o médico –, vou deixá-lo agora. Procure dormir e descansar. Se precisar de alguma coisa, chame a enfermeira. Basta apertar este botão aqui, à sua cabeceira.

– Doutor...

– Sim...

– O senhor acha que vou me lembrar de quem eu sou?

– Tenho muita esperança que sim e pretendo ajudá-lo nisso.

– Quem irá pagar a conta deste hospital?

– Não se preocupe com isso agora. Por enquanto está por conta da sua perda de memória. Quando recuperá-la, pode ter certeza de que preferiria não a ter recobrado quando verificar a conta de tudo isto – brinca o médico, sorridente, enquanto o homem lhe devolve um sorriso, sem muita convicção.

Dois

LÉLIS, POIS ESTE É O NOME DO nosso personagem desmemoriado, encontra-se, agora, sozinho no quarto do hospital, entregue aos seus desencontrados pensamentos.

– Meu Deus, me ajude. Preciso lembrar quem sou. Devo ter parentes, amigos...

Nesse momento, olha para o dedo anular para verificar se tem uma aliança.

– Serei casado? Acho que não, pois não uso aliança e nem existe nenhuma marca. Quantos anos terei? E meu rosto? Como será ele?

Nesse instante, sente grande curiosidade. Passa as mãos pelo rosto, apalpando o nariz, a boca e o queixo. Olha para seu corpo e levanta-se da cama. Sente uma pequena pontada na cabeça, no lugar do ferimento. Dirige-se até o banheiro e para defronte do espelho. Examina-se detidamente e parece satisfeito.

– Não me é estranho. Se esperasse um pouco e tentasse imaginar como seria o meu rosto, tenho certeza de que imaginaria este mesmo.

Retorna lentamente para a cama, deitando-se novamente. Seus pensamentos continuam os mesmos.

– Por que será que estou sem documentos? – pensa. – Será que roubaram a minha carteira? Pode ser. E o que farei agora? Será que familiares meus tentarão me encontrar? Nada sei a respeito desta cidade, mas pelo que o médico disse, deve ser muito grande. Que coisa estranha! Sei sobre tudo e, no entanto, não sei quem sou, não me lembro de ninguém e de lugar nenhum. Oh! Meu Deus, meu Jesus, Espíritos amigos, me ajudem! Por favor!

Lélis ora muito pedindo auxílio e acaba adormecendo. Dorme por cerca de umas duas horas, acordando com o ruído da porta que se abre, dando entrada a uma outra enfermeira que lhe traz a alimentação. Levanta-se e, sentando-se a uma mesa, almoça, demonstrando muito apetite, apesar de todo o soro que lhe havia sido ministrado durante o tempo que ficara desacordado. Sente-se mais disposto.

– Posso me vestir, enfermeira? – pergunta. – Sinto-me muito bem para ter que ficar de pijamas.

– Penso que o senhor deveria continuar assim. O médico recomendou-nos que o fizéssemos descansar bastante.

– Está bem.

A enfermeira sai, deixando a porta entreaberta e dirige-se até o posto de enfermagem que se localiza bem à frente do quarto de Lélis, o que lhe permite ouvir o que falam.

– E, então, Fabiana, como está o paciente? Já se lembra de alguma coisa?

– Acredito que não. Limitou-se apenas a tomar a refeição. Aliás, comeu bastante. Devia estar com muita fome, coitado.

– Quem será que ele é? – pergunta uma outra enfermeira. – Parece ser uma pessoa de posses. Estava bem vestido, apesar de ser uma roupa bastante esportiva.

– O médico acha que ele ia tomar parte em uma excursão em alguma mata, por causa dos apetrechos que tinha na mochila e também por causa das roupas que estava usando.

– Quantos anos deverá ter?

– Acredito que tenha uns trinta anos.

– Ele é muito bonito – comenta Fabiana.

– Sabem o que fiquei sabendo?

– O quê?

– A polícia acha que, pelo que a testemunha narrou, foi uma tentativa de homicídio.

– Tentativa de homicídio?!

Lélis, ao ouvir essa frase, desce lentamente da cama e encosta-se à porta para ouvir melhor.

– Sim, tentativa de homicídio. A testemunha disse ter-lhe parecido que o motorista atirou o carro em sua direção e que só o atropelou de raspão porque ele deu um passo para trás bem no momento em que o veículo ia chocar-se contra ele. E também, de acordo com a testemunha, o nosso paciente chegou a gritar o nome do motorista. Parece que o reconheceu.

– Meu Deus! Será possível?

– Vocês não perceberam a estranha presença daquele homem ali, que fica caminhando pelo corredor?

As moças olham em direção ao homem indicado.

– Realmente eu o notei, sim, mas pensei que fosse parente de algum paciente.

– Se prestarem bastante atenção, verão um volume debaixo de sua camisa. É um revólver.

– Um revólver?! Meu Deus, que perigo!

– É um policial que está aqui para protegê-lo.

– Que emocionante! – diz uma das enfermeiras.

– Emocionante, Carla? Isso é muito perigoso. E se descobrirem que o paciente está internado neste hospital e vierem aqui para matá-lo? Pode ocorrer um tiroteio.

– E tem um outro do outro lado. Vejam.

Olham, agora, para o lado oposto do corredor e percebem a presença de um outro homem.

– Realmente, isso pode ser muito perigoso.

– E de que vai adiantar a presença desses dois homens? Se quiserem matar o doente, vocês acham que não conseguirão? Receio, também, pela vida desses dois policiais. Já li uma notícia num jornal que diz que num hospital aqui da Capital entraram seis bandidos e executaram um doente e ainda feriram três policiais. Geralmente são matadores profissionais contratados e que não pensam duas vezes para atirar.

– Isso é verdade porque, apesar de todo o preparo dos policiais, o elemento surpresa favorece os assassinos.

– Você está falando difícil, hoje, Fabiana: elemento surpresa...

– Pois é isso mesmo – confirma a moça. – Já li muito a respeito e já assisti a filmes em que isso acontece frequentemente.

– Meu Deus, mas então esse moço está correndo risco de vida!

– E nós também.

– E o que faremos?

– Devemos tomar muito cuidado, ficando de olhos bem abertos, principalmente no horário de visitas. Se percebermos alguma coisa de anormal, o melhor que temos a fazer é nos protegermos.

– Você tem razão. Vamos ficar atentas.

– Vocês não acham que tínhamos que fazer alguma coisa para ajudá-lo?

– Fazer o quê?

– Sei lá, talvez avisá-lo do que pode estar ocorrendo.

– Não acho uma boa ideia. Penso que talvez devêssemos falar com o doutor Pacheco sobre essa nossa preocupação.

– Vou tentar localizá-lo.

– Faça isso, Fabiana.

Lélis, por sua vez, ouve aquela conversa e começa a se preocupar.

– Será que quiseram mesmo me matar? O que será que eu fiz de tão errado, assim, para atentarem contra a minha vida? Oh! Meu Deus, não consigo me lembrar de nada, nem mesmo do atropelamento. Elas disseram que eu gritei o nome do motorista do carro, o que prova que o reconheci. E se for verdade? Que devo fazer?! Deverei ficar aqui e esperar que tentem novamente? E a moça tem razão. Se quiserem fazer algo contra mim, de que adiantará a presença desses dois policiais? Por outro lado, aqui, neste hospital, terei mais chance de que alguém me localize. Talvez parentes, amigos, dêem por minha falta e comecem a procurar-me pelos hospitais da cidade e... meu Deus, um rosto me vem à memória...!

Lélis cerra os olhos na tentativa de visualizar melhor uma fisionomia feminina que lhe parece surgir na lembrança. Deixa-se sentar no chão lentamente e se concentra até que um lindo rosto de mulher lhe aparece nitidamente em seu cérebro, nimbada por uma aura azul celeste muito brilhante, em diversos tons.

– Parece-me sentir um carinho muito grande por ela. Acho até que a amo muito. Jesus amado, estou me recordando de alguma coisa... não... não consigo... apenas me lembro dela e de mais nada. O que representa ela para mim, ou melhor, o que represento eu para ela? Nesta minha lembrança ela parece sorrir-me de uma maneira bastante carinhosa... E se estou me lembrando dela dessa maneira deve ser porque ela me olhava desse jeito – conclui. – Quem será ela, meu Deus?! Onde estará? Será que está preocupada com o meu desaparecimento? Será minha esposa? Acho que não, pois não uso aliança. Espíritos amigos, me ajudem... Por favor...

Lélis começa a sentir, então, um misto de alegria pela recordação e de desespero por não saber quem é aquela mulher. Fica assim absorto por alguns minutos até que uma outra imagem lhe vem à mente, assustando-o. Desta feita, é um rosto masculino, porém nada agradável aos seus olhos, apresentando-se com uma fisionomia bastante agressiva, chegando a ver braços ameaçadores e um dedo em riste apontando para ele como que acusando-o de alguma coisa.

– É Rufus! – diz em voz alta, muito assustado – É Rufus! Sei disso... mas quem será ele? Não consigo me recordar de nada... Não sei o que fazer... – lamenta-se, desconsolado. – Será que esse Rufus, do qual apenas lembro a fisionomia e o nome, é quem tentou me matar, atropelando-me? Eu não sei de nada... Oh! Jesus, me ajude! Se não puder devolver-me a memória, pelo menos, dê-me a intuição, através de Seus mensageiros, Espíritos protetores, para que eu possa decidir o que fazer.

Dizendo isso, Lélis pronuncia sentida prece pedindo proteção e um sinal para que possa saber como agir naquele momento tão difícil. Fica assim absorto por alguns minutos até que a porta se abre de repente, assustando-o. Levanta-se rapidamente do chão, o que faz assustar um rapaz, que ali entrara para fazer uma pequena faxina, vestido com um macacão, um jaleco azul e com uma vassoura na mão.

– Quem é você? – pergunta Lélis, preocupado.

– Vim fazer uma limpeza em seu quarto – responde o moço –, mas fique tranquilo. Não vou incomodá-lo em nada.

– Vou vestir minhas roupas.

– Não será preciso. Vou sair logo.

– Já estava na hora mesmo de eu me vestir – mente Lélis – Daqui a pouco vou receber visitas e gostaria de estar bem arrumado.

O funcionário, que não dá mostras de saber de seu caso, dá de ombros e inicia a limpeza, enquanto Lélis tira o pijama e coloca suas roupas. Não encontra sua camisa e pega uma outra de dentro de sua mochila. Nem sabe por que está se vestindo, mas é a única ideia que lhe vem à mente nesse instante.

– Está calor, não? – pergunta-lhe o rapaz, como quem está apenas tentando iniciar alguma conversa, talvez, para passar o tempo.

– Está quente, sim – confirma Lélis.

O funcionário continua a varrer e, de repente, retira o jaleco azul que está usando e pendura-o no braço de um carrinho que traz consigo e que serve para depositar o lixo.

– Está calor mesmo – diz novamente, justificando o fato de ter retirado a vestimenta. – Agora, se me dá licença, vou limpar o banheiro.

Lélis fixa seu olhar sobre o jaleco e uma ideia lhe ocorre: – Talvez seja agora ou nunca – pensa. – Quem sabe essa não é a intuição que pedi?

E da resolução que lhe ocorre, passa rapidamente à ação. Calça os sapatos, veste o jaleco do rapaz, apanha sua mochila, atira-a dentro de um saco de lixo, que se encontra preso ao carrinho de limpeza, e sai do quarto empurrando-o, cabeça baixa para não ser reconhecido.

– Onde será a saída deste hospital? – pensa, dirigindo-se até uma janela do corredor, verificando estar num andar superior – Deve ter um elevador por aqui... sim, lá está.

Dirige-se, então, em direção ao elevador que se encontra a cerca de uns oito metros adiante, mas quando está se aproximando dele, a porta de um quarto se abre, dando passagem a uma enfermeira que o chama, perguntando-lhe:

– Você é novo por aqui?

– Sim. Comecei hoje.

– E qual quarto vai limpar agora?

Lélis fica confuso, sem saber o que responder, até que vê o rapaz de quem roubara o jaleco e o carrinho, saindo para o corredor. Rapidamente, Lélis entra no quarto de onde a enfermeira saíra, dizendo:

– Este aqui... vou limpar este.

– Tudo bem. Seja bem-vindo a este seu novo serviço.

Lélis entra no quarto com o carrinho. Um homem encontra-se deitado na cama e, sentada ao seu lado, uma senhora.

– Já limparam aqui hoje – diz o paciente, com a voz entrecortada por silvos respiratórios, pois uma estreita mangueira de oxigênio encontra-se enfiada em uma de suas narinas.

– Oh, sim – responde Lélis – Vim apenas dar uma olhada para ver se está tudo em ordem.

A mulher olha desconfiada para ele, que se apressa em dizer:

– Já vou sair.

Dizendo isso, abre a porta devagar e arrisca um olhar para fora. Não vê mais o rapaz da limpeza. Apenas ouve sua voz que vem da sala das enfermeiras:

– Eu estou dizendo: ele roubou o meu carrinho de limpeza e o meu jaleco estava pendurado nele.

Lélis, então, rapidamente, sai do quarto empurrando o carrinho e toma o elevador que, por sorte encontra-se com a porta aberta. Olhando para o lado oposto do corredor, ainda chega a ver uma enfermeira que, ao dirigir-se para o seu quarto, olha para ele e grita:

– É ele! Está tomando o elevador! Ei, moço! Aonde você vai?! Zeca, corra atrás dele!

Lélis aperta o botão que indica o andar térreo e a porta se fecha. Assim que o elevador para e abre a porta, vê-se num amplo saguão, onde uma porta de vidro, a poucos passos, lhe dá a possibilidade de ver que é a saída. Muitos carros, ônibus e transeuntes locomovem-se apressados na avenida, do lado de fora do hospital. Larga o carrinho, despe o jaleco, apanha sua mochila e sai do hospital, ainda a tempo de ouvir uns gritos: – Peguem esse homem! Está fugindo do hospital!

Esgueira-se, então, pelas paredes externas, escondendo-se por detrás do tapume de uma construção e fica a ouvir as palavras dos enfermeiros e dos dois policiais que estão à sua procura. Aguarda alguns minutos até não mais ouvir voz alguma e sai de seu esconderijo.

– E agora, meu Deus, o que é que eu faço? – pergunta-se, assustado com o enorme burburinho da cidade grande, principalmente naquela avenida movimentada. – Para onde ir? Não sei quem sou, estou sem dinheiro e não tenho a mínima ideia de nada.

Sente-se a criatura mais sozinha do mundo. As pessoas passam à sua frente como se ele não existisse. Os ônibus trafegam, apinhados de gente, cada um com a sua vida, com o seu passado, presente e esperanças no futuro. Automóveis movimentam-se celeremente e um desespero começa a invadi-lo.

– Não me conheço, não sei nada a respeito de meu passado, quem fui, onde estive durante todo o tempo de minha vida e não sei para onde ir. Oh! Jesus,

Espíritos amigos, me auxiliem! Dêem-me uma intuição como o fizeram lá no hospital.

Nesse momento, ao lembrar-se dos Espíritos, sente uma ponta de esperança, pois se sabe tanto a respeito da Doutrina Espírita, se confia tanto neles, se sabe ser irmão de Jesus e filho de Deus, o que temer? Pode não saber quem é e quem foi, mas certamente Deus não o abandonará e, aconteça o que lhe acontecer, é o que Deus reserva para a sua evolução espiritual e que só pode ser o melhor para ele. Sente, então, grande paz invadir-lhe a mente e, respirando de forma profunda, resolve caminhar e raciocinar com mais calma sobre o que deve fazer. Olha para o céu e toma uma decisão:

– Já que não sei para onde ir, por que não caminhar na direção onde o Sol nasceu? – pensa e, certificando-se pela posição do astro e pela hora do dia, segue na direção escolhida. Caminha praticamente sem rumo, até que chega a uma pequena praça bastante arborizada e com muitos bancos. Senta-se num deles e faz uma prece, novamente rogando a Deus que o ajude.

Três

– JÁ ESTOU COMEÇANDO A FICAR nervosa, mamãe. Por que Lélis não telefona? – desabafa Mirtes, visivelmente preocupada.

– Não sei, minha filha. Você já ligou para o seu pai?

– Acabei de ligar. Ele também está muito preocupado. Disse-me que Lélis nunca deixou de lhe avisar se precisasse dormir fora de casa.

– É muito estranho: ele saiu anteontem à noite e até agora...

– Vou ligar novamente para aquela empresa de turismo.

– Ele não esteve lá, Mirtes. Você já ligou para eles e Paulo, seu marido, já lhes telefonou duas vezes, a meu pedido. Disseram que ele não apareceu ontem de manhã e que chegaram a esperá-lo por mais de uma hora.

– Eu disse ao Lélis para parar com essa sua mania de fazer caminhadas.

– O problema, Mirtes, é que ele nem chegou a ir para a mata. Deve ter acontecido alguma coisa com ele na Capital. Quanto a caminhadas, ele está acostumado com isso e essa agência de turismo possui bons guias. E ele não iria sozinho. Além do mais, esse trajeto que iriam fazer era num campo aberto com pouca vegetação, inclusive rasteira.

– Mas o que aconteceu então, mamãe?! – irrompe a moça em convulsivo choro.

– Tenha calma, minha filha. Logo, logo, seu irmão dará notícias. Fique tranquila.

Nesse momento, o telefone toca e dona Lídia, mãe de Mirtes, atende.

– Alô... sim... sou eu... quem?... do hospital? que hospital...?

– Hospital, mamãe?!

A senhora faz um gesto para que Mirtes espere, esforçando-se para ouvir o que dizem do outro lado da linha.

– Fale um pouco mais alto, por favor. Sei... encontraram uma foto no bolso de um homem e no verso tinha este telefone.

– Essa foto é minha! – exclama a moça, tirando o fone da mão da mãe.

– Alô! Quem fala?... sim... diga-me uma coisa: nessa foto a mulher está com uma blusa amarela? Está?! Essa foto é minha! E ela estava com meu irmão. Seu nome é Lélis. O que aconteceu com ele?! Está hospitalizado?! Como? Estava e desapareceu?! Não estou entendendo. Que hospital é esse? Da Capital? Mas afinal de contas, o que aconteceu com ele?!

Mirtes já está gritando ao telefone e sua mãe retoma o aparelho de suas mãos.

– Por favor, minha senhora... como é mesmo o seu nome? Maria... sei. Por favor, Maria, conte-me tudo o que aconteceu. Minha filha está muito nervosa. Meu filho viajou aí para a Capital na noite de anteontem e não nos deu mais notícias.

Dona Lídia ouve atentamente, em silêncio, entrecortado apenas por algumas exclamações suas de “meu Deus”, o que faz com que Mirtes fique cada vez mais nervosa.

– Mas como pôde acontecer uma coisa dessas? E ele não se lembra mais quem é? E vocês avisaram a polícia? Sei... ela precisa de uma foto.

– O que aconteceu, mamãe?! Fale!

– Espere um pouco, filha. Está bem, Maria. Dê-me o nome e o endereço do hospital. Iremos até aí conversar com o Diretor. Mirtes, arrume um papel e uma caneta para eu anotar.

– Tome – diz a moça, estendendo um bloco de rascunho e um lápis.

– Pode falar... sim... estou anotando. Iremos hoje mesmo. Vou avisar meu marido... devemos chegar aí logo no começo da tarde. O Diretor vai nos esperar...?

– Papai! – exclama Mirtes ao ver o pai, senhor Milton, entrando em casa.

O homem, rico industrial, chega logo após o almoço e percebe, na expressão da filha, que algo não vai bem. Encontra-se bastante preocupado com a falta de notícias do filho, Lélis, que trabalha com ele numa de suas empresas. Moram num bairro muito rico numa cidade próxima à capital do Estado e ficara muito feliz quando, vinte e nove anos atrás, sua esposa resolvera adotar um menino, então com um ano de idade, já que ela somente conseguira engravidar uma única vez, dando-lhe Mirtes como filha, três anos mais velha que o irmão adotivo. Amava Lélis como se fosse seu filho verdadeiro, moço muito bom, que trabalhava com ele desde os vinte e três anos. Da mesma maneira possuía um amor muito profundo pela filha, casada com Paulo. O genro também trabalhava em uma de suas empresas e gostava muito dele também, apesar do gênio um tanto forte que possuía. Muito autoritário e muito ganancioso, não media esforços, nem consequências para obter o que queria, bastante diferente dele, e vivia aconselhando-o para que mudasse esse seu comportamento e sua maneira de ver as coisas. Na verdade, tinha medo de que Lélis acabasse um dia entrando em conflito com Paulo, já que seu filho tudo fazia para colocar a bondade e a justiça em primeiro lugar, não somente nas negociações comerciais, como também no relacionamento junto aos empregados. Paulo era tão ambicioso que tentara, uma vez, convencer a esposa de que somente ela deveria ser herdeira do pai, o que, logicamente, foi motivo de grande discussão, já que Mirtes tinha por Lélis um carinho muito grande. Para ela, ele era seu irmão querido e, diante da repulsa de Mirtes por esse pensamento, Paulo nunca mais tocara no assunto, mas não deixava passar uma oportunidade para diminuir Lélis perante a família e Milton e a esposa sofriam muito por isso.

– O que aconteceu? Notícias de Lélis? – pergunta Milton, já angustiado pois notara a fisionomia tensa de sua esposa, ao telefone.

– Não sei. Mamãe está falando com alguém de um hospital da Capital. Parece que Lélis estava hospitalizado e fugiu. Ouvi mamãe falar em perda de memória e que devemos ir até lá, hoje mesmo, conversar com o Diretor. Temos que levar uma fotografia dele para a polícia.

Nesse instante, dona Lídia desliga o telefone e abraça o marido e a filha.

– O que aconteceu, Lídia? – pergunta Milton.

– O que aconteceu, mamãe?! Fale!

– Vamos nos sentar aqui no sofá. Vou lhes contar.

– Você estava falando com alguém de um hospital, Lídia? – pergunta Milton à esposa.

– Estava. Aconteceu uma tragédia. Lélis foi atropelado por um automóvel sem controle quando atravessava uma avenida na Capital. Foi bem cedinho. Ele estava se dirigindo para a empresa de turismo onde se juntaria àqueles excursionistas, seus amigos, para tomarem o ônibus que os levaria até o início de uma trilha na Mata Atlântica.

– Atropelado, mamãe?!

– Sim, mas a assistente que falou comigo agora há pouco, me informou que ele estava bem e que tinha sofrido apenas algumas escoriações. Na verdade, disse ela, Lélis não chegou a ser colhido totalmente pelo automóvel, que apenas o desequilibrou, pois o veículo somente esbarrou em seu corpo, conforme testemunhas que presenciaram o acidente.

– Então, ele está bem...

– Fisicamente, sim. Acontece que quando Lélis caiu, bateu fortemente com a cabeça no solo e desmaiou. Foi socorrido por populares, que chamaram uma ambulância. Passou a noite anterior no hospital, só que não sabia mais quem era e de nada se lembrava.

– Perdeu a memória – conclui Milton. – Meu Deus!

– Foi o que a moça me disse.

– E eles não viram os seus documentos?

– Não havia nenhum com ele, nem a sua carteira. Talvez tenha sido roubada durante a confusão do socorro ou, mesmo, tenha caído de seu bolso no momento em que foi atropelado. Apenas carregava consigo um lenço, a mochila que carregava a tiracolo e a foto com o número do novo telefone aqui de casa e que Mirtes anotara para que não se esquecesse.

– E por que não ligaram antes?

– Porque somente souberam da foto hoje à tarde quando uma das lavadeiras do hospital a encontrou no bolso da camisa que vestia no dia do atropelamento e que havia sido retirada dele no pronto-socorro e enviada para a lavanderia. Somente hoje ela foi lavada.

– E ele fugiu do hospital? – pergunta Milton, bastante preocupado com a narrativa da esposa.

– Fugiu disfarçando-se com a roupa de um funcionário.

– Mas isso é uma irresponsabilidade do hospital! Uma falta de cuidado para com um paciente nesse estado! – reclama Mirtes.

– Não sei, minha filha – diz Lídia. – Quem iria notar alguém saindo, num hospital daquele tamanho e, ainda por cima, vestido como funcionário?

– Mas se ele havia perdido a memória, deveria estar tendo uma certa vigilância para com ele – comenta Milton.

– Agora, o Diretor desse hospital quer falar conosco, talvez para justificar o ocorrido e querem que levemos uma fotografia de Lélis para entregarem à polícia.

– E agora, papai, o que vamos fazer?

– Bem... Só nos resta fazer o que nos pedem e rezar para que Deus auxilie Lélis e o faça recuperar a memória.

– Mas a Capital é muito grande. Como a polícia fará para encontrá-lo?

– Vai ser difícil porque a polícia tentará por alguns dias apenas. Ela não poderá ficar muito tempo procurando por Lélis – diz a mãe. – Só nos resta, mesmo, rezar para que ele recupere a memória.

– Bem, temos que ir para a Capital falar com o Diretor do hospital e levar uma fotografia.

– Então, apanhe algumas fotos de Lélis. Enquanto isso, vou telefonar para o Alcides, aquele detetive particular que já me prestou muitos serviços. Vou colocá-lo a par de tudo e contratá-lo. Quando estivermos com o Diretor do hospital, lhe pedirei que dê todo o apoio a ele. E Paulo? Falou com ele, Lídia?

– Mirtes falou. Está preocupadíssimo.

– E ele já sabe a respeito do que aconteceu?

– Ainda não e penso em contar-lhe mais tarde quando tivermos melhores informações.

– Está certo, mas onde será que se encontra o Lélis? Perambulando pela cidade?

– Talvez ele acabe se dirigindo para a casa de algum amigo. Quem sabe, apesar de ter perdido a lembrança de quem é, ainda se lembre de alguns endereços.

– Deus te ouça, mamãe. Deus te ouça. Vou buscar as fotos e já estou pronta para viajarmos.

– Muito bem, deixe-me dar aquele telefonema, então, e iremos. Lídia, chame o chofer.

– Sim, Milton.

Milton liga para o detetive Alcides e conta-lhe o que aconteceu, contratando-o para cuidar do caso e pedindo-lhe que os encontre no hospital.

* * *

– Mas como isso pôde acontecer, doutor? Um paciente com perda de memória deveria estar sob vigilância de algum enfermeiro e não apenas de policiais no corredor – diz Alcides, o detetive particular, para o doutor Mário, diretor do hospital. – O senhor sabe que este hospital pode ser processado por negligência?

Além de Alcides, estão presentes na sala da diretoria do hospital, Milton, sua esposa Lídia, e Mirtes, sua filha.

– Espere, Alcides, vamos com calma – pede Milton – e ouçamos o que o doutor Mário tem a nos dizer.

– Obrigado, senhor Milton, pela sua compreensão. Se os senhores me derem licença, gostaria de chamar o médico psiquiatra que cuidou de Lélis. Trata-se do doutor Pacheco, um grande especialista nessa área. Tenho certeza de que ele poderá dar uma explicação mais categorizada a respeito do que aconteceu.

Dizendo isso, o diretor pede, através de um telefone, que o psiquiatra compareça em sua sala. Em poucos minutos o médico chega.

– Boa tarde – cumprimenta.

– Boa tarde – respondem todos e, após as devidas apresentações, o psiquiatra senta-se ao lado do doutor Mário, iniciando suas explicações sobre o ocorrido:

– Na verdade – diz ele, após algumas considerações iniciais –, não víamos nenhuma possibilidade de o paciente evadir-se de seu quarto, pois em casos como o dele, as pessoas não têm objetivos definidos, ou seja, não possuem na mente nada que possa atraí-los para um lugar qualquer e, posso afiançar, mesmo, que em todos os casos que atendi em todos os meus quase trinta anos de atividade, nunca um paciente desse gênero teve algum ímpeto de sair de seu quarto. Sentem-se muito inseguros para qualquer atitude dessa natureza e o que mais desejam é a segurança de um ambiente acolhedor.

– Acontece que justamente meu irmão foi a exceção de seus quase trinta anos de atividade médica – dispara Mirtes. – E agora? – continua – O que vamos fazer com esse caso “sui generis” de toda a sua experiência, heim, doutor?

– Sinceramente não sei o que dizer – responde o psiquiatra, humildemente.

– Penso que não adianta discutirmos a respeito de falhas agora, minha filha – pede Milton, sensatamente. – O que necessitamos é que o doutor Pacheco nos conte o que aconteceu com Lélis e nos indique um caminho, ou melhor, indique um provável caminho para o Alcides.

– O senhor tem toda a razão – concorda o detetive. – Fale-nos algo que possa nos ajudar a encontrá-lo, doutor.

– Bem... Quando o rapaz aqui chegou, foi primeiramente atendido pelo médico de plantão no pronto-socorro, que o examinou do ponto de vista físico, ou seja, fez-lhe exames para verificar possíveis traumatismos ou fraturas. Constatada a inexistência desses prejuízos, a não ser algumas poucas escoriações, a assistente social procurou saber a identidade do paciente, inclusive, já naquele momento, com policiais ali presentes, tendo em vista as circunstâncias do acontecimento. Foi quando perceberam que Lélis havia tido uma perda de memória, não se lembrando nem ao menos de quem era. Procuraram documentos em seus bolsos e nada encontraram, com exceção de uma mochila que se encontrava dentro da ambulância que o trouxera e que, certamente, ali fora colocada por alguém que o socorreu. Foi aí que decidiram acionar o meu atendimento.

– E qual foi o seu diagnóstico, doutor? – pergunta Lídia.

– Distúrbios dessa natureza, minha senhora, são difíceis de serem diagnosticados apenas com um exame superficial. Teria que acompanhar o paciente por algum tempo e realizar mais alguns exames de ordem neurológica. Inclusive, acionei novamente o doutor Cláudio para que o examinasse de novo, já que sua especialidade é a neurologia. Infelizmente, ele se encontrava às voltas com uma complicada cirurgia e somente poderia socorrer-me hoje à noite, o que não deu tempo, pois Lélis evadiu-se antes que isso ocorresse.

– Somente hoje à noite, doutor Pacheco? – pergunta-lhe Mirtes.

– Meu colega possuía casos mais graves para serem atendidos e o problema de seu irmão não despertava grandes cuidados a não ser o de se verificar e constatar a gravidade de sua perda de memória.

– E até onde o senhor poderia chegar num diagnóstico, doutor? – pergunta Milton.

– Como já lhes disse, difícil dizer pelo pouco que foi examinado, mas poderia arriscar um palpite, pelo que pude conversar com Lélis, de que seu caso não é dos mais complicados, já que apenas não se lembra quem é e diz não se lembrar de ninguém, de nenhum parente.

– Ele se lembrava de outras coisas, doutor?

– Sim. Por exemplo, falou muito a respeito de Deus, Jesus e de Espíritos...

– Lélis é espírita – confirma Mirtes.

– Fiz-lhe várias perguntas sobre os mais variados assuntos e ele pareceu-me ser, após muitas respostas corretas, um moço muito inteligente e, acredito até, com grau de instrução superior.

– Ele é formado em Física e trabalhava com papai como gerente de produção. É muito inteligente e erudito.

– Foi o que pensei. Vejam vocês que a sua perda de memória não é total, aliás, está ocorrendo o que nós chamamos de uma perda bastante superficial.

– Mas ele não sabe quem é, quem são seus amigos, seus pais e sua irmã – desabafa Mirtes, em prantos.

– Acalme-se, minha filha, por favor. Isso em nada vai nos ajudar.

– Há possibilidade de cura, doutor? – pergunta-lhe Lídia.

– Vejo com muito otimismo o caso de Lélis, já que percebo muita superficialidade em seu caso. Creio que logo, logo, ele terá sua memória de volta.

– Agora, me diga uma coisa, doutor – pede Alcides –, o que o senhor sugere que eu faça? Por onde devo iniciar a minha busca? Nesses casos, há algum dado estatístico que possa nos informar para onde ele talvez possa ter ido? Para a casa de parentes ou de amigos, talvez, num lampejo de lembrança?

– Pode ser, senhor Alcides, ou então, pelo instinto, tente retornar para sua casa, na cidade onde mora.

Quatro

NESSE EXATO MOMENTO, NO Plano Espiritual, em trevosa região umbralina, sombrio castelo, em estilo medieval, plasmado pelas mentes doentias de seus senhores, parece ser a única forma estruturada em meio a extenso charco, salpicado de retorcidas e desfolhadas árvores, cujos galhos mais se parecem a braços erguidos em posição de revolta contra o Criador, a destacarem-se num escuro horizonte vermelho-arroxeado. Pesadas brumas acabam completando o tétrico e desolador quadro de plúmbea coloração. No interior da construção, nove entidades espirituais se encontram reunidas em torno de pesada mesa de madeira. Vestem-se à maneira dos senhores dessa época, todos com malhas metálicas a lhes protegerem o corpo sendo que, no peito, num tecido, destaca-se o desenho de um corvo, símbolo da legião à qual pertencem, a Legião dos Corvos. Abaixo da cintura, esses tecidos continuam até a altura das coxas e largo cinturão de couro lhes servem também como suporte para ameaçadora espada. Pesadas botas lhes protegem os pés e a maioria traz o capuz de malha caído sobre as costas e os ombros. Um deles, sentado à cabeceira da mesa, parece ser o chefe dessa legião das trevas que agrega grande número de colaboradores, ora a seu serviço na crosta terrestre. Do lado de fora do castelo, altos muros são vigiados e guardados por outros tantos. Constituem-se eles, confessos inimigos do Cristo a quem, equivocadamente, em Seu nome lutavam quando encarnados na Idade Média e que, após a morte de seus corpos físicos, não encontraram nada, além do limite da tumba, senão as trevas e a revolta já que esperavam serem recebidos com homenagens e lauréis pelo Senhor ou por Seus anjos, como assim imaginavam. Conhecedores que eram dos ensinamentos de Jesus, porque alertados foram por alguns poucos religiosos da época a quem preferiram calar, tiveram, recaída sobre si, toda a responsabilidade de seus feitos atrozes e vis, na torpe busca do efêmero e ilusório poder. No plano verdadeiro da vida, porém, em regiões umbralinas, conseguiram, com o poder de liderança obtido com o fel de seus sentimentos de ódio, juntar seguidores e comandados, muitos deles à custa do medo e do pavor. Hoje lutam contra o Cristo, principalmente no que Ele representa dentro da Doutrina Espírita que, além de divulgar cada vez com mais êxito os ensinamentos do Mestre, também chega, através do trabalho dos espíritas, a atrapalhar os seus planos de incontida maldade. Há algum tempo, boa parte da atenção desses combatentes a serviço das trevas se encontra voltada quase que exclusivamente contra Lélis que, apesar de, no passado, lhes ter sido companheiro, e tido como um traidor, tem conquistado, com o passar do tempo, após libertar-se do ódio, crescente evolução moral e espiritual, militando hoje nas hostes dos divulgadores do Espiritismo. Sabem eles, também, que Lélis encontra-se comprometido com esse trabalho de divulgação, não somente através dos livros, como, principalmente, através de seus próprios exemplos e de seus ensinamentos.

Foi necessário muito esforço e muitos séculos de busca para, enfim, encontrarem-no e, agora que conseguiram, tudo fazem para derrotá-lo.

– Esse Paulo não soube contratar a pessoa certa. Um imbecil que falhou na mais simples missão. Por isso, temos que tentar de outra maneira. Quem sabe, conseguimos levar Romildo à vitória e à morte desse miserável do Lélis. Quero vigilância dia e noite sobre ele e não vou mais admitir lamúrias dos comandados de vocês, alegando não conseguirem se aproximar por causa de estúpidos "mensageiros" da luz.

– Não falharão desta vez, Rufus, ou serão mais severamente supliciados – responde Faros, um dos integrantes da mesa, comandante de uma das hostes. – Desta vez, essa missão ficará a meu cargo.

– Mas preste muita atenção e tome muito cuidado com Cláudia. É outra imbecil, mas que tem muito poder e um estúpido amor a une a Lélis, intensificando essa irritante força.

– Não se preocupe, chefe. Nós a derrotaremos também.

– Reunião encerrada. Podem retornar aos seus afazeres.

* * *

Também no Plano Espiritual, desta feita na Capital, Espíritos do Bem conversam:

– Não pudemos impedir o atropelamento, irmã Cláudia. Parece que esse acontecimento foi atraído por ele, por força de débitos anteriores.

– Sei disso, irmão Flávio. Lélis, agora, passará para uma nova etapa de sua missão, onde seu resgate caminhará junto com linda missão de propagar a Doutrina Espírita, através de seus exemplos e ensinamentos.

– Como ocorreu isso, Cláudia? Poderia nos relatar? – pede Domingos, que acompanhava Cláudia, Fontes, Miranda e Flávio, Espíritos encarregados do auxílio a Lélis.

– Posso, sim, principalmente agora que estamos todos unidos neste trabalho. O que ocorreu foi que, em vida passada, na Idade Média, Lélis, então Laio, abusou de seu poder junto ao povo que vivia sob sua proteção numa herdade, chegando a expulsar muitos daqueles que ousavam desobedecer as suas ordens. Possuía soldados sob o seu comando e detinha todo o poder. Foi um verdadeiro déspota junto àqueles infelizes e os expulsos, na maioria das vezes, morriam à míngua porque, desprovidos de alimentação e de armas que os protegessem, caminhavam enormes distâncias a pé, sem encontrarem uma única aldeia onde pudessem saciar a fome, transformando-se em alimento para animais ferozes ou abutres após a morte de seus corpos materiais. De outras vezes, saía com verdadeiro exército de soldados,

viajando e acampando por vários dias, até encontrar alguma aldeia, que saqueava sem piedade.

– E ele tinha alguma ligação com esses perversos Espíritos, que formam hoje a Legião dos Corvos, mais precisamente com Rufus?

– Sim. Rufus era também um senhor que, junto com Laio e os outros, uniam-se em combate contra outras propriedades, dizendo-se guerreiros de Cristo no combate contra a heresia, pura desculpa para a sádica vontade de guerrear, saquear e fazer prisioneiros, como se tudo não passasse de um jogo, de uma simples diversão.

– E como Laio conseguiu modificar-se a ponto de abandoná-los e, hoje, ter-se tornado um verdadeiro cristão?

– Graças à sua esposa que, após a desencarnação de ambos, lutou bravamente durante séculos para a sua redenção, o que conseguiu cerca de um século atrás. Laio, então, reencarnou comprometido com Cristo, mas não pôde se reencontrar com ela, pois tornou-se padre.

– Padre?

– Sim, um dedicado e caridoso padre que, em uma pequena cidade, colocou como estandarte de sua igreja, o auxílio aos sofredores e miseráveis, resgatando, assim, uma parcela de seus débitos, preparando-se, dessa maneira, para mais um resgate, vivendo na própria carne o sacrifício de uma caminhada difícil, a exemplo daqueles aldeões que expulsara e que morreram à míngua.

– E algo assim acontecerá com ele, hoje Lélis?

– Não, Domingos. Laio, após se redimir, aprendeu muito e essa sua brilhante passagem pela Terra como padre, proporcionou-lhe muito crédito perante a vida, e Deus, misericordioso e bom, permite que os Espíritos diminuam sua carga de débitos no trabalho do Bem. Aliás, Deus nada impõe e, principalmente, não castiga ninguém, como muitas religiões acreditam. A força das coisas, a força da vida, assim criadas por Ele, propicia que, de uma maneira natural, os acontecimentos se amoldem de acordo com o merecimento ou de acordo com a consciência de cada um de Seus filhos. Lélis não terá que passar por tudo o que causou, na mesma medida, como se a Lei Divina tivesse o caráter do "olho por olho, dente por dente". Na verdade, pelo muito que já aprendeu e assimilou dos débitos passados, e pelo bem que já fez, pouco falta para resgatar. Ele terá, sim, que, nesse aprendizado que se lhe descortinará, aproveitar para espalhar mais benefícios aos semelhantes e muito ensinamento, não só pelas suas palavras, como, principalmente, pelo seu exemplo.

– E cabe a nós ajudá-lo...?

– Cabe-nos ampará-lo e endereçar-lhe o nosso amor fraternal, sustentando-o nos momentos mais difíceis, mas será ele a decidir o seu caminho. Apenas lhe delinearemos algumas providências. O resto será por conta dele e de seu coração.

– E o que faremos agora?

– Neste instante, precisamos socorrê-lo e, para isso, necessitamos de alguém que possa dar-lhe um pouco de ânimo para iniciar a sua caminhada.

– E onde encontraremos esse alguém?

– Haveremos de encontrar... Ah... Vejam dona Ernestina a acompanhar seu marido Raul. Eu a conheço e também seu marido. Ele é um homem muito bom. Vamos nos aproximar.

Ernestina é um Espírito desencarnado que, de algum tempo, comparece quase que diariamente no plano dos encarnados a fim de proporcionar conforto a seu marido Raul, um velho e doente mendigo que vive pelas ruas da cidade, dormindo pelos cantos e se alimentando quando consegue angariar comida de alguma alma bondosa. Raul tivera uma vida inteira dedicada ao trabalho mas que, com a morte da esposa e do filho, não quisera dar preocupações para a nora e, mentindo-lhe que teria onde morar, ficara a vaguear pelas ruas. Em muitas noites, através de sua mediunidade, chegava a visualizar a esposa e conversava com ela. Hoje, passa por momento delicado no que diz respeito à sua saúde, com alguns órgãos bastante comprometidos. Ernestina o ampara sem que ele se aperceba de sua presença, apesar de crer que a força que o está sustentando deve estar vindo do Plano Espiritual, acostumado que está com a presença dos Espíritos.

– Ernestina – chama Cláudia.

– Cláudia, que surpresa! Há quanto tempo!

– Ainda no auxílio a Raul?

– Sim. Ele se encontra com o corpo físico muito debilitado e creio que sua desencarnação já está muito próxima. Por isso tive permissão para ficar ao seu lado até que isso ocorra. Mas não tenho ideia de quando isso se sucederá. Somente quero estar por perto no momento da passagem, para recebê-lo.

– Que Deus os abençoe.

– Muito obrigada, Cláudia.

– Ernestina, eu a chamei porque estou precisando que me preste um grande favor.

– Pode dizer, minha irmã. Se eu puder atendê-la, terei o maior prazer.

– Gostaria que encaminhasse Raul até um amigo nosso muito necessitado para que ele possa ampará-lo com suas palavras sábias e confortadoras.

– Quando você quiser, Cláudia. Onde está esse seu amigo?

– Está logo ali, sentado naquele banco.

– Pois vamos encaminhar Raul até ele.

Dizendo isso, os seis Espíritos: Cláudia, Ernestina, Fontes, Miranda, Flávio e Domingos aproximam-se do velho e o envolvem com suas energias e com o exercício firme da intuição a fim de que ele se dirija até o banco da praça onde Lélis se encontra sentado. Ernestina é quem mais consegue envolver o marido através dessa intuição.

– Meu velho, existe alguém nesta praça que necessita de sua ajuda, de suas palavras.

O velho andarilho parece captar a intuição da esposa, pois levanta a cabeça e olha em derredor, parecendo estar procurando alguém.

– Meu querido Raul – continua Ernestina –, aquela é a pessoa com a qual você deve conversar. É aquele moço ali, sentado naquele banco.

O olhar do velho para em Lélis. Fica a olhá-lo e, não sabe porquê, ele atrai a sua atenção.

– Algo me diz que devo abordar aquele homem sentado ali – pensa Raul – Parece-me ser uma boa pessoa, pelo menos é o que me parece irradiar.

– Ele está em dificuldades, meu velho. Aproxime-se dele.

– Sinto que se encontra em dificuldades – pensa.

– Ele poderá ajudá-lo e você a ele – complementa a senhora.

– Talvez ele me ajude com alguma coisa para comer e, sinto que, talvez, eu possa também algo fazer por ele.

Pensando assim, o andarilho, lentamente, vai se aproximando de Lélis.

***

– Meu Deus, me auxilie neste momento difícil – roga Lélis, sentado no banco da praça. – Que eu tenha a intuição necessária para acolher em minha mente os conselhos de Espíritos que, tenho certeza, desejam me auxiliar. Que eu não desanime e que possa continuar a possuir todo o conhecimento dessa doutrina maravilhosa que é o Espiritismo porque sei que, sem ela, poderei fracassar. E que, nestes momentos difíceis e até que tenha condições de, como todos os homens de bem, trabalhar em benefício da coletividade, eu possa ser e me sentir como os pássaros do céu, que não semeiam e não colhem ou como os lírios do campo, que não trabalham e não fiam, mas que Vossa misericórdia provê; auxilie-me em minhas necessidades que imploro sejam ínfimas aos meus olhos, e que possa eu, mesmo sem me conhecer, mesmo nada tendo de material, a não ser estas pequenas coisas que trago comigo, espalhar alguma luz no coração das pessoas que porventura cruzarem o meu caminho e os seus passos com os meus.

Nesse momento, Raul aproxima-se dele e lhe pede:

– Meu senhor, em nome da Virgem Santíssima, me ajude. Estou velho, sinto-me muito doente e não como nada desde ontem. O senhor não teria aí um pequeno auxílio? Algumas moedas para que eu possa, pelo menos, comprar um pão ou um copo com leite?

– Não sei se tenho alguma coisa, meu velho – responde, atrapalhado, pois, pelo que o médico lhe mostrara, não vira nenhum dinheiro em sua mochila. Mesmo assim, abre-a e começa a espalhar o que tem por cima do banco – Deixe-me ver aqui. – diz – Penso que não possuo nenhum dinheiro. Estava hospitalizado e acho que só tenho estas coisas. Realmente, não tenho um centavo sequer.

– Não tem problema, moço. Quem sabe numa outra ocasião...

– Espere – pede ao velho.

Lélis recoloca tudo novamente dentro da mochila e, sentando-se mais na beirada do banco, convida:

– Sente-se aqui um pouco. Verei o que posso fazer. Aliás, aguarde-me aqui que eu já volto.

Levanta-se, então, e colocando a mochila às costas, atravessa a rua, entrando num pequeno bar. Demora-se um pouco lá até que volta com um embrulho nas mãos. Senta-se ao lado do mendigo, abre o pacote e de lá retira um grande sanduíche de queijo e presunto que oferece ao homem. De um dos bolsos de sua calça, localizado um pouco acima dos joelhos, saca uma laranja e a entrega ao velho.

– Deus lhe pague, meu bom amigo – agradece o homem –, mas como conseguiu tudo isso? O senhor não tinha dinheiro.

– O dono do bar foi muito gentil e concordou que eu pagasse com uma lanterna que trazia comigo.

– O senhor deu sua lanterna em troca deste sanduíche e de uma laranja?

– Não. Tenho mais três sanduíches – responde, mostrando o embrulho – E tenho mais duas laranjas aqui na mochila.

– Mesmo assim, é muito pouco para pagar a lanterna.

– Mas não poderíamos comer a lanterna, não é? – pergunta, sorrindo.

O velho Raul responde ao sorriso e balança a cabeça com movimentos horizontais, indicando pequena discordância e estupefação.

– O senhor é um homem muito bom mesmo ou, então...

– Ou então...?

– Ou então deve ser um louco – responde o velho, rindo.

– Não sou louco, não, meu amigo, apenas penso que fiz muito melhor proveito dessa minha lanterna. O senhor não se sente melhor agora que está se alimentando?

– É lógico que sim. A fome é muito dolorosa, não somente no nosso corpo como, principalmente, em nossa alma. Sabe, às vezes tenho que fazer um esforço enorme para continuar a crer que Deus não está me desamparando.

– Deus está sempre do nosso lado através de Jesus e de Seus mensageiros. Possuímos muitos Espíritos amigos que muito nos amam e que constantemente estão junto a nós nos auxiliando e nos amparando nos momentos difíceis, quando mais estamos necessitados e, principalmente, quando essa nossa necessidade é de cunho moral.

– Mas existem Espíritos maus também – diz o velho andarilho.

– Existem, sim, mas não digo Espíritos maus. Prefiro classificá-los como irmãos infelizes e que necessitam da nossa compreensão e do nosso auxílio. Mas já que o senhor tem conhecimento de que existem Espíritos maus é porque acredita na existência dos Espíritos e do intercâmbio deles conosco, não?

– Não só acredito como já os vi por diversas vezes.

– O senhor os vê?

– Vejo, sim. Sou médium vidente.

– Ora, mas que surpresa! A primeira pessoa que encontro depois de meu primeiro dia de vida possui a mesma crença que eu! – comenta Lélis, entusiasmado com a conversa.

O homem, por sua vez, não consegue esconder a sua surpresa para com as palavras de Lélis.

– O senhor disse: primeiro dia de vida? Não consigo entendê-lo.

Lélis explica-lhe, então, o que está acontecendo com ele, desde que acordou no hospital, vítima de um atropelamento e privado de parte de sua memória.

– E o senhor não tem a mínima ideia, mesmo, de quem seja e do que fazia antes de ser atropelado?

– Não tenho ideia alguma. Por sorte não perdi o conhecimento que possuo da Doutrina Espírita e de outras coisas que conheço. Mas o senhor disse que é médium vidente. Por acaso tem conhecimento a respeito da Doutrina Espírita?

– Um pouco – responde o velho. – Antes de me tornar uma pessoa sem nenhum rumo na vida, um andarilho que não tem parentes e nem um lugar para morar, gostava de ler livros espíritas. Estudei as obras de Allan Kardec e li toda a coleção do Espírito André Luiz, psicografado por Francisco Cândido Xavier.

– Faz muito tempo que o senhor se encontra nessa situação de andarilho?

– Já faz dez anos.

– E o senhor poderia me contar o que aconteceu?

– A minha história é como muitas que acontecem a todo o instante. Trabalhei até os sessenta e cinco anos, quando fui acometido por um problema na coluna e precisei parar de trabalhar. Infelizmente, nunca tive condições de fazer um plano de aposentadoria, pois trabalhava por conta própria, consertando sapatos e o que ganhava, pouco dava para sustentar-me e à minha esposa que desencarnou uns dois anos antes de eu contrair esse problema. Foi quando passei a morar com meu filho único e sua mulher Arlete. Não tinham filhos e José Luiz, esse era o nome de meu filho, também não contribuía com nenhum plano de aposentadoria. Quando completei os meus sessenta e sete anos, José Luiz desencarnou, vítima de uma trombose. Minha nora foi morar com uma irmã, pois não tinha recursos para pagar o aluguel da casa onde morávamos e Dora, sua irmã, não permitiu que eu fosse junto com ela. Para que Arlete não ficasse preocupada comigo, menti-lhe que iria morar com um amigo e vi-me, de repente, sozinho e sem nenhum lugar para poder descansar este meu corpo cansado e muito doente, ficando, então, a perambular pelas ruas desta cidade, me alimentando apenas com o que ganho de corações bondosos e penalizados.

– E onde dorme?

– Durmo pelos cantos. Veja esta minha sacola. Tem um cobertor e uma muda de roupas.

– Pobre homem.

– Não diga isso. Sua situação é pior que a minha, pois ainda é moço e tem toda uma vida pela frente. De minha parte, já não tenho mais com que me preocupar, a não ser com a alimentação de cada dia e em defender-me dos outros andarilhos que estão sempre tentando roubar esta minha bolsa. Somente há alguns meses, descobri um lugar ideal para dormir, sem ser importunado.

– E o senhor diz que possui mediunidade, que é médium vidente...

– Sim, às vezes.

– E o que vê?

– Vejo de tudo. Em algumas ocasiões, quando estou muito triste, vejo a minha esposa que me traz muito consolo com suas palavras, geralmente à noite, sabe? As pessoas que passam perto e me ouvem conversar com ela e, logicamente, não a vêem, pensam que sou um doido varrido. Muitas vezes disfarço para não chamar a atenção.

– E seu filho?

– José Luiz ainda não me deu notícias. Minha esposa me diz que ele se encontra em tratamento no plano espiritual devido ao grave distúrbio físico que sofreu. Você sabe que de acordo com o nosso merecimento, após a nossa desencarnação, ou já nos apresentamos sem a doença que tirou a vida de nosso corpo material ou somos devidamente tratados num hospital do Plano Maior até que esse nosso perispírito seja curado, ou, então, como já disse, dependendo de nosso não merecimento, muitas vezes, pela nossa vaidade, pelo nosso orgulho, temos que arcar com os nossos atos indignos e amargar a doença e o sofrimento por algum tempo até que nos decidamos a modificar o nosso estado mental, onde a humildade é a nossa maior aliada para sensibilizar o nosso coração que é a única porta pela qual os Espíritos do Bem conseguem nos prestar o auxílio necessário.

– Isso mesmo. Nós, Espíritos, possuímos um corpo que chamamos de perispírito, que é o que nos une ao corpo material, que por sua vez é uma cópia desse perispírito. Na verdade, a maioria de nossos males físicos são doenças psicossomáticas, ou seja, são provenientes de nossa vibração mental e que age negativamente sobre esse nosso perispírito, vindo a refletir-se sobre o nosso corpo material, já que este, como já disse é uma cópia viva e mutável daquele.

– Aprendi tudo isso, como já lhe disse, há muito tempo, através dos livros do Espírito André Luiz, psicografados por Chico Xavier, que um senhor muito bondoso me emprestava. Esses livros também descrevem que este nosso mundo material é uma cópia bastante imperfeita do mundo que se localiza no Plano Espiritual, verdadeira dimensão da vida.

– Sim e não há nada de sobrenatural nisso. Na verdade, tudo o que existe neste Universo de Deus é formado pelo que denominamos de fluido universal. O homem, Espírito encarnado, apenas conseguiu, até agora, chegar ao conhecimento do átomo, seus prótons, neutrons, elétrons e outras partículas, mas não sabe que essas próprias partículas, formadoras da menor porção do elemento, são constituídas por esse fluido universal. O que acontece, ou seja, a diferença entre um corpo material e um perispírito está apenas no que diz respeito à vibração própria dos átomos, ou seja, a parte material do plano espiritual também é constituída por elementos só que numa outra faixa vibratória e que nossos sentidos não conseguem perceber, a não ser através da mediunidade, mais precisamente da vidência, da qual o senhor é dotado.

– E pelo que consegui apurar, por todas as experiências por que passei no campo da mediunidade, não somos nós, os médiuns, quem determinamos quando ver ou sentir, mas sim, o plano espiritual, ou seja, os Espíritos é que nos permitem visualizá-los.

– Sim. Como costumamos dizer, o telefone somente toca de lá para cá.

Lélis e o velho andarilho continuam a conversa por mais algumas horas, até que o dia começa a escurecer.

Cinco

– MEU DEUS! – EXCLAMA LÉLIS. – Já está ficando noite. Conversamos tanto que nem vimos o tempo passar. E eu nem me preocupei com o que está me acontecendo.

O velho sorri e diz:

– Está tudo bem, pois o tempo pouco importa para mim. Minha única preocupação neste momento é ajudá-lo, meu amigo.

– Pelo menos, por algumas horas não pensei no intrincado problema que atravesso, apesar de não ter a mínima ideia de como resolvê-lo, ou melhor, não sei nem por onde começar. E nem onde poderei dormir esta noite.

– Não se preocupe. Como já lhe disse, tenho um lugar ideal para descansarmos. Venha comigo.

O velho se levanta e Lélis o segue. Atravessam algumas avenidas, percorrem algumas ruas até que o homem para defronte de uma velha banca de jornal, desativada. Olha em torno para verificar se ninguém os está observando, abaixa-se, retira um parafuso e gira uma chapa de metal, presa apenas por um outro parafuso, dando-lhes passagem.

– Venha, meu amigo. Entre.

Lélis obedece e entram no interior da banca, após o que o andarilho torna a girar a chapa, colocando-a no seu devido lugar e parafusando-a, novamente, agora, pelo lado de dentro.

– Pronto. Estamos seguros e protegidos do frio da noite. Fique à vontade.

– Tenho um cobertor – diz Lélis.

– Também tenho um e, por favor, acomode-se da maneira que mais lhe convier. A propósito, dê uma olhada para cima. Vê o céu?

A banca tem uma falha no teto que permite observar o céu, inclusive, naquela noite com uma bela lua cheia que reflete seus raios para o seu interior, permitindo que os dois se enxerguem, naquele momento.

Lélis se ajeita e olhando, agradecido, para o velho, lhe pergunta:

– Tenho mais dois sanduíches e duas laranjas aqui. Vamos comer?

O homem sorri e lhe responde, amavelmente:

– Bem se percebe que você é de família que nunca deve ter passado dificuldades.

– Por que me diz isso?

– Comemos às quatro horas da tarde e já quer comer de novo. Nessa nossa vida de andarilho, que não sabemos quando vamos comer novamente, é necessário controlarmos o nosso estômago. Jesus nos ensinou que Deus a tudo nos proverá, mas não nos aconselha a sermos gulosos.

Lélis ri das palavras do novo e simpático amigo, compreendendo o significado delas.

– O senhor tem razão, meu bom homem. Realmente, não estou com tanta fome assim.

– Não estou querendo dizer com isso que você faz parte da classe a que pertenço. Quando disse "nessa nossa vida de andarilho", fazia referência a mim e aos meus companheiros de andança. Tenho certeza de que irá recobrar a sua memória e brevemente reencontrará seus familiares e amigos.

– Assim espero, mas enquanto isso não acontecer, terei que controlar o meu apetite, que não é nada pequeno, apesar de saber que não necessitamos comer tanto para sobrevivermos.

– Isso mesmo. Agora, meu amigo, o que desejaria fazer?

Lélis pensa um pouco e responde:

– Penso que seria muito bom se fizéssemos uma prece.

– Ótima ideia. Estava, mesmo, pensando nisso.

– O senhor não poderia proferi-la?

– Farei sim.

O homem cerra os olhos, medita alguns segundos, e faz uma singela, mas tocante oração:

– Meu Deus, queremos agradecer por tudo o que recebemos hoje. Em particular, agradeço-Lhe imensamente pelo amigo que encontrei e pelo fato de ele ter conversado tanto comigo. Também agradeço por ter hoje uma companhia que certamente boas vibrações me proporcionará durante o meu sono e o meu desprendimento que, peço-Lhe, como sempre, possa ser o mais agradável possível e que, se porventura encontrar algum necessitado, possa eu estar em condições de servi-lo. Peço também por este nosso irmão que perdeu a memória para que ele se recupere logo e possa lembrar-se e encontrar-se com pessoas que lhe são muito caras e que, logicamente, devem amá-lo muito. De minha parte, peço que auxilie minha esposa e meu filho, já habitando a verdadeira vida que é a espiritual. Que assim seja.

O velho termina a oração com os olhos úmidos de lágrimas.

– Bonita prece, senhor.

O homem fica a olhá-lo sem nada dizer. Na verdade, não está olhando diretamente para Lélis, mas sim, para um ponto localizado à sua direita e um pouco atrás. O moço percebe e lhe pergunta:

– O que o senhor está olhando tão fixamente?

– Espere um momento... parece que estou vendo alguém... um Espírito do seu lado... parece uma moça... sim... está se tornando mais nítida... uma moça muito bonita...

– E o que ela deseja?

– Ainda não sei. Está do seu lado direito e tem as mãos apoiadas sobre os seus ombros. Está sorrindo. Como disse, é muito bonita.

– O senhor poderia descrevê-la para mim?

– Possui os cabelos negros e curtos, pele alva, olhos claros, um lindo sorriso e uma linda aura luminosa envolvendo-a, com matizes que vão desde o azul celeste até o mais claro. E, pelo visto, parece conhecê-lo, meu amigo.

Lélis sente forte emoção e ligeiro tremor lhe sacode os ombros quando se lembra da visão do rosto feminino que lhe aparecera na mente no quarto do hospital e esse mesmo rosto lhe torna agora ao pensamento.

– Por favor, diga-me uma coisa: por acaso, essa mulher que vê, possui um nariz um pouco, mas pouca coisa, maior que o normal, mas, veja bem, sem ser feio. Somente um pouco maior...

– Sim – concorda o homem – ela possui um nariz que considero muito bonito para o seu rosto, mas como você diz, pouca coisa maior que o normal. Digamos – complementa o velho – que se pareça com o nariz daquelas mulheres árabes. Ora, veja só! – exclama o andarilho, sorrindo, satisfeito – Ela está confirmando com a cabeça. Por que me fez essa pergunta? Você a está vendo também?

– Não a vejo como o senhor com a sua vidência, mas vejo-a dentro de minha mente e já a vi quando me encontrava no hospital. Agora me diga uma outra coisa: há algum homem com ela?

– Não...

– Ela diz alguma coisa? O senhor consegue ouvir os Espíritos?

– Ela está dizendo algo, sim, e eu a ouço, mas não como costumamos ouvir. Vejo-a movimentar os lábios, mas suas palavras parecem partir de dentro de minha mente.

– E o que ela está dizendo?

– Pede a você que não se preocupe com nada. Que tudo dará certo e que, apesar de tudo, não se revolte e continue a ser bom para com as pessoas.

– Pergunte-lhe quando tudo dará certo, ou seja, quando retornará minha memória.

– Ela diz que ainda vai demorar um pouco e insiste para que não se preocupe com isso e que procure fazer o bem durante a sua caminhada em busca de sua identidade.

– Diga-lhe, por favor, que me parece conhecê-la, ou seja, que sua fisionomia não me é estranha, que sinto muito carinho por ela, e que gostaria que me ajudasse.

– Ela irá ajudá-lo. Pelo menos, é o que está dizendo.

– Então peça-lhe para indicar-me um caminho a seguir, algum ponto de referência.

– Ela está dizendo que infelizmente não poderá lhe dizer muita coisa, mas que deve procurar ir sempre em direção ao norte, sempre em busca do bem e praticando-o em todas as oportunidades que se lhe apresentarem. Essa também será uma forma de saber para onde ir; que você siga sempre a oportunidade de auxiliar alguém. Esse é o caminho.

– Pergunte-lhe...

– Espere... Ela está desaparecendo e ainda diz que estará ao seu lado toda vez que necessitar de ajuda e que sua vidência se ampliará à medida que investir cada vez mais no bem ao próximo.

– Mas eu já estou precisando de ajuda.

– Por isso ela veio, meu filho. E não se esqueça que ela lhe deu diretrizes a seguir. Agora devo lhe dizer uma coisa.

– O que é?

– Que não deve se prender a mim. Deve seguir o seu caminho e o seu destino, assim como o Espírito dessa moça o aconselhou: ao norte e na senda do bem.

– Mas não posso abandoná-lo. O senhor está muito doente e terá que ter alguém para arranjar comida e esse alguém sou eu. Não se esqueça que a moça disse que devo viver fazendo o bem.

– Sim... sim... depois conversaremos a respeito.

– Gostaria também que o senhor me ajudasse numa coisa muito importante.

– E o que é essa coisa tão importante?

– Preciso arrumar um nome para mim, sabe? Aliás, ainda não sei o seu.

– Meu nome é Raul e vou pensar num nome para você. Depois lhe digo e discutiremos.

– Gostaria de resolver já.

– Já?

– Sim.

– Está bem – concorda o andarilho – Vejamos: a primeira pessoa com quem falou depois que fugiu do hospital foi comigo, não?

– Sim.

– E por que não se dá o nome de Raul, assim como eu?

Lélis pensa um pouco e responde:

– Sabe... gostaria de um nome que começasse com a letra "L".

O velho pensa um pouco e diz:

– Então já tenho um nome para você. Não sei se vai gostar. Pelo menos é inédito.

– E que nome é esse?

– Vejo que seu rosto se encontra iluminado pelos raios tênues da lua, assim como o rosto daquela moça que mais parecia raios desse luar.

– Sim...?

– Pois bem. Eu me chamo Raul e você poderá chamar-se Luar, que é exatamente o contrário do meu nome, ou seja, lido de trás para a frente.

– Luar?! – espanta-se Lélis. – Mas não será estranho demais para as pessoas?

– E o que importa isso? Você não tem documentos, mesmo...

– Luar...? Não sei...

– É um nome que contém um significado muito bonito.

– O senhor acha?

– Acho sim. Veja bem: comparemos as luzes de Deus com a luz do Sol. Ninguém consegue olhar diretamente para o Sol, mas sim para a Lua que lhe reflete a luz. Entende?

– Entendo, mas seria uma grande pretensão.

– Luar é um bom nome.

– Não sei. Vou pensar. Havia imaginado um nome mais simples e usual.

– Você é quem sabe, meu amigo. Agora gostaria de dormir. Estou cansado, muito cansado, apesar de muito feliz porque já fazia muito tempo que não conversava tanto com alguém e que esse alguém me desse tanta atenção. Vou lhe dizer uma coisa: se eu desencarnasse hoje, iria feliz.

– Não diga isso, meu amigo. Você ainda irá viver por muito tempo.

– Pode ser... Pode ser... – responde o velho, sorrindo.

– Vamos dormir, então – fala Lélis, atendendo à solicitação do amigo.

Seis

São mais de três horas da madrugada quando Lélis acorda, sobressaltado. Olha para Raul e percebe que ele está olhando e sorrindo para ele.

– Está acordado, senhor?

O homem não responde.

– Raul... – chama Lélis, aproximando-se do homem, que parece ainda olhar para ele com um sorriso de satisfação nos lábios. Porém, quando sai do campo de visão do andarilho, percebe que este não o acompanha com o olhar, parecendo fixar um ponto no infinito. Assusta-se com isso – Raul... Acorde... – pede, sacudindo-o levemente pelos ombros. Toca em seu rosto e percebe certa rigidez e fria temperatura – Meu Deus! Raul! Por favor, fale comigo! Oh, meu Jesus, ele parece estar morto ou está morrendo – pensa, desesperado. – Preciso fazer alguma coisa!

Dizendo isso, abre a tampa da banca e sai para a calçada, olhando para os lados à procura de alguém. De repente, volta o olhar na direção de um posto de gasolina e vê uma pessoa em pé, encostada em um caminhão, a fumar um cigarro.

– O posto... sim... vou pedir para que liguem para algum hospital.

Sai, então, correndo em direção ao posto de gasolina, mas antes de chegar até o escritório do estabelecimento, o homem do caminhão interrompe sua corrida, segurando-o pelo braço.

– Espere! – pede – Vi quando saiu de dentro daquela banca abandonada. Você mora lá, agora? O que aconteceu com o velho Raul?

– O senhor o conhece? – pergunta Lélis.

– Conheço, sim. Sempre converso com ele quando passo a noite neste posto para descansar. Agora mesmo estava pensando em procurá-lo, apesar de já ser madrugada.

– Se o senhor é amigo dele, digo-lhe que ele está precisando de ajuda.

– O que aconteceu?!

– Estávamos dormindo quando, de repente, acordei assustado e vi que Raul olhava fixamente para mim. Quando me aproximei, pareceu-me estar morto.

– Morto?!

– Penso que sim, mas de qualquer maneira, temos que pedir ajuda. O senhor poderia ligar para algum hospital ou para a polícia?

O motorista corre para o escritório do posto, fala com alguém lá dentro e volta até Lélis.

– Já pedi para o funcionário do posto acionar um socorro. Vamos até lá.

Os dois, então, dirigem-se até a velha banca.

– Raul! – chama o motorista – Raul! Fale comigo! O que você tem?! Meu Deus! Como ele está frio! Raul! Ô, seu velho rabujento, fale comigo! – insiste, tentando brincar com a situação, enquanto encosta o rosto na boca entreaberta do andarilho para verificar se ele respira. – Ainda está respirando, mas muito fracamente. Fale comigo, Raul. Fale comigo – pede, encostando seus ouvidos em seus lábios.

– Orlando – balbucia o velho, numa voz quase inaudível –, por favor, me escute... eu estou partindo... e quero lhe pedir um favor...

– Você não vai morrer, não.

– Por favor, me escute... não tenho muito tempo... e quero lhe fazer dois pedidos... o primeiro é que você e Luar vão embora e não se preocupem com o meu corpo... deixem que o encontrem e façam dele o que bem entenderem... e o segundo e mais importante... é que... – continua Raul a pedir, agora com a voz entrecortada por acessos de tosse – ... se você for viajar para o norte, leve Luar com você... ele precisa de ajuda e é um bom rapaz... ajude-o... agora... deixe-me falar com ele...

– Está bem. Luar, Raul quer falar com você.

Lélis, a exemplo de Orlando, se abaixa e encosta o ouvido nos lábios do velho.

– Meu amigo... estou partindo... quero que você e Orlando saiam daqui e vão embora... não se preocupem com o meu corpo... e pode... confiar... em Orlando... por favor... e... que Deus os abençoe...

Dizendo isso, o andarilho tomba a cabeça para o lado. Lélis deita-o sobre o cobertor e cerra-lhe os olhos.

– Está morto... – informa.

– Pobre Raul. Uma das melhores almas que já conheci – diz, tristemente, o motorista.

– Ele pediu para que o deixássemos.

– Eu sei. Ele também me pediu. Vamos cumprir uma de suas últimas vontades.

– Ele lhe pediu mais alguma coisa?

– Pediu – responde Orlando, preferindo ocultar que o velho lhe pedira para ajudá-lo.

– Vamos, então – convida Lélis, apanhando sua mochila, seu cobertor e o embrulho com os sanduíches e as laranjas.

E os dois homens saem cabisbaixos do interior da banca. Já estão quase perto do posto de gasolina quando ouvem a sirene de um carro da polícia que chega, atendendo ao chamado.

– Para onde você vai agora? – pergunta Orlando a Lélis.

– Não sei. Para que lado é o norte?

– Você quer ir para o norte?

– Sim.

– Para que cidade mais especificamente?

– Não sei, mas gostaria de ir para o norte.

– Pois eu vou nessa direção. Se quiser uma carona...

– Aceito, sim. A que horas você sai?

– Daqui a pouco. Vou tomar um café na lanchonete do posto e parto em seguida. Vai até lá, comer alguma coisa também?

– Não. Ainda tenho dois sanduíches e duas laranjas. Não gostaria de comer um sanduíche e chupar uma laranja?

– Prefiro um café e um pão quente com manteiga.

– Então espero você aqui fora.

– Você é quem sabe. Eu já volto.

Lélis abre o embrulho, retira um sanduíche, mas não consegue comê-lo. O dia havia sido muito difícil para ele, ainda mais agora com a partida de Raul, a única pessoa que havia conhecido e em quem tanto confiava e pela qual havia sentido uma grande afinidade. Devolve o sanduíche ao embrulho e senta-se no estribo do caminhão, à espera de Orlando.

– Meu Deus, que situação a minha! Esse vazio em meu cérebro me angustia. Quem ou o quê serei eu? Por que tentaram contra a minha vida? Terei parentes que devem estar preocupados comigo, neste momento? Ou será que só possuo inimigos? O que será que fiz para merecer essa tentativa de acabarem com a minha vida? Ou será que não passam de conjecturas da polícia? Deveria retornar ao hospital? Não, acho que não, senão o Espírito daquela mulher teria me aconselhado a isso. E quem será ela? Parece-me vê-la em minha mente. É muito bonita e deve ser moça ainda, talvez da minha idade... mas por que estou dizendo isso se nem ao menos sei qual a minha própria idade? Apesar de que, quando me olhei no espelho, não vi a imagem de um velho... sei lá... devo ter uns... vejamos... uns trinta anos e essa moça deve ter, ou melhor, o Espírito dessa mulher aparenta uns vinte e seis ou vinte e sete anos. Mas quem será ela? Parece-me realmente conhecê-la de há muito tempo. Quantas perguntas... mas não sei o que fazer. Penso que devo ir com esse motorista. Afinal de contas, não tenho mais nenhuma escolha e "ela" me disse para seguir em direção ao norte e procurar fazer sempre o bem. E esse Orlando? Deverei confiar nele e lhe contar sobre mim e o pouco que sei da curta lembrança de minha vida?

– Já comeu, meu amigo? – pergunta-lhe o motorista, interrompendo os seus pensamentos.

– Oh, sim... quer dizer... não. Não estou com fome. Se você quiser, pode comer o sanduíche. Tenho outro.

– Não, obrigado. Já comi. Vamos, então?

– Vamos, sim.

– Então, dê a volta no caminhão e suba. Vou destravar a porta.

Lélis entra no veículo e, em poucos minutos, este já se encontra em movimento, percorrendo as ruas da grande cidade. Ainda está escuro, pois são apenas quatro e quinze da madrugada. Antes de sair, os dois ainda conseguem ver quando a polícia retira o corpo do velho andarilho. Depois de cerca de uns quarenta minutos, o caminhão alcança a estrada e, somente agora, Orlando dirige a palavra ao companheiro que dormira por todo o tempo até saírem da cidade.

– E, então, meu amigo, não sabe mesmo para onde quer ir? Apenas tem a intenção de ir para o norte, não é?

– Sim.

– Você não tem parentes?

– Eu não sei.

– Não sabe?

– É uma história um tanto complicada, apesar de bastante curta. Se quiser saber...

– Quero, sim, e estou por demais curioso, principalmente quanto ao seu relacionamento com Raul.

Lélis então conta tudo ao novo amigo que o ouve boquiaberto. Nunca havia conversado com alguém que tivesse perdido a memória.

– Quer dizer que não se lembra mesmo quem é e de ninguém?

– É isso.

– Mas deve ser horrível.

– Sim, é horrível.

– E conheceu Raul que, como sempre, disposto a ajudar a todos, apesar de nada ter para ele mesmo...

– É verdade. Seu Raul era um homem muito bom.

– E acha que tentaram matar você?

– Não sei, Orlando. Não sei, porque, apesar de nada saber sobre mim, sinto que não sou mau, sabe? Não consigo me ver fazendo nada de mal a quem quer que seja.

– E o que pretende fazer?

– Também não sei, apenas tenho uma forte intuição de ir no sentido norte – responde Lélis, não revelando o que lhe dissera o Espírito a respeito disso.

– Diga-me uma coisa, Luar...

– Por que me chama de Luar? Já é a segunda vez. Por acaso, Raul lhe disse que meu nome é Luar?

– Bem... quando se referiu a você... na verdade, quando me pediu para ajudá-lo, chamou-o de Luar. Esse é seu nome? Oh! Que estupidez a minha! Você não sabe como se chama.

– Foi ele quem me deu esse nome, quando lhe falei que precisaria de um. Então, ele me sugeriu Luar como nome, pois seria o contrário de Raul.

– É... tem razão... Luar é o contrário de Raul, mas devo admitir que como nome é bem estranho.

– Foi o que lhe disse, mas ele pareceu ter gostado, apesar de ter-me pedido para pensar um pouco antes de aceitá-lo.

– E você?

– Eu?... bem... acho que vou satisfazer o desejo dele. Afinal de contas, para quem não sabe o próprio nome e, muito menos, quem é, acho que está bom.

– Muito bom, Luar. Muito bom – diz Orlando, alegremente. – Luar... muito bom.

Continuam a viagem em silêncio e o nosso personagem, que agora trataremos pelo nome de Luar, muito cansado pelos últimos acontecimentos, novamente adormece e tem um sonho bastante agradável: vê, bem à sua frente, a moça que Raul descrevera e que ele havia visualizado em sua mente. De traços muito bonitos e trajada com uma leve túnica azul celeste que mais parece tecida com fios de tênue luminosidade e, assim aureolada, lhe sorri carinhosa e compreensiva.

– *E então, Luar, pronto para sua missão?*

– *Missão...? – pergunta o moço, enlevado pela celestial beleza feminina a poucos metros dele.*

– *Sim. Você tem uma missão a cumprir, a partir de agora.*

– *E que missão é essa?*

– *No decorrer de sua caminhada, em busca de sua identidade, facilmente a identificará, desde que cumpra aquilo que lhe pedi.*

– *Que eu seja bom e prestativo para com todos os que cruzarem o meu caminho?*

– *Isso mesmo. Nessa sua caminhada, encontrará oportunidades de auxiliar muitas pessoas que cruzarão os seus passos, ao mesmo tempo em que terá ensejos, os mais diversos, de divulgar as verdades da Doutrina que você de há muito abraçou.*

– A Doutrina Espírita?

– Sim. Inclusive sua mediunidade será ampliada para que possa levar a contento essa sua missão. Mas terá que tomar muito cuidado.

– Muito cuidado?

– Em primeiro lugar, como você bem sabe, existem organizações espirituais a serviço do mal que tudo fazem para impedir os trabalhos no bem.

– Sei. Tratam-se de Espíritos revoltados contra Deus e Jesus porque não conseguiram encontrar glórias, favorecimentos e nem acolhidas pomposas após a morte do corpo físico, acostumados que se encontravam com essas coisas quando na carne. Principalmente religiosos sem escrúpulos que, indevidamente revestidos de poder para representar Deus perante os homens, se utilizaram dessa prerrogativa para enganar seguidores que, ingenuamente, se colocaram aos seus pés. E que quando se viram transportados para o Plano Espiritual, ou seja, para a verdadeira vida, através do abandono do corpo material, por sua morte, foram atraídos para locais mais condizentes com as suas consciências pesadas, locais estes que comumente denominamos de umbral. Revoltados e ainda donos de grande carisma, arregimentaram legiões de outros Espíritos infelizes, que colocaram a seus serviços, comandando-os através do medo e da promessa de perdão. Não é isso?

– Isso mesmo, Luar. São grandes organizações do mal e que não suportam a verdade, pois esta incomoda seus dirigentes, visto que colocam em evidência, suas dívidas para com Deus e para com suas próprias consciências. E tudo fazem para tentar deter a divulgação da Doutrina, principalmente o Evangelho de Jesus. Por isso é que lhe peço muito cuidado, protegendo-se através da oração e da vigilância. Oração não somente por palavras recitadas, mas principalmente, através das ações. E vigilância consigo mesmo, procurando controlar e desenvolver todas essas ações dentro dos ensinamentos do Mestre.

– Você tem razão – diz o rapaz –, mas por que tenho que permanecer assim, sem memória, para poder cumprir isso que você denomina de minha missão?

– Um dia ficará sabendo, Luar. Um dia. Por enquanto, procure cumprir o que lhe peço.

– E sempre em direção ao norte?

– Por enquanto, sim. Mas não tenha nenhum receio, pois Deus está com você e nós também.

– Você disse nós?

– Sim. Você não vê, mas muitos Espíritos estão juntos a nós nessa missão de ensinar.

– Entendo...

– Agora, devo ir. Falarei com você mais vezes.

A moça desaparece e Luar acorda.

– Desculpe-me – pede a Orlando. – Acabei dormindo.

– Não tem importância – diz o motorista – Se quiser, pode continuar. Você deve estar muito cansado. Seu dia deve ter sido muito cheio.

– E foi mesmo.

Sete

O CAMINHÃO CONTINUA A VIAGEM por algumas horas e já é perto de meio-dia quando Orlando estaciona em um restaurante à beira da estrada para almoçar. Por nenhuma vez conversaram a respeito do destino de Luar. Este não sabia até onde o caminhão iria levá-lo e nem Orlando lhe perguntara. Apenas resolvera que, assim que chegasse ao seu destino, descarregaria a carga do veículo e retornaria para a Capital. Obviamente, como Luar lhe dissera que teria que ir em direção ao norte, ele deveria seguir em frente. – Mas com que meios? – pensara Orlando. – Não tinha dinheiro, nem ninguém. O que poderia fazer para ajudá-lo?

– Vamos almoçar? – convida o caminhoneiro – Eu lhe pago um prato de comida.

Luar pensa um pouco e lhe responde:

– Vou comer este sanduíche que trago comigo. Talvez, numa próxima parada, você me paga a comida, mesmo porque, não tenho nenhum dinheiro, mas gostaria que me deixasse seu endereço ou seu telefone, pois assim que recobrar minha memória, eu o procurarei para lhe pagar.

– Está bom assim, mas, se quiser, posso lhe oferecer um prato de comida.

– Eu agradeço, mas prefiro comer o meu sanduíche.

– Você é quem sabe, ou melhor, vamos fazer uma coisa: eu lhe empresto algum dinheiro já e você faz o que quiser com ele. Quando recobrar essa sua memória, você me paga, certo?

– Tudo bem – concorda o moço.

– Eis aqui meu endereço, meu telefone e o número de minha conta bancária. Poderá fazer um depósito – diz Orlando, após anotar tudo numa folha de papel e entregar para Luar, junto com uma certa quantia.

– Tudo isto? Mas não vai lhe fazer falta?

– Não e, além do mais, quando se lembrar de quem é, tenho certeza de que irá me recompensar por isto.

– Pode ter certeza que sim, Orlando. Pode ter certeza.

– E você quer mesmo comer somente um sanduíche?

– Sim, prefiro, e muito obrigado pelo convite e pelo empréstimo.

– Vou para o restaurante.

– Tenha bom apetite – responde Luar, sentando-se no estribo do caminhão e tirando o embrulho com o sanduíche de dentro da mochila.

***

– Aí está ele – diz Faros a três outros Espíritos da Legião dos Corvos, apontando para Luar –, mas dificilmente conseguiremos atingi-lo pessoalmente. Vejam: parece ser amigo dos "das luzes".

"Das luzes" é como essa legião denomina os Espíritos de superioridade moral que quando lhes é dada a oportunidade de vê-los, vêem-nos sempre com um halo luminoso a lhes envolver seus corpos espirituais ou perispíritos.

– Odeio esses "das luzes" – brada Faros, irritado. – Brandos e pacíficos, aceitaram continuar a serem trabalhadores do Cristo, sem nada ganhar em troca.

– O pior é que eles possuem um grande poder – comenta Enoque, um dos subalternos de Faros.

– É lógico. São os preferidos Dele. Mas nós sabemos como vencê-los, ou melhor, como lhes anular a influência que exercem sobre Luar. Ah, se sabemos. Basta atacarmos pelos flancos, através de intermediários. E Pórcio? Já entrou em contato com Ozias? Vamos precisar de sua colaboração. Pórcio descobriu, através de nossas fontes de informação, que Ozias está envolvido com uns assaltantes encarnados, que vão passar por este caminho, e, junto com Ozias, os trarão para cá. Foi tudo muito bem planejado, inclusive os horários estão de acordo com os nossos planos. Já possuo a ficha dos quatro. Foi uma sorte, Laio, que agora se denomina Luar, ter encontrado esse caminhoneiro e pego carona com ele. Dificilmente conseguiríamos cruzar o caminho desses assaltantes com o dele.

– Foi uma grande coincidência, mesmo. Estamos tendo muita sorte.

– Com um pouco de pressão sobre um dos bandidos, de nome Carlos, um frio assassino, talvez, dentro de muito breve, Luar esteja neste nosso plano espiritual e aí o pegaremos. Obviamente ele vai se revoltar por ter sido retirado da carne com apenas trinta anos de idade.

– E nós o ajudaremos nessa revolta – completa Enoque.

– Talvez. É outro idiota, fiel a Ele.

– Bem, mas pelo menos não irá mais ficar pregando o Evangelho e nem essa

Doutrina Espírita que fica revelando segredos de nossos planos e prevenindo os encarnados sobre o trabalho das trevas. Rufus ficará muito satisfeito apenas com a desencarnação desse imbecil.

– Ainda assim, preocupo-me com esses "das luzes" que estão ao seu redor, principalmente com essa moça aí. É muito ligada a ele.

– Pois vou conversar com ela – diz Faros.

– Vai conversar com ela? Você está louco? Quer que ela o "amarre"? São bruxos, Faros.

– Não tenho medo e sempre tive vontade de falar com um desses "das luzes".

– Cuidado, Faros. Você está se arriscando.

– Quem sabe não a convenço a nos ajudar, heim? Afinal de contas, ela gosta muito desse cretino.

– Olha lá o que vai fazer, Faros.

– Vou me aproximar.

– Cuidado...

Faros se aproxima de Luar que se encontra sentado no estribo do caminhão, desembrulhando o sanduíche. Ao seu lado, o Espírito Cláudia, acompanhada pelas quatro entidades companheiras, Flávio, Fontes, Miranda e Domingos, está com as mãos postas por sobre a cabeça de Luar, enviando-lhe energias tranquilizantes e encorajadoras. Faros se aproxima até onde consegue, já que as vibrações sublimes dos cinco Espíritos não permitem que se aproxime mais, pois sente como que uma energia de repulsão. Tenta chegar mais perto, mas sente incômodas descargas elétricas a percorrer o seu corpo perispiritual, como se fossem doloridos choques. Afasta-se um pouco e fala com Cláudia, apontando-lhe o dedo indicador.

– Quero falar com você.

Cláudia olha para ele com serena expressão de carinho e responde:

– Pode falar, Faros. Estou lhe ouvindo.

– Como sabe o meu nome?

– Sabemos de muitas coisas.

– Devem possuir um bom serviço de informação.

– Digamos que sim – confirma Cláudia. – Mas você diz que quer falar-me...

– Sim. Na verdade, gostaria de lhe propor um trato.

– Um trato? E que trato seria esse?

– Bem... Sabemos que sente um amor muito grande por esse tal de Luar.

– Sim, tenho por ele um amor fraternal muito grande. Nossa ligação remonta de há muito tempo.

– Sabemos disso. Desde o tempo em que ele era Laio, não?

– Muito antes.

– Pois bem. O que lhe proponho é muito simples: você e esses quatro nos permitem fazer o nosso serviço e depois nós permitimos que vocês levem Luar com vocês.

– Entendo. Você propõe que nós permitamos que vocês o desencarnem, através de seus cúmplices da carne, e depois permitem que nós o levemos, em Espírito, junto conosco.

– Isso mesmo. Você entendeu fácil. E, então, negócio fechado?

– Não podemos fazer isso, Faros.

– E por que não?

– Em primeiro lugar, porque não podemos tirar a vida corporal de ninguém, pois isso cabe somente a Deus. E, em segundo lugar, devo lhe dizer que se fizéssemos isso, não conseguiríamos levá-lo conosco após o seu desprendimento do corpo físico.

– E por que não?

– Porque se assim o fizéssemos, nós cinco passaríamos para uma outra faixa de vibração própria dos assassinos e Luar, com a sua elevação, certamente viria para esta faixa em que nos encontramos no momento. Como faríamos para trazê-lo junto conosco? Veja bem: estou apenas lhe dando uma explicação porque, mesmo que fosse possível trazê-lo para junto de nós, não temos esse direito de querer modificar o rumo natural das coisas. Luar ainda tem que viver muito na carne para poder cumprir uma missão com a qual ele se comprometeu, antes mesmo desta sua última encarnação. Ninguém tem o direito de interromper isso, nem ele mesmo. Se, por algum motivo, que poderia ser evitado, ele abreviar a sua estadia no plano material, terá que prestar contas disso, pois estará pondo por terra todo um planejamento anteriormente definido no qual muitos outros Espíritos, encarnados ou desencarnados, se encontram envolvidos. Entende?

– Não, não entendo. De qualquer maneira, faremos com que ele retorne o mais breve possível para este lado e isso é o bastante para nós.

– Devo preveni-los que, se isso ocorrer, o que não acredito, terão que prestar contas sobre isso.

– Prestar contas a quem? Só temos que prestar contas com o nosso chefe, entende? Com o nosso chefe. Bem, eu lhe fiz uma oferta, mas você resolveu nos enfrentar. Tudo bem. Terão o que merecem.

– Sem dúvida, todos nós sempre conseguimos o que merecemos.

Faros vira as costas e volta para junto de seus companheiros.

– Essa idiota! Quem pensa que é?!

– Você teve muita sorte, Faros – comenta Pórcio. – Eles são bruxos! São bruxos!

– Ora, cale-se!

– Vejam – diz Ludolfo, outro assecla de Faros –, estão chegando mais "das luzes".

– Quem serão? – pergunta Faros, voltando o olhar para os lados de Cláudia e vendo chegar mais quatro Espíritos: uma senhora de idade e três moços – Vamos prestar atenção no que dizem.

Porém, a partir daquele momento, os quatro que estão se aproximando de Cláudia, desaparecem do campo de visão e de audição de Faros e dos outros. Isso porque Cláudia dera um sinal para a mulher e todos passam para um outro campo vibratório diferente do que se encontravam e que não permite que os outros os vejam.

– Você é Cláudia, não? – pergunta a senhora, aproximando-se.

– Sou eu e quem é a senhora?

– Meu nome é Sebastiana. Acontece que Claiton, meu neto, se encontra no plano terrestre, envolvido com marginais, assaltantes de banco, e gostaria que me ajudasse. Na verdade, eles estão acompanhados por Espíritos infelizes e daqui a pouco estarão aqui. Pelo que pude apurar, esses Espíritos do mal tentarão envolver essa quadrilha com esse moço aí.

– Luar?

– Sim. Veja aqueles ali – diz, apontando para Faros e seus companheiros. – Estão todos juntos nisso.

– E o que a senhora quer que nós façamos?

– Sabe, Cláudia, meu neto não é um moço ruim. Ele tem um bom coração. Apenas se encontra revoltado com a situação de pobreza em que vive e nunca conseguiu aceitar isso e criar ânimo através de uma ligação maior com Deus. Mas é um bom menino e penso que, se ele entrar em contato com Luar e com suas palavras, irá mudar de ideia. Pelo menos foi o que me disseram.

– Mas Luar não correrá risco de vida junto a esses marginais?

– Fique tranquila que isso não ocorrerá. Nós não estamos sozinhos. Daqui a alguns minutos, chegará aqui uma equipe especializada em casos dessa natureza.

– Quem comanda essa equipe?

– Deocleciano é o líder.

– Eu já o conheço e sei que é capaz de conduzir tudo muito bem.

– Meu marido também faz parte desse grupo.

– E como seu neto se envolverá com Luar?

– Através da intuição, os assaltantes estão sendo guiados por obsessores para este local a mando daquele ali –, diz apontando para Faros – que pretende fazer com que assassinem Luar.

– Entendo...

– Tenho certeza de que com a nossa ajuda e dos Espíritos que já devem estar chegando, conseguiremos fazer com que meu neto seja envolvido pelas palavras desse moço. Pode crer que bastarão alguns conselhos para que Claiton ceda.

– Tudo bem. Pode contar conosco, Sebastiana.

– Que Deus a abençoe, Cláudia.

– Que Deus nos abençoe e proteja a todos.

Nisso, um grupo constituído por seis Espíritos bastante iluminados aparece gradativamente perto das duas mulheres, sem que Faros e os outros consigam vê-los.

– Deocleciano, há quanto tempo!

– Fico muito feliz em reencontrá-la, Cláudia. Parece que Laio está muito bem.

– Seu nome agora é Luar.

– Luar?

– Sim. Foi o nome que Raul... Lembra de Raul, o andarilho?

– Lembro-me, sim.

– Pois foi Raul quem escolheu esse nome para ele. Na verdade, Raul, pronunciado de trás para frente. Laio, nesta atual encarnação chama-se Lélis, mas perdeu a memória.

Cláudia conta, então, rapidamente, tudo o que aconteceu com ele.

– Graças a Deus, Laio mudou muito, não Cláudia? Vamos orar para que ele consiga pôr em prática tudo aquilo com o que se comprometeu.

– Ele irá conseguir, sim.

– Bem, já estou a par de tudo. Vamos aguardar os acontecimentos.

***

– Onde será que se meteram a moça e os outros? – pergunta Faros.

– Talvez tenham desistido e foram embora – arrisca Enoque.

– *Não sei, não. Deve ser um golpe baixo esse sumiço deles.*

– *Olhem... – fala Ludolfo, apontando para a entrada do posto de gasolina.*

Nesse momento, um automóvel entra em velocidade no pátio do restaurante e estaciona próximo a Luar e ao caminhão, dele descendo um homem e um rapaz que se encontram no banco traseiro do veículo. São os assaltantes, visivelmente dominados pelos Espíritos obsessores, que parecem soprar-lhes ordens aos ouvidos. Olham para os lados até seus olhos cruzarem com os de Luar, encaminhando-se, então, para ele. – Você é o dono do caminhão? – pergunta o mais moço, cerca de uns vinte e três anos. Todos os outros três aparentam mais de trinta.

– Não, senhor – responde. – É de Orlando, que está me dando uma carona. Ele foi almoçar.

– Tudo bem, isto é um assalto! Entre na cabine do caminhão! Rápido! – ordena-lhe, rispidamente, um outro – Vamos, rápido, já disse! Cuide dele – diz ainda para o mais moço, enquanto se afasta em direção ao automóvel, entrando novamente e acomodando-se no banco de trás. O veículo se afasta, estacionando atrás do prédio de uma borracharia que com um posto de gasolina fazem parte daquele complexo comercial, juntamente com o restaurante.

– Não estou entendendo... – diz Luar que, sem poder esboçar qualquer gesto de reação, é obrigado a entrar no caminhão, pois o rapaz sacara de um revólver, escondido debaixo da camisa, e o aponta para a sua cabeça, ameaçando-o. Apenas tem tempo de apanhar sua mochila. O rapaz, então, fá-lo sentar-se no assento da cabine e deita-se no chão, também no interior do veículo e diz, enquanto continua a apontar-lhe a arma:

– Nós vamos esperar esse tal de Orlando e você deverá se portar como se nada estivesse acontecendo. Ao menor gesto de tentar avisar alguém ou seu amigo, mato vocês dois, certo?

– Tudo bem – responde Luar. – Não vai precisar atirar em ninguém. Vou fazer tudo como você me ordenar.

– Muito bem. Faça isso e ninguém sairá ferido. Queremos, apenas, que o seu motorista nos leve até um lugar, não muito longe.

– Fique tranquilo – responde Luar.

Faros e seus companheiros aproximam-se rapidamente do caminhão e entram em contato com três dos obsessores que se encontram dentro da cabine.

– *Ele deve matá-lo! – ordena para um deles.*

O Espírito olha para ele como quem não vai obedecer a ordem de um estranho, mas cede diante do olhar fulminante e dominador de Faros que grita-lhe novamente:

– *Ele deve matá-lo! Agora!*

O Espírito ajeita-se mais perto do rapaz que está com a arma e ordena-lhe:

– *Mate-o! Você tem que me obedecer! Deve matá-lo agora! Vamos! Ele ainda vai dominá-lo se não o fizer. Veja como é frio. Ameaçado por seu revólver, ele come um sanduíche. Ele ainda vai dominá-lo e entregá-lo à polícia. Mate-o, enquanto é tempo.*

O dedo do rapaz treme no gatilho da arma e um suor frio começa a surgir em sua testa, sentindo um enorme desejo de atirar, mas sua índole não lhe permite. Sente medo e grita com Luar, agitando-se todo:

– Não tente nenhum truque e me dê um pedaço desse sanduíche.

Luar reparte o sanduíche ao meio e entrega metade para o rapaz que o devora em poucos minutos. Luar, calmamente, come a sua parte.

– Você é uma pessoa bastante calma, heim?! – pergunta o moço, com o revólver sempre apontado. – Não estou gostando nada disso e não vou hesitar em atirar em você ao menor gesto suspeito. Outra pessoa perderia a fome com uma arma apontada para ela.

– Estou com fome e sei que não vai me matar.

– E como pode ter tanta certeza assim?

– Porque eu não lhe fiz mal algum e vou fazer o que me pede.

– Assim é que se fala. Gostaria de ter esse sangue-frio que você tem.

– Eu não tenho sangue-frio, apenas confio nas suas palavras. Se diz que se eu não reagir nada vai me acontecer...

– Mas não deve acreditar muito no que as pessoas lhe prometem, viu?

– Em você sei que posso confiar.

– Ora... Por que pensa dessa maneira?

– Porque não me parece um bandido e, sim, um rapaz que talvez não tenha tido melhores oportunidades.

– *Ele está querendo embromar você! – fala rispidamente o obsessor – Não permita. Dê-lhe um tiro no peito! Vamos! Obedeça-me! É para o seu próprio bem!*

– Você está querendo me embromar, isso sim! Pare de falar. Não quero ouvi-lo mais. Fique calado. Ah, já entendi: quer que seu amigo veja você falando com alguém e perceba tudo. Você é muito vivo. Mas como eu posso ser tão ignorante assim?

– Como ele vai me ver falar se estamos de costas para o restaurante? E não estou embromando você. Estou falando o que penso.

– *Mate-o! Mate-o! – insiste o obsessor.*

– *Mas o que está acontecendo?! – fala Faros, irritado. – Que bando de imbecis me arranjaram! Você não é capaz de fazer um bandido atirar?! – grita para o obsessor que, sentindo-se fracassado, grita mais alto ainda:*

– *Mate-o, verme! Mate-o!*

– Já lhe disse para se calar ou lhe mato! – fala mais rispidamente o rapaz, sacudindo o cano do revólver na direção de Luar. – Cale-se!!!

Quinze angustiantes minutos se passam até que Luar vê, pelo espelho retrovisor lateral, Orlando sair do restaurante e caminhar tranquilamente em direção ao caminhão. Teme que o rapaz se assuste com a porta se abrindo e resolve avisá-lo, falando por entre os dentes, sem mexer os lábios:

– O motorista vem vindo.

O rapaz se agita e se coloca em outra posição para melhor vigiar a porta.

– *É agora! Mate-o! Ou será que quer ser dominado pelo motorista?! Veja a posição em que se encontra! O que vai fazer se eles resolverem dominá-lo?! Mate os dois! Mate os dois!*

O rapaz se agita mais e sente agora muito medo até que, após alguns segundos, Orlando sobe no estribo do caminhão e olha pela janela.

– Tudo bem, Luar? Ei, quem é você? – pergunta ao ver o rapaz abaixado e com a arma apontada para o amigo.

– Entre ou mato seu amigo aqui! Este caminhão está cercado! – ameaça.

Nesse exato momento, mais dois outros dos ocupantes do automóvel já estão atrás de Orlando, ameaçando-o, também. Este entra, então, no caminhão e recebe as ordens de um deles que lhe fala sorrindo do lado de fora, para não levantar suspeitas:

– Seu caminhão tem lugar para mais três pessoas embaixo do encerado. Duas estão indo para lá. Vou entrar também. Espere exatamente dois minutos e saia calmamente com o veículo. Meu amigo aí vai lhe dizer o caminho a seguir. Faça tudo certo e ninguém irá se machucar, mas não tente nenhum truque, pois haverá um carro seguindo-o. Vamos lá.

Dizendo isso e mentindo sobre um carro a segui-los, o homem esgueira-se para trás do caminhão e sobe na carroceria, ocultando-se, assim como os outros, debaixo do encerado. Orlando aguarda os dois minutos e parte lentamente. Quando alcançam a rodovia, ouvem a sirene de um carro da polícia rodoviária aproximando-se do restaurante. Rodam por mais alguns quilômetros até que o rapaz, ainda agachado, mas olhando sorrateiramente pelo para-brisa, ordena que Orlando entre por uma estrada de terra. Mais uns nove quilômetros à frente, o rapaz lhe indica o novo caminho a seguir, que vai dar em uma pequena propriedade rural.

Assim que estaciona, os homens saltam da carroceria e fazem o maior alarido, obviamente comemorando uma vitória.

– Conseguimos! Conseguimos! – grita um deles. – Estamos ricos! Estamos ricos!

– Cale a boca! – berra um outro que parece ser o chefe do bando – Cale a boca! Quer que o mundo inteiro fique sabendo de tudo?

– Tem razão, desculpe-me – concorda o que gritara.

– Venham. Vamos entrar na casa. Traga o malote e também os dois do caminhão. Amarrem-nos com uma corda. Vamos. Você, Carlos, verifique se dá para colocar o caminhão onde iríamos esconder o automóvel.

– Certo.

– Vamos entrar.

Orlando e Luar são amarrados pelos pulsos, com os braços para trás das costas e levados para o interior da casa onde os fazem sentar-se de costas para uma parede.

– Vamos ver quanto conseguimos – diz o chefe, colocando o pesado malote em cima de uma tosca mesa de madeira e despejando o seu conteúdo sobre ela. São maços de dinheiro, presos com cintas de papel bancário. Orlando e Luar logo percebem tratar-se de algum assalto a banco.

– Meu Deus, quanto dinheiro! – exclama um dos homens – Nunca podia imaginar que havíamos pego tanto! Estamos ricos!

– Vamos fazer a divisão agora – diz um outro.

– Esperem! – ordena aquele que parece ser o chefe. – Vamos com calma. Vamos esperar tudo se acalmar e depois faremos a divisão na porcentagem combinada. Não quero ninguém saindo por aí gastando a torto e a direito e dando na vista. Vamos escondê-lo e marcaremos um dia para nos reunirmos porque também não poderemos permanecer todos juntos e nem mesmo aqui neste lugar.

– Mas por que não o dividimos e cada um esconde a sua parte?

– Porque foi assim que combinamos e assim será feito! – responde o chefe, ríspida e autoritariamente.

– Pedro tem razão, – diz um outro. – Não podemos dar na vista. Melhor escondermos essa grana toda e depois a pegaremos.

– Pois eu não confio em nenhum de vocês – insiste o homem.

– Pois terá que confiar! E agora chega!

– E quanto aos dois? – pergunta o mais jovem, o que ficara dentro do caminhão com Luar, apontando para os prisioneiros.

– Vou resolver hoje à noite o que fazer com eles – responde o chefe.

O Espírito obsessor que tentara fazer com que o rapaz matasse Luar, dirige sua orientação agora em direção a Carlos, que lhe parece o mais cruel do bando.

– *Vocês têm que matá-los! Vão deixá-los vivos para que os reconheçam?! Agora que estão ricos, passando pelo perigo que passaram vão se arriscar a colocar tudo a perder?! Sabem quantos anos de prisão terão se forem presos?! Devem matá-los! Matá-los!*

– Penso que teremos que matá-los – diz Carlos.

Nesse momento, Deocleciano, sem que Faros e os outros o vejam, aproxima-se de Pedro e lhe insufla aos ouvidos:

– *Se forem presos já terão uma grande condenação. Imagine se forem julgados por assassinato também. Além do mais, apele para algo de bom em você. Orlando é um trabalhador. Tem família para sustentar, e o rapaz, uma vida toda pela frente. Poderia ser seu filho. Por que matá-los?*

– Não quero sangue de inocentes nisso – decide Pedro.

– Mas viram os nossos rostos e facilmente poderão nos reconhecer.

– Não se preocupe. Quando tiverem conseguido se livrar dessas cordas, já estaremos bem longe.

– *Não vá na conversa dele! – investe o obsessor novamente – Pedro está amolecendo demais! Para que arriscar?! Matem-nos, escondam os seus corpos e dêem um fim no caminhão. Ninguém vai descobrir. Ninguém os viu. Devem matá-los!*

– Ainda penso que não deveríamos nos arriscar, deixando rastros – insiste Carlos.

– Isso decidiremos depois – fala autoritariamente Pedro, ainda sob a influência de Deocleciano.

– *Droga! – resmunga o Espírito obsessor.*

– E agora, o que faremos? – pergunta Luiz, o outro dos assaltantes.

– Claiton ficará aqui vigiando-os, enquanto disfarçadamente iremos até a cidade onde roubaremos um automóvel para sairmos daqui. O caminhão poderá levantar suspeitas, pois teremos que passar por postos da polícia rodoviária. Carlos, você já tem a placa nova para trocarmos no carro e aquela logomarca comercial para colocarmos nas portas do veículo?

– Estão aqui.

– Muito bem. Com uma placa nova e o adesivo de uma empresa nas portas, ninguém desconfiará do automóvel.

– Que tipo de carro roubaremos?

– Um do tipo popular para não chamarmos a atenção.

– Certo. Então, vamos.

– Iremos com o caminhão e o abandonaremos numa rua da cidade. Carlos e Luiz virão comigo. Como já disse, Claiton ficará tomando conta dos dois para que não fujam. Carlos, apanhe o malote e traga-o para fora. Vamos escondê-lo no local combinado.

– Vocês precisam trazer comida – lembra Claiton.

– Fique tranquilo. Voltaremos com o carro e com a comida.

– Por que não compramos um carro ao invés de roubar um?

– Luiz, quantas vezes terei que lhe explicar que não podemos chamar a atenção, gastando dinheiro vivo?

– Está certo.

Dizendo isso, os três homens saem da casa, escondem o malote de dinheiro num buraco previamente preparado e disfarçado com um tambor de metal por cima e, com o caminhão, dirigem-se para a cidade por uma estrada de terra. Permanecem na casa, Orlando, Luar e Claiton, o moço que os rendera no caminhão.

Oito

POR ALGUM TEMPO, PERMANECEM em silêncio até que Luar pergunta ao rapaz:

– Você se chama Claiton, não é?

O moço olha para ele de maneira enigmática e responde:

– Pode me chamar assim, já que aquele imbecil do Pedro resolveu nos chamar pelo nosso verdadeiro nome.

– Meu nome é Luar.

– Luar?!

– É... Luar.

– Nunca conheci ninguém com esse nome. Tem alguma coisa a ver com a Lua?

– Pode ser, mas me diga uma coisa: eu e meu companheiro temos chance de sairmos vivos daqui?

– Você quer mesmo saber?

– Queremos – responde o motorista.

– Não o autorizei a falar! – grita Claiton, sacudindo a arma na direção de Orlando. – Por enquanto, só converso com Luar.

– Tudo bem, Claiton – diz Luar, procurando acalmá-lo. – Não se irrite. E respondendo à sua pergunta, digo que quero saber, sim.

O rapaz torna o olhar para ele e fala:

– Para falar a verdade, não sei. Pelo chefe, ele deixa vocês vivos, mas Carlos... Ele não gosta de se arriscar.

Deocleciano aproxima-se de Luar, procurando torná-lo bastante calmo para a conversa que irá se iniciar.

– Entendo... – diz Luar, calmamente.

Claiton franze o cenho como quem parece não entender a atitude dele.

– Escute, você não tem medo? Não está nem um pouco preocupado?

O Espírito coloca as mãos sobre a cabeça de Luar transmitindo-lhe energias para um melhor intercâmbio e Luar se sente mais seguro, apesar de iniciar a fala com bastante humildade:

– Estou com medo, sim, e muito preocupado, pois não gostaria de abandonar o meu corpo e a Terra tão cedo assim. Penso que ainda tenho muita coisa a fazer. Tenho que ajudar muitos irmãos, além do que não gostaria de vê-lo, Claiton, ter de responder perante a vida, pela cumplicidade num crime.

O rapaz olha curiosamente para Luar.

– Você tem muitos irmãos?

– Não, apenas costumo chamar a todos de irmãos, pois todos somos filhos de Deus. Para mim, você é meu irmão.

– Você é muito religioso?

– Sou espírita.

– Espírita... você conversa com os Espíritos?

– Você já ouviu falar disso?

– Já. Uma tia minha conversou com meu primo num Centro Espírita.

– Verdade?

– É verdade, sim, e ele mandou um recado para mim. Você acredita que esse meu primo, que morreu de câncer, me mandou dizer uma coisa que só ele e eu sabíamos?

– Acredito. E posso saber que recado foi esse?

O rapaz olha para Orlando meio desconfiado, mas não resiste e conta a Luar:

– A história é a seguinte: uma vez, quando éramos crianças, eu e ele juntamos um dinheiro e, às escondidas de minha mãe e da mãe dele, compramos uma moeda de um colecionador. Era uma moeda espanhola muito bonita, sabe? Na verdade, nem sei porque fizemos isso. Coisa de criança. Acontece que ficamos com medo de que nossas mães ficassem bravas por termos gasto esse dinheiro numa coisa sem utilidade e a escondemos no teto da casa dele. O tempo passou e acabamos nos esquecendo dela. Eu nem me lembrava mais. Depois de alguns anos, já éramos adolescentes, ele contraiu essa doença e morreu. Passados dois anos, minha tia recebeu uma comunicação dele num Centro Espírita e ele me mandou dizer que eu poderia ficar com a moeda, como lembrança dele. Mas como já disse, somente nós dois sabíamos dessa moeda e, inclusive, já nem me lembrava mais. Então, subi no forro da casa dele e apanhei a moeda, que dei de presente para minha tia. Eu acredito nisso, sim.

– Quer dizer que depois disso você passou a acreditar na comunicação dos Espíritos desencarnados com os encarnados, através da mediunidade, não é?

– Só posso acreditar, apesar de não ter muita vontade de lidar com isso. Confesso que sinto medo.

– Não precisa ter medo nenhum. Na verdade, pensando assim, teria que ter medo de si mesmo, pois é um Espírito também.

– Eu sou um Espírito?!

– É lógico. A única diferença entre você e esse seu primo é que ele não possui mais um corpo material e você ainda o possui, mas, logicamente, quando chegar a hora de você partir para o verdadeiro plano da vida, que é a espiritual, vai abandonar esse seu corpo.

Claiton olha meio apalermado para Luar e pergunta-lhe:

– O que você quis dizer com "ter que responder perante a vida pela cumplicidade num crime"?

– Claiton, preste atenção: estamos aqui nesta Terra apenas de passagem e Deus quer que façamos o bem para os outros, que procuremos evoluir espiritual e moralmente para que possamos, um dia, atingir um grande estado de felicidade, entende? Porém, tudo o que fizermos de mal, teremos que responder perante a vida, ou seja, perante Deus.

– Como responder?

– Essa é uma maneira de falar, mas você entenderá facilmente. Responda-me uma coisa: o que acontece com o nosso dedo se o colocarmos sobre uma chama?

– Ele queima e dói.

– Certo. Agora, por que ele queima e dói?

– Ora, porque o colocamos na chama.

– Muito bem. Isso quer dizer que a queimadura e a dor são consequências do fato de termos colocado o dedo sobre a chama, não é?

– É.

– Da mesma forma, se nós bebermos uma garrafa de aguardente todo dia, o que deverá nos acontecer?

– Acho que morreremos de cirrose. Meu tio morreu de tanto beber.

– E que conclusão você pode tirar desses dois fatos?

– Bem... talvez... que nós mesmos provocamos os nossos males...?

– Isso mesmo. Então, quando digo que terá que responder perante a vida, perante Deus, estou querendo dizer que fatalmente sofrerá as consequências do que fizer. Se fizer o bem, terá o bem de volta, mas se fizer o mal, este se voltará contra você. Quero dizer que não é Deus quem castiga seus filhos. Somos nós mesmos quem determinamos os nossos acontecimentos futuros. E isso não ocorre somente nesta vida, não. Nós, Espíritos que somos, depois da morte de nosso corpo físico, sofreremos essas consequências do "lado de lá" e retornaremos, reencarnando novamente aqui na Terra em outro corpo e quantas vezes forem necessárias, para que aprendamos a não praticar mais o mal, mesmo que tenhamos que sofrer desse mesmo mal para aprendermos.

– Eu não me lembro de nenhuma vida anterior a essa.

– É lógico. Deus nos dá a dádiva do esquecimento do passado, senão seria impossível vivermos juntamente com as pessoas com quem temos débitos a resgatar. Você já pensou como seria difícil ou, até mesmo, impossível, convivermos com uma pessoa sabendo que ela nos fez um grande mal em outra vida, ou, pior ainda, se ela soubesse o mal que lhe fizemos?

– Mas para que tudo isso?

– Para reatarmos os nossos laços de entendimento com os nossos irmãos. Vou lhe dar um exemplo: imagine que uma pessoa tenha um ódio muito intenso por outra, por causa de algo ruim que ela lhe causou. Quando ela estiver sem o corpo físico, esse ódio continuará e como seria a melhor maneira de livrar-se desse ódio que tanto a faz sofrer, porque, na verdade, o ódio traz muito sofrimento às pessoas? Apenas trocando esse ódio por amor.

– E como fazer isso?

– É muito simples: vamos imaginar que você tenha um ódio muito grande por alguém. Que depois de desencarnados, você reencarne, cresça, se case e tenha um filho e que esse seu filho seja essa pessoa, esse Espírito a quem você tanto odiava. E não sabendo que esse seu filho era aquele mesmo Espírito a quem você tanto odiava, o que vai acontecer? Você vai amá-lo desde pequenino, vai vê-lo crescer, vai educá-lo e, se um dia, quando liberto da matéria, vier a saber que ele foi no passado aquele Espírito que tanto mal lhe fez, não vai mais conseguir odiá-lo, porque já trocou esse ódio pelo amor paterno. Entendeu?

– Sim, mas...

– E vou lhe explicar mais uma coisa: existem casos em que o Espírito reencarna numa situação muito difícil, às vezes, doente, com graves defeitos físicos, ou contrai doenças muito dolorosas, também como uma dádiva de Deus, porque é a única maneira de se livrar de tantos inimigos que contraiu numa vida passada.

– Não entendo...

– Se esse Espírito está sofrendo uma atroz perseguição por parte de seus inimigos e contrair uma doença, uma situação tão difícil de vida, esses seus inimigos acabarão sentindo uma espécie de pena dele, mesmo porque, ele sofre tanto que não têm o que fazer contra ele. E você sabe que a compaixão é o início do perdão e do amor. Agora não se pode generalizar sobre isso, quer dizer, não podemos dizer que todos os doentes ou paralíticos ou estropiados possam estar passando por isso. Muitas vezes, esses infelizes são Espíritos mais elevados que para aqui vêm nessa situação com a finalidade de auxiliar muitas pessoas, ensinando, através de seus exemplos de resignação e confiança em Deus.

– Tudo isso que você diz é muito bonito, mas na prática, a coisa é muito diferente.

– Por que você diz isso?

– Porque na prática, tudo é muito difícil, entende? Essa sua explicação só serve para quem é santo. Eu, por exemplo, o que posso fazer?

– O que acontece com você? Parece-me um rapaz com muita saúde e muita disposição. Qual problema o aflige?

– Sou pobre, entende? Já passei fome. Não tenho pai. Apenas minha mãe e dois irmãos menores.

– Passou fome, tudo bem, mas o que você fez para lutar contra isso?

– Pedia esmola e comida nas casas para levar para minha mãe e meus irmãos. Aí resolvi não sofrer mais, nem eu, nem minha mãe e nem meus irmãos.

– Ah, você pedia esmola e comida nas casas. Por quanto tempo fez isso?

– Por mais de dois anos. Só parei quando minha mãe arrumou um emprego de faxineira e meu irmão do meio começou a trabalhar numa farmácia.

– E durante esses mais de dois anos, algum de vocês morreu de fome?

– É lógico que não. Mas aquilo era vida?

– Não devia ser uma vida boa, mas era a única que vocês podiam levar naquele momento e não morreram por isso. Deus os amparou apesar de todas as dificuldades e sofrimentos. Tenho certeza de que teriam que passar por aquelas privações.

– Isso eu não sei... só sei que mamãe rezava muito pedindo a Deus e a Jesus que lhe arrumasse um emprego para que eu não precisasse mais esmolar.

– E Deus atendeu ao pedido dela, não foi?

– É... mas só depois de dois anos...

– Para tudo tem a hora certa, Claiton. Sua mãe e seu irmão não conseguiram um emprego?

– Sim, mas...

– Então... Você deveria ter feito o mesmo. Seria a maneira correta de agradecer a Deus, a Jesus e aos Espíritos Superiores, por tudo o que fizeram por vocês.

– Ah! Conversa...

– Não é conversa, não, e você sabe disso. Tenho certeza de que, no fundo, não gosta do que está fazendo. Sei que gostaria que sua mãe sentisse orgulho de você. E o que ela sentirá quando souber que você se transformou num bandido, heim? Penso que ela desconhece a vida que você está levando.

– Ela não sabe de nada. Pensa que arrumei um emprego em outra cidade e que lhe mandarei dinheiro quando ganhar algum.

– E você já imaginou a decepção que sentirá quando você for preso e condenado por roubo a banco?

– E quem disse que vou ser preso? Este foi o primeiro e será o meu último assalto. Vou pegar a minha parte, voltar para casa e montar um comércio.

– E você acha isso certo?

– O banco tem seguro.

– Isso não justifica o seu ato. Você roubou, mas o pior não é isso. Se eu e meu companheiro formos mortos, você, além de ladrão, será também um assassino.

– Se isso acontecer, não serei eu a puxar o gatilho do revólver.

– Pois é como se o fizesse. Faz parte do bando e é cúmplice deles. Não interessa quem vai puxar o gatilho. Seremos mortos por causa do que vocês fizeram. Por causa do que você fez e, além do mais, porque você não impediu isso.

O rapaz começa a aparentar um grande desconforto com as palavras de Luar.

– Eu posso ser ladrão, mas assassino, não. Não vou permitir que façam isso. Vou falar com eles.

– E você acha que vão dar ouvidos a você? Seu chefe parece ser muito autoritário e violento. Carlos, pior ainda.

Nesse instante, dona Sebastiana aproxima-se de Claiton, seu neto, e o enlaça com muito carinho, dizendo-lhe, através dos mecanismos da intuição:

– Você é um bom menino e esse moço aí é um bom rapaz também. Você não é um assassino, Claiton. Tem que ajudá-lo. Não se deixe comprometer com esse crime.

– E o que é que eu posso fazer, heim, Luar? – grita Claiton, com a voz embargada. Encontra-se a ponto de chorar por causa de todas aquelas palavras e, principalmente, depois que ele mencionou sua mãe. – O que é que eu posso fazer? Só se eu soltá-los e deixar que fujam. E depois, o que acontecerá comigo?

– Você pode vir conosco. Nós o protegeremos.

– Vocês me protegerem?! Está louco?

– Se você não levar o dinheiro...

– Não sei... Não sei o que fazer...

– Eles sabem onde você mora?

– Não. Meu primeiro contato com um deles e que acabou me convidando para esse assalto, foi numa praça no centro da cidade. Não sabem nem de que lado moro.

– Pois então – procura insistir Luar, que percebe que o rapaz já está quase concordando em soltá-los e, principalmente, em abandonar essa vida de marginalidade em que se meteu –, solte-nos e volte para sua casa. Os outros só querem saber do dinheiro e de sumir para bem longe. Penso que vão até agradecer pelo fato de você lhes deixar a sua parte do dinheiro.

– Meu Deus, você está me convencendo. Ninguém me viu, mesmo. Estava mascarado. Só vocês.

– Se nos soltar, não vamos fazer nada contra você.

A avó abraça-o mais fortemente e seu avô aproxima-se também, dando-lhe um beijo na face.

Claiton parece sentir aquele estranho carinho até que, num repente, levanta-se do chão onde estivera sentado até aquele momento.

– Está certo. Ainda temos algum tempo. Não quero continuar nesta vida. Não quero ser um bandido. Não quero que minha mãe e nem meu primo sintam vergonha de mim.

– Você está correto, Claiton. Que Deus o abençoe. Desamarre-nos, então.

Claiton deposita o revólver em cima da mesa e desamarra os dois; Luar apanha sua mochila e saem da casa. Orlando demora um pouco para sair, a tempo de apanhar a arma e escondê-la debaixo da camisa, saindo em seguida. Lá fora, na tentativa de conseguir a informação que deseja, fala com Claiton:

– Por favor, meu jovem, deixe o dinheiro onde está. Não vamos levar nada. Tenho muito medo desse bando.

Claiton, inocentemente, revela, apontando o esconderijo:

– Nem pensar em mexer com esse dinheiro. Ele está enterrado debaixo daquele tambor. Vamos embora logo. Para onde você vai, Luar?

Luar abre a mochila, retira dela uma bússola e confere a posição do norte.

– Vou para lá – diz, apontando para uma estrada de terra –. Onde será que vai dar essa estrada?

– Não conheço nada aqui – responde Claiton –, mas deve encontrar alguma fazenda ou sítio. Lá poderão lhe dar uma informação.

– E você, para onde vai?

– Não devemos estar longe da próxima cidade. Vou voltar pela estrada, mas vou margeando-a, por dentre as árvores. Não quero que me vejam quando retornarem com o carro roubado.

– E você, Orlando?

– Vou junto com Claiton. Preciso fazer uma ocorrência sobre o roubo de meu caminhão. Pelo que disseram, vão abandoná-lo na cidade. Mas pretendo esperar até o anoitecer para que dê tempo de eles fugirem. Não quero encrencas com esse pessoal.

Luar, então, abraça os dois, desejando-lhes boa sorte e agradece a Orlando por tudo que fez por ele.

– Um dia ainda nos encontraremos, Luar – diz o motorista.

– E você, Claiton, muito juízo.

– Deus lhe pague, Luar. Nunca irei esquecê-lo.

"O Evangelho é a bússola do Espírito"

A FUGA

Nove

– VAMOS, ORLANDO. QUERO desaparecer logo deste lugar – pede Claiton.

– Vamos, sim.

– Desculpe-me pela maneira como me portei com você – diz o rapaz. – Pode crer, eu não sou um bandido como eles. Estava me sentindo muito mal com tudo aquilo.

– Você é um bom rapaz. Apenas estou um pouco preocupado com Luar, sabe?

– Eu também... sozinho..., mas por que ele quis ir para aquela direção?

– Ele diz que tem que seguir a direção norte. Luar perdeu a memória.

– Perdeu a memória? – pergunta Claiton, enquanto caminham.

Orlando conta, rápida e resumidamente, o que sabe a respeito do rapaz até que, repentinamente, para e diz:

– Sabe, Claiton, acho que vou voltar.

– Voltar?

– Sim. Vou alcançá-lo e seguir com ele até que encontre algum lugar para ficar. Estou muito preocupado.

– Acho que tem razão. Quer que eu vá junto?

– Não será preciso. Vá em frente. Você ainda corre perigo. Afinal de contas, está desertando do bando.

– Você está certo. Vou continuar em frente. Vá atrás de Luar.

– Até qualquer dia, então, meu amigo. Que Deus o proteja.

– Vá com Deus, também – despede-se Claiton.

Orlando, então, volta sob seus próprios passos, mas não tem a intenção de alcançar o outro. Chegando na casa onde estiveram presos, apura os ouvidos para detectar se não estão voltando com o carro roubado e, arrastando o tambor, apanha o pesado malote.

– Meu Deus, como pesa! Como vou fazer para levá-lo comigo? Deixe-me ver... só se eu escondê-lo em algum outro lugar. Bem, não posso ficar aqui por muito tempo. Ah, ali tem um grande saco de adubo. Vou esvaziá-lo, colocar o malote dentro para não chamar a atenção e tentar uma carona na estrada, um pouco mais à frente. Penso que dá para carregá-lo até lá.

Dizendo isso, parte para a ação, dirigindo-se até a estrada por entre a mata, arrastando o produto do roubo.

* * *

Algumas horas se passam e Pedro, Carlos e Luiz chegam à casa abandonada, com o carro roubado.

– Claiton! Claiton! – chama Pedro. – Venha buscar a comida. Claiton! Onde se meteu esse rapaz? – pergunta, ante a demora.

– Claiton! – chama Luiz, entrando na casa – Claiton, onde está você?!

– Ele não está aí? – pergunta Pedro.

Luiz retorna, correndo.

– Nem ele, nem os outros dois! – grita, correndo em direção ao tambor onde estaria escondido o malote do dinheiro e o arrasta com fúria. – Não!!! Maldito Claiton!!!

– O que foi, Luiz?!

– O dinheiro sumiu! Não está mais aqui!

– O quê?! – assombra-se Carlos. – Eu disse que não confiava em ninguém! Claiton nos roubou junto com aqueles dois!

– Não creio – afirma Pedro. – Por que Claiton iria dividir o dinheiro com aqueles dois? Não haveria grande diferença em dividi-lo com nós três e não se colocaria contra nós.

– Dá uma boa diferença, sim, Pedro. Dá uma grande diferença.

– Precisamos encontrá-los – diz Carlos. – Não devem estar longe. Devem ter ido a pé.

– Não seja idiota. Acha que fugiriam a pé com aquele malote pesado?

– Eu não sei, mas temos que encontrá-los. Vamos até a estrada.

– E esta de terra? Talvez tenham ido por aqui.

– O mais provável é que tenham pego uma carona.

– Que ódio!!! – berra Pedro – Quando encontrá-los!!!

– Vamos fazer uma coisa – sugere Carlos –: um vai pela estrada de rodagem com o carro, outro vai por aqui, beirando a pista e eu vou pela estrada de terra. Quem encontrar primeiro atira para cima. Se na estrada de rodagem, um tiro, se por aqui, dois tiros e se eu encontrá-los na estrada de terra, darei três tiros.

– Não se esqueçam que Claiton está armado.

– Ele nem sabe atirar – afirma Luiz.

– Vamos. Nosso próximo encontro será aqui nesta casa. O que chegar primeiro, espera os outros.

* * *

– Alguma notícia de Lélis, Alcides? – pergunta Milton ao detetive particular, pelo telefone, no dia seguinte ao que estiveram no hospital.

– Parece que sim, seu Milton. Já estava para lhe ligar.

– O que conseguiu?

– Hoje de manhã, investiguei nas proximidades, e um engraxate, desses que trabalham na calçada, me disse que um homem com uma mochila nas costas passara por ele e que somente o notara porque ele calçava uma botina, dessas de se fazer caminhada, muito bonita, que lhe parecera importada. Diz ele ter o costume de, pela força de sua profissão, notar os calçados que as pessoas usam. Ele calçava um desses sapatos?

– Espere um pouco. Mirtes, seu irmão usava uma botina, própria para caminhadas?

– Usava, papai. Era importada. Por que pergunta? Encontraram o Lélis?

– Ainda não, mas o Alcides parece que encontrou alguma pista. E daí, Alcides?

– Pela informação que ele me deu, o rapaz parece ter seguido em direção a uma praça não muito longe dali. Fui até lá e andei perguntando a alguns comerciantes. Num dos bares, o proprietário me disse que alguém com essa descrição, com uma mochila nas costas, comprara alguns sanduíches e laranjas, pagando com uma lanterna verde. Ele possuía uma lanterna nessa cor?

Também Mirtes responde positivamente, quando o pai lhe pergunta sobre a lanterna.

– E o comerciante ainda viu quando ele sentou-se em um banco junto com um velho andarilho que ele conhece por Raul. É um andarilho conhecido por todos e que mora numa velha banca abandonada.

– E você encontrou esse velho?

– O velho, não, mas encontrei a banca. Estava vazia. Uma pessoa que trabalha de vigia de algumas lojas daquele lugar, me informou que o velho morrera naquela noite e que com ele havia um rapaz com uma mochila às costas e um outro homem. Pareciam ser amigos do velho.

– E depois?

– Fui até um posto de gasolina e tive a informação de que um caminhão, dirigido por um tal de Orlando, saíra de madrugada com um jovem de cerca de uns trinta anos, carregando uma mochila.

– E obteve informação de quem seria esse motorista?

– Sim e já obtive também a informação para onde iriam. Já estou seguindo para lá, agora.

– Mantenha-me informado, Alcides. Está fazendo um bom trabalho. Será bem recompensado. Até mais.

– Deixe-me falar com ele, seu Milton – pede Paulo, seu genro, marido de Mirtes. O homem passa-lhe o telefone sem fio e Paulo afasta-se um pouco para conversar com Alcides.

– Notícias de Lélis, Milton? – pergunta a esposa esperançosa que, junto com a filha, estavam ao lado do marido enquanto este se encontrava ao telefone.

– Boas notícias. Graças a Deus, Alcides já está na pista de Lélis. Ele é um bom detetive.

Paulo termina de falar com Alcides e sai, alegando ter de voltar ao trabalho. Entra em seu carro e, estacionando-o, umas quadras adiante, disca um número em seu telefone celular.

– Alô. Romildo? Aqui é Paulo. Tenho informações que podem levá-lo até o cretino de meu cunhado. Veja se não vai falhar desta vez.

Paulo, então, explica tudo a Romildo e para onde Alcides está indo, atrás do caminhão.

– Tente encontrar Alcides e fique na pista dele. Já sabe o que fazer.

– Preciso agir rápido. Afinal de contas, Lélis me reconheceu – fala Romildo – Por sorte não se lembra de mais nada, mas e se de repente recuperar a memória?

– Você é um imbecil, mesmo!

– E não tente nada contra mim, heim, Paulo? Amigos meus estão sabendo do caso.

Paulo desliga o telefone e balbucia:

– Esse maldito Romildo! Tinha que falhar! Mas Lélis não perde por esperar. Quero ver quem vai herdar toda a fortuna de meu sogro, senhor Milton Altese.

* * *

– Mas o senhor acha, papai, que foi, como a polícia acredita, uma tentativa de homicídio?

– Que tentativa de homicídio, que nada, Mirtes! Você acha que pode existir alguém neste planeta que iria atentar contra a vida de seu irmão? Um moço bom daquele jeito?! A polícia, acostumada com crimes, acaba vendo coisas que não existem.

– Será que existe um tratamento para ele, pai? – pergunta Mirtes. – Já pensou se ele não se lembrar mais da gente?

– O médico diz que ele vai recuperar a memória, sim. Pena que fugiu do hospital, o que não consigo entender. Alguma coisa fizeram para que ele fugisse. Não consigo atinar com esse seu procedimento porque, mesmo sem memória, de acordo com o doutor, ele continuava a pessoa dócil que sempre foi.

– Vamos rezar para que tudo acabe bem, papai. É só o que podemos fazer.

Dez

JÁ SÃO PERTO DE SEIS HORAS da tarde quando Luar, com muita fome, avista uma casa ao longe. Parece ser uma fazenda. Muitas cabeças de gado estão a pastar e uma extensa plantação de laranjas se perde no horizonte. Percebe que a casa é grande e cercada de frondosas árvores.

– Será que me arrumam algo para comer e água para encher o meu cantil? Gostaria de tomar um bom banho também.

Aproxima-se por entre algumas árvores, após ter caminhado por mais uns quinze minutos. Chega à casa e, subindo as escadas de um alpendre, bate à porta, descendo, em seguida, para aguardar que atendam. Alguns minutos se passam sem que ninguém apareça, até que a voz de uma mulher corta o silêncio:

– Deseja alguma coisa, moço?

Luar olha para o lado direito que é de onde vem a voz e vê uma senhora gorda, de uns sessenta e poucos anos, que caminha em sua direção. Traja um longo vestido estampado em azul e vermelho e um impecável avental branco. Nos cabelos usa um lenço, amarrado na nuca. Tem a fisionomia daquelas pessoas que estão de bem com a vida e com as pessoas, inclusive havia lhe perguntado de maneira bastante gentil.

– Boa tarde, minha senhora. Desejaria um pouco de atenção de sua parte.

– Pode falar – diz, aproximando-se e dando a mão a Luar. – Seja bem-vindo. Não me parece um homem do campo e muito menos um desses andarilhos que andam pelas estradas. Está perdido?

– Acho que poderia dizer que sim.

– Suba aqui na varanda e sente-se um pouco. Vou mandar servir-lhe um suco.

– Se a senhora não se importar, gostaria de tomar um pouco d'água e, se não fosse abusar, queria encher este cantil – pede, retirando o vasilhame da mochila.

– Eu vou providenciar também. Espere um pouco.

A senhora entra na casa e retorna, minutos depois, com uma jarra d'água, um copo e devolve a Luar o cantil cheio d'água.

– Muito obrigado, senhora...

– Josete.

– Muito obrigado, dona Josete. A senhora está sendo muito gentil. Penso ser difícil encontrar alguém que atenda a um desconhecido dessa maneira, principalmente nos dias atuais, onde existe muita violência, muitos assaltos.

– Normalmente, não ajo assim. Tomo muito cuidado e, fosse outra pessoa, teria chamado o administrador da fazenda lá no escritório, mas você pareceu-me um moço muito bom.

– Obrigado, minha senhora.

– Não me parece um desses andarilhos que, às vezes, passam por aqui, geralmente bêbados, apesar de que, coitados, penso que são os que mereceriam a nossa melhor ajuda.

– Bem, eu não sou propriamente um andarilho e também não bebo. Apenas me encontro sem destino. Tive um problema e estou procurando minha identidade, sabe?

– Sua identidade?

– Sim. Sofri um acidente e não sei quem eu sou – conta Luar, porque sente que pode confiar naquela senhora que, pela idade que aparenta, bem poderia ser sua mãe.

– Você não sabe quem é e nem quem são seus pais ou se tem irmãos?

– Isso mesmo.

– Mas me conta isso. Como aconteceu?

Luar lhe conta tudo, com exceção da visão da moça e do episódio em que foi preso pelos assaltantes. Diz que sente que deve ir para o norte e que a carona que havia conseguido precisou deixá-lo por ali.

– Mas como isso é possível? Seus pais devem estar muito preocupados.

– Devem estar, sim, mas o que posso fazer?

– Será que tentaram, mesmo, matá-lo...? Seu nome? Oh, desculpe-me, você não se lembra.

– O velho andarilho deu-me o nome de Luar que é o contrário do seu, que é Raul.

– Que interessante... Luar... bonito. E o que pretende fazer?

– Como já lhe disse, não sei ainda.

– A próxima cidade está longe, cerca de uns quarenta quilômetros daqui. A distância é grande e não chegará lá antes do anoitecer. Penso até que deverá ter que descansar na metade do caminho. A propósito, o que fará quando lá chegar?

– Está aí uma boa pergunta, dona Josete, mas confio em Deus e sei que tudo acabará se resolvendo da melhor maneira possível.

– Mas se você tem essa intuição de caminhar sempre no sentido norte, como saberá quando parar, ou seja, como saberá que chegou ao seu destino?

– Talvez isso aconteça naturalmente.

– Bem, então, não pode nem ter pressa nenhuma em deixar este ou aquele lugar, pois deverá permanecer um pouco em cada um para ver o que acontece, certo?

– A senhora tem razão.

– E você não tem nenhum lugar ou alguém a quem possa recorrer para tentar descobrir quem é? Não se lembra de nada, mesmo? Talvez, conhecimentos?

– Tenho, sim. Sei que sou espírita e conheço muito sobre esse assunto, bem como assuntos relacionados à Física, Química e Biologia.

– Você deve ter estudado. Também disse que é espírita...

– Isso mesmo.

– Já li alguma coisa a respeito, mas não gosto muito de mexer com isso. Tenho um pouco de medo.

– Medo? Por quê?

– Não sei; talvez porque a gente não goste muito de falar sobre a morte.

– Mas o Espiritismo não fala sobre a morte. Fala, sim, sobre a vida. Para o espírita, a morte não existe. O que existe é a passagem do Espírito para o outro lado da vida, para a verdadeira dimensão da vida.

– É... tem razão. Foi algo assim que li, mas e Jesus? Onde entra Jesus na religião espírita?

– Vou lhe mostrar, dona Josete – responde Luar, abrindo a mochila e entregando a ela um pequeno exemplar de "O Evangelho Segundo o Espiritismo". – Gostaria que a senhora ficasse com este livro de presente e que o lesse. Ele fala de Jesus e de seus ensinamentos. Também consta desse livro, explicações dos Espíritos sobre as palavras de Jesus.

– Muito obrigada – agradece a mulher, folheando o livro – Mas é parecido com o Evangelho que tenho aqui em casa.

– As palavras de Jesus são as mesmas. A única diferença é que neste, os Espíritos nos explicam, de maneira mais lógica e correta, os ensinamentos do Mestre, nosso irmão maior.

– Vou lê-lo com muita atenção e, mais uma vez, obrigada pelo presente.

– Bem, devo ir andando.

– Não... Como lhe disse, a próxima cidade fica um pouco distante e não chegará lá antes do anoitecer. Poderá passar a noite aqui na fazenda. Temos um quarto vazio ali, ao lado do escritório. Poderá usá-lo e se quiser banhar-se, lá tem um banheiro.

– Gostaria muito.

– Venha. Vou levá-lo até lá. Enéas! Enéas! Venha até aqui.

Atendendo ao chamado da patroa, um homem de meia-idade aparece numa porta onde se lê, na parte superior do batente, a palavra "escritório".

– Pois não, dona Josete.

– Este moço é Luar. Vai passar a noite aqui neste quarto.

– Tudo bem. Seja bem-vindo e se precisar de alguma coisa é só me chamar. Moro aqui ao lado.

– Obrigado.

– Assim que se banhar – diz a mulher–, descanse um pouco e depois vá até a varanda de casa que vou lhe arranjar um pouco de comida e café.

– Vou, sim.

– Assim que começar a anoitecer.

– Combinado.

A mulher mostra-lhe o quarto, o banheiro do lado de fora e afasta-se, deixando Luar a sós.

– Graças a Deus existe gente boa neste mundo – pensa Luar.

Toma, então, um banho, veste roupas limpas e decide que, assim que tiver uma oportunidade, irá lavar as que estava usando. Por ora, guarda-as dentro de um saco plástico e as coloca, juntamente com seus pertences, da melhor maneira possível, dentro da mochila, parecendo, neste momento, reconhecer alguns daqueles objetos como sendo seus. Na mochila ainda tem seis Evangelhos. Apanha um, abre uma página ao acaso e lê uma das passagens de Jesus. Essa leitura parece fortalecê-lo e já não se sente tão só. Sabe que Jesus, através de Espíritos amigos, encontra-se junto dele, como de tantas outras pessoas que possuem fé. Quando o Sol começa a se pôr, dirige-se até o alpendre da casa, senta-se numa das cadeiras e fica aguardando dona Josete que lhe prometera comida. Alguns minutos se passam e a mulher lhe traz um prato com arroz, feijão, carne e verduras cozidas. Luar come com gosto enquanto a mulher fica observando-o.

– Muito boa a comida, dona Josete.

– Pode comer à vontade. Se quiser mais, é só pedir.

Luar se alimenta e depois lhe é servida uma sobremesa e um café.

– Estava tudo muito gostoso, dona Josete. Nem sei como lhe agradecer.

– Pois não precisa me agradecer. Senti muita alegria vendo-o comer com tanto apetite. Fez-me lembrar de Antonio.

– Antonio...?

– Sim, meu filho Antonio. Morreu já faz nove meses, vítima de um acidente, quando dirigia um trator aqui na fazenda. O veículo tombou e ele caiu por baixo.

– O trator caiu em cima dele?

– Não bem em cima. Na verdade, tombou somente sobre sua perna, mas demorou muito para ser socorrido, pois estava longe daqui e perdeu muito sangue. Não houve tempo hábil. Quando chegou ao hospital já estava morto.

– Sinto muito, dona Josete. Era filho único?

– Não. Tenho uma filha, Rosália, mas está muito doente.

– O que ela tem?

– Nem os médicos conseguem diagnosticar o seu mal. Desde que Antonio morreu, ela ficou de um jeito que dá pena. Penso que ficou muito impressionada com a sua morte. Eram muito ligados. Difícil ver dois irmãos que se dessem tão bem. Muito unidos. Depois que ele faleceu, ela prostrou-se numa cama e não se levantou mais.

– Mas o que ela sente?

– Você não vai acreditar no que vou lhe contar. Rosália, como já lhe disse, ficou muito chocada com a morte do irmão e foi tomada por uma tristeza muito grande. Perdeu o apetite e não comia mais. Precisamos levá-la, inclusive, para um hospital para tomar soro. Sobreveio uma anemia e foi necessária até uma transfusão de sangue. Após isso, voltou a alimentar-se, mas muito pouco, talvez o suficiente para sobreviver, porém, quase não se levanta da cama. Diz sentir muita dor na perna esquerda, mesma perna onde o irmão foi atingido pelo trator. Quase todos os dias precisa tomar analgésicos por causa disso. Já chamamos até um psiquiatra que aqui vem uma vez por semana. Diz ele que ela ainda se encontra muito impressionada com a morte de Antonio e, psicologicamente, contraiu as dores no mesmo membro onde o irmão foi atingido.

Luar fica por alguns momentos pensativo, rogando auxílio ao plano espiritual até que, sentindo forte intuição, diz:

– Posso vê-la, dona Josete? Gostaria de fazer uma prece por ela.

– Como não? Venha comigo. Rosália deve estar dormindo agora. Há pouco lhe dei um calmante, receitado pelo médico.

Onze

LUAR ACOMPANHA A MULHER até um quarto localizado logo após a sala de estar, um grande cômodo da casa. O quarto também, a exemplo das antigas casas de fazenda, é bastante grande. A moça, aparentando uns vinte e poucos anos, encontra-se deitada numa cama de casal, tendo ao lado esquerdo um criado-mudo com várias caixas de remédios, uma jarra com água e um copo. À direita da cama, uma cômoda com um relógio, alguns artigos de toucador e um porta-retratos com a fotografia de um rapaz.

– É Antonio? – pergunta Luar a dona Josete.

– Sim. É o meu filho.

– Ela está dormindo?

– Está. Podemos conversar à vontade. Ela não nos ouve.

– Vou fazer uma prece em silêncio, dona Josete e, depois, gostaria de lhe dar algumas explicações, se me permite.

– Fique à vontade, Luar. Sinto muita confiança em você.

– Muito obrigado.

– Quer que eu faça algo?

– Por favor, feche um pouco mais a janela para que o quarto permaneça em penumbra, a fim de que possamos nos concentrar melhor e, por favor, ore, também, com bastante devoção.

Luar, então, cerra os olhos e se concentra, rogando o auxílio dos Espíritos, já tendo uma ideia do que realmente está ocorrendo. Pede a Jesus que envie Seus mensageiros em socorro da pobre moça e, principalmente, de seu irmão. Alguns minutos se passam até que sente mais uma presença no quarto. Mesmo com os olhos fechados, vê, ao lado da cama da moça, um jovem que reconhece ser o Espírito Antonio. Encontra-se apoiado sobre o leito e ainda com a perna bastante ferida. Nota, também, que o moço encontra-se com o olhar vidrado, como se estivesse em profundo estado sonambúlico. Luar apura os ouvidos e, numa temporária eclosão mediúnica, proporcionada por Espíritos Superiores, ali presentes, e para surpresa do próprio Luar, este passa a ouvir Antonio que, entre soluços, roga à irmã:

– Maninha, fale comigo! Fale comigo! Estou sofrendo muito e preciso de sua ajuda. Ninguém nesta casa parece me ouvir e necessito ser hospitalizado. Veja o estado de minha perna, se esvaindo em sangue. Por que ninguém quer me ajudar? Parecem me ignorar. Até mamãe e papai não olham para mim. Será que estão muito bravos com o que aconteceu? Sei que a culpa foi minha. Fui muito imprudente com o trator, mas sei também que você me ama o bastante para me ajudar. Por que não fala comigo? Por que não fala comigo?! – grita, desesperado, tentando acordar Rosália. Esta dá um grito e chama pela mãe:

– Mamãe! Mamãe! Me ajude! Ai, que dor!

Dona Josete levanta-se de um salto e corre até o leito, abraçando a filha.

– Acalme-se, filha. Mamãe está aqui do seu lado.

– Oh, mamãe, que sonho horrível. Sonhei com Antonio. Ele estava desesperado e me chamava!

– Acalme-se, Rosália. Foi só um sonho. Antonio está no Céu e Deus está cuidando dele.

– Acho que não, mamãe. Sempre sonho com ele e me parece muito desesperado.

– Tente dormir mais um pouco, filha. Descanse. Mamãe vai ficar do seu lado.

A moça aquieta-se, mas Antonio agita-se mais ainda.

– Eu não estou em Céu nenhum. Estou é num inferno. Será que a senhora não vê o meu estado?! – pergunta, alucinado, abraçando a mãe fortemente.

– Meu Deus! – exclama a pobre mulher. – Que arrepio! Acho que estou com medo, Luar. Meu Deus, ajude-nos! Não aguento mais ver minha filha desse jeito.

– Acalme-se, minha senhora – pede Luar. – Sente-se aqui novamente e deixe-me explicar-lhe uma coisa muito importante e que gostaria que alguém também ouvisse o que tenho a dizer.

– Quem você gostaria que o ouvisse? Antonio? Você é espírita. Por acaso tem vidência? Está vendo meu filho?!

– Mais uma vez lhe peço calma, dona Josete. Seu filho está aqui, sim, e necessita de auxílio. Vou falar com ele e, por favor, mantenha a calma e fique em silêncio, orando.

A mulher cerra os olhos e reza fervorosamente, rogando a Jesus que auxilie seu filho. Tem muita confiança em Luar e acredita no que ele lhe fala.

Luar solicita auxílio aos Espíritos, dos quais já sente a presença e fala, olhando agora para Antonio:

– Eu vejo você, meu irmão, e vou ajudá-lo.

O rapaz volta os olhos para Luar, ajoelha-se, com um esgar de dor por causa da perna e, juntando as mãos em tom de súplica, diz:

– Você me vê?! Você me vê?! Quem é você?! Por que os outros parecem não me enxergar?! Nem mamãe, nem papai!

– Tenha calma, Antonio. Vou lhe explicar tudo, mas é necessário que tenha muita calma.

– Fale! Fale! Já não aguento mais tanta indiferença. Nem Rosália me dá atenção.

– Como já lhe pedi, acalme-se e preste bastante atenção.

Dona Josete quer perguntar a Luar o que está acontecendo, pois percebe pelas palavras do rapaz que ele parece estar conversando com seu filho. Mas resolve permanecer em silêncio e em oração. O rapaz continua:

– Antonio, você não consegue ter uma ideia do que aconteceu com você?

– O que aconteceu comigo? Claro que sei. Causei um desastre com o trator de meu pai e ele caiu sobre minha perna. Desde então, sinto dores atrozes e não consigo encontrar ajuda de ninguém. Nem de meus próprios pais.

– Você se lembra que foi hospitalizado?

– Lembro-me, vagamente. Estava deitado numa mesa de cirurgia. Disso me lembro e também que, em determinado momento, senti-me flutuar um pouco e pareceu-me assistir a um filme.

– Um filme?

– Sim. Parecia que toda a minha vida desfilava na minha frente, desde a minha infância até o momento do desastre, como se estivesse diante de uma tela de cinema. Depois, alguém fechou os meus olhos e não consegui mais me mexer até que, penso, desmaiei de dor. Quando dei por mim, estava vindo para cá com muita dificuldade, pois não conseguia apoiar a minha perna ferida no chão. Tentava me levantar e caía. Vim quase que me arrastando e ninguém me ajudava, com exceção de umas pessoas muito feias que tentaram levar-me com elas. Resisti com muita bravura até que desistiram da ideia.

– Espíritos perversos – pensa Luar. – Esse moço deve ter alguma proteção que não consigo ver ainda e que o auxiliou a vir até aqui, já que esta casa possui uma vibração muito boa, plena de amor, emitida por dona Josete e, creio, por seu marido.

– Quando aqui consegui chegar – continua Antonio –, começou o meu desespero e o meu sofrimento porque confiante me encontrava de que meus pais me ajudariam, mas veja você que viraram as costas para mim.

– Preste atenção, Antonio – pede Luar – Seus pais não viraram as costas para você, pois eles o amam muito. O que aconteceu e ainda acontece é que não conseguem enxergá-lo

– E por que não conseguem me enxergar?

– Porque você, agora, pertence a uma outra dimensão.

– Outra dimensão?! O que está querendo dizer com isso?! Estou aqui. Veja o meu corpo. Nada mudou.

– Você está aqui, sim, Antonio. Você, Espírito, está aqui e esse corpo que você vê e sente é o seu corpo espiritual que conhecemos pelo nome de perispírito que é o seu corpo nessa dimensão em que se encontra. Agora, o corpo mais material, mais físico que você envergava e que era uma cópia desse seu perispírito, não mais lhe pertence.

– Não estou entendendo nada.

– Você me parece ser um jovem bastante inteligente e tenho certeza de que entenderá se prestar bastante atenção em minhas palavras e raciocinar comigo. Vou lhe explicar com poucas palavras. Tudo o que existe no Universo e que Deus, nosso Pai, criou, é formado por um fluido que denominamos de fluido universal e esse fluido universal que, inclusive é a matéria-prima de tudo, até dos elementos constitutivos dos átomos, existe em várias dimensões. Você consegue me entender?

– Acho que sim. Aprendi na Faculdade que cada objeto que existe é formado de átomos e que cada elemento que forma as diversas formas de matéria possui uma vibração atômica própria, dentro de uma determinada faixa vibratória.

– Isso mesmo, Antonio. Muito bem. Agora, veja se acompanha o meu raciocínio. O Espírito, criado por Deus, possui um corpo numa dimensão diferente da nossa que, como já lhe disse, chamamos de perispírito e que, para evoluir em direção à felicidade, Deus o faz conviver com outros Espíritos em planos mais materializados para que possam, através das dificuldades dessa matéria, aprender a amar uns aos outros e que, depois da morte desse corpo mais material, que não é eterno e se desgasta, retorne ao verdadeiro plano da vida e que, depois de algum tempo, diferente para cada Espírito, retorne ao plano da matéria para resgatar débitos com irmãos com os quais já conviveu, livre da lembrança da anterior vida material para que possam continuar a aprender e evoluir. Também tenho a dizer que, muitas vezes, tão ligados estamos à matéria mais densa e longe dos pensamentos mais sublimes, não nos apercebemos que já passamos para o Plano Espiritual e continuamos, como se estivéssemos vivendo um sonho ou um pesadelo, a perambular junto àqueles com os quais vivemos e amamos, mas isso pode vir a atrapalhar a vida dos que ainda continuam neste plano mais material.

Dona Josete está bastante impressionada, pois percebe que Luar deve estar conversando com seu filho Antonio e sente que ele será auxiliado pelo rapaz, além de perceber o quanto tem de lógica suas palavras.

Antonio olha espantado para Luar e é com um certo tremor na voz que lhe pergunta, temendo a resposta:

– Com isso você está querendo dizer que eu morri, que não sei que isso aconteceu e que, neste momento, estou aqui a atrapalhar a vida daqueles a quem tanto amo...?

– Sim, Antonio. É mais ou menos isso o que lhe está acontecendo e quero auxiliá-lo a encontrar um caminho a seguir.

– Mas não é possível! Como já lhe disse, sinto-me vivo. Veja o meu corpo.

– Realmente, você está vivo. Mais vivo do que nunca, só que numa outra dimensão porque já abandonou o seu corpo mais material após sofrer aquele desastre com o trator e perder muito sangue. Você se desprendeu de seu corpo quando estava a caminho do hospital. Por isso, por estar em outra dimensão, é que seus pais e sua irmã não conseguem vê-lo e não atendem aos seus chamados.

– Oh, meu Deus! Não posso acreditar! Eu não quero! Eu não quero!

– Tem que aceitar, meu irmão, mesmo porque, permanecendo aqui, está prejudicando sua irmã. Muito ligada a você, está sentindo na carne os mesmos problemas físicos que você. Veja que ela não consegue mais se levantar, desanimada, e com fortes dores na perna esquerda.

– Não... Não quero prejudicar Rosália. Eu a amo muito.

– E seus pais também estão sofrendo muito por isso.

– Também não quero que eles sofram por minha causa. O que gostaria era de poder ajudá-los.

– Pois poderá fazê-lo.

– E como?

– Em primeiro lugar, terá que aprender como.

– Aprender...? E quem vai me ensinar...? E vou ficar para sempre vagando dentro desta casa...?

– Não, Antonio. Irá para um lugar onde será socorrido, primeiro, no que diz respeito a esse seu enorme ferimento. Depois, aprenderá como as coisas realmente funcionam, ou seja, aprenderá com mais profundidade tudo o que lhe expliquei agora, de maneira bastante simples e rapidamente.

– E como fazer para ir para esse lugar de socorro e como ele é?

– Verá que é bem mais evoluído que a Terra, aliás, este nosso mundo mais material é uma cópia bastante imperfeita desse lugar que conhecerá. Quanto a ir para lá, terá que ser ajudado e há uma pessoa aqui que irá ampará-lo.

– Quem?

– Abra bem os seus olhos e rogue aos Espíritos, mensageiros de Jesus, que dilatem a sua visão para que possa ver essa pessoa boníssima que se encontra aqui e que vai dirigir os seus primeiros passos, naquilo que, por agora, por causa de seu esquecimento, lhe será novidade.

– E quem está aí?

– Procure e queira ver. Veja...

Após alguns segundos, Antonio arregala os olhos, espantado, e não contém as lágrimas ao pronunciar, quase num sussurro:

– Vovó... Vovó...? É você mesma?

– É sua avó, sim, Antonio. Ela diz se chamar Benedita.

– Minha mãe? – emociona-se dona Josete, ao ouvir o nome pronunciado por Luar. – Minha mãe veio buscar Antonio?

– Sim, dona Josete, dona Benedita está aqui e vai levar o seu filho com ela e ele terá todo o amparo.

– Minha mãe... – sussurra a mulher, com o rosto banhado por abundantes lágrimas de emoção.

– Vovó... – diz mais uma vez o rapaz ao entregar-se nos braços da amorosa mulher. – Leve-me com você... quero aprender tudo o que puder para poder voltar a fim de ajudar meus pais e minha irmã.

* * *

– Então foi isso o que aconteceu? – pergunta dona Josete a Luar, agora sentados novamente na varanda da casa. A noite encontra-se bastante estrelada.

– Sim, minha senhora. Graças a Deus, Antonio foi ajudado.

– Ouvi você falando e tinha certeza de que era com meu filho. Mas, diga-me uma coisa: por que isso aconteceu com ele? Era, ou melhor, é um rapaz tão bom.

– Não vamos questionar as razões e os desígnios de Deus que muito nos ama e que quer o melhor para nós. Muitas vezes, um pequeno sofrimento representa uma bênção, uma dádiva. E digo pequeno porque, se comparado o tempo de duração desse sofrimento com a vida que é eterna, não passa de um simples estalar de dedos.

– Você tem razão e também percebo que o que aconteceu, tenho certeza, despertou-me o interesse por essa doutrina que me parece ter explicações para tudo, para todos os acontecimentos, sejam eles bons ou ruins.

– Pode ter certeza disso.

Nesse momento, ouvem Rosália que chama a mãe.

– Venha, Luar, vamos ver minha filha.

Quando chegam no quarto, qual não é a surpresa dos dois ao verem a moça em pé ao lado da cama.

– Minha filha, você se levantou.

– Não estou sentindo mais dores, mamãe, e sinto-me mais tranquila. O médico está acertando nesse novo tratamento.

Dona Josete e Luar entreolham-se, sorrindo.

Doze

NAQUELA NOITE, LUAR ESTÁ dormindo quando ouve vozes na frente da casa de dona Josete. Parece reconhecê-las.

– Meu Deus, serão Pedro, Carlos e Luiz?! Mas o que será que estarão fazendo aqui? Devem estar atrás de mim – conclui, enquanto sai sorrateiramente pela porta do quarto em direção a uns arbustos, atrás dos quais pode ver o que está acontecendo, sem ser visto. Está vestido, pois não tirou as roupas para dormir. Precavido, leva consigo a mochila e apura os ouvidos para ouvir o que dizem.

– Tenho certeza absoluta de que o vi aqui neste alpendre conversando com a senhora, hoje, bem à tardezinha. Aí, então, voltei para buscar estes meus amigos para fazer-lhe uma surpresa. Somos amigos dele e pensei comigo: ele vai ficar contente em nos ver.

– Eu já disse aos senhores que não esteve ninguém aqui comigo a não ser o meu administrador – mente dona Josete, já que os homens não inspiram confiança e nem ao menos sabem o nome do rapaz.

– São eles, mesmo – pensa Luar. – Dona Josete e sua filha correm perigo. São muito perigosos. Preciso fazer alguma coisa.

– Mas não posso estar enganado – insiste Carlos.

– Eu não estou mentindo, meu senhor e, agora, se me dá licença vou voltar para dentro de minha casa. Tenham uma boa noite.

– Entre em casa e feche bem a porta! – murmura Luar, consigo mesmo, angustiado.

Dona Josete parece ter captado seus pensamentos, pois, imediatamente, entra e fecha a porta.

– Mas, minha senhora! – fala Carlos, contrariado.

– Você tem certeza, Carlos, de que viu aquele homem aqui? – pergunta-lhe Pedro.

– Mas é lógico! A mulher está mentindo. Penso que aquele infeliz deva ter contado tudo para ela.

– E agora ela viu o nosso rosto e, provavelmente, vai chamar a polícia.

– Pois eu não saio daqui sem pegar aquele cara – diz Carlos. – Ele sabe o que foi feito do dinheiro. Tanto trabalho, tanto risco, para sermos roubados. E depois quero encontrar o Claiton. Ele vai se arrepender de ter nascido. Só pode ter sido ele quem os libertou.

– Disso não tenho nenhuma dúvida – diz Luiz, encolerizado.

– Vamos vasculhar este local – ordena Pedro – Luiz, fique vigiando a casa. Pode ser que ele esteja escondido nela, mas antes de usarmos a força para entrarmos, vamos dar uma busca. Quem sabe...?

– Não acredito. Nestas alturas, ou ele já deve estar longe ou está, mesmo, escondido na casa.

– Devíamos ter segurado a mulher. Faríamos com que ela contasse o que sabe a respeito dele.

– Ainda podemos fazer isso – adianta Pedro. – Venha, Carlos. Vamos procurar por aí.

– Vejam, tem uma outra casa logo ali. Vamos dar uma olhada, Pedro.

– Vamos.

– O correto seria eu aproveitar esta oportunidade e fugir – pensa Luar –, mas temo por dona Josete. Se não me encontrarem, vão tentar arrombar a porta da casa. O que poderia fazer para afastá-los? Só há um jeito: atraí-los para mim e levá-los daqui. Mas como, sem correr risco desnecessário? E se não ficarem satisfeitos, poderão voltar aqui para a casa. Oh, meu Deus, me ajude a descobrir uma maneira!

Nesse momento, uma voz parece soar dentro de sua mente: "para o norte, Luar... para o norte".

– O norte... – reflete – o norte... o Sol estava deste lado, à tarde... o norte... na minha frente... vai dar na estrada por onde vim...

Luar olha na direção do caminho de terra, cercado por denso arvoredo e vê, olhando um pouco mais para a frente, uma grande árvore com grossos galhos.

– Dará tempo? – pensa, apurando os ouvidos para tentar localizar onde os três homens se encontram. – Devem ter percorrido aquele caminho por detrás da casa onde eu estava... sim... dará tempo.

Apanha, então, um graveto à sua frente, fica em pé e, levantando o joelho na altura da cintura, com o graveto seguro por ambas as mãos, bate-o com força de encontro à perna, quebrando-o, produzindo, assim, um forte estalido.

– Que foi isso? – diz um dos homens, olhando para os lados de Luar, de onde viera o ruído.

– É ele! Vamos pegá-lo! Vamos pegá-lo!

– Não atirem – grita Pedro. – Precisamos dele vivo.

Luar, por sua vez, acostumado com a mata, sai em disparada carreira pelo caminho de terra e, muito antes de os homens alcançarem a curva da estrada, Luar chega à grande árvore, rapidamente subindo nela, alojando-se num dos galhos por entre as folhas. Os três passam por baixo dela, sem nem ao menos notarem sua existência.

– Cadê o Pedro? – grita Luiz, correndo ao lado de Carlos.

– Foi apanhar o carro e já vai nos alcançar. Não podemos perder aquele desgraçado de vista.

– Mas eu já não consigo vê-lo mais.

– Vamos continuar a correr. Ele é mais jovem e corre mais rápido.

– E se ele se meter por dentro desta mata? Como iremos encontrá-lo?

– Droga! – ainda dá para Luar ouvir ao longe, de cima da árvore. – Nós o perdemos!

– Aí vem o Pedro com o carro.

Pedro estaciona o carro ao lado deles e pergunta, parecendo bastante nervoso:

– Onde está ele?! Por que pararam de correr?!

– Nós o perdemos!

– Mas, como?! Seus idiotas! Subam aqui! Ele não deve estar longe! Vamos logo!

E o carro parte.

– E agora? – pensa Luar. – Será que voltarão? Se voltarem, dona Josete e Rosália estarão correndo um grande risco.

Luar desce da árvore e resolve:

– O que mais posso fazer? Vou caminhar por esta estrada e se os encontrar retornando, tentarei despistá-los novamente. É o que posso fazer.

Dizendo isso, o rapaz ajeita a mochila nas costas e caminha na mesma direção do carro, orando para que eles não voltem mais. Anda por mais uns cinco minutos quando, de repente, ouve o ronco de um motor que vem em sua direção. Nem mesmo tem tempo de raciocinar quando dois faróis o iluminam a cerca de uns cem metros de distância.

– Vou despistá-los – pensa e salta para o meio da estrada a fim de chamar a atenção para si. Nesse momento, o carro freia. Luar fica estático, olhando para o veículo. Havia ouvido quando Pedro dissera que não atirassem nele, pois precisava dele vivo. – Por que não descem e correm atrás de mim? – pensa ainda. – Desta vez, fugirei pela mata. Oh! Meu Deus, devo estar ficando louco, expondo-me assim. E se atirarem?

Nisso, vê que uma pessoa coloca metade do corpo para fora do automóvel e grita para ele:

– Quem é você? Ficou louco? Quer se matar? Poderia atropelá-lo.

– Quem é o senhor? – grita, aliviado.

– Ora, quem sou eu... sou o proprietário destas terras. Eu é quem lhe pergunto quem é.

– Deve ser o marido de dona Josete – conclui e grita para que o homem leve notícias suas para a senhora: – Meu nome é Luar. O senhor pode passar e, por favor, quando chegar, feche bem sua casa. Há ladrões por perto.

– Ladrões? Mas quem é você? – diz o homem e, lentamente, passa por Luar, sumindo na curva da estrada. – Cada louco que encontramos... – reflete o fazendeiro.

– Vá com Deus – deseja o rapaz, seguindo o seu caminho. Mais umas duas horas, e chega, finalmente, à estrada de rodagem. Evitara passar pela casa onde estivera prisioneiro, dando a volta por um outro lado. Lá chegando, consegue fazer com que um caminhão pare. É um homem de cerca de uns quarenta e poucos anos quem dirige.

– Para onde você está indo? – pergunta o motorista, dobrando o corpo em direção à janela do outro lado.

– Para lá – responde Luar, apontando a direção norte.

– Para que cidade?

– Não sei o nome da próxima cidade, mas gostaria muito de chegar até ela.

O homem coça o queixo, desconfiado.

– Tem parentes naquela cidade?

– Não, senhor.

– Hum, você não me parece um ladrão...

– Não sou, não, senhor. Sou apenas um filho de Deus, meio perdido pelo mundo.

– E de onde vem vindo?

– Da fazenda de dona Josete.

– Eu a conheço. O que fazia lá?

– Jantei com ela – diz Luar, na esperança de que o homem lhe dê uma carona. Afinal de contas, não está mentindo.

– Você jantou com ela? É parente dela?

– Não, senhor. Fiquei conhecendo-a hoje e, também, o administrador, o senhor Enéas.

– Como é seu nome?

– Luar.

– Luar?!

– Sim.

– Luar de quê?

– Luar Peregrino – responde, também não querendo mentir e, ao mesmo tempo arrumando para si um sobrenome. Foi um repente que tivera, fazendo alusão à sua situação de peregrinação.

– Vamos fazer o seguinte: levo você até a cidade e você me ajuda a descarregar o caminhão. São caixas leves. E ainda lhe pagarei algum dinheiro. O que me diz?

– Aceito com enorme prazer, senhor.

– Suba, então – convida o homem, destravando a porta do veículo.

Luar ajeita-se ao lado do motorista, colocando a mochila no chão, aos seus pés.

– Muito obrigado, senhor.

– Não costumo dar carona a ninguém, principalmente à noite. Há muitos ladrões por aqui, aliás, nem sei por que parei.

– E eu lhe agradeço, senhor.

– Vamos em frente, então. Quer dizer que está viajando só com essa mochila?

– Isso mesmo.

– E não sabe para onde vai?

– Vou na direção norte.

– E o que pensa encontrar?

– Talvez um serviço em alguma cidade. Preciso ganhar algum dinheiro.

– Pois já vai ganhar algum hoje, desde que me ajude a contento.

– Farei todo o possível, senhor.

– Por que não para de me chamar de senhor? Meu nome é Clóvis.

– Muito prazer, Clóvis.

– Me diga uma coisa: seu nome é mesmo Luar Peregrino?

– Eu não sei o meu nome. Esse foi um nome dado por alguém que me ajudou muito e que se chamava Raul. Então, inverteu o próprio nome, que deu Luar.

– E Peregrino?

– Confesso que não sabia o que dizer e inventei-o porque, na verdade, sou mesmo um peregrino.

– Entendo, mas como pode não saber o próprio nome?

– Porque sofri um acidente e perdi a memória.

– Perdeu a memória?!

– Sim. Não sei quem sou e nem se tenho parentes ou amigos. Se os tiver, que Deus os console porque devem estar preocupados comigo.

– E onde foi que isso aconteceu?

– Na Capital.

– Entendo... Muito triste a sua situação, meu rapaz. Muito triste. Mas quem sabe, um dia recupera essa sua memória.

– Tomara que sim.

O resto da viagem permanecem em silêncio. Cerca de meia hora se passa e Luar já começa a avistar as luzes de uma pequena cidade.

Finalmente chegam. Clóvis abastece o caminhão num posto de gasolina onde Luar desce para esticar as pernas e, em seguida, depois de algumas quadras, o estaciona defronte de um barracão. O motorista convida Luar a descer, abre a porta da construção e acende as luzes. Lá dentro, muitas caixas estão empilhadas. Abre, agora, a porta traseira do baú do veículo, sobe nele e pede a Luar para que vá carregando as caixas, que ele lhe entrega, e que as deposite dentro da construção num lugar determinado. São muitas as caixas e somente após cerca de vinte minutos terminam o serviço.

– Muito bom, Luar. Ótimo trabalho. Vou lhe dar estes trocados. Creio que dará para comer alguma coisa.

– Obrigado, Clóvis.

– Quando precisar de algum dinheiro, basta vir até aqui. Sempre se tem algum serviço. Trabalho com venda e distribuição de remédios na região.

– Mais uma vez, obrigado.

– Para onde vai agora?

– Não sei. Não conheço ninguém aqui, aliás, não conheço ninguém mesmo, a não ser algumas poucas pessoas que encontrei depois que saí do hospital.

– É... está difícil para você, não?

– O que posso fazer?

– Diga-me uma coisa: você não fica desesperado com essa situação em que se encontra?

– Penso que se eu me desesperar, minha situação vai piorar ainda mais. Então, conto com Deus do meu lado e sigo em frente.

– Você é religioso?

– Sou espírita.

– Mas lembra-se disso?

– Sim.

– Muito bem, meu amigo. Vamos ver o que posso fazer. Você me parece uma boa pessoa e não posso deixá-lo assim, sem ter onde passar o resto da noite.

– Por que está pensando em me ajudar? Nem me conhece direito.

– Como lhe disse, quando lhe dei a carona, não sei porque... sabe... você inspira confiança... não sei explicar... parece que tem uma... digamos...

Luar fica aguardando o que o homem tem a lhe dizer.

– Sabe o que penso, agora que me disse que é espírita? Acho que os bons Espíritos ajudam quem é bom e você me parece ser um bom homem. Por isso é que senti vontade de ajudá-lo.

– Você pensa mesmo assim, Clóvis? Sabe alguma coisa a respeito de Espiritismo?

– Não sei nada a respeito, mas acredito que os Espíritos existem, uns bons, outros maus. Na verdade, penso que somos nós mesmos, ou seja, somos Espíritos também. Creio também que os bons ajudam a todos, independente de suas religiões, sabe?

– Nisso, você tem toda a razão. Não é necessário ser espírita ou de uma outra determinada religião para ser auxiliado pelos bons Espíritos. Basta ser bom para entrar em sintonia com eles. Mas como você chegou a essa sábia conclusão?

– Nessa minha profissão, viajo muito e tenho contato com muitas pessoas e já percebi que quando uma pessoa é boa, ela parece irradiar essa bondade e as outras sentem isso. Pelo menos, eu sinto. E foi o que senti quando me encontrei com você hoje, lá na estrada.

– Também tive essa mesma sensação por você – diz Luar.

– Bem, vamos ver... talvez possa dormir na garagem de minha casa, dentro do caminhão. Não posso convidá-lo a dormir dentro de minha casa. Minha esposa não concordaria.

– E ela teria toda a razão em não querer um estranho dormindo dentro de sua casa.

– Mas vamos até lá, Luar. Vamos até minha casa – convida Clóvis, fechando as portas do barracão e da traseira do veículo.

Rodam por mais algumas ruas e Clóvis estaciona na frente de uma casa que, além do abrigo, ocupado por um automóvel, possui um grande portão que, após aberto, dá visão a uma garagem onde o caminhão é guardado.

– Você poderá dormir na cabine ou no baú. Tenho um colchão no fundo dele. Basta deixar as portas abertas para não ficar muito quente.

– Dormirei na cabine, se não se importa. Durmo sentado, mesmo.

– Pode deitar-se, Luar. Fique à vontade. Se precisar, tem um banheiro ali. Ah, vou lhe trazer um copo com leite e um pedaço de pão.

– Não há necessidade, Clóvis.

– Pois faço questão. Espere um pouco.

– Está bem.

O homem entra na casa e logo volta com o leite e o pão.

– A propósito, já é tarde e viajei bastante. Por isso, não tenho hora para levantar. Vai poder descansar bastante. Aproveite. Quando me levantar, acordo você.

– Muito obrigado. O senhor é um homem muito bom.

– Um Espírito muito bom, você quer dizer... – brinca Clóvis.

– Isso mesmo.

– Boa noite, então, Luar.

– Boa noite, Clóvis, e que Deus o abençoe.

– Que assim seja, meu amigo, que assim seja.

Treze

– *QUE DIABOS! SERÁ QUE NÃO vamos conseguir acabar com esse cara?! – pergunta, Pórcio, revoltado.*

– É claro que vamos acabar com ele, seu imbecil! – esbraveja Faros – Será apenas uma questão de tempo. Esta noite, daqui a pouco, vamos atormentá-lo! E lembrem-se vocês todos: Rufus não aceitará mais falhas! Por isso, muita concentração! Muita concentração no ódio que devemos despejar sobre esse tal de Luar!

– Ele já vai dormir – comenta Ludolfo. – Assim que se desprender do corpo durante o sono, vamos pegá-lo e lhe dar uma surra.

– Não será assim que o derrotaremos, seu cretino! Ele tem proteção dos "das luzes" , não se lembra? Não permitirão. Ele é protegido deles.

– E o que faremos?

– Vamos conversar com ele. Ainda não vejo nenhum dos "das luzes" por aqui e talvez consigamos falar com ele antes que apareçam, mas se tentarmos qualquer violência, tenho certeza, aparecerão em bandos aqui.

– E vamos falar o quê com ele?

– Deixem comigo. Sei como agir.

Nesse momento, Luar prepara-se para dormir. Ajeita-se no banco do caminhão, cobre-se com um pequeno cobertor que traz na mochila e, cansado como se encontra, adormece rapidamente. Em alguns minutos, começa a desprender-se do corpo, através do fenômeno de emancipação da alma, fato frequente nos Espíritos encarnados que, durante o sono, desprendem-se do corpo, permanecendo a ele ligado por um cordão de luz, e que, revestidos pelo perispírito, entram em contato com o Plano Espiritual. Alguns poucos, após esse desprendimento, participam de atividades, juntamente com Espíritos desencarnados mais evoluídos. Essas atividades, normalmente, ou são de aprendizado ou de trabalhos de auxílio a Espíritos necessitados, encarnados ou não. A maioria, infelizmente, ainda não consegue ter uma participação sublime como essa e tende a encontrar-se com Espíritos afins, nas mais estranhas e bizarras atividades, ligadas a diversas categorias de viciações e erros. Quando despertam do sono, não se lembram desse intercâmbio, vindo-lhes à memória, apenas cenas e acontecimentos de um sonho com informações contidas no cérebro material e que são liberadas nesse estado de adormecimento. De outras vezes, o Espírito, após acordar, chega a recordar-se vagamente de suas atividades extracorpóreas, porém, lembranças essas como que embaralhadas com as imagens do sonho cerebral, mais ligadas à vida cotidiana. São raros os casos em que o Espírito consegue lembrar total ou quase totalmente dos acontecimentos do Plano Espiritual. Todas essas diferenças entre os diversos tipos de lembrança estão condicionadas à elevação moral do Espírito ou da necessidade de que isso aconteça.

Já na dimensão, digamos, espiritual, Luar encontra-se neste momento, em pé, ao lado de seu corpo material adormecido. Encontra-se ainda na garagem da casa de Clóvis e logo já começa a visualizar as infelizes entidades comandadas por Faros: Enoque, Pórcio, Ludolfo e Ozias. Assusta-se com a aparência sombria dos cinco Espíritos das trevas. Trajados à maneira de guerreiros medievais, o que mais o assombra são suas fisionomias: expressões cruéis estampadas em rostos deformados pelas vibrações e sentimentos de ódio e revolta constantes em seus corações. Instintivamente afasta-se, colocando-se em visível posição de defesa.

– Não se assuste, meu amigo – fala, mansamente, Faros. – Não vamos lhe causar nenhum mal. Apenas queremos conversar com você.

– Vocês me conhecem?– pergunta Luar, ainda impressionado.

– Nos conhecemos, sim. Na verdade, já vivemos juntos no passado.

– Não gostaria de conhecer o meu passado – diz Luar, lembrando-se da advertência de Emmanuel, em mensagem psicografada pelo médium Francisco Cândido Xavier, onde diz que não devemos ingressar nesse campo, bastando que analisemos nossas tendências para termos apenas uma ideia e unicamente com a finalidade de burilar os nossos defeitos e viciações. Que devemos respeitar a vontade de Deus que nos propicia, sábia e misericordiosamente, o esquecimento bendito de nossos atos anteriores – Além do mais, e perdoem-me pela sinceridade, não lhes daria crédito sobre qualquer acontecimento que me narrassem.

– Não irei lhe revelar nada, meu amigo. Fique tranquilo. Apenas gostaria de propor um acordo com você.

– Acordo? Que acordo?

– Bem... o que aconteceu ontem com você e com aquele motorista...

– Sei... com aqueles assaltantes de banco...

– Isso mesmo. Você percebeu que por pouco, muito pouco, você e ele não foram mortos, certo?

– Sim, corremos risco de vida.

– Pois, se quer saber, fomos nós quem provocamos tudo aquilo. Fomos nós quem cruzamos o caminho daqueles assaltantes com os seus.

– E por quê? O que foi que fizemos para que fizessem aquilo conosco?

– O motorista, nada, mas você, sim. Coisas do passado, sabe? Fatos que, como lhe prometi, não vou revelar.

Luar abaixa a cabeça, pensativo. Já imagina do que se trata. Evidentemente, possui débitos do passado com aqueles Espíritos ali e estão querendo se vingar. E, instintivamente, lhes pergunta:

– Não conseguem me perdoar?

– Não é uma questão apenas de perdoá-lo. O motivo vai mais além.

– E que motivo é esse?

– Em primeiro lugar, devo lhe alertar que, como já disse, por pouco, por muito pouco, não foram mortos. Por muito pouco, não estariam agora neste plano, nesta nossa dimensão. E agora eu lhe pergunto: o que aquele motorista teria a ver com isso? Nada, não é? Se algo não tivesse dado errado, ele teria morrido por sua culpa, entende? Nós queremos é você, mas, certamente, não pouparemos quem esteja junto. Pode crer que algum inocente ainda pagará caro por você, se não concordar em fazer um acordo conosco.

Luar reflete mais um pouco e pergunta a Faros:

– E que acordo é esse?

– Queremos apenas que pare com essa estúpida ideia de seguir essa Doutrina e, principalmente, que pare de divulgá-la. Ela nos está incomodando muito.

– E se eu não concordar...

– Inocentes sofrerão por sua causa, pois não falharemos da próxima vez. E as próximas vítimas serão esses dois aí que estão ajudando você. Muito bonzinhos, não? Mas espere até começarmos a lidar com eles. Faremos de suas vidas um verdadeiro inferno. Você verá.

– E vocês acham que eles não têm a proteção dos Espíritos de Luz? Pensam que Jesus não está olhando por eles?

– Ora, deixe disso. Não temos medo desses "das luzes" que você fala e muito

menos desse Jesus fracassado. Quando começarmos a agir sobre esses dois, verá que faremos aflorar tudo o que de ruim existe em seus corações e não haverá Jesus que os livrará do sofrimento que lhes impingiremos.

– Mas por que a Doutrina Espírita lhes incomoda tanto?

– Não vou lhe dizer mais nada. Quero saber se concorda com o nosso trato ou prefere sacrificar inocentes por causa dessa estúpida teimosia de sua parte?

– Meu amigo, preste muita atenção no que vou lhe dizer: não pretendo fazer nenhum trato, nenhum acordo dessa natureza com vocês e nem com ninguém. Continuarei sendo espírita e divulgando essa bendita Doutrina que consola e reforma o íntimo das pessoas. De qualquer forma, eu lhes ofereço uma oportunidade, em nome de Jesus. Permitam que os liberte dessa escravidão em que vivem. Dessa escravidão causada pelo tormento do ódio e da revolta. Deus quer que sejamos felizes e eu poderia ensiná-los.

Nesse momento, Faros explode:

– E quem você pensa que é para nos oferecer uma oportunidade e de pretender nos ensinar alguma coisa?! Você não é nada! Não é nada!

– Realmente – responde Luar, dócil e humildemente –, não sou nada, mesmo. Sou apenas um filho de Deus e seguidor das verdades de Jesus Cristo, mas sinto-me na obrigação de servir de intérprete desses ensinamentos do Mestre para que possam vir a ser livres e felizes.

– Nós não queremos nada de você, seu imbecil! E você não sabe a oportunidade que está perdendo de evitar o pior, pois eu lhe afirmo: de agora em diante, somente verá o sofrimento rodear os seus passos. Faremos infelizes todos os que o ajudarem nessa sua caminhada sem destino e sem memória! Verá do que somos capazes! Até o dia em que se ajoelhará aos nossos pés e pedirá clemência! Daí, voltaremos a conversar e implorará que façamos um acordo com você... Luar!!!

– Não façam isso – pede Luar. – Não prejudiquem inocentes, pois todo o mal voltar-se-á contra vocês.

– E não diga que não o avisamos! – termina Faros, concitando os outros a irem embora, desaparecendo logo em seguida.

Luar deixa-se sentar no chão da garagem. Durante toda aquela conversa, seu corpo, deitado no banco da cabine do caminhão, agitava-se, como se estivesse tendo um pesadelo. Essa agitação era, obviamente, provocada pela interação mente-cérebro naquele momento, porque, apesar de na maioria das vezes não nos lembrarmos, ao despertar, de nossos contatos com o verdadeiro plano da vida, todos os acontecimentos influenciam nosso cérebro espiritual e material e o nosso corpo reage nesse processo de informação, de acordo com as vibrações boas ou más que enfrentamos nessa nossa emancipação da alma.

– Meu Deus, quanta maldade! Atingir inocentes por minha causa...

Nesse momento, cabeça baixa, ouve uma voz feminina que o chama. Ergue os olhos e, qual não é sua surpresa, ao deparar-se com aquela moça que já vira dentro de sua mente e que parecia reconhecer. Levanta-se lentamente, como que hipnotizado por aquele rosto tão conhecido por uma memória muito mais profunda do que a normal e, ao mesmo tempo, tão desconhecida de suas lembranças.

– Quem é você?

– Pode me chamar de Cláudia, meu nome atual.

– Por que a vejo em minha mente, quando acordado? Lembro-me de ter visto seu rosto quando me encontrava no hospital e Raul, o velho andarilho a viu ao meu lado e a descreveu. Você me conhece?

– Nós nos conhecemos, sim, Luar, de há muito tempo, mas como você sabe, não devemos tentar lembrar-nos do passado, a não ser que estejamos bem preparados e que isso ocorra por decisão do Alto e nunca através de tentativas nossas, principalmente se formos movidos apenas pela curiosidade. Eu me lembro bem porque já possuo condições para tanto.

– Você é um Espírito Superior? – pergunta-lhe Luar, inocentemente.

– Digamos que detenho um pouco mais de conhecimento que os demais, mas considero-me, ainda, bastante inferior e muito tenho que aprender. Aliás, por mais elevado que sejamos, sempre temos muito a aprender.

– Foi você quem me aconselhou a seguir o rumo norte...

– E a fazer o bem, principalmente.

– E o que querem essas entidades com as quais falei há pouco?

– São irmãos nossos, infelizes ainda porque se encontram ligados ao ódio e à revolta, mas que muito temos que fazer por eles, já que também possuem ligações com o nosso passado.

– E poderei fazer algo para auxiliá-los?

– Sim. Basta que continue praticando o bem e eles serão um dia tocados por suas ações. Lembre-se que o exemplo ainda é a mais perfeita forma de ensinamento.

– Disseram-me eles que farão de tudo para prejudicar aqueles que se aproximarem de mim.

– Isso é verdade, mas você não deve se preocupar com isso. Faça o bem e o bem se encarregará de neutralizar as malévolas ações desses nossos irmãos. Nada devemos temer se estamos bem intencionados e trilhando os caminhos que Jesus nos indicou. Nunca se esqueça disso.

– Não me esquecerei. Agora, me diga uma coisa: você pretende me ajudar?

– Estarei sempre pronta a ajudá-lo, Luar. Estará sempre recebendo intuições de Espíritos amigos e, para resolver qualquer questão mais difícil, procure se lembrar de como Jesus agiria nessas ocasiões. Sei que será difícil agir da mesma forma que Ele, mas procure pautar-se por esse caminho.

– Recobrarei minha memória?

– Isso ocorrerá no tempo certo.

– Gostaria de lhe fazer mais uma pergunta.

– Faça, Luar.

– Sei e tenho plena convicção de que nada nos acontece por acaso e penso que esse problema com minha memória me seja necessário. Talvez esteja resgatando algum débito do passado. Será isso?

– Pode ter certeza, Luar, mas pode ter plena convicção também que está tendo todo o auxílio do Alto, assim como todos os outros Espíritos encarnados que passam pelos diversos problemas e sofrimentos da vida na carne, a título de resgate e aprendizado. O que acontece, na maioria das vezes, é que as pessoas dificilmente os aceitam e se revoltam. Não sabem, mas todas, indistintamente, estão sempre recebendo auxílio, apenas não os percebem por força, como já disse, da revolta. E ninguém consegue ser auxiliado se não o deseja. Você sabe disso.

– Sei, sim.

– Agora, Luar, vá descansar um pouco. Seu perispírito permanecerá bem próximo de seu corpo e você dormirá um sono tranquilo e refazedor até amanhã de manhã. Que Deus nos abençoe a todos – diz a moça, estendendo as mãos em direção à fronte de Luar, emitindo-lhe raios de luz.

– Que Deus nos abençoe, Cláudia.

O Espírito feminino se afasta e Luar adormece da maneira como ela lhe disse.

Nesse momento, Alice, esposa de Clóvis, encontra-se também desprendida do corpo físico e, em seu quarto, vê-se às voltas com Faros e seus asseclas que tentam convencê-la sobre o perigo que Luar pode lhes estar trazendo. Clóvis, por sua vez, apenas descansa, perispírito desprendido e localizado a apenas um palmo do corpo.

– Afastem-se de mim! Quem são vocês?! Tenho medo! Afastem-se!

– Nada tema, minha senhora – diz Faros, polidamente, tentando esconder o rosto por entre o capuz de malha, o mesmo fazendo os outros. – Estamos apenas querendo ajudá-la e ao seu marido.

– Mas não estou entendendo nada. Estão me falando de um homem que se encontra em minha garagem. Não sei nada sobre isso.

– Venha conosco e vamos até lá. Vamos mostrá-lo à senhora.

Dizendo isso, Faros dirige-se até a garagem, acompanhado pela mulher.

– Mas quem é esse homem?! O que ele está fazendo aqui?! Não o conheço.

– É sobre isso que estamos querendo lhe falar. Esse homem é muito mau e seu marido o está ajudando, mas ele, o está enganando e apenas quer prejudicá-los. A senhora tem que expulsá-lo daqui. E o mais rápido possível. Ele representa um grande perigo para vocês. Expulse-o, antes que seja tarde demais.

A mulher não entende bem o que está acontecendo, aproxima-se de Luar e olha a sua fisionomia calma, entregue a profundo e restaurador sono.

– Ele não me parece alguém ruim – contesta.

– É apenas aparência, minha senhora. Por isso lhe disse que ele representa um grande perigo, pois sabe disfarçar muito bem e seu marido já se encontra enlevado por sua conversa mansa, mas, creia-me, cruelmente falsa.

– Mas o que ele quer de nós?

– Quer tirar proveito da boa situação financeira que vocês detêm. A senhora não deve permitir que ele continue em sua casa. Fale com seu marido. Exija dele uma explicação para tamanha tolice. Onde já se viu, trazer um estranho para dormir dentro de sua própria casa?!

– Penso que tem razão... mas, por favor, afastem-se! Vocês me fazem medo!

– Nós iremos embora, mas não se esqueça do que estou lhe dizendo: cuidado com esse estranho. Ele quer prejudicá-los. Já prejudicou muita gente. Pode crer em mim.

Dizendo isso, Faros e os outros se afastam e Alice, muito agitada, acorda, assustada, chamando por Clóvis.

– O que foi, Alice? Você deve ter tido um pesadelo.

– Meu Deus, e que pesadelo! Sonhei com umas pessoas estranhas e muito feias. Não me lembro de mais nada. Só me recordo que eu as mandei embora e elas me obedeceram.

– Acalme-se e procure dormir.

– Vou tentar. Tomara que não tenha mais nenhum sonho horrível. Boa noite, Clóvis. Nem o vi chegar.

– Cheguei não faz muito tempo, aliás, tenho algo para lhe contar.

E Clóvis conta tudo sobre Luar, inclusive que se encontra dormindo dentro do caminhão.

– Mas não será perigoso mantermos um estranho em nossa garagem, Clóvis? E se for um bandido? Você não deveria ter feito isso.

– Não se preocupe, Alice. Ele está lá fora e amanhã, quando conhecê-lo, verá que se trata de um bom moço. Como já lhe disse, ele é espírita.

– Não sei, Clóvis. Ainda acho que pode ser muito perigoso. Ele não poderia dormir em algum outro lugar?

– Não se preocupe, Alice. Sei o que estou fazendo. Você não vive falando que temos que praticar o bem? É o que estou fazendo. Não adianta somente ficarmos falando. Temos que pôr em prática.

– Mesmo assim, sinto uma intuição não muito boa.

– Vamos dormir, Alice! Como já disse, não se preocupe.

– *Idiota! – berra Faros – Quando se desprender novamente, verá do que sou capaz. Fui bastante claro quando a avisei sobre Luar. Por que não tomou nenhuma atitude? Ela estava bastante assustada.*

– *Tenha calma, Faros – pede Enoque. – Logo haveremos de convencê-la. Será apenas uma questão de tempo.*

Alice dorme novamente, só que desta vez, seu desprendimento é diferente. Encontra-se com Cláudia que a tranquiliza e consegue modificar a sua impressão sobre Luar. Fala-lhe sobre a bondade e a honestidade dele e sobre todas as atividades espíritas que desenvolve, principalmente no tocante ao auxílio ao próximo. Alice sente-se mais segura e calma com relação a isso e, quando acorda, sente-se bem melhor.

Quatorze

– VOCÊ É LUAR? – PERGUNTA a mulher entrando na garagem onde o rapaz, acordando cedo, sentara-se no estribo do caminhão à espera de Clóvis e ficara lendo o Evangelho. Levanta-se e cumprimenta:

– Bom dia, minha senhora. Esse é meu nome e agradeço a bondade de seu marido que permitiu que eu dormisse aqui no caminhão. Estou esperando por ele para me despedir.

– Você não quer tomar uma xícara de café?

– Não precisa se preocupar, senhora.

– Espere um pouco. Vou lhe trazer alguma coisa.

Dizendo isso, a mulher entra na casa e, alguns minutos depois, traz uma caneca com café e um pedaço de pão com manteiga.

– Muito obrigado, senhora.

– Pode me chamar de Alice. Meu marido falou sobre você quando chegou. Disse-me que perdeu a memória.

– Sim. Sofri um acidente.

– Mas isso é muito triste e você não me parece ser uma pessoa pobre, pelo menos pelas roupas que veste.

– Não tenho a mínima ideia.

– Clóvis disse-me também que é espírita. É um livro espírita que está lendo?

– É o "O Evangelho Segundo o Espiritismo" e se a senhora me permite, gostaria de lhe dar um de presente. Tenho alguns em minha mochila.

– Eu aceito. Sempre tive curiosidade em saber o que os espíritas pensam a respeito de Jesus.

– Pois tome e, por favor, leia-o com atenção. A senhora verá na introdução desse livro que as matérias contidas nos Evangelhos dividem-se em cinco partes: os atos comuns da vida de Cristo, os milagres, as profecias, as palavras que serviram para o estabelecimento dos dogmas da Igreja e o ensinamento moral. E diz aqui que se as quatro primeiras partes foram objeto de muitas controvérsias, a quinta manteve-se inatacável porque é a essência dos ensinamentos de Jesus e que leva o homem a regras de conduta. E como a leitura do Evangelho é, para muitos, ininteligível, Allan Kardec compilou explicações de vários e diferentes Espíritos, também de diferentes partes do mundo e por intermédio de médiuns distintos, o que torna a obra por demais aceita, já que não saíram essas instruções de uma mesma fonte e, sim, de diversas.

– Vou ler com muita atenção, mas o que pretende fazer agora?

– Ainda não sei e como não sei para onde ir, tentarei arranjar um emprego na cidade, pelo menos para poder me sustentar.

– Mas você não tem documentos, não?

– Devo tê-los perdido quando ocorreu o acidente.

– Meu marido está pensando em lhe arrumar um serviço na distribuidora. O que pensa?

– Meu Deus, ficaria muito grato.

– Bom dia – cumprimenta Clóvis, aproximando-se e beijando a esposa. – Dormiu bem, Luar? Não deve ter tido muito conforto aí.

– Dormi muito bem, sim. Estava cansado.

– Eu disse a ele de sua pretensão em lhe arrumar um serviço na distribuidora.

– Oh, sim! É lógico que será um pequeno trabalho e nem poderei registrá-lo como empregado enquanto não tiver documentos, mas é o que posso fazer no momento para ajudá-lo.

– Fico-lhe muito grato, Clóvis. Vocês estão sendo muito bondosos para comigo.

– Não precisa agradecer, Luar. Não posso deixá-lo à mercê da sorte. Poderá começar agora mesmo e vou providenciar para que durma lá no barracão.

– Mais uma vez tenho que agradecer.

– Está bem. Vamos até lá?

– Vamos, sim.

Luar e Clóvis entram no automóvel e partem em direção ao trabalho. No caminho, Luar revela a Clóvis o que imagina ter-lhe acontecido quanto ao desastre, pelo que ouvira da enfermeira no hospital. Conta-lhe, também, que acabou fugindo com medo de que algo lhe acontecesse e também a respeito dos assaltantes.

– Meu Deus, quanta coisa lhe aconteceu nos últimos dias. Mas foi muito bom ter-me contado tudo isso, Luar, porque teremos que ficar atentos quanto a estranhos na cidade. Você pode estar correndo risco de vida.

– Só tenho medo de expor você a esse perigo também.

– Não se preocupe com isso. Somente irão encontrá-lo se vierem dar aqui nesta cidade e como o caminhão deve ter sido abandonado naquela outra e o motorista fugido, certamente pensarão que você possa ter ido ao encontro dele.

Chegando no barracão, Clóvis apresenta Luar a um de seus empregados e passa a lhe explicar o que terá que fazer.

– Luar, agora vou ter que fazer uma pequena viagem. Fique com estas chaves do barracão. À hora do almoço, o Nelson vai sair para almoçar. Daí, você fecha estas portas e vai até a pensão da esquina. Vou passar lá agora e deixar combinado que você irá fazer suas refeições lá, certo? Depois acertaremos isso junto com o seu pagamento.

– Mais uma vez, nem sei como lhe agradecer, Clóvis. Por enquanto, Deus lhe pague.

– Outra coisa: procure trabalhar aqui dentro e não se exponha muito. Quando chegar alguém, deixe que o Nelson atenda. Certo, Nelson?

– Fique tranquilo, seu Clóvis.

– Então, até mais tarde.

– Até mais tarde e boa viagem – diz Luar.

– Obrigado.

Clóvis sai e Luar concentra-se em seu trabalho. O dia passa rápido. Luar almoça na pensão como fora combinado e já são perto de cinco horas da tarde quando Clóvis chega de volta.

– E, então, Luar, tudo em ordem com o serviço?

– Já o terminei.

– Muito bem. Vou só ultimar alguns apontamentos nos pedidos e já vamos para casa.

– Vou também? Não vou dormir aqui?

– Hoje ainda não. Não deu tempo para providenciar um colchão para você. Amanhã vou ver isso.

– Mas eu posso dormir sobre alguns papelões, Clóvis.

– Prefiro que durma em meu caminhão, mais uma vez. Não se preocupe.

– Está bem, então.

– Iremos daqui a alguns minutos. Se quiser tomar um banho antes de ir, já que trouxe uma roupa para trocar...

– Vou, sim, Clóvis. Aproveitarei esse tempo para banhar-me.

Clóvis faz seu serviço enquanto Luar toma um banho. Em pouco tempo, ambos já se encontram prontos para irem para casa. Lá chegando, o moço é convidado a jantar com o casal e depois dirige-se até o caminhão para dormir, o que consegue rapidamente haja vista o cansaço pelo trabalho executado. Luar encontra-se mais esperançoso nesse momento.

No dia seguinte, levanta-se cedo e fica aguardando Clóvis, mas mais de uma hora se passa além do combinado. Já são quase oito da manhã e nem ele, nem sua esposa aparecem. Começa a ficar preocupado, até que Alice vem até ele.

– Luar, venha cá. Você precisa me ajudar. Clóvis está com dor nos rins novamente. Deve ser uma nova pedra. Já é a quarta vez.

Dizendo isso, retorna para casa e Luar a acompanha. Assim que entram no quarto, Luar se depara com uma cena bastante estranha. No início não dá para entender o que está acontecendo. Vê Clóvis de joelhos diante de uma cômoda com as mãos postas como se estivesse rezando e é exatamente o que está fazendo, apesar de que seu corpo parece um pouco tombado para um lado. E ele reza em voz alta; na verdade, está prometendo alguma coisa para um santo de louça que se encontra em cima da cômoda:

– Pois eu lhe prometo, meu bom santo, que se me ajudar a alcançar essa graça, ficarei um mês sem ingerir qualquer tipo de doce, nada com açúcar. Mas, por favor, seja rápido, pois esta dor no rim está muito forte. Por favor, me ajude. Vou ao médico agora de manhã e penso que ele irá querer extrair a pedra, através de uma cirurgia, e eu não quero. Já passei por isso uma vez e sei que ele fará com que eu permaneça muitos dias sem poder trabalhar.

– E, então, homem, melhorou um pouco a dor? – pergunta-lhe Alice.

– Ainda está doendo bastante, mas estou fazendo uma promessa.

– O santo vai ajudá-lo, querido. Você vai ver – diz a mulher a fim de animar o marido.

– Consegui falar com o médico e ele vai me atender daqui a pouco em seu consultório.

– Você consegue dirigir?

– Creio que sim, pelo menos para chegar até a farmácia. Vou tomar uma injeção para acalmar a dor. Depois vou até o consultório do doutor Passos.

– Pegou dinheiro na gaveta?

– Peguei o suficiente para o analgésico. O convênio irá pagar a consulta.

– Gostaria que você fosse com ele, Luar. Você sabe dirigir?

– Penso que sim... sei, sim.

– Então, vem comigo, Luar. Se eu tiver algum problema, você dirige.

– Vamos.

Clóvis despede-se da esposa e caminha vagarosamente em direção ao carro. Dirige devagar e estaciona a um quarteirão de distância da farmácia, pois alguns carros estavam estacionados ali. Luar o auxilia a descer e o ajuda a caminhar até lá. Já estão quase chegando quando são abordados por um velhinho de cerca de oitenta e poucos anos que roga, aflito, a Clóvis:

– Por favor, meu senhor, perdoe-me se interrompo o seu caminho, mas é que minha esposa está muito doente e não tenho dinheiro suficiente para lhe comprar o remédio. O senhor não poderia colaborar com algum trocado?

Clóvis apalpa os bolsos, abre a carteira, mas não encontra nenhuma moeda.

– Infelizmente, meu velho, não tenho nenhum no momento. Só tenho a quantia exata para pagar uma injeção. Quem sabe, um outro dia?

– Oh, meu Deus! O que farei? Minha esposa precisa muito desse remédio. Se ela não tomá-lo, sua pressão sanguínea pode subir. Seu caso é muito delicado e perigoso.

Luar percebe o desespero do velho que, com os olhos lacrimejantes, olha para um lado e para outro como se estivesse perdido. E é dessa maneira atabalhoada que se despede deles e, vagarosamente, continua o seu caminho. Luar deixara seus poucos trocados na mochila, no caminhão, na casa de Clóvis.

– Pobre homem – pensa, bastante sensibilizado com a situação difícil do velhinho, olhando o esforço com que ele caminha, pedindo auxílio a várias pessoas que, num gesto de descaso lhe negam a ajuda ou, nem mesmo, lhe dão atenção. Percebe que muitos desses transeuntes, pela maneira com que se vestem, teriam condições de auxiliá-lo e sente enorme tristeza por não ter condições de, naquele momento, fazer alguma coisa. Encontra-se parado, amparando Clóvis, que não vê a hora de tomar a injeção. Luar percebe pela fisionomia de Clóvis que ele, com toda aquela dor, nem prestou muita atenção no velho.

– Vamos, Luar, preciso tomar logo essa injeção – diz, continuando a caminhar em direção à farmácia.

***

– E aí, Clóvis? – pergunta-lhe Luiz, o farmacêutico. – Outra pedra?

– Penso que sim e estou com muita dor. Gostaria de tomar um analgésico. Nem sei se é uma pedra. Vou ao médico hoje.

– Aguarde só um pouco. Tenho que fazer uma aplicação numa senhora que está lá dentro e já o atendo. Um momento só. Volto rápido. Por sua palidez, imagino que deva estar com muita dor.

– E estou mesmo.

– Eu já volto.

Clóvis senta-se numa cadeira e Luar encaminha-se, então, até a porta da farmácia, ficando a observar o movimento na rua que, nesse momento, já se encontra mais intenso, pois a farmácia localiza-se na rua principal da cidade e, nesse horário, as pessoas estão se dirigindo para o serviço e qual não é sua surpresa quando vê novamente o velho que, caminhando pela calçada, continua a suplicar ajuda.

– Oh, meu Deus! – pensa. – Esse homem ainda não deve ter conseguido nada.

Quando o velhinho passa defronte dele, não resiste e o chama:

– Meu bom velho, já conseguiu algum dinheiro?

O homem parece-lhe agora mais desesperado ainda e lágrimas já lhe escorrem pelos olhos. Em suas mãos, um lenço com o qual tenta enxugá-las.

– Nada, meu senhor.

– Quanto custa esse remédio? – pergunta Luar, ao mesmo tempo em que chama por Clóvis e lhe explica a situação do homem. Clóvis tira o dinheiro que tem no bolso e confere o seu valor. O velhinho diz o que necessita.

– Apanhei pouco dinheiro, Luar. O que tenho aqui dá exatamente para comprar o medicamento que ele precisa para a esposa, mas tenho que pagar a injeção que vou tomar e não tenho conta nesta farmácia. Aliás, nunca fui de não pagar o que compro. Pago tudo à vista e não gostaria de ficar devendo para este farmacêutico.

– O senhor vai me ajudar? – pergunta-lhe o velho, entre ansioso e rogativo.

Luar, então, intervém:

– Você quer sarar, Clóvis?

– É lógico que quero.

– Então, faça um sacrifício por este velho necessitado.

– Mas e a minha injeção? Estou com muita dor.

– Não dá para aguentar?

– Dói muito, Luar.

– O velho precisa mais que você.

– Oh, meu Deus!

– Vamos, Clóvis, um sacrifício. Garanto que o santo vai gostar muito mais do que se você ficar sem comer doces por um mês.

– Mas...

– Clóvis, enxugue as lágrimas desse pobre velhinho e tenho certeza de que Deus o ajudará a enxugar as suas.

Clóvis permanece por alguns segundos em silêncio. De repente, impulsivamente entrega todo o dinheiro ao homem.

– Tome. É tudo o que tenho no momento. Dá para comprar o seu remédio.

– Oh, muito obrigado, meu amigo! Que Deus lhe dê em dobro. Muito obrigado. Vou comprar agora mesmo e voltar para casa – agradece o homem, muito eufórico e só não consegue beijar a mão de Clóvis porque este a retira. – Deixe-me beijar-lhe as mãos. Por favor. Não sabe o bem que está fazendo a mim e à minha pobre mulher.

– Não há necessidade disso. Vá comprar o seu remédio e que Deus o acompanhe. Ai, que dor!

Dizendo isso, Clóvis se afasta, arrastando Luar com ele, caminhando com dificuldade. Nesse momento a dor parece ter aumentado de intensidade.

– Como dói – choraminga consigo mesmo. – Será que vou conseguir chegar até o consultório?

***

– Ué, cadê o Clóvis? – pergunta em voz alta o farmacêutico ao voltar para o recinto da farmácia.

– Ele foi embora – responde o velho. – Deu-me este dinheiro para comprar o remédio para minha mulher e partiu.

– Sabe se ele lhe deu todo o dinheiro que tinha?

– Deu, sim.

– Só o Clóvis, mesmo, para fazer isso. – diz o farmacêutico. – Estava com dor no rim e iria tomar uma injeção. Poderia ter pedido para que a aplicasse e me pagaria num outro dia. Esse homem tem um grande coração, meu velho, mas é muito orgulhoso e não quer ficar devendo favor para ninguém.

– Tem, sim. E ele disse, mesmo, que precisava tomar uma injeção.

– Sim, estava aqui fora me esperando.

– E ele devia estar com muita dor no rim...

– Sim. Deve ter uma pedra.

– Vou orar muito por ele. Eu e minha mulher.

O velho é, então, atendido pelo farmacêutico, saindo, logo em seguida para a rua, em direção à sua casa. No caminho vai pensando no que Clóvis lhe fez e o sacrifício que esse seu ato de bondade deve estar lhe custando.

– Meu Deus! – roga o velho. – Por favor, ajude esse homem tão bom. Por favor, ajude-o com esse seu problema de saúde. Ajude-o, meu bom Deus!

* * *

– Infelizmente, Clóvis, teremos que submetê-lo a uma cirurgia – informa-lhe o médico, após examinar uma radiografia que tirara na própria clínica depois de muitas horas de espera. A dor está insuportável, tendo em vista o grande esforço que fizera para ficar ali sentado. Mesmo assim, mantém-se firme.

– Penso que não tenho escolha, não é, doutor?

– É... Não temos alternativa, por causa da localização da pedra. Dificilmente conseguirá ser expelida naturalmente.

– E quando poderá operar-me?

– Somente depois de amanhã. Tenho outras cirurgias marcadas.

– E o que devo fazer?

– Vou dar-lhe um pedido de internação para que leve até o hospital, amanhã por volta das dezoito horas. Será internado e devidamente preparado para a cirurgia. Vou lhe dar também uma receita para que tome uma injeção contra a dor. Percebo que deve estar sofrendo muito.

– Estou, sim, doutor.

– Muito bem. Vá para casa agora e até depois de amanhã.

– Até lá, então, doutor.

– E não se preocupe. Tudo correrá bem.

– E terei que ficar muitos dias internado? – pergunta, preocupado.

– Alguns dias. Tudo dependerá de seu restabelecimento.

***

Já é noite e Clóvis, a esposa e Luar já estão dormindo. Naquela manhã, após apanhar o dinheiro em sua casa, Clóvis havia tomado a injeção receitada e sua dor havia se amainado.

Luar, por sua vez, desprendido do corpo físico, encontra-se com Cláudia e mais dois Espíritos que a acompanham.

– Você foi muito eficiente, hoje, Luar. Conseguiu tocar o coração de Clóvis para que ele fizesse aquele sacrifício e isso vai ser muito bom para ele.

– Ele é um homem bom, Cláudia. Apenas dei-lhe um "empurrãozinho".

– Venha comigo, Luar. Vamos até uma casa aqui perto. Quero lhe mostrar uma coisa.

Luar a acompanha, enquanto os outros dois Espíritos ficam na casa de Clóvis. Em pouco tempo, Cláudia e Luar encontram-se no interior de uma casa muito pobre. No quarto da casa, Luar reconhece o velho que, sentado na beirada de uma cama, fala com sua esposa, que se encontra deitada. Ele está com as mãos dela entre as suas.

– Sente-se um pouco aqui ao meu lado, minha velha – pede o velhinho. – Vamos rezar por aquele homem. Vamos pedir a Jesus que o ampare. Ele é um homem muito bom. Tenho certeza de que se pedirmos com muita devoção, através da oração, ele será auxiliado. Tenho certeza de que até poderá curar-se.

– Vamos rezar por ele a noite toda, meu velho – diz a mulher.

Luar fica emocionado com o que vê e retornam para a casa de Clóvis a tempo de ver os outros dois Espíritos, médicos desencarnados, que, postados ao lado da cama de Clóvis, lhe ministram passes na região do rim doente.

– Mais um pouco e a pedra poderá ser expelida, Cláudia, e Clóvis não precisará passar pelo constrangimento cirúrgico.

– Sim, René. Ele fez por merecer.

– Felizmente não nos faltou a instrumentação necessária.

– Verdade. Sabia que daria certo. Bastou que lhe colocássemos a oportunidade no momento exato.

– Se todas as pessoas conseguissem perceber que assim como solicitamos favores ao Alto, seja através de orações a Deus, a Jesus ou, como no caso de Clóvis, a um santo de sua devoção, muitas outras assim também o fazem.

– Certo e para que possam ser auxiliadas, na maioria das vezes, a Espiritualidade Maior lhes coloca à frente, pessoas que possam ajudá-las.

– Como foi o caso daquele velho que foi colocado à frente de Clóvis para que este o auxiliasse. Bastou interessar-se pelo seu problema, aliás, um problema de saúde, como o seu próprio.

– E graças a Luar que fê-lo pensar sobre o problema.

– Eu não fiz nada. Nada teria acontecido se Clóvis não tivesse o grande coração que tem.

– Sim e isso foi o suficiente para que ele nos fornecesse o instrumental necessário para auxiliá-lo a expelir essa pedra que tanta dor lhe causa.

– As pessoas precisam aprender que o amor ao próximo é o maior remédio para os próprios males, porque os emissários de Jesus dele necessitam para operar "milagres" – esclarece Cláudia a Luar.

Nesse momento, Clóvis desperta e dirige-se até o banheiro. Alguns minutos se passam e, de repente:

– Alice! Alice! Corra aqui! – grita o homem para a mulher que, assustada, levanta-se e vai ao encontro do marido.

– O que foi, Clóvis?! O que aconteceu?!

– Expeli, Alice! Expeli a pedra! Veja! – responde, mostrando o pequeno, mas pontiagudo cálculo, que tanta dor lhe causava. – Não preciso mais ser operado, Alice! Meu bom santo me ajudou! Meu bom santo me ajudou!

– Bem, vamos agora, Carlos... Clóvis está bem.

– Graças a toda a energia doada pelo casal de velhos. Veja o que pode realizar um ato caridoso. Como Jesus nos ensinou, colhemos conforme semeamos.

Dizendo isso, Carlos e René, dois Espíritos encarregados de auxiliar o pobre velhinho, se afastam a fim de atender a outros pedidos, deixando Cláudia com Luar.

– Vou acordar Luar para lhe contar, Alice.

– Ora, Clóvis, não vá acordar o rapaz por causa disso.

– Vou, sim, mulher. Tenho certeza de que ele me ajudou muito nisso.

– Ajudou você? O que foi que ele fez?

– Ele me ensinou uma promessa milagrosa.

– Promessa milagrosa? Que promessa é essa, Clóvis?

O homem corre para a garagem e acorda Luar.

– Meu amigo, você não vai acreditar! – diz, emocionado.

– Ei! Vocês podem me dizer que promessa milagrosa é essa? – pergunta Alice que vem atrás do marido e o vê abraçado a Luar, numa alegria sem tamanho.

Clóvis conta, então, o que acontecera naquela manhã quando Luar lhe pedira que ajudasse o velhinho e o que lhe dissera a respeito de promessas.

– E ele tem toda a razão, Clóvis, porque você sempre tem recebido muita ajuda nos momentos mais difíceis e, pode ter certeza, tudo porque é um homem muito bom. Pode crer.

– Eu não sou bom, não. O que não gosto é de ver pessoas passando dificuldades perto de mim.

– E é por isso que estou aqui hoje, Clóvis, alimentado e tendo onde dormir. Você me acolheu, sem nem ao menos querer saber quem eu era. Na verdade, poderia estar mentindo para você.

– Pois eu já lhe disse que consigo ver quando uma pessoa é boa e merece minha ajuda e meu sacrifício.

– Mas Luar tem razão, Clóvis. Existem pessoas que não pensam nos outros. Só em si mesmas e não sabem reconhecer quando são auxiliadas por Deus. Veja o caso de meu Lucas. Não pensou no sofrimento do próximo quando enganou todas aquelas pessoas.

– Isso é verdade, mas seu irmão é moço ainda e vai aprender. Verá que quando sair da prisão e nós lhe dermos um apoio, ele vai se modificar.

– Se Deus quiser. Graças a Deus, já se encontra bastante diferente depois que abraçou aquela religião lá na cadeia e tornou-se amigo do pastor.

– O irmão da senhora encontra-se preso, dona Alice?

– Sim. Ele deu um golpe nas pessoas da cidade. Ficou devendo para todo o mundo e fugiu. Pouco tempo depois, foi encontrado e hoje se encontra numa cadeia de uma cidade vizinha. Clóvis se sacrificou durante muitos anos para pagar a sua dívida e limpar o seu nome.

– Você pagou as dívidas dele, Clóvis?

– Paguei até o último centavo.

– Não disse que Clóvis é um homem muito bom?

– Eu não poderia permitir que Alice continuasse a sofrer humilhações pela dívida do irmão.

– Você está certo. E quando ele sai da prisão?

– Dentro de um ano – responde Alice.

– Vou ver se consigo um emprego para ele numa outra cidade – promete Clóvis.

– Por falar nisso, amanhã é dia de visitas, Clóvis.

– É sim. Teremos que ir até lá.

– E temos que passar na casa de seu Medeiros e deixar alguns vidros de remédio para ele. Também temos que apanhar seu Armando. Ele irá conosco até a penitenciária.

– Os remédios já estão separados. Sabe, Luar, trabalho distribuindo diversos tipos de mercadoria. Possuo alguns vendedores na região e trabalho também com equipamento hospitalar. Para clínicas particulares.

– Sim.

– E como tenho contato com alguns médicos, sempre que possível, eles me arrumam algumas amostras grátis que eu dou para o senhor Medeiros. Medeiros é proprietário de uma farmácia num bairro pobre dessa cidade em que Lucas está preso. Fiquei conhecendo esse senhor lá na prisão. Ele tem um filho que é carcereiro. Mas esse homem, o Medeiros, como já disse, possui uma farmácia num bairro bem carente da periferia. E ele, além de vender os remédios tradicionais, também receita uns tipos de chá que ele mesmo faz e que distribui de graça para os mais necessitados que se encontram doentes. E se quer saber mais, muitos desses chás têm curado muita gente. É um homem muito bom porque quando um pobre necessita de algum remédio alopático, ele acaba dando de graça. Na verdade, Medeiros ganha, com sua farmácia, apenas o suficiente para sobreviver. E, quando posso, procuro arrumar alguns vidros de remédio para doar a ele e algum dinheiro também, a fim de subsidiar a compra de outros medicamentos para que não arque sozinho com toda essa despesa. E pode ter absoluta certeza de que ele utiliza esse dinheiro apenas com remédios para os pobres. Toda vez que vamos lá, ele nos presta contas do uso desses remédios e do dinheiro, relacionando o nome do produto e o nome e endereço do doente para que, se for preciso, tenhamos meios de confirmar o gasto.

– É um homem muito bom, mesmo.

– Um Espírito muito elevado e de grande desprendimento.

– Bem, agora, vamos deixar Luar dormir, Clóvis. Ainda é madrugada.

– Tudo bem. Então, boa noite, Luar.

– Boa noite e até amanhã.

Quinze

NO DIA SEGUINTE, NO BARRACÃO...

– Você não vai começar a trabalhar já, Luar, pois primeiro, quero que me acompanhe até uma propriedade rural, um pequeno sítio que possuo há cinco quilômetros daqui. Preciso verificar umas pendências lá e, no caminho, gostaria que me explicasse alguma coisa a respeito dessa sua religião. Tudo bem?

– Será um prazer, Clóvis, e fico muito contente em vê-lo interessado na Doutrina Espírita. Pode crer que se um dia chegar a abraçá-la, será muito mais feliz do que, tenho certeza, já é.

* * *

– O senhor conhece um motorista de nome Orlando Nunes? Ele estava vindo para cá e deve ter chegado na segunda, à noite – pergunta o detetive particular Alcides a um frentista de um posto de gasolina, logo à entrada da cidade. Alcides, desde segunda-feira à noite, vem procurando localizar o caminhão de Orlando, sem sucesso. Chegara a ficar com o carro estacionado na entrada da cidade e vasculhara por todos os lados. Já é quinta-feira e faz uma nova investida num posto de gasolina onde um jovem frentista, que trabalhara na noite de segunda, retorna de uma viagem. – Seu caminhão tem a cor vermelha com uma faixa branca por toda a sua extensão e no para-choque tem a inscrição "Deus me guie".

– Conheço-o de vista. Pelo menos, uma vez a cada quinze dias, ele abastece aqui, geralmente às quartas-feiras. Deveria ter vindo ontem. Talvez venha hoje.

Pelas informações que Alcides colhera na Capital, o destino do motorista Orlando era essa mesma cidade em que Luar se encontra.

– Vou esperar mais um pouco por aqui. Quem sabe? Se o vir, poderia me avisar? Este é o número de meu telefone celular. Tome este dinheiro para você e, se me avisar, lhe darei outro tanto. Mas gostaria que não contasse ao Orlando sobre isso. Quero lhe fazer uma surpresa.

– Muito obrigado, senhor.

– Na verdade, estou é procurando um rapaz de trinta anos, chamado Lélis e que deve estar carregando uma mochila. Pode estar trajando uma calça "jeans" e calça uma botina diferente, dessas de fazer caminhada, sabe? Veja, tenho uma fotografia dele comigo.

O rapaz examina a foto e diz:

– Não reparei em seu rosto, mas vi alguém parecido com esse aí da fotografia e usando calça “jeans”e com uma mochila nas costas, mas não foi com esse tal de Orlando que ele estava.

– Por que diz isso?

– Porque segunda-feira à noite parou aqui no posto o senhor Clóvis e, junto dele, estava um rapaz com essa descrição que o senhor está me dando. O rosto é bem parecido.

– E quem é esse Clóvis?

– É um representante comercial. Trabalha com medicamentos.

– Poderia me informar o seu endereço?

– É aqui perto – informa, indicando como chegar até lá.

– Muito obrigado pela informação. Tome mais este dinheiro e, não se esqueça: se vir Orlando chegar aqui, me avise.

– Pode deixar e obrigado pela gorjeta.

O detetive Alcides dirige-se, então, até o barracão de Clóvis.

– Meu Deus, será que vou encontrá-lo? Deixe-me olhar a fotografia mais uma vez – pensa enquanto abre o porta-luvas e retira a fotografia do rapaz. – Tomara que sim. Pobre Dr. Milton. Como deve estar sofrendo, ele e dona Lídia... Mas por que será que Lélis fugiu do hospital? E esse atropelamento... a polícia desconfia que tenha sido uma tentativa de homicídio... Mas quem poderia querer matar o rapaz? Um moço tão bom. Pelo que sei, só tem amigos. Aliás, todos são bons naquela família... Dr. Milton, Lídia, Mirtes e Paulo... Bem... Paulo... Hum... Será...? Paulo sempre me pareceu um sujeito meio ambicioso... É... Lembro-me de uma conversa que tive com ele quando estava a serviço do Dr. Milton, em que, na frente do sogro, tecia comentários nada elegantes a respeito do cunhado. Realmente, pareceu-me um tanto hostil com relação ao rapaz, o que me surpreendeu muito, tendo em vista a boa índole e a esmerada educação do irmão de sua mulher. Ganancioso... Sim... Um homem ganancioso e, parece-me, disposto a qualquer tipo de atitude se com isso puder atender aos seus desejos de poder.

Alcides estaciona o automóvel defronte do barracão de Clóvis, sem notar que um carro estaciona também a cerca de uns cem metros de distância. É Romildo, o homem que, incumbido por Paulo, vem seguindo-lhe os passos.

– Sim, Dr. Paulo – fala Romildo no telefone celular. – Ele está bem à minha frente. Está com o carro estacionado defronte de um barracão. Está descendo e se dirigindo para lá. Sim... Vou ficar de olhos bem abertos. Não se preocupe... eliminá-lo... pode deixar... sim... até mais... entro em contato...

Romildo desliga o telefone e dirige o automóvel lentamente até onde Alcides entrou. Estaciona e desce, dirigindo-se também ao barracão. Aproxima-se da porta, escondendo-se atrás da parede para ouvir o que se fala lá dentro.

– Não. Não conheço esse rapaz. Nunca o vi antes – mente o funcionário, assim instruído por Clóvis.

– E o senhor Clóvis? Vai demorar a voltar?

– Creio que somente à tardezinha – mente, ainda, Nelson.

– Vou aguardá-lo. Preciso muito falar com ele.

– O senhor fique à vontade... quer dizer... terá que esperar lá fora, pois tenho que sair e vou fechar a porta do barracão.

– Eu aguardo lá fora.

Romildo, disfarçadamente, atravessa novamente a rua e, ligando o motor de seu veículo avança uma quadra e estaciona a fim de vigiar os passos de Alcides.

O empregado de Clóvis sai, fecha a porta do barracão e, subindo em uma bicicleta, parte por uma estrada de terra, em direção ao sítio, para avisar o patrão.

***

– O que aconteceu, Nelson? – pergunta Clóvis ao seu funcionário quando o vê chegar de bicicleta e bastante ansioso.

– Esteve um homem lá no barracão, perguntando por Luar. Tinha uma fotografia com ele.

– E o que você respondeu?

– Disse que nunca o havia visto antes.

– Não foi seguido, Nelson?

– Não, senhor.

– Tem certeza?

– Absoluta.

– Muito bem. Vou até lá. Penso que deve ficar por aqui, Luar.

– Mas e se for alguém de minha família que está me procurando?

– Ficarei sabendo. Vou conversar com o homem.

– Mas não será perigoso se for quem atentou contra a minha vida?

– Não se preocupe. Se perceber que não é nenhum conhecido seu, digo que o moço, a quem dei carona, partiu hoje de manhã e que não sei para onde foi e nem sei quem é. Fique aqui até o anoitecer. Depois virei buscá-lo.

Dizendo isso, Clóvis volta para a cidade.

Dezesseis

– E O RAPAZ ESTAVA TRANQUILO? – pergunta Romildo a Clóvis. – Sabe, ele sofreu um acidente e perdeu a memória. Seus familiares estão muito preocupados. Sou detetive particular, contratado pelo seu pai e consegui chegar até aqui – mente o homem, após mostrar uma fotografia do rapaz.

Clóvis não sabe o que fazer. Mentira que Luar partira e agora passa por terrível dilema. E se, realmente, for verdade que o homem à sua frente é um detetive contratado pela família para encontrar o rapaz? Mas e se não for e tiver algo a ver com o atentado? Nesse momento, chega Nelson que demorara mais, pois viera de bicicleta e ainda parara em sua casa, mas a tempo de ouvir as últimas palavras de Romildo. Age rápido, chamando Clóvis até uma sala ao lado.

– Um momento só, meu senhor. Já volto – pede Clóvis a Romildo.

Clóvis encaminha-se para o outro cômodo, procurando falar com naturalidade e bom tom:

– E, então, Nelson, entregou a encomenda?

Nelson, por sua vez, responde enquanto escreve uma frase num papel.

– Entreguei, seu Clóvis, mas seu Esteves disse que a nota fiscal está errada. Dê uma olhada.

Na verdade, Nelson mostra o que escrevera no papel: “*Esse não foi o homem que esteve aqui hoje de manhã*”.

– É... A nota está errada mesmo. Foi trocada com outra. Eu já vou consertar, Nelson. Depois você leva a correta. Deixe-me terminar de conversar com o senhor lá fora.

Dizendo isso, volta ao balcão de atendimento e diz a Romildo:

– Mas que tragédia, heim? Quando que eu poderia imaginar que aquele rapaz, tão cheio de saúde, havia sofrido um acidente e perdido a memória? Ele não me falou nada. Aliás, esteve em silêncio por todo o tempo.

– Bem, de qualquer forma, muito obrigado. Já vou indo.

– Olha, se o senhor me deixar o número do telefone de seus familiares, posso entrar em contato, se souber de alguma coisa. Pode ser que o moço passe novamente por esta cidade.

– Não creio nisso. Passar bem – diz Romildo, saindo rapidamente do barracão.

Clóvis espera que ele parta com o carro e corre para a outra sala.

– Sorte você ter chegado e visto o homem, Nelson. Não sabia o que fazer e quase o levei até o sítio. Esse homem não estava com boas intenções, não. Estivesse realmente interessado em encontrar Luar, teria me deixado o número do telefone dos familiares dele. Tem alguma coisa errada nisso tudo. Mas e o outro, Nelson?

– Eu não sei. Quando saí daqui, ele ficara dentro de seu carro, estacionado aqui à frente.

– Que mistério...

* * *

Mais tarde, Clóvis, após rápida visita ao cunhado preso, na cidade vizinha, retorna ao sítio, juntamente com Nelson, para buscar Luar, tomando todo o cuidado para não ser seguido.

– E então, Clóvis?

O homem conta tudo o que aconteceu.

– Se pudéssemos prender essa pessoa e entregá-la à polícia, ela poderia contar tudo o que sabe a meu respeito.

– Também acho, mas o que eu podia fazer?

– Nada, não. O senhor agiu corretamente, não se arriscando.

– Agora, Luar, penso que você deve permanecer por um tempo escondido até que tenhamos certeza de que não corre mais perigo.

– E se formos até a polícia e Luar contar-lhes tudo o que sabe? – pergunta Nelson.

– Receio que me mandem para algum hospital novamente e que encontrem meus familiares antes de mim.

– Não estou entendendo, Luar. Acho que Nelson tem toda a razão. Não seria o melhor caminho? O hospital deve ter informações de seus familiares.

– E quem estaria interessado em minha morte? Não poderia ser algum membro de minha própria família? Perdi a memória, mas não perdi o raciocínio. Tenho certeza, pelas vestes que trajo e pelo conhecimento que tenho das coisas, que devo pertencer a uma família muito rica.

– Mas e se conversássemos com o diretor do hospital, particularmente, e lhe explicássemos o que pode estar lhe acontecendo?

– Não sei o nome do hospital em que eu estava. E nem se o visse, não poderia me lembrar. Não olhei para trás quando fugi dele. Estava muito assustado e não reparei em nada. Nem sei se era, mesmo, um hospital desses grandes. Parecia-me mais uma clínica particular.

– Meu Deus! Existe uma infinidade de clínicas e hospitais na Capital. Mas nem do lugar em que se encontrou com o velho Raul e com o motorista daquele caminhão, você se lembra?

– Também não tenho a mínima ideia. Além do mais, dormi assim que me sentei na cabina do veículo e não vi nem o trajeto que Orlando fez para sair da cidade.

– Bem, vamos para a minha casa. Já conversei com minha mulher e ela é de opinião que o hospedemos por algum tempo até que tudo se resolva.

– Vocês estão sendo muito bons para comigo, Clóvis, e não tenho palavras para lhes agradecer.

– Sabe, Luar, certa feita, li uma frase muito profunda que dizia: "Feliz daquele que diz não ter palavras para agradecer porque isso é sinal de muita humildade e a humildade e a felicidade caminham juntas".

***

Naquela noite, Luar também dorme na casa de Clóvis, que montara uma cama provisória na garagem para ele. No dia seguinte, de manhã, os três tomam café na cozinha.

– E se colocássemos uma fotografia de Luar nos maiores jornais da Capital, explicando a sua situação? Por certo, alguém o reconheceria e entraria em contato conosco.

– Já pensei nisso, Alice – diz Clóvis –, mas acho não ser o caminho mais adequado. Aqueles que estão interessados na morte dele poderão ver também e, desculpe-me meu amigo, mas como você mesmo já disse, pode ser que seja alguém de sua própria família. Em quem confiar?

– É o que penso...

– Sabe, Luar, tenho a impressão, pelos seus modos, pela sua maneira de agir, que você deve pertencer a uma família abastada e, talvez, seja essa a causa do atentado contra você. Infelizmente, o dinheiro ainda é uma das maiores causas do crime e do sofrimento.

– Nesse caso, penso que devo encontrá-los primeiro, para saber o que realmente está acontecendo.

– Isso mesmo.

– O problema é que não tenho a mínima ideia de como começar e também não posso ficar aqui escondido. Na verdade, penso em partir hoje mesmo.

– Não deve fazer isso – diz a mulher. – Aquele homem pode não ter acreditado em Clóvis e estar pelas redondezas.

– Por isso, mesmo. Não quero envolvê-los nisso. Já foram bons demais para mim. Aliás, sei que em toda a minha vida, dificilmente encontrarei alguém como vocês, com esse desprendimento tão grande em favor do próximo. Nem me conhecem direito e me ajudam como se eu lhes fosse um velho conhecido.

– Eu já lhe expliquei, Luar: você não é uma pessoa comum. Sabemos distinguir um bom homem e que, verdadeiramente, necessita de nosso auxílio. Por isso eu lhe peço: fique conosco. Pelo menos, mais alguns dias, até que tudo se acalme. Vamos fazer o seguinte: vou agora mesmo verificar se aqueles homens ainda estão na cidade, pois se estiverem, logicamente deverão estar hospedados num hotel ou pensão. Como temos somente um hotel e uma pensão nesta pequena cidade, não será difícil descobrir. E vou também perguntar para o frentista do posto de gasolina na saída da cidade. Se tudo estiver em ordem, penso que poderá andar tranquilamente pelas ruas.

– Mas se eu ficar aqui o dia inteiro, não poderei trabalhar para você, Clóvis.

– Não se preocupe com isso agora.

Luar reflete um pouco e resolve:

– Está bem. Ficarei até que não haja perigo de eu me locomover novamente entre as pessoas. Depois parto em direção ao norte.

– Você está sendo sensato, Luar – diz a mulher –, e não se preocupe conosco. Pode estar certo de que não nos dará nenhum trabalho.

– Muito obrigado e se Deus me permitir, um dia os recompensarei por tudo.

– Não estamos atrás de nenhuma recompensa, meu amigo – diz Clóvis – Apenas estamos fazendo a nossa obrigação. Além do mais, você não pode se expor lá no barracão. Aquele homem pode voltar e, além do mais, existe aquele outro que o está procurando e que falou com Nelson quando estávamos no sítio.

– E quem será esse outro?

– Pelo visto, tem muita gente atrás de você.

– E o que poderei fazer? Não conseguiria ficar aqui sem fazer nada. Não consigo ficar parado e gostaria de continuar a trabalhar para você por uns dias. Depois, partirei em direção ao norte novamente.

– Por que essa fixação pelo norte, Luar? Não consigo entender.

– Foi o conselho de um Espírito.

– Conselho de um Espírito? – pergunta Alice, esposa de Clóvis. – Você falou com um Espírito?

– Foi seu Raul quem o viu e me disse o que ele estava falando e ele me aconselhava a caminhar em direção ao norte.

– Bem, se o Espírito disse isso...

– Os Espíritos sabem tudo, não é, Luar? – pergunta a mulher.

– Não é bem assim, não. O Espírito possui a mesma inteligência que detinha quando encarnado. Alguns, sim, mais elevados, têm um conhecimento mais amplo e não podemos também crer em tudo o que um Espírito nos fala, simplesmente porque é um Espírito. Precisamos analisar muito bem o que diz porque bem pode ser um Espírito ignorante ou um Espírito que queira nos prejudicar e nos aconselha mal, propositadamente.

– E no seu caso? Como sabe que esse Espírito, que lhe mandou esse recado, é um Espírito do Bem?

– Porque seu Raul conseguiu vê-lo e percebeu a sua elevação moral através de sua maneira de se apresentar.

– Entendo. Sabe, Luar – continua a mulher –, gostaria muito de ver um Espírito. Vidência é o nome que vocês dão para esse tipo de faculdade, não é?

– Sim, chamamos de vidência e quem possui essa mediunidade, nós o denominamos de médium vidente. Mas por que a senhora gostaria de ver um Espírito?

– Ah, sei lá. Gostaria. Penso que se visse algum, acreditaria mais nessa história de Espiritismo.

– Mas nós não precisamos ver Espíritos para compreender e assimilar a Doutrina Espírita, dona Alice. O Espiritismo é para ser estudado e compreendido pelas respostas que ele nos dá. Pela lógica de suas verdades. Isso é o mais importante. Além do mais, a vidência é uma mediunidade cujo médium que a possui deve estar bastante preparado com os mais amplos conhecimentos que puder adquirir, pois assim como vê bons Espíritos, vê também Espíritos inferiores, cuja visão, geralmente, não é nada agradável.

– Imagino, mas mesmo assim, gostaria muito.

***

– Você está sendo um fracasso, Faros! – berra Rufus, colérico. – Nada conseguiu até agora! Vencido por uma mulher!

– Esses "das luzes" têm muito poder, chefe. Depois que partimos de lá, aquela mulher deve ter conversado com Alice e modificado o seu pensamento.

– Porque a deixaram só! Não foram capazes de mantê-la sob o jugo de vocês. O trabalho tem que ser constante.

– Esta noite atacaremos novamente, Rufus, e desta vez, não falharemos.

– E quanto àquele detetive Alcides?

– Ele percebeu a presença daquele idiota do Romildo e, assim que este saiu do barracão, passou a segui-lo, invertendo a situação.

– É outro idiota! E o que vocês fizeram?

– Bem... Nós tentamos fazê-lo voltar, mas não conseguimos – confessa Faros, derrotado.

– Não conseguiram influenciar aquele imbecil?! Pois voltem lá e levem-no de volta àquela cidade! Mas como podem perder tanto tempo assim?! Que bando de incompetentes! Será que estão amolecendo?! Será que terei que providenciar tudo pessoalmente?!

– Não será necessário, Rufus. Desta vez, não falharemos. Romildo voltará à cidade e encontrará Luar.

– Luar...! Parem de chamá-lo com esse nome estúpido! Quero Laio! Entenderam?! Quero Laio!!!

– Deixe conosco, chefe. Não falharemos novamente.

– Assim espero! Quero ação rápida!

***

Nesse momento, Romildo já se encontra em uma cidade próxima e fazendo perguntas. Procura por Luar nos postos de gasolina, na Prefeitura, onde geralmente os andarilhos vão para conseguir passagens rodoviárias e num albergue da cidade. Mas nada consegue. Ninguém viu aquele homem da foto, a ele fornecida por Paulo.

– Onde será que se meteu esse Lélis? E Alcides? Perdi-o de vista, assim que falei com Clóvis – pensa Romildo, sem notar que, a menos de uma quadra, um automóvel se encontra estacionado. É Alcides quem está ao volante, seguindo os seus passos. O detetive não tem certeza, mas desconfia que aquele homem, que não conhece, também está à procura de Lélis. Quem será? – pensa. – Terá ele alguma coisa a ver com o atentado?

Romildo já está cansado de tanto procurar naquela cidade.

– É como procurar uma agulha num palheiro – pensa, enquanto senta-se no banco de uma pequena praça. – Pode ser que ele nem tenha passado por esta cidade. Talvez tenha seguido para uma outra ou, simplesmente voltado pelo mesmo caminho. Já não sei mais o que fazer.

– Lá está ele! – anuncia Faros – Vamos até lá e ver se desta vez não falhamos. Concentrem-se todos. Vou tentar falar com ele mente a mente.

Faros aproxima-se de Romildo e começa a falar-lhe, tentando um contato mediúnico, através da intuição:

– *Romildo, o homem que você procura está na cidade pela qual passou. Está com o Clóvis, lá daquele barracão.*

– Onde estará o cunhado do Paulo? – continua a pensar. – Preciso tomar uma decisão rápida, mas para onde ir?

– *Volte para aquela cidade e procure Clóvis, novamente – insiste Faros.*

– Será que retornou para a Capital?

– *Ele está lá naquela cidade, seu idiota! Vamos! Vamos! Escute-me! Eu lhe ordeno! Vamos! Ele está lá naquela cidade!*

Desta feita, parece que a intuição atingiu o alvo.

– Será que ele não está lá naquele barracão? Deixe-me ver. Preciso recordar-me das palavras de Clóvis.

– *Você não percebeu que ele estava nervoso?*

– Pareceu-me que Clóvis estava nervoso...

– *Isso mesmo. Lembra-se de como ele estava preocupado e inquieto com a sua presença?*

– Ele parecia nervoso com a minha presença. Será?

– *Depois, aquela história de seu empregado chamá-lo lá dentro do escritório. Não se esqueça que Alcides também esteve lá.*

– Ele me pareceu um pouco nervoso e, depois, aquele seu empregado que o chamou para dentro do escritório, falando de uma nota fiscal. Eu os ouvi bem.

– *Não percebeu que eles estavam disfarçando, falando alto para que os ouvisse?*

– Falavam muito alto. Parecia que queriam que eu os ouvisse e não havia necessidade de falarem tão alto. Há algo estranho nisso tudo.

– *Lógico que há algo estranho, Romildo. Você tem que voltar lá para verificar.*

– Será que deveria retornar àquela cidade e vigiar o barracão ou a casa de Clóvis?

– *Pois é isso que você deve fazer, Romildo. Volte lá e fique bem atento.*

– Acho que vou voltar àquela cidade. Lélis deve estar escondido lá, sim.

– *Mas é lógico que está lá. Por que pensa que ele fugiu do hospital? É evidente que ele deve ter percebido que foi um atentado contra ele e fugiu. Será que ele perdeu mesmo a memória? – tenta influenciar Romildo, mentindo, pois sabe que Luar realmente a perdeu.*

– Agora me ocorre uma coisa – pensa. – Por que será que ele fugiu do hospital? Logicamente deve ter desconfiado que foi um atentado contra a sua vida. E será que ele perdeu mesmo a memória? Será que não se lembra que fui eu? Antes de eu atropelá-lo, gritou o meu nome. Mas se for assim, por que não volta e fala com o doutor Milton e com a polícia? Será que sente medo? Não, deve ter perdido a memória mesmo, mas deve estar com medo de que tentem novamente. E está se escondendo até conseguir recuperar a lembrança de tudo. E quando se lembrar... vai se lembrar de mim. Tenho que eliminá-lo e logo.

– *Volte para aquela cidade, Romildo. Ele está lá.*

– Vou voltar para lá e procurá-lo. Vou ficar vigiando todos os passos do Clóvis. Vou voltar, sim.

Dizendo isso, corre até o seu automóvel e sai em disparada.

– Para onde será que ele está indo? – pensa Alcides. – Vou atrás dele.

Porém, nesse momento, um policial aproxima-se de seu carro e pede-lhe os documentos.

– Seu guarda, por favor, preciso seguir aquele carro. Sou detetive particular e estou em serviço – diz, mostrando a sua credencial.

– Deixe-me examiná-la – diz o policial que, após olhá-la atentamente, a devolve, liberando-o. Este dá partida no motor de seu veículo e sai rapidamente. Porém, não mais consegue alcançar Romildo e nem vê-lo. – Oh, meu Deus! Eu o perdi. Para onde será que foi? Vou em frente. Quem sabe, o encontro em algum ponto da estrada.

Pensando assim, coloca seu carro na estrada, porém em sentido norte, bem ao contrário da direção do outro que está retornando, sentido sul.

Dezessete

JÁ SÃO MAIS DE CATORZE HORAS quando Clóvis chega em casa.

– E, então, Clóvis, descobriu alguma coisa? – pergunta-lhe Alice. – Conseguiu alguma informação a respeito daquele homem que esteve no barracão?

– Sim. O frentista do posto de gasolina informou-me que ele deixou a cidade, ontem mesmo. Passei-lhe a descrição do homem e ele se lembrou. Disse-me, também, sobre um outro que passou por lá perguntando sobre um moço com uma mochila e que ele informou que havia chegado comigo à cidade. E, pelo que pude apurar com ele, ambos tomaram rumo norte.

– Mas essa é uma boa notícia! – entusiasma-se a mulher – Ouviu isso, Luar? Você já pode sair e até trabalhar lá no barracão.

– Muito boa a notícia, mesmo – alegra-se Luar. – Ainda dá tempo de trabalhar um pouco hoje?

– Não, Luar, hoje não. Mas você pode dar um passeio pela cidade, esticar um pouco as pernas. Vá tomar um café no bar do Vieira e conhecer a praça de nossa cidade. Vamos, homem. Vá dar um passeio.

– Está bem, eu vou. Estou precisando mesmo esticar as pernas e caminhar um pouco.

– Assim é que se fala, Luar – diz a mulher, muito contente. Em poucos dias, já aprendera a gostar dele, pois com ele aprendera muito. – Vá passear e espairecer um pouco a mente.

– Está bem; até mais, então.

Nesse instante, passa pela frente da casa de Clóvis, um senhor de meia idade, conhecido dele.

– Bom dia, Clóvis.

– Bom dia, Reinaldo. Como vai?

– Vou indo bem.

– E a senhora, dona Alice?

– Estou muito bem, graças a Deus.

– Mas entre aqui. Quero que conheça um amigo. Seu nome é Luar. Luar Peregrino.

– Luar Peregrino?

– Não se preocupe com o nome, não, Reinaldo.

– Não, não estou preocupado, não – responde, acabrunhado por ter tido uma reação de espanto. – É um bonito nome. É que nunca ouvi um nome desses.

– Na verdade é um pseudônimo – conserta Alice.

– Por que não acompanha Luar até o bar do Vieira? Tomem um café e passeiem um pouco. Luar precisa se distrair.

– Com muito prazer. Vamos, Luar.

***

– Necessito de mais gente, Paulo – pede Romildo ao telefone celular, enquanto dirige com destino à cidade onde se encontra Luar.

– Você tem certeza de que ele está aí nessa cidade que me falou? – pergunta Paulo.

– Tenho muita convicção disso, principalmente depois que analisei bem as respostas de Clóvis e do episódio de seu empregado lá no barracão, como lhe contei.

– E Alcides?

– Não o vi mais.

– Você o perdeu, Romildo?!

– Você pensa que é fácil ficar no encalço de alguém sem que esse alguém desconfie? Penso até que ele já tinha percebido.

– E se ele estiver na pista certa?

– Penso que não, Paulo. Como já lhe disse, tenho muita convicção de que Lélis ainda se encontra lá.

– E você quer reforços? Não será um exagero de sua parte, Romildo? Você sabe que quanto menos gente envolvida, melhor.

– Sei disso, Paulo, mas como quer que eu vigie dois ou três lugares ao mesmo tempo?

– Está bem, mas espero que esteja certo. Pode pedir mais gente. Depois eu pago.

– Tudo certo.

– Espero que não falhe desta vez.

– Se ele ainda estiver lá, não vai escapar, Paulo.

– Mantenha-me informado.

– Certo.

Romildo desliga o telefone, estaciona o automóvel e faz mais algumas ligações. São amigos seus que deverão vir para ajudá-lo. Em seguida, põe o carro novamente em movimento.

As cidades são próximas e em pouco tempo Romildo entra no perímetro urbano onde se encontra Luar. Estaciona próximo a um restaurante localizado na beira da estrada e fica aguardando que os outros cheguem. As horas se passam e já são perto de cinco horas da tarde quando estão ali reunidos Romildo e mais três homens, todos armados. Recebem as devidas instruções e partem para a cidade destino, através de uma estrada de terra que dá para a periferia, a fim de não levantarem suspeita e nem serem vistos pelo rapaz do posto de gasolina. Romildo distribui fotografias para os outros três e os posiciona em pontos estratégicos: um na saída da cidade, antes do posto, outro observando o movimento no barracão e o último no lugar por onde entraram, enquanto Romildo se posta a uma quadra da casa de Clóvis, escondendo-se e ao carro por trás de um muro parcialmente destruído, numa posição que lhe possibilita olhar para a residência.

Duas horas se passam até que Romildo tem uma grata surpresa:

– É ele! É ele! – pensa, entusiasmado e com um suor a lhe empapar o colarinho devido à tensão do momento. Vira Luar chegar à casa de Clóvis, junto com Reinaldo.

Apanha o telefone celular e liga para o companheiro que se encontra defronte do barracão.

– Eu o encontrei. Está aqui na casa de Clóvis.

– Quer que vá para aí?

– Venha.

– Como faço para chegar até aí?

– Não é longe, mas não quero que passe na frente da casa. Faça o seguinte: desça essa rua onde está, dirija por exatamente seis quadras e daí vire à esquerda. Ande mais três e estacione o seu carro. Se olhar para o fim da rua, verá um muro caindo aos pedaços. Olhando com mais atenção, verá o meu carro estacionado atrás dele. Estou entre o carro e o muro. Venha. Quando estiver posicionado, ligue para mim. Todos temos os números do telefone de cada um.

– E quanto aos outros?

– Entre em contato com eles. Deverão postar-se na rua de trás da casa. Não quero me arriscar a que ele fuja pelo vizinho.

– Certo.

Alguns minutos se passam e Romildo vê quando o companheiro estaciona o carro a algumas quadras, na sua direção. A casa de Clóvis se localiza bem na metade da distância entre ele e o outro. O telefone toca e Romildo atende.

– O que devo fazer? – pergunta o outro.

– Apenas me dê cobertura. Quando me vir avançar em direção à casa, venha também.

– É para matá-lo?

– Sim – responde Romildo, secamente.

– Eu ou você?

– Aquele que tiver mais chance.

– Certo.

Enquanto isso, na casa, estão reunidos Clóvis, Alice, Luar e Reinaldo.

De repente, alguém bate à porta da casa e a mulher de Clóvis, interessada na conversa de Luar e Reinaldo, que falam sobre a Doutrina Espírita, demora um pouco para atender.

– Pode deixar que eu atendo – diz Clóvis.

– Deixe que eu vou – fala Alice e se encaminha para a porta.

– Quem é, Alice?

– Não tem ninguém aqui.

– Não?

– Acho que demorei e a pessoa foi embora – explica a mulher, retornando para a sala.

Alguns minutos se passam e batem novamente, agora com força à porta. Desta feita, Alice vai atender rapidamente.

– Quem está aí?

– Quem é, Alice? – pergunta Clóvis.

– Estranho, Clóvis. Não tem ninguém.

– Não tem ninguém? Deve ser brincadeira de algum amigo. Feche a porta e vamos aguardar.

Alice atende e volta à conversa.

– Mas você estava falando dos efeitos físicos, Luar – diz Reinaldo, bastante interessado na explicação do moço.

– Sim, como estava lhe dizendo, tudo o que existe no Universo, inclusive os átomos e seus componentes, é constituído pelo fluido universal, o que quer dizer que ele compõe também o perispírito que é o corpo do Espírito e que o une ao corpo físico. Um Espírito tem a capacidade de, utilizando-se, por exemplo, do fluido universal e mais esse mesmo fluido liberado por um médium, que nós denominamos de médium de efeitos físicos, cujo fluido encontra-se de uma maneira que poderíamos, grosseiramente, denominar de "animalizada", dar uma vida factícia a uma mesa, por exemplo. É o que ocorria nos tempos de Allan Kardec com as mesas girantes. Na verdade, a mesa move-se como se fosse um apêndice do corpo do Espírito, como se fosse um braço seu, uma extensão do Espírito e que ele pode movimentar da mesma maneira que move o seu braço, ou seja, bastando que o queira. Ainda hoje esse fenômeno ocorre, inclusive com outros tipos de materiais.

– E esse Espírito sabe como realizar esse tipo de fenômeno?

– Na verdade, na grande maioria das vezes, ele não sabe como isso ocorre, assim como não temos necessidade de saber como os nervos e músculos de nosso corpo funcionam quando movimentamos um braço. Ele, simplesmente, quer agir dessa forma e o consegue quando um médium de efeitos físicos encontra-se nas imediações, em distância favorável para a consecução desse efeito. Mesmo essa distância é diferente para cada tipo de médium. Vou lhes dar o exemplo de um acontecimento que li num livro: numa família ocorreu a desencarnação de uma senhora de idade e que era exímia pianista. Sua vida foi toda devotada a esse instrumento musical, praticando muitas horas por dia. Quando ela desencarnou, não se deu conta disso e continuou a habitar aquele lar como se nada tivesse acontecido, vivendo como se vive num sonho, num estado de torpor. Acontece que a empregada doméstica daquela casa possuía esse tipo de mediunidade e era frequente ouvir-se o piano tocar em várias horas do dia.

– As teclas se movimentavam?

– Sim, e todo esse fenômeno parou de acontecer quando essa empregada, assustada com o fato, pediu a conta e foi-se embora, ou seja, a médium afastou-se do local. Mas o mais importante que quero que entendam é que essa pianista não sabia como provocar esse fenômeno. Apenas aproximava-se do piano e dedilhava por sobre as teclas, imaginando-se encarnada ainda. A sua vontade, combinada com a mediunidade da empregada, levava a efeito o fenômeno sem que ambas se dessem conta de como tudo isso se operava.

– Mas houve a vontade do Espírito da pianista.

– Sim, ela queria tocar o piano.

– E quanto a ruídos e estalidos?

– Ensina-nos "O Livro dos Médiuns", de Allan Kardec, que quando um Espírito age sobre a matéria, movimentando-a, nós o percebemos através da luz que nos dá a visão do movimento dessa matéria e que, quando bate, o ar nos traz o som. No caso de ruídos, estalidos ou pancadas, o Espírito age diretamente sobre o ar, movimentando-o, e sabemos que é a movimentação do ar que nos traz o som até os nossos ouvidos. Ou seja, da mesma maneira que ele consegue movimentar uma mesa ou outro objeto qualquer, ele pode movimentar o ar.

– Estou entendendo.

– Como já disse, a explicação para todos esses fenômenos você pode encontrar no "O Livro dos Médiuns", de Allan Kardec.

Nesse momento, batem à porta novamente.

– Deixe que eu atendo agora, Alice – diz Clóvis.

O homem abre a porta e, como das outras vezes, não há ninguém.

– Mas o que está acontecendo? – exclama Clóvis e vai até o portão da casa que se encontra às escuras nesse momento, pois já é noite. Olha para um lado e para o outro por entre as grades do portão, até que tem um sobressalto.

– Meu Deus – exclama baixinho quando, iluminado pela luz de um poste, vê Romildo que se aproxima pelo lado direito, a uma distância de aproximadamente uns cinquenta metros, parecendo carregar um revólver na mão direita. A rua se encontra vazia naquele horário. Olha para o outro lado e vê um outro homem caminhando da mesma maneira. Percebe que não o viram por causa da sombra de uma árvore que se encontra plantada no passeio e, lentamente, volta-se para dentro da casa. Fecha a porta com cuidado e, olhando para os outros que se encontram na sala, faz um sinal vertical com o dedo indicador nos lábios, pedindo que se calem.

– Quem era, Clóvis? – pergunta a mulher, em voz baixa, pois percebera o que o marido queria lhes dizer com aquele sinal com o dedo.

– Façam silêncio, por favor, e apague as luzes, Alice. É aquele homem que está procurando por Luar.

Luar franze o cenho.

– Aquele segundo que apareceu lá no barracão e com o qual você conversou?

– Sim – cochicha o marido. – Ele e mais um outro e não me parecem com boas intenções. Vêm caminhando lentamente.

– Esse homem poderia dar uma boa explicação para o que está ocorrendo comigo – diz Luar.

– O que está acontecendo? – pergunta Reinaldo, preocupado, principalmente agora que Alice apagou as luzes da casa e fechou a única janela que estava aberta, assim como a porta da cozinha.

– Não se preocupe, Reinaldo; apenas lhe peço que fique em silêncio e sente-se aí no chão. Vocês também, Luar e Alice. Atrás do sofá. Por favor.

– Eles querem a mim – fala baixinho, Luar. – Não acho que devam se arriscar por minha causa. Se houver algum perigo, vou ter com eles.

– Não saia daí, Luar. Vamos esperar.

– Mas quem bateu à porta, afinal de contas? – pergunta Alice.

– Não sei – diz Clóvis. – O portão estava trancado com a chave.

– Será que tem alguém no abrigo?

– Creio que não. Pelo menos, não vi ninguém.

– E quem terá batido, então? – torna a perguntar Alice.

– Talvez algum amigo do Luar, na tentativa de nos alertar – responde Clóvis.

– Amigo de Luar?

– Algum Espírito.

– Tomara que seja e ele nos ajude – complementa Alice.

– O que você sugere, Luar?

– O correto seria chamar a polícia, mas não quero me envolver ainda. Você sabe porquê. Enquanto existir essa incógnita em minha mente, não posso me arriscar.

– Você tem razão.

– Mas talvez seja essa a única maneira de se resolver este problema. Se esse homem tentou me matar, deve ser muito perigoso e se você viu mais um com ele, pode crer que deverão existir outros. Ele, logicamente, já imaginou que eu não gostaria de ver a polícia envolvida nisso. Então, só me resta uma coisa: fugir daqui e vocês chamarem a polícia logo em seguida.

– E como pensa em fugir, Luar? Só existe uma outra saída, que seria pulando o muro de nosso vizinho, atravessar todo o seu quintal e sair pela rua, mas penso que essa outra deva estar sendo vigiada por alguém.

– Gostaria de ver o rosto desse homem, para poder precaver-me no futuro, se eu conseguir escapar.

– Você não deve se arriscar. Vamos aguardar um pouco. Quem sabe, irão embora?

– Afinal de contas, o que está acontecendo? – pergunta Reinaldo, demonstrando bastante preocupação na voz.

– Não se preocupe, Reinaldo – pede Clóvis. – Confie em mim.

– Mas me parece que está havendo algum perigo de vida. Quem são esses homens de quem você fala? E essa luz apagada... Não gosto de escuro...

Reinaldo parece estar perdendo o controle.

– Tenha calma – pede Alice, aproximando-se dele e tomando as mãos dele entre as suas. – Tudo vai terminar bem.

– O que vai terminar bem?

– Acalme-se, meu amigo. Eu lhe peço. Luar pode estar correndo risco de vida. Fique quieto.

– Eu quero sair daqui! – grita o homem, tremendamente fora de controle.

– Fique quieto. Não grite. – pede Clóvis.

– Chame a polícia, então – insiste.

– Eu vou sair, Clóvis.

– Não faça isso, Luar. Não faça isso. Serão capazes de matá-lo.

– Existe alguma outra porta que dê para a garagem?

– Tem aquela ali.

– E dá para o caminhão?

– O que pretende fazer?

– Vou pegar minha mochila e tentar escapar.

– Você está ficando louco, Luar?!

– Não existe outra saída, Clóvis.

Nesse momento, batem palmas do lado de fora da casa e alguém grita:

– Ó de casa! Ó de casa!

– São eles!

– Eu quero sair daqui... – balbucia baixinho Reinaldo, quase chorando de medo.

– Fique quieto, Reinaldo. Vamos resolver isso – pede Clóvis.

– Por que não chamam a polícia?

– Chame a polícia, Clóvis – pede Luar. – Chame a polícia.

– Mas e você?

– Já sei o que fazer. Chame a polícia.

– Chame a polícia... – roga Reinaldo.

Clóvis apanha o telefone e disca para os policiais:

– Alô, é da polícia? Aqui é o Clóvis. Quem está falando? Beto? Preciso de ajuda. Há alguns elementos estranhos rondando minha casa e vi uma arma na mão de um deles... sim... na minha casa... você sabe... sim... estou com a casa às escuras e estão batendo palmas... certo... obrigado.

Clóvis desliga o telefone e informa:

– Já estão vindo.

– Graças a Deus – diz Reinaldo.

– E agora? O que vai fazer, Luar?

– Quando a polícia chegar, vou tentar fugir.

– Tenha cuidado e escute: se conseguir, esconda-se e volte depois.

– Não, Clóvis, já está na hora de partir. Vocês já me ajudaram muito e serei eternamente agradecido, mas tenho que ir. Não posso deixar que se arrisquem mais.

– Você vai na direção norte?

– Sim.

– Então, ouça-me. Não temos muito tempo. Quando chegar na próxima cidade, procure seu Medeiros, o farmacêutico. Aquele que distribui remédios para os pobres. Tome este meu cartão.

Clóvis retira um cartão de visitas do bolso, escreve algumas palavras, no escuro mesmo, e assina.

– Peça a ele que me telefone.

Retira ainda do bolso a carteira e estende algum dinheiro para Luar.

– Leve este dinheiro com você. Um dia você me devolve.

Alice se adianta e beija Luar na face.

– Esta casa estará sempre aberta para você, Luar. E quando tudo isto terminar, nos visite. Deus haverá de protegê-lo, pois é um homem bom. Em poucos dias conosco, aprendemos a amá-lo. Vá com Deus, Luar.

Nesse momento, alguns carros freiam bruscamente à porta de Clóvis, com as sirenes ligadas. Ouvem-se vozes e gritos:

– Parem! Parem!

Estampidos de arma de fogo quebram também o silêncio daquele começo de noite. Dentro da casa, todos estão abaixados, até que se ouvem as vozes dos policiais, inclusive a do policial Beto, conhecida de Clóvis.

– Clóvis! Clóvis! Tudo bem? Podem sair.

Clóvis é o primeiro a se levantar e vagarosamente se encaminha até a janela, olhando pela fresta da cortina. Vê o policial que acena para os lados da casa.

– Podem sair, Clóvis! Está tudo bem.

– Vamos, Alice. Vamos, Reinaldo. Cadê Luar?

– Não sei – responde Alice – Ele não está aqui.

– Vão saindo vocês. Vou ajudá-lo.

Dizendo isso, Clóvis, sem acender as luzes, dirige-se à porta que dá acesso à garagem e a abre lentamente.

– Luar! Luar! – chama baixinho.

Ninguém responde.

– Luar! – insiste.

Silêncio.

Clóvis vê, então, a porta do caminhão aberta. Olha para dentro e constata que a mochila não se encontra mais lá.

– Ele conseguiu! – pensa, emocionado. – Ele conseguiu! Mas como?! Como passou pela polícia?! Será que o apanharam?!

Com essa dúvida, corre para o portão da casa onde encontra os policiais com Alice e Reinaldo.

– Havia mais alguém com vocês? – pergunta o policial Beto.

Reinaldo vai falar, mas Clóvis não lhe dá tempo.

– Não, Beto. Só estávamos os três. Ainda bem que chegaram a tempo. Prenderam os homens? Quantos eram?

– Infelizmente não. Eram dois, perceberam a nossa chegada e fugiram. Ligamos as sirenes para amedrontá-los, enquanto atirávamos para o alto, mas não adiantou. E deviam ser perigosos, pois chegaram a responder contra nós. Você os conhece?

– Nunca os vi, Beto. Apenas percebi o movimento suspeito quando vim fechar o portão – mente.

– Bem, graças a Deus, ninguém ficou ferido.

– Graças a Deus – agradece Clóvis, principalmente pelo fato de o policial lhe informar que eram somente dois, o que significava que Luar não tinha sido visto – Mas como conseguiu escapar? – pensa.

“O Evangelho é a bússola do Espírito”

O ALBERGUE

Dezoito

CLÓVIS FICARA COM UMA DÚVIDA: – Como teria Luar desaparecido, ou melhor, como teria passado por entre os policiais sem ter sido notado? É o que veremos no início deste capítulo, retornando alguns minutos nos acontecimentos finais do anterior.

Enquanto Clóvis, Alice e Reinaldo, agachados, prestam atenção no que acontece na rua, diante dos estampidos das armas e das vozes dos policiais, Luar esgueira-se para fora da sala, em direção à porta que dá acesso à garagem. Lá chegando, entra na cabine do caminhão e apanha sua mochila, colocando-a às costas. Na verdade, não sabe o que fazer, nem qual o melhor caminho a seguir. Deveria correr para a rua ou seria melhor sair pelos fundos, saltando o muro da casa vizinha? Encontra-se nessa dúvida quando, novamente, aquela conhecida voz parece ecoar dentro de sua mente e, como da outra vez, parece-lhe dizer: – Para o norte, Luar. Para o norte.

Luar sabe que para seguir nessa direção indicada, terá que sair para a rua. Ouve tiros e os gritos dos policiais. Olha para o portão trancado atrás do caminhão e que dá para a rua, percebendo que acima desse portão de metal, existe uma laje de cimento. Não conseguiria nunca subir nela para saltar para a calçada, mas não pensa muito e nem duas vezes. Confia na voz que lhe indicara o caminho e, rapidamente, sobe no capô do caminhão, dali para o alto da cabina e desta para o teto do baú do veículo. Sente-se como um felino quando salta, agora, para a laje. Parece-lhe que uma força o impele para isso. Vê os policiais na rua, escondidos e protegidos por detrás das duas viaturas que, estrategicamente, estacionaram, fechando um possível trânsito. Percebe que se os homens olharem para cima, poderão vê-lo, por isso resolve saltar da laje para a calçada, auxiliado por uma saliência do portão, e, aproveitando o momento em que um veículo, cujo motorista, não sabendo que ali estava ocorrendo toda aquela confusão, vira na esquina e entra na rua por detrás dos policiais, atraindo-lhes a atenção. Na verdade, todos se voltam, apontando as armas para o ocupante do automóvel que, muito assustado, engata a marcha à ré e retorna rapidamente.

– Não atirem! – grita um dos policiais, que parece ser o chefe. – É o seu Antunes! Não atirem! Deixem-no ir!

Nesse momento, várias pessoas, moradoras da rua, já estão saindo de suas casas, atraídas por todo aquele barulho. Luar, então, esgueira-se por entre elas e vai se afastando lentamente. Quando chega na próxima esquina, vê o automóvel que dera a marcha à ré, estacionar e de dentro dele sair um senhor de meia-idade que voltara para saber o que estava acontecendo. Vendo Luar, lhe pergunta:

– Que confusão é esta?

– Parece que a polícia está tentando prender alguém – responde e, para disfarçar, procura iniciar uma conversa com o homem. Quer ganhar um pouco de tempo para poder verificar se há alguém espionando de alguma das esquinas.

– Não foi o senhor quem entrou há pouco nesta rua?

– Fui eu, sim – responde o homem.

– Foi muito azar o senhor ter entrado nesta rua naquele momento, não?

– Pois é – responde o homem –, não sei por que entrei nesta rua, se deveria virar duas abaixo desta.

– O senhor não tinha a intenção de virar aqui?

– Não. Não sei o que aconteceu comigo. Quando me dei conta, estava virando lá em cima.

Nesse momento, Luar parece ver Cláudia, bem nítida em sua mente, a lhe sorrir.

– Bem, meu senhor, uma boa noite. Eu já vou indo.

– Boa noite, mas... me diga uma coisa: se você estava aqui nesta esquina, como foi que viu que era eu quem dirigia naquele momento? Não dá para enxergar um rosto desta distância.

– Reconheci o carro – mente Luar que, na verdade, estava bem próximo naquele momento.

– Mas há muitos carros iguais a este nesta cidade.

– Tudo bem, mas foi o carro do senhor o primeiro parecido com o que entrou na rua.

– É... tem lógica...

Luar despede-se e dirige-se com muito cuidado em direção à estrada de rodagem, a mesma que ele e Clóvis utilizaram para chegar naquela cidade. Só que, agora, a sua intenção, é a de continuar na mesma direção que ia indo, ou seja, direção norte.

Sente receio de procurar a estação rodoviária, pois aqueles homens bem poderiam estar vigiando-a. Percebera que eles não deveriam ter medo da polícia, apenas preferiram o não confronto direto com ela. Então, chegando à rodovia, começa a caminhar lentamente pelo acostamento e, vez ou outra, para e estende os braços numa tentativa de conseguir parar algum automóvel para pedir uma carona.

– Vai ser difícil – pensa. – São raros os homens como Clóvis.

Mas compreende o medo dos motoristas de serem vítimas de algum assalto se estacionarem o veículo. Continua a caminhar e, após uma hora aproximadamente, depara com um restaurante e um posto de gasolina na beira da estrada. Entra no grande pátio do posto com muito cuidado, procurando analisar o rosto das pessoas que estão por ali. Nota, então, um ônibus que está para sair. Os passageiros, que devem ter descido para comerem alguma coisa no restaurante, já se encontram subindo de volta no ônibus e o motorista, do lado de fora, os observa, talvez contando-os para certificar-se de que não faltará ninguém. Aproxima-se dele e lhe pergunta sobre o destino daquele carro. O homem, educadamente, lhe informa que será a próxima cidade, distante cerca de uns sessenta quilômetros, mas que, pelas normas da companhia, não poderia apanhar passageiros na estrada. Luar, então, pede-lhe que abra uma exceção, pois está muito cansado e precisa chegar naquela cidade antes do amanhecer. O motorista pensa um pouco e, talvez, diante da forma educada e polida com que Luar falara com ele, concede-lhe esse favor. Luar paga-lhe o valor da passagem e sobe no ônibus que, depois de cerca de quarenta e cinco minutos chega à cidade, estacionando defronte de um pequeno bar que possui um balcão de venda de passagens.

– Chegamos – diz-lhe o motorista.

– Muito obrigado, senhor. Sou-lhe muito agradecido pela atenção e pela bondade em atender ao meu pedido.

– Que Deus o acompanhe – responde o motorista.

– E que o proteja – diz Luar, agradecido pelas palavras daquele estranho.

Já é mais de meia-noite e Luar não tem para onde ir. Apenas sabe que deve procurar o farmacêutico que Clóvis lhe indicara, mas pretende fazer isso quando clarear o dia. Não quer incomodar o senhor Medeiros àquela hora.

– Mas onde dormir? – pergunta-se. – Talvez num banco de um jardim – resolve e pergunta a um homem, que acaba de sair de um bar, onde fica o centro da cidade, mais especificamente, a praça central.

– É aqui perto, moço. Você vai em frente por esta rua. Quando encontrar uma igreja, vire à direita. A praça é ali.

– Muito obrigado pela informação.

– Por acaso, o senhor pretende atravessar a praça a esta hora?

– Não sei. Apenas preciso sentar-me um pouco num banco e, talvez, cochilar. Tenho um compromisso amanhã de manhã.

– Não deve sentar-se naquela praça a esta hora.

– E por quê?

– Porque correrá o risco de ser assaltado.

– Aqui nesta pequena cidade acontecem assaltos?

– De vez em quando – responde o outro.

– O que devo fazer, então?

O homem pensa um pouco.

– Você não tem onde dormir e não pode pagar um hotel. É isso?

– Sim.

– E quer passar a noite no banco do jardim...

– Isso mesmo.

– E amanhã? E depois?

– Não sei. Creio que encontrarei coisa melhor a partir de amanhã.

– Penso que deveria procurar o padre Ferreira na igreja matriz.

– Padre Ferreira?

– Sim. O padre dá pousada a quem necessita. Ele tem um amplo porão na igreja e permite que andarilhos passem a noite lá, ao invés de dormirem ao relento.

– Mas já é tarde... não gostaria de incomodá-lo.

– Você não irá incomodá-lo, pois o sacristão dorme num quarto construído especialmente para ele já na entrada desse porão e uma de suas obrigações é atender a quem chega; pode ser a qualquer hora. A única coisa que exige é um documento de identidade.

– Documento de identidade?

– Isso mesmo. Sem documento não permite que entrem lá, pois é feita uma ficha completa da pessoa.

– O problema é que eu não tenho documento.

– Não tem nenhum documento?

– Não. Fui roubado.

– Isso é ruim porque a polícia desta cidade sempre solicita documentos a estranhos que aqui chegam.

– E quem não os tem?

– Não sei...

– Bem... Eu vou andando, então. Muito obrigado pelas informações e, a propósito, o senhor sabe onde fica a farmácia de seu Medeiros?

– Seu Medeiros? Você é amigo dele?

– Não, mas tenho um recado de um seu conhecido.

– Vou lhe explicar. Não é tão simples chegar lá, porque é um pouco longe daqui do centro da cidade. Fica num bairro pobre da periferia. Mas preste atenção, que vou lhe ensinar direitinho.

E o homem, então, com muita paciência, explica a Luar como fazer para chegar na farmácia.

– Penso que ele vai ajudar você – diz, por fim. – É um homem muito bom.

– Estou sabendo disso – diz Luar, um pouco mais esperançoso. – Bem, muito obrigado mais uma vez e até qualquer dia.

– Não tem por que agradecer e boa sorte. E procure tirar novos documentos, heim? Sem documento não somos ninguém.

– Vou me lembrar e obrigado pela atenção e pelo conselho.

Luar começa a se afastar sem rumo e o homem fica pensando, preocupado com o destino desse estranho que conheceu há pouco. Então, decide fazer alguma coisa por ele e o chama:

– Espere, vou acompanhá-lo.

– Vem comigo? Mas nem sei para onde devo ir...

– Vou acompanhá-lo até a igreja. O sacristão é meu sobrinho e vou lhe pedir para que o aceite por esta noite, mesmo sem documentos.

– Pois eu lhe agradeço muito.

– Não precisa me agradecer. Na verdade, já ia indo para casa e vou passar por lá. Estava com uns amigos comemorando o aniversário de um deles e preciso chegar logo em minha casa. Minha mulher já deve estar preocupada. Não é meu costume chegar tarde.

Nesse momento, o homem olha detidamente para Luar e lhe pergunta:

– Interessante... Você não me parece um desses andarilhos que costumamos encontrar por aí. Como é o seu nome?

– Meu nome é Luar.

– Luar?!

– Sim, Luar.

– Desculpe-me pelo espanto, mas nunca conheci alguém com esse nome. Luar é a luz que a lua reflete, não?

– Sim e esse é o meu nome. E o do senhor? – pergunta, na tentativa de que o homem se esqueça de lhe perguntar o sobrenome.

– Chamo-me Viriato, que também não é um nome muito comum, não?

– É um bonito nome.

– Olhe! A igreja é aquela lá. Venha. Temos que entrar pelo lado de trás.

Os dois caminham em direção à igreja e Viriato bate em uma porta, logo após subirem alguns lances de escada a partir do piso do jardim que rodeia esse lado e as laterais da construção. Aguardam alguns minutos até que um moço de cerca de uns vinte anos lhes abre a porta e os atende.

– Tio? O que faz por aqui a esta hora?

– Mário, este é Luar, um amigo meu.

– Muito prazer – responde Mário, cumprimentando e estendendo a mão.

– Ele precisa dormir aqui esta noite, mas foi roubado e está sem os documentos. Eu me responsabilizo por ele.

– Tudo bem, tio. Vou fazer uma ficha e o senhor assina.

– Vamos fazer o seguinte, Mário: eu assino a ficha e vou embora, pois sua tia já deve estar preocupada com a minha demora. Depois, você a preenche, está bem? Gostaria que não enviasse essa ficha para a polícia. É um favor que lhe peço, sobrinho. Tenho razões para isso.

– Para mim está bem, mas vamos entrar.

Transpondo essa porta, descem, agora, para o porão da igreja onde, num pequeno cômodo, Mário entrega uma ficha para Viriato que a assina e vai embora.

Dezenove

– VAMOS VER, ENTÃO – DIZ o sacristão –, sente-se aí. Precisará responder-me algumas perguntas.

– Pois não – concorda Luar, um pouco preocupado.

– Seu nome completo.

– Luar Peregrino.

– Luar Peregrino?

– Isso mesmo. Luar Peregrino.

– Idade?

– Trinta anos – arrisca, pois essa é a idade que imagina possuir.

– Endereço anterior...

Luar não sabe o que dizer, mas lembrando-se do nome da rua de Clóvis e da cidade, nomeia esse endereço para o rapaz.

– Nome do pai e da mãe?

Da mesma forma, Luar tem que inventar e mentir, lembrando-se do velho andarilho e da senhora que o acolhera na fazenda:

– Raul e Josete Peregrino.

– Profissão?

– Sapateiro – responde num repente, pois nesse momento se encontrava olhando para os pés e percebe ter sido feliz nessa escolha por causa da pergunta seguinte.

– Local de seu último emprego?

– Bem... eu trabalhava pelas ruas da Capital como sapateiro ambulante.

– Sapateiro ambulante? – estranha o sacristão, pois nunca ouvira falar desse tipo de serviço.

– Sim, eu tinha uma pequena bancada portátil com martelo, pregos, couro, saltos, graxa, tinta e batia nas casas oferecendo meus serviços no conserto de sapatos.

– Hum... E essa sua bancada encontra-se onde?

– Eu a vendi.

– Vendeu... E qual o seu destino agora?

– No momento, preciso encontrar-me com seu Medeiros, o farmacêutico.

– Você o conhece?

– Ainda não, mas tenho um recado para ele.

– É um bom homem e muito amigo do padre Ferreira.

– Padre Ferreira deve ser muito generoso, também. Dá pousada aos necessitados.

– Isso é verdade – entusiasma-se o rapaz. – E sempre que necessita, seu Medeiros lhe arruma remédios.

– É bom saber que existem pessoas boas neste mundo. Isso nos tranquiliza um pouco.

– Só falta uma pergunta: quantos dias pretende permanecer nesta cidade, ou seja, por quantos dias pretende dormir aqui?

– Ainda não sei. Vai depender do que eu conversar com seu Medeiros.

– Vou colocar uma semana aqui na ficha. Na verdade, não poderá permanecer por mais tempo. O padre Ferreira dá pousada aos necessitados, mas tem que cumprir um prazo estabelecido com a municipalidade. O prefeito não quer que andarilhos tomem conta da cidade.

– Está certo.

– Agora, venha. Vou lhe mostrar a sua cama. A propósito, enquanto aqui estiver hospedado, não poderá ingerir bebidas alcoólicas.

– Eu não bebo.

– Isso é bom.

Dizendo isso, o sacristão abre uma porta que dá para um amplo salão de teto baixo. Uma lâmpada de pouca potência dá ao ambiente uma leve iluminação, suficiente apenas para poderem se locomover lá dentro, sem que a luz venha a incomodar quem está dormindo. Luar percebe que muita gente se encontra deitada. São muitas as camas dispostas umas ao lado das outras, numa pequena distância e separadas por biombos, garantindo a privacidade de cada albergado. Percorrem uma extensa fileira até que o sacristão para defronte de uma vazia.

– Você pode dormir aqui. Se quiser, poderá guardar sua mochila nesta caixa de madeira debaixo da cama. Ela tem um cadeado e a chave, presa numa pulseira, se encontra enfiada nele. Tome cuidado com a chave. Fazemos isso para oferecer segurança e para que não haja confusão entre os abrigados. Amanhã de manhã, serviremos um copo com leite e um pedaço de pão para quem quiser.

– Deus lhe pague, Mário, a você e ao padre Ferreira.

O sacristão se afasta e Luar guarda a sua mochila na caixa que se encontra pregada ao solo, guardando a chave com a pulseira dentro da roupa e deitando-se em seguida. Somente nesse momento, começa a perceber os diversos sons daquele ambiente: um ronca alto, um outro profere alguns gemidos, mais à direita, o farfalhar de alguém a mexer-se na cama, enfim, são muitos os sons daquele local. Luar fecha os olhos e faz uma prece, rogando a Deus, a Jesus e aos Espíritos amigos e, nesse momento, lembra-se de Cláudia, para que o amparem durante o seu sono. Que se for preciso, que o seu desprendimento possa ser útil no trabalho de auxílio a necessitados. Terminada a prece, rapidamente adormece, pois se encontra muito cansado; o dia lhe havia sido bastante movimentado. Em poucos minutos, vê-se fora do corpo, no processo de emancipação da alma. Luar, Espírito, revestido com seu corpo perispiritual, afasta-se da cama, ligado à matéria por um fio de luz. Percebe, também, os Espíritos dos que ali dormem. A maioria, a poucos centímetros do corpo material, também adormecidos. Outros, devem ter saído naquela noite, porque Luar apenas vê o cordão de luz que os ligam aos corpos de carne, fio este que se perde à distância. Desses, alguns poucos se encontram ali naquele porão, sendo que alguns se encontram em contato com as mais diversas entidades já desencarnadas, a maioria, com padecimentos diversos. Uma dessas entidades, libertas da matéria bruta durante o sono, mais especialmente lhe chama a atenção: encontra-se de joelhos a implorar perdão a um Espírito desencarnado, de forma grotesca, que lhe acusa de traidor e lhe esbofeteia a face. Luar aproxima-se, notando nitidamente que as Auras desses dois Espíritos, um já desencarnado e o outro apenas desprendido durante o sono, apresentam-se com cores escuras, enquanto a sua própria, com algumas nuanças de débil luz clara, o que não deixa de ser notado pelos dois Espíritos. O agressor volta-se para Luar:

– O que você quer?! Outros já tentaram dissuadir-me de minha vingança e não conseguiram. Vai querer ser punido também?!

Nesse instante, Luar vê Cláudia que, acompanhada de mais algumas entidades nimbadas de muita luz, aproxima-se dele e lhe diz:

– Fale com ele, Luar, e use o coração e a razão em suas palavras. Vou ajudá-lo nisso.

E aproximando-se mais, estende ambas as mãos, das quais emana forte jato de luz, sobre a cabeça do homem. Luar, então, inicia uma conversa com o Espírito:

– Não, meu irmão – responde Luar, docilmente. – Apenas desejo ajudá-lo.

– Ajudar-me?! Pelo que pode observar, quem precisa de ajuda é esse aí! O criminoso! Mas nem pense em se intrometer ou vai se arrepender amargamente.

– Continuo a insistir que pretendo ajudar você a se libertar.

– Você pretende me libertar?! Libertar-me de quê?! Quem precisará ser libertado é ele aqui e isso eu não vou permitir. Ele terá que pagar por tudo o que me fez e à minha família!

– E de que autoridade você se vê investido de querer fazer justiça com suas próprias mãos? Não sabe que somente a Deus cabe a tarefa de decidir sobre a

justiça? Aliás, na justiça divina, não há lugar para vinganças e castigos, mas sim, novas chances de se aprender as coisas certas e de se modificar. Se algo nos acontece que, à primeira vista, pode nos parecer como um resgate de sofrimento, na verdade, esse acontecimento foi por nós mesmo programado com nossos atos indignos. Isso significa consequência e não castigo.

– Pois se Deus não faz a justiça que se deve fazer, faço eu! Tomo para mim esse encargo! E quem disse para você que não serei eu o encarregado da justiça divina?

– Você sabe que isso não é verdade. Sabe que está agindo apenas com a finalidade de se vingar, quando Deus age no intuito de ensinar. Além do mais, como já lhe disse, você está aprisionado por esse ódio que, pela maneira de se trajar, remonta há muito tempo, há, pelo menos, mais de um século.

– Isso é verdade. Há muito tempo venho procurando por ele e agora que o encontrei...

– Agora que o encontrou, você resolveu se aprisionar a ele.

– Que história é essa de aprisionar-me?

– Você se encontra aprisionado, sim, porque não consegue pensar em outra coisa na vida, a não ser nessa sua vingança. E quando essa sua vingança chegar ao fim? O que pretende fazer?

– Ela nunca chegará ao fim. Será eterna.

– Isso também não é verdade. Atualmente, ele está sendo sua vítima porque ainda não se lembrou de pedir, novamente, auxílio a Deus. Quando isso ocorrer e não acredito que vá demorar muito, porque quanto maior o sofrimento, mais perto nos encontramos de nos lembrar do Pai, certamente, encontrará a resposta Daquele que não abandona um filho que Lhe pede auxílio e daí você vai ficar sozinho, preso à revolta e a esse mesquinho desejo de vingar-se.

– Ele nunca irá pedir auxílio a Deus! Eu não permitirei!

– Você não conseguirá contê-lo por muito tempo. Aliás, agora mesmo, vou conversar com ele e convencê-lo dessa necessidade.

– Olha, já lhe disse para não se meter onde não foi chamado! Se quer saber, tenho poderes para trazê-lo para o lado de cá, viu?! Ou senão, você acha que não desencarnará um dia? E o que fará quando se encontrar comigo?!

– Olhe, meu irmão, você tem razão em dizer-me que um dia irei passar para este plano espiritual. Na verdade, a cada dia que passa, a cada hora, a cada minuto, a cada segundo, nós, encarnados, nos encontramos cada vez mais perto de voltarmos à verdadeira vida que é a espiritual, mas não se esqueça que isso também está acontecendo com você.

– Comigo?! Não seja tolo! Como iria desencarnar novamente?

– Eu não lhe disse que você irá desencarnar ou que a cada dia que passa, está a um passo cada vez menor de desencarnar. O que estou lhe dizendo é que a cada segundo, você se encontra a um passo cada vez mais próximo de se reencarnar. Voltar à carne, entende? Sim, você entende. É um Espírito inteligente e conhece isso. Agora eu lhe pergunto: como imagina que irá ser a sua reencarnação? Tem alguma ideia?

– Não quero falar nesse assunto.

– Ah, você não quer falar sobre isso. Mas isso é por demais lógico, ou pensa que irá ficar por muito tempo nessa vida espiritual, fazendo o que bem entende? Você irá reencarnar, sim. E lhe pergunto: tem alguma ideia de como isso será processado, com todos esses débitos que vem angariando e enchendo o seu coração?

– Eu não quero retornar à carne! Nunca!

– E como vai impedir? Ou pensa que poderá burlar os desígnios de Deus? Agora, é importante que pense bem em como isso irá acontecer. Como lhe disse, com todo esse ódio que vem instilando em você mesmo, nesse seu aprisionamento voluntário a este pobre homem...

– Pobre homem?! Você sabe o que ele fez comigo e com a minha família?! Você quer saber?

– Isso é passado, meu irmão. Passado. Veja o que ele já está sofrendo por causa do que cometeu no pretérito.

Nesse momento, Cláudia passa a intuir na mente de Luar o ocorrido na vida pregressa desses dois Espíritos e Luar continua:

– Veja o que está acontecendo com ele: um andarilho solitário, longe da família, sem ninguém que lhe possa dar alegrias. E já que falou em sua família, por acaso sabe onde se encontram os seus próprios familiares? Sua esposa, seus filhos que com você conviveram nesse passado que você insiste em não esquecer? Sabe do paradeiro deles?

– Não, não sei. O que sei é que preciso me vingar.

– Veja até onde chegou o seu desmando. Aprisionou-se num torpe sentimento de vingança e nem sabe por onde andam aqueles a quem muito amou.

– E que ainda amo.

– Diz que ainda os ama. Mas onde estarão eles?

– Eu não sei.

– Pois eu vou lhe dizer, com o consentimento de outras entidades aqui presentes e que querem auxiliá-lo. No século passado, este homem, por um mesquinho sentimento de orgulho ferido, assassinou-os todos, mas em pouco tempo arrepen-

deu-se do que havia feito e viveu amargos dias de muito sofrimento, porque o arrependimento é um dos maiores sofrimentos que existem. Você e sua esposa, revoltados com o que lhes acontecera, menos suas inocentes crianças, passaram a persegui-lo até que ele se suicidasse, não foi?

– Foi e foi bem merecido. Ele ficou muitos anos preso no vale sombrio daqueles que se insurgem contra a própria vida.

– E não ficaram satisfeitos. Acharam que deveriam supliciá-lo ainda mais. Acontece que, com o passar dos anos, este nosso irmão aqui, lembrou-se de Deus e a Ele recorreu, solicitando uma nova chance. Socorrido por emissários de Jesus, foi levado a um local de aprendizado e refazimento. Quando se encontrou em condições de fazer algo em favor daqueles a quem tinha prejudicado, dispôs-se a socorrê-los. Com a ajuda de sua mãe, tentou resgatá-los do antro de ódio em que viviam, porém somente conseguiu libertar a sua mulher, isso depois de muito tempo. Reencarnaram os dois, ele primeiro, e ela e mais seus filhos, hoje, são filhos dele.

– Minha mulher e meus filhos, nasceram, reencarnaram como filhos desse assassino?!

– Isso mesmo.

– Pois não acredito! Prove-me!

Cláudia nesse instante fala com Luar e este transmite ao Espírito:

– Tenho amigos aqui que poderão levá-lo para vê-los. Apesar da outra constituição física que envergam, da outra aparência que exteriorizam, você facilmente os reconhecerá.

– E o que ele está fazendo aqui, neste albergue? Por que não está junto deles?

– Porque, por força do resgate, que nada mais é do que um ensinamento e nunca um castigo, eles se encontraram como pai e filhos. Ele, tendo que sacrificar-se, trabalhando longe da família e dormindo em albergues para diminuir as despesas e pouco se alimentando para poder sobrar um pouco de dinheiro para sustentá-los. E sua mulher do passado e mais seus filhos, meu irmão, aprendendo, nas vicissitudes, o valor da moeda bem dirigida. Ela, pelo descaso para com os necessitados, tempo em que era casada com você e que somente pensavam em vocês próprios, donos que eram de extensa faixa de terra, com a qual exploravam muitas pessoas que viviam sob a sua proteção. Seus filhos, por débitos de outro passado.

– Não posso crer...

– Pois irá vê-los pessoalmente e não procure afetar-lhes mais a vida pois que, apesar da pobreza em que vivem, são felizes com o pouco que têm.

– E a esposa dele?

– Desencarnou ao dar à luz o seu último filho, deixando-o sozinho para cuidar das três crianças.

– Meu Deus, havia me esquecido totalmente deles...

– O ódio, meu irmão, nos torna cegos.

– Quer dizer que ele, aqui, é quem está cuidando de minha mulher e de meus filhos? – pergunta, visivelmente emocionado, em lágrimas.

– Sim.

– Quero vê-los.

– Então, abra bem os seus olhos e procure ver estes Espíritos que estão aqui ao meu lado. Veja.

– Eu os estou vendo.

– Deverá acompanhá-los. Eles o levarão até seus antigos familiares.

– E ele?

– Também irá. A visão de seus filhos fará com que se anime mais para o trabalho.

– Agradeço-lhe muito por isso.

– Pois não me agradeça e, sim, a Jesus e a Seus mensageiros.

– Obrigado, meu Deus. Estou pronto para ir.

– Vá, meu irmão, e assim que tiver visto os seus do passado, será levado para um local de refazimento e aprendizagem para que possa retornar e trabalhar em benefício daqueles a quem tanto prejudicou com a sua vingança.

– Eu farei tudo o que for necessário e o que estiver ao meu alcance para auxiliá-los e a você também, meu amigo, meu irmão.

Dizendo isso, a um sinal de Cláudia, parte rumo ao destino que lhe é reservado, acompanhado de alguns Espíritos socorristas, permanecendo, ali, Cláudia e seus amigos.

Luar faz uma prece de agradecimento a Deus por ter sido útil e sua atenção é chamada para um outro local situado acima de sua cabeça.

Vinte

– O QUE SERÁ QUE ESTÁ *acontecendo? Parece-me ouvir um canto...*

– Vamos até lá, Luar – convida Cláudia.

No mesmo instante, Luar se vê, acompanhado pela moça e mais quatro enti-

dades, no interior da igreja, localizada num pavimento acima. Apenas a luz dos postes de iluminação ao redor da igreja a ilumina, atravessando seus vitrais coloridos, mas a visão mais dilatada do Espírito emancipado pelo sono, aos poucos vai conseguindo divisar melhor o interior daquela nave. Várias entidades espirituais ali se encontram rezando, a maioria se lamuriando e rogando a Deus que as leve para o Céu. Outras tantas, estas plenas de luz, encontram-se ao lado dessas, tentando falar-lhes ao coração. No centro da nave, uma senhora, vestida de preto, canta um hino de louvor.

– O que está acontecendo aqui? – pergunta Luar a Cláudia.

– São Espíritos desencarnados que para aqui vêm com a intenção de que Deus os eleve aos Céus.

– E o que acontecerá com eles?

– Irmãos nossos estão tentando auxiliá-los, mas encontram-se tão presos em si mesmos e na religiosidade externa, que não conseguem vê-los, nem ouvi-los.

– Mas isso acontece com todos os que professam esta religião? – pergunta inocentemente Luar, já que, com todo o seu conhecimento espírita, conhece a resposta. Apenas viu-se, de repente, diante de uma cena diferente para ele.

– De maneira alguma, Luar. Aqueles que são bons e que fazem o Bem, independentemente da religião que professam, têm o socorro quase que instantâneo, assim que desencarnam, porém, alguns, como estes, e isso ocorre em todas as religiões, não conseguem libertar-se da parte externa do culto sem o uso do coração e não vêm outra saída senão a de continuarem orando, mecanicamente, preces decoradas e sem o sentimento que é a base de qualquer invocação a Deus.

Nesse momento, Luar vê um padre entrar na igreja, acompanhado de um senhor magro, grisalho, carregando uma cruz dourada nas mãos. Ambos possuem o fio luminoso dos que se encontram desprendidos durante o sono físico.

– Um padre...

– Esse é padre Ferreira, Luar. Vem para cá todas as noites a fim de auxiliar essas infelizes criaturas. Junto dele está seu Medeiros, que sempre o auxilia nesses momentos.

– Seu Medeiros? É o homem que tenho que encontrar amanhã. E o que o padre vai fazer?

– Vai conversar com todos estes necessitados. Ouça.

O padre sobe ao altar e vira-se de frente para os Espíritos que se encontram ajoelhados.

– Meus filhos... – começa.

Nesse instante, a maioria que se encontrava com a cabeça baixa ou com o rosto coberto pelas mãos, ergue o olhar e o sussurro é um só:

– Vejam. É o padre Ferreira. Graças a Deus.

– Padre, padre – gritam alguns. – Salve-nos. Peça a Deus que nos acolha no Paraíso.

Esses são os que têm consciência de que já desencarnaram, mas que têm pouco ou nenhum conhecimento das coisas da vida e de Deus, porque alguns perguntam, atônitos, parecendo não entender o que está acontecendo:

– Mas o que o padre Ferreira está fazendo aqui? Ele não morreu...

– Veja aquele fio de luz que sai de sua fronte e perde-se em direção à casa paroquial. O que será isso?

Outros, que não se aperceberam que já não possuem mais o corpo material, mais se surpreendem ainda com as palavras daqueles.

– O que ele está dizendo? – pergunta uma senhora a um homem que se encontra ajoelhado ao seu lado – O que significa isso? Eu me encontrava no hospital e, de repente, vi-me pelas ruas da cidade e vim ter à igreja. Fui até minha casa e meus filhos parecem não me ver. O que está ocorrendo?

E o padre continua:

– Filhos queridos. Este é um dos instantes mais importantes de suas vidas. Portanto, prestem bastante atenção em minhas palavras para que possam ser auxiliados convenientemente. Todos sabemos que a vida não termina com a morte e que se analisarmos friamente, não poderíamos ter a pretensão de que Deus nos elevaria aos Céus da plenitude sem nenhuma experiência no campo do verdadeiro amor ao próximo. Somos ainda crianças moradoras deste Universo infinito e não serão apenas alguns poucos anos de vida que nos elevarão à condição de nos equipararmos ao Todo-Poderoso e Misericordioso a ponto de querermos estar com Ele. Ainda temos muito que aprender. Ainda temos muito que viver para podermos galgar os degraus que nos elevam. Por isso, peço-lhes que façamos uma sentida prece ao Criador para que possamos, pelo menos, enxergar aqueles que têm condições de nos auxiliar. E para conseguirmos êxito, façamo-nos pequeninos. Lembremo-nos de que ainda somos seres ignorantes e necessitamos de braços amigos para caminhar. Necessitamos dos braços daqueles que muito nos amam e que se encontram acima de nós na escala evolutiva. Portanto, abaixemos as nossas cabeças em sinal de humildade. Olhemos para os nossos pés, plantados neste chão da bendita Terra que nos acolheu como aprendizes. Percebamos que nada somos diante da perfeição. Agora, ergamos nosso olhar súplice para o Alto para rogar por nós mesmos. Para rogar a Deus nos envie Seus mensageiros que irão nos mostrar o caminho da redenção, na verdade, o caminho do trabalho e do amor ao próximo.

A voz caridosa e todo o carisma daquele sacerdote, que sempre exemplificou a bondade e o amor ao semelhante, toca o coração daqueles seus fiéis, pois Luar percebe claramente quando todos começam a divisar as entidades que estão na igreja para levá-los. E as lágrimas são derramadas, balsamizando aqueles corações sedentos de atenção e de afeto. E todos são encaminhados para uma porta de luz que se abre dentro da nave.

Mas o canto continua pois, aquela mulher, vestida de negro, ali permanece, olhos vidrados, parecendo não haver ouvido as palavras do padre Ferreira. Este desce, então, do altar, e aproxima-se.

– Minha senhora – continua, candidamente –, a senhora não ouviu as minhas palavras?

– Não ouvi e nem quero ouvi-las agora – responde, secamente.

– Por que tanta revolta se canta tão maviosamente?

– Meu canto é para Deus e para meu filho que se encontra no Céu e não para o senhor.

– Tudo bem – responde o padre. – Na verdade não pensei que seu canto fosse endereçado a mim. Na verdade, não me vejo digno de o receber.

– Como já lhe disse, meu canto é para Deus e para meu filho que está no Céu. E continuarei cantando em todas as igrejas até poder encontrá-lo.

– Seu filho está no Céu?

– Sim.

– E quem é esse seu filho?

– Um representante de Deus na Terra.

– É um sacerdote.

– Foi um sacerdote. Hoje é um santo.

– Seu filho é um santo?

– Sim.

– E qual o seu nome?

– João Luiz.

– Não conheço nenhum santo com esse nome.

– Porque a igreja ainda não se deu conta de sua santidade.

– Entendo... – responde o padre, compadecido daquela mulher. – Mas, diga-me uma coisa: por que será que ele não lhe aparece?

– Deve estar muito ocupado, mas eu não tenho pressa. Sou uma mãe bastante compreensiva e bastante devota a Deus. Sei esperar. Paciência é o que não me falta.

Nesse momento, um rapaz, Espírito desencarnado, vestido de sacerdote, entra na igreja, dirigindo-se até padre Ferreira.

– Boa noite, padre. Meu nome é João Luiz.

– Você é filho desta senhora?

– Sim, é minha mãe.

– Ela acha que você virá buscá-la como santo.

– Eu sei, mas quando me vê, não me reconhece.

– Quer vê-lo como santo, não é?

– Sim. O que posso fazer? Pertenço a um grupo de Espíritos encarregados do auxílio a desencarnados religiosos e temos tido muito sucesso, mas não consigo nada com minha mãe. Não sei mais o que fazer. Ela sempre foi muito ligada à religião, mas somente ao culto externo e seu maior prazer era me apresentar como seu filho padre.

– Há quanto tempo você se encontra no verdadeiro plano da vida, João Luiz?

– Há três anos, padre. Minha mãe, há seis meses e não se conforma que seu filho, que ela considera um santo, demore tanto para vir buscá-la. O que poderemos fazer?

– E seu pai, João?

– Meu pai ainda se encontra na carne.

– E como ele é?

– É um homem muito bom. Ele, inclusive, participa dos programas de auxílio aos necessitados de uma vila pobre, em nossa cidade.

– E por que sua mãe veio ter aqui?

– Ela percorre as igrejas, permanecendo, às vezes, até uns três dias em cada uma, na esperança de me encontrar.

– Entendo. E se trouxermos seu pai até aqui, João?

– Nunca tentei isso, padre. Na verdade, nunca comentei isso com ele, nas vezes em que nos encontramos em seu desprendimento noturno. Não queria preocupá-lo.

– E sua mãe nunca entrou em contato com ele?

– Que eu saiba, não, e papai imagina que ela esteja num lugar muito bom.

– Será que ele não conseguiria convencê-la?

– Papai sempre foi ouvido por ela quando era necessário tomar alguma resolução.

O padre pensa um pouco e chama um outro Espírito que, desprendido durante o sono, o auxilia.

– Vinicius, venha até aqui um momento.

– Pois não, padre Ferreira.

– Acompanhe o padre João Luiz. Ele vai tentar trazer o pai até aqui.

– Pois não, padre.

– Se encontrarmos meu pai, voltaremos logo.

Alguns minutos se passam e padre João e Vinicius retornam, acompanhados por um senhor de idade.

– Este é meu pai, padre Ferreira.

– Seja bem-vindo – diz o padre.

– Meu nome é Norival – responde o Espírito, momentaneamente desprendido do corpo, durante o sono. – Meu filho disse que o senhor precisa de mim.

– Sim. Precisamos que auxilie esta mulher – diz o padre apontando sua esposa.

O homem olha mais detidamente para a mulher e exclama:

– Matilde?! Você aqui?! O que está acontecendo com você?! Pensei que...

A mulher, ao ouvir a voz do marido, desvia o olhar do ponto que fitava no infinito e o olha, curiosa.

– Norival?! Você também morreu?!

– Não, Matilde. Ainda não, mas fui trazido até aqui para lhe explicar algumas coisas.

– Que coisas?

– Quero lhe ensinar como ver o nosso filho.

– Você já o viu?

– Sim, algumas vezes.

– E por que ele não aparece para mim?

– Ele já lhe apareceu, Matilde. Você é que não conseguiu reconhecê-lo.

– Verdade?

– Sim. Veja este padre aqui ao meu lado – diz Norival, indicando-lhe João Luiz. – Você não o reconhece?

– Não.

– Ele não lhe lembra alguém?

– Lembra o nosso filho, mas não é o João Luiz.

– Por que você acha que não é ele?

– Primeiro porque não aparenta ser um santo. Veja: ele está vestido como um simples padre e nem auréola tem. Nosso filho, que é um santo, deverá aparecer todo resplandecente, com roupas longas e brancas, além de uma auréola na cabeça. Pensa que não sei reconhecer um santo?

Norival pensa um pouco e retoma a palavra, após receber intuição de um Espírito mais elevado que se encontra no ambiente, também caracterizado como padre, e bastante iluminado.

– Está bem, Matilde, mas é necessária uma certa preparação para se poder ver um santo.

– Preparação? Que preparação é essa? Sobre o que você está falando? Por acaso, passou por essa preparação para ver nosso filho?

– Sim, Matilde, passei por extensa preparação para vê-lo.

– E que preparação é essa?

– Na verdade, trata-se de um curso, onde temos que aprender muitas coisas.

– Um curso? E o que temos que aprender?

– Temos que aprender, por exemplo, a nos colocarmos em sintonia com esse mundo onde habitam os santos – inventa Norival, sabedor de que somente assim poderá auxiliar a esposa.

– Em sintonia?

– Sim, querida. Como poderíamos ter a pretensão de ver um santo, se não nos colocarmos merecedores disso?

– Mas João Luiz é meu filho.

– Pois esse é mais um motivo para preparar-se, para modificar muitos pensamentos, aliás, isso é obrigação de toda mãe que tem um filho com tantas qualidades.

– Modificar pensamentos?

– Pensamentos como o modo de ver as coisas e, principalmente, sentimentos, como, por exemplo, tornarmo-nos mais humildes, mais detentores de desinteressado amor ao próximo, enfim, evoluir as nossas intenções. Somente daí é que estaremos em condições de visualizar aqueles que são santos e que nos são superiores.

– E quem vai me ensinar tudo isso? Você?

– Eu não, Matilde. Você aprenderá num verdadeiro curso, num local apropriado para isso. Um lugar muito bonito.

– E onde fica esse lugar? Como farei para chegar lá?

– Somente pelas mãos de um padre, você poderá ir até esse local.

– E qual padre me levará?

– João Luiz.

– João Luiz?

– João Luiz é o nome deste padre – responde Norival, indicando o filho.

– Ele tem o mesmo nome de nosso filho.

– Sim, tem o mesmo nome.

– Pois eu vou com ele.

– Você não se arrependerá. Depois, volte para me contar tudo.

– Está bem, Norival. Eu vou. E quanto a você, se cuide, heim? Está me parecendo um pouco mais magro. Não está se alimentando direito?

– Vou me alimentar melhor, Matilde. Agora, acompanhe este nosso irmão padre. Ele vai levá-la.

– Está bem.

– Vamos, dona Matilde. Acompanhe-me – diz o rapaz. – Posso chamá-la de mamãe?

– Se isso o faz feliz, tem a minha permissão.

– Então vamos, mamãe.

E os dois saem de braços dados.

– Graças a Deus, ela o ouviu, Norival. Foi uma boa resolução. Tenho certeza de que, aos poucos, aprendendo mais sobre a vida, a verdadeira vida e, juntamente com João Luiz, ela, muito em breve, conseguirá entender e identificará o próprio filho.

– Deus lhe pague, padre. Agora, devo partir.

– Vá com Deus, meu bom homem.

E Norival se retira, acompanhado por Vinícius.

Nesse momento, Cláudia faz linda prece de agradecimento por todo o sucesso daquela noite e Luar retorna ao leito, adormecendo, bem próximo ao seu corpo material.

Vinte e um

SÃO SEIS HORAS DA MANHÃ e Luar é acordado pela voz de Mário, o sacristão, que chama a todos para o café. Levanta-se rapidamente e posta-se numa fila que é formada pelos presentes. Caminham até uma mesa, onde uma senhora lhes serve uma caneca de leite e um pedaço de pão.

– Hoje, infelizmente, não temos manteiga – desculpa-se Mário.

– Não tem problema nenhum – diz um dos presentes. – Que Deus abençoe o padre Ferreira e a vocês, pelo auxílio que nos dão.

– Assim que tomarem o leite, por favor, retirem-se em silêncio e procurem não ficar reunidos, em grupos. Que cada um vá cuidar de sua vida, sem importunar ninguém – pede Mário.

Luar se alimenta e sai para a rua, já iluminada pelo Sol. Conforme explicado por Viriato, o homem da noite anterior que o encaminhara até a igreja, toma o caminho que o levará até a farmácia de seu Medeiros. Caminha por quase uma hora, conseguindo, enfim, encontrar a farmácia. Atrás do balcão, vê um senhor grisalho que o atende gentilmente.

– Interessante... parece que conheço este homem – pensa.

O mesmo pensamento percorre a mente de Medeiros. Ambos não se recordam do que lhes acontecera na noite anterior, quando do desprendimento durante o sono.

– Bom dia – cumprimenta Luar. – O senhor é o seu Medeiros?

– Sou eu, sim – responde. – Em que posso lhe ser útil?

– Trago aqui um cartão de um amigo – diz Luar, retirando o cartão de visitas que Clóvis lhe dera e onde escrevera: “Medeiros, ajude este homem. É uma boa pessoa e meu amigo”.

– Você conhece Clóvis?

– Sim. Fiquei em sua casa por alguns dias.

– Eu não conheço você?

– Acredito que não, senhor.

– Seu rosto não me é estranho.

– Parece-me conhecê-lo, também – diz Luar.

– Meu amigo Clóvis me pede para ajudá-lo. E o que posso fazer para atendê-lo?

Luar fica pensativo e responde, após alguns minutos:

– Para falar a verdade, não sei.

– Não sabe como poderei ajudá-lo?

– Não, senhor.

– Hum... bem... vamos ver o que podemos fazer. Qual seu nome?

– Luar.

– Luar?

– Sim, Luar Peregrino.

– Nunca ouvi um nome como esse.

– Realmente é um nome estranho – confessa Luar.

– Bem, isso não vem ao caso. Mas se Clóvis me pede para ajudá-lo é porque você deve estar com algum problema, certo?

– Sim.

– Então vamos ver qual é esse problema. Por favor, entre aqui para dentro do balcão e sente-se nesta cadeira – pede Medeiros, indicando o local e sentando-se por detrás de uma escrivaninha.

Luar atende o seu convite e senta-se onde ele lhe indicara.

– Muito bem, Luar, agora, conte-me tudo. Qual o seu problema? Pode confiar em mim. Eu e Clóvis somos muito amigos e sou muito grato a ele por tudo o que tem me ajudado e se ele pede que o ajude, farei o que for possível.

– Pois eu lhe agradeço muito, seu Medeiros.

E Luar conta tudo ao homem, apenas deixando de falar a respeito de Cláudia, pois não sabe se ele iria entender ou, mesmo, aceitar.

– Meu Deus! – exclama Medeiros, após ouvir todo o relato. – Você está passando por maus momentos, sem dúvida.

– O pior é esse vazio em minha mente. Não saber quem eu sou.

– E você tem toda a razão em não querer se expor porque, realmente, poderá estar correndo risco de vida, já que não sabe o que poderia lhe acontecer se, de repente, aqueles que estão querendo pôr fim à sua vida, chegassem antes daqueles que, certamente, o amam. Além do mais, você nem sabe quem são. Não poderia identificar quem é quem nessa história toda. Tem alguma ideia do que fazer ou por onde começar?

– Ainda não, seu Medeiros. Penso que precisaria me estabilizar, primeiro, talvez me localizar em algum lugar para, somente depois, tentar encontrar uma maneira de desvendar todo esse mistério que me envolve.

– Muito bem, Luar. Agora, vejamos o que poderemos fazer por você. Vamos analisar o seu caso, friamente: você não tem onde ficar, não tem trabalho e nem onde se alimentar, certo?

– Certo.

– Bem, eu moro sozinho, pois sou viúvo. Tenho apenas um filho que mora não muito distante daqui e que vem me visitar apenas uma vez por semana. Me telefona sempre que pode, mas por força de seu trabalho, pouco pode se deslocar. Ele é carcereiro e trabalha num grande presídio. Mora lá perto.

– Entendo...

– Se você quiser passar algum tempo aqui comigo até que resolva o que fazer, poderá ficar. Na verdade, não o aconselho voltar a dormir na igreja porque, apesar de ser um ótimo local e o padre Ferreira ser um homem muito bom, a polícia costuma, amiúde, averiguar aqueles que lá pernoitam. Não seria bom que o encontrasse lá sem seus documentos.

– Compreendo, mas eu não seria um transtorno para o senhor?

– Você poderá dormir aqui na farmácia. Tenho um colchão sobressalente e moro ali nos fundos. Quanto à alimentação, penso que não me dará grande despesa.

– Poderia ajudá-lo aqui na farmácia.

– Sem dúvida alguma.

– Mas diga-me uma coisa, seu Medeiros. Por que está fazendo isso por mim? Apenas porque conhece Clóvis?

– Esse é um dos motivos, Luar. Somente por esse, eu ajudaria qualquer um que viesse até aqui. Mas no seu caso, penso que não será só por dever favores ao Clóvis.

– Não ? E por quê?

– Porque sinto algo de bom em você. Sinto que devo auxiliá-lo.

– Eu lhe agradeço muito e espero não decepcioná-lo.

– Tenho certeza de que isso não acontecerá.

– Isso é uma outra coisa que chego a estranhar.

– O quê?

– Tenho recebido muita ajuda e de pessoas que nem me conhecem.

– Acredito que seja porque você denota uma grande sinceridade quando fala e as pessoas confiam e acreditam em suas palavras. Você pertence ou segue alguma religião ou um pensamento religioso?

– Sou espírita.

– Sabe, ainda não me defini sobre uma religião. Costumo frequentar a igreja quando posso, mas confesso que admiro muito os espíritas pelo trabalho que realizam em prol dos necessitados e já li algumas obras espíritas, principalmente romances e “O Livro dos Espíritos”. Existe muita lógica nessa filosofia de vocês.

– Filosofia, ciência e religião – complementa Luar. – A propósito, gostaria de lhe dar um livro de presente.

Dizendo isso, Luar retira um livro de dentro de sua mochila e dá a Medeiros.

– "O Evangelho Segundo o Espiritismo". Vou lê-lo, Luar.

– Esse livro é a nossa cartilha.

– Pelo que está escrito na capa, já sei que vou gostar muito. Aqui diz: "Esta obra é a essência religiosa da Doutrina Espírita que nos mostra o poder do **amai-vos uns aos outros** nas mais diversas situações da vida, consolando e reformando o nosso íntimo". A propósito, o Espiritismo é muito antigo?

– Na verdade, a essência do Espiritismo remonta tempos muito remotos. Para o senhor ter uma ideia, e poderá ler a respeito nas primeiras páginas desse livro, já Sócrates, filósofo grego, há mais de quatrocentos anos antes de Cristo, seguido por seu discípulo Platão, pressentiu a ideia cristã, e os princípios fundamentais do Espiritismo encontram-se em suas doutrinas.

– Sócrates e Platão?

– Sim. Dentre as suas ideias, vários enunciados vêm ao encontro das verdades do Espiritismo. Por exemplo, diziam esses enunciados que o homem é uma alma encarnada e que se perde quando muito se liga às coisas materiais e que, à medida que delas se desliga, se dirige para o que é mais puro, se volta para a sua própria essência. Diziam, ainda, que a alma, quando se encontra despojada de seu corpo, carrega os traços de seu caráter, de suas afeições e as marcas com que sua vida a marcou e que a maior infelicidade para o homem é ir para o outro mundo com a alma carregada de crimes. Falam sobre a injustiça, dizendo que é melhor receber uma injustiça do que aplicá-la, que nunca devemos retribuir um erro com outro erro, nem fazer mal a ninguém, seja por qualquer pretexto. Comparam as boas ações com as oferendas ou com as belas orações, dizendo que aos olhos de Deus mais valem as primeiras. E que, perecendo o corpo, a alma, depois de julgada, seria novamente conduzida a esta vida material como aprendizado.

– Eu não sabia disso. E quanto a Allan Kardec?

– O senhor tem um tempo para que possa lhe explicar?

– Pode falar, Luar. Tenho muita vontade em saber alguma coisa a respeito. Pode falar.

– Bem, vamos começar pelo começo. Os fenômenos espíritas, ou melhor, a influência do mundo espiritual em nosso planeta existe desde a mais remota antiguidade e já era percebida pelos mais antigos religiosos, entretanto, foi no século dezenove que esses fenômenos começaram a ser mais notados pelo povo. Eram ruídos, pancadas e batidas inexplicáveis, inclusive movimentação de objetos que, em pouco tempo, foram considerados oriundos de alguma força desconhecida, porém inteligente.

– Já ouvi falar. Eu mesmo já ouvi alguns sons estranhos, principalmente à noite. Como se batessem à nossa porta e quando vamos verificar, não há ninguém, não é?

– Isso mesmo e, principalmente nos anos de 1.853 a 1.855, esses fenômenos acabaram se tornando um tipo de passatempo em reuniões de salão, quando passaram a utilizar-se do que chamavam de "mesas girantes".

– Sim...

– A "mesa girante" era uma pequena mesa com tampo redondo, com uma coluna ao centro e que se apoiava no chão por meio de três pés.

– Sei do que está falando. Tenho uma na sala de casa.

– Pois bem. As pessoas sentavam-se ao redor dessa pequena mesa, colocando as mãos espalmadas sobre ela. Dessa forma, a mesa adquiria o que se costuma chamar de uma vida factícia, movimentando-se em todos os sentidos e, muitas vezes até, elevando-se no ar como se estivesse flutuando. E as pessoas descobriram que, se fizessem perguntas a essa mesa, ela lhes respondia através de pancadas com o pé.

– Respondia com o pé da mesa...

– Ela batia o pé a pequenos intervalos, convencionando-se corresponder o número de batidas com uma letra do alfabeto. Por exemplo: uma batida representava a letra "A", oito batidas, a letra "H" e, dessa maneira, juntando-se as letras, formavam palavras e sentenças. As pessoas, dessa maneira, conversavam com a mesa. Faziam-lhe perguntas e esta lhes respondia. É evidente que as perguntas eram de uma grande frivolidade e, consequentemente, as respostas também o eram. Na verdade, encaravam aquilo como uma brincadeira que não entendiam. Foi, então, que surgiu um renomado e respeitadíssimo professor, escritor de vários livros pedagógicos e profundo pesquisador, de nome Hippolyte Léon Denizard Rivail, que depois adotou o pseudônimo de Allan Kardec, porque um Espírito, de nome Zéfiro, revelou-lhe que esse teria sido o seu nome, em outra reencarnação, na Gália, quando ele vivera como um sacerdote druida.

– Já li alguma coisa a respeito da reencarnação e até achei muito bom que as pessoas, quer dizer, os Espíritos, retornem à carne para conviver com aqueles com os quais já conviveram no intuito de terem a oportunidade de resgatarem os seus débitos e modificarem os seus sentimentos, muitas vezes de ódio para com eles. Mas continue, Luar. Está muito interessante a sua explicação.

– Obrigado, mas como estava dizendo, Allan Kardec, após ter assistido, a convite, uma dessas reuniões, resolveu levar avante séria pesquisa a respeito, pois percebera uma inteligência desconhecida a movimentar a mesa. Só que não mais perguntas frívolas eram feitas à força inteligente que movia a mesa, mas sim questões de grande seriedade, tratadas com profundo cunho científico e, desta feita, as respostas eram também sérias e reveladoras, mesmo porque os Espíritos que respondiam a Kardec eram, agora, Espíritos Superiores e não Espíritos que se prestavam a brincadeiras de salão. Allan Kardec trabalhava com muita organização, fazendo perguntas que, ao serem respondidas, eram anotadas. Foi então que, de posse dessas perguntas e respostas, compilou-as num livro que lançou em 1.857, denominado *O Livro dos Espíritos*. O mais importante disso tudo é que o Espiritismo não é uma doutrina criada pelo homem e, sim, revelada pelos Espíritos. E, da mesma maneira, pelo mesmo método e com o auxílio, também, de médiuns, editou outras obras importantíssimas, como *O Livro dos Médiuns*, *O Evangelho Segundo o Espiritismo, O Céu e o Inferno* e *A Gênese*. Fundou uma revista denominada *Revista Espírita, Jornal de Estudos Psicológicos* e um pequeno livro intitulado *O que é o Espiritismo*. Allan Kardec devotou-se tanto à divulgação do Espiritismo, termo este de sua autoria, que após a sua desencarnação, foi possível lançar o livro *Obras Póstumas* com todo o material que tinha deixado para publicação.

– E como essa doutrina descreve o mundo dos Espíritos e o que vem a ser, realmente, essa tal de reencarnação que, pelo que sei, é a base do Espiritismo? Eu lhe disse que já havia lido alguma coisa a respeito, mas gostaria de saber algo mais palpável, digamos assim.

– Muito bem. Vamos lá. O Espírito é criado por Deus, simples e ignorante, com a missão de depurar-se na prática do bem, para poder galgar planos mais elevados, através das diversas encarnações. O senhor deve ter lido sobre isso.

– Correto.

– Agora, o que acontece é que os Espíritos, quando desencarnam, não abandonam os seus hábitos, seus desejos, suas fraquezas, seus vícios e mesmo suas virtudes. Passam, sim, a habitar, no "lado de lá", planos inferiores ou superiores, dependendo de suas índoles boas ou más. E convivem com seus afins, ou seja, convivem com os Espíritos Superiores ou inferiores, em lugares de aprendizado e de trabalho em benefício do próximo ou em lugares de sofrimento e trevas, geralmente escravizados a entidades malignas e inimigas do Bem, que os fazem trabalhar em missões obsessivas aos encarnados.

– Impressionante...

– Mas muito lógico. A simples mudança de plano não altera a condição moral do Espírito e, dessa forma, os mais poderosos na maldade e na ascendência mental, acabam governando os mais fracos na busca da satisfação de insanos desejos. Em mal se comparando, apenas para se ter uma ideia, veja o que ocorre nas penitenciárias onde sempre existem os chefes de verdadeiras quadrilhas internas, a escravizar os mais fracos.

– Entendo.

– O que comumente ocorre também, são as obsessões praticadas por Espíritos desencarnados a encarnados por causa de fortes sentimentos de ódio e de vingança, oriundos do passado. Outras entidades desencarnadas, muitas vezes, nem se apercebem quando desencarnam, passando a viver como se estivessem sonhando com o que lhes está acontecendo, num estado de verdadeiro torpor e ficam a perambular junto a pessoas e coisas que lhes são afins. De outras vezes, ficam passando por momentos horríveis, geralmente ligados ao momento de suas mortes, principalmente, se desencarnaram com a consciência pesada, por atos menos dignos. Quantos, então, ficam a viver junto daqueles a quem amam, de maneira possessiva e egoísta, prejudicando-os com suas presenças. É evidente que um dia serão auxiliados, assim que se livrarem de todo o orgulho, de toda a vaidade e de todo o egoísmo, rogando humildemente o auxílio de Deus. Geralmente, as reuniões mediúnicas realizadas pelos espíritas têm a finalidade de os auxiliarem, pois, através de um médium, conseguem conversar com eles e encaminhá-los para um novo caminho, fazendo-os compreender as verdades da vida. Fazem-nos, inclusive, visualizar Espíritos amigos que irão auxiliá-los, pois como já disse, muitas vezes pensam que estão ainda vivendo no plano terrestre.

– E quanto a essa vida espiritual em outros planos da existência?

– Os Espíritos nos ensinam, através de obras psicografadas, principalmente aquelas que nos vieram através da mediunidade psicográfica de Francisco Cândido Xavier, mais conhecido como Chico Xavier, que tudo o que existe no Universo é formado pelo fluido cósmico, também chamado de fluido universal, que é o elemento primordial. Diz o Espírito André Luiz, no livro *Evolução em Dois Mundos*, que o fluido cósmico é o plasma divino, hausto do Criador ou força nervosa do Todo-Sábio e que nesse elemento vibram e vivem constelações e sóis, mundos e seres, como se fossem peixes no oceano.

– Fluido universal?

– Sim, e que nada mais é do que energia. Aliás, toda matéria nada mais é do que energia tornada visível. Para o senhor ter uma ideia da importância desse fluido universal, os átomos e seus elétrons, prótons e nêutrons são constituídos por ele. Consequentemente, nossos corpos são constituídos por átomos que, por sua vez, são constituídos pelo fluido universal e que vibram numa faixa vibratória própria deste nosso plano. Os Espíritos desencarnados são revestidos de seus perispíritos que, por sua vez, também são constituídos por átomos formados pelo fluido universal, só que em outra faixa vibratória.

– Como se fossem dimensões diferentes.

– Podem ser chamadas dessa maneira.

– E o que significa perispírito?

– Perispírito é o que une o Espírito ao corpo e que acompanha, ou melhor, que continua a revestir o Espírito no momento em que o seu corpo material morre. Seria o corpo do Espírito no mundo espiritual. É assim que os Espíritos podem se tocar e sentir tudo o que existe nesse seu mundo que, assim como aqui, é formado pelo fluido universal, em outra vibração, logicamente.

Nesse momento, entra uma freguesa na farmácia e Medeiros pede a Luar licença para atendê-la.

Vinte e dois

– AGORA ESTÁ ENSINANDO ESSA Doutrina ridícula para o farmacêutico. Rufus não vai gostar nada disso! – diz Enoque a Faros.

– Não podemos falhar desta vez. Naquela igreja não pudemos entrar. Os "das luzes" estavam vigilantes e aquela luz a brilhar, formando uma barreira magnética em torno do prédio... – complementa Pórcio.

– Ora, calem-se! Desta vez a coisa vai ser diferente. Não haverá nada que o possa proteger neste bairro. Rufus já está ciente de tudo e possui conhecidos que imperam aqui mantendo muitos marginais sob controle. Aqui estamos em nosso campo de ação e ninguém irá conseguir nos impedir.

– Pois vamos entrar em contato com esses seus amigos, Faros.

– Vamos, sim. Não temos tempo a perder.

Dizendo isso, Faros, Enoque, Pórcio, Ludolfo e Ozias encaminham-se para um bar nas imediações.

– Ele costuma permanecer por aqui – informa Faros. – Vamos entrar.

Naquele dia, apesar de ainda ser bem de manhã, o estabelecimento já se encontra com muitos frequentadores encarnados e um número muito maior de desencarnados a lhes sugarem o álcool e o fumo, como se fossem sanguessugas ou horripilantes vampiros. A própria conformação física de seus perispíritos assim se caracteriza. Faros e os outros entram no bar.

– Hum... estranhos! – balbucia uma das criaturas, com esgar de contrariedade.

– Vão caindo fora! – berra uma das entidades. – Já estamos em número suficiente. Podem cair fora daqui!

– Vão embora! – grita uma outra, abraçada a um dos alcoólatras, que nem se dá conta de sua presença.

– Já disse para irem embora!!! – grita um outro mais raivoso.

– Queremos falar com Segadas.

– Quem quer falar com ele?! – pergunta um Espírito de aparência bizarra e muito pequeno, parecendo um anão.

– Diga-lhe que é Faros, da parte de Rufus.

– Vou ver se ele pode atendê-lo – responde a criatura e entra para o interior do bar, onde se localiza o depósito de bebidas.

Passam-se alguns segundos e uma voz surda e rouca esbraveja lá dentro, enquanto o anão é atirado para fora, batendo com a cara no chão e começando a verter sangue pela boca. A infeliz entidade se arrasta até um canto do bar e fica agachada, tremendamente aterrorizada. Seu nome é Amós, numa estranha brincadeira que fizeram, dando-lhe esse nome que, em hebraico, significa "robusto".

– Já disse que não quero ser incomodado quando estou aqui dentro com Damiana! Anão cretino! Insolente! Idiota! – continua a gritar Segadas, entrando no recinto do bar, seguido por uma entidade feminina, de aparência bastante estranha, consequência da vida de luxúria que levou quando encarnada, atraindo muitos homens com a beleza que possuía e explorando-os através do prazer. De uma palidez assustadora, apresenta-se com unhas e lábios pintados de roxo e com vestimentas sumárias que lhes deixam à mostra terríveis protuberâncias a saírem de suas costas, como se fossem pequenas asas de alguma ave pré-histórica. Naquele mundo de terríveis criaturas, Damiana encontra-se bem ao gosto de seus habitantes.

Até Faros e seus companheiros chegam a recuar um passo diante do descomunal tamanho de Segadas, mas, no mesmo instante retornam à frente, numa tentativa de não demonstrar qualquer tipo de temor e é Faros quem toma a palavra, procurando falar com segurança e inflexibilidade na voz:

– Você é Segadas?

– Sou Segadas, sim! E quem é você que ousa mandar chamar-me?!

– Meu nome é Faros e estou a serviço de Rufus.

– Rufus mandou vocês até aqui?

– Sim. Pede que nos auxilie numa missão por demais importante para ele.

O Espírito dá sonora gargalhada e brada forte:

– Quer dizer que Rufus necessita de meu auxílio? Mas isso é muito bom. O que irei ganhar com isso?

– Rufus não me falou desse pormenor.

– Mas fique sabendo que esse pormenor, para mim, é muito importante! Não trabalho de graça e ele sabe disso! Além do mais, ele tem o que quero! Ele sabe o que é!

– Vai nos ajudar?

– Você é surdo, Faros?! Já lhe disse que, antes, preciso saber qual a paga. Volte a ter com ele e lhe pergunte isso, aliás, diga-lhe que só trabalharei pela paga que ele já sabe.

Dá novamente forte gargalhada e, puxando o Espírito feminino para o interior do bar, desaparece.

– Que droga! – resmunga Faros. – Teremos que voltar a falar com Rufus!

– Ele vai ficar muito bravo.

– Não temos outra solução. Vamos retornar.

***

– O quê?! Aquele miserável teve a ousadia de insistir nesse pedido?! Maldito! Agora quer se aproveitar!

– O que ele quer, Rufus? – pergunta Faros.

– Quer a minha preferida!

– Ele está louco?! – esbraveja Enoque.

– É um louco, sim.

– E o que devemos fazer?

– É muito simples: diga-lhe que concordo, mas ele terá que, primeiro, cumprir o seu papel a contento!

– E depois, Rufus?

– Depois será uma outra conversa. Direi a ele que terá que vir buscá-la.

Rufus, por sua vez, dá, agora, estrondosa risada que ecoa por todos os cômodos daquela tenebrosa construção.

– Vamos voltar – ordena Faros aos outros. – Vamos falar com Segadas.

– E não me falhem desta vez! Segadas é bastante competente e poderão aprender muito com ele. Vão agora!

***

Depois de algumas horas, Faros e seus companheiros encontram-se reunidos com Segadas no bar. Amós está presente, permanecendo sentado no chão ao lado de seu chefe. Segadas é quem está com a palavra.

– Quer dizer que não conseguiram entrar na igreja, ontem...

– Estava muito protegida.

– E nem devem tentar chegar muito próximo. Os "das luzes", como vocês os chamam, têm muito poder. Se vocês se aproximarem demais, correrão o risco de serem aprisionados por eles e ficarão falando com vocês, sem parar, até que suas cabeças acabem explodindo com tanta cantilena.E onde está esse tal de Luar, agora? – pergunta Segadas.

– Na farmácia do Medeiros, aquele que vive distribuindo remédios aos pobres – explica Faros.

– Remédios...! De que adiantam remédios?! – resmunga, irritado, Amós. – Nunca me curaram. Bah! Remédios! Vejam o que Deus fez comigo! E agora que estou deste lado, fiquei pior ainda! Remédios!

– Cale a boca, Amós! – ordena Segadas. – Já estou farto de suas lamúrias! Para nós, o único remédio é a força e isso eu tenho de sobra!

– Detesto esse velho caduco que fica fazendo chás com aquelas plantas! Odeio aquele maluco! Se eu pudesse entrar naquela farmácia, ele iria ver só o que eu ia fazer com todos aqueles vidros!

– Já lhe mandei fechar a boca, Amós!

E Segadas não fica apenas nas palavras rudes. Levanta Amós do solo e impiedosamente o atira longe.

– Ai, maldito! Maldito! – berra o anão. – Ainda vai se arrepender de me tratar desse jeito! Ainda vai encontrar alguém mais forte que você! Maldito! Só porque me dá as sobras, pensa que pode fazer o que quer comigo?! Ainda vai ver do que sou capaz! Sou pequeno, mas tenho língua! Tenho língua!

As outras entidades que se encharcam no bar com as emanações etílicas do álcool, que sobra do tanto que aqueles encarnados bebem, caem na gargalhada.

– Pois ainda vou cortar a sua língua! – berra Segadas. – Você vai ver! Sapo nojento isso é o que você é!

Amós afasta-se calado e senta-se, encostando-se numa parede do outro lado da rua.

– Mostre-me o otário! – ordena Segadas a Faros, fazendo alusão a Luar.

– Venha. Vamos até lá.

Chegando defronte da farmácia, uma surpresa os aguarda: redobrada se encontra a proteção do estabelecimento e Cláudia e seus amigos também lá se encontram, auxiliando os Espíritos que têm a missão de não permitir que Espíritos das trevas ali entrem, somente consentindo a entrada de entidades sofredoras que, muitas vezes, acompanham os doentes encarnados. Esses Espíritos que protegem a farmácia se deixam ver por Faros e os outros, na tentativa de desestimulá-los de qualquer ação contra Luar.

– Como vamos fazer para entrar aí? – pergunta Faros, que já havia se defrontado com essa barreira quando ali chegara, antes de se dirigirem ao bar.

– Nós não podemos – explica Segadas –, mas conheço alguém que pode. Esperem-me aqui. Já volto e, Faros, deixe-me dizer-lhe uma coisa: se Rufus me enganar quanto ao prometido, você vai me pagar caro, certo?

Faros engole em seco diante da ameaça e procura tranquilizar Segadas.

– Fique tranquilo. Rufus cumprirá a sua palavra.

– Pois será bom para você que o faça. Rufus fica protegido naquela fortaleza, mas você não. Eu já volto.

E Segadas some, virando uma esquina.

– Não desiste, heim, Faros? – pergunta-lhe Cláudia, à frente da porta da farmácia.

– Não quero conversa com você!

– O que está pensando em fazer?

– Não é da sua conta!

– Escute, Faros, até quando continuará recebendo ordens de Rufus? Por toda a eternidade? – pergunta, agora, a mulher, tentando testar a resistência do Espírito. Na verdade, detém, também, a missão de ajudá-lo e a todos os outros, inclusive Rufus, já que, no passado, conviveu com todos eles, incluindo Luar.

– Não lhe interessa! Faço o que quero!

– Tudo tem limites, Faros.

– Para mim não há limites!

– É lógico que há limites. Todos temos limites. Somente Deus, nosso criador, não possui limites. Na verdade, os limites são diferentes para cada um, dependendo de como cada um age. Veja, por exemplo, que o limite destes nossos irmãos, que vocês denominam de "das luzes", é bem diferente do seu e de todos esses que o acompanham. Eles podem muito e vocês, quase nada.

– Somos poderosos!

– Somente com os indefesos e sofredores, Faros, e, mesmo assim, até que eles se modifiquem e vocês os percam de seus jugos.

– Não queremos mais ouvi-la!

– Mas não é a verdade, Faros? Quantos infelizes, que vocês dominavam, já não se encontram mais sob os seus pés? Quantos já se libertaram e hoje são felizes e com limites diferentes dos seus? Heim, Faros? E vocês continuam infelizes e perdendo sempre, não é? Sofrem com a revolta, sofrem com o ódio que lhes dilacera o

peito, sofrem com a insegurança, sempre a acompanhá-los, com o medo, com a tensão. Não é verdade?

– Cale-se, mulher!

– E nós podemos lhes dar um caminho novo, de felicidade. O que me diz, Faros? E vocês, o que me dizem?

– Pare com isso, sua tola! Estamos todos satisfeitos com o que fazemos e com a maneira como vivemos!

– Todos, Faros? Será que Pórcio está satisfeito? Eu o conheço bem.

O Espírito olha para Faros e volta o olhar para Cláudia.

– E você, Enoque? O que me diz? – insiste Cláudia. – Também o conheço bem.

– Fale, Enoque! Fale! – berra Faros.

Enoque percebe o olhar raivoso e irado do chefe e responde, rispidamente:

– Estou muito satisfeito, sim, e pare de nos chatear. Daqui a pouco, verá do que somos capazes.

Mas Cláudia ainda insiste e, desta feita, volta-se para o anão.

– E você, Amós? O que me diz? Está satisfeito, também?

– Eu estou muito satisfeito, sim! Muito satisfeito em lutar contra esse seu Deus que me criou assim!

– Deus não criou você assim, Amós. Você se fez assim.

– Eu não me fiz, sua estúpida! Pensa que quando encarnado, era muito menos feio do que sou agora?!

– Tenho certeza que sim, principalmente quando ainda era criança. Lembra-se? Apesar de seu corpo defeituoso, era feliz.

– Você disse bem: era feliz! Mas quando cresci e virei objeto de escárnio daqueles que me olhavam, não dei mais nenhum sorriso! E foi Deus quem fez isso comigo! Vocês são protegidos! Desse Deus injusto que brinca com as criaturas.

– Isso não é verdade, Amós. Se você reencarnou dessa maneira, pode crer que algum motivo tinha para isso.

– Motivo?! Que motivo?! Você ficou louca?!

– Não. Não fiquei louca, não. O que será que você andou fazendo no passado para vir desse jeito na sua última passagem terrestre, heim?

– Não sei de nada de meu passado e nem quero saber!

– Pois é muito bom que não queira saber, mas deveria, pelo menos, entender que se nasceu dessa maneira, é porque você mesmo provocou isso. Deus não é in-

justo. Além do mais, Amós, muitos reencarnam com problemas físicos ou os adquirem depois, e não se revoltam, retornando um dia para o verdadeiro plano da vida, sem carregar mais nenhum defeito. São Espíritos mais evoluídos que, dessa maneira, se comprometeram reencarnar para servir de instrumento de evolução para seus próprios pais. Outros, para darem um exemplo de resignação diante dos homens. Nem todos sofrem. Os que sofrem, como no seu caso, sofrem devido à revolta que trazem em seus corações.

– Não quero ouvir mais nada!

– Tudo bem, Amós. Não falarei mais nada, mas gostaria que pensasse um pouco sobre estas minhas palavras e se um dia quiser a oportunidade de se modificar, íntima e externamente, basta me chamar que virei ao seu encontro para ajudá-lo. Quando quiser libertar-se, basta me procurar.

Amós fica a olhar para Cláudia e uma lágrima furtiva lhe escapa dos grandes olhos que parecem querer saltar para fora das órbitas. Cláudia entende o que se passa na mente dele e completa:

– Quando resolver, Amós, basta que erga os olhos para o Céu e peça auxílio a Deus e a Jesus. Verá que, se o fizer sinceramente, alguém virá em seu socorro.

Vinte e três

NESSE MOMENTO, SURGE SEGADAS, *que vem caminhando em direção a eles. A cerca de uns trinta metros, um homem de pouco mais de quarenta anos aproxima-se pela calçada. Ao seu lado e agarrado a ele, uma entidade sofredora o envolve, podendo se perceber que esta possui enorme ascendência sobre o encarnado, pois é facilmente notado que o homem deixa-se guiar por ela. Parece drogado pela maneira como caminha e, principalmente, pelo seu olhar. Mas essa entidade que o domina não se encontra sozinha. Uma outra, mais ligada a ele, parece até confundir-se com o seu corpo e apresenta-se como se estivesse com fortes dores no abdome, haja vista, sua fisionomia de dor e as mãos apertando o ventre. O Espírito encarnado, de momento a momento, coloca também sua mão esquerda sobre o próprio ventre, denotando sentir as mesmas dores. E as duas entidades parecem conversar entre si. A que parece dominá-lo mais, fala à outra, a que sente dores abdominais:*

– Preste atenção. Estou dando o primeiro impulso. Depois, fica por sua conta.

– Não sei se vou conseguir.

– É lógico que vai conseguir!

– Por que não vai até o fim comigo?

– Você conseguirá entrar na farmácia porque estão muito ligados, mas eu não conseguirei. A proteção é muito grande.

– Mas eu nunca dei ordens a ele.

– Será fácil. Basta querer. E, além do mais, não gostaria de tomar o remédio? Então...

– Eu preciso muito, mas ele não tem o dinheiro...

– Por isso precisa forçá-lo e, não se esqueça, se quiser ir com ele para a cadeia onde, na certa, lhe darão remédios todos os dias, terá que fazê-lo cometer um crime. Não se esqueça!

– Está bem, não me esquecerei. Mas você tem certeza de que darão remédio para ele na cadeia? Necessito muito de medicamentos – diz o Espírito sofredor que se ligara àquele Espírito encarnado, a fim de causar-lhe dores e, com isso, absorver, através dele, o remédio que tanto necessita para o seu mal, achando que com isso será curado. Não sabe que o que tem terá que ser tratado com novas vibrações de amor e de auxílio ao próximo, ou seja, através de edificante trabalho na seara de Jesus.

– Certeza absoluta. Agora, darei mais um empurrão. Preste atenção e veja como faço.

A entidade começa, então, a falar com o homem, através da intuição:

– Que dor, heim? Você precisa fazer alguma coisa, tomar um remédio, por exemplo. Vamos. Veja aí: uma farmácia. Para que ficar aguentando toda essa dor? Mas não adianta pedir para o velho. O remédio que você toma e que acabou não pode ser vendido sem receita médica e qual médico o atenderia de graça, heim? Vamos. Entre lá e pegue o que necessita. Se você não tem dinheiro e o médico não lhe atende de graça, de quem é a culpa? Das fábricas de remédios e dos farmacêuticos. Agora, você pode também roubar o dinheiro do caixa e com ele poder comprar mais drogas. Vai ser fácil, e se aquele moço que está lá dentro com o velho, vier a enfrentá-lo, você o mata! Mas cuidado com ele! Ele é muito perigoso! Você terá que matá-lo, ouviu?!

– Ai que dor! – pensa o homem que assimilou as ideias do obsessor. – Não tenho outra alternativa, mesmo. Tenho que roubar o remédio e, já que vou assaltar esta farmácia, posso muito bem levar algum dinheiro também. Levo vários vidros de remédio e o dinheiro. Mas quem será aquele homem lá dentro? Que ele não ouse me enfrentar! Eu o mato se fizer isso! Eu o mato!

– Isso mesmo. Mate-o – insiste o Espírito, até que chegam na porta da farmácia e ele fica do lado de fora, lá entrando apenas o homem e a entidade sofredora que tenta, agora, continuar convencendo sua vítima a roubar o remédio, o dinheiro da gaveta e, se preciso, matar Luar.

– Isto é um assalto – grita o homem, apontando uma arma para seu Medeiros e Luar.

– Meu Deus! – exclamam.

Luar ainda diz para consigo mesmo: – Mas será que isso vai acontecer todos os dias comigo?

– O que você quer? – pergunta Luar ao homem.

– Quero aquele remédio ali e o dinheiro do caixa.

– *Mate-o! Mate-o! – continua a entidade, grudada ao homem.*

– Vou matá-lo! – anuncia, apontando um revólver em direção à cabeça de Luar, que se assusta e sente medo, apenas conseguindo controlar-se quando, de relance, parece ver Cláudia ao seu lado. Então, intuitivamente, inspirado mediunicamente por ela, diz ao homem:

– Tudo bem, o senhor pode me matar, mas antes disso, gostaria de lhe fazer um favor.

– Um favor?! Não me venha com truques!

– Não se trata de nenhum truque. Se me permitir, poderei lhe explicar.

– Pois fale logo! E me passe rápido os remédios! E o dinheiro também! E que favor é esse que está me falando?!

– Como lhe disse, você pode me matar, se quiser, mas permita-me que o ajude. Sabe, eu sou espírita. Já ouviu falar de Espiritismo?

– Espiritismo? Já, sim! Por quê?!

– Pois, então. Gostaria que antes de qualquer coisa, e mesmo que não me deixe vivo, de lhe dar um passe.

– Passe?! – pergunta o homem, abismado com a conversa de Luar. Ele sabe o que é um passe.

– Sim, um passe. Você está muito necessitado. Sabe o que é um passe, não?

– Sei, sim, mas por que quer me dar um passe?

– Para libertá-lo desse Espírito obsessor que o acompanha.

– Que Espírito obsessor?! Pensa que sou bobo?! Pensa que me engana?!

– Não estou lhe enganando e vou lhe provar. Eu sei, por exemplo, que você está sofrendo muitas dores no abdome, certo?

– Como sabe disso?! – pergunta o homem, assustado.

– Porque esse Espírito que está aí com você sofre de dores atrozes nessa região e você também sente essas dores pelo contato com ele.

– Eu não acredito nessas coisas!

– E vou lhe dizer mais: esses analgésicos que você toma, porque, na verdade, não são remédios para curar e, sim, apenas para tirar a dor, são para ele.

– Como são para ele?

– Quando você os toma, ele os absorve. Preste atenção no que vou lhe dizer: se você tivesse esse problema em seu abdome e tomasse esses analgésicos, a dor sumiria. Mas ela não desaparece totalmente, não é? Melhora, mas não passa. Não é assim?

– É...

– Isso acontece porque ele absorve quase que totalmente esses medicamentos e você fica sem eles.

– Você está falando sério? – pergunta o homem.

– Como você acha que eu descobri que você sente dores? Nem o conheço. Cheguei ontem aqui nesta cidade.

– É isso mesmo. Como você sabe?

– Eu já lhe disse: sou médium vidente e estou vendo esse Espírito.

A entidade sofredora, naquele momento, começa a gritar com Luar:

– *Pare com isso! Eu preciso desse remédio! Eu preciso.*

Luar, então, volta-se para ela e lhe fala com carinho:

– Você não precisa se preocupar, meu irmão. Vou ajudá-lo também, mas para isso, peço que se afaste deste homem para que também o ajude. É preciso que você faça isso para que eu possa ajudá-lo também. E você precisa muito de ajuda porque não poderá viver para o resto da vida tomando esses analgésicos através de Espíritos encarnados. Pode acreditar: mais algum tempo e esses medicamentos não conseguirão mais fazer o efeito desejado, entende?

– *E como você poderá me ajudar?*

– Encaminhando-o a um hospital desse plano em que você habita.

– Ei, com quem você está falando?! – pergunta o homem, um tanto assombrado com aquilo tudo.

– Estou conversando com o Espírito que lhe está transmitindo a dor.

– Você está querendo me enganar!

– Então, espere um pouco e verá que estou falando a verdade.

Medeiros, então, resolve intervir:

– Por favor, Luar, não seria bom que continuassem isso lá dentro de minha casa?

– Ei, que história é essa? – reclama a homem.

– É para o seu próprio bem, meu amigo. Você já pensou se um policial passar por aqui e vir você com essa arma na mão? Por favor, concorde em ser auxiliado. Eu lhe prometo que, se esse moço não conseguir lhe ajudar, dou-lhe o remédio que necessita sem necessidade de toda essa violência.

– Deixe-me ajudá-lo, meu irmão – pede Luar.

– Está bem, mas se tentarem algum golpe baixo por cima de mim, atiro nos dois.

– Pode ficar tranquilo – diz Luar, tentando acalmá-lo.

– Entrem aqui – convida Medeiros.

– *Mas o que é que está acontecendo lá dentro?! Por que estão entrando na casa do Medeiros? Mas será possível que aquele infeliz não vai conseguir fazer o que lhe ordenei?! – brada o Espírito que trouxera o assaltante até a farmácia.*

– *O que acontece?! – pergunta, por sua vez, Segadas.*

– *Vejam, ele abaixou a arma! – informa Faros. – O que é que deu nele?!*

– *Vou pegá-lo na saída! – ameaça o Espírito obsessor.*

Os três encarnados, então, entram por uma porta nos fundos da farmácia que dá acesso à humilde moradia do farmacêutico.

– Sente-se aqui nesta cadeira – pede Luar –, e acalme-se. Vou conversar um pouco com o Espírito, enquanto lhe aplico um passe.

Dizendo isso, Luar coloca suas mãos a uma pequena distância, por sobre a cabeça do homem, e faz uma prece, solicitando auxílio dos Espíritos Protetores. Sua prece é logo atendida porque Cláudia e os outros que a acompanham aproximam-se de Luar e doam-lhe energias que, somadas às suas próprias, percorrem todo o corpo do homem. O Espírito obsessor também sente essa vibração e percebe que pode, realmente, ser auxiliado, afastando-se alguns metros do obsidiado, como lhe pedira Luar.

– E agora? – pergunta o homem, já sentindo melhoras em sua dor.

– Agora, meu irmão, guarde essa arma e peça mentalmente a Jesus que o ajude.

O assaltante obedece e ora com devoção, percebendo que, quanto mais roga, mais as dores vão diminuindo.

– Quanto a você – continua Luar, dirigindo-se ao Espírito, peço-lhe que rogue a Jesus que permita que Seus mensageiros, aqui presentes, lhe dilatem a visão para que possa ver outros irmãos que aqui estão para auxiliá-lo e encaminhá-lo para o devido tratamento médico.

Alguns minutos se passam até que o infeliz, com muita alegria, como uma criança que acaba de ganhar o brinquedo tão sonhado, rompe o silêncio, derramando lágrimas de emoção:

– *Já estou vendo! Já estou vendo! Vieram me buscar! São enfermeiros que me sorriem! Que me sorriem! Obrigado, meu Deus! Obrigado, Jesus. Obrigado, meu amigo!*

– Vá com eles e seja feliz, meu irmão. Que Deus nos abençoe.

– Não sinto mais dor alguma – informa o homem, muito feliz também. – Não sinto mais dor!

– Graças a Deus, meu amigo, e agradeça a Jesus por tê-lo curado. E agora lhe peço que procure se libertar do vício que tem e, para que possa sentir forças para enfrentar esse verdadeiro combate, procure fazer o bem. Esse é o caminho. Aliás, poderia auxiliar o nosso irmão Medeiros no seu trabalho de distribuição de remédios. Tenho certeza de que alguma coisa poderá fazer.

– E agora, posso ir?

– Pode ir, meu irmão, e tome cuidado quando sair daqui desta farmácia. Saia em prece para que não o apanhem mais.

– Farei isso – promete.

E cumpre o prometido, pois assim que sai da farmácia, o Espírito obsessor ainda tenta colocá-lo sob sua influência, mas não consegue.

– *Você tem que voltar lá, seu cretino! – berra, irado. – Volte lá e acabe com ele!*

– Meu Deus, me ajude a caminhar em paz até minha casa – sussurra, não deixando de ser ouvido pelo Espírito.

– *Você está chamando por Deus?! Quem você pensa que é?!*

– Pai nosso, que estais no Céu... – reza o homem.

– *Mas que coisa mais ridícula! – revolta-se o Espírito, afastando-se do homem.*

E no interior da farmácia...

– Pelo que você me explicou, hoje de manhã, penso que tenha conversado com um Espírito e que o tenha encaminhado junto com outros Espíritos para um hospital do Plano Maior...

– Foi isso mesmo o que fiz.

– E essa história de passe? Poderia me explicar melhor?

– Com muito prazer, seu Medeiros. Acompanhe meu raciocínio. O senhor sabe que quando uma corrente elétrica percorre um fio condutor, forma-se em derredor deste um campo magnético. Certo?

– Certo.

– Muito bem. Complementando o que já disse ao senhor, nós, Espíritos encarnados, possuímos um corpo mental, um perispírito e um corpo carnal, e que todos são constituídos por átomos que, por sua vez, são constituídos por elétrons, prótons, nêutrons e outras partículas que já estão sendo descobertas.

– Entendo.

– Inclusive, se o senhor quiser se aprofundar um pouco mais, verá que nossas próprias células, que formam todo o nosso corpo e que também são constituídas por átomos, possuem em sua membrana plasmática, uma diferença de potencial que nada mais é do que eletricidade. Dessa maneira, pode imaginar também que o sangue, constituído por células eletricamente carregadas, percorrem todo o nosso corpo através de veias, vasos e artérias, como se fosse a própria eletricidade a percorrer um fio. Nossos neurônios, que também percorrem todo o nosso corpo, da mesma maneira possuem eletricidade. Dessa forma, como todos esses nossos corpos são constituídos dessa maneira, é evidente que, com toda essa movimentação elétrica, formam-se em todo o nosso redor, assim como no fio condutor, vibrações eletromagnéticas. É o que comumente é chamado de Aura.

– Li, certa feita, que existe um tipo de câmera fotográfica, chamada Kirlian, que fotografa essa Aura que, conforme o nosso estado mental, possui determinada forma e cores.

– Isso mesmo. Quando estamos bem, quando estamos tranquilos, essa nossa Aura possui um equilíbrio em sua vibração, haja vista que tudo possui vibrações nesta vida, como se fossem ondas. Quando estamos mal, em termos de saúde física ou emocional, essa Aura passa a ter vibrações desencontradas e desequilibradas. E, tanto essas vibrações desequilibradas ou equilibradas, vão agir no ambiente em que vivemos, chegando, inclusive, a atingir a Aura de outras pessoas, desequilibrando-as ou equilibrando-as, dependendo, obviamente, do grau de elevação dessas pessoas envolvidas. O senhor está me entendendo?

– É por isso que, muitas vezes, nos encontramos com pessoas que, pela simples presença, nos fazem sentir um certo desconforto ou, então, uma sensação de muita paz?

– O senhor entendeu muito bem. Agora, nos centros espíritas costuma-se aplicar passes. Já deve ter ouvido falar.

– Sim.

– O passe atua no perispírito e, por consequência, no corpo físico, através de centros de força. Cada um desses centros de força estão intimamente ligados a determinados órgãos de nosso corpo. Os passistas, então, estando com suas mentes equilibradas, através da oração e da vigilância, podem fazer com que à sua aproximação e mentalizando energias saindo de suas mãos, reequilibrem novamente a Aura daqueles que estão com elas em desequilíbrio. Na verdade, esses médiuns recebem essas energias dos Espíritos incumbidos desse trabalho, através do centro coronário, localizado no alto de suas cabeças. Também o Espírito obsessor, como no caso desse infeliz, recebeu essas dádivas, essa verdadeira chuva de bênçãos, pois, por força do amor, esse passe foi-lhe ministrado em conjunto com os Espíritos de Luz que propiciaram fluidos superiores aos meus, fazendo com que ele os recebesse e passasse a se sentir melhor, amenizando-lhe inclusive a dor que sentia. Evidentemente que ele ou qualquer pessoa que receba um passe deve, em seguida e, aproveitando essa verdadeira "injeção" de ânimo e bem-estar, procurar detectar e modificar certas atitudes físicas ou mentais para que possa sarar e não mais voltar a ter problemas de desequilíbrio ou de dor. E a receita para isso é muito simples: seguir os ensinamentos de Jesus.

– Muito boa sua explicação, Luar, e muito cheia de lógica.

– Agora, o passe pode também ser dado apenas com boas vibrações, com os bons pensamentos daqueles que cercam a pessoa necessitada e também por atitudes que tornem a vida dessa pessoa bastante tranquila. Uma mãe ou um médico à cabeceira de um filho ou de um doente, se com o coração voltado para o amor em direção a esse paciente, já lhe estará ministrando um passe.

– Entendo. Preciso estudar mais a respeito desse assunto. Devo confessar-lhe que estou verdadeiramente empolgado com ele. Quando tiver oportunidade, pretendo adquirir alguns livros sobre Espiritismo.

– O senhor irá gostar.

Vinte e quatro

ALGUMAS HORAS DEPOIS, alguns Espíritos se encontram com Cláudia num campo ali perto, onde ela e seus companheiros, Fontes, Flávio, Miranda e Domingos, se encontram refazendo as energias. Respiram fundo, haurindo as emanações do Universo, enquanto um deles faz uma belíssima prece. Muitas outras entidades, trabalhadoras do Bem, ali também se encontram, angariando energias para o trabalho a que estão destinadas. Alguns minutos se passam até que se aproximam mais seis outros. São eles: Eulália, seu esposo Batista, Aníbal, Ricardo, Martins e Ivan.

– Estamos procurando por Cláudia – diz Eulália.

– Sou eu – responde a moça.

– Muito prazer. Meu nome é Eulália, este é meu marido Batista e estes outros são amigos: Aníbal, Ricardo, Martins e Ivan.

– O prazer é todo meu – responde. – Que Deus os abençoe. Estes são meus companheiros de trabalho: Fontes, Flávio, Miranda e Domingos. Mas em que lhes poderemos ser úteis?

– Soube que têm a missão de auxiliar um Espírito encarnado, de nome Luar e que ele, com o auxílio de vocês, poderia nos ser útil quanto ao caso de meu filho Adilson.

– Teremos imenso prazer em colaborar com vocês e principalmente propiciar mais uma chance de Luar auxiliar o próximo. Mas conte-nos o que está acontecendo.

* * *

Na farmácia, Luar e Medeiros ainda estão a conversar sobre a Doutrina Espírita, quando chega um velho conhecido do farmacêutico.

– Bom dia, Medeiros – cumprimenta o homem, aparentando ter uns sessenta e poucos anos de idade.

– Bom dia, Armando, como vai?

– Tudo bem.

Armando dá a mão para Medeiros e este lhe apresenta Luar.

– Muito prazer. Esse é seu nome mesmo ou um apelido?

– É meu nome – responde, sorrindo, pois já esperava essa reação.

– Luar Peregrino – completa Medeiros.

– Luar Peregrino... muito bom.

– Mas que bons ventos o trazem aqui? – pergunta-lhe o farmacêutico.

– Estou apenas de passagem. Estava em casa sem nada para fazer e resolvi sair para tomar um pouco de ar. Ah... A propósito... Mudei de casa a semana passada.

– Mudou?

– Sim. Mudei-me para uma casa um pouco maior.

– Precisa dar-me seu novo endereço.

– Pois anote aí: rua Duque de Caxias, setecentos e doze.

– Rua Duque de Caxias, setecentos e doze – repete Medeiros –. Vou anotar. Mas... Que vida boa de aposentado, heim, Armando?

– Pois é, mas já está na hora de eu arrumar alguma coisa para fazer. Você não tem um emprego para mim aqui na farmácia? – pergunta, brincando.

– "Felizmente" para você, acabei de contratar o meu amigo Luar. Ficará uns tempos comigo aqui no estabelecimento.

– Fico contente por isso, meu amigo – diz, sorrindo, Armando. – Por mim que não consegui o emprego e por você. Já estava mesmo na hora de dividir o seu serviço com alguém e, já que agora tem um ajudante, que tal acompanhar-me num passeio?

– Sinto muito, Armando, mas tenho o que fazer, agora. Mas por que não leva Luar com você? Ele está chegando na cidade e não a conhece ainda. Por que não lhe paga um café?

– Com muito prazer.

– Não sei se devo – diz Luar. – Penso que preciso ajudá-lo, seu Medeiros.

– Vá tranquilo, Luar, e não tenha medo de Armando. É um bom sujeito. De minha inteira confiança. A propósito, Armando, Luar está passando por um problema de memória e gostaria de lhe pedir que não ficasse perguntando nada a ele. Conversem sobre a cidade, sobre sua vida, mas não lhe force a memória. Você vai gostar muito dele, tenho certeza.

– Tenho certeza também. Vamos, Luar? O bar é aqui perto.

Caminham por algumas quadras até o bar, onde Armando pede um café para cada um. Quando terminam de tomá-lo, decidem sentar-se um pouco num banco de uma pequena praça, ali perto. Armando chama um garoto, engraxate, para polir seus sapatos e ficam a conversar. Já estão ali há alguns minutos, quando um andarilho se aproxima deles. Vem acompanhado e amparado por Eulália, Cláudia e as outras entidades espirituais. Trata-se de um rapaz de seus vinte e poucos anos, todo sujo, com as roupas em péssimo estado, que lhes pede algum dinheiro. Possui os olhos bastante inchados, assim como toda a face e os dedos das mãos, características próprias do alcoólatra, a notar-se também pelo forte odor de álcool que exala.

Luar, então, lhe pergunta se não gostaria de comer alguma coisa.

– Você não gostaria que eu lhe pagasse um sanduíche? Deve estar com fome.

– Não, meu senhor. Preciso apenas de alguns trocados para poder completar uma quantia a fim de comprar uma passagem. Preciso encontrar minha família que deixei na cidade grande.

– Está bem, deixe-me ver o que tenho aqui no bolso – concorda Luar, sentindo forte emoção, pois apesar de não estar todo sujo e perdido no vício da bebida, percebe naquele rapaz, uma situação bem parecida com a sua.

– Por que não lhe compramos a passagem, heim, Luar? – pergunta Armando, conjeturando que o rapaz, na verdade, quer dinheiro para comprar mais bebida. – Compramos a passagem e o enfiamos dentro do ônibus e ai dele se apear do ônibus e eu tornar a encontrá-lo nesta cidade!

– O que é isso, seu Armando?

– Acontece que ele está mentindo, Luar. Você não percebe? Acha que irá mesmo viajar? Ele quer dinheiro para beber mais. Sinta o seu cheiro. É álcool puro. Se você lhe der dinheiro, estará colaborando para que ele fique mais viciado ainda do que já é.

– Você está pedindo o dinheiro para beber ou viajar, meu rapaz? – pergunta Luar ao andarilho.

– Para viajar, meu senhor. Para viajar – responde, com as mãos trêmulas e os olhos injetados.

– Está vendo, seu Armando? Ele confirma que é para viajar. Tome, meu rapaz. Faça bom proveito dele.

– Deus lhe pague e que Jesus o abençoe – agradece o rapaz e, voltando-se para Armando, esclarece com muito respeito: – Não poderia aceitar a compra da passagem, meu senhor, porque não sei ainda quando irei. Preciso esperar um amigo que está vindo para esta cidade. Deve estar pela estrada ainda.

– Você é um grande mentiroso, seu bêbado! – explode Armando. – E vai dando o fora que eu não vou lhe dar nenhum tostão.

– Francamente, seu Armando – interrompe Luar, indignado, apesar de não ter nenhuma intimidade ainda com o homem –, o senhor poderia ser um pouco mais educado com o rapaz. Afinal de contas, ele nada nos exigiu, apenas pediu. Eu dei porque quis.

– Você agiu errado, Luar. Desculpe-me a sinceridade. Onde já se viu um moço forte nessa situação? Só pode ser um malandro, um ocioso. Deveria estar trabalhando, agora. Tome como exemplo este menino aqui a engraxar os meus sapatos. Quantos anos você tem, garoto? – pergunta Armando ao menino que, sentado numa caixa de madeira, trabalha com a escova.

– Oito anos, senhor.

– E desde quando faz esse tipo de serviço?

– Comecei aos sete, senhor.

– Está vendo, Luar? Aquele rapaz é um bêbado, um malandro, um vagabundo – acusa Armando, apontando para o andarilho que, neste momento, deitara-se num banco, à sombra de uma árvore. – Veja, está dormindo, enquanto este menino está trabalhando.

– Você tem toda a razão, seu Armando, ao fazer essa comparação. Dou meus parabéns a esta criança que deve estar trabalhando para ajudar nas despesas de casa, não é, garoto?

– Sim. Dou todo o dinheiro que ganho para minha mãe.

– Mesmo assim, penso que não devemos julgar as pessoas pelas aparências. Nós não sabemos o que aconteceu com aquele rapaz para que ele tenha se transformado num alcoólatra andarilho.

– Deve ter sido por pura sem-vergonhice.

– Vamos ver. Garoto, qual é o seu nome? – pergunta Luar ao engraxate.

– Geraldo Guedes, mas todos me chamam de Gegê.

– Muito bem, Gegê – diz, agora, Luar. – Diga-me uma coisa: o que você pretende ser quando crescer, quando se tornar um adulto?

– Bem... – responde o menino – gostaria muito de poder estudar Engenharia, para poder construir prédios, pontes, estradas, mas não sei se vou poder. Meus pais não têm dinheiro para pagar os meus estudos.

– Tudo bem – interrompe Armando –, mas diga também uma coisa, com toda a franqueza: você pretende ser um vagabundo, um andarilho, um bêbado, como aquele rapaz ali?

– Não pretendo não, senhor. Agora não sei se... bem, deixa para lá.

– O que é, menino? Fale – pede Luar. – O que é que você não sabe?

– Não sei se devo falar. Ele me pediu para não contar a ninguém.

– Ele, quem? O andarilho?

– Sim.

– Você o conhece?

– Não. Só conversei com ele ontem à tarde, quando dividi com ele o meu lanche. Faz apenas uma semana que ele está nesta cidade.

– Você dividiu o seu lanche com ele? – pergunta Luar, bastante animado com o rumo da conversa.

– Sim. Ele estava com tanta fome que nem conseguia parar em pé. Havia bebido muito na noite anterior.

– Mas diga-nos: o que conversaram? Não há nenhum mal em que nos conte.

Nesse instante, Cláudia, Eulália e outros Espíritos se aproximam do menino, aplicando-lhe passes e dando-lhe um pouco de intuição para poder exprimir-se melhor.

– É... acho que não. Talvez possam até ajudá-lo. Bem, o que eu quis dizer é que não sei se teria forças para aguentar tudo o que ele já passou. Sei que ele não deveria beber, mas como o senhor disse há pouco – fala o menino, dirigindo-se a Luar –, não devemos julgar as pessoas, pois a gente nunca sabe o que se passa pela cabeça delas. Umas são fortes quando lhes acontece uma desgraça, outras não conseguem superar os problemas. E o que aconteceu com ele foi muito triste.

Armando fica impressionado com a maneira como o garoto fala. Parece um adulto.

– O que quer dizer com isso, Gegê? – pergunta-lhe.

O garoto fica inibido e não sabe o que dizer.

Cláudia e os outros aproximam-se agora de Luar e envolvem-no em seus pensamentos para que ele possa cumprir o que planejam.

– É muito simples – diz Luar. – Perguntei ao garoto o que ele gostaria de ser quando ficasse adulto, não foi?

– Foi, e ele respondeu que gostaria de ser engenheiro.

– Bem... nós poderíamos fazer um exercício de imaginação.

– Exercício de imaginação? – pergunta Armando, curioso.

– Sim. Eu sempre faço uso desse exercício quando me vejo diante de situações onde tenho que julgar os outros.

– E que exercício de imaginação quer que façamos? – pergunta Armando.

– Vamos imaginar esse andarilho quando tinha a idade desse garoto. Imagino que ele tivesse uma família, assim como a desse menino . Está me acompanhando nesse exercício de imaginação?

– Sim – responde Armando.

– Pois imagine, agora, perguntando a ele o que gostaria de ser quando crescesse. Imagine-se perguntando se ele gostaria de ser um andarilho, sem lar, um alcoólatra, enfim.

– Sim. Estou imaginando.

– E o que ele lhe respondeu?

– Bem... – responde Armando, sinceramente e bastante impressionado com o rumo da conversa. – Não consegui imaginar o que ele responderia quanto à profissão, mas tenho plena certeza de que não me responderia querer ser o que é hoje. Mas onde você quer chegar?

– O que quero dizer, é que algo de muito grave deve ter-lhe acontecido para que se transformasse tanto.

– E você sabe o que foi, garoto? Ele lhe falou? Você nos disse que ele lhe contou e que era uma história muito triste – pergunta Armando.

– Sei, sim. Ele me contou que morava na cidade grande, na Capital. Tinha uma família modesta e que era muito feliz. Seu pai tinha um caminhão com o qual fazia pequenos transportes e ele sonhava em também ter a mesma profissão do pai. Era louco por caminhões. Um dia, quando tinha sete anos de idade, sua família resolveu mudar-se para um outro bairro. Ele não sabia para onde e nem se preocupara em saber, pois era apenas um garoto. Sabia, apenas, que era um local bem longe, um bairro bastante afastado de onde eles moravam. Estava radiante com a mudança, porque o pai lhe prometera que ele poderia ir na carroceria do caminhão junto com a mudança, ou seja, com os poucos móveis que possuíam e ele nunca havia viajado na carroceria do caminhão de seu pai. E foi aí que aconteceu toda a desgraça.

– E o que aconteceu, menino?! Conte logo o resto – diz Armando, visível e estranhamente interessado na história e olhando fixamente para o andarilho deitado no banco a poucos metros de distância.

– Ele me contou que numa esquina, numa rua bastante íngreme, numa curva mal feita, uma das rodas do caminhão passou por um buraco, sofrendo um forte solavanco, o que fez com que o veículo batesse violentamente contra um poste. Foram todos socorridos por populares e encaminhados às pressas para um hospital próximo dali. Ele nada sofreu, a não ser umas leves escoriações, porém, seus pais, que viajavam na cabine do caminhão, não tiveram a mesma sorte e vieram a falecer devido ao grande impacto.

– Meu Deus! – exclama Armando.

– E o que aconteceu com ele? – pergunta Luar, totalmente envolvido pelas entidades e com a mente ligada a elas.

– Disse-me que ficou alguns dias morando na casa de uma senhora que, penalizada, resolveu acolhê-lo. Contou-me que tinha uma tia, irmã de sua mãe, mas que não sabia onde morava, a não ser que era numa cidade do interior do Estado. Sofreu muito pela perda dos pais e acabou fugindo da casa da bondosa mulher que o acolhera, porque percebera que seu marido não o queria lá, chegando a maltratá-lo por diversas vezes. Saiu sem destino, acabando por juntar-se a outros garotos que viviam pelas ruas. Chegou a ir até o antigo bairro onde morava antes da tragédia e lá lhe disseram que um tio lá estivera e ficara sabendo do acontecido, deixando o seu endereço, caso o garoto lá voltasse, mas nunca conseguia juntar dinheiro suficiente para procurar esse parente. O tempo foi, então, passando. Foi preso várias vezes por roubo até que, um dia, conseguiu comprar uma passagem para tentar localizar o tio, porém, quando chegou na cidade e endereço indicado, lhe informaram que esse seu único parente havia se mudado de lá e ninguém sabia do novo endereço. Já contava, então, com dezoito anos de idade. Passou muita fome, sede e frio, entregando-se, então, à bebida para tentar esquecer a sua infelicidade. Quando me contou tudo isso, chorou muito, porque dos pais ainda não conseguira esquecer-se e daria tudo por, pelo menos, encontrar a tia, irmã de sua mãe. Pretende mesmo retornar à cidade grande, pois ainda tem esperanças de ir até o antigo bairro onde morava para ver se o tio não poderia ter-lhe deixado um novo endereço com alguém de lá.

– É muito triste essa história e você tem toda a razão, Gegê – diz Luar. – Como eu disse, nós não sabemos a razão de muitos passarem a viver uma vida como a desse rapaz. Como podemos julgá-los? Penso que qualquer um de nós talvez agisse da mesma forma ou, até, muito pior. É por isso que acho que devemos estar sempre prontos a auxiliar a todos.

– O senhor tem razão – diz Gegê.

– Sabe, Armando, a religião que professo, que é o Espiritismo, nos ensina que como todos nós estamos sempre retornando a este mundo em sucessivas reencarnações, num processo de aprendizagem, é certo que um dia também já devemos ter passado por dificuldades as mais diversas, talvez como essa que esse moço está vivendo, ou que poderemos também sofrê-las em alguma encarnação futura. E que devemos sempre ajudar o nosso semelhante porque, muitas vezes, estaremos ajudando alguém que, na verdade, pode até representar um retrato vivo de nosso passado. Não sei se você acredita nisso, mas é o que penso e...

Luar não termina a frase, pois percebe que Armando não o ouve. Envolvido pelos Espíritos, principalmente por Eulália, encontra-se com o olhar fixo em algum ponto, como se estivesse com o pensamento muito longe dali. De repente, pergunta, um tanto emocionado:

– Gegê, por acaso, o nome desse rapaz é Adilson?

– É esse mesmo o nome, senhor.

– Meu Deus... Adilson... Adilson! – chama, levantando-se e dirigindo-se até o banco, onde se encontra deitado o andarilho. Este, ao ouvir o seu nome, se levanta, olhando para os lados.

– Quem está me chamando?

– Sou eu. Você não se recorda mais de mim? Sou Armando, cunhado de sua mãe. Seu nome não era Eulália?

– Sim – responde o andarilho. – Minha mãe se chamava Eulália, mas, então...

– Sou seu tio, Adilson! Sou seu tio! Você ainda tem o meu antigo endereço aí com você?

– Sim. Está aqui – responde o moço, tirando um papel sujo e amassado do bolso.

– É esse mesmo – confirma Armando. – Realmente, você é meu sobrinho. Mas venha comigo. Vou cuidar de você. Venha. Irá conhecer a sua tia, irmã de sua mãe.

O andarilho começa a chorar muito emocionado, enquanto Luar e Gegê se aproximam.

– Eu sabia que um dia iria encontrar alguém. Meu Deus, quem sabe largo deste vício agora?

– Se Deus quiser, Adilson. E vou ajudá-lo.

– Realmente não podemos julgar ninguém, não é, Gegê? – pergunta Luar ao garoto, enquanto Adilson enxuga as lágrimas e, como uma ingênua criança, pergunta a Armando:

– Minha tia é tão bonita quanto a minha mãe Eulália?

– Sim, Adilson. Ela é muito bonita também.

E, abraçando Luar, Armando apenas limita-se a olhar em seus olhos, sem nada conseguir pronunciar, pois sua voz encontra-se embargada pela emoção enquanto lágrimas rolam por sua face. E os dois, tio e sobrinho, distanciam-se abraçados. Luar fica a olhá-los e enquanto imagina que um dia, talvez, alguém cruze o seu caminho chamando-o de filho, parece, num relance, numa fração de segundos, visualizar uma mulher que, ao lado de Cláudia e abraçada aos dois, lhe lança um sorriso e um olhar de agradecimento.

– Será...? – pergunta-se.

Vinte e cinco

NESSE MESMO DIA, MAIS à tardezinha, um carro entra na cidade e estaciona na praça, bem defronte da igreja e um homem desce de seu interior, dirigindo-se até um bar. É Romildo. Outros três homens permanecem dentro do veículo.

– Boa tarde, meu senhor – cumprimenta o dono do bar. – Em que lhe posso ser útil?

– Gostaria apenas de uma informação.

– Pois não – atende, polidamente, o dono do bar.

– Existe algum lugar aqui onde andarilhos possam pousar? Um tipo de albergue, talvez?

– Existe, sim, e fica bem aqui à frente.

Romildo olha para onde o homem lhe está indicando e apenas vê a entrada de uma igreja.

– Naquela igreja?

– Sim. O padre Ferreira acolhe necessitados que não têm onde passar a noite.

– E tem alguém lá a esta hora?

– Não sei. Quem cuida disso para o padre é Mário, o sacristão.

– E para falar com ele, devo entrar na igreja?

– Bem, o local em que recolhem os andarilhos é num porão, cuja entrada fica do outro lado da igreja. O senhor o localizará facilmente. Depois de uma porta, uma escada leva a um subsolo. Talvez Mário esteja lá, ou então, dentro da igreja ou na casa paroquial que é aquela lá do outro lado da rua, com grades azuis.

– Eu lhe agradeço muito, meu amigo. Uma boa tarde.

– Não há de quê. Boa tarde.

Romildo, então, dá um sinal aos homens para que continuem a esperá-lo no automóvel e dirige-se em direção à igreja. Contorna a construção e encontra a porta indicada pelo dono do bar. Tenta abri-la, mas está trancada. Bate nela com os nós dos dedos. Ninguém atende. Bate novamente, mas em vão. Dá a volta e entra na igreja pela porta principal. Está vazia. À frente, um grande altar e, do lado esquerdo, avista uma sacristia. Lentamente, dirige-se até lá e vê um rapaz que se encontra polindo alguns apetrechos dourados.

– Boa tarde, meu jovem.

O rapaz vira-se. É Mário.

– Boa tarde. Em que posso lhe ajudar? O padre Ferreira não se encontra.

– Meu nome é José – diz Romildo, citando apenas seu primeiro nome, pois se chama José Romildo – e estou procurando um amigo. Penso que talvez ele tenha passado a noite aqui na igreja. Lá embaixo.

– Oh, sim – diz o sacristão. – E como é o nome dele?

– Lélis – responde o outro que ainda não sabe que agora ele se denomina Luar.

– Hum... não me lembro de alguém com esse nome. O senhor teria ideia de quando ele poderia ter estado aqui?

– Acredito que ontem.

O sacristão pensa um pouco e responde com convicção:

– Tenho certeza de que ninguém dormiu aqui na noite passada com esse nome.

– Talvez ele esteja usando um outro nome.

– Um outro nome?

– Sim... bem... eu vou lhe dizer a verdade: esse meu amigo, coitado, perdeu a memória depois de um acidente e, pelo que pude apurar no hospital que o atendeu, ele fugiu. Sabe, ele não está no seu juízo perfeito e tenho tentado encontrá-lo para os seus pais que estão muito aflitos.

– E por que acha que ele possa ter dormido aqui ou vindo até esta cidade?

– Porque consegui encontrá-lo numa cidade vizinha daqui, mas quando estive perto de falar com ele, sumiu novamente.

– Sumiu?!

– Sim. Ele foge de qualquer pessoa que se aproxime dele, principalmente se essa pessoa pertenceu ao seu círculo familiar ou foi alguém conhecido dele.

– Mas o senhor disse que ele perdeu a memória...

– Sim, mas parece que algo lá no subconsciente dele o coloca de sobreaviso contra essas pessoas e foge delas. Na verdade, preciso encontrá-lo para que possa fazer um tratamento psiquiátrico.

– Entendo, mas não veio ninguém aqui com esse nome.

Romildo, então, tira do bolso uma fotografia de Luar e mostra ao rapaz.

– E este rosto? Não lhe diz nada?

– Deixe-me ver... é...

– É...?

– Boa tarde, senhor – cumprimenta o padre Ferreira, cortando a fala de Mário. – O senhor precisa de alguma coisa?

– Ele está apenas procurando uma pessoa que possa ter dormido em nosso albergue. É esta aqui – diz, mostrando a fotografia ao padre.

O padre olha para a foto e percebe que aquele rosto não lhe é totalmente estranho.

– E por que o senhor o procura? – pergunta, procurando analisar o rosto de Romildo, não gostando do que percebe em sua fisionomia.

Romildo repete toda a história para o padre, que a ouve, desconfiado.

– Esteve alguém ontem no albergue bem parecido com esta pessoa – diz Mário.

– Você o viu? – pergunta, entusiasmado, Romildo.

– Sim, aliás, foi meu tio quem o trouxe.

– Viriato? – pergunta o padre.

– Sim, padre Ferreira. Meu tio dizia ser amigo dele e até assinou a ficha como seu responsável.

– Por que seu tio precisou assinar a ficha?

– Porque ele não possuía documentos.

– E você encaminhou essa ficha para a polícia? – pergunta o padre. – Temos esse compromisso.

O rapaz fica meio atrapalhado, mas responde:

– Não, padre Ferreira.

– E por que não?

– Porque meu tio me pediu.

– Você não deveria ter atendido a esse pedido de seu tio, Mário.

– Sinto muito, padre.

– Penso que ele fez bem – diz Romildo.

– E fez bem por quê?

– Sabe, padre, se a polícia começasse a procurá-lo pela cidade, seria mais difícil encontrá-lo, porque ele, obviamente, fugiria de novo se se visse perseguido.

– Mas torno a dizer que agiu mal, Mário. Por favor, não torne a repetir esse erro. Temos um acordo com a polícia.

– Pode ficar tranquilo. Não tornarei a agir dessa forma.

– E você tem o nome dele? Ou para onde poderá ter ido?

– Ele deu-me um nome bastante estranho... deixe-me ver... não me lembro agora, mas lembro-me que disse que estava procurando o seu Medeiros da farmácia.

– Seu Medeiros? – pergunta o padre. – O que será que ele queria com seu Medeiros? Se perdeu a memória...

– Realmente, é bastante estranho – diz Romildo. – Mas onde fica essa farmácia desse seu Medeiros?

– Eu vou lhe explicar. Vamos até a rua para que eu possa indicar-lhe. É um pouco longe, mas não é difícil encontrá-la.

– Pois eu lhe agradeço muito.

Romildo acompanha Mário até a rua e este lhe ensina como fazer para chegar até lá.

– A farmácia fica aberta até que horas?

– Até as vinte horas.

– E esse seu Medeiros mora lá perto?

– Seu Medeiros é sozinho e mora no interior da farmácia em apenas três cômodos.

– Entendo... mas o que será que o meu amigo foi fazer nessa farmácia do Medeiros? – pergunta Romildo, para disfarçar.

– Isso eu não sei, senhor.

– Bem, de qualquer forma, eu lhe agradeço muito. Uma boa tarde para você.

– Boa tarde e tomara que encontre o seu amigo.

– Eu o encontrarei, com certeza.

Romildo dirige-se até o carro e entra na frente, sentando-se no banco do motorista.

– Nós o encontramos – informa aos outros –, mas precisamos ser cuidadosos, pois o padre e o sacristão poderão me reconhecer. Quando encontrarmos Lélis, deveremos eliminá-lo longe daqui. Entenderam?

Os outros três concordam plenamente.

– Vamos até a farmácia desse tal de Medeiros. Faremos um trabalho preliminar de reconhecimento do local e ficaremos aguardando a hora certa para agirmos.

Depois de tudo combinado, Romildo coloca o carro em movimento em direção à farmácia. Após dirigir por várias ruas da cidade, finalmente encontram o estabelecimento de Medeiros. Romildo estaciona a uma quadra de distância e ficam a observar o movimento, enquanto um dos homens vai até a farmácia para verificar a presença de Luar.

– Boa tarde – cumprimenta, educadamente.

– Boa tarde – responde o farmacêutico. – Em que posso servi-lo?

– Preciso de um analgésico.

– O senhor tem preferência por algum?

– Gostaria que fosse em gotas.

– É para o senhor mesmo?

– Não. É para minha esposa – mente.

– E em que região a sua esposa sente dor?

– É apenas uma dor de cabeça.

– Bem, o senhor poderá levar este aqui – diz Medeiros, entregando o remédio ao homem.

O estranho paga e inicia uma conversa.

– Muito bonita esta cidade.

– O senhor não a conhecia?

– Não. Cheguei hoje. Eu e minha esposa estamos hospedados num hotel e pretendemos conhecer melhor a cidade. Talvez nos mudemos para cá.

– Em que hotel estão hospedados? – pergunta Medeiros, apenas por perguntar, já que na cidade só existe um hotel.

O homem se atrapalha com a pergunta e responde:

– Sabe que nem reparei no nome do hotel? Sei apenas onde fica.

– Deve ser o Palace. É o único que temos.

– Deve ser esse mesmo.

– E o senhor pretende trabalhar aqui na cidade?

– Possuo uma pequena confecção de roupas e estou procurando uma cidade menor para transferir essa minha atividade – continua a mentir.

– Isso seria bom para a cidade. Certamente, empregará pessoas daqui.

– Oh, sim.

– Se o senhor decidir vir para cá, poderei lhe apresentar alguns amigos que poderão auxiliá-lo a encontrar algum imóvel para a finalidade que pretende.

– Ficaria muito grato por essa gentileza.

– Meu nome é Medeiros.

– Muito prazer, então. Chamo-me Garcia – mente, novamente.

– E se não melhorar a dor de cabeça de sua esposa, pode voltar a procurar-me.

– Muito obrigado. Esta farmácia fica aberta à noite?

– Até as vinte horas, mas se precisar, poderá apertar aquela campainha que eu o atenderei. Moro nos fundos.

– O senhor mora aqui?

– Sim.

– Isto é muito bom. O senhor é casado?

– Sou viúvo.

– Então, mora sozinho?

– Sim.

– Não possui empregados?

– Não. Não tenho condições para isso. Quer dizer, hoje me apareceu alguém que talvez fique morando aqui por uns tempos e me ajude no serviço.

– Mas isso é muito bom. É algum parente do senhor?

Nesse instante da conversa, ambos se arrependem do que falaram. Medeiros, porque percebe que não deveria dar informações a respeito de Luar, principalmente a estranhos. Sabe que estão atrás dele e que já atentaram contra a sua vida por duas vezes. O homem, por sua vez, porque percebe que está indo com muita pressa e que o farmacêutico poderá desconfiar e procura corrigir:

– Oh, o senhor me desculpe. Estou me intrometendo em sua vida. É um vício que possuo e estou chegando à conclusão que sou um incorrigível. Perdoe-me.

– Não precisa se desculpar– diz Medeiros, mais tranquilo com as palavras do desconhecido, mas não lhe responde à pergunta.

– Bem, obrigado por tudo. Até qualquer dia.

– Até qualquer dia e recomendações à sua esposa. Qual o nome dela?

– Carmem – responde o homem, num repente. Foi o primeiro nome que lhe surgiu à mente.

***

– E então, Soares? Alguma informação? – pergunta Romildo quando o homem volta ao carro.

– Acho que estamos no caminho certo.

– O que você descobriu?

– O farmacêutico me informou que, a partir de hoje, uma pessoa irá morar e trabalhar com ele.

– E trata-se de Lélis? Você o viu?

– Não, e pela conversa que tive, não quis perguntar mais para não levantar suspeitas.

– Certo. Fez muito bem.

– Penso que Lélis não estava lá.

– Vamos continuar vigiando. Pensando bem, o ideal seria que nos separássemos, pois também poderemos levantar suspeitas.

– Parece que não precisaremos esperar mais por muito tempo – diz um dos homens que está dentro do automóvel. – Vejam quem vem vindo lá. Deve ser ele. Deixe-me ver a fotografia, Romildo.

– É ele, sim – confirma. – Esse é o nosso homem.

– Vamos agir já?

– Penso que é o momento propício. Preparem-se.

Nesse momento, Luar passa defronte do carro de Romildo, porém, na calçada oposta à que se encontram estacionados. Passa por eles e continua a caminhar em direção à farmácia.

– Vamos! – ordena Romildo.

– Espere! – grita um outro. – Vejam! Uma viatura policial!

Realmente, um carro da polícia está passando entre eles e Luar. O veículo se locomove vagarosamente, talvez numa ronda policial.

– Vamos aguardar que ela se afaste.

Mas, para frustração de Romildo e seus homens, os policiais estacionam em frente à farmácia e, antes que os policiais desçam do veículo, Luar lá chega também. E todos entram no estabelecimento.

Vinte e seis

– BOA TARDE, SEU MEDEIROS – cumprimentam os policiais.

– Boa tarde, meninos – responde o homem, numa carinhosa intimidade com aqueles homens da lei que ele conhece desde crianças. – Fazendo a ronda?

– Sim. Tudo em ordem por aqui?

– Graças a Deus, tudo bem.

– Você é novo no bairro? – pergunta um deles a Luar.

– É meu sobrinho – responde Medeiros, mentindo, mas na tentativa de que não hajam muitas indagações sobre a vida do novo amigo e continua: – Irá passar uns tempos aqui comigo na farmácia para me ajudar.

– Isso é muito bom – comenta um dos homens.

– Parabéns pelo tio que possui – diz o outro. – Um bom homem e um grande e leal amigo.

– Obrigado – responde Luar.

– Bem, vamos andando. Um bom final de tarde para todos – despedem-se os policiais.

– Boa tarde para vocês – responde Medeiros.

E assim que os amigos policiais se retiram, Medeiros aguarda apenas que a viatura se afaste um pouco e, rapidamente, cerra as portas da farmácia.

– Já vai fechar, seu Medeiros? O senhor me disse que fechava às oito horas da noite.

– Tenho um assunto importante para conversar com você e estou um pouco preocupado por causa de uma visita que recebi hoje.

– Uma visita?

– Sim. Um homem que veio até aqui para comprar um analgésico e penso, até, que acabei dando com a língua nos dentes.

– Deixe-me ajudá-lo, seu Medeiros – diz Luar, auxiliando-o a trancar as portas.

– Sente-se aí – pede o farmacêutico. – Antes, preciso dar um telefonema para confirmar ou não o que estou imaginando.

– Está bem.

– Deixe-me ver o número na lista... ah, aqui está...

Medeiros disca um número e é prontamente atendido.

– Alô! É do hotel Palace? Aqui é Medeiros da farmácia... sim... tudo bem... quem fala...? Bastos...? Tudo bem...? Preciso de um pequeno favor seu... sim?... obrigado... sim... o que eu preciso é que me informe se há um casal hospedado aí com os nomes de Garcia e Carmem... sim... você vai verificar... certo... espero...

Alguns minutos se passam e Medeiros fala de novo:

– Não há ninguém com esses nomes? Tudo bem... eu agradeço, Bastos... muito obrigado... sou-lhe muito grato.

O farmacêutico desliga o telefone e exclama:

– Eu sabia... eu sabia...

– Sabia o quê, seu Medeiros?

– Que aquele homem estava mentindo.

– Homem?

Medeiros conta, então, toda a história do sujeito que dizia se chamar Garcia e que queria comprar um analgésico para sua mulher, de nome Carmem e que dizia estar hospedado no hotel Palace.

– E não existe mais nenhum hotel na cidade, além desse Palace?

– Não. Só temos um hotel aqui. E o pior é que eu lhe disse que hoje havia chegado uma pessoa que iria trabalhar e morar comigo aqui na farmácia.

– Deve ser um dos homens que estão atrás de mim.

– Você corre perigo, Luar. Meu Deus, como fui inocente. O sujeito veio até aqui para descobrir se você estava comigo. Não acha que deveríamos chamar a polícia?

– Como já lhe expliquei, seu Medeiros, tenho receio disso. Não sei quem está por detrás de tudo isso.

– Você tem razão. Mas o que devemos fazer?

– Não sei. Talvez eu tenha que ir embora desta cidade também.

– Não é à toa que você adotou esse sobrenome de Peregrino, Luar. Na verdade, talvez passe um bom tempo fugindo e peregrinando atrás de sua identidade.

– O senhor tem razão.

– Mas, deixe-me pensar um pouco. O que poderíamos fazer? Vamos pensar numa solução, sem precipitações. De qualquer maneira, penso que deva ficar aqui ainda esta noite, Luar. Se sair daqui agora, poderá estar correndo risco de vida.

– Talvez o senhor tenha razão.

– Durma aqui mais esta noite e pensaremos numa saída.

– Devem estar vigiando este local.

– Com certeza.

***

– Mas o que está acontecendo lá na farmácia? Por que fecharam as portas? Me disseram que ela seria fechada às oito horas da noite... – estranha Romildo.

– O farmacêutico deve ter desconfiado de mim.

– Droga! – protesta Romildo. – Você deve ter falhado em alguma coisa, Soares! Conte-me o que aconteceu para podermos tomar uma decisão. Procure lembrar-se.

– Eu já sei.

– O que foi?

– Quando cheguei na farmácia, para disfarçar, pedi um analgésico, dizendo que era para minha mulher e, tentando ser o mais natural possível durante a nossa conversa, inclusive na tentativa de fazer-me passar por um homem de bem, disse-lhe que estava hospedado num hotel de que não me lembrava o nome e dei-lhe dois nomes falsos: Garcia e Carmem. Ele deve ter desconfiado e investigado.

– Você é um estúpido, Soares! Como foi fazer uma estupidez dessas?!

– Ora, o que você queria?! Já foi difícil para mim, falar com ele educadamente.

– O que vamos fazer, agora? – pergunta um dos homens.

– Não poderemos fazer nada, por enquanto, pois o velho poderá chamar a polícia e acabará acontecendo o que ocorreu ontem na outra cidade.

– Também não poderemos ficar plantados aqui. Ele poderá acionar a polícia de qualquer forma.

– Você tem razão. Vamos sair daqui.

– E vamos para onde?

– Teremos que procurar um lugar para dormirmos.

– E se ele fugir esta noite? Alguém terá que ficar vigiando este lugar.

– Sabem o que acho? – diz um outro dos elementos. – Se lembrarem bem, aquele tal de Clóvis chamou a polícia, mas esse tal de Lélis, ou sei lá que nome estará usando agora, não ficou lá. Fugiu também. Pelo visto, ele não quer se envolver com ela.

– Nisso você tem razão, Aldo – diz Romildo. – Ele deve ter medo que se a polícia se vir envolvida, quererá descobrir quem é ele e acionará as outras da Capital e a sua família o descobrirá.

– Mas se a família o descobrir...

– Ele não sabe quem está por trás de tudo isto e teme que alguém de sua família deva estar envolvido com o atentado. Ele deve estar com medo disso.

– Você tem razão. E o que faremos, então? De qualquer maneira... ei... espere um pouco... por que será que aqueles policiais entraram na farmácia?

– Mas é isso mesmo! – brada Romildo. – Temos que tomar cuidado. Podemos estar sendo vigiados neste momento. Deixe-me ver – diz e olha pelos espelhos retrovisores para ver se localiza algum carro da polícia estacionado, vigiando-os. – Está limpo, mas vamos sair daqui.

– Com calma, Romildo. Não vamos levantar suspeitas.

– Vamos fazer o seguinte: damos umas voltas pelas imediações e se não virmos nada de suspeito, voltaremos para cá e se a polícia aparecer, tentaremos fugir ou nos atracaremos com ela. Tenho a intenção de invadir a farmácia, pelos fundos, de madrugada.

– Vamos invadi-la?

– Você tem alguma ideia melhor? Quero eliminar esse sujeito de uma vez por todas, antes que o percamos novamente.

– Tudo bem. Então, vamos.

"O Evangelho é a bússola do Espírito"

O Passado e o Futuro

Vinte e sete

NESSA MESMA NOITE, LUAR se desprende do corpo durante o sono e é levado por Cláudia a um encontro com os Espíritos do mal, comandados por Faros, auxiliados por Segadas e Amós, que o acompanha e que ela acha ter chegado a hora de libertar-se da vida que leva.

Já é quase meia-noite quando a Legião dos Corvos decide agir em peso sobre Romildo e seus homens. Até então, Faros, Segadas e Amós, limitavam-se a estabelecer estratégias de ataque, enquanto Enoque, Pórcio, Ludolfo e Ozias, se incumbiam de manter Romildo e os outros bandidos sob controle, influenciando intensivamente suas mentes doentias e assassinas. Os três dirigem-se, então, em direção a eles e já estão prontos para pôr seus planos em ação, quando ouvem uma voz que os chama. É Cláudia, acompanhada por mais oito Espíritos, que lhes provocam expressões de revolta e ódio:

– Os "das luzes" novamente! Vocês não desistem?! – berra Faros, com mais ódio ainda.

– Insistimos em ajudá-los e trouxemos reforço. Vejam – diz Cláudia, indicando Luar que, ligado ao corpo adormecido por meio de cordão de luz, aparece pelo lado oposto de onde se encontram e encaminha-se para eles.

– Você não vai retornar ao seu corpo hoje, imbecil! E sabe por quê?! Porque

daqui a pouco, não terá um corpo vivo para recebê-lo de volta. Hoje será o seu fim como encarnado! – grita Segadas. – Você verá!

Romildo e seus homens encontram-se no interior do carro a apenas cem metros de distância e aguardam que um bar, localizado próximo aos fundos da farmácia, feche as suas portas. Já se informaram que o mesmo ocorrerá por volta de uma hora da madrugada e decidiram agir após esse horário. Com a chegada de Cláudia e seus companheiros, os outros Espíritos das trevas têm a atenção distraída pela conversa. E Cláudia insiste, falando desta vez a Amós:

– E, então, Amós, pensou bastante no que lhe propus hoje de manhã? A proposta ainda está valendo. Basta querer modificar-se e, ainda por cima, livrar-se da companhia desses seus amigos.

– Amós, não lhe dê atenção! – grita Segadas. – Essa mulher é traiçoeira e chega a hipnotizar Espíritos como você, para depois supliciá-los no fogo dos infernos.

– O que é isso, Segadas? Existe maior inferno em que ele possa estar do que ao seu lado?

– Amós, não ligue para ela! Já lhe disse! Não a ouça!

– Você já pensou bem em tudo que eu lhe falei, Amós?

O anão fica estático e sem palavras. Havia pensado, sim. Estava cansado de tanto ódio que precisava alimentar em seu coração e que, a cada dia, parecia lhe fugir por entre os dedos. Na verdade, não tinha mais forças para odiar e as lembranças boas de sua infância lhe haviam voltado após as palavras de Cláudia naquela manhã. Sentia saudade do tempo em que era apenas uma criança e que a ingenuidade infantil não lhe permitia ilações a respeito de seu problema físico. Apesar de ter nascido com um corpo disforme, havia encontrado em sua mãe um amor muito acima de suas limitações. E lembra-se, até, que era objeto de muitos cuidados por parte de seus irmãos com corpos perfeitos. Irmãos de sangue que tudo faziam por ele, desde carregá-lo no colo quando não conseguia transpor certas barreiras materiais, quanto palavras de muito amor, endereçadas a ele. Não poupavam esforços para distraí-lo e alegrá-lo. Somente quando atingiu uma certa idade é que começou a sofrer por causa de seu corpo, naquele momento em que a sexualidade começa a surgir e que o interesse e o amor pelo sexo oposto começa a ocupar a mente já adolescente. E não foi preciso muito tempo para que a revolta lhe tomasse conta do coração. Desencarnou com apenas trinta anos, sem conseguir conformar-se com a sua situação e rapidamente viu-se presa fácil de Espíritos aproveitadores da infelicidade do próximo, não lhe permitindo que raciocinasse sobre tudo e, principalmente, que não pudesse, ou melhor, não tivesse a força necessária para voltar-se ao Criador com toda a humildade a fim de poder ser socorrido e auxiliado pelos Espíritos Maiores. E agora, vislumbra uma oportunidade de libertar-se de todo o sofrimento e lançar-se em direção a uma nova vida. Sim, as palavras de Cláudia haviam lhe afetado o coração. E é num repente e num misto de coragem e humildade que, com lágrimas nos olhos, responde àquele Espírito feminino que lhe lembra a docilidade das palavras de sua adorada mãe:

– Eu pensei, sim, minha irmã, e já tomei uma resolução.

Cláudia sente-se invadir por uma grande e antecipada alegria ao perceber na voz calma e doce de Amós, a perspectiva de uma mudança.

– E qual é a sua resolução, Amós?

– Quero uma oportunidade.

– Então, peça.

Nesse momento, Amós ergue os pequeninos e tortos braços para o Céu estrelado e, banhado em lágrimas, implora:

– Deus, meu pai e criador. Jesus que, muitas vezes, me embalou o sono, através das palavras de minha mãe, a recitar Seus feitos de amor e paz. Socorram-me. Eu Lhes imploro. Permitam que as bênçãos do perdão e do amor sem fim atinjam meu pequenino peito e preencham o meu coração sofrido e amargurado. Que possa eu renascer quantas vezes forem necessárias neste corpo estropiado, mas que hoje compreendo que era o único que a misericórdia do Pai poderia me conceder, de tão graves devem ter sido minhas faltas no passado. Que o Meu Espírito possa crescer e que meu veículo carnal apenas lhe seja o sustentáculo na Terra. Perdoe-me, meu Deus. Perdoe-me, meu Jesus. Perdoem-me, aqueles a quem tanto devo. Mas amparem-me, porque sem o amparo e mãos que me sustentem, não sou nada.

Cláudia, seus companheiros e Luar não conseguem conter as lágrimas de tanta emoção nas sinceras palavras de Amós.

– O que é isso, Amós?! Você ficou louco?! – berra Segadas. – Vai se entregar a esses traidores?!

Mas as palavras de Segadas nem são ouvidas pelo anão que, envolvido por luzes protetoras, tem a visão dilatada, passando a visualizar uma luminosa estrada a terminar numa redoma de luz. Alguns Espíritos, dele conhecidos, lhe esperam nesse caminho e ele, trôpego e balançando o corpo, devido às suas tortas e deformadas pernas, dirige-se célere em direção a esses irmãos, gritando com alegria o nome daquela que reconhece dentre eles:

– Mamãe! Mamãe!

Os Espíritos das trevas não conseguem ver essa cena, apenas notando que Amós caminha rápido, gritando pela mãe e desaparece.

– Mas onde foi parar esse miserável?! – brada Segadas, sem nada entender do que está acontecendo.

– Ele seguiu o caminho da felicidade, Segadas. O caminho pelo qual todos vocês deveriam optar, criaturas enfermas e infelizes que são. E somente porque querem – diz Cláudia.

– Isso é bruxaria! Isso é bruxaria! – berra, agora, Faros. – Não dêem ouvidos a essa mulher ou ela vai aprisioná-los no grande vazio, como fez com Amós.

– Você sabe que isso não é verdade, Faros. Todos o sabem.

– O que vocês querem aqui?! – esbraveja Faros – Temos um trabalho a realizar e ninguém vai nos impedir, porque a ação vai ser realizada no plano material e quero ver vocês conterem uma bala de revólver.

– Uma bala que, se for disparada, não irá atingir apenas Luar, mas o coração de todos vocês, carregando-lhes mais a consciência já tão pesada e tão cheia de débitos a resgatar.

– Não nos venha com esse palavreado! Não nos atinge!

– O que pretendem fazer com Luar, em nada vai ser proveitoso para vocês. Se ele desencarnar, nem o verão mais. Nada poderão fazer contra ele nesse plano em que habitam. A dimensão dele é outra.

– Já sabemos disso. Não se constitui nenhuma novidade para nós.

– E, então?

– Acontece que ele vai parar de divulgar essa maldita religião!

– Outros o farão.

– E nós os liquidaremos também.

– Pois tenho uma proposta melhor para vocês.

– Nem queremos ouvi-la.

– Seria muito bom que a ouvissem porque, tenho certeza, em muito agradará Rufus.

– Nada que parta de você poderá agradá-lo. Você também o traiu quando uniu-se a esses "das luzes".

– Não custa ouvir.

– Nada queremos de você, a não ser que vá embora.

Mas Cláudia não se deixa convencer e fala:

– Por que acham que Deus permite que façam o que pretendem? Já pararam para pensar?

– Talvez porque Ele queira que façamos o mal. E você? Já parou para pensar nisso?

– Porque Deus nos deu o livre-arbítrio a fim de que possamos decidir o que achamos melhor para nós.

– Tudo bem. O mal é o melhor para nós!

– O que nos faz sofrer não pode ser o melhor para nós, Faros.

– E você já ouviu que não estamos sofrendo.

– Como não estão sofrendo? Você, por exemplo, não sofre por medo de Segadas? Não sofre por medo de Rufus? E ousaria dizer que isso é mentira? Falaria na frente de Segadas que não tem medo dele? Falaria isso na frente de Rufus? Responda-me!

– Ora, cale-se!

Faros percebe onde Cláudia quer chegar e treme só em pensar. Não pode negar que tem medo, pois isso é uma questão de honra para os mais poderosos, que se isso lhes for negado por alguém considerado inferior, terão que fazê-lo mudar de ideia e seus métodos são por demais dolorosos. Também não quer dizer que tem medo, pois assim, daria toda a razão a ela. E Cláudia continua:

– Vamos, Faros, responda na frente de seus subordinados. Tem ou não tem medo? Sofre ou não sofre de medo?

– Tenho medo, sim, mas isso faz parte de nosso mundo. Uns são mais fortes e outros são mais fracos. E os mais fracos têm medo dos mais fortes.

– Gostei muito de sua sinceridade, mas diga-me, ainda...

– Não vou lhe dizer mais nada! Não me pergunte mais nada!

– Apenas gostaria que me respondesse o que acontece quando alguém sente medo de outrem. Ele deve sentir muito ódio de quem o coloca sob esse sentimento de opressão, não, Faros?

– Já disse que não vou lhe responder mais nada!

– E quem tem medo e ódio, Faros? Por acaso é feliz? Felicidade é sinônimo de paz e na paz não há lugar para o medo e para o ódio.

– Pessoal, não dêem mais ouvidos a ela e vamos trabalhar. Temos muito o que fazer esta noite. Voltemos ao nosso alvo principal.

– Bonito esclarecimento, Cláudia – diz Luar que, até aquele momento, permanecera calado.

– Fruto da lógica, Luar. A lógica é uma grande ferramenta da Doutrina Espírita.

– Você tem razão, mas o que devo fazer agora, Cláudia?

– Volte para o seu corpo, Luar. Vamos lhe ajudar. Mas preciso que se recorde, assim que despertar, da expressão "direção norte".

– Direção norte.

– Isso mesmo.

Vinte e oito

LUAR DESPERTA E, APESAR DE não se lembrar de nada, uma palavra lhe martela a mente como da outra vez, na casa de Clóvis: direção norte, Luar, direção norte. Chegou a hora novamente. Direção norte.

– Devo partir outra vez – decide.

Veste sua roupa, guarda ainda alguns pertences na mochila e, como estava dormindo no recinto da farmácia, caminha até onde seu Medeiros descansa e o acorda, pedindo-lhe silêncio.

– O que foi, Luar?

– Devo partir.

– Partir? Mas para onde?

– Mostre-me a direção norte.

– Deste lado – informa Medeiros, indicando-lhe a direção do pequeno quintal da casa.

– Seu Medeiros, assim que eu sair, tranque esta porta dos fundos e saia naturalmente pela farmácia, trancando a porta por fora com o cadeado. – pede, na certeza de que tentarão entrar pelos fundos, haja vista a dificuldade natural de se arrombar as portas de aço, da frente.

– Espero que esteja certo, Luar.

– E estou, seu Medeiros. Que Deus lhe pague por tudo o que fez por mim. Um dia haveremos de nos encontrar novamente.

– Precisa de alguma coisa? Comida? Dinheiro?

– Levo esta maçã – responde, apanhando a fruta de uma fruteira da mesa da cozinha.

Sorrateiramente, então, Luar sai para o quintal da casa. Sabe que algum dos homens deve estar vigiando os fundos. Amoita-se na sombra projetada por uma mangueira que há no quintal e aguarda.

Alguns minutos se passam e Romildo mais os três homens, fortemente armados, ao verem Medeiros sair sozinho da farmácia pela frente e fechar a porta, correm para os fundos e saltam o muro do quintal, sem notar a presença de Luar, escondido na sombra. Arrombam a porta da cozinha e entram rapidamente, pensando em surpreendê-lo. E Luar, calmamente, salta o muro para a rua e, correndo, desaparece, dobrando a próxima esquina. Está muito assustado e, enquanto corre, teme que Romildo e seus homens estejam já em seu encalço e é a muito custo que consegue olhar para trás para verificar esse seu temor. Com alívio descobre que a rua atrás de si continua deserta naquela madrugada.

– Meu Deus, para onde ir? E seu Medeiros? Onde estará neste momento? – pensa, agora, apenas andando depressa, pois já havia corrido cerca de umas doze quadras, sempre dobrando esquinas, num verdadeiro ziguezague.

Muito cansado pela corrida e também pela tensão dos últimos momentos, deixa-se encostar em uma parede, procurando retomar o fôlego.

– Nessas alturas, devem estar à minha procura – pensa. – E não posso ficar aqui encostado, pois podem passar por aqui. Preciso encontrar algum lugar para me esconder.

Pensando assim, continua a andar, ziguezagueando pelas ruas por cerca de uns vinte minutos, até que chega a uma esquina onde uma placa pregada na parede de uma casa lhe chama a atenção pelo que nela está escrito. É o nome daquela rua: "Duque de Caxias" que lhe traz à memória a conversa de Armando com Medeiros naquela tarde quando aquele lhe havia passado o seu novo endereço.

– Que número era mesmo? – pensa. – Setecentos e doze...? Sim, é isso. Setecentos e doze. Seu Armando mora nesta rua. Deixe-me ver... esta casa é quinhentos e sessenta e cinco. Os números pares estão na calçada em frente e a numeração cresce naquela direção. Deve estar perto. Vou até lá. Quem sabe...

Pensando assim, Luar, cuidadosamente desce mais uma quadra e meia, encontrando o número procurado e tem uma grata surpresa: algumas luzes se encontram acesas na casa e ouve vozes.

– Deve ser Armando e Adilson que estão conversando – fala Luar, consigo mesmo – Mas me parece haver mais pessoas lá dentro... há a voz de uma mulher que deve ser da esposa de seu Armando.

Daí, Luar percebe não ser Adilson que ouvira.

– Parece ser a voz de seu Medeiros... Será que ele veio até aqui, quando saiu da farmácia? Vou bater à porta – decide, abrindo com cuidado o pequeno portão de madeira que dá acesso a um jardim à frente da residência e já está se aproximando da porta quando ouve o som do motor de um automóvel que parece aproximar-se. Como a casa possui um corredor do lado direito, esconde-se ali, protegendo-se da luz de um poste de iluminação, pela sombra de uma das paredes. Nesse momento, o carro estaciona defronte da casa e reflexos de luz azul e vermelha no muro à sua frente, lhe dão a conclusão de tratar-se de uma viatura policial. Ouve homens entrando, batendo à porta e serem atendidos por Armando e Medeiros, que é quem mais conversa com os policiais.

– Está tudo sob controle, seu Medeiros – informa um dos policiais. – Chegamos logo em sua farmácia, mas já não havia mais ninguém e, pelo que pudemos rapidamente apurar, não mexeram em nada e nem devem ter roubado nada, também. Apenas arrombaram a porta da cozinha e nós procuramos fechá-la, agora, da melhor maneira possível. Encontramos uma corrente com um cadeado e a prendemos com essa corrente numa fenda que havia na outra folha da porta. A chave está aqui.

– Pois eu lhes agradeço muito.

– Só não conseguimos entender uma coisa, seu Medeiros.

– O quê?

– O porquê dessa invasão em sua casa. Pareciam estar procurando por alguém.

– Talvez por mim.

– Sim, mas como o senhor mesmo nos disse, eles viram quando o senhor saiu da farmácia e se dirigiram então para os fundos. Se procuravam pelo senhor, não precisavam arrombar a porta dos fundos e entrar em sua casa, já que sabiam que o senhor lá não mais se encontrava. Hoje à tarde quando estivemos em sua farmácia, havia uma outra pessoa que o senhor nos informou ser o seu sobrinho. Onde está ele?

Seu Medeiros não perde o controle e mente para os guardas:

– Meu sobrinho viajou esta noite. Um parente dele passou na farmácia e o convidou a acompanhá-lo até a Capital a fim de visitar uns outros parentes. Não sei quando ele vai voltar.

Armando percebe algo de estranho nessa conversa de Medeiros, mas prefere calar-se. Confia no amigo e sabe que se ele estiver mentindo deve ser por algum bom motivo.

– Gostaria de conversar com o seu sobrinho quando ele voltar de viagem, seu Medeiros. Talvez esses homens que invadiram sua casa estivessem atrás dele. O senhor conhece bem esse seu sobrinho?

– Bem... já fazia um bom tempo que não o via, mas sempre soube ser uma excelente pessoa. Não creio esteja metido em algum tipo de encrenca.

– Nunca se sabe, seu Medeiros, nunca se sabe. Bem, nós vamos embora. O senhor gostaria que o acompanhássemos até sua casa?

– Não será preciso. Ainda ficarei aqui com Armando por mais algum tempo.

– De qualquer maneira – diz um dos policiais –, até que amanheça, um dos nossos homens ficará de plantão bem próximo de sua farmácia.

– Pois eu lhes agradeço muito. Que Deus lhes pague.

– Vamos indo, agora, seu Medeiros.

– Mais uma vez, muito grato por tudo.

– Até outro dia.

– Boa noite – despede-se Medeiros dos policiais, que entram na viatura e partem.

– O que está acontecendo? – pergunta Armando, preocupado.

– Vamos entrar. Vou lhe contar, mas peço-lhe segredo de tudo o que eu disser.

– Tudo bem – concorda Armando.

Nesse momento, Luar sai de onde se encontra escondido e aparece para Medeiros e Armando.

– Luar?! – espanta-se o farmacêutico. – Você estava escondido aí? Meu Deus! Que bom ver você de novo! Estava muito preocupado!

E os homens o abraçam com muito carinho.

– E Adilson, seu Armando?

– Está dormindo. Tomou um belo prato de sopa, preparado por sua tia, tomou um banho, dei-lhe algumas roupas e dormiu. Estava muito cansado.

– Que bom.

– Mas diga-me, Luar, não chegaram a vê-lo quando fugiu?

– Não, seu Medeiros. Assim que entraram na casa do senhor, eu saltei o muro e fugi. Foi por sorte que vi o nome desta rua e lembrei-me do endereço que seu Armando lhe deu esta tarde.

– Mas foi muito bom, mesmo.

– Bem, vamos entrar. Venha, Luar. Vou lhe servir alguma coisa para comer.

E os três entram na casa. Medeiros, então, conta, auxiliado por Luar, tudo o que está acontecendo com ele.

– Quer dizer que você ficou hospedado na casa do Clóvis?

– Sim. O senhor o conhece?

– Oh, sim. Inclusive, ele esteve aqui e o acompanhei e à sua esposa, Alice, até a prisão onde se encontra preso o irmão dela.

– Agora me lembro que dona Alice falou que iria apanhar alguém para acompanhá-los.

– Isso mesmo. Mas... O que poderíamos fazer por você, Luar?

– Acredito que, agora, só me resta continuar viagem. Não posso arriscar a me encontrar de novo com esses policiais. Iriam me fazer muitas perguntas. Penso que devo partir.

– Mas precisamos pensar para onde você poderia ir. Não pode sair aí pelo mundo. Teremos que encontrar alguém que o acolha em alguma outra cidade – diz Medeiros.

– Escute, Luar, – pergunta Armando – você não conseguiu ainda lembrar-se de nada?

– Nada, seu Armando. Minha mente está vazia com referência ao meu passado.

– Que problema, heim?

– Um problema, sim, mas tenho muita confiança em Deus e sei que, mais cedo ou mais tarde, minha memória retornará e aí tudo se resolverá – diz Luar, lembrando-se, vagamente, do que lhe dissera Cláudia.

– Como já lhe disse, fiquei muito preocupado com você – confessa Medeiros.

– E eu com o senhor e ainda estou preocupado. Pode ser que aqueles homens retornem e o venham molestar, exigindo que fale sobre o meu paradeiro.

– Quanto a isso não há perigo, Luar. Tenho muitos amigos aqui no bairro e sei que farão de tudo para me proteger.

– Isso é verdade – confirma Armando. – E eu estarei sempre por perto. Fique tranquilo.

Os três conversam por mais uma hora, tentando descobrir uma saída para Luar, até que Medeiros tem uma ideia:

– Sabe, Luar, conheço muitas pessoas e estou pensando em recomendar você a um amigo que mora numa cidade não muito longe daqui. Ele possui uma fazenda e penso que lhe fará bem se passar uns tempos por aquelas bandas. Talvez a paz do campo o auxilie na recuperação de sua memória. É evidente que terá que trabalhar para poder pagar sua estadia, mas com sua inteligência, talvez ele o empregue no escritório dessa fazenda. O que me diz?

– Ficaria imensamente grato se conseguisse isso para mim e farei todo o possível para não decepcioná-lo, seu Medeiros.

– Disso tenho certeza. Vou telefonar para ele e você leva uma carta de apresentação.

– E eu lhe dou o dinheiro para a passagem, Luar – diz Armando.

– Gostaria que me emprestasse. Quando começar a trabalhar, terei condições de pagá-lo.

– Não se preocupe com isso, Luar. Será um presente.

– Pretendo telefonar assim que raiar o dia – diz Medeiros.

– Bem, acho que devemos descansar, agora. Luar, você pode se deitar aqui neste sofá. Medeiros, vou lhe arrumar um colchão. Penso que não seria prudente voltar para sua casa a esta hora. Não se sabe o que aqueles homens poderão estar pretendendo. Além do mais, há um policial vigiando a casa até amanhecer.

– Eu aceito, sim, Armando.

– Senhor Armando – fala Luar –, gostaria de poder tomar um banho, se fosse possível. Tenho roupas limpas em minha mochila.

– Perfeitamente, Luar, e se quiser fazer a barba, fique à vontade.

– Muito obrigado.

– Venha, então. Vou lhe mostrar o banheiro.

Vinte e nove

NESSE EXATO MOMENTO, Romildo e seus capangas encontram-se no carro, estacionado numa rua bem longe dali.

– Mas que diabos! – vocifera Romildo. – Nós o perdemos de novo! Estávamos com tudo planejado!

– A polícia chegou bem na hora – comenta Rubens, um dos bandidos.

– Mas mesmo que não tivesse chegado. O homem sumiu, evaporou. Como pôde desaparecer? – pergunta Aldo. – O Soares estava vigiando os fundos da casa...

– Mais uma falha nossa. Quando pulamos o muro, Soares deveria ter continuado a vigiar do lado de fora. O rapaz deve ter ficado escondido no quintal e, assim que pulamos e entramos na casa, ele deve ter saltado para a rua e fugido.

– Só pode ter acontecido isso mesmo. Fomos uns incompetentes!

– Temos que encontrá-lo rápido.

– Mas onde iremos procurá-lo? Não tenho a mínima ideia.

– Será que ele não voltou para a farmácia?

– Não. Ele não é tolo de fazer uma coisa dessas.

– Já que ele não é nenhum tolo e disso sabemos, pois já conseguiu nos escapar por duas vezes, talvez chegue à conclusão que achemos que ele não seja tolo de retornar à farmácia e que lá seja o lugar mais seguro para ele.

– Que confusão, heim, Aldo? – diz Rubens.

– Mas ele tem razão – diz Soares. – Talvez ele tenha voltado para a farmácia, sim.

– Pois eu penso que ele deve estar refugiado naquele albergue, lá na igreja.

– Bem pensado, Rubens – concorda Romildo. – Penso que deveríamos começar por lá.

– E o que estamos esperando?

Dizendo isso, Romildo põe o carro em movimento e rumam para a igreja, no centro da cidade.

***

– Estou lhes dizendo que ele não voltou aqui – diz Mário, o sacristão, já irritado com tanta insistência de Romildo.

– E por que não posso dar uma verificada? E se ele entrou aqui sorrateiramente?

– Sem possibilidades. Não posso molestar as pessoas que estão dormindo aqui. Se quiser, espere até de manhã bem cedo e poderá verificar quem sai daqui.

– Tudo bem – concorda Romildo, que não quer causar nenhuma confusão – , mas me diga uma coisa: ontem você disse ter estranhado o nome que ele lhe informou...

– Sim, era um nome bem estranho.

– E que nome era esse?

– Não sei se devo dizer-lhe...

– Mas é claro que pode. Só quero o bem dele e qualquer informação que puder dar-me, naturalmente, irá auxiliar o pobre coitado.

– Está bem, vou verificar a ficha.

Mário, então, examina as fichas do dia anterior, até que acha a procurada.

– Ah, está aqui. Não lhe disse que era um nome estranho?

– E qual é esse nome?

– Luar Peregrino.

– Luar Peregrino?!

– Eu lhe disse que era bastante estranho.

– Posso ver essa ficha? – pede Romildo.

O sacristão lhe entrega.

– Hum... sapateiro... endereço anterior... é isso mesmo. Esse é o homem que estou procurando. Bem, vou ficar pelas imediações. Quero ver os homens saindo daqui.

– Se o senhor quiser, há um hotel bem aqui na frente. Se se hospedar lá, poderá ver a saída sem sair do hotel, desde que consiga um quarto com vista aqui para a praça, o que não acho tão difícil, pois esse hotel sempre tem poucos hóspedes.

– Obrigado pela atenção. Vou ficar pela praça.

– Tudo bem.

Romildo sai da entrada do porão da igreja e reúne-se com seus homens.

– Vamos ficar de olhos bem abertos. Quando amanhecer, todos sairão da igreja.

– Certo – responde Rubens. – Tomara que ele esteja aqui.

– E se não estiver?

– Voltaremos à farmácia.

***

São sete horas da manhã e os andarilhos começam a sair do albergue.

– Fiquem atentos – pede Romildo.

Os homens saem em fila.

– Vejam! Não é ele?

– Parece que sim – diz Romildo. – Pelo menos, pela roupa... sim... só pode ser ele. Vamos segui-lo. Não poderemos fazer nada aqui. Há muita gente na praça. Vamos com cuidado.

Dizendo isso, Romildo põe o automóvel em funcionamento e sai bem devagar. Rubens, por sua vez, conforme combinado, não se encontra no carro. Vai caminhando a uma certa distância.

O homem anda calmamente e sai da praça, dirigindo-se até uma rua transversal.

– Diabo! – brada Romildo. – Esta rua é contramão. Temos que pegar aquela outra, ir até o fim e subir por esta.

– Ainda bem que Rubens está a pé. Não podemos perdê-lo de vista.

– Desça você também, Aldo. Não podemos falhar desta vez. E não se esqueçam do combinado.

– Certo, chefe.

– Quando eu chegar com o carro, você abre o porta-malas.

Aldo desce do veículo e Romildo dispara por outra rua, até alcançar o seu final e começa a subir por aquela em que o homem está caminhando. Ao longe o vê, assim como Rubens e Aldo que estão em seu encalço.

– A rua está deserta, Romildo. Desta vez não falharemos. Vá se aproximando – diz Soares.

Romildo dispara novamente com o carro, estacionando ao lado do homem que, neste momento está de costas, olhando para uma vitrina. Sai do carro, de arma em punho e grita:

– Pegue-o, Rubens! Aldo, abra o porta-malas!

Rubens, então, retira de dentro do casaco um saco de pano preto e enfia-o na cabeça do homem, apertando com uma pequena corda, inserida nele, numa espécie de bainha. Romildo, por sua, vez, traz seus braços para trás e amarra-lhe rapidamente os pulsos às costas. Soares também sai do automóvel e os ajuda a colocar no porta-malas do carro, o homem que grita por socorro e se debate. Fecham a tampa, entram no veículo e saem em desabalada carreira pelas ruas da cidade, dirigindo-se a um lugar ermo.

– Conseguimos! – grita Rubens, entusiasmado.

– É ele, não é, Rubens? Você viu o seu rosto?

– Bem, não cheguei a ver bem o rosto, mas como vocês confirmaram que era ele...

– Tenho certeza de que é ele – confirma Aldo.

– É ele, sim. Foi muito ingênuo – comemora Romildo, estacionando o carro num lugar descampado, bem longe da cidade. – Venham! Vamos tirá-lo de lá!

Os homens descem do veículo e abrem o porta-malas, retirando o homem que ainda se debate e pede por socorro.

– Sentem-no aí no chão e descubram seu rosto.

Aldo faz o que Romildo lhe ordena.

– O que querem de mim? Não possuo nada!

Um misto de decepção e assombro passa pela fisionomia dos homens.

– Quem é você?! – grita Romildo.

– Meu nome é José Luiz. O que querem de mim? Por que estão fazendo isso comigo?

– Não é ele, seus imbecis! – berra, colérico, Romildo. – Seus incompetentes! Seus idiotas!

– Mas, Romildo, você também achou que era ele.

– Cale-se! Soltem esse homem!

– E o que faremos com ele?

Romildo pega o infeliz pelo pescoço e o ameaça:

– Meu amigo, nós vamos libertar você, sem lhe causar nenhum mal, certo?

– Certo – balbucia o homem, engolindo em seco, com tantos revólveres apontados para ele.

– Mas tem uma condição.

– Uma condição...

– Sim. Se você abrir o bico, se falar alguma coisa do que aconteceu, para alguém, nós iremos procurá-lo e aí vai se arrepender, certo?!

– Eu vou me arrepender...

– Isso. Vai se arrepender!

– Não, não. Eu não conto para ninguém. Estou mudo. Estou mudo.

– Melhor para você! Agora, saia correndo e não olhe para trás.

– Sim. Saio correndo e não olho para trás. Eu já vou indo.

– Por aí, não, infeliz! Por aqui! – grita Romildo, apontando para o lado oposto ao da cidade. – E não pare de correr. Não pare!

– Não paro! Não paro! – grita o homem, saindo em grande velocidade.

– Droga! Droga! – brada Romildo. – Vamos voltar! Vamos até a farmácia! Vou fazer aquele velho falar! Vai ter que falar! Vamos!

E o carro sai, novamente, em disparada, somente parando a uma quadra da farmácia de seu Medeiros.

– Quem serão aqueles três homens lá na frente da farmácia? – pergunta Romildo.

– Não estou gostando nada da fisionomia deles.

– Vejam. Parece que nos viram.

– E estão vindo diretamente para cá.

– E não estão com cara de bons amigos. Penso que estão protegendo o velho farmacêutico.

– Vamos enfrentá-los! – diz Soares.

– De maneira alguma – ordena Romildo. – Vamos nos retirar bem devagar por esta rua aqui. Mais tarde voltaremos. Acho que temos que deixar a coisa esfriar um pouco.

– Parece que nada dá certo para nós! – irrita-se Aldo – Não fosse pela quantia que estão nos oferecendo, já teria desistido.

– Ninguém vai desistir agora! – ameaça Romildo.

– Ninguém vai desistir, chefe. Tem muito dinheiro nesse serviço.

– Vamos embora.

Trinta

NESSE MOMENTO, LUAR SE encontra na residência de Medeiros, nos fundos da farmácia. Armando também se encontra lá.

– Parece que os homens viram o carro estacionado a uma quadra daqui, foram para lá e eles fugiram com o veículo – informa Celso, um dos homens que Medeiros pediu que ajudasse na segurança.

– Não desistem mesmo – diz Luar, preocupado. – Tenho medo pelo senhor, seu Medeiros.

– Já lhe disse para não se preocupar. Estou bem protegido aqui. Estes meus amigos não deixarão que nada me aconteça.

– Tudo bem, mas penso que já está na hora de partir.

– Você falou com o seu amigo fazendeiro? – pergunta Armando a Medeiros.

– Já. Brandão vai receber Luar e empregá-lo.

– Que bom, heim, Luar?

– Graças a Deus, só tenho encontrado gente boa, depois que tudo isso começou a me acontecer.

– Brandão é um homem muito bom.

– É muito longe a fazenda, Medeiros? – pergunta Armando.

– Não. Ela se localiza a apenas doze quilômetros da cidade que lhe falei. Luar irá pegar um ônibus até essa cidade.

– Mas esses homens deverão estar vigiando a saída dos ônibus, Medeiros. Penso, até, que possam existir mais deles, espalhados por aí.

– Não irei apanhar o ônibus aqui, seu Armando – explica Luar. – Seu Medeiros me disse que um ônibus passa diariamente por aqui com destino a essa cidade e que ele apanha passageiros num posto de gasolina na estrada, a pouco mais de cinco quilômetros. Irei até lá para apanhá-lo.

– Irá sozinho?

– Penso que seja melhor, para não levantar suspeitas.

– Um desses homens poderá acompanhá-lo, Luar.

– Prefiro ir sozinho, seu Medeiros. Será mais fácil esconder-me se algo acontecer.

– E se o levássemos de automóvel, heim, Medeiros?

– Já pensei nisso, Armando, mas temo que tudo aqui esteja sendo vigiado e nos encontrariam facilmente se nos seguirem.

– É, você tem razão.

– Não precisam se preocupar. Estarei mais seguro se for sozinho.

– De qualquer forma, gostaríamos que entrasse em contato conosco, sempre que possível, até que chegue ao seu destino.

– Farei isso.

– E quando partirá?

– Hoje, logo depois do jantar.

– Que horas passa esse ônibus no posto de gasolina?

– Amanhã cedo, por volta das sete horas.

– E onde ficará até esse horário, Luar?

– Ficarei amoitado em algum lugar, próximo ao posto.

– Bem, como lhe prometi, aqui está o dinheiro para a passagem. Dá essa quantia, Medeiros?

– Deixe-me ver – diz o farmacêutico, apanhando o dinheiro e contando-o. – Dá, sim. Ainda sobram uns trocados para Luar comer alguma coisa até chegar à fazenda.

– Você já escreveu a carta?

– Vou escrevê-la.

– Medeiros disse que você já lavou sua roupa, Luar.

– Lavei bem cedo para dar tempo de secar antes de ir embora.

– Luar, diga-me uma coisa: Medeiros disse que você é espírita.

– Sim.

– E que essa doutrina parece ter explicações para tudo.

– Sim, desde que estejamos dispostos a aceitar as suas verdades, sem vaidade, sem orgulho e sem egoísmo. Aliás, sempre devemos pensar assim: Deus quer que sejamos felizes e deseja a nossa evolução. Para tanto, enviou-nos Jesus para nos ensinar o caminho. Agora, sempre procuro pensar da seguinte maneira: que Jesus, com seus ensinamentos, nos deu asas para voarmos para esse nosso destino e, então, criei para mim mesmo, uma frase que imagino Jesus nos dizendo: voe, meu irmão, voe para o seu destino. E esse verbo voar, conjugado dessa maneira, não me deixa esquecer que, para podermos realmente alçar vôo para a nossa felicidade, devemos nos libertar de três sentimentos inferiores que nos impediriam de ganhar altura e que vejo da seguinte forma: *v* de vaidade, *o* de orgulho e *e* de egoísmo. Estas três letras, como pode verificar, formam o verbo conjugado *voe*.

– Muito bonito, Luar. Realmente, se nos despojássemos da vaidade, do orgulho e do egoísmo, imagino que já poderíamos dizer que somos felizes. Mas o que gostaria que me respondesse é o seguinte: como conseguiria explicar, baseado na Doutrina Espírita, tudo o que você está passando?

– Eu imagino que Deus, na Sua infinita bondade, está me oferecendo uma cruz bem mais leve do que a que eu deveria carregar. Penso que, pelos meus erros do pretérito, deveria estar hoje numa situação bem pior do que esta que estou vivendo e, veja ainda o senhor, que, apesar de tudo, quantas pessoas boníssimas tenho encontrado pelo caminho. Vejo isso como uma recompensa muito grande pelo pouco que consigo fazer pelo meu próximo. Na verdade, nem sei o que já fiz nesta minha presente encarnação, visto que não me lembro de nada de meu passado.

– Só mesmo pensando dessa maneira, posso compreender a sua calma perante tudo o que lhe está acontecendo, porque, fosse eu, estaria desesperado com essa situação.

– O desespero não nos traz nada que possa nos auxiliar, seu Armando. O desespero é exatamente contrário à fé que devemos ter em nosso Criador que nada nos deixa faltar. Se o senhor prestar atenção nas pessoas, verificará que o desespero é mais facilmente sentido por aqueles que não têm fé. Por aqueles que nunca ou quase nunca se lembram de Deus. Por aqueles que não estão acostumados a orar nos momentos difíceis. Enfim, por aqueles nossos irmãos que têm a sua mente voltada mais para a matéria, pela sua posse exagerada e doentia.

– Isso é verdade.

– O pobre de matéria é o que sofre menos. Certa feita, li um conto que se intitulava "Feliz daquele que pouco necessita" e esse escrito relatava uma grande verdade.

– Mas você acha, então, que deveríamos nos desfazer de nossos bens para sermos felizes?

– De maneira alguma, seu Armando. Imagine, por exemplo, um rico industrial. Ele não deve se desfazer da indústria e de todos os seus bens, porque dele dependem muitas vidas. Seus operários necessitam dele para que ele administre a indústria e, com isso, possam ganhar o salário para alimentá-los e à sua família. Nem deve esse industrial deixar de adquirir produtos que, dentro de suas possibilidades, lhe tornem a vida mais cômoda e para os seus familiares, porque comprando, ele estará ajudando outras empresas e, por consequência, seus empregados e seus familiares. O que eu quero dizer, é que mesmo esse rico empresário também deverá se preocupar em ter pouca necessidade, ou seja, ser feliz com pouco. Que ele não deve se escravizar a essas comodidades, que não deve se escravizar à forma simplesmente externa das coisas e que, se preciso for, consiga viver feliz sem nada disso. O senhor está me entendendo?

– Estou entendendo, sim.

– Que todas as pessoas, sejam ricas ou pobres, materialmente falando, sejam ricas espiritualmente. Que procurem ser felizes com seus cônjuges, com seus filhos, com as pessoas que os cercam. Porque a felicidade e a tristeza estão no mundo para todas as pessoas. Depende somente delas, pois umas querem ser felizes e outras preferem ser infelizes. Em todos os acontecimentos da vida sempre haverá lugar para a felicidade e para a infelicidade.

– Você deve ser feliz, então?

– De certa forma, sim, pois reconheço a preocupação de nosso Criador para comigo. Posso, apenas, neste momento, estar preocupado, mas feliz com a maneira com que as coisas se encaminham.

– Com que as coisas se encaminham, Luar? – pergunta Armando, referindo-se às dificuldades das últimas e das prováveis próximas horas.

– Vou lhe explicar melhor: como já disse, encontro-me preocupado, mas, ao mesmo tempo, feliz por ter feito amigos tão bons em tão pouco tempo.

– Você não existe, mesmo – completa Armando, sorrindo e querendo dizer com isso que são poucas as pessoas que pensam assim como ele.

– Não sou nada mais que as outras pessoas, seu Armando, aliás, na minha opinião, o senhor e seu Medeiros serão sempre um dos meus exemplos a seguir, tamanho o desprendimento de vocês para com um desconhecido.

– Isso não aconteceu na praça, ontem, pois somente concordei em auxiliar Adilson quando soube que era meu sobrinho.

– Pois tenho certeza de que o teria auxiliado, mesmo não sendo ele seu parente. O senhor apenas se encontrava equivocado quanto ao destino das pessoas, o peso da responsabilidade que cada um carrega e o peso que cada um pode ou consegue suportar.

– Você está certo, Luar, e espero que continue sempre assim.

– Tenho que aprender muito mais, mas muito mais, mesmo.

– E tenho certeza de que aprenderá.

– Vou começar a ler o livro que me deu, Luar – diz Medeiros, que estava prestando atenção à conversa dos dois.

– Que livro é esse? – pergunta Armando.

– "O Evangelho Segundo o Espiritismo" – responde Medeiros.

– Depois de lê-lo, você me empresta. – pede Armando.

– Luar disse que o Evangelho é a bússola do Espírito, não é Luar?

– Pode ter certeza disso. Em todos os momentos difíceis da vida, você poderá se orientar através desse Evangelho. Faça a seguinte experiência: quando estiver com algum problema difícil, faça uma prece; em seguida, abra esse livro ao acaso e leia a página que abriu, meditando sobre o que leu. Pode crer que a resposta estará ali.

– Tenho certeza disso, Luar – concorda Medeiros. – Bem, mas agora, vamos almoçar. Dona Raquel que é quem cozinha para mim, já está chegando aí com o almoço. Desta vez, pedi para você, Luar. E para você também, Armando. Almoce conosco.

– Almoço, sim.

– Vamos lá, então. Bom dia, dona Raquel.

– Bom dia, seu Medeiros. Recebi seu recado e trouxe três almoços.

– Ótimo. Por favor, queira colocar sobre a mesa da cozinha que nós já estamos indo.

A mulher vai para a cozinha e os três a seguem. Quando a senhora está saindo, Medeiros percebe que ela enxuga uma lágrima, disfarçadamente.

– Dona Raquel, a senhora está chorando. Está com algum problema? Algo em que eu possa ajudá-la?

– Não, seu Medeiros. Eu estou bem.

– Mas a senhora está chorando...

– Problemas da vida.

– E que problemas são esses que a fazem chorar?

– Qualquer hora nós conversamos, seu Medeiros. Almocem sossegados.

– De jeito nenhum, dona Raquel. Sente-se aqui conosco e nos conte o que a está entristecendo dessa maneira.

– Não quero incomodá-lo. O senhor tem visitas.

– Ora, o que é isso? Venha até aqui e cumprimente-os. Seu Armando, a senhora já deve conhecer.

– Sim. Como vai, seu Armando?

– Estou bem, graças a Deus.

– Este é Luar.

– Luar?

– Luar Peregrino.

– Muito prazer, Luar.

– O prazer é todo meu, dona Raquel, mas sente-se.

A mulher atende e senta-se com eles à mesa, enxugando as lágrimas com o avental.

– A senhora já almoçou, dona Raquel? – pergunta Luar.

– Já, sim.

– Podemos almoçar, meus amigos – diz Medeiros – Mas fale, dona Raquel, e nos diga o que podemos fazer para ajudá-la ou, então, desabafe. Isso lhe fará bem e confie em nossa discrição.

– É meu marido, seu Medeiros.

– O Eusébio? O que está acontecendo com o Eusébio?

– Eu não sei. Ele não consegue mais trabalhar.

– Por que ele não consegue mais trabalhar? Está doente?

– Está, mas não do corpo. Está doente da mente.

– Como assim?

– De uns tempos para cá, começou a sentir uma estranha amargura.

– Amargura?

– Sim. Ele diz que nada está bom para ele, sabe? Deve ser um tipo de depressão. Diz que não sente mais gosto pela vida. Que não encontra mais prazer em nada do que faz. E olhe que ele amava o seu serviço.

– Sei disso. O Eusébio, Luar, é um excelente e competente marceneiro. Você precisa ver os móveis que faz. Até no entalhe ele é um artista.

– Conheço os trabalhos dele – confirma Armando.

– E sempre trabalhou com muito gosto – complementa dona Raquel. – Vivia sempre contente, a cantarolar. Os senhores precisavam ver como ele ficava feliz e animado quando iniciava um novo serviço e quando o entregava pronto, acabado. Ele não parecia uma das pessoas mais felizes aqui do bairro, seu Medeiros?

– Realmente. Eusébio sempre foi um dos homens mais felizes que conheci.

– Pois é, – diz a mulher – agora, é uma tristeza só. Já foi a um médico psiquiatra, tomou uns remédios, mas de nada adiantou. Vive triste e angustiado.

– Mas o que será que aconteceu?

– Não faço a mínima ideia, seu Medeiros.

– O que você acha, Luar? – pergunta Medeiros, na esperança de que ele descubra algo dentro dos ensinamentos espíritas.

– Posso lhe fazer uma pergunta, dona Raquel?

– Pode fazer, sim.

– Desde quando ele vem tendo esse comportamento?

– Desde quando?

– Sim, quero dizer, a senhora não conseguiria ligar o início desse processo depressivo a uma data em especial?

A mulher pensa um pouco e meneia a cabeça num gesto negativo.

– Não sei lhe responder.

– Bem, me diga uma coisa: a partir de que mês, seu marido começou a sentir-se assim? Um mês, dois meses, três, quatro meses?

– Acredito que há uns dois meses, mais ou menos.

– Gostaria que a senhora procurasse se lembrar de algum fato que tenha chocado muito a família, principalmente ele. Alguma coisa que tenha ocorrido antes de ele se modificar.

– Bem, que eu me lembre, apenas um fato aconteceu de importante: a morte de seu irmão mais velho, o Edson.

– E já houve morte na família há pouco tempo também, ou melhor, há quanto tempo não ocorre uma morte de parentes?

– O último parente que faleceu foi minha mãe, mas isso já faz bastante tempo.

– Quanto tempo, dona Raquel?

– Há dez anos. Minha mãe morreu nova.

– Seu pai é vivo, ainda?

– Sim, papai ainda vive e os pais de Eusébio, também.

– Quantos anos tem o seu marido, dona Raquel?

– Cinquenta e oito anos.

– E ele possui uma religião, dona Raquel? Digo: uma religião que ele siga de verdade?

– Não... meu Eusébio é católico, mas quase não frequenta a igreja. Para falar a verdade, ele não vai à igreja já faz muitos anos.

– Ele se entrega a orações, quero dizer, faz uma prece ao deitar-se, ou coisa parecida?

– Não, meu marido é um homem muito bom, capaz de tirar a própria camisa para dar a um necessitado, mas não se interessa por Deus ou por coisas religiosas.

– Ele é um homem muito bom, sim, Luar.

– Entendo...

– O senhor entende? Sabe o que ele tem?

– Luar é espírita, dona Raquel.

– Já ouvi falar muito disso. O senhor acha que ele tem algum “encosto”?

– Penso que não, minha senhora. Penso que o problema é dele somente.

– E o que se pode fazer? Há alguma maneira de ajudá-lo?

– Penso que sim. Eu poderia conversar com ele?

– Lógico que pode. Vou lhe pedir que venha até aqui. Ou o senhor gostaria de ir até lá?

– Peça-lhe que venha aqui, dona Raquel – pede Medeiros.

– Poderá vir agora?

– Pode sim – responde Luar.

Trinta e um

– BOA TARDE, SEU MEDEIROS – cumprimenta Eusébio, entrando na farmácia. – Minha esposa me pediu que falasse com Luar. Ele está?

– Está, sim, Eusébio. Queira entrar. Por favor, me acompanhe.

Medeiros percebe que Eusébio não se encontra bem. Tudo em sua fisionomia é angústia e aflição.

– Luar, este é Eusébio.

– Boa tarde. Gostaria de conversar um pouquinho com o senhor, se me permite.

– Oh, sim. Minha Raquel me disse que poderia me ajudar.

– Tenho certeza de que posso ajudá-lo a se ajudar, seu Eusébio. Tudo dependerá muito do senhor.

– Farei qualquer coisa que me pedir, Luar. Não aguento mais viver deste jeito, sem ânimo para nada,sabe? Devo estar muito doente, seu Medeiros. Não sei o que acontece comigo. Já fui ao médico e ele está tentando descobrir o que tenho, mas está muito difícil.

– Seu médico deve estar no caminho certo, seu Eusébio – diz Luar –, e não pretendo, de forma alguma, ser melhor que ele, mas é que quando sua esposa nos falou do senhor, senti uma intuição muito grande.

– Intuição dos Espíritos? Raquel me disse que você é espírita.

– Sim, sou espírita.

– Será que tenho algum "encosto"?

– Não creio, seu Eusébio, apesar de que na situação em que o senhor se encontra, não seria difícil que Espíritos tentassem se aproveitar. Mas tenho certeza de que se o senhor colaborar um pouco, logo, logo, tudo isto será passado.

– Assim espero. Não estou conseguindo mais trabalhar. O senhor acredita, seu Medeiros?

– Acredito, sim, Eusébio. Já vi muitos casos assim.

– Devo lhe dizer, inclusive, seu Eusébio, que se o seu médico lhe pedir para tomar algum remédio, o senhor deverá fazê-lo, porque muitas vezes, um medicamento ajuda bastante no tratamento.

– Entendo.

– Bem, pelo que entendi, o senhor anda muito angustiado, sem vontade para nada, certo?

– É isso mesmo.

– E que isso começou a ocorrer a partir do momento em que um seu irmão veio a falecer.

– Sim. Apesar de não ver nenhuma ligação com o seu falecimento, devo admitir que tudo me pareceu ter começado a partir desse acontecimento.

Medeiros e Armando continuam junto deles e prestam muita atenção na conversa. Estão curiosos para ouvirem o que Luar tem a dizer.

– Seu Eusébio, pelo que dona Raquel me informou, o senhor não segue nenhuma religião, não é?

– Bem, sou católico, mas não frequento a igreja. Quer dizer, não sigo nenhuma religião, não.

– Muito bem. Sei que o senhor é uma pessoa muito boa, honesta, trabalhadora e cumpridora de suas obrigações.

– Sim... posso dizer que sou.

– Agora, gostaria de lhe fazer uma pergunta bastante séria e importante.

– Pode fazer.

– O senhor nunca se preocupou com a morte, não é?

– É... nunca me preocupei muito com isso.

– E a morte, para o senhor, sempre lhe pareceu uma coisa muito distante.

– Também posso confirmar. Na verdade, na minha cabeça, nunca pensei em morrer. Sempre tive muita saúde e quando alguém morria, sempre encarava como uma coisa muito natural.

– Natural, mas que ocorria somente com os outros, não?

O homem pensa um pouco e responde, convicto:

– É isso mesmo. Nunca pensei nisso acontecendo comigo. Para você ter uma ideia, nunca pisei num hospital, a não ser para fazer alguma visita a um amigo doente. Nunca passei por uma cirurgia em toda a minha vida e nunca precisei ser internado por motivo algum.

– Até que o seu irmão faleceu.

– O que quer dizer com isso? Acha que depois que ele faleceu, passei a me preocupar com a morte? Penso que não. Ainda me vejo com muita saúde.

– Não digo que o senhor tenha passado a se preocupar com a morte, mas, digamos que o senhor passou a se preocupar com a razão da vida na Terra.

– Vida na Terra?

– Digo vida na Terra, porque sou espírita e, para nós, espíritas, a morte não existe. Ela é apenas uma passagem que fazemos em Espírito para uma outra dimensão, abandonando nosso corpo mais material aqui na Terra, entende?

– Sim. Deve ser mais ou menos o que as religiões dizem quando falam do Céu.

– É mais ou menos isso.

– Mas continuo a dizer que não fico pensando na morte.

– Tudo bem. Talvez o senhor não pense na morte propriamente dita, mas deve estar preocupado com uma outra coisa.

– E o que seria?

– Diga-me uma coisa: quando o seu irmão faleceu, o que o senhor pensou?

O homem reflete um pouco e responde:

– De início, fiquei triste porque nos dávamos muito bem.

– E depois...

– Depois, lá mesmo no velório, fiquei pensando por que ele já estava partindo. Não era tão velho assim. Fiquei pensando: para quê tudo isto? Para quê fazermos tudo o que fazemos, mesmo que seja de nosso agrado, se de repente, sem que esperemos, a morte nos ceifa esta nossa vida?

– O senhor deve ter pensado também, de si mesmo: tenho cinquenta e oito anos e praticamente tudo o que queria da vida já consegui. E agora? O que faço com tudo isso? Para quê? Não é?

– Você lê pensamentos? – pergunta Eusébio, impressionado.

– Não, meu senhor, eu não leio pensamentos. Apenas sei um pouco das coisas. Hoje tenho um problema com a minha memória, mas penso ter estudado muito sobre tudo isso, porque consigo entender muitas coisas.

– Posso interromper, Luar? – pede Armando.

– Pode falar, seu Armando.

– Por diversas vezes, peguei-me a pensar dessa maneira, mas consegui espantar, afugentar esses pensamentos.

– E eu não consigo – confessa, enfim, Eusébio, com os olhos úmidos. – Não digo que fico pensando nisso, mas é algo que parece ter feito morada no meu peito, no meu coração, em minha mente, sei lá.

– Os estudiosos costumam chamar isso de crise existencialista.

– Crise existencialista?

– Sim. Crise existencialista nada mais é do que a grande dúvida sobre a vida, sobre o seu porquê e que atinge, principalmente, as pessoas quando chegam aos cinquenta ou mais anos.

– E por que nessa idade, Luar?

– Porque os homens se encontram muito ligados a essa medição do tempo que conhecem na Terra e cinquenta anos é uma idade que lhes denota o início da velhice. Tem a conotação de metade de um século. Cinquenta é um divisor do número cem que lhes parece muito grande.

– Você está dizendo uma grande verdade. E agora que falou sobre o assunto, devo confessar que já me passou pela cabeça a seguinte ideia quando estou trabalhando e, como já lhe disse, não é praticamente um pensamento com palavras; mais parece um estado de espírito: para que continuar com tudo isto se a morte pode chegar a qualquer momento?

– Era isso que eu precisava ouvir do senhor.

– E tem remédio para esse mal? Porque o considero um grande mal.

– Existe um remédio muito eficaz, seu Eusébio.

– E qual é, Luar?

– Interessar-se pela morte.

– Como?! Interessar-me pela morte?

– Não da maneira como o senhor possa estar imaginando.

– E como seria isso?

– Procurar entendê-la. Encará-la de frente. Saber o porquê e a quê ela leva.

– Entendo o que você quer dizer, mas entendê-la como? Pensar que ela pode nos levar a um Céu ou a um inferno?

– Eu não diria isso, seu Eusébio, porque essa história de Céu e inferno é algo que precisa ser muito bem entendida. As coisas não são assim tão simples.

– Mas quem ou qual religião poderia explicar tudo isso de maneira correta? Ou melhor, existiria alguém ou uma religião com capacidade para tamanha explicação?

– Existe, seu Eusébio.

– Seria o Espiritismo?

– Vamos dizer que, a princípio, seria o seu próprio raciocínio lógico.

– Meu raciocínio lógico?

– Sim. Diga-me uma coisa: o senhor acredita na existência de Deus?

– Na existência de Deus eu acredito, sim. Não sei e nem imagino que alguém possa descrevê-lo, mas acredito, sim. Afinal de contas, algo superior deve ter criado tudo isto. Aliás, é interessante: algumas pessoas, inclusive pessoas do mundo científico, dizem que o Universo formou-se sozinho, de uma grande explosão. E explosão de quê se não existia nada? Penso que somente uma inteligência muito superior pudesse fazer algo assim. E, além do mais, quem somos nós, com a nossa pobre inteligência para entender algo dessa natureza?

– Pois muito bem, seu Eusébio, partindo, então, do princípio de que Deus existe, torna-se evidente que Ele não iria criar um ser inteligente para depois exterminá-lo sem nenhum motivo para tanto, eis que o homem vem evoluindo não só fisiologicamente como moralmente. Também não podemos crer na existência de um prêmio chamado Céu e uma punição eterna denominada inferno, pois senão, haveria aí uma grande injustiça por parte do Criador, se compararmos um pecador que morre com idade madura e vai para esse inferno, com um bebê que morre em tenra idade e não teve oportunidade de demonstrar se, vivendo até essa mesma idade madura, teria merecimento para ir para um Céu que, pelo que ensinam muitas religiões é um lugar de gozo eterno, para, onde dizem, vão os bebês que não têm pecados.

– Meu Deus, nunca havia pensado nisso.

– Pois é. Além do mais, não há como a criatura dar saltos e, por isso, não é uma idade média de apenas cerca de sessenta e poucos anos de vida ou setenta ou oitenta e poucos, que sejam, que dará condições ao homem de chegar até Deus. É lógico que tudo está na medida certa e o Espírito, após a morte do corpo, irá habitar, numa outra dimensão, um local que lhe seja apropriado, de acordo com as suas tendências. Os maus, logicamente, por afinidade, serão atraídos pelos maus e os bons, pelos bons. E os locais de moradia desses Espíritos também estarão de acordo com as suas vibrações mentais. Para os bons, locais de mais tranquilidade;

para os maus, o convívio com os de mesma mentalidade. E isso, em escalas próprias com as condições de cada um.

– Quer dizer que acredita que quando o nosso corpo morre, vamos para um local que tem a sua estrutura de acordo com o que somos?

– É bastante lógico, não é? Além do mais, se não houvesse uma continuidade após a morte do corpo físico, de que adiantaria para o Espírito encarnado ser bom? Que recompensa ele teria se tudo acabasse com a morte? Estariam sendo beneficiados aqueles que somente gozaram os prazeres da vida material, mesmo à custa de seus irmãos, não acha? Pois se tudo terminasse com a morte, não teriam que arcar com as consequências de seus atos.

– E vocês falam em reencarnação também, não?

– Sim. Uma maneira de resgatar os nossos débitos junto àqueles que nos são credores. Uma maneira de trocarmos ódio por amor e se não nos lembramos, é porque seria muito difícil aceitarmos conviver com aqueles a quem odiamos ou por quem somos odiados.

– Bastante lógico, sim. Diga-me, Luar, onde poderia estudar mais sobre esse assunto?

– Eu lhe mostro, Eusébio – responde Medeiros, apanhando o Evangelho – Luar presenteou-me com esta obra que depois vou emprestar para Armando, mas você poderá adquiri-la em uma livraria espírita, não é, Luar? Aqui em nossa cidade tem uma.

– Sim, e poderá encontrar o assunto que deseje num índice analítico que se encontra no final do livro.

– Quais outros livros sugere, Luar?

– Toda a coleção de Allan Kardec. Depois desse Evangelho, O Livro dos Espíritos, O Livro dos Médiuns... seu Medeiros sabe.

– Ah, sim, você me falou e eu anotei tudo – confirma Medeiros.

– Também existem as obras de André Luiz, psicografadas por Francisco Cândido Xavier, que nos retratam como é a vida do lado de lá.

– Vou procurar estudar esses livros. Sabe, Luar, parece incrível, mas você me proporcionou um novo ânimo, uma nova esperança.

– Que bom! E não se preocupe com o que sentiu. Muitas vezes, Deus nos concede a bênção da dor para que possamos nos lembrar dele e dos ensinamentos de Jesus. Geralmente, o Espírito quando está bem de saúde física e mental, acaba se esquecendo das coisas do Alto. Então, a dor bendita o faz voltar-se novamente para o Pai.

– Isso é verdade. Luar, Deus lhe pague. Sinto-me como se tivesse renascido hoje.

– Agradeça a Jesus, seu Eusébio. Agradeça a Jesus.

Trinta e dois

NA REGIÃO DO UMBRAL MAIS grosso, dentro da fortificação de Rufus, pesada reunião tem efeito neste instante. Faros e seus asseclas, temerosos pelo fracasso, prestam contas ao líder, cada um tentando se desculpar pelas falhas ocorridas.

– Mas nem com o auxílio de Segadas, vocês conseguem destruir Laio, que hoje se denomina Luar?! Até Amós, a quem conheci muito bem, permitiram que se bandeasse para o lado dos "das luzes"? Vocês estão me decepcionando! Francamente! Será que terei que lhes impor pesado castigo a fim de insuflar um ódio maior em seus corações?! Talvez, assim, tenham ímpetos maiores de destruição!

– Não será necessário, Rufus! – diz Faros. – Não falharemos da próxima vez. Tenho um plano que não irá ter erros.

– Assim espero, Faros, ou terei que substituí-lo!

– Não faça isso, Rufus. Sabe que sou o melhor.

– Era o melhor, Faros! Muitos outros já estão sendo preparados e sinto que já possuem condições de cumprir uma missão muito melhor, de maneira muito mais eficaz!

– Já lhe disse que não falharemos desta feita!

– E que plano mirabolante teria você agora?!

– Penso que aqueles homens comandados por Romildo é que estão falhando. São cuidadosos demais.

– E o que pretende fazer?

– Pretendo acionar Paulo, o cunhado de Luar que quer eliminá-lo. Esse, tenho certeza, terá mais condições de levar o nosso plano a pleno êxito.

– Não sei, não. Penso que o que aqueles homens estão necessitando é de um pouco mais de estímulo. Paulo deveria instituir um prêmio entre aqueles capangas de Romildo. Deveria colocar a cabeça de Luar a prêmio.

– Essa é uma boa ideia, Rufus.

– Eu sei que é uma boa ideia, idiota! Só que sou eu quem tem que pensar! Será que vocês não têm cabeça?!

– Mas estamos falando a mesma língua, Rufus. Já havíamos pensado em acionar Paulo.

– Pois o façam e já!

Nesse momento, um outro Espírito entra no grande salão daquele tétrico castelo.

– Venerável Rufus, com sua licença. Estamos tendo problemas com Higino.

– Com Higino?! E que tipo de problema?

– Apanhei-o instigando os outros lá da ala sul.

– Instigando?! Como instigando?!

– Um motim, chefe.

– Motim?! Mas o que significa isso?! Traga-o até aqui!

O Espírito dirige-se até a grande porta por onde entrou e, abrindo-a, dá entrada a duas outras entidades que trazem Higino preso pelo pescoço com uma grossa corda.

– Ajoelhe-se! Ajoelhe-se! – grita um dos guardas, batendo-lhe nas pernas com uma lança. O Espírito se prostra ao chão, de joelhos. Tenta se levantar e novamente é derrubado. – Abaixe a cabeça! – grita, agora, o guarda.

– Mas o que está acontecendo com você, infeliz?! – berra Rufus, vermelho de ódio.

– Não vou mais servi-lo.

– O quê?! Como ousa?!

– De agora em diante, serei servidor de Jesus. Estou cansado de tanta maldade. Já não aguento mais.

– Diga-me uma coisa, Higino. Quem anda colocando essas coisas em sua cabeça?

– Os Espíritos Superiores e a minha própria consciência. Não quero mais permanecer aqui.

– Espíritos Superiores?! Mas será que estão invadindo a minha fortaleza?! Preciso falar com o chefe da guarda! Será punido se está permitindo uma coisa dessas!

– E você acha que há barreiras para os Mensageiros de Jesus, Rufus? – alega Higino.

– Como ousa falar uma coisa dessas?! Como ousa?!

– Torno a perguntar: você acha que existem barreiras para os Espíritos Superiores?

– Você está me enfrentando, Higino, e será severamente punido!

– Pode fazer o que quiser comigo, Rufus. Muito em breve não mais estarei aqui.

– E como pensa que vai fugir, imbecil?!

– E eu preciso fugir? Já não mais pertenço a esta legião, Rufus. Apenas me encontro aqui. Meu coração está muito distante.

– Insolente! Guardas! Levem-no e castiguem-no!

Nisso, Faros pede licença e se aproxima de Rufus, falando-lhe baixinho:

– Rufus, ouça-me. Quanto mais o castigar, mais ele estará próximo de sumir daqui e isso não será um bom exemplo para os outros.

– Do que você está falando?

– Não o castigue. O castigo os torna mais corajosos e mártires.

– Não estou entendendo...

– O ideal seria descobrirmos como ele faz para encontrar tanta força para enfrentá-lo e como consegue se comunicar com os "das luzes". Como já lhe disse, e já vi isso antes, ele se fortalecerá em seu propósito e desaparecerá da fortaleza.

– Esperem, guardas! Tragam-no de volta.

Os homens que já o estavam arrastando para fora do salão, retornam e depositam Higino novamente no chão. Rufus faz tremendo esforço e começa a falar mais calmamente com o Espírito, para ele, rebelde.

– Diga-me uma coisa, Higino: o que o está descontentando aqui? Não tem tido os prazeres que sempre quis?

– Tenho sentido nojo do que faço. Esses prazeres a que você se refere não são tudo na vida. Aliás, não significam nada. São efêmeros.

– De que está falando?

– Estou falando que desejo trocar esses prazeres imundos com um estado de paz que somente os "das luzes" podem me oferecer. Não quero mais fazer o mal. Não sinto mais ódio no coração e nem revolta. O que sinto é profundo arrependimento por tudo que fiz. Quero a felicidade que somente o nosso único Mestre, Jesus, pode nos oferecer.

– Você enlouqueceu, Higino?! Enlouqueceu?!

– Não, Rufus. Não enlouqueci, não. Apenas vejo a vida de maneira diferente agora.

– Estão enganando você, Higino.

– Eu é que me encontrava enganado. Vocês é que estão equivocados com essa estúpida revolta que criaram porque não conseguiram as portas do Reino de Deus.

– Que portas?! Que portas?! Não existem portas para nós.

– Existem, sim, e vocês sabem disso. Basta querer e basta saber entender a vida.

Rufus ruboriza novamente de ódio contra a maneira com que aquele Espírito lhe fala, mas procura, matreira e enganosamente, falar-lhe.

– Somente me diga uma coisa: como faz para entrar em contato com os "das luzes"?

– Através da oração, Rufus. Quando este meu corpo adormece, desprendo-me e converso com eles e me fazem ver o quanto estou errado.

– Você profere aquelas orações idiotas?!

– Não aquelas, Rufus, mas uma outra que me sai do coração.

– E por que ainda não o libertaram, heim? Por quê? Será que possuem tanto poder assim?

– Porque ainda tenho um trabalho a realizar aqui.

– Um trabalho? Que espécie de trabalho?

– Preciso converter os outros.

– O quê?! Como ousa?!

– É minha obrigação.

– Sua obrigação é para comigo.

– Nada mais me une a você, Rufus.

– E acha que vou deixá-lo à solta aqui dentro para tentar mudar a mente dos outros?! Se pensa assim, se engana, Higino!

– Nada poderá me impedir. Durante o sono, Rufus. Durante o sono. Não há barreiras que me detenham e aos outros quando nos desprendemos. Nem você. Sua vibração não lhe permite que intervenha conosco.

– Você disse "conosco"? Quer dizer que há mais envolvidos nisso.

– Já somos em grande número, Rufus.

– Uma conspiração...!

– Digamos que uma conspiração em favor do Bem e de todos vocês porque, aos poucos, iremos convencê-los a todos.

– Guardas! Levem-no! – explode, enfim, Rufus. – Prendam-no no calabouço e cuidem para que não durma mais. Revezem-se e cumpram minhas ordens! Não o deixem dormir! Nunca mais! Mantenham-no acordado! Não quero mais que entre em contato com os outros. Sei que ele é um líder e é impedindo-o que impediremos que o caos tome conta daqui. E quero o nome dos outros. Quero o nome dos outros!

Os guardas levam-no. Já quase perto da porta, Higino volta-se para Rufus e lhe diz:

– Não conseguirão descobrir quem são e nem terão condições de impedir esse levante em nome de Cristo.

– Tirem-no daqui! Tirem-no daqui! Levem-no ao calabouço e não lhe dêem nenhum tipo de alimentação e nenhum líquido! Vão!

– Esse Higino ainda vai nos dar trabalho – diz Faros a Rufus.

– Não somente ele, mas pelo que entendi, outros estão com essas ideias na cabeça. Preciso descobrir quem são.

– Pois eu tenho um plano, Rufus.

– E que plano, Faros? Ultimamente seus planos parecem não ter levado a nada.

– Pois este é infalível.

– Diga-me, então.

– Creio que os traidores que procuramos devam ser aqueles com quem mais Higino se relaciona.

– É. Devo admitir que isso tem um fundo de razão.

– Pois ordene que esses revoltosos apliquem duro castigo em Higino. Tenho certeza de que aqueles que estamos procurando se negarão a cumprir essa ordem.

– Será?

– Tenho certeza.

– Mas será que perderam o juízo?

– Também tenho certeza disso.

– Pois, então, em primeiro lugar, coloque em ação o que pretende fazer com Paulo e depois volte aqui. Enquanto isso, descobrirei quem são os mais chegados a Higino. Vá agora e não falhe desta vez, Faros! Ou serei obrigado a colocá-lo junto com ele no calabouço.

– Não falharei.

Trinta e três

– ESTAMOS VIGIANDO TUDO, PAULO – diz Romildo pelo telefone ao cunhado de Luar.

– Isso só não basta, Romildo. Terão que apanhá-lo.

– Ele não conseguirá escapar. Estamos com todas as saídas cercadas.

– Não seja tolo, Romildo. Vocês são só em quatro.

– A cidade é pequena e estamos vigiando a estação rodoviária e as três possíveis saídas.

– Por que não entraram novamente na farmácia e fizeram o serviço?

– Haviam homens lá para defendê-lo e ao tal de Medeiros.

– Mas vocês estão fortemente armados, Romildo. Por que não liquidam logo com isso? Ele ainda vai lhes escapar novamente.

– Isso não será possível.

– Pois me faça um favor. Passe o telefone para os outros homens. Quero falar com cada um deles.

– Falar com meus homens? O que vai lhes dizer?

– Não é da sua conta, Romildo. Sou eu quem está pagando a conta, não sou?

– Sim, mas...

– Nem mais, nem menos. Dê-me agora o número dos telefones dos outros. Quero falar-lhes.

– Está bem. Anote aí.

Romildo passa os números e desliga. Paulo liga primeiro para Soares.

– Alô. Aqui é Soares.

– Soares, quero lhe fazer uma proposta, mas não quero que Romildo fique sabendo.

– Pode falar, Paulo.

– Se Romildo lhe perguntar o que lhe disse, quero que diga que apenas pedi mais empenho na missão, certo?

– Certo.

– Bem, o que tenho a lhe oferecer é o seguinte e vou oferecer o mesmo aos outros: aquele que conseguir eliminar o meu cunhado, vai ganhar o triplo do que lhes está sendo oferecido e, depois, me procurando, pago mais um outro tanto. O que me diz disso?

– Acho muito bom. Com isso você quer dizer que, se necessário, poderemos agir por nossa própria conta.

– Cumpra as ordens de Romildo, mas se uma oportunidade melhor aparecer, não perca tempo e elimine Lélis, mesmo contra as ordens dele. Estou achando que ele está querendo fazer um serviço limpo demais.

– Também acho.

– Muito bem. Vou desligar. A propósito, procure verificar se existe alguma outra saída na cidade.

– Certo.

– Até mais.

– Até mais.

Paulo liga para os outros dois e lhes oferece a mesma coisa.

Alguns minutos se passam e Romildo liga para Soares, que atende prontamente.

– O que Paulo queria, Soares? – pergunta Romildo, um pouco preocupado.

– Nada, não. Apenas pediu que eu me empenhasse mais na missão.

– Pediu isso? Mas quem está organizando este trabalho sou eu e vocês não poderão fazer nada além do que eu lhes ordenar.

– Sei disso – mente Soares – Fique tranquilo. Penso que Paulo queria tão-somente concitar-nos ao bom trabalho.

– Sei... – concorda Romildo, meio desconfiado.

– Vou desligar.

– Quando escurecer, quero todos vocês aqui perto da farmácia. Vamos agir.

– Pode deixar.

– Até mais.

***

A noite chega e Luar começa a se despedir de Medeiros e Armando. Já traçaram um plano para que ele saia da farmácia sem ser notado.

– Então, não se esqueça, Luar – diz Medeiros –, quando chegar na cidade, procure um pequeno armazém que fica a três quadras da praça principal. É o armazém do Figueiredo. Lá, você terá informações de como chegar à fazenda do meu amigo Brandão. Vá até lá e entregue-lhe esta carta.

Medeiros entrega a carta a Luar, que agradece por tudo o que está fazendo por ele.

– E qualquer problema, Luar, por favor, telefone para mim. Aqui está o número – diz Armando, entregando-lhe um papel.

– Muito obrigado também, seu Armando. Que Deus o abençoe.

– Eu é que tenho que lhe agradecer muito. Afinal de contas, não fosse sua bondade, não teria encontrado o meu sobrinho.

– E como está ele?

– Está bem e bastante animado. Amanhã o levaremos a um médico para um exame geral. Depois, ele fará um tratamento para livrar-se do vício.

– Vou orar por ele, seu Armando.

O homem fica pensativo por alguns segundos e, tomando coragem, pergunta a Luar:

– Escute, Luar. Gostaria de lhe fazer uma pergunta. Talvez seja uma tolice, mas uma vez ouvi falar que os espíritas, quer dizer, os médiuns, têm a capacidade de saber o passado das pessoas e ler o futuro. É verdade?

Luar pensa um pouco e responde com convicção.

– Sabe, seu Armando, muitas vezes até podemos fazer isso.

– Verdade?

– Sim.

– E como se faz?

– É muito simples.

– Mas é necessário ser médium para isso, não? Talvez, uma mediunidade especial.

– Nem sempre.

– Não?

– Não. Na verdade, qualquer pessoa pode conseguir ver o passado e prever o futuro.

– Não acredito.

– Se o senhor quiser, poderei ensiná-lo.

– Você pode me ensinar a ver o passado e o futuro?! – exclama Armando, interessado.

– Posso. É muito fácil.

Medeiros também se interessa pelo assunto.

– E como pode ser isso, Luar? – pergunta.

– Vou ensinar ao seu Armando e o senhor preste bastante atenção. Aprenderá também.

– Meu Deus, não acredito! – exclama, ainda, Armando.

– Para falar a verdade, quinta-feira mesmo, o senhor teve a oportunidade de ver o seu passado.

– Eu vi o meu passado, quinta-feira?

– Sim e, a toda a hora, está vendo o seu futuro.

– Como assim?

– É muito simples, seu Armando. Como já me ouviu dizer, vivemos nós, Espíritos encarnados, neste planeta de provas e expiações, a fim de aprendermos as lições da vida e evoluirmos para mundos melhores, certo?

– Certo.

– Muito bem. Sabe também, que já passamos por diversas encarnações até os dias de hoje e que, evidentemente, já tivemos algum progresso, pois já conseguimos entender muitas coisas, sermos honestos e até, de certa forma, criaturas boas, correto?

– Correto.

– Quinta-feira, quando o senhor, junto com seu Clóvis e sua esposa, dona Alice, esteve naquela cadeia que abriga muitos encarcerados, acabou de ver o próprio passado.

– Como assim?

Armando e Medeiros encontram-se com a atenção presa nas palavras de Luar.

– O senhor há de convir que hoje detemos uma condição bem mais evoluída do que a daqueles presos.

– Sim.

– Mas sabe também que, do ponto de vista moral, já devemos ter passado por situações de inferioridade como a deles, em encarnações anteriores. Na verdade, já fomos como eles e é evidente que se atualmente estamos mais evoluídos é porque alguém nos ajudou nisso, assim como devemos fazer com todos aqueles que vemos ainda numa situação de desenvolvimento moral inferior à nossa. E é assim que tudo caminha e é por isso que Deus nos coloca lado a lado uns com os outros para que possamos auxiliar e sermos auxiliados. Da mesma forma, quando o senhor conheceu alguém, um Espírito como seu Medeiros, deve ter percebido que nele devemos buscar o exemplo para os nossos próximos passos em direção ao nosso futuro.

Medeiros abaixa a cabeça, humildemente.

– Estou entendendo. Você quer dizer que quando quisermos ver o nosso passado e o nosso futuro, basta que olhemos para os mais necessitados e para os mais evoluídos moralmente, pois assim estaremos enxergando o nosso passado e o nosso futuro.

– Isso mesmo. Vendo nos outros o nosso próprio passado, nos lembraremos que um dia fomos auxiliados e que, da mesma forma, teremos que auxiliar também. De maneira análoga, quando virmos alguém mais evoluído que nós, estaremos olhando para o nosso futuro desde que sigamos fielmente aquele exemplo, ou seja, auxiliando sempre os mais necessitados, como também o fomos.

– Entendi tudo, Luar. Realmente, durante toda a nossa vida, estaremos nos confrontando sempre com o nosso passado e com o nosso futuro.

– Quando nos deparamos com alguém mais necessitado que nós, em termos de moralidade, é como se estivéssemos olhando para um retrato de nosso próprio passado. Creio tê-los ensinado a ver o passado e o futuro, certo?

– Certo, Luar – responde Medeiros. – Só não concordo com a colocação que fez sobre mim. Não sou nenhum exemplo de futuro, não.

– Seu Medeiros, sei que não irá se perder nas malhas da vaidade, por isso posso lhe dizer que, para mim, o senhor é um exemplo a ser seguido.

– Você tem toda a razão, Luar – concorda Armando – e, se quer saber de uma coisa, já está na hora de eu parar de viver na ociosidade. De hoje em diante, e se Medeiros me permitir, quero ajudá-lo na campanha dos remédios.

– Se eu permito? Já se considere contratado.

– E quanto vou ganhar? – brinca Armando.

– Isso você deverá se entender com Eles lá em cima – responde Medeiros, apontando para o Alto. – Deus é nosso patrão e Jesus, Seu encarregado imediato. Ouvi dizer que estão pagando muito bem.

– Aliás, se querem saber, – diz Luar – eles nos pagam adiantado e trabalhamos muito pouco pelo muito que recebemos.

– Você tem razão, Luar. Você tem razão.

Trinta e quatro

– LUAR, JÁ ESTÁ CHEGANDO a hora de você partir. São quase dezenove horas e eles vão passar por aqui daqui a pouco.

– Você conversou com o João, não é?

– Está tudo combinado. Coloque isto por cima de sua roupa, Luar.

Luar obedece, vestindo um macacão de cor alaranjada com uma faixa azul em volta do tórax.

– Agora, o boné.

Luar guarda o seu dentro da mochila e coloca o que Medeiros lhe entrega.

– E a mochila?

– Você poderá pendurá-la num gancho que tem do lado do caminhão. Calce estas luvas também.

– Romildo e seus homens estão lá, ainda?

– Sim. O carro deles se encontra novamente estacionado a uma quadra daqui. Já disse aos meus amigos para não incomodá-los. Quero que fiquem por aqui até que você esteja longe.

– Vai dar tudo certo, Luar. Você vai ver – afirma Armando, animando-o.

– Tenho certeza disso.

– Oh, estava me esquecendo. Coloque este pacote na mochila. São sanduíches e aqui está o dinheiro que Armando deu para as passagens. Também quero que leve esta lanterna com você. Pode precisar dela. Neste outro embrulho, mais algumas coisas que poderá precisar.

– Obrigado, seu Medeiros. Obrigado seu Armando. Espero que, daqui para a frente, eu possa me ver livre deles. Em duas noites seguidas, tudo pareceu repetir-se. Ontem à noite, aqui, vivi quase que a mesma situação quando na casa de seu Clóvis.

Nesse momento, o telefone toca e Medeiros vai atender.

– Alô... quem...? Clóvis? Como vai, meu amigo?... Sim, ele está aqui, mas já vai partir... sim, tivemos problemas... sim. Vou passar o aparelho para ele. Luar, é Clóvis. Fale com ele, mas não se demore.

– Alô. Seu Clóvis? Tudo bem? Sim, estou de partida. Localizaram-me. Seu Medeiros lhe conta tudo depois. Vou para uma outra cidade, na fazenda de um amigo dele... seu Brandão. E dona Alice?... sei... dê-lhe um abraço e outro para o senhor... sim... e quero lhe agradecer mais uma vez por tudo o que fez por mim... como?... como sumi daí?

– Venha, Luar. Já estão se aproximando.

– Seu Clóvis, tenho que ir agora. Depois seu Medeiros conta tudo para o senhor. E Deus lhe pague, meu amigo. Que Deus o abençoe.

– Venha, Luar – pede Armando.

– Boa noite. Que Deus o guarde e a dona Alice.

Luar desliga o telefone e se dirige até a porta da farmácia, numa posição em que não possa ser visto por Romildo e seus homens. Um caminhão que recolhe o lixo vem passando devagar na frente da farmácia. Quando ele encobre a visão de Romildo, Medeiros ordena a Luar:

– Agora, Luar, e que Deus o acompanhe.

Luar sai para a calçada, pendura a mochila num gancho que existe ao lado da carroceria do veículo e caminha ao lado dele, apanhando os sacos de lixo, juntamente com os outros três homens da Prefeitura. O caminhão continua andando e passa bem ao lado do carro de Romildo. Luar caminha do lado oposto, escondido pelo caminhão. Após uma quadra, entra numa rua transversal. Luar despe a roupa, o boné e as luvas, entrega para o motorista, apanha a mochila e, despedindo-se dele, dispara pelo caminho que Medeiros lhe indicara. Caminha por cerca de uns trinta minutos até se deparar com uma estreita estrada rural. Lê uma placa que se encontra ali, conforme Armando lhe dissera e segue por essa estrada.

– Seu Medeiros disse que este caminho vai dar na estrada de rodagem, próximo a um posto de gasolina, onde poderei tomar o ônibus – pensa. – Meu Deus, mais uma vez, parece que a história de anteontem se repete. Espero que o motorista permita que eu viaje, partindo do posto. Pelo que me disseram, terei que andar por cerca de uns vinte minutos até encontrar uma capela e ali virar à esquerda, rumo à estrada.

E Luar caminha calmamente, já que o ônibus só sairá às sete horas da manhã. É noite de lua cheia e o caminho encontra-se bastante claro ou, pelo menos, é possível enxergar a estrada e as árvores que a margeiam. Mais de trinta minutos se passam e Luar finalmente se depara com a capela e a estrada que parte dela à esquerda. Já está ingressando nela quando ouve uma voz. Não entende de pronto. Para, apura mais os ouvidos até que a ouve novamente, desta feita, mais perto.

– Papai! Papai! Você veio me buscar!

Olha para trás e vê um vulto que vem correndo em direção a ele. Parece ter a estatura de uma criança, inclusive o tom de voz lhe soa como tal.

– Papai! Papai!

Realmente, trata-se de um garoto de cerca de uns treze anos de idade, que o abraça entusiasticamente, falando:

– Papai! Papai! Você veio!

Luar afasta o menino e olha bem para o seu rosto.

– Quem é você, garoto? Eu não sou seu pai.

O jovem fixa bem seu olhar nele e não esconde a sua decepção.

– Você não é meu pai.

– Não, não sou seu pai. Quem é você? Onde mora?

– Papai vai vir me buscar.

– Mas onde você mora, garoto?

– Lá – responde o menino, apontando para o escuro, direção oposta para onde estava se encaminhando Luar.

– Lá? E o que tem lá? Sua casa?

– É... minha casa.

– Não estou vendo nada. Está tudo muito escuro.

– Não – diz, agora. – Não é lá. É lá – e aponta em outra direção.

– Você tem certeza?

– Casa grande.

– Casa grande?

– Muito grande. Eu tenho um quarto.

– Como é seu nome?

– Guinaldo.

– Agnaldo?

– Guinaldo.

Somente agora e, reparando bem no rosto, na fisionomia do menino, Luar percebe algo de estranho.

– É um deficiente mental – conclui. – Mas o que estará fazendo aqui? Será que tem alguma casa nas imediações?

– Papai vai vir me buscar – insiste Agnaldo.

– E onde você disse que mora?

– Casa grande.

– E essa casa grande, por acaso tem um nome? – pergunta Luar, temeroso pela resposta.

– Clínica.

– Clínica? E qual o nome dessa clínica? Ela se chama Clínica...

– Clínica.

– Só clínica?

– Clínica.

– Você sabe onde fica essa clínica?

– Lá – responde, apontando agora numa outra direção.

– Meu Deus! O que faço?

– Papai mandou você?

– Não, Agnaldo, seu papai não me mandou, mas responda-me uma outra coisa: há quanto tempo está aqui?

– Eu fugi.

– Você fugiu? Fugiu da clínica?

– Fugi. Papai vem me buscar.

– Você está com fome?

– Fome.

Luar tira da mochila o pacote que Medeiros lhe entregara e dá um sanduíche para o garoto.

– Coma. Pode comer.

O menino devora com avidez o lanche.

– O que devo fazer? – pensa Luar, até que resolve: – Venha comigo, Agnaldo.

– Você vai me levar para o meu papai?

– Vou tentar descobrir onde é essa clínica e levá-lo de volta.

– E papai?

– Depois ele vai buscá-lo.

E Luar começa a andar, convidando o garoto a acompanhá-lo. Este o obedece.

– Vou perguntar no posto se alguém sabe onde fica essa clínica. Não deve ser longe. Agnaldo não parece muito cansado e nem muito sujo se encontra. Deve ser aqui por perto.

Caminham mais um pouco e Luar avista, bem distante, as luzes do posto de gasolina que procura.

***

– Aonde você vai, Soares? – pergunta Romildo quando o seu companheiro sai do carro.

– Vou esticar um pouco as pernas.

– Quer chamar a atenção, Soares?! – pergunta rispidamente Romildo.

– Só vou andar um pouco. Vou até aquela esquina e já volto.

– Não vá desaparecer, heim?! Temos um trabalho a fazer.

Soares se afasta, pensando:

– Há alguma coisa estranha acontecendo. Já fecharam a farmácia e não estão dando a mínima para nós. Nem aqueles homens estão mais lá. Parece que não estão nem um pouco preocupados com a nossa presença. O farmacêutico sabe por que estamos aqui, não chamou a polícia para não envolver o desmemoriado, manteve os seus amigos na frente de seu estabelecimento para que não nos aproximássemos e, agora, dispensou-os todos, cerrou as portas, apagou as luzes e saiu com aquele outro que descobrimos chamar-se Armando. Tentou sair sem que percebêssemos, mas não conseguiu.

Soares caminha mais um pouco e para na esquina, continuando a matutar:

– Que conclusão tirar de tudo isso? Espere..., mas é muito simples: se a vigilância foi dispensada, se Medeiros saiu com Armando, é porque Luar não se encontra mais lá. Aldo está vigiando os fundos da casa...

Pensando assim, Soares atravessa a rua e passa por Aldo, perguntando-lhe:

– Tudo sob controle?

– Tudo. Por aqui não saiu ninguém.

Retorna até a esquina e começa a caminhar de novo, dobrando-a.

– Isso quer dizer que somente poderá ter se evadido diante de nossos olhos. Mas como, se ninguém passou por nós, a não ser... ei, é isso mesmo! Aquele caminhão de lixo... sim... como fui ingênuo, logo eu que presto tanta atenção nas coisas e tenho o costume de enumerar tudo o que vejo... mas é lógico... pelo que percebi, eram três os homens que estavam catando o lixo e quando passaram por nós eram quatro. Mas é isso aí! É isso aí! Ele passou disfarçado de lixeiro!

Soares volta correndo ao automóvel e conta o que descobriu a Romildo. Este não lhe dá a mínima atenção.

– Ora, deixe de ser tolo, Soares. Você anda assistindo muitos filmes pela televisão. Disfarçado de lixeiro... não seja tolo. Ele está lá dentro e desta vez não vamos falhar. Estou esperando apenas o farmacêutico retornar sozinho e abrir aquela porta.

– Você está enganado, Romildo. Ele não está mais lá. Repare que aqueles homens já foram embora. Os dois saíram e somente não chamaram a polícia para que Luar não se defronte com ela, que poderá querer lhe fazer perguntas que não poderá responder.

– Pare com isso, Soares. Volte até aquela esquina. Aldo poderá precisar de ajuda.

– Está bem, Romildo, está bem – concorda se afastando, mas com um plano já delineado. Se conseguir fazer o serviço sozinho, ganhará uma boa soma em dinheiro. Só para ele, e fica pensando: – Deixe-me ver... Afinal de contas, sou bastante inteligente. Se chegaram até a conseguir um traje de lixeiro para Luar, é porque fizeram isso com antecedência. Foi tudo muito bem planejado e esse farmacêutico deve ter muitos amigos. Agora, se foi tudo planejado com antecedência, bem pode ter sido a hora em que apenas Romildo ficou no carro vigiando. Então imaginaram que estaríamos vigiando as saídas principais da cidade e, talvez, Luar não esteja saindo por elas. E se não está saindo pelas principais saídas é porque está fugindo por uma outra. E só pode ser por aquela que descobri, conversando com aquele taxista. Paulo é muito inteligente, também. Foi dele a ideia de que eu verificasse isso. É isso mesmo, Soares! É isso mesmo! Vou apanhar o meu carro na outra rua e seguir para lá. Tenho tanta certeza disso que não vou me importar com Romildo. Elimino Luar e vou para a Capital receber o meu prêmio.

Pensando assim, Soares apanha o seu próprio carro e dispara em direção à estrada que Luar seguiu.

Trinta e cinco

EM POUCOS MINUTOS SOARES se encontra diante da capela.

– É por aqui. Luar deve estar seguindo por este atalho. De acordo com as informações do taxista, este caminho vai dar na estrada de rodagem onde existe um posto de gasolina e é lá que ele, certamente, vai apanhar um ônibus. Vou estacionar e seguir a pé. Ele não deve estar longe, pois deve ter demorado bastante para chegar até aqui.

Soares, então, estaciona o carro e segue rápido a pé, já com uma arma na mão.

– Preciso tomar cuidado para ele não perceber que estou me aproximando.

Caminha por cerca de um quilômetro e meio até que escuta vozes. É Luar que, sem pressa nenhuma, percorre o caminho com Agnaldo.

– E essa casa grande em que você mora, tem muitos meninos?

– Meninos e meninas – diz o garoto que, agora, Luar percebe falar com uma voz meio pastosa, de quem tem problemas na fala.

– E você tinha um quarto só para você?

– Sim.

– Entendo.

– Você acha que papai vem me buscar?

– Você conhece o seu papai?

– Conheço. Ele é muito bonito e disse que um dia viria me buscar.

– E sua mamãe?

– Não tenho mamãe. Só papai.

– E seu papai visita você na clínica?

– Não. Mas não precisa, não é? Ele vai me buscar.

– Pobre menino – pensa Luar. – O pai deve tê-lo internado em uma clínica psiquiátrica e, para que ele ficasse, prometeu ir buscá-lo. Talvez nunca mais volte.

Nesse momento, sente muita pena do garoto. Certamente irá passar o resto de seus dias esperando pelo pai.

– Você não tem mais nenhum papai lá na clínica? – pergunta.

– Só tenho um papai. Na clínica só tenho tios.

– E você gosta de morar na clínica?

– Gosto, mas gosto mais do papai.

– Entendo...

– Gosto muito de você, também. Se o papai não vier mais me buscar, você fica sendo o meu papai?

Luar se surpreende com essas palavras do menino e, olhando-o bem, percebe que lágrimas irrompem dos olhos dele.

– Mas você disse que só tem um papai...

– Eu sei, mas...

– Espere um pouco. Não fale agora – sussurra Luar, ao escutar um barulho atrás deles.

– O que foi? – pergunta o menino.

– Psiu... não fale nada agora – fala baixinho no ouvido de Agnaldo – Nós vamos brincar de esconde-esconde. Por isso não fale mais até eu lhe dizer. Venha.

Luar pega o menino pelo braço e entram alguns passos na mata, agachando-se por detrás de uma árvore.

– Vamos ficar em silêncio.

– Psiu – assopra o menino com o dedo indicador em riste sobre os lábios.

Agnaldo se encontra abaixado ao lado de Luar, voltado para ele.

– Cuidado aí, Agnaldo – pede Luar, cochichando. – Tem um grande buraco ali, atrás de nós.

Realmente, atrás deles, uma grande depressão se apresenta com mais de três metros de profundidade, causada, talvez, pela erosão. Apenas algumas árvores se encontram naquele local, à margem da estrada. Mais alguns ruídos se ouvem, mas Luar não consegue precisar de onde provêm. De repente, o garoto dá um grito e salta para trás de Luar, que se volta rápido, a tempo de ver que Agnaldo, dando um salto, empurrara alguém para dentro do buraco. Também percebe que a pessoa tinha alguma coisa na mão direita.

– Não! – havia gritado o menino que, por pouco, não cai também no grande buraco. Outro grito em seguida foi ouvido. Por certo, de quem caíra.

Luar levanta-se e agarra o menino que, assustado, começa a gritar:

– Ele ia bater na sua cabeça! Ele ia bater na sua cabeça!

– Tudo bem, Agnaldo. Tudo bem. Acalme-se, agora está tudo bem. Sente-se ali, vou ver quem é.

O menino obedece e Luar apanha a lanterna que traz na mochila, iluminando o buraco e procurando quem caíra, até que localiza um homem que geme, deitado no fundo da vala.

– Quem está aí? – pergunta Luar.

– Tire-me daqui. Acho que torci o pé, não consigo me levantar.

– Quem é você?

– Meu nome é Soares.

– Por que tentou me atacar?

– Tire-me daqui!

– Por que tentou me atacar? – insiste Luar.

– Sua cabeça está a prêmio.

– Ia me matar?

– Não, apenas desacordá-lo.

– Quem mandou você fazer isso?

– Tire-me daqui e eu falo.

– Nada feito. Fale primeiro.

– Não vou falar nada. Tire-me daqui.

– Só se me prometer que falará a verdade.

– Eu prometo.

– Então jogue o que traz aí com você. É uma arma, não é? E não adiantará nada negar-me. Quero que jogue essa arma aqui para cima ou vou-me embora e largo você aí. Devem existir muitas cobras dentro desse buraco.

– Eu vou jogá-la, mas tire-me daqui logo.

Soares joga o revólver para cima e Luar o apanha, escondendo-o por entre uns arbustos.

– Não mexa nisto, Agnaldo. É muito perigoso.

– Eu não mexo – responde o menino.

Luar abre a mochila e retira de dentro um pequeno rolo de corda.

– Deve ser suficiente.

Amarra uma das extremidades numa árvore bem próxima ao buraco e desce por ela. Chegando no fundo do buraco, amarra-a à cintura de Soares e sobe por ela, esticada que se encontra, amarrada à árvore e ao corpo do homem.

– Vou puxá-lo, mas terá que me ajudar, mesmo com problemas no tornozelo. Terá que se apoiar com os pés na parede da vala e puxar-se com as mãos nas cordas.

– Vou tentar. Ai! Está doendo!

– Terá que aguentar a dor.

– Vou tentar.

E Soares, num tremendo esforço, consegue sair do buraco, deitando-se extenuado no chão recoberto de mato e folhas.

– Como está o pé? – pergunta-lhe Luar.

– Dói muito.

– Deixe-me ver – pede, erguendo a barra das calças de Soares e abaixando-lhe as meias. Ilumina com a lanterna, apalpa, mas não consegue perceber se está quebrado – Não deve ser grave, meu amigo, mas agora me diga: por que quis me agredir? Quem está por detrás de tudo isso? E não adianta mentir. Tenho certeza de que você está envolvido com as duas vezes que tentaram e, talvez, até com a primeira, lá na Capital.

– Na Capital não fui eu, não – responde Soares, amedrontado.

– Ah, quer dizer que confessa que, realmente, aquela vez foi proposital, não é?

– Foi, mas não fui eu.

– E quem foi, então?

– Eu não sei de nada.

– Você quer ir de volta para o buraco? – pergunta-lhe Luar, ameaçando-o.

– Não, por favor. Não faça isso. Deve haver cobras lá e tenho muito medo. Por favor, não faça isso.

– Então me diga a verdade.

– Eu não posso.

– Tem medo?

– Sim.

– E do buraco? Do que tem mais medo?

– Por favor.

– Olha, meu senhor – diz Luar, calmamente –, eu não vou jogar você lá dentro, não. E nem vou fazer nada contra você e nem entregá-lo para a polícia, mesmo porque não posso me envolver com ela. Mas estou passando por momentos muito difíceis, sabe? Venha cá, Agnaldo – pede Luar – Não tenha medo. Pode chegar aqui perto de mim.

O garoto obedece e Luar continua:

– Como estava lhe dizendo, estou passando por momentos muito difíceis. Perdi a memória num atropelamento que nem sei quem o provocou. Já tentaram me eliminar por duas vezes, em menos de três dias e, agora, você. Não fosse este garoto, talvez você tivesse conseguido o seu intento.

Soares não sabe o que dizer. Nunca se viu numa situação tão estranha, porque o mais lógico é que qualquer outro na pele de Luar, neste momento, não o teria resgatado do buraco sem que antes ele confessasse tudo o que sabe e, depois, evidentemente, o mínimo que poderia esperar era uma grande surra ou coisa pior. Percebe que Luar o tirara rápido daquela vala porque deveria, mesmo, haver perigo de ser atacado por algum animal lá dentro. Luar preocupara-se com ele e agora lhe falava de maneira calma e gentil.

– Agora eu lhe pergunto: como consegue viver assim, tentando ganhar a vida às custas da vida dos outros? Não pensa no dia de amanhã? Não sabe que a vida não termina com a morte e que sofrerá as consequências de tudo isso? Ou será que pensa que tudo ficará impune? Nunca parou para pensar nisso? Pois deveria.

– Não sei o que dizer – responde Soares, profundamente tocado, não somente por aquelas palavras, como também pelo gesto de Luar.

– Por que não me diz quem está por detrás de tudo isto? Por que não me diz quem eu sou? Quem são meus parentes?

– Isso eu não saberia lhe dizer... Luar é seu nome, não?

– Sim.

– Apenas estou cumprindo ordens.

– De quem?

– Não sei – mente Soares que, apesar de impressionado com aquele homem à sua frente, prefere não se comprometer com Romildo e Paulo.

– Você é um covarde, sabe? Tem medo. Só sabe atacar pelas costas, não é? Isso é o que você é. Veja este menino. Olhe para ele. É um débil mental. Chama-se Agnaldo. Ele é mais valente que você. É muito melhor que você. Mas sempre é tempo de se modificar. Basta querer.

– Diga-me uma coisa, Luar – pergunta Soares – Por que tirou-me desse buraco? Por que não faz nada contra mim?

– Vou comentar um pequeno trecho de um livro para você e, se não conseguir entender agora, tenho certeza de que um dia entenderá.

Luar abre a mochila, retira de dentro dela um Evangelho, ilumina-o com a lanterna e, após alguns poucos segundos de procura, abre numa página e fala:

– Neste livro é feita uma pergunta: "*Um homem está em perigo de morte; para salvá-lo é preciso expor a vida; mas sabe-se que esse homem é infeliz, e que, se ele escapar, poderá cometer novos crimes. Deve-se, malgrado isso, se expor para salvá-lo*?" Muito bem. A resposta diz que, mesmo que se vá salvar da morte um inimigo da sociedade, um malfeitor, não é somente da morte que o estaremos salvando, mas também, do sofrimento que virá para ele com a sua morte prematura, porque a morte talvez esteja vindo muito cedo, tirando-lhe grandes oportunidades de renovação. Diz, ainda, e vou ler para você este trecho: "*..arrancai-o à sua condenação, e então, talvez, esse homem que morreria vos insultando, se atirará em vossos braços. Todavia, não é preciso perguntar-vos se o fareis ou não, mas ide em seu socorro, porque, salvando-o, obedeceis a esta voz do coração que vos diz: 'Podes salvá-lo, salva-o*".

– Que livro é esse?

– "O Evangelho Segundo o Espiritismo".

– Você é espírita?

– Sou.

Nesse momento, ouvem o som de um carro que estaciona logo mais atrás e algumas vozes:

– Será que ele está por aqui?

– Pelo menos, o carro dele está estacionado lá atrás.

– E será que o alcançou?

– É... acho que ele tinha razão. Luar não estava na farmácia, não.

– O farmacêutico até que foi muito gentil deixando-nos vasculhar a casa, depois que o abordamos quando retornou à farmácia.

– E você, idiota, queria matá-lo. Queria toda a polícia atrás de nós? Medeiros é muito querido na cidade.

– Eu estava errado.

– Ainda bem que não tocamos num só fio de cabelo dele.

Com essas palavras, Luar fica mais tranquilo.

– É papai?! – pergunta Agnaldo.

– Psiu! – pede Soares.

– Não fale nada, Agnaldo. São homens maus e não podem encontrar-nos.

O garoto silencia e Soares fala baixinho:

– Luar, você e o menino, escondam-se atrás daqueles arbustos. Deixem o resto por minha conta.

Luar olha meio desconfiado para ele.

– Pode confiar. Vou lhe retribuir o que fez por mim. Pode confiar.

Luar, sem outra saída, pega o menino pelo braço e escondem-se onde Soares lhes indicou.

– Socorro! Socorro! – grita Soares.

– Alguém está chamando por socorro – diz um deles.

– Parece ser o Soares.

– Socorro! Socorro!

– Os gritos vêm dali.

– Vamos lá.

Romildo, Rubens e Aldo chegam até o local.

– O que aconteceu? – pergunta Romildo ao homem deitado no chão.

– Aconteceu que se você tivesse me ouvido, Luar não teria escapado mais uma vez.

– Ele escapou?!

– Escapou. Quando vi que você não aceitava a minha ideia, resolvi vir sozinho.

– Mas como sabia que ele viria por aqui?

– Durante o dia, perguntei a um motorista de táxi se havia mais uma saída na cidade e ele me ensinou esta e imaginei, por tudo o que lhe expus, que provavelmente ele fugiria por aqui.

– Mas Aldo teve essa mesma ideia... – diz Romildo, desconfiado.

– Eu lhe havia contado sobre o que tinha conversado com o taxista.

Aldo, mais que depressa, confirma a mentira de Soares com medo de que Romildo ficasse sabendo que ele também procurara se informar a respeito de uma outra saída.

– Ele me contou. Por isso que eu sugeri este trajeto.

– E o que aconteceu?

– Luar ouviu meus passos. Este lugar é muito silencioso e vi quando ele se escondeu aqui neste local. Aí, tentei atacá-lo pelas costas, mas não sabia que havia mais gente com ele.

– Havia mais gente?

– Sim. Havia um homem muito forte que me empurrou para dentro daquele buraco. Daí fugiram.

– E fugiram para onde?

– Pelo som dos passos, retornaram em direção à cidade.

– Retornaram?

– Sim.

– Mas como não o vimos?

– Eles devem ter seguido pela estrada na direção à que vínhamos, continuando o caminho.

– Vamos voltar. Talvez ainda dê tempo de os encontrarmos.

– Ei, me ajudem aqui. Acho que quebrei o pé.

– E como você saiu desse buraco? – pergunta Romildo, desconfiado como sempre.

– Arrastei-me como pude. Vocês não podem imaginar a dor que suportei.

– Você subiu por este buraco? – pergunta Romildo.

– Nem sei como. Talvez com o tremendo susto que levei, imaginando haver cobras lá embaixo.

– Vamos andando. Carreguem-no – ordena Romildo.

– Só me faltava essa, agora – resmunga Aldo. – Vamos, seu imbecil!

– Um imbecil, mesmo. Não é capaz de enfrentar dois homens!

– Eram dois, Romildo!

– Mas você estava armado!

E Rubens e Aldo carregam Soares, passando a dois palmos da corda amarrada à árvore.

Quando se afastam, Luar sai de trás dos arbustos, recolhe a corda, coloca-a de volta na mochila e sai novamente para a estrada, com Agnaldo ao seu lado.

Trinta e seis

A CAMINHADA PROSSEGUE. Luar e Agnaldo já estão chegando ao posto de gasolina na estrada de rodagem.

– O que farei com esse garoto? – pensa, preocupado. – Não poderá viajar comigo no ônibus. Pedirão os seus documentos e os meus. Preciso encontrar alguém que me ajude.

– Tem muita luz – diz Agnaldo.

– Muita luz?

– Lá – diz o menino, apontando para o posto.

– Oh, sim. São letreiros luminosos.

– O que está escrito lá?

– Você não sabe ler?

– Só aprendi o meu nome e o de papai.

– E como é o nome de seu papai?

– Papai, ora.

– Papai chama-se papai...?

– E não chama?

– Você está certo.

Já estão chegando e Luar preocupa-se agora em procurar um lugar para descansar. Não por ele, mas pelo garoto. O ônibus só chegará às sete horas e ainda não é nem meia-noite.

– Vamos ficar aqui? – pergunta Agnaldo.

– Só por algumas horas. Depois veremos o que fazer.

– Vou ficar com você – diz o menino, agarrando-se ao braço de Luar.

– Está bem. Vamos nos sentar naquele banco ali?

– Vamos. Estou cansado.

Sentam-se num dos bancos de uma varanda do restaurante do posto. Em poucos minutos, o sono toma conta do garoto que, sentado, deixa o corpo tombar para o lado de Luar, deitando-se em suas pernas.

– Pobre menino – pensa. – Onde será essa clínica sobre a qual ele fala?

Duas horas se passam e Luar vê chegar um casal de velhos que estaciona bem à frente de onde se encontram sentados. Descem do automóvel e dirigem-se até o restaurante. Quando passam por eles, o homem se abaixa e apanha algo no chão, mostrando para Luar.

– Pertence ao senhor?

Luar olha para o que o homem tem às mãos e vê que se trata de um pequeno pedaço de papel retangular plastificado.

– Deixe-me ver.

Olha para o cartão e se enche de esperanças. Nele se encontra escrito o nome de uma clínica psiquiátrica e o telefone dela, bem como um nome um pouco maior, impresso no centro: Agnaldo.

– É do menino – responde. – Deve ter caído de seu bolso. Muito obrigado.

– De nada. Passar bem.

Luar, então, levanta-se bem devagarzinho, coloca a cabeça do menino sobre a sua mochila, à guisa de travesseiro, e entra no restaurante onde compra uma ficha telefônica. Dirige-se a um telefone público no pátio do restaurante e disca o número que consta naquele cartão.

– Alô... de onde é?... da clínica?... boa noite, meu nome é Luar... sim... Luar... isso. Escute, eu encontrei um garoto chamado Agnaldo e ele possui um cartão de identificação dessa clínica... sim... estão procurando-o?... certo... bem... nós estamos sentados na varanda de um restaurante na beira da estrada... deixe-me ver... – diz Luar, afastando-se um pouquinho para poder ver o letreiro. Informa, então, o nome do posto. – Virão buscá-lo?... sim... eu tomo conta dele até chegarem... o que sou dele? Nada. Apenas o encontrei pelo caminho que trilhava. Sim... eu aguardo. Obrigado. Ah, escute... o pai desse menino ainda se encontra vivo?... sei... não pode dar informação pelo telefone... está bem... eu aguardo... boa noite e obrigado.

Luar desliga o telefone e volta até o banco, retornando a cabeça do menino em seu colo.

– Disseram que em menos de uma hora estarão aqui para buscar o garoto – pensa, e uma dúvida lhe passa pela mente: – Mas se vão levar quase uma hora para chegarem até aqui, como essa distância foi percorrida por ele? Não me parece que andou tanto tempo. Não está cansado e suas roupas nem estão sujas... O que será que aconteceu com ele? É muito estranho. Vou anotar este nome, endereço e o telefone.

Luar pega um pedaço de papel na mochila, uma caneta e anota todos os dados que constam no cartão de Agnaldo, guardando o papel de volta na mochila. Continua ali sentado e acaba cochilando, acordando somente após algum tempo com alguém lhe chamando.

– Ei, acorde! Acorde!

– Sim?

– Somos da clínica e viemos buscar o menino.

À sua frente se encontram dois homens vestidos de branco e uma ambulância estacionada.

– Vocês são da clínica?

– Sim.

– O que este garoto está fazendo por estes lados?

– Ele fugiu.

– Fugiu? Mas não pode ter vindo a pé. Pelo tempo que levaram para vir até aqui de ambulância...

– Deve ter pego uma carona.

– Mas quem daria uma carona para um menino e, ainda por cima, débil mental?

– Olha moço, existe de tudo neste mundo.

– Ele chama muito pelo pai.

– Isso é comum na clínica. Os pais os abandonam lá e precisamos enganá-los de que um dia eles virão buscá-los.

– Mas não fazem nenhuma visita?

– Alguns fazem. Outros, não.

– Agnaldo, Agnaldo – chama Luar pelo menino até acordá-lo.

– Hum?

– Acorde. Estes tios vão levar você.

Nesse momento, Agnaldo desperta e vê os enfermeiros.

– Vão me levar?

– Venha, Agnaldo – pede, gentilmente, um dos enfermeiros.

– Eu não quero ir. Este é meu novo papai – diz, mostrando Luar.

– Não pode ficar com ele, Agnaldo, senão quando o seu papai for buscá-lo, não vai mais encontrá-lo. E vai ficar muito triste.

– Mas quero ficar com ele.

– Não pode ficar comigo. Como o enfermeiro disse, o seu papai poderá ir buscá-lo e você não estará lá para ir com ele – tenta convencer, Luar.

– Mas você é muito bom.

– Os titios lá da clínica também são.

– Eu sei, mas quero ficar com você.

– Vá com eles, Agnaldo, e prometo que irei visitá-lo um dia.

– Quando?

– Assim que eu puder. A minha vida está um pouco complicada, mas, assim que puder, eu irei.

– Mas não vá fazer como meu papai que está demorando muito para ir me buscar.

– Só que eu não irei buscá-lo. Apenas irei visitá-lo, certo?

– Certo. E eu vou aprender a ler até lá para poder ler aquele seu livro.

– Isso mesmo. Você tem que aprender a ler e quando for visitá-lo, levarei este livro e mais um outro.

– Verdade?! Ficarei esperando.

– Pode esperar.

– Eu vou, então.

– Me dê um abraço, Agnaldo.

O menino o abraça e Luar lhe fala aos ouvidos:

– Deus lhe pague, bom menino, por ter salvo a minha vida. Deus lhe pague. E até um dia.

– Tchau.

E o garoto, docilmente, segue os enfermeiros até a ambulância, deixando Luar com lágrimas nos olhos.

– Até um dia, Agnaldo. Até um dia.

"O Evangelho é a bússola do Espírito"

A VIDENTE

Trinta e sete

– "ARMAZÉM DO FIGUEIREDO" – LÊ Luar numa placa velha e desbotada, pregada na parede externa de um pequeno comércio de mantimentos. – Deve ser aqui.

Luar entra no estabelecimento. São dez horas da manhã e somente há pouco chegara àquela cidade, pois o ônibus se atrasara na estrada. Um homem se encontra por detrás do balcão enquanto uma mulher organiza uns pacotes de carne seca, enfileirados numa prateleira.

– Bom dia – cumprimenta Luar.

– Bom dia – responde o comerciante. – Em que lhe posso ser útil?

– Preciso de uma informação.

– Pois não.

– Gostaria muito que o senhor me ensinasse como ir até a fazenda do sr. Brandão.

– À fazenda de seu Brandão?

– Isso mesmo.

– Mas é muito fácil. O automóvel do senhor está estacionado aqui perto?

– Eu estou a pé.

– E o senhor pretende ir a pé até a fazenda?

– Sim.

– Muito bem, não é difícil. Vamos até a rua e eu lhe mostro o caminho. O nome da fazenda é Santa Luzia. Fazenda Santa Luzia.

Luar acompanha o homem, que lhe explica todo o trajeto que terá que fazer para chegar até lá.

– Deverá percorrer uns doze quilômetros, mas não se esqueça: daqui a uns seis quilômetros, a estrada se bifurca. O senhor segue o lado direito e não irá se enganar, pois essa estrada possui uma mata a margeá-la. Bastará seguir em frente.

– Deus lhe pague pela informação, seu Figueiredo. O nome do senhor é Figueiredo, não?

– Sim, Figueiredo. A propósito, o senhor é amigo de seu Brandão?

– Não o conheço. Estou indo para lá por indicação de seu Medeiros, o farmacêutico da cidade mais próxima.

– O Medeiros? O senhor é amigo dele?

– Estive hospedado em sua casa.

– Mas por que não me disse antes? Venha cá para o armazém. Vou lhe servir alguma coisa.

– Não será necessário, seu Figueiredo.

– Pois eu faço questão. Venha.

Luar concorda e segue o homem.

– Verônica, temos um amigo do Medeiros aqui.

– Muito prazer – cumprimenta a mulher.

– Seu nome? – pergunta o homem.

– Luar.

– Luar?!

– É. Meu nome é meio estranho, não? Mas é o único que tenho.

– Oh, não, é um bonito nome – diz Verônica.

– E como está o Medeiros? Já faz meses que não o vejo. É muito meu amigo. Um homem muito bom.

– O senhor tem toda a razão. É um grande homem.

– Verônica, traga um pedaço daquele bolo e abra um refrigerante para Luar.

– Vou buscar.

– Essa indicação é para o senhor trabalhar para o seu Brandão?

– É e espero que ele tenha uma colocação para mim.

– Tenho certeza de que ele vai atender o Medeiros. São muito amigos.

– Seu Medeiros tem muitos amigos, não?

– Isso é o que não lhe falta e seu Brandão deve um favor muito grande para ele.

– Penso que muita gente deva favores para ele.

– Sim, mas o de seu Brandão é muito grande mesmo.

Luar percebe que Figueiredo está querendo lhe contar, pois insiste com a ideia, e resolve, então, perguntar:

– E posso saber que favor foi esse?

Nesse momento, Verônica retorna com um prato com bolo, uma garrafa e dois copos.

– Vou contar para Luar o favor que Medeiros fez para seu Brandão.

A mulher olha seriamente para o homem e abaixa a cabeça, voltando para dentro.

– Verônica não gosta que se fale nisso.

– Oh, mas então, não precisa me contar.

– Pois faço questão. Todos na cidade e na fazenda sabem dessa história.

Nesse momento, Verônica volta e sorri para Luar.

– Não se preocupe, Luar. É apenas uma bobagem minha. Figueiredo poderá lhe contar, sim.

– Então, sente-se aí, mulher, e corrija-me se, porventura, eu omitir algum fato.

Luar estranha aquele homem querer lhe contar algo que parece ser, de certa forma, um tanto constrangedor, haja vista a mulher, a princípio, parecer não concordar. E sua maior estranheza é pelo fato de ele ter acabado de chegar àquela cidade. – Talvez – pensa –, seja porque ele também é amigo de seu Medeiros.

– Bem, o que aconteceu foi o seguinte – começa Figueiredo, pigarreando para limpar a garganta –: seu Brandão, há cerca de uns dois anos, começou a ter problemas à noite, quando estava dormindo.

– Quando estava dormindo? – pergunta Luar.

– Isso mesmo. Era só o homem pegar no sono, começavam os pesadelos.

– Pesadelos...

– Pesadelos, sim. Só que pesadelos, dizia ele, bem diferentes dos que normalmente uma pessoa tem durante o sono.

– E que tipo de pesadelos eram esses?

– Dizia ele, e não escondia isso de ninguém, que eram pavorosos e bastante reais. Ele contava que, assim que dormia, parecia acordar num outro lugar e se deparava com cenas horríveis.

– Emancipação da alma – conclui Luar, mentalmente.

– Dizia que parecia estar no interior da terra, numa caverna muito grande, iluminada por archotes e que seres monstruosos queriam lhe pegar, armados com instrumentos cortantes, como ele nunca havia visto antes. E aí começava, verdadeiramente, o seu pesadelo. Corria como um louco por corredores, como se fossem túneis, parecendo um labirinto e que ele tinha que alcançar uma saída. Sempre conseguia, depois de minutos, que lhe pareciam horas, mas que, em todas as vezes, a direção a ser tomada era diferente, porque o labirinto se modificava a cada sonho.

– E quando saía do labirinto?

– Aí, sim, era como se acordasse realmente, com o coração disparado e o corpo molhado de suor. Somente daí, conseguia dormir. Foram meses de muito terror para ele. Chegou a tentar passar noites em claro, só para não sonhar com tudo aquilo. E ele dizia que não era como um sonho normal. Tinha muito medo do que lhe poderia acontecer se o alcançassem.

– Deve ter sido muito difícil para ele.

– Muito mesmo. E aí aconteceu o pior.

– O pior?

– Sim. Teve uma noite em que ele veio até a cidade, foi até o bar do Neca e lá bebeu bastante. Bebeu tanto que acabou dormindo no bar mesmo.

– Dormiu no bar?

– Dormiu no bar e sabe o que aconteceu?

– Não tenho ideia.

– Naquela noite não teve os pesadelos.

– Entendo. E dá para concluir que começou, então, a beber para não ter que passar por aquilo tudo.

– Acertou, Luar. O homem estava se tornando um alcoólatra.

– Imagino.

– Já nem conseguia trabalhar direito porque dormia até tarde. Ah, ia me esquecendo, chegou, até, a contratar um motorista para trazê-lo até o bar e depois levá-lo de volta para a fazenda.

– Coitado de seu Brandão.

– Uma pena.

– E foi aí que entrou o seu Medeiros – comenta dona Verônica.

– Medeiros já conhecia seu Brandão?

– Eles foram amigos de infância. Seu Brandão morava na mesma cidade que ele até que seu pai, quando ele já devia ter uns vinte anos de idade, comprou essa fazenda e mudou-se com a família para cá. Seu Medeiros, às vezes, passava um fim de semana na fazenda. Eram muito amigos.

– E quando Medeiros ficou sabendo do que estava acontecendo, veio imediatamente para cá – informa a mulher.

– Fui eu quem o avisou. Eu disse a ele: seu Medeiros, se isso continuar, o homem vai morrer de tanto beber.

– E seu Medeiros veio para a fazenda...

– Sim. Ele contratou um rapaz para cuidar da farmácia e ficou por mais de uma semana hospedado na Fazenda Santa Luzia.

– E o que foi que ele fez?

– Curou o seu Brandão.

– Curou?

– Curou. Brandão nos contou que seu Medeiros passou a dormir na fazenda, não permitiu que bebesse mais e fez com que ele dormisse. Na verdade, seu Brandão queria ser curado daquilo porque sabia, tinha consciência, do que iria acabar acontecendo com ele se continuasse a beber daquele jeito.

– E o que aconteceu? Ele parou de ter os pesadelos?

– Parece incrível, mas seu Brandão passou a ter a companhia de seu Medeiros na caverna.

– Entendo – concorda Luar, sabendo do que se tratava. Seu Medeiros, durante seu desprendimento durante o sono, encontrara o homem, ou seja, conseguira ir para o mesmo lugar.

– E o que é mais impressionante nessa história é que seu Medeiros o protegia e aqueles monstros não conseguiam atacá-lo. E ele conversava com todos, dizendo-lhes que tinham que perdoar seu Brandão, que, somente assim, conseguiriam ter paz e isso aconteceu por vários dias, até que numa noite, eles não mais apareceram e nem o sonho. Seu Brandão estava curado. Tem algumas pessoas que acreditam ser Espíritos.

– E como seu Medeiros encarou isso tudo?

– Seu Brandão lhe contava o que ocorria durante o seu sono, mas Medeiros dizia não acreditar que o estivesse ajudando no sonho e que, talvez, o amigo estivesse sonhando dessa maneira porque ele estava presente em sua casa. Na verdade, seu Medeiros imaginava isso mesmo. Que ele estava ajudando seu Brandão apenas por causa de sua presença amiga.

– O senhor acredita que isso aconteceu da maneira como narrou o seu Brandão? – pergunta a mulher a Luar.

– Acredito, sim. Aliás, isso acontece com todas as pessoas, durante o sono.

– O pesadelo?

– Nem sempre um pesadelo. Muitas vão para outros lugares quando o corpo adormece. E existem lugares muito bons, também.

– Mas não é apenas um sonho?

– O Espírito se liberta durante o sono e entra em contato com o Plano Espiritual, mas a grande maioria das pessoas não se lembra, porque apenas se lembram do sonho mental ou se lembram de uma forma, digamos, embaralhada, onde acaba prevalecendo o sonho cerebral.

– O senhor falou em Espíritos. O senhor é espírita?

– Sou, seu Figueiredo.

– Qualquer hora gostaria de conversar com o senhor a respeito disso.

– Terei imenso prazer.

– Se o senhor é espírita, talvez possa ajudá-lo agora – diz a mulher.

– Por quê? O problema voltou?

– Mais ou menos – responde Figueiredo. – Na verdade, penso eu, o pobre de seu Brandão está sendo explorado.

– Explorado?

– Bem... tem uma mulher... Não sei se devo falar... sabe... eu não sou espírita... e... tenho um pouco de receio... não gosto de me meter nesse tipo de coisa...

– O senhor não precisa ter receio de nada, seu Figueiredo, apenas recomendo um pouco de respeito – diz Luar, já imaginando o porquê do receio do homem.

– O que está acontecendo é o seguinte – diz Verônica –: Chegou nesta cidade, há já alguns meses, uma senhora que se instalou numa casa e diz fazer trabalhos espirituais. E muitas pessoas têm recorrido a ela para tentar resolver os seus problemas.

– E daí...? – pergunta Luar, já imaginando a resposta.

– Acontece que ela cobra para fazer isso e não cobra muito barato, sabe? Eu penso que ela não deveria cobrar nada, mas, enfim, a gente não entende muito bem dessas coisas e...

– O problema é que ela está explorando o seu Brandão – completa Figueiredo.

– Explorando?

– Sim. Ele contou a ela o que lhe aconteceu no passado... esses pesadelos... e a vidente parece que o está explorando com isso.

– Mas o senhor me disse que ele não estava mais tendo esse tipo de problema durante o sono.

– É... acontece que ele deve ter muito medo de que isso ocorra novamente e, pelo que sabemos, procurou essa senhora... dona Irma... esse é seu nome, e lhe contou tudo. E a mulher está lhe pedindo muito dinheiro para fazer um trabalho que ela chama de especial.

– Entendo.

– A esposa de seu Brandão, dona Dulce, se encontra muito agoniada com isso, porque se as coisas continuarem como vão indo, ele vai acabar com o dinheiro que tem. Cada vez, ela pede mais, sabe?

– Hum... isso é ruim.

– Seu filho, o Nando, moço bom, já chegou até a ir conversar com essa mulher para tentar uma explicação, mas não pôde fazer nada porque, ele mesmo, sentiu medo com as palavras dela.

– Creio que ela o esteja explorando, mesmo.

– Será que o senhor, como espírita, não poderia ajudá-lo?

– Se eu puder fazer alguma coisa...

– Tenho certeza de que vai ajudá-lo, Luar. Sinto isso – afirma Verônica.

– E seu Medeiros está sabendo disso?

– Creio que não. Já faz algum tempo que ele não aparece por aqui.

– Bem, tenho que ir agora e agradeço muito pela acolhida, pelo bolo, que estava uma delícia, e pelo refrigerante. Deus lhes pague.

– Não há o que agradecer, Luar. Se conseguir fazer alguma coisa pelo seu Brandão, já estamos satisfeitos.

– Vamos ver. Então, até outro dia.

– Até outro dia, Luar, e que Deus o acompanhe. Você entendeu bem o caminho, não?

– Entendi, sim. Não vai ter erro.

– Pena que meu automóvel esteja em reparos na oficina, pois senão, eu o levaria até lá.

– Não há necessidade, seu Figueiredo. Estou acostumado a caminhar.

– Até qualquer dia, Luar – diz a mulher. – E não se esqueça da gente. Quando quiser, venha comer um pedaço de bolo. Sempre há bolo aqui em casa.

– Eu agradeço e virei, sim. Até mais.

Trinta e oito

ALGUMAS HORAS DEPOIS, LUAR, seguindo as orientações de seu Figueiredo, chega, finalmente, à Fazenda Santa Luzia. Procura por seu Brandão e o encontra no escritório da fazenda.

– Bom dia, seu Brandão. Venho da parte de seu Medeiros.

– Oh, sim, como vai? Medeiros falou sobre você, por telefone.

– Tenho esta carta dele.

– Deixe-me ver. Hum... senhor... Luar Peregrino, não? Esse é seu nome.

– Sim. Luar Peregrino.

– Aqui ele diz que não possui documentos, mas que precisa muito de ajuda.

– Sim, senhor – responde, humildemente, Luar.

– Muito bem. Vou ajudá-lo. A pedido de Medeiros.

– Muito obrigado, seu Brandão.

– Deixe-me ver. No momento, estou precisando de alguém para trabalhar aqui no escritório. Para ajudar o Gouveia, não é, Gouveia?

– Estou precisando, sim, patrão. Ainda não consegui começar a pôr em ordem aquelas fichas que o senhor me pediu.

– Então está acertado, Luar. Você vai trabalhar aqui com o Gouveia. Agora, lugar para morar...

– Se me permite, patrão, tem este cômodo vazio aqui no escritório. Talvez, se colocássemos um colchão...

– É, vai dar certo.

– Tem até um armário lá. Se ele quiser, poderá utilizá-lo para guardar as suas coisas.

– Você tem muita coisa, Luar?

– Apenas o que está nesta mochila. Possuo três mudas de roupa e alguns poucos utensílios.

– Se para você estiver bem...

– Está ótimo.

– Mostre-lhe o lugar, então, Gouveia, e providencie um colchão e umas roupas de cama. Se não conseguir, fale com Dulce.

– Certo, patrão.

– Eu já vou indo – diz Brandão. – Ah, ia me esquecendo. Depois Gouveia lhe fala a respeito do pagamento, Luar. Não vai ser muito no começo, mas terá comida. Aqui na fazenda, servimos alimentação para os funcionários.

– Para mim está ótimo, seu Brandão. E que Deus o abençoe por me ajudar.

– Amém, Luar. Amém.

– Venha comigo – convida Gouveia, levando-o para conhecer o pequeno quarto. Entrando no cômodo, Gouveia abre uma janela para arejar o ambiente. – Seu lar – diz.

– Muito bom, seu Gouveia. E uma bela vista da janela.

Realmente, a alguns metros, extensa fileira de árvores parte dali, rodeando os fundos da construção e terminando do outro lado. A casa, onde se localiza o escritório, bem como a que serve de morada a Brandão, tem estilo centenário, com amplos alpendres.

– Parece a casa de dona Josete.

– Dona Josete?

– Uma fazenda a alguns quilômetros daqui. Estive lá há alguns dias.

– Você já trabalhou em fazendas?

– Creio... quer dizer... não.

– Você não tem certeza?

– Oh, sim, nunca trabalhei.

– Bem, como você me ouviu dizer, poderá usar este armário. Vou pedir para a faxineira limpá-lo, bem como dar uma varrida no quarto. Mais tarde, providenciarei um colchão e roupas de cama. Para banhar-se, poderá usar o banheiro do escritório. Deixarei a porta aberta para que você o use à noite, se precisar. Se quiser lavar suas roupas, poderá usar o tanque que está atrás do escritório. E verei, caso aceite, se tenho algumas roupas para lhe dar. Somos do mesmo tamanho.

– Eu lhe agradeço muito, seu Gouveia.

– Agora, vou lhe pedir um favor.

– Pois não, seu Gouveia.

– Deixe esse "seu" de lado. Chame-me de Gouveia, simplesmente.

– Está bem, Gouveia.

– Assim está melhor. Você já almoçou?

– Comi um pedaço de bolo no armazém de seu Figueiredo.

– Venha. Vou levá-lo para almoçar. Há alguns peões da fazenda que almoçam num refeitório que o patrão mandou construir. Seu Brandão é um homem muito bom.

– Sei disso.

– Vamos, então. Os homens já almoçaram, mas deve ter ainda um pouco de comida. O jantar será servido às dezenove horas.

– Esses peões não almoçam em casa? Vi várias casas a uns cem metros daqui.

– Quem mora nas casas, almoça com suas famílias. Estes, moram na cidade e vêm de caminhão para trabalhar.

– Entendi.

– Vamos, então.

Gouveia leva Luar para o refeitório que, apesar de simples, aparenta ter muita higiene. As janelas e portas são revestidas de tela contra a entrada de moscas e as mesas são pintadas de branco, com grandes toalhas de papel a cobri-las. Ao todo, são cinco enormes mesas.

– Dona Gertrudes, temos mais um para almoçar.

– Quem? – pergunta uma voz agradável vinda de um cômodo adjacente, que Luar percebe ser a cozinha.

– Luar.

– Luar?!

Gouveia sorri e acrescenta:

– Seu nome traz estranheza – diz.

– Isso é verdade. Toda vez que o pronuncio, um eco exclamativo sempre responde.

– Seus pais deviam ter uma veia poética. Luar Peregrino...

– Poético? Não havia pensado nisso.

– Oh, sim. Parece título de filme, de livro... É verdade.

– É... acho que tem razão... Luar Peregrino...

– Luar? – pergunta uma mulher, gorda e simpática, ao entrar no refeitório, enxugando as mãos no avental. E quando o vê, exclama: – Luar, você é muito bonito.

– A senhora me deixa encabulado.

– Ora, até que enfim me aparece alguém bonito. Só temos homens feios por aqui.

– Dona Gertrudes...

– Não estou falando de você, Gouveia. Digo sempre para a Sônia, sua esposa, que ela soube escolher bem.

A mulher estende a mão a Luar, cumprimentando-o.

– Mas você se chama Luar?

– Luar Peregrino.

– Luar Peregrino?!

Os dois sorriem ante o espanto de Gertrudes.

– Bonito nome – conserta a mulher. – Ah, é brincadeira! Vocês dois estão rindo de mim.

– Não é brincadeira, não, Gertrudes. O nome dele é esse mesmo. Ele vai trabalhar comigo no escritório e vai dormir naquele quarto vazio.

– Oh, meu Deus, então preciso ir lá dar uma limpada. Deve estar todo empoeirado.

– Depois você faz isso. Agora, sirva um bom prato de comida para o nosso amigo aqui.

– Mas é prá já – diz a mulher, encaminhando-se para a cozinha.

– Vou deixar você, Luar, e voltar para o escritório. Quando terminar, me procure.

– Está bem.

Gouveia sai e Luar senta-se à mesa, aguardando dona Gertrudes com o prato.

– Meu Deus – pensa –, quanta coisa aconteceu comigo nestes últimos dias! Será que agora terei um pouco de sossego para raciocinar e tentar, sei lá, relembrar alguma coisa de meu passado? Me ajude, Jesus. Que os Seus mensageiros possam me auxiliar, aliás, que possam continuar me auxiliando porque sei que devem estar tendo muito trabalho comigo. Muitas vezes, solicitamos auxílio ao invés de agradecermos, porque, na verdade, estamos sempre sendo muito auxiliados. Mas quem serão meus parentes? Meus pais? Estarão vivos? Terei irmãos? Casado, creio que não sou, porque não possuo nem aliança, nem vestígios no dedo de ter usado e não acredito que, se fosse casado, não estaria usando uma. E Agnaldo, como será que ele se encontra? Ainda esperando o pai? Agora, deve estar esperando minha visita. De qualquer maneira, meu Deus, eu Lhe agradeço muito porque, apesar de tudo, tenho encontrado pessoas muito boas. Seu Clóvis, dona Alice, dona Josete, seu Medeiros, seu Armando, agora, seu Brandão, Gouveia e dona Gertrudes. Figueiredo também foi muito bom para comigo.

– Pronto, Luar, aqui está seu prato – diz dona Gertrudes.

– Obrigado, minha senhora.

– Se quiser mais, é só pedir.

Luar faz a refeição e vai se encontrar com Gouveia no escritório.

– E, então, gostou da comida? – pergunta-lhe Gouveia.

– Muito boa. Dona Gertrudes cozinha muito bem.

– Luar, esta vai ser a sua mesa. Aqui tem caneta, lápis, borracha e o que poderá precisar. Venha até aqui. Vou lhe ensinar o serviço.

Trinta e nove

É NOITE E LUAR JÁ SE ENCONTRA deitado. Faz uma prece e o sono lhe vem rapidamente, pois quase não dormira nas últimas duas noites. Em alguns minutos, se vê desprendido do corpo e é com grande alegria que encontra Cláudia e seus amigos à sua frente.

– *Tudo bem, Luar?* – *pergunta-lhe a moça.*

– *Sinto-me muito bem e é uma pena que não me lembre do que ocorre durante este meu desprendimento, quando acordo.*

– *Com o tempo vai se lembrar de alguma coisa.*

– *Vai ser muito bom para mim, apesar de que, quando acordado, sinto a presença de Espíritos amigos e sempre imagino que está ao meu lado.*

– *Pode ter certeza disso.*

– *E eu agradeço, a vocês, todo o auxílio que têm me proporcionado, principalmente no tocante à confiança e à fé que tenho sentido. Também pela calma que se instalou em meu coração e pela certeza de que tenho que praticar o bem, seja em que circunstância for.*

– *Nós é que lhe agradecemos nos ter escutado, Luar. Dessa maneira tem nos poupado muito trabalho.*

– *Só não consigo entender por que tanta preocupação para comigo. O que posso representar para vocês? Não sou nada.*

– *Coisas do passado, Luar, que não convém que o coloquemos a par e muito menos recordar. Apenas confie em nós.*

– Eu confio.

– Viemos aqui para que nos acompanhe numa excursão onde muito poderá aprender e, principalmente, conhecer um Espírito muito caridoso e que muito tem trabalhado pelos necessitados.

– E quem é esse Espírito?

– Seu nome é Fernando e, hoje, vamos satisfazer um antigo desejo dele que é o de rever seus familiares ainda encarnados.

– Acredito que vá ser uma experiência de muita emoção para ele.

– Temos certeza disso. Venha conosco. Fernando é tio do nosso irmão Domingos, aqui. Mas, vamos.

Dizendo isso e, diante ainda da incapacidade de Luar de locomover-se por outros meios, vão caminhando pelas ruas, só que numa velocidade muito grande, como se ocorressem flashes *de partes da viagem que realizam. Quando Luar percebe, já se encontram num campo florido, iluminado pelo luar, o qual não sabe definir se é um local do plano terrestre ou do plano espiritual, mas prefere não ficar perguntando muito e apenas ouvir o que lhe for destinado ouvir. Em poucos minutos aparece o Espírito Fernando, acompanhado de mais dois outros. Ele cumprimenta a todos e se dirige especialmente a Domingos, seu sobrinho.*

– Nem posso acreditar, Domingos! Finalmente irei rever meus familiares.

– Você fez por merecer, tio. Mas como já lhe disse, deve orar bastante e acalmar o seu coração. Procure colocar-se em posição de muita tranquilidade, consciente de que apenas irá vê-los, sem poder interferir em nada.

– Por que me diz tudo isso? – pergunta.

– Porque ainda não se encontra preparado para esse tipo de trabalho; ainda necessita de muito estudo e treinamento. Pode e deve, no entanto, emitir boas vibrações em favor de seus entes queridos. Isso, em muito, os auxiliará.

– É interessante, Domingos. Sempre esperei por este momento e agora que ele chegou, não sei dizer se, realmente, estou preparado.

– Fique tranquilo, meu tio, e atenda aos apelos de seu coração, de maneira bastante fraternal. Tudo dará certo.

– Será que todos estão bem? Quero dizer... sem problemas?

– Todos temos problemas na vida, tio, mas Deus, nosso pai, em Sua sabedoria e amor, não nos coloca à frente, empecilhos maiores que a nossa capacidade de resolvê-los. São apenas lições de vida para podermos aprender e evoluir cada vez mais, em direção à verdadeira felicidade.

– Você tem razão. Na verdade, nós é que dimensionamos mal o tamanho de nossas dificuldades.

– Muito bem colocado. Mas o senhor está pronto? Podemos ir? A equipe já se encontra a postos, não é, irmã Cláudia?

– Estamos todos prontos.

– Eu também estou, meu sobrinho. Podemos ir.

Domingos caminha com o tio logo atrás de Flávio, Fontes e Miranda. Mais à retaguarda, Cláudia e Luar, secundados pelos outros dois que acompanhavam Fernando.

– O irmão Fernando, Luar, desencarnado há pouco mais de quatro anos e, atualmente, habitante de uma colônia espiritual, após muito estudo e muito trabalho em benefício de irmãos necessitados, próximos à crosta da Terra, como lhe disse, acaba de receber a oportunidade de visitar, pela primeira vez, aqueles que com ele conviveram quando encarnado e a ele foram ligados pelos laços consanguíneos: sua esposa Berenice e sua única filha, Angélica, atualmente com vinte e dois anos de idade.

– E hoje vai ser o grande dia para ele?

– Sim. Domingos, que é seu sobrinho, lhe tutela o aprendizado na Vida Maior e foi quem se incumbiu de todas as providências para este encontro, desde a saída do tio da zona em que vive até sua viagem para esta dimensão mais materializada da Terra.

Fernando irradia felicidade, apesar de se sentir um pouco ansioso e preocupado, pois quer ver felizes os seus entes queridos. A caminhada é calma e, em pouco tempo, encontram-se finalmente defronte de sua antiga morada terrestre. Seu coração acelera e lágrimas de alegria escapam de seus olhos quando vê que tudo parece estar como há quatro anos. Nada havia sido modificado, sendo que, até mesmo os canteiros de flores de que tanto gostava, continuavam sendo bem cuidados e, já estão para entrarem na casa quando são interceptados por três entidades espirituais que encontram-se à porta, como se estivessem em posição de guarda, o que rapidamente Domingos explica tratar-se de um serviço de vigilância, fruto do merecimento dos ocupantes encarnados, e que algum acontecimento anormal deveria estar ocorrendo.

– O que acontece, irmão? – pergunta Domingos a um dos Espíritos. – Este é Fernando, esposo de dona Berenice, o qual acompanho em sua primeira visita ao antigo lar.

O Espírito cumprimenta a todos com um largo sorriso e os acalma:

– Não precisam se preocupar com nada, principalmente o irmão Fernando. Tudo está bem e sob controle. Apenas estamos fazendo uma higienização no lar, porque dona Berenice e sua filha Angélica logo estarão de volta e, tendo em vista a cirurgia por que passou a moça, devemos preparar o ambiente para o seu retorno.

– *Cirurgia?! – exclama Fernando. – Que cirurgia?*

– *Acalme-se, meu amigo – responde o Espírito que havia se identificado pelo nome de José Luiz –, Angélica teve que retirar um pequeno mioma, mas tudo ocorreu perfeitamente bem. Aliás, sua esposa e filha são merecedoras de muito amparo espiritual. São pessoas sempre dispostas a auxiliar os mais necessitados e muitos grupos de socorro valem-se de seus préstimos e de suas energias elevadas.*

– *Minha esposa e minha filha têm feito trabalhos de auxílio? Não sabia que elas haviam se tornado espíritas.*

José Luiz sorri e explica:

– *Realmente, Fernando, elas não são espíritas, mas possuem vibrações de muito amor que são utilizadas em benefício de outros irmãos mais necessitados. Na verdade, elas nem sabem disso. Possuem também muitos amigos no Plano Espiritual, trabalhadores do Bem, que as auxiliam muito. São Espíritos de uma mesma família, um dia ligados por laços consanguíneos na Terra e que tudo fazem por elas, agradecidos que são pelo que foi feito em favor de um deles, atualmente encarnado.*

– *Pelo que foi feito em favor de um deles? E quem fez esse favor?*

– *Não se preocupe com isso agora, meu irmão. Se quiserem, poderei acompanhá-los até o hospital onde Angélica já se recupera da cirurgia.*

– *Vamos, sim – responde Fernando, um pouco preocupado, mas confiante, pois José Luiz mostrara-se bastante tranquilo ao relatar os acontecimentos e, em poucos minutos, já se encontram no interior do quarto do hospital onde a filha repousa na cama, recostada sobre alguns travesseiros, entabulando com a mãe, Berenice, animada conversa a respeito de alguns planos de trabalho a serem realizados quando tiver alta. Berenice, por sua vez, irradiando felicidade com o restabelecimento da filha, encontra-se sentada ao seu lado, acariciando seus cabelos. Fernando, então, ajoelha-se aos pés da esposa e da filha querida, agradecendo a Deus por aquele momento. Percebe que a esposa, agora, um pouco mais envelhecida, aparenta sublime serenidade no semblante e que a filha tornara-se mais bela nesses quatro anos. Levanta-se e as abraça, sentindo-se feliz quando, nesse exato momento, as mulheres começam a falar dele com muito carinho, denotando haverem, inconscientemente, registrado a sua presença. Volta o olhar para Domingos, que sorri para ele, e lágrimas de pura alegria brotam de seus olhos. E para completar esse inebriante momento, entram no quarto seis entidades muito iluminadas, desconhecidas de Fernando e que o abraçam ternamente, mostrando-se, através do carinho das palavras, profundamente agradecidas a ele pelo que realizou em benefício de um de seus entes queridos, fazendo-o recordar-se do que lhe foi dito por José Luiz. Comentam, ainda, que estão auxiliando bastante sua esposa e filha. Fernando diz não estar entendendo tanto agradecimento e pede que lhe expliquem do que se trata.*

– Não entendo o que dizem. Por que tanto agradecimento? – pergunta Fernando.

– Muitas vezes, meu querido irmão, fazemos o bem sem nem nos darmos conta.

– O Espírito caridoso, exercita a caridade como se fosse algo comum em sua vida e o faz tão naturalmente que nem fica sabendo do resultado desses seus atos de desprendimento e amor – diz, ainda, uma outra entidade.

– Ainda continuo sem entender.

Os Espíritos entreolham-se sorridentes e lhe apontam a porta de entrada do quarto que, nesse momento, é aberta, dando passagem a um moço de vinte e poucos anos, acompanhado de uma senhora que percebe-se, logo, ser sua mãe. O moço aproxima-se de Angélica e lhe beija a fronte, enquanto Berenice abraça a mulher.

– Como está minha futura nora? – pergunta a senhora.

– Agora estou bem melhor – responde a moça, segurando a mão de Adriano, que senta-se ao seu lado na cama.

– E logo estaremos melhor ainda – completa o rapaz. – Já estou providenciando os papéis de nosso casamento.

Angélica sorri e Fernando percebe o quanto de felicidade estampa-se na fisionomia da filha e de Adriano. Nesse momento, os Espíritos ali presentes aproximam-se dos jovens e os enlaçam em vibrações de muito carinho, sempre sorrindo para Fernando.

– É uma pena que papai não possa estar aqui – diz a moça. – Gostaria muito que partilhasse este momento.

– Rezo por ele todas as noites, querida – responde Adriano – Afinal de contas, não fosse por ele e não teríamos nos conhecido e nem poderia estar, agora, contemplando você.

Fernando olha para Domingos como a pedir explicação sobre o que o rapaz está falando. Este dá um sinal para que continue a ouvir.

– Sim, querido – fala Angélica –, lembro-me de quando sua mãe esteve em casa para conhecer-nos e você foi junto, já recuperado da cirurgia. Lembro-me muito bem do que senti quando o vi pela primeira vez.

– Eu também, Angélica. Naquele momento, percebi que você era a mulher da minha vida. Fomos lá para agradecer o que seu pai havia feito por mim e apaixonei-me por você. E pode ter a certeza de que a farei muito feliz.

Fernando olha novamente para Domingos e não se contém:

– Afinal de contas, Domingos, o que foi que eu fiz?

Domingos sorri e, rodeado pelos Espíritos ali presentes, explica-lhe:

– Lembra-se de que um dia perguntou-me por que após a sua desencarnação, voltara a ter uma visão normal, já que possuía alguns graus de miopia que o obrigava a usar óculos, quando encarnado?

– Sim. Realmente, passei a enxergar perfeitamente bem, após a morte de meu corpo físico.

– Acontece que Adriano, vítima de uma doença aos sete anos de idade, ficou cego. Necessitava de um transplante de córnea para voltar a enxergar.

– Sim...?

– E há pouco mais de quatro anos, ele, finalmente, pôde realizar esse transplante e voltar a ver o mundo, depois de catorze anos na escuridão.

Fernando sente enorme emoção invadir seu coração.

– E...?

– Lembra-se, também, de quando deixou registrado no hospital desta cidade, a sua vontade de doar a sua córnea quando viesse a desencarnar?

Fernando nada responde, pois não é necessário. Caminha até Angélica e Adriano e os abraça dizendo:

– Meus filhos, sejam muito felizes, como estou sendo agora, e que Deus os abençoe.

– E que o nosso Criador o ilumine, Fernando – diz um dos Espíritos, avô de Adriano –, pela doação de seus olhos. Como pôde perceber, não somente deu a visão a um irmão, como restabeleceu a sua. Nós sabemos que nada podemos levar da matéria quando desencarnamos, porém muito podemos realizar com o que aqui deixarmos, desde que haja amor em nossos corações.

Cláudia, Flávio, Fontes, Domingos e Luar, então, retornam, deixando Fernando entregue às suas alegrias e junto aos parentes de Angélica que se incumbirão de levá-lo de volta.

– Bela e edificante lição, Cláudia – comenta Luar. – Todo o bem resulta no bem.

Quarenta

SÃO CINCO HORAS DA MANHÃ quando Luar desperta. Levanta-se, faz sua higiene e dirige-se até o tanque onde lava suas roupas e as pendura no varal. Dá umas voltas pelas imediações e às seis horas percebe movimentação no refeitório, dirigindo-se, então, para lá. Muitos homens já se encontram sentados para tomar o café da manhã.

– Sente-se, Luar – diz dona Gertrudes sorridente –, e tome um café e coma um pão. Meus amigos, este é Luar, o novo funcionário da fazenda. Está trabalhando no escritório com o Gouveia.

– Bom dia a todos – cumprimenta.

Os trabalhadores respondem ao cumprimento e um deles, aparentando pouco mais de cinquenta anos o convida para sentar-se junto a ele.

– Obrigado – agradece Luar.

– Muito prazer. Meu nome é Edgar e sou encarregado da manutenção dos tratores da fazenda e das demais máquinas.

– Como dona Gertrudes já anunciou, meu nome é Luar.

– Luar... um nome bastante diferente. Nunca ouvi dizer que alguém tivesse esse nome.

– Eu também – concorda Luar, rindo.

– Mas não deixa de ser um nome interessante. E é um nome masculino, não? O luar.

– É um nome masculino.

– Bem, seja bem-vindo.

– Obrigado.

– E se precisar de alguma coisa, é só me procurar. Soube que está dormindo aqui na fazenda.

– Estou. Lá num quarto do escritório.

– Não incomode muito o nosso novo funcionário, Edgar – diz dona Gertrudes.

– Não vou incomodá-lo mais que você – responde o homem, brincando.

– Muito simpática essa dona Gertrudes – comenta Luar.

– É uma pessoa muito boa, só que se deixa levar pelas pessoas porque é muito ingênua. Agora, anda metida com uma tal de vidente.

– Vidente?

– Ela se chama Irma. Dona Irma.

Luar faz-se de desentendido e pergunta-lhe:

– E ela faz o quê?

– Diz trabalhar com Espíritos. Que faz e desfaz “trabalhos”.

– Sei.

– E parece que ela adivinha as coisas. Eu mesmo estive lá. Por curiosidade, sabe? E ela falou muitas coisas sobre mim que só eu sabia. Fiquei impressionado. Depois me disse que estavam fazendo um "trabalho" contra mim e que somente ela conseguiria desfazer. Mas pediu-me uma boa soma em dinheiro porque precisaria comprar umas coisas difíceis e caras. Eu não tenho condições de dar-lhe o que pede e sabe que agora estou preocupado?

– Mas o senhor não precisa se preocupar com isso. O senhor me parece um homem muito bom e esses "trabalhos", vamos dizer assim, pelo que sei, somente são atraídos por pessoas ruins. Entende?

– O senhor entende dessas coisas?

– Sou espírita.

– O senhor também faz "trabalhos"? Poderia cobrar menos que ela. Afinal de contas, tem muita gente gastando dinheiro com isso.

– Olha, Edgar, nós, verdadeiramente espíritas, não realizamos trabalhos dessa natureza. Nós procuramos ensinar as pessoas a seguir os ensinamentos de Cristo e estimulá-las a conhecer a Doutrina Espírita. Dessa maneira, conhecendo os ensinamentos do mestre Jesus e as verdades do Espiritismo, as pessoas terão condições de se modificarem e melhorarem as suas ações e, com isso, estarem em sintonia com os bons Espíritos. Nessa boa vibração, ninguém será atingido por "trabalhos" e, logicamente, sem necessidade de os desfazerem. Você entende?

– Entendo. E vocês, quer dizer, os espíritas, não cobram nada por isso?

– Isso mesmo. Na verdade, o que recebemos graciosamente do Plano Espiritual, através dos ensinamentos dos Espíritos, verdadeiros mensageiros de Jesus, de maneira alguma poderá ser cobrado. Como cobrar o que recebemos de graça?

– Você tem razão, mas muita gente aqui vem gastando até o que não tem com medo desses "trabalhos". Seu Brandão mesmo, e, por favor, isto é confidencial, já gastou muito com isso. Ele, há algum tempo, teve problemas e, agora, com medo, vive se utilizando dessa mulher para proteger-se. Ela até mora, de graça, numa casa dele, na cidade.

– Entendo...

Edgar conta, então, o que Figueiredo já lhe havia narrado.

– Será que você não poderia fazer alguma coisa a respeito? De minha parte, apesar dela ter dito coisas que somente eu sabia, não encontrei muita sinceridade nessa pessoa.

– E fez muito bem.

– Mas como sabia tantas coisas a meu respeito?

– Edgar, não será com meia dúzia de palavras que irei conseguir lhe explicar o que acontece nesses casos, mas, apenas como um esclarecimento rápido, vou lhe traçar algumas explicações, apenas para você ter uma ideia a respeito.

– Gostaria muito que me dissesse, que me explicasse.

– Bem, Edgar, vamos partir do princípio de que você acredita na existência da vida após a morte, ou seja, que nós, Espíritos, que possuímos um corpo, após a morte desse corpo, nos localizamos num plano, numa outra dimensão que denominamos de Plano Espiritual, certo?

– Tudo bem, aliás, já tenho alguma ideia sobre esse assunto, pois minha sogra que mora na Capital, é espírita e sempre nos fala a respeito quando nos visita. Inclusive ela nos diz que a verdadeira vida é a espiritual e que nesse plano existem cidades, hospitais, escolas e muitos órgãos de serviço. Que se formos bons, iremos para lugares bons e de paz, mas que se formos maus, seremos atraídos para lugares onde moram e imperam os maus. Isso tudo dentro de uma certa escala.

– Muito bom, Edgar. Com esse conhecimento, vai ser mais fácil explicar para você. Ainda temos tempo?

– Ainda temos mais alguns minutos, mas gostaria de poder conversar com você mais calmamente numa hora quando não estivermos no trabalho.

– Estarei sempre à sua disposição.

– Eu lhe agradeço muito.

– Mas voltando ao assunto, quando desencarnamos, levamos conosco todas as nossas virtudes e também todos os nossos defeitos e, principalmente, nossas viciações, entende?

– Entendo.

– Ninguém vira “anjo” apenas porque desencarnou. Continuamos a ser o que somos.

– Certo.

– Pois bem. Existem algumas religiões ou pessoas que se dizem espíritas, mas que não são, mesmo porque somente é espírita o seguidor de Allan Kardec, o codificador da Doutrina Espírita, haja vista que foi ele quem criou os termos Espírita e Espiritismo. E algumas dessas religiões ou pessoas se utilizam de Espíritos inferiores, irmãos nossos, infelizes ainda, para trabalharem para elas, aproveitando-se das fraquezas desses irmãos, muitos deles viciados nos convites da matéria. Para você ter uma ideia, muitos Espíritos, viciados no álcool, por exemplo, absorvem as emanações etílicas da bebida através de médiuns. Eu, mesmo, já presenciei médium que ingeriu uma garrafa de bebida alcoólica e quando terminou o transe, não se encontrava nem um pouco alcoolizado. O Espírito tinha haurido todo o álcool.

– Meu Deus!

– Para você ter uma ideia, muitos alcoólatras, não fossem os Espíritos viciados que os acompanham e bebem com eles, não teriam condições de beberem tudo o que bebem. Entrariam em coma. Pode acreditar.

– Eu acredito, sim.

– Bem, como estava dizendo, quando um Espírito ou Espíritos encontram um médium disposto a lhes proporcionar a satisfação de seus desejos que podem, inclusive, ser outros tipos de vícios, até mesmo os de ordem sexual, lhes pagam esse favor, trabalhando para eles. Na verdade, tornam-se verdadeiros escravos desses médiuns.

– E como fazem isso?

– Da mesma maneira como satisfazem seus apetites inferiores, se prestam a dar informações ao médium, seja através da intuição, seja, mesmo, através da vidência, da audiência ou de ambas as mediunidades, ou seja, o médium os vê e ouve.

– E daí...?

– Daí que, assim como temos a nos ajudar Espíritos amigos e que nos amam, ligados a nós, por intermédio de outras encarnações, existem, também, Espíritos, inimigos nossos, que tudo fazem para nos prejudicar. Foram inimigos no nosso passado e que ainda não conseguiram nos perdoar. Aí é que, como lhe disse antes, entram as nossas boas ou más ações que nos ligarão aos bons ou maus Espíritos.

– Entendi.

– Agora, para ser mais prático na minha explicação: quando nos vemos diante de um médium vidente e audiente, o Espírito que usufrui de favores do médium entra em contato com o Espírito ou Espíritos que nos acompanham e, através dele ou deles, consegue passar para o médium, e pode mesmo ser através da intuição, dados e acontecimentos que nós julgamos ser os únicos a ter conhecimento, mas que esse Espírito ou Espíritos que nos querem prejudicar, também o sabem.

– Mas os bons Espíritos também lhes passam informações?

– Evidente que não, mas quando uma pessoa procura um trabalho dessa natureza, ou é porque já se encontra sob a influência de um mau Espírito ou porque ela se encontra movida pela curiosidade apenas e, logicamente, que os bons Espíritos não se ocupam disso e acabam deixando-a à mercê de seu próprio desejo e, aí, o Espírito que a quer enganar, toma conta da situação.

– E como é que os problemas se resolvem?

– Algumas vezes, os Espíritos que se comprazem com os prazeres que o médium lhes disponibiliza, acabam ajudando os que querem ver soluções para os seus problemas, na maioria dos casos, desejos descabidos que serão atendidos em detrimento da felicidade de outros.

– E quando esses problemas são originários de Espíritos vingadores que atacam os encarnados?

– Nesse caso, esses infelizes são afastados à força, sem serem auxiliados da maneira mais correta que seria fazê-los voltar seus pensamentos para a compreensão e para o perdão.

– E ficamos muito impressionados com tudo isso e acabamos confiando cegamente no vidente.

– Fácil de entender, não é?

– Agora ficou claro.

– Bem, Edgar, penso que já está na hora de irmos para o trabalho. Os outros já estão saindo do refeitório.

– Oh, sim, precisamos ir agora. Mas ainda quero conversar mais com você a respeito desse assunto.

– Quando quiser, Edgar. Procure-me. Gostaria também de lhe oferecer um livro.

– Apreciaria muito. Agora, ao trabalho.

* * *

Mais tarde...

– E então, Luar, tudo bem com o serviço?

– Tudo bem, Gouveia.

– Aprendeu rápido. Você tem algum diploma?

Luar fica um pouco atrapalhado. Não sabe se deve dizer a verdade.

– Bem... eu... quer dizer...

– Bom dia a todos – cumprimenta Brandão, acompanhado de Edgar, o que livra Luar da embaraçosa situação. – Como está, Luar? Gostando daqui?

– Oh, sim. O lugar é muito bonito, o serviço é bom, a comida é ótima, já fiz algumas amizades, enfim, um paraíso.

– Fico satisfeito que esteja se sentindo bem. Medeiros o indicou e devo muito a ele.

– Luar está se saindo muito bem na tarefa que lhe encomendei. Estava até lhe perguntando se ele tem algum diploma, se é formado em algum curso.

– Você poderia nos dizer, Luar? – pergunta Brandão.

– Não, senhor. Eu não sei responder.

Gouveia e Edgar olham para ele sem entender.

– Luar, conforme me relata Medeiros, – explica Brandão – está com perda momentânea da memória. Sabe e conhece muita coisa, mas não consegue lembrar-se de ninguém e nem de seu passado.

– O que foi que aconteceu que o deixou assim?

– Um atropelamento. Fui atropelado.

– E sua família?

– Não me lembro.

– Você estava sozinho quando foi atropelado?

– Pelo que pude apurar, fui atropelado numa avenida da Capital e devia estar sozinho. Pelo que ouvi no hospital onde me encontrava, bati com a cabeça e perdi parte de minha memória.

– E o hospital ou a polícia não tomou nenhuma providência? Através de seus documentos... – pergunta Edgar.

– Quando acordei no hospital, não tinha comigo nenhum documento. Se tinha uma carteira, devem tê-la roubado, talvez, logo após o acidente.

– Poderiam ter colocado uma fotografia sua num jornal – diz Gouveia.

Luar não sabe o que dizer e não conhece o conteúdo da carta que Medeiros havia escrito a Brandão. Teme, então, mentir.

– Eu fugi do hospital.

– Fugiu? – pergunta, espantado, Gouveia. Brandão limita-se a ouvir, talvez, com a intenção de verificar se Luar mentiria.

– É... é uma história um pouco complicada, mas penso que vocês devam ter conhecimento.

E Luar conta a eles tudo o que lhe acontecera, deixando de narrar, apenas, o episódio referente ao Espírito feminino que o aconselhou e que prometeu auxiliá-lo, bem como, o fato de saber o que está acontecendo na cidade com a médium vidente.

– Medeiros me explicou na carta, de maneira rápida, o que lhe aconteceu e a sua situação. Falou-me também que é espírita e que é uma ótima pessoa. Luar, aqui você não precisa temer nada e acredito que ninguém virá procurá-lo, mas se porventura isso vier a ocorrer, fique tranquilo que nós o defenderemos.

– Eu lhe agradeço muito, seu Brandão.

– Espero que recobre logo suas lembranças e que possa colocar na cadeia quem está tentando contra a sua vida. Agora, você tem toda a razão de se precaver. Deve pertencer a uma família abastada e creio que exista algum parente seu querendo livrar-se de você.

– Eu também acho – diz Gouveia. – Luar é bastante inteligente e suas maneiras são de alguém de classe alta e que pôde estudar.

– Eu estava achando estranho mesmo esse seu nome: Luar Peregrino.

– Mas esse seu amigo andarilho não tinha um nome melhor para inventar? Garanto que por todo o lugar por que passa, tem sempre alguém se espantando com ele.

– Isso é verdade – concorda Luar, sorrindo.

– Por que não usa um outro que chame menos a atenção?

– Sabe que já me acostumei com ele?

– Já se acostumou?

– Já e... sei lá... não gostaria de mudar o nome que o velho Raul me deu.

– Tudo bem, então, Luar.

Todos sorriem e Brandão fala, agora, mais gravemente:

– Luar, gostaria de conversar com você qualquer dia destes. Edgar me falou de algumas explicações que você lhe deu sobre Espiritismo e gostaria de lhe fazer algumas perguntas.

– Quando o senhor quiser, seu Brandão.

– Eu lhe digo.

– Combinado.

– Um bom dia para vocês, então – deseja Brandão, saindo, acompanhado por Edgar.

Quarenta e um

– ROMILDO, VOCÊ É UM IMBECIL! Será que não consegue fazer nada direito?! Ou será que vou ter que contratar outra pessoa para fazer o serviço que você não consegue?! Enganado por um farmacêutico e pelo idiota, que agora vocês tratam por Luar! – fala, nervosamente, Paulo.

– Nós vamos conseguir, Paulo. Preciso apenas de um pouco mais de tempo.

– Você tem, pelo menos, ideia para onde ele foi?

– Ainda não, mas vou descobrir.

– Você nem sabe onde ele poderá estar?!

– Ainda não.

– Então, mexa-se e distribua seus homens na tentativa de encontrá-lo.

– Certo.

– Agora! Não fique aí parado!

Dizendo isso, Paulo desliga o telefone.

* * *

Na fortaleza da Legião dos Corvos, no umbral, Rufus se reúne novamente com seus imediatos. Estão presentes: Faros, Enoque, Pórcio, Ludolfo e Ozias. Rufus se encontra possesso.

– Quer dizer que ainda não conseguiram nada?!

– Não é culpa nossa, Rufus. A culpa é dos idiotas dos encarnados. Romildo e seus homens não conseguem sucesso em nada que lhes instigamos. São muito incompetentes.

– Ou a força da mente de vocês é que já não funciona mais? Será que estão colocando ódio suficiente no que fazem? Se estivessem, aí, sim, aqueles homens fariam tudo errado. Errado para eles, mas corretamente para nós. Tivessem vocês grande controle sobre eles e já teriam eliminado Luar, mesmo se arriscando a serem presos. E Luar já estaria deste lado.

– Eles querem fazer tudo muito limpo.

– Vocês têm que lhes instigar ódio por tudo o que estão passando. Ódio por Luar! Revolta! Raiva! Entendem?!

– Sim, chefe. Só se for isso que está faltando.

– E ainda duvidam?!

– Estamos sempre fazendo o possível.

– Pois façam o impossível!

– Certo. E Higino, chefe?

– Não me lembre desse infeliz! Aliás, parece que você tinha razão. Quanto mais castigos, mais parece se fortalecer na ideia.

– Penso que deveríamos fazer justamente o contrário.

– O contrário?

– Sim. Dê-lhe o que mais gosta. O que de melhor tiver. Vamos ver se essa sua vontade é férrea mesmo, ou se sucumbirá à tentação.

– Bem pensado, Faros. Bem pensado. De que ele mais gosta, Enoque? Você que o conhece bem.

– Bebida, Rufus.

– Pois arranje para ele o que de melhor tivermos.

– Agora mesmo, Rufus – diz Enoque, saindo em direção à masmorra.

– Essa mesma tática não poderia ser usada contra Luar, Faros? Mesmo porque, se ele sucumbisse, seria mais fácil trazê-lo para nós.

– Com Luar já é mais difícil.

– Qual o seu ponto fraco?

– Não consegui descobrir ainda, Rufus.

– E onde ele se encontra agora, Faros?

– Numa fazenda não muito distante da cidade em que se encontrava.

– Mas descobrimos algo importante, Rufus – diz Pórcio.

– E o que é?

– Uma médium vidente que se utiliza de um conhecido nosso.

– E quem é ele?

– Saldanha.

– Aquele bêbado desencarnado?

– Sim.

– E quem é o "copo"?

– Ela mesma.

– Na frente dos clientes?

– Não. De madrugada.

– Ela já está agindo lá há muito tempo?

– Há cerca de uns oito meses.

– E quem são seus "clientes"?

– Pessoas da cidade e, principalmente, um fazendeiro de nome Brandão, que é quem está hospedando Luar no momento – informa Faros.

– E já pensaram em alguma coisa?

– Sim – diz Faros, que toma as rédeas da conversa. – Estamos pensando numa maneira de acabarmos com o fazendeiro de uma vez por todas. Aí, pegaremos Luar por um ponto fraco que me ocorreu agora.

– E qual é?

– Ele não gosta de ver o sofrimento alheio quando causado por entidades do além.

– E o que há de tão importante nisso?

– Poderemos agir de modo que ele se interesse em ajudar o homem que o acolheu e o colocaremos contra ele, porque, assim que Brandão parar de colaborar financeiramente com Irma, nós o atacaremos durante o sono. Também poderemos colocar contra Luar todos aqueles que, de alguma forma, se beneficiaram com o "trabalho" de Irma.

– É um bom plano.

– É o que nos vem à mente neste momento.

– Está bem. Vamos ver se desta vez o plano de vocês funciona, mas, de qualquer maneira, não percam Romildo de vista.

– Já colocamos servidores nossos constantemente a vigiar os seus passos e os de seus homens, informando-nos a todo tempo.

– Agora vão. Quero ver como Enoque está se saindo com Higino.

Rufus desce extensa escadaria, dirigindo-se a um tipo de masmorra, um ambiente mais fétido ainda que a própria fortaleza. Constitui-se de uma sala de forma circular, com paredes e chão rochosos e limbosos. Nessa parede circular, oito pesadas portas dão acesso a minúsculas celas. Numa delas encontra-se Higino.

– Guardas, abram! – ordena Rufus.

A porta é aberta e Higino encontra-se sentado no chão, pernas encolhidas e cabeça entre os joelhos. No chão, próximo às paredes laterais, diversas garrafas de bebida com alto teor alcoólico emanam odor forte. O Espírito treme dos pés à cabeça. Quando vê Rufus, balbucia:

– Eu vou me conter... eu vou me conter...

Rufus apanha uma das garrafas e aproxima o gargalo, sem a tampa, ao nariz do infeliz.

– O que você acha, Higino? É dessa que você gosta, não é?

– Meu Deus, me ajude – roga o Espírito.

– Vamos, beba – fala docilmente Rufus. – Beba.

– Não...

– Só um gole.

– Não...

Diante da negativa de Higino, Rufus se irrita e derrama o líquido sobre o corpo dele. Apanha mais garrafas e faz a mesma coisa, molhando todo o corpo do infeliz.

– Pronto. Você poderá se lamber também.

– Não...

– Você vai beber! – berra, colérico.

– Não.

– Guardas! Venham até aqui!

– Pronto, chefe.

– Agarrem-no e abram a sua boca.

Os guardas, violentamente, agarram o Espírito, deitam-no, imobilizando-o e escancarando-lhe a boca. Rufus apanha três garrafas, coloca-as no chão, perto de Higino e, apanhando a primeira, entorna-a em sua boca. Em vão, Higino tenta desviar, mas não consegue e o líquido lhe é derramado garganta adentro. Tenta cuspi-lo. E assim, as três garrafas são esvaziadas rapidamente.

– Podem soltá-lo. Pronto, Higino. Agora, se quiser, poderá beber o restante.

O Espírito fica largado no solo e Rufus sai da cela, acompanhado pelos guardas.

– Daqui a meia hora, se ele não estiver bebendo por sua livre vontade, sirvam-lhe mais da mesma maneira.

– Sim, chefe.

– Agora quero que me tragam estes imbecis que tenho os nomes anotados nesta folha. Já! Quando estiverem aqui, me avisem.

– Vamos buscá-los e o avisaremos.

Rufus sobe as escadas em direção ao nível normal da fortaleza.

Quase uma hora se passa e Rufus é comunicado que os Espíritos que ele indicou já estão na masmorra, esperando por ele. São entidades que ele considera suspeitas de estarem junto com Higino num plano de amotinarem-se.

– Agora quero ver se estão pensando mesmo em se bandear para o lado dos "das luzes".

Desce novamente até a masmorra.

Tochas iluminam o ambiente, tornando-o mais deprimente ainda.

– Estão todos aqui, chefe – informa um dos guardas.

– Tragam o chicote laminado.

Chicote laminado é um instrumento de tortura constituído por várias tiras em cujas extremidades encontram-se presas diversas lâminas de metal cortante.

– Está aqui, chefe.

– Você! – indica, Rufus, um dos Espíritos que foram trazidos – Quero que chicoteie Higino com muita fúria.

O Espírito olha surpreso para Rufus.

– Por que está me olhando assim?! Por acaso vai se negar a me obedecer?!

– Não, chefe. Vou chicoteá-lo com muita fúria.

– Muito bem. Abram a cela e tragam Higino para fora!

Os guardas obedecem, abrem a cela e qual não é a surpresa a estampar-se em suas fisionomias, quando constatam que o Espírito não mais se encontra lá. Suas mal cheirosas vestes encontram-se jogadas no chão, mas ele, surpreendentemente, desapareceu.

– Ele não está mais aqui, chefe! – informa um dos guardas.

– Como?!

– Higino desapareceu.

– Desapareceu?! Mas como?! – berra Rufus, empurrando os outros e abrindo passagem até a cela.

– Quem foi o maldito que o soltou?! Quem foi?! – encoleriza-se olhando para os guardas.

– Não foi nenhum de nós! – se defende o que parece chefiar o corpo de guardas daquele local – De maneira alguma faríamos isso.

– Mas quem foi, então?!

– Os "das luzes"! – grita um dos Espíritos ali trazidos. – Os "das luzes"! Tranquem-me nessa cela também! Tranquem-me nessa cela! Também quero que me libertem!

– Você é um deles! Chicoteiem-no, guardas! Chicoteiem-no! Quem mais quer ir para a cela?! Quem mais?!

Ninguém responde e o infeliz é chicoteado sem dó mas, até desfalecer, continua gritando:

– "Das luzes"! "Das luzes"! Socorram-me! Por Deus, ajudem-me!

– Não vão lhe ajudar, imbecil! Ou pensa que esses malditos "das luzes" é que libertaram Higino?! Eu ainda vou descobrir quem foi! E vou lhe impingir um sofrimento tão atroz que irá se arrepender de ter enfrentado o meu poder! Guardas, atirem este infeliz no charco! Será vítima de si mesmo!

Os guardas obedecem, carregando o Espírito desfalecido.

– E quanto a vocês, voltem para suas missões e nem pensem em me enfrentar! Voltem! E vou querer um relatório muito especial sobre o andamento de seus trabalhos! Saiam daqui!

Todos saem e Rufus fica sozinho na masmorra. Entra na cela e vê a roupa de Higino jogada ao chão. Examina as paredes e a porta.

– Impossível escapar daqui sem a ajuda de alguém. Preciso descobrir quem está por trás de tudo isto!

Quarenta e dois

– AGORA, LUAR, GOSTARIA que me fizesse um favor.

– Se estiver dentro de minhas possibilidades, seu Brandão...

– Sabe, conversei com Medeiros, hoje de manhã, pelo telefone, e ele me confirmou que você tem um conhecimento muito grande das coisas da vida e penso que talvez uma palavra sua, possa auxiliar um grande amigo meu. Trata-se de Gonçalo, um amigo de infância e que fiquei sabendo, encontra-se numa situação bastante difícil.

– E que tipo de dificuldade passa esse amigo do senhor?

– Gonçalo é um industrial bem sucedido, Luar, mas que, conforme sua esposa me informou e, inclusive, pediu-me que o ajudasse, vem sofrendo muito por uma questão que eu, apesar de minha ignorância nesses assuntos, penso tratar-se de um grave caso de angústia injustificada.

– Entendo – diz Luar, lembrando-se de Eusébio que também passava por um tipo de crise existencialista, mal que, a cada dia, insurge-se contra a humanidade, desprovida de uma crença religiosa.

– E penso que num caso desses, talvez uma boa conversa, algumas palavras ditas de maneira correta, possam auxiliar melhor que muitos remédios.

– Na verdade, nada melhor do que a pessoa que passa por um problema desses, conscientizar-se do que realmente lhe ocorre.

– E penso que você seria a pessoa certa para conversar com ele.

– Não posso garantir nada, seu Brandão. Não sou nenhum psicólogo, nem psiquiatra, mas posso tentar. Como lhe disse, nada posso garantir.

– Pois eu gostaria que tentasse, Luar.

– Tudo bem e o que terei que fazer?

– Gonçalo tem uma indústria numa cidade próxima daqui e irei lhe fazer uma visita, prometida há muito tempo. Quero que vá junto comigo e, na primeira oportunidade, fale com ele.

– E quando iremos?

– Amanhã de manhã.

– Combinado, então.

– Pretendo partir bem cedo. Apanho você às seis horas.

– Estarei esperando.

* * *

– O que achou da fábrica, Brandão?

– Fiquei encantado, Gonçalo. Nunca havia visto antes uma indústria desse porte. Ela é muito grande. Quantos empregados você tem?

– Na parte de fabricação, propriamente dita, incluindo a embalagem e expedição do produto, cerca de trezentos funcionários. No escritório, calculo que mais uns trinta.

– Meu Deus! Mais de trezentas pessoas! – exclama Luar.

– Pois é, e Brandão sabe que comecei do nada, com um pequeno barracão e apenas uma máquina.

– Isso é verdade. Lembro-me bem e era ele mesmo quem trabalhava com a máquina, Luar. Você progrediu muito, Gonçalo. Deve estar muito rico.

– Oh, sim. Hoje possuo muitos bens: casas, terrenos, apartamentos, automóveis, caminhões e até uma grande lancha com a qual dou alguns passeios quando o tempo me permite. Meus filhos são os que, na verdade, mais aproveitam tudo isso. Já são maiores de idade e estão tendo a diversão que eu nunca pude ter, pois nunca parei de trabalhar.

– Você sempre foi muito trabalhador, Gonçalo, e sei também, muito honesto.

– Oh, sim, isso sempre fui: muito honesto.

– Meus parabéns, amigo, e agradeço por ter me mostrado a sua indústria.

– Ora, Brandão, sempre tive por você muito carinho. Sempre foi o meu melhor amigo. Aliás, foi também uma pena não ter querido tornar-se meu sócio naquela época. Poderíamos estar hoje trabalhando juntos e ainda pode se quiser. Tenho um ótimo lugar para você em minha empresa – diz, e logo corrigindo –: Estou brincando, Brandão. Sei que sua vida está na terra e que se encontra muito bem, financeiramente.

– Não posso me queixar. Faço aquilo que mais gosto, você sabe disso, mas, de coração, gostaria muito de estar trabalhando com você. Sempre fomos bons amigos na mocidade. Depois é que nos distanciamos, não é?

– Isso é verdade. Sabe, Luar, Brandão e eu somos amigos desde a infância, frequentando, inclusive, as mesmas escolas.

– Quando moços – continua, agora, Brandão –, Gonçalo, que cursara uma escola técnica, acabou por optar em tentar a sorte com uma pequena máquina de extrusão de plásticos. Eu herdei a propriedade de meus pais e sempre tive uma paixão pelo trabalho rural. Então, cada um foi para um lado, quer dizer, na verdade, foi Gonçalo quem partiu. Eu fiquei na fazenda. Não cheguei a ficar tão rico quanto ele, que fez a pequena fábrica crescer vertiginosamente, mas consegui sempre levar uma vida sem quase nenhuma dificuldade financeira.

Neste momento, os três se encontram comodamente sentados em macias poltronas no escritório da indústria. A sala é muito grande e ricamente decorada, possuindo, inclusive, numa das paredes laterais, diversos monitores de televisão, através dos quais, por meio de câmeras, dá para se ver vários ângulos de toda a fábrica e seus funcionários trabalhando. É tão sofisticado o sistema que mediante um controle remoto, pode-se aproximar a imagem como num "zoom" cinematográfico.

– Mas você deve estar trabalhando muito também, Brandão, porque cuidar de uma grande fazenda não deve ser nada fácil. Na verdade, pelo pouco que conheço a respeito, imagino que a natureza às vezes o favorece, mas de outras, deve lhe dar uma enorme dor de cabeça, não? – pergunta Gonçalo ao amigo.

– Nisso você tem razão. Somos bastante dependentes da natureza. Ora necessitamos de chuvas, ora necessitamos que não chova. De outras vezes, temos que lutar contra as pragas, mas, enfim, isso tudo faz parte do sistema e temos que procurar conviver com todas essas variantes, utilizando-nos de técnicas desenvolvidas por estudiosos no assunto.

– Isso quer dizer que você tem que estar sempre estudando e aprendendo.

– Oh, sim. Não podemos mais parar no tempo. Sempre há o que se aprender. Na vida é assim, não é mesmo? Mas estou muito satisfeito com o que faço. Aliás, é a única coisa que sei fazer e sinto-me feliz com isso.

– Fico contente por você, Brandão, pois percebo que, realmente, deve ser muito feliz. Sinto isso em seu semblante.

– Sou, sim, graças a Deus. Você também me parece uma pessoa muito feliz – comenta o fazendeiro, de propósito, no intuito de, talvez, entrar no assunto que o levou até ali.

Gonçalo, nesse momento, abaixa os olhos e, depois de alguns segundos de silêncio, humildemente, confessa ao amigo:

– Não sou, não, Brandão. Na verdade, tudo isto aqui, todo este universo pelo qual tanto lutei durante toda a minha vida, já não mais me faz feliz como antigamente. Possuo tanta coisa, tantas facilidades, tantas portas abertas, uma boa esposa, belos filhos, mas lhe confesso que estou muito longe de ser feliz. Aliás, se quer saber, para poder trabalhar normalmente, para viver normalmente como você vive, por exemplo, necessito tomar toda manhã, um tranquilizante.

– E por que isso, Gonçalo? Não está satisfeito com a vida que leva? Aconteceu alguma coisa que o deixou transtornado? Algum fato que o tenha decepcionado?

– Esse é o problema, Brandão. Nunca me aconteceu nada que pudesse provocar essa angústia que sinto dentro do peito e que somente um remédio traz algum paliativo.

– Você disse angústia?

– Sim, uma inexplicável angústia.

– E você já procurou um médico, um psiquiatra?

– Oh, sim. Foi justamente um médico que me receitou esses comprimidos.

– E esse médico não descobriu a causa dessa angústia que sente?

– Em parte. Diz ele que o meu problema é muito comum hoje em dia, principalmente com pessoas da minha idade. Já tenho cinquenta e seis anos.

– Eu também, Gonçalo, mas não sinto angústia nenhuma. O que ele disse ser a causa?

– Uma espécie de crise existencial.

– Crise existencialista? – pergunta Luar, na tentativa de passar a conversar com o homem.

– Sim, Luar, e acredito que ele tem toda a razão, porque fico a me perguntar: “e agora?”

– “E agora?” – pergunta Luar, fazendo-se de desentendido, mas lembrando-se de Eusébio, a quem ajudara na casa de Medeiros.

– Sim. E agora? Veja bem, Luar: passei os melhores anos de minha vida lutando para ter todo este império e agora que o tenho, só me resta perguntar: e agora? Não sinto mais vontade de nada e a única coisa que faço é administrar este universo que criei e do qual encontro-me totalmente aprisionado. Montei um universo muito grande para mim.

Luar fica por alguns momentos pensativo, após o que rompe o silêncio:

– Sabe o que penso, seu Gonçalo?

– Por favor, Luar, pode me chamar de Gonçalo, apenas.

– Muito bem, Gonçalo. Talvez o seu universo não seja tão grande assim.

– Como? – pergunta o homem. – Meu universo é muito grande. Neste país, proporcionalmente ao número de habitantes, são poucas as pessoas que possuem universo tão imenso. Eu, talvez, ficaria um dia inteiro a lhe dar conta do tamanho deste meu mundo.

– Entendo a sua resposta, meu amigo, mas penso que você não possui a verdadeira noção de universo.

– Bem... se você for comparar este meu universo com o verdadeiro Universo, é lógico que o meu, de maneira infinitesimal, é muito menor, mas não é a esse universo que estou me referindo.

– Eu também não, Gonçalo. Estou me referindo a esse universo de coisas que você possui e que pouco representa, já que quando desencarnar não poderá levá-lo consigo.

– Desencarnar? Que conversa é essa, Luar? Você, por acaso, é espírita?

– Sou, sim, e essa é a maneira que utilizamos para designar a libertação do Espírito do corpo quando este morre, porque, na verdade, apenas o corpo morre. O Espírito permanece bem vivo.

– Tudo bem, mas o que isso tem a ver com toda esta nossa conversa a respeito de meu universo? É evidente que nada levarei comigo quando morrer, ou quando desencarnar, como você diz, ou, mesmo, eu, Espírito, abandonar este meu corpo. Disso eu sei, mas não estou entendendo o que está falando. Poderia ser mais preciso?

– Sim, Gonçalo. Acontece que a única fonte de alegria, que imagino você possuir, restringe-se à sua família e a esta fábrica, não é verdade?

Brandão gosta do rumo que a conversa está tomando e, propositadamente, levanta-se para servir-se de um café no fundo da sala, a fim de permitir que Luar converse com Gonçalo mais à vontade.

– Sim... Penso que sim...

– Pois então, Gonçalo, preste atenção. É verdade que não podemos prescindir de nossas realizações materiais, porque elas têm lugar importante no progresso da humanidade. Tome como exemplo esta grande indústria que você conseguiu construir com tanto sacrifício e que hoje, através do necessário trabalho que realiza, proporciona o sustento de mais de trezentas famílias, abrangendo, acredito, mais de mil pessoas e isso é muito gratificante e sua responsabilidade é muito grande perante toda essa gente. E tenha certeza absoluta que todas elas devem sentir por você um grande carinho e que suas vibrações em muito o auxiliam. Tenho plena convicção também, que lhe serão eternamente gratas por lhes ter proporcionado a oportunidade que estão tendo hoje de sobrevivência. Mas o que quero dizer, com referência a essa angústia que sente, é que o seu universo, o universo de seu Espírito é muito ínfimo e creio, até, que bem menor que o da maioria de seus empregados. E por isso é infeliz, apesar de possuir nas mãos todas as ferramentas para ser o mais feliz dos homens.

– Como assim, Luar? – pergunta Gonçalo, bastante interessado, pois tudo o que lhe chega de novo nesse campo do pensamento o atrai, tendo em vista a necessidade que tem de encontrar uma solução para o que sente.

– É muito simples, meu amigo. Precisamos encontrar a felicidade naquilo que podemos carregar conosco, por todo o sempre em nossos corações e, para isso, temos que ampliar esse universo.

– Continuo não entendendo.

– Muito bem, olhe para aqueles aparelhos de vídeo.

– Sim...

– Coloque a sua atenção... deixe-me ver... naquele terceiro, da esquerda para a direita.

– Certo.

– Agora diga-me: o que vê?

– Vejo meus empregados trabalhando.

– Por favor, aproxime mais a imagem. Isso. Mais um pouco. Está ótimo.

O rosto, então, de um dos empregados aparece bem nítido na tela.

– O que você vê agora?

– Um rosto.

– De quem?

– Não sei. Lembro-me apenas que esse homem deve trabalhar há muitos anos para mim, pois não me é estranho. Sim, deve ser um funcionário bem antigo.

– Não sabe o nome dele?

– Não, por quê?

– Pode pedir que ele venha até aqui?

– Quer que ele venha até esta sala?

– Sim.

– Posso fazê-lo.

– Pois chame-o, por favor. Gostaria de lhe fazer algumas perguntas diante de você.

Gonçalo pede para a sua secretária para que providencie a vinda do funcionário que ainda tem o rosto na tela. Alguns minutos se passam e o homem, humildemente, entra na sala.

– O senhor me chamou? – pergunta, timidamente.

– Sim. Qual é o seu nome? – pergunta-lhe Gonçalo.

– José, senhor.

– Pois bem, José, este meu amigo, Luar, gostaria de conversar com você. Por favor, responda-lhe o que ele perguntar e queira sentar-se.

– Sim, senhor – concorda o homem, virando-se, agora, para Luar.

– Diga-me uma coisa, José: há quanto tempo trabalha nesta empresa?

– Há vinte e dois anos.

– José, você poderia me dizer o nome de cada um desses trabalhadores que aparecem nas diversas telas de televisão?

– Creio que sim, senhor.

– Pois vá dizendo, por favor. Comece pelo primeiro da esquerda.

O funcionário, então, sem muito pensar, começa a dizer o nome de todos os que estão à vista. Quando chega perto de vinte nomes e todos de vários setores da fábrica, Luar o interrompe:

– Você conhece todos os funcionários, José?

– Sim.

– São seus amigos, também?

– Oh, sim, somos todos muito amigos.

– Você é feliz, José? – continua Luar.

– Sou feliz, sim.

– E a que você atribui toda essa sua felicidade?

– Bem... tenho um bom emprego, uma família e, como já sabe, muitos amigos.

– Você está sempre com eles?

– Sim. Todos nós sempre fomos muito unidos, tanto nas alegrias como nas tristezas. Estamos sempre nos ajudando uns aos outros e, quando possível, nos divertindo juntos.

– Sabe, José, cada ser humano possui o seu próprio universo, ou seja, as coisas que possui, as pessoas que o ama e que são amadas por ele, a sua fé em Deus, os seus sentimentos de alegria e tristeza, suas preocupações, enfim, tudo o que lhe envolve a vida, entende?

– Entendo, sim – responde, sem entender muito bem o porquê daquela conversa.

– Diga-me, agora, com sinceridade: o seu universo é grande?

O homem pensa um pouco e responde:

– Nesses termos que o senhor disse, creio que o meu universo é... talvez... grande, sim. Coisas materiais pouco tenho, mas possuo um grande número de amigos sinceros, possuo muita fé em Deus, além de sentimentos os mais diversos porque acabo sempre me envolvendo com o sofrimento e a alegria dos que me cercam. É evidente que tudo isso nos acaba trazendo preocupações, mas são nessas preocupações que acabo aprendendo muito. Penso que sou feliz porque o meu universo é... acho que... muito grande.

– José, muito obrigado – agradece Luar. – Pode ir, agora.

O homem despede-se, sem entender bem o porquê daquelas perguntas e, principalmente, pelo fato de perceber que os olhos de Gonçalo estão lacrimejantes. Luar, por sua vez, ao ver a grande emoção estampada em seu rosto, limita-se a fitá-lo em silêncio, aguardando que ele se pronuncie. O empresário continua por mais alguns minutos pensativo até que, enxugando uma lágrima, rompe o silêncio:

– Já entendi tudo, Luar. Realmente, o que me falta é ampliar o universo de meus sentimentos e, como você disse, tenho aqui todas as ferramentas para isso.

– Procure conhecer a todos e auxiliá-los sempre na medida do possível para que não desperdice essa grande oportunidade que Deus colocou ao seu alcance. Procure fazer da felicidade de seu próximo a sua própria felicidade e nunca se esqueça que a verdadeira felicidade é diretamente proporcional ao tamanho do universo de bondade de cada um.

– Belíssima lição, meu amigo – diz o industrial. – Belíssima lição: o universo de cada um. Penso que o que estava me faltando era uma abertura como essa que você me proporcionou neste momento. Sabe... parece que uma luz se acendeu diante de mim. Vou meditar bastante sobre tudo isso e acho que a solução para este meu problema esteja aí. Eu lhe agradeço muito, Luar. Muito, mesmo.

– Não me agradeça, Gonçalo e, sim, aos Espíritos que, tenho certeza, deram-me essa inspiração de como agir para auxiliá-lo.

– Pois agradeço aos Espíritos, então, Luar.

Quarenta e três

– JÁ QUE ESTAMOS AQUI A conversar e, principalmente, a falar sobre Espíritos – diz Brandão –, gostaria de aproveitar a oportunidade, se me permitir, Gonçalo, de pedir uma explicação ou, melhor, um conselho a Luar.

– Esteja à vontade, Brandão. Temos todo o dia pela frente, inclusive, convido-os a almoçarem comigo hoje.

– Com muito prazer – responde Brandão.

– Então, faça a consulta a Luar. Pelo jeito, o Espiritismo tem muitas explicações, não é, Luar?

– Tem, sim, Gonçalo.

– Admiro muito os espíritas, sabe? Principalmente pelo trabalho que desenvolvem em benefício do próximo, sem visar qualquer espécie de pagamento ou favorecimento com isso. Mas pode perguntar, Brandão.

– Bem, conversei ontem com Edgar e ele me disse que você, Luar, andou lhe explicando algumas coisas que me interessam saber. Disse-me ele que lhe contou a respeito de meus problemas noturnos e que Medeiros conseguiu sanar, algum tempo atrás, passando alguns dias em minha casa. Como Edgar lhe explanou, com medo de que tudo aquilo voltasse a acontecer, procurei uma mulher de nome Irma, que diz ser médium vidente, a fim de que ela me fizesse um trabalho para que esse problema não surgisse novamente. Tenho muito medo de que isso volte a ocorrer, sabe?

– Sim.

– E Edgar me contou sobre as explicações que você deu a ele a respeito desse assunto.

– É, eu lhe expliquei como tudo isso ocorre.

– De que é que estão falando? – pergunta Gonçalo, interessado no assunto.

Brandão conta, então, tudo ao amigo, apenas interrompido por Luar que lhes dá as mesmas explicações que dera a Edgar. Conta, também, de como Medeiros o auxiliou durante o sono e que Medeiros não se lembrava de nada, mas que ele, sim. Luar dá as mesmas explicações que dera a Edgar e a Figueiredo do armazém.

– Você acha que essa mulher está me explorando e que não há necessidade desse trabalho que ela realiza?

– Bem, Brandão, não sei precisamente o que ela faz, mas só pelo fato de cobrar por isso, me deixa um tanto desconfiado a respeito de seus métodos ou, pelo menos, do método que utilizaria se o auxiliasse naquela época.

– E quais métodos ela poderia ter utilizado?

– O de simplesmente afastar aqueles infelizes através da violência.

– Da violência?

– Sim. Muitos médiuns que agem por dinheiro e a mando de Espíritos que os auxiliam em troca de favores, na maioria das vezes, sem o saberem, os estimulam a um "trabalho" violento, por parte deles, para que o resultado seja rápido.

– Como assim?

– Da mesma forma como poderia ocorrer no nosso mundo dos encarnados. Imagine, apenas como exemplo, que você fosse molestado por algumas pessoas e que quisesse ver-se livre delas. Poderia, por exemplo, ordenar que alguns homens fizessem também um "trabalho", a troco de favores, no caso, pagando-lhes uma certa quantia em dinheiro. Só que esses homens contratados agiriam com violência, correto?

– Sim. Poderiam afastar esses molestadores para bem longe de minha propriedade. Isso?

– Isso mesmo.

– E isso não resolveria o meu problema?

– O seu poderia ser resolvido, mas e o deles?

– De quem? Dos molestadores?

– Sim. Se estivessem fazendo o que faziam por ódio a você, o que aconteceria a eles com essa sua atitude?

– Talvez eu alimentasse mais ódio em seus corações.

– Exatamente. Agora, no seu caso, o que acha que aconteceu quando Medeiros, pacientemente, conversou por diversas vezes com aqueles infelizes?

– Eles se convenceram de que estavam agindo errado e que deveriam me perdoar e se libertarem dessa escravidão que é o ódio e o instinto de vingança.

– Pois é isso mesmo. Medeiros, além de ajudá-lo, ajudou-os também, porque, na verdade, os maiores sofredores eram eles mesmos. Você se lembra bem da aparência deles, não?

– Oh, sim. Eram horríveis.

– E você acha que não sofriam com isso? A aparência deles era fruto de suas consciências vingativas e que, pode ter certeza, não se encontravam ali à toa. No passado, você deve ter feito algo de muito ruim a eles, para que sentissem o que sentiam.

– Meu Deus!

– Agora, voltando ao caso hipotético no qual contratara homens para expulsar pessoas de sua fazenda, o que acha que aconteceria quando esses homens fossem embora?

– Eles poderiam voltar para vingar-se?

– Pode ter certeza e, acredito até que com muito mais ódio. Não teria sido melhor que ao invés de expulsá-los, procurasse entender-se com eles?

– Mas esses Espíritos que poderiam estar trabalhando em troca de favores teriam forças para expulsar Espíritos vingativos de determinado lugar?

– Na maioria das vezes, sim, porque são verdadeiras legiões com técnicas desenvolvidas para isso.

– Mas a polícia não faz isso? Quero dizer, quando alguém é mau, é ladrão, assassino, não o prendem na cadeia para que não molestem mais inocentes?

– Sim e essa é uma maneira de se evitar novos atentados à sociedade, mas somente isso não basta. O ideal seria que nessas cadeias houvesse meios para se tentar modificar a índole desses criminosos. Afinal de contas, se não fazem isso, estão correndo o risco de que esses fora-da-lei continuem dessa maneira mesmo depois da morte do corpo físico, em Espírito.

– Entendo.

– A nossa obrigação é auxiliar o nosso semelhante como Jesus nos ensinou e não apenas o de afastá-lo do convívio com a sociedade.

– Entendo. Mas será que essa médium está me explorando?

– O que ela lhe disse?

– Quando lhe contei o que me havia acontecido há uns dois anos, ela me informou que, fatalmente, eles retornariam e que necessitava fazer alguns "trabalhos" para evitar que isso acontecesse novamente.

– Mas, Brandão, se seu Medeiros conseguiu fazê-los enxergar o erro que estavam cometendo e até mesmo se arrependerem, por que acha que voltariam a incomodá-lo?

– Isso eu não sei, ou melhor, não pensei na época e dei o que a mulher me pediu para que realizasse esse "trabalho".

– Você não precisa dar mais nem um centavo a ela. O que aconteceu não mais vai lhe ocorrer e, se porventura, um dia, vier a ocorrer de novo, procure seguir o exemplo de seu Medeiros e tentar auxiliá-los.

– Essa mulher já me tomou muito dinheiro.

– Esqueça, Brandão – aconselha Gonçalo –. Agora, se porventura tiver mais pessoas gastando com ela, seria bom que as alertasse sobre isso porque, por tudo o que Luar nos explicou e pelo que aconteceu quando seu Medeiros o auxiliou, ela o está enganando, pois aquelas entidades infelizes já se compenetraram do erro que estavam cometendo e o deixaram em paz.

– Isso é verdade.

E os três continuam a conversa enquanto ali mesmo, mas em outra dimensão, a fala é outra. Faros e seus companheiros encontram-se eufóricos:

– *Está tudo se encaminhando muito bem – diz Faros.*

– *Pelo que estou entendendo, assim que Brandão parar de dar dinheiro à vidente, iremos agir – comenta Ludolfo.*

– *Exatamente. Não lhe daremos mais paz até que volte a procurá-la e isso, logicamente, desmoralizará esse idiota do Luar.*

– *Vamos necessitar de reforços – sugere Pórcio –, porque teremos que agir também sobre os outros que estão tendo negócios com ela.*

– *E o que acham de entrarmos em contato com Saldanha, que comanda os trabalhos de Irma? Penso que deveríamos alertá-lo sobre o que irá acontecer e sobre os nossos planos.*

– *Boa ideia, Ozias. Boa ideia. Vamos procurá-lo. Vamos até a casa da vidente.*

Quarenta e quatro

A CASA DA VIDENTE IRMA É como as outras moradas da cidade: simples e com um pequeno jardim na frente. Um portãozinho dá entrada a esse jardim e a um estreito alpendre com uma porta e duas janelas. Nesse momento, uma mulher está tocando a campainha. Alguns minutos se passam e Irma a atende.

– Entre, dona Florinda, por favor. A casa é sua. Estava fazendo minhas orações.

– A senhora quer que eu volte mais tarde? Vim apenas porque estou com uma dúvida.

– De maneira alguma. Vou atendê-la agora mesmo. Entre.

– Com licença.

A porta de entrada dá acesso a uma sala comum como qualquer outra das casas. Dona Irma, como é chamada, caminha à frente, seguida por Florinda até um quarto. Apanha uma chave presa ao cinto por um cordão e abre a porta.

– Entre e sente-se no lugar de costume, dona Florinda.

O quarto possui as paredes pintadas de azul celeste, que uma fraca luz vinda de um lustre pendurado no teto ilumina, assim que Irma aciona um interruptor. Por todos os lados, vê-se personagens de louça, algumas pequenas e outras do tamanho natural de uma pessoa, algumas muito bonitas, mas outras bastante grotescas. Diz a vidente tratar-se de representações do bem e do mal. Acende algumas velas e um incenso que estão localizados em aparadores às suas costas. No centro do quarto, uma pequena mesa quadrada com uma toalha negra a cobri-la, sustenta alguns objetos esotéricos e duas cadeiras se encontram dispostas frente a frente. Florinda senta-se na que se encontra mais próxima da porta e Irma a do lado oposto.

– Muito bem, dona Florinda. E, então? Tudo está dando certo para a senhora?

– Continuo preocupada com meu marido, sabe? Ele parece esconder algo de mim, mas não consigo atinar que ele esteja doente. Falei com ele e não adiantou. Diz não sentir nada e não quer procurar o médico.

– Bem, se a senhora tem dúvidas sobre o que eu lhe falei, eu lhe devolvo o dinheiro que gastei com os ingredientes para o "trabalho" e não se fala mais nisso. Evidente que vou ter que tirar esse dinheiro das minhas economias porque o que a senhora me deu, gastei-o todo com o "trabalho". Mas sou uma pessoa honesta e não quero que paire qualquer dúvida sobre o que faço, aliás, que realizo apenas para fazer o bem das pessoas muito necessitadas, como a senhora.

– Não, não, dona Irma. Não estou duvidando da senhora, não. Apenas estou dizendo que não vejo nenhum indício de que ele esteja realmente doente.

– Mas ele se encontra próximo de apanhar uma grave doença. Por isso lhe disse que ele precisaria procurar um médico. Para que ele detectasse logo esse mal, antes que seja tarde demais.

– Meu Deus! O que posso fazer? Ele não quer saber, nem ouvir falar de ir a um médico. Será que terei que dizer a verdade a ele?

– Já lhe disse que não, dona Florinda. E já lhe expliquei sobre isso. Nós, que fazemos esse tipo de "trabalho", na verdade, bastante sacrificado, porque não temos nem tempo para nós mesmos, somos muitas vezes vítimas da descrença porque, na maioria dos casos, detectamos o mal antes que ele aconteça e as pessoas querem ver as coisas acontecerem para acreditarem, como São Tomé.

– Entendo, dona Irma, mas...

– Sem "mas", dona Florinda. Se a senhora contar a ele, evidentemente, ele não a deixará mais vir aqui e não terei como continuar o seu tratamento.

– Nem pensar. Preciso do seu "trabalho".

– Muito bem. Então quer continuá-lo?

– Oh, sim.

– Mas para isso precisa ter muita confiança em mim.

– Eu tenho, sim, dona Irma.

– Pois bem, deixe-me concentrar.

Nesse mesmo instante, chegam na casa, Faros e os outros e são recebidos por três entidades em péssimo estado e que ali montam guarda.

– *Quem são vocês e o que querem?!*

– *Queremos falar com Saldanha. Viemos da parte de Rufus.*

– *Rufus?! Não, não queremos encrenca.*

– *Não haverá encrenca se nos deixar falar com Saldanha.*

– *Ele está ocupado agora.*

– *Queremos somente espiar aí dentro antes de falar com ele.*

– *Não posso deixá-los entrar.*

– *Você não ousaria impedir que seguidores de Rufus entrassem aí, não?*

Os infelizes guardiões olham atemorizados e o que parece ser o chefe da guarda diz, autoritário:

– *Deixem que entrem.*

– *Podem entrar.*

Faros e os outros entram na sala e dirigem-se até o quarto de consultas. Pelos olhos dessa dimensão, agora, as coisas são bem diferentes lá dentro: num dos cantos do quarto, aquele que atende pelo nome de Saldanha encontra-se deitado e muitas outras entidades se aglomeram quietas, aguardando ordens dele. Fazem isso para que ele, com seu poder, as ajude a conseguir novos prisioneiros para os seus vícios. Saldanha é muito influente no meio. Junto com Florinda, duas entidades, na verdade, um casal de Espíritos com cadavérica aparência observam tudo e fazem comentários:

– *Essa megera vai nos pagar. Você vai ver. Nós vamos conseguir. Quando ela convencer seu marido que ele se encontra doente, poderemos entrar em ação e aí, sim, com a sua própria ajuda, o tornaremos o mais necessitado dos doentes. E ela vai colaborar muito. O seu medo de que o marido adoeça e não possa trabalhar para sustentar os seus caprichos, em muito beneficiará para que ele se sinta assim.*

– *Temos tudo nas mãos. Desta feita, vamos conseguir nos vingar. Tenho certeza disso!*

– *Eu também.*

O ambiente é, na dimensão espiritual e, na verdadeira acepção da palavra, nauseabundo e tétrico.

Saldanha levanta-se, atraído pela concentração de Irma que não chega a vê-lo, através de sua vidência, como ele realmente é, porque ele apenas se deixa perceber como uma tênue aparição e fala com ela de maneira bastante dócil. Também a vidente apenas consegue visualizá-lo e não aos outros ali presentes. Saldanha lhe faz um sinal para que aguarde e entabula uma conversação com o casal que acompanha Florinda.

– E, então, de que necessitam agora?

– Precisamos que essa infeliz aí acredite e continue a confiar em Irma.

– Tudo bem. Contem-me um pequeno detalhe do dia de hoje.

– Já pensamos nisso. Diga a Irma que o marido dela acordou sobressaltado esta noite por causa de um terrível pesadelo e que ela, Florinda, está tendo sucesso com o chá que lhe prepara, pois foi o que conseguiu fazer com que ele se acalmasse. Pode lhe dizer também que seu filho deve continuar com o emprego que tem.

Saldanha passa essas informações para Irma que, satisfeita, diz para a cliente:

– Dona Florinda, acabei de consultar o astral e lhe aconselho a continuar a fazer aquele chá para o seu marido, pois foi com isso que ele conseguiu adormecer novamente esta noite após ter acordado depois daquele terrível pesadelo.

– Como você sabe que ele teve um pesadelo e que eu lhe fiz um chá?

– Sei de muitas coisas, dona Florinda. E diga para o seu filho que ele deve continuar no emprego que tem.

– Meu Deus! Como pode saber isso? Meu filho hoje me procurou pedindo conselhos. Estava pensando em deixar o emprego. Quer dizer que não devo permitir que ele faça isso?

– Isso mesmo, dona Florinda. Isso mesmo. Agora não tenho mais nada a dizer.

– Tem sim, Irma – diz Saldanha. – Preciso de mais bebida. Muita bebida.

– Bem, dona Florinda, voltando a falar do caso de seu marido, preciso fazer um "trabalho" mais forte e, para isso, necessito de mais bebida.

– A de sempre?

– Sim, a de sempre. E também de uma quantia em dinheiro que vou lhe passar o valor, porque terei que comprar mais alguns ingredientes.

– Mais dinheiro, dona Irma?

– O que posso fazer, dona Florinda? Não posso fazer nada sem os ingredientes e estão cada vez mais caros. Também não posso arcar com essa despesa. A senhora sabe que vivo de uma humilde pensão.

– Está certo, dona Irma, mas se a senhora me dissesse quais são esses ingredientes, talvez eu conseguisse comprá-los mais barato. Tenho um irmão que é vendedor e viaja muito. Quem sabe ele não conseguiria comprá-los por um preço mais em conta?

– Infelizmente não posso revelar-lhe isso, dona Florinda. Somente eu posso saber o que uso em meus "trabalhos". A senhora entende, não? Quando fui escolhida para ser a sucessora de minha avó, ela me passou todos os segredos e esses segredos somente poderei passar um dia para uma neta. Nem para minha filha poderei fazer isso.

– A senhora tem uma filha?

– Tenho. Mora na Capital.

– E já tem uma neta?

– Ainda não e, de qualquer forma, somente poderei passar os segredos para ela, quando ela completar vinte e um anos.

– Entendo. Bem, diga-me quanto é e eu trarei o dinheiro para a senhora.

As mulheres se levantam e Irma acompanha Florinda até a porta, informando-lhe a quantia necessária. Faros e os outros permanecem no quarto. Saldanha os percebe.

– *O que desejam? Quem os deixou entrar?!*

– *Estamos aqui da parte de Rufus e queremos lhe contar uma coisa.*

– *O que querem me contar?*

– *É de seu interesse e do nosso.*

– *De meu interesse?*

– *Sim.*

– *E o que vocês podem ter para me contar que seja de meu interesse?*

– *Alguém está planejando contra Irma.*

– *Planejando contra Irma?! Quem ousa?! De que grupo?!*

– *De nenhum dos nossos. Trata-se de alguém da carne.*

– *Da carne?!*

– *Sim. Encarnado.*

– *Entendo o que quer dizer! Não sou ignorante. Mas quem pode ser?*

– *Nada menos do que o melhor dos clientes.*

– *Brandão?!*

– *Sim.*

– *Mas o que aconteceu?*

Faros, então, explica tudo a Saldanha e passam a elaborar um plano de ataque para desmoralizar Luar.

– Pois esse imbecil vai me pagar! Tenho muitos amigos. Ele não sabe com quem está lidando.

– Temos que ter muito cuidado. Ele é protegido dos "das luzes".

– E eu tenho medo desses "das luzes"?! Já os enfrentei no passado e os enfrentarei novamente!

– Você se saiu bem nessa luta, Saldanha? – pergunta Faros em tom de quem sabe o que realmente possa ter acontecido.

– Me saí, sim! Não conseguiram me apanhar!

– Mas sabe que teremos que tomar muito cuidado, não?

– Sei. Sei, sim!

Quarenta e cinco

NO DIA SEGUINTE, DE MANHÃ, Brandão pede para falar com Luar. São dez horas.

– Entre, Luar.

– Com licença.

– Sente-se, por favor. Dulce! Nando! Venham até aqui.

A esposa de Brandão e o filho chegam até a sala de estar da casa da fazenda.

– Este é Luar, de quem lhes falei a noite passada.

– Muito prazer – diz a mulher. – Brandão me contou sobre a sua conversa com o nosso amigo Gonçalo e sobre o que você lhe explicou a respeito da vidente. Sou-lhe muito grata pelos conselhos que deu ao meu marido.

– O prazer é todo meu em conhecer a senhora.

– Este é meu filho Nando – apresenta Brandão.

– Como vai?

– Tudo bem, Luar, e, assim como meu pai, gostaria de conversar com você a respeito de algumas dúvidas que tenho a respeito da Doutrina Espírita. Nós nos envolvemos com ela de uma maneira um tanto complicada, mas depois do que papai nos relatou sobre a conversa que teve com você, sinto-me interessado em conhecer mais.

– Terei grande satisfação nisso.

Nesse momento, o telefone toca e a empregada da casa atende.

– É para o senhor, seu Brandão.

– Quem é?

– É aquela mulher lá da cidade.

– Irma? – pergunta a esposa.

– Sim, dona Dulce.

– Eu falo com ela – diz Brandão.

A empregada entrega o aparelho para o fazendeiro.

– Alô. Aqui é Brandão quem fala... bom dia... pois não?... sim... você precisa de mais dinheiro para o trabalho... sei...

O homem fica a ouvir o que a mulher está lhe dizendo do outro lado da linha até que passa a falar:

– Olhe, dona Irma, eu vou lhe dizer uma coisa: definitivamente, não lhe darei mais nenhum tostão. E quanto a essa casa que lhe dei para morar, peço-lhe que a desocupe imediatamente e que volte para a cidade de onde veio. Não quero mais negócios com a senhora... sim... a senhora está surpresa?... sim... mas não retiro nenhuma das palavras que lhe disse... não vou lhe dar mais nada e contente-se com o fato de não lhe pedir de volta o que já lhe dei... como?... o “trabalho”? Não quero que faça mais “trabalho” nenhum... isso mesmo... é o que eu estou lhe dizendo. E a senhora tem quarenta e oito horas para desocupar a casa... não... não fiquei louco, não. Estava louco, sim, de ouvir os seus conselhos... e passar bem... até logo.

– Gostei de ver, papai.

– Sinto um pouco de medo disso tudo – diz Dulce.

– A senhora não precisa ter receio algum, dona Dulce. Apenas lhes peço que tenham respeito por tudo isso, principalmente pelo fato de serem Espíritos infelizes e que necessitam de muita ajuda. Orem por eles.

– Também penso assim – diz Brandão –, e gostaria imensamente de ajudá-los. Mas o que poderemos fazer?

– Como disse, há pouco, temos que orar muito por eles, principalmente por dona Irma, que se encontra equivocada e terá que arcar com as consequências do que está fazendo. Se continuar com isso, acabará sendo vítima das próprias criaturas espirituais que aparentemente a auxiliam.

– Você não poderia nos ajudar? – pede Dulce.

– Vamos pedir aos bons Espíritos que nos ajudem.

– Gostaria de participar também – diz Nando.

– Vamos fazer o seguinte – sugere Luar -: Hoje à noite, se vocês concordarem, vamos fazer uma reunião onde faremos uma leitura do Evangelho e uma oração em benefício de todos os envolvidos nessa história. O que acham?

– Concordo plenamente – diz Brandão.

– E onde poderíamos fazer isso? – pergunta a esposa.

– Onde vocês acharem melhor. Pode ser aqui mesmo.

– Então, estamos combinados. Que tal às oito horas da noite?

– Para mim está muito bom – concorda Luar.

– Você tem esse Evangelho?

– Tenho sim – responde Luar. – Trata-se de "O Evangelho Segundo o Espiritismo".

– Já ouvi falar – diz Nando.

– Então, até a noite.

* * *

– E estas foram as palavras de Cristo sobre os falsos profetas – diz Luar, após ler trecho do Evangelho e dar as devidas explicações a Brandão, Dulce e Nando.

– Muito bonita a lição – comenta a esposa.

– Agora, meus irmãos, vamos nos concentrar e fazer uma oração com bastante fé em Deus, nosso Pai e em Jesus, nosso mestre. Procurem, durante a oração que vou proferir, imaginar Jesus, ao nosso lado, da maneira como cada um o imagina, e uma suave luz a descer sobre esta casa.

Todos cerram os olhos e Luar faz uma prece, pedindo a proteção e o amparo para aquela família, para dona Irma, para os Espíritos infelizes que a escravizam e por todos os da cidade que já se envolveram com eles. Roga, também, por todos os necessitados e para que possam todos os Espíritos, encarnados ou não, sentir a necessidade de se voltarem para as coisas do Alto. A prece é muito bonita e está sendo acompanhada por Cláudia, seus companheiros e muitas outras entidades amigas, tanto de Luar quanto de Brandão e seus familiares. Ao término, todos se sentem muito leves e confiantes.

– Essa prece me fez um bem enorme – comenta a mulher, no que é apoiada pelos outros. – Deveríamos nos reunir sempre assim e orarmos em conjunto.

– Dentre os espíritas, essa prática leva o nome de "Evangelho no lar" e é realizada por milhares de pessoas. Não há necessidade de fazê-lo todos os dias. Pode ser escolhido um dia da semana. Nos outros, basta que cada um faça a sua oração antes de se deitar, pedindo proteção para quando estiver desprendido do corpo durante o sono físico.

– Você acha que terei problemas à noite, Luar? – pergunta, preocupado, Brandão.

– Creio que sim. O fato de ter rompido com essa mulher, certamente gerará uma desforra por parte dos maus Espíritos que usufruíam dos donativos que ela recebia do senhor. E, certamente, tentarão assustá-lo durante o seu desprendimento noturno para que volte a querer que ela realize "trabalhos" novamente.

– E o que devo fazer?

– Só existe uma coisa a fazer. Agora que o senhor já entende o que lhe aconteceu e o que poderá estar acontecendo, procure não fugir. Simplesmente cerre os olhos e faça uma prece pedindo que Deus o auxilie nesse momento e, principalmente, aos infelizes que se encontrarem presentes.

– Terei coragem suficiente?

– Pode ter certeza que sim. Agora o senhor já tem conhecimento do que está lhe acontecendo e terá muita coragem. Fique certo disso.

– Procurarei fazer o que me aconselha, Luar.

– Pois faça, mesmo. Peça muito mais por eles.

Luar, então, se despede e vai para o seu quarto. Prepara-se para dormir, fazendo mais uma prece em benefício de todos. Não demora para o sono chegar e adormece, liberando-se rapidamente em Espírito.

– Já o estávamos esperando, Luar – diz Cláudia, como sempre, sorrindo.

– Estou contente por estarem aqui – responde, fazendo menção aos outros companheiros da moça.

– Teremos muito trabalho hoje. Está disposto a se sacrificar um pouco?

– Certamente que sim. Farei tudo o que estiver dentro de minhas possibilidades.

– Fico muito contente, Luar, mas vamos. Temos muito o que fazer.

Dizendo isso, toma a dianteira e, como da outra vez, em poucos segundos já se encontram no interior da casa de dona Irma. Os Espíritos inferiores que se encontram no local, não se apercebem da presença deles. A mulher já se encontra bastante alcoolizada e as entidades, controladas por Saldanha, lhe absorvem as emanações etílicas.

– Um verdadeiro vampirismo! – comenta Luar.

– Sim e não é somente com o álcool que isso ocorre. Também acontece muito hoje com as drogas e, principalmente com os desvios sexuais.

– Entendo.

Mais algumas horas se passam e Irma, como se muito pouco tivesse ingerido, pois Espíritos a livraram da maior parte do álcool consumido, prepara-se para dormir.

Quarenta e seis

– Brandão vai me pagar! Oh, se vai! Justo agora que estava com uma clientela em franco progresso. Ele vai ver só! Se o estou ajudando, por que fazer isso comigo?!

Deita-se e demora um pouco para pegar no sono, só o conseguindo pelo resto de álcool que lhe sobrou no organismo e que lhe entorpece um pouco os sentidos. Alguns minutos se passam e desprende-se do corpo, parecendo procurar por alguém, mas os Espíritos infelizes, inclusive Saldanha, se encontram no cômodo contíguo ao quarto, afastados que foram por entidades superiores que estão ali para ajudar Cláudia.

– Mas onde será que está o Saldanha? Preciso falar com ele. Ele tem que me ajudar. Saldanha! Saldanha!

Um dos Espíritos que estão auxiliando Cláudia aproxima-se de Irma e lhe aplica passes visando dilatar a sua visão para que ela possa enxergá-los.

– Quem são vocês?! O que fazem em minha casa?! Não os conheço.

– Somos amigos, Irma. E viemos até aqui para ajudá-la.

– Ajudar-me? Foi o Saldanha que os mandou?

– Viemos por ele também – responde a moça.

– E o que irão fazer? Brandão quer tirar-me a casa e diz que não vai me dar mais dinheiro.

– Ele está certo, Irma.

– Como está certo?

– O que você pensa que está fazendo, minha irmã?

– Eu não sou sua irmã. Nunca a vi antes.

– Somos todos irmãos, minha amiga. Não somos todos filhos de Deus?

– Por que me fala desse jeito?

– Que jeito?

– Com essa bondade toda. Estou começando a desconfiar.

– Pode confiar em nós, Irma.

– Mas o que querem, afinal?

– Queremos alertá-la sobre o que anda fazendo.

– E o que ando fazendo? Estou apenas ajudando as pessoas.

– Mas você realmente acha que isso é ajudar?

– E o que é, então?

– Não percebe que está tirando dinheiro delas?

– Eu tenho que viver, não é?

– Minha irmã, você possui mediunidade e deve usá-la para auxiliar o próximo, mas não da maneira como vem fazendo. Poderá auxiliar sem cobrar nada e de outra maneira.

– Mas eu tenho que viver, já disse. Preciso de dinheiro para me alimentar.

– Você pode trabalhar, Irma.

– Trabalhar? E a que horas vou poder auxiliar os necessitados?

– Irma, nós conhecemos várias pessoas que trabalham normalmente e auxiliam o próximo à noite e nos fins de semana.

– Isso não é o suficiente.

– É mais do que o suficiente, Irma. Além do mais, não há necessidade de fazer "trabalhos" para auxiliar.

– Como não? Aprendi assim e sempre deu certo.

– Sempre deu certo, Irma? Quantas e quantas vezes você ajudou, prejudicando outras pessoas e, principalmente, Espíritos infelizes que foram aprisionados, sem qualquer tipo de tentativa de auxiliá-los?

– Não sou eu quem os prendo.

– Mas você quer resolver tudo rapidamente, não é? Seu "slogan" não é "trabalho rápido e garantido"? Você, por acaso, sabe o que os Espíritos que a servem, a troco de verem seus vícios satisfeitos, fazem para que tudo saia rápido?

– Não quero saber.

– Pois eu vou lhe dizer: maltratam e aprisionam Espíritos infelizes, prisioneiros do ódio e do desejo de vingança. E sabe o que isso significa? Significa que cada "trabalho" que você realiza no intuito de afastar os "encostos", como você chama, os torna mais infelizes ainda e ferrenhos inimigos seus.

– Inimigos meus?

– É lógico, pois tudo foi feito a seu mando.

– Você está querendo me enganar e não vou permitir. Saldanha! Saldanha! Preciso de você para expulsar estas criaturas daqui.

– Ele não vai atendê-la, Irma. Neste momento, encontra-se sob nossos cuidados.

– Vocês estão querendo que eu pare com os meus "trabalhos", não é?

– Sim, Irma. E para o seu próprio bem.

– Por que para o meu próprio bem?

– Diga-me uma coisa: você, por acaso, já viu bem esse Espírito que a auxilia, o Saldanha?

– Eu o vejo sempre.

– E aos outros?

– Também os vejo, às vezes.

– Mas você não os vê da forma como realmente são.

– Como assim?

– Você consegue enxergar apenas uma tênue e embaçada figura, não é?

– Como sabe?

– É ou não é?

– Sim.

– Pois nós vamos trazer aqui o Saldanha e as outras criaturas que o acompanham.

Nesse momento, outros Espíritos trazem Saldanha e mais uma dúzia de outras entidades, todas de animalesca aparência. Saldanha parece ainda carregar a aparência de seu cadáver em estado de putrefação.

– O que vocês querem?! O que estão fazendo?! Soltem-nos! – berra Saldanha.

– Acalme-se, meu irmão. Agora você não falará mais até que nós o permitamos. Quanto a você, Irma, preste bastante atenção nesses Espíritos, seus amigos.

– Estou prestando.

– Pois bem. Diga-nos como os está vendo.

– Como sempre.

– Então, a partir de agora, sua vidência vai se alargar e poderá vê-los como realmente são. Veja.

A fisionomia de Irma pouco a pouco vai se modificando à medida que consegue ver aquelas entidades infelizes da maneira verdadeira em que se encontram.

– Vocês estão se transformando! Que truque é esse?! O que estão fazendo?! Tirem esses monstros daqui! Tirem esses monstros daqui! Tirem-nos! São horríveis.

– Ingrata! Ingrata! Agora pede que nos levem embora?! Como imaginava que fôssemos? Belas criaturas?! Ingrata! Rejeitando-nos! Não sabe que quando desencarnar, terá que conviver conosco e que sua aparência não será muito diferente da nossa?! Quem pensa que é?! Pois olhe-se neste espelho!

Como surgido do nada, grande espelho aparece à frente de Irma, que dá um grito e quer sair correndo, sem, no entanto, conseguir sair do lugar em que se encontra.

– Não!!! Essa não sou eu!!! Não sou eu!!! Tirem esse espelho daqui!!! Não têm o direito!!!

– Não apenas temos o direito como o dever de ajudá-los, Irma – diz Cláudia –. Você não pode fugir da verdade. Essa é você. É o retrato de sua própria consciência. E todos estes infelizes estarão aqui para esperá-la quando desencarnar, entende? E o que é pior ainda: não somente eles, mas todos os que você prejudicou nesta sua presente encarnação.

– Não quero! Não quero!

– E basta querer? Colhemos única e exclusivamente o que semeamos.

– Não, não quero isso!

– Pensa que foram poucos os que você prejudicou ou que simplesmente enganou?

– Não enganei ninguém. Todos vieram porque quiseram. De livre e espontânea vontade.

– Não foi assim que tudo aconteceu até hoje, Irma, e você conseguiu conquistar muitos inimigos com o que fez. E agora estão todos aqui para lhe cobrar alto preço.

– Isto é um sonho! Um pesadelo!

– Isto é real, Irma. Só que no verdadeiro plano da vida.

– Por favor, tirem esses Espíritos horríveis de perto de mim.

– Eles ainda precisam de você, Irma, pois os prejudicou muito no passado e eles, movidos pelo medo, acabaram se ligando a você.

– Não quero!

– Pois bem, você já viu e ouviu o bastante. Quando acordar, irá se lembrar de tudo o que aconteceu durante o seu desprendimento. Espero que raciocine bem sobre tudo isso.

– Esperem, não me deixem acordar agora. Quero conversar com vocês.

– Sim, Irma.

– O que estão dizendo é verdade? Ai! Tirem esses monstros da minha frente!

– Levem-nos, meus irmãos.

– Deus lhe pague, moça. Não aguentava mais olhar para eles. Mas, diga-me: será que estou mesmo errada?

– Está, Irma, e estamos querendo ajudá-la. Não sei se você estava sendo sincera quando disse que apenas estava ajudando os necessitados. Estava?

Irma abaixa os olhos e confessa:

– Na verdade, nunca me preocupei muito com isso. Minha maior preocupação era enriquecer-me.

– Nós já sabíamos.

– Mas o que fazer agora?

– Em primeiro lugar, Irma, abandonar esse tipo de atividade, pelo menos da maneira como você vem fazendo. Você tem a graça de possuir dois tipos de mediunidade bastante avançados que são a vidência e a audiência e deveria utilizá-las para realmente auxiliar, mas sem cobrar nada, entende? Não cobre pelo que recebe de graça. Uma outra coisa muito importante: não deve apenas auxiliar os encarnados com seus inúmeros problemas. Se o problema for de ordem espiritual, envolvendo irmãos desencarnados que fazem os que estão na carne sofrerem, através de quadros obsessivos, terá que auxiliá-los também. Esses Espíritos são tremendamente infelizes, pois o ódio, o desejo de vingança, o egoísmo, as viciações de toda sorte, os fazem sofrer muito. Na maioria das vezes, necessitam muito mais que os encarnados, que numa boa parte dos casos, são os verdadeiros causadores de ambas as desditas. Acredito que já esteja entendendo o que estou a lhe dizer.

– Sim, entendo. Mas como poderei, após o meu despertar, mesmo me lembrando do que aconteceu durante o meu desprendimento, acreditar na veracidade disto?

– Você terá que raciocinar muito a respeito de tudo e nós vamos ajudá-la, apesar de que será um processo bastante doloroso para você.

– Doloroso?

– Sim, mas alguns irmãos, aqui presentes, ligados a você num passado não muito distante e que muito a amam, a auxiliarão nesse entendimento. Farão com que passe a visualizar Saldanha e os outros da maneira como realmente são. Creio que essa será uma forma de você realmente crer em tudo o que aprendeu nesta noite.

– Pois eu lhe agradeço de coração,...

– Chame-me de Cláudia.

– E quem é esse Espírito que, como eu, encontra-se desprendido durante o sono?

– Seu nome é Luar e você deverá procurá-lo para que ele a auxilie. Luar possui muitos conhecimentos sobre a Doutrina Espírita e a auxiliará no que for preciso.

– Ele se lembrará quando despertar?

– Não, mas nem será necessário. Luar é uma pessoa boníssima e não lhe negará o auxílio. Conte com ele. Atualmente, ele está morando e trabalhando na fazenda de seu Brandão. Agora, Irma, quero que retorne ao seu corpo. Deverá descansar novamente com ele até o amanhecer. Que Deus a abençoe.

***

Na tarde do dia seguinte...

– Luar, seu Brandão o chama em sua casa.

– Seu Brandão?

– Sim. Pediu que fosse para lá, urgente.

Luar apenas completa umas anotações e parte para a casa da fazenda. Bate palmas e o próprio Brandão vem atendê-lo.

– Boa tarde, Luar. Por favor, queira entrar. Tem uma visita para você.

– Uma visita?

– Sim.

Luar entra na sala da casa e vê uma senhora de pouco mais de quarenta anos sentada num sofá.

– Boa tarde.

– Boa tarde – responde a senhora.

– Luar, quero lhe apresentar dona Irma. Ela insiste em lhe falar.

"O Evangelho é a bússola do Espírito"

PELOS TRILHOS

Quarenta e sete

– POIS NÃO... E, MUITO PRAZER em conhecê-la – diz Luar polidamente.

– Seu nome é mesmo Luar ou é apenas um apelido?

– Chamo-me Luar. Luar Peregrino.

– Sente-se, Luar – convida Brandão. – Vocês gostariam de conversar a sós?

– Oh, não, seu Brandão – diz a mulher. – Gostaria muito que também ouvisse o que tenho a dizer.

– Muito bem.

Os três sentam-se, então, na sala de estar. Irma olha fixamente para Luar e diz:

– Agora tenho certeza absoluta.

– Certeza? De quê?

– Encontrei-me com você ontem à noite, durante o sono.

– Como? – pergunta Brandão.

– Isso é normal, seu Brandão – explica Luar. – Como já é do conhecimento do senhor, quando dormimos, nós, Espíritos, nos desprendemos do corpo e temos atividades as mais diversas. Encontramo-nos geralmente com entidades afins que podem ser Espíritos desencarnados ou encarnados, também liberados do corpo durante o sono, e que possuem afinidades conosco. Podem ser bons ou maus Espíritos, e também podemos frequentar lugares muito bonitos ou mesmo tétricos e de ordem e aparência inferior. Mas a senhora estava dizendo que se encontrou comigo durante o seu desprendimento noturno...

– Sim e agora, vendo-o, tenho plena certeza.

– E o que aconteceu?

– Bem, não sei se você já está a par das minhas atividades...

– Sim, estou sabendo.

– Pois bem. Na noite passada, encontrei-me com diversos Espíritos e com quem mais conversei foi com uma moça chamada Cláudia.

– Cláudia?

– Sim, Cláudia, e você estava com ela.

– A senhora poderia descrevê-la para mim?

– Sim. Uma moça muito bonita, cabelos negros e curtos.

– Teria ela um nariz característico do oriente? Árabe, por exemplo?

– Sim, isso mesmo e, como já disse, muito bonita.

– Então, seu nome é Cláudia?

– Sim, Cláudia.

– Mas a senhora estava dizendo que se encontrou comigo, Cláudia e mais alguns outros Espíritos.

– Sim e fizeram-me enxergar os Espíritos infelizes que me auxiliavam e o quanto eu estava errada em visar lucros financeiros com os meus “trabalhos”. Estive muito cega quanto a isso durante muito tempo. Estava me tornando prisioneira dessas entidades. Todas as noites precisava sorver muito álcool para satisfazê-las, entende?

– Entendo.

– E agora estou aqui porque Cláudia me pediu para procurá-lo a fim de que me oriente melhor. Também quero que seu Brandão me perdoe por tê-lo iludido durante todo esse tempo. Não sei como irei fazer para retornar a ele todo o dinheiro que lhe tomei.

– Bem, dona Irma – diz Luar –, que a senhora tem uma mediunidade bem avançada, disso não tenho dúvida. A senhora possui vidência e audiência.

– Sim. Eu os vejo e ouço.

– A senhora, por acaso, tem alguma noção da Doutrina Espírita?

– Não muita, ou melhor, quase nada.

– Então, o primeiro passo é o estudo.

– E como poderei fazê-lo?

– Bem, seria preciso que adquirisse livros como as obras básicas de Allan Kardec e as obras de André Luiz, psicografadas por Francisco Cândido Xavier. Nesta cidade não existe nenhum Centro Espírita?

– Que eu saiba, não.

– Seu Péricles é espírita, Luar – informa Brandão.

– Seu Péricles?

– Sim. Só que, pelo que sei, ele frequenta um Centro numa cidade vizinha.

– O senhor o conhece bem?

– Conheço. É uma boa pessoa.

Luar vislumbra uma oportunidade e expõe a sua ideia.

– Seu Brandão, por tudo o que o senhor me contou e por tudo o que já passou, tenho certeza de que o senhor tem um certo grau de mediunidade.

– Penso que sim.

– O senhor não gostaria de colocar essa sua mediunidade a serviço de Jesus?

– E eu poderia? Na verdade e, graças a Deus, não tive mais aqueles pesadelos tão reais. Nem ontem à noite.

– O senhor pode ter certeza de que aquilo nada mais foi do que um chamamento, talvez um alerta para que, no futuro, e penso que esse futuro chegou neste momento, o senhor venha a trabalhar em benefício do próximo.

– E o que eu poderia fazer?

Luar aguarda um pouco, pesando bem as palavras, até que dispara:

– Por que o senhor não funda uma instituição espírita?

– Uma instituição espírita? Eu?

– Sim. O senhor já tem alguma ideia a respeito e tem possibilidades econômicas para tanto.

– Não sei...

– O senhor poderia utilizar a casa onde dona Irma reside.

– Realmente, não sei. Preciso pensar um pouco... conversar com Dulce.

– Ouvi as últimas palavras de Luar, Brandão, e desde já tem o meu total apoio. – diz dona Dulce, já na sala – Tenho conhecimento da instituição espírita da qual seu Péricles participa, onde fazem um trabalho muito bonito em favor dos menos favorecidos daquela cidade. Distribuem alimento e sopa aos pobres e andarilhos. Possuem também uma revista espírita muito boa, com grande circulação. Penso até que seu Péricles poderia trabalhar aqui mesmo em nossa cidade. Poderíamos falar com ele.

– Ei, espere, vamos devagar com isso – interrompe Brandão, um tanto preocupado.

– Esperar o quê? Sabe, Brandão, tenho lido alguma coisa a respeito dessa religião e tenho me identificado muito com ela.

– Você tem lido?

– Sim. Dona Maria, esposa de seu Péricles, andou me emprestando alguns romances espíritas e gostei muito do que é explicado ali.

– Mas nós entendemos muito pouco disso.

– Tenho certeza de que seu Péricles e Luar terão imenso prazer em nos ensinar.

– Contem comigo – diz Luar.

– Bem, vou pensar.

– Brandão, nós não precisamos nos envolver já com essa religião. Nós reformamos a casa da cidade e seu Péricles, Luar e dona Irma se incumbirão de desenvolver o trabalho. Tenho certeza de que, logo, logo, outras pessoas irão se juntar à causa. Depois, então, nós ingressaremos também.

– Tudo bem. Assim eu topo. E podem contar comigo para com o auxílio aos mais necessitados.

– Oh, meu Deus, vou ter a oportunidade de resgatar todo o mal que fiz! Deus lhe pague, seu Brandão – diz dona Irma, bastante emocionada.

– Se me permitem – diz Luar –, gostaria muito de fazer uma prece de agradecimento a Deus por tudo isto.

– Pois faça, Luar – concorda Dulce – Nós o acompanharemos nela.

***

Péricles não cabe em si de tanto contentamento e satisfação em ver um seu antigo sonho ser realizado. Neste momento, estão na casa da cidade, ultimando as providências no tocante à instalação de alguns bancos num improvisado auditório. Uma das paredes da sala de estar foi derrubada, juntando a sala e um dos quartos para ampliar esse local. Nesses dias, Brandão dispensou Luar dos trabalhos do escritório para que, juntamente com Péricles, administrassem a reforma. Num outro quarto foi instalada uma prateleira para abrigar os alimentos a serem distribuídos; no terceiro, uma estante com alguns livros que Brandão encomendou numa livraria espírita, através de Péricles. Na cozinha, um grande fogão foi instalado e panelas e utensílios, os mais diversos, foram adquiridos para cozinhar a sopa que seria distribuída todas as noites àqueles que dela necessitassem. Uma reunião já havia sido realizada para legalizar a instituição, elaboração de seu estatuto e Péricles foi eleito o seu primeiro dirigente. Até um nome foi escolhido para o Centro: Centro Espírita Allan Kardec, cuja denominação já se encontra pintada em letras grandes na parede externa da casa. O jardim foi reformado e alguns bancos de cimento estavam sendo instalados, além de um pequeno poste de iluminação. Nessas duas semanas, à noite, reuniam-se Luar, dona Irma, Péricles, sua esposa Maria, Brandão, Dulce, Nando e mais uma meia dúzia de pessoas, simpatizantes da doutrina e que se filiaram como associados do Centro. Essas reuniões tinham como objetivo o estudo da Doutrina Espírita. Estudavam “O Evangelho Segundo o Espiritismo” e “O Livro dos Espíritos”.

No dia tão esperado da inauguração do Centro, qual não foi a surpresa de todos quando muitas pessoas ali compareceram para prestigiar o acontecimento, mostrando-se bastante interessadas em aprender. Aulas sobre a Doutrina Espírita começariam a ser ministradas uma vez por semana e aquele era também o dia das inscrições para essas aulas que começariam na semana seguinte.

– Faremos um verdadeiro curso, seu Brandão – diz Luar, entusiasmado. – E pode ter certeza de que ninguém veio até aqui apenas por vir. Estão mesmo interessados e pode crer que são irmãos nossos, já comprometidos com este trabalho desde antes mesmo de suas reencarnações.

Quarenta e oito

– E, ENTÃO, ALCIDES? ALGUMA notícia de meu filho? – pergunta o doutor Milton, pai de Lélis, atualmente conhecido com o nome de Luar. Alcides, o detetive particular contratado para descobrir seu paradeiro, desconhece esse novo nome do rapaz.

– Infelizmente, ainda não, doutor Milton. Seu filho evaporou-se e estou muito preocupado.

– Também estamos todos preocupados, Alcides. Minha esposa, minha filha, meu genro, todos estamos vivendo um grande drama.

– Minha preocupação é maior, doutor Milton.

– Como assim?

– O senhor se lembra quando comentaram que talvez Lélis tivesse sofrido um atentado contra a sua vida, não?

– Sim, mas achamos o cúmulo isso. Quem iria querer fazer mal a Lélis, um moço tão bom, que não possui nenhum tipo de inimizade? Ele não possui inimigos.

– Aí é que está o mistério.

– Seja mais claro, Alcides, por favor.

Os dois homens estão conversando a sós na sala do doutor Milton, numa de suas empresas.

– Bem, doutor, em primeiro lugar, gostaria que impedisse qualquer pessoa de entrar nesta sala enquanto estivermos conversando. Esta nossa conversa deve ser totalmente sigilosa. Por favor, dê essa ordem à sua secretária.

– Está bem, Alcides, mas você está me assustando.

– Por favor, doutor.

O homem apanha o telefone e fala com a secretária que se encontra numa sala contígua à sua e é quem controla a entrada de qualquer pessoa ali.

– Sara, por favor, não quero ser interrompido. Por ninguém, certo?

Dizendo isso, Milton volta-se para o detetive:

– Pronto, Alcides, podemos conversar à vontade. Mas fale logo o que descobriu, homem de Deus!

– Bem, doutor, tudo me leva a crer que Lélis foi realmente vítima de um atentado.

– Você tem certeza do que está me dizendo, Alcides?! – pergunta o homem, visivelmente assustado.

– Certeza absoluta, não, doutor, mas sinto algum grande mistério pairando sobre o seu filho.

– O que quer dizer com isso?

Alcides conta, então, o ocorrido no barracão de Clóvis, quando percebeu que o rapaz que o atendera parecia estar mentindo para ele e que quando mais tarde lá retornara, conseguira ouvir a conversa de uma outra pessoa a perguntar por Lélis. Seguiu-a e pôde perceber que ela estava também à procura do rapaz, não gostando muito dos modos daquele homem, e que o perdera de vista numa das cidades em que o seguira.

– E você reconheceu essa pessoa, Alcides?

– Não, doutor Milton, mas anotei o número da placa de seu automóvel. Talvez o senhor, com a sua influência, consiga descobrir, mais rapidamente, a quem pertence o veículo.

– Dê-me o número. Vou verificar.

O detetive, então, escreve o número em um bloco de anotações que se encontra sobre a mesa do empresário.

– Mas quem será esse homem?

– Realmente, nunca o vi antes, doutor.

– E você acha que esse tal de Clóvis sabe alguma coisa a respeito de Lélis?

– Como já lhe contei, da primeira vez em que estive naquele barracão, pareceu-me que o rapaz estava mentindo, e da segunda vez, também não percebi sinceridade nas palavras desse Clóvis. O que sei é que o rapaz do posto de gasolina achou bastante semelhança entre Lélis e a pessoa que chegou àquela cidade com Clóvis, entende?

– Mas por que será que esse homem não quis dar informações sobre o meu filho?

– Talvez por medo.

– Medo?

– Sim, medo. O senhor se lembra, quando conversamos com o doutor Pacheco, o psiquiatra que estava cuidando de Lélis?

– Sim, lembro-me.

– Lembra-se de quando ele disse que normalmente, quem perde a memória, sente-se desprotegido e que dificilmente abandona o local em que está sendo cuidado, já que não tem a mínima ideia do que fazer ou, mesmo, para onde ir?

– Sim.

– Então, eu lhe pergunto: por que Lélis fugiu do hospital, disfarçadamente?

– Isso eu não sei.

– Pois eu tenho uma tese.

– E que tese é essa?

– A de que ele, apesar de ter perdido parte de sua memória, percebeu que estavam atentando contra a sua vida e decidiu que o melhor seria sumir dali, entende?

– Será?

– Só pode ser por isso. Conversei com algumas enfermeiras e consegui descobrir que talvez ele tenha ouvido uma conversa entre elas a respeito de um possível atentado e que poderia estar correndo risco de vida se ficasse naquele hospital.

– Mas você falou sobre medo quando disse que aquele homem, Clóvis, mentiu sobre o paradeiro dele.

– Sim. Raciocine comigo: Lélis é um rapaz muito bom e facilmente angaria simpatia das pessoas com quem se relaciona, não é?

– Isso é verdade.

– Pois bem. Esse Clóvis deve ter sentido sinceridade nas palavras de seu filho e preocupou-se muito em ajudá-lo. Se Lélis acabou contando a ele a verdade, ou seja, a sua desconfiança de que estavam querendo eliminá-lo, qual seria a atitude desse senhor que o estaria acobertando e escondendo?

– Bem... penso que o de tomar todo o cuidado possível, principalmente para com estranhos que o procurassem.

– Isso mesmo, doutor Milton. Lélis, apesar de ter perdido a memória, como disse o médico, perdeu apenas parte dela, continuando a deter os conhecimentos que possuía. Qualquer pessoa percebe que seu filho é um rapaz inteligente, de bons princípios e, principalmente, que deve pertencer a uma família abastada, não somente por todo o conhecimento que detém, mas, também, pelos seus modos elegantes, educados e pela maneira de se vestir, correto?

– Estou entendendo.

– Pois bem. Dessa forma, sentem medo, pois não têm nenhuma noção de quem pode estar por trás do atentado e que, obviamente, poderá tentar de novo. Talvez, até mesmo, por dinheiro.

– Por dinheiro?

– É o que eu próprio pensaria. Talvez por herança.

– Como herança?! Alcides, penso que está indo longe demais com essas suas conjeturas. Afinal de contas, ainda não morri e somente possuo uma esposa, uma filha e um genro que ficariam como meus herdeiros. O que está pensando?! – explode o empresário diante da desconfiança do detetive.

– Desculpe-me, doutor Milton. Eu sou um detetive e trabalho com suposições, mas não se preocupe com o que eu estou dizendo, pois nem Lélis e nem Clóvis sabem quem são os seus parentes. Podem achar que devam existir herdeiros que poderiam querer ficar com tudo. Na verdade, Lélis nem sabe se tem pais vivos, quantos irmãos possui, enfim, quantos, digamos, interessados em se verem livres dele.

– É... nisso você tem razão. Desculpe-me a explosão de indignação. Quer dizer que você acha que poderiam ou podem estar pensando dessa maneira e têm medo?

– Sim.

– E por que não procuram a polícia? Por que não colocam, talvez, um anúncio num jornal de grande circulação?

– Também por medo, doutor. Se assim agissem, como saber quem o encontraria primeiro?

– Oh, meu Deus! Pobre Lélis. Mas, Alcides, você crê, mesmo, que alguém estaria desejando a morte de meu filho?

– Tudo me leva a crer que sim. Se quer saber, conversei com a testemunha do atropelamento e ela me disse que, a seu ver, aquilo foi intencional, além do que, Lélis pareceu reconhecer quem estava dirigindo aquele carro.

– E o que poderemos fazer?

– Em primeiro lugar, o senhor deverá tentar descobrir a quem pertence o automóvel que possui essa placa de identificação.

– Pois vou fazê-lo, hoje mesmo.

Nesse momento, um certo tumulto é ouvido do lado de fora da porta da sala do empresário.

– Mas o que está acontecendo?

A porta se abre, dando passagem a Paulo, que discute com Sara, a secretária.

– Quem você pensa que é para impedir a minha entrada nesta sala?! Vou despedir você!

– Paulo, que modos são esses?!

– Sua secretária queria me impedir de entrar aqui.

– Pois fui eu quem deu essa ordem, Paulo.

– Mas para mim, doutor Milton?

– Eu ordenei a ela que não deixasse ninguém entrar aqui.

Paulo vê Alcides e se preocupa, procurando mudar o tom de voz.

– O senhor me desculpe, meu sogro. Não podia imaginar que essa ordem se estendia à minha pessoa.

– Tudo bem, você pode ficar. Já terminei a minha conversa com o Alcides.

– Bom dia, Alcides – cumprimenta o genro de Milton. – E, então? Alguma notícia de Lélis? Estamos todos muito preocupados.

– Estive muito perto dele, seu Paulo, e penso estar na pista certa. Logo, logo, se Deus quiser, eu o encontrarei.

– Fico muito contente por isso.

Paulo, então, bate os olhos na escrivaninha do sogro e vê o número da placa do carro de Romildo anotado numa folha de papel e resolve entrar no assunto.

– O que é isso? – pergunta, apanhando o papel. – Parece que conheço este número. Pelo visto deve ser o número de uma placa de automóvel.

– É, sim – responde o empresário. – Você sabe quem possui esta numeração em seu veículo?

– Engraçado – diz Paulo. – Não me é estranha...

– Tente se lembrar, Paulo – insiste o doutor Milton.

– Não sei...

– Se o senhor se lembrar de algo, por favor, me informe – pede Alcides, levantando-se. – Bem, doutor Milton, preciso ir, mas lhe telefonarei mais tarde para saber se já descobriu a quem pertence esse carro.

– Já vou tentar descobrir, Alcides, e mantenha-me informado.

– Pode ficar descansado. Até mais, então. Seu Paulo, até outro dia.

– Passar bem, Alcides – responde o genro de Milton.

Assim que o detetive sai, Paulo decide tentar resolver o problema da placa do carro de Romildo.

– Doutor Milton, deixe-me lhe dizer uma coisa. Eu não quis falar na frente do Alcides.

– O que é, Paulo?

– Eu sei de quem é o carro que possui essa numeração.

– E de quem é?

– Bem, antes de mais nada, devo lhe dizer que tomei algumas providências sem que o senhor soubesse.

– Providências? Que providências?

– Sabe, não confio muito na capacidade desse detetive e contratei um outro por minha própria conta – mente Paulo.

– Você contratou um outro detetive?

– Sim e esse carro é dele.

– Mas por que fez isso, sem me falar nada?

– O senhor me desculpe. Fiquei com receio de que não concordasse. Como já disse, não confio muito no Alcides e tomei essa deliberação.

– Mas poderíamos, então, unir os esforços dos dois. Talvez, se eles trocassem informações...

– Não creio, meu sogro, que o meu contratado iria concordar.

– E por que não?

– Porque eu já lhe dei essa ideia e ele não concordou, aliás, nem queria mais trabalhar nesse caso quando soube que havia um outro profissional envolvido também.

– Entendo... Bem, de qualquer modo, eu lhe agradeço, Paulo, e, como ele está se saindo?

– Não tem feito muito progresso nas investigações. Diz ele que quando está próximo de encontrar Lélis, ele simplesmente desaparece, como que por encanto.

– Foi o que Alcides me informou também. Mas, de qualquer forma, por favor, mantenha-me a par dos acontecimentos. A propósito, o que direi a Alcides a respeito do número da placa desse carro?

Paulo fica pensativo e muito preocupado com o rumo que as coisas estão tomando. Teme que cheguem a Romildo e, por consequência, a ele.

– Bem, diga-lhe a verdade. O que podemos fazer?

– Está certo. Vamos jogar aberto. E qual o nome desse detetive que você contratou, Paulo? Talvez Alcides o conheça.

– É melhor não dizer a ele, doutor Milton. Acho melhor.

– Tudo bem.

– Estava pensando em publicar uma foto de Lélis nos principais jornais da região. Poderíamos fornecer uma recompensa para quem encontrá-lo.

– Alcides é totalmente contra essa ideia e eu também.

– Por quê, meu sogro?

– Não se sabe quem irá encontrá-lo primeiro. Alcides teme que se alguém o encontrar, talvez haja alguma tentativa de sequestro. Afinal de contas, somos muito ricos.

– Entendo... mas, mesmo assim...

– Não tomemos nenhuma atitude precipitada, Paulo. Temos que tomar muito cuidado.

– Está certo.

Quarenta e nove

– MAIS UM FRACASSO, NÃO É, FAROS? – pergunta Rufus, bastante contrariado.

– Não sei o que está acontecendo, chefe – desculpa-se o Espírito – Não podia imaginar que aquela vidente pudesse mudar tanto apenas com uma conversa com Cláudia, seus amigos e Luar.

– E o que foi que conversaram?

– Nem isso ficamos sabendo. Não nos permitiram entrar na casa.

– Mas como foi isso?

E Faros narra o acontecido na noite em que Luar, desprendido durante o sono, Cláudia e as outras entidades do Bem conversaram com Irma, esta também desprendida do corpo.

– E quanto a Saldanha, o Espírito que servia a ela?

– Foi levado, juntamente com os outros, pelos "das luzes". Vimos quando saíram.

– Faros, vocês estão se tornando uns fracos! Uns fracos!

– Mas, Rufus, não podemos com esses "das luzes". O que quer que façamos?

– Sabe o que vai acontecer?! Sabe o que vai acontecer?! Ainda vão ser aprisionados por eles! Ainda vão ser aprisionados por eles!

– Isso não, Rufus. Eu posso lhe garantir.

– Eu não sei o que está acontecendo com todos desta Legião. Parece que estão se tornando uns fracotes. Já não me bastam aqueles que estão querendo se debandar para o outro lado? Você viu o que aconteceu com Higino!

– Mas com ele foi diferente, Rufus. Ele queria isso. Pedia por isso. Nós não. Você nos conhece e sabe que não descansaremos enquanto não vencermos todas as batalhas.

– Mas me diga: o que está acontecendo agora com a vidente?

Faros olha de soslaio para os outros companheiros. Temia esse momento e é com receio que fala:

– Está frequentando um Centro Espírita...

– Frequentando um Centro Espírita?! Um Centro Espírita?! O que está me dizendo, seu imbecil?!

– É isso mesmo, Rufus.

– E que Centro Espírita é esse? Há algum Centro nessa cidade?

– Luar e Brandão fundaram um e Irma começou a frequentá-lo.

– Não posso acreditar. A médium começou a frequentá-lo?

– Sim. Por enquanto, estão apenas naqueles estudos cretinos. Depois, não sei.

– Você não sabe nada, Faros! Não sabe nada! Nem você e nem esses idiotas que o acompanham! – berra Rufus, fulminando Enoque, Pórcio, Ludolfo e Ozias com o olhar. – Pois é lógico que irão também começar, logo,logo, com aquelas reuniões mediúnicas, atraindo os incautos e até mesmo muitos de nossos trabalhadores. Você tem que detê-los, Faros! Tem que detê-los! Faça alguma coisa! Faça alguma coisa!

– Vamos fazer, sim, Rufus. Dê-nos mais um pouco de tempo e conseguiremos. Vamos destruir Luar!

– E quem mais está frequentando esse local, Faros?

Faros novamente percorre os companheiros com o olhar. Também teme por essa pergunta, que não pode deixar de responder:

– Péricles, Rufus.

– Péricles?! Aquele maldito?!

– Sim.

– Mas não é possível! Será que terei que pedir ajuda a Otávio?

Faros estremece.

– Não será necessário, Rufus. Cuidaremos de tudo.

– Faros, eu vou lhe avisar pela última vez. Se falhar mais uma única investida, eu chamo Otávio e expulso você daqui e sabe muito bem qual vai ser o seu destino.

– Não, Rufus, você não fará isso comigo.

– Pois pode apostar!

– Não fará, porque não falharemos mais, não é Enoque?

– Isso mesmo, Rufus, não falharemos mais. Vamos atacar de uma outra forma e já tenho um plano que não tem chance de erro.

– Pois faça isso, Enoque – ameaça Rufus –, ou sua cabeça também rolará junto com a de Faros e desses outros imbecis!

– Fique descansado, chefe. Não falharemos.

– Pois façam o favor de se retirarem. Já não aguento mais ouvi-los dizer que não falharão. Vão embora! Sumam! E voltem com resultados! Resultados!!!

Os Espíritos se retiram e Rufus fica sozinho a pensar. De repente, tem uma ideia e chama Otávio, Espírito bastante competente nas missões, e um de seus preferidos.

– Mandou me chamar, Rufus? – pergunta Otávio, entidade de aparência truculenta e timbre de voz muito forte e grave.

– Aproxime-se, Otávio. Tenho um serviço especial para você.

– É só ordenar.

– Muito bem, mas lhe adianto que não vai ser fácil.

– Nada é impossível para mim, chefe.

– Tenho certeza de que não falhará.

Otávio aguarda as ordens. Gosta de missões difíceis e quase nunca falha. Na verdade, as missões às quais é enviado, geralmente são de ordem mais física do que intelectual, pois não possui inteligência suficiente. Em compensação, detém grande força não somente física, mas também, poderes mentais muito fortes no campo da maldade.

– Quero que traga Damiana até aqui. Logicamente, terá que usar de muita força bruta e violência.

– Damiana, a preferida de Segadas?

– Sim. Sua missão será a de raptá-la e trazê-la para mim.

– Não é impossível, porque nada é impossível para mim, mas vai ser muito difícil.

– Será bem recompensado, Otávio. Assim que a trouxer para cá, será aprisionada na masmorra e somente você terá acesso a ela, pelo tempo que permanecer aqui.

Os olhos de Otávio brilham, antevendo a satisfação de seu desejo. Rufus sabe dessa sua preferência pelo Espírito feminino e que tudo fará para cumprir essa sua tarefa.

– Pode deixar, Rufus. Logo ela estará aqui. Mas por que disse pelo tempo que permanecer aqui?

– Pretendo fazer uma chantagem com Segadas. Digamos... um trabalho em troca de sua mulher.

– Entendo... – diz Otávio, fechando um pouco a fisionomia.

– Mas não se preocupe muito com isso, Otávio. Afinal de contas, não costumo cumprir minhas promessas a quem não pertence a esta nossa Legião.

Um sorriso mórbido volta a iluminar estranhamente a fisionomia de Otávio, que não consegue esconder essa sua predileção.

– Deixe comigo, Rufus. Logo teremos Damiana aqui na fortaleza.

– Darei ordens para que possa utilizar-se de quantos combatentes necessitar.

– Eu mesmo os escolherei.

– Pois faça isso.

***

Na noite seguinte, Segadas, Espírito tarefeiro do mal, encontra-se no mesmo bar do plano terrestre que elegeu como quartel-general de sua turba de viciados da mais variada espécie. Como sempre, acompanhado por Damiana, distribui ordens aos seus seguidores a respeito de um trabalho a ser executado naquela noite.

Na verdade, Otávio obrigara Lidônio, chefe de uma outra turba, a solicitar o auxílio de Segadas e de seu bando numa fictícia missão, o que lhe daria boa recompensa nos diversos prazeres a que se comprazia, prazeres esses sempre ligados ao vício e aos mais variados desvarios de ordem sexual. Lidônio devia muitos favores a Otávio e cumprira tudo a contento, apesar de temer uma represália de Segadas quando este soubesse ter sido vítima de uma cilada. Mas todas essas atitudes de traição já faziam parte da vida desses irmãos desviados do caminho do Bem.

– Todos entenderam?! – berra Segadas aos seus sequazes. – Sabem muito bem que não admito falhas! A missão é bastante difícil, por isso convoquei todos vocês. Vão agora e façam tudo como planejei. Quando terminarem, poderão retornar para cá a fim de saciar a sede.

Segadas emite sonora gargalhada enquanto, como verdadeiros autômatos, seus seguidores partem para a missão. São infelizes entidades, verdadeiros farrapos humanos, consumidos pelo álcool e pela droga.

– Ficaremos sozinhos aqui, Segadas? – pergunta Damiana, um pouco preocupada, já que os poucos Espíritos que ali permanecem, não passam de bêbados fracos e medrosos.

– Por que me pergunta isso, mulher?! Por acaso sente medo?!

– Apenas receio, Segadas.

– E receio de quê? De que algum estúpido tente contra mim ou contra você? Bah! Ninguém teria coragem de enfrentar o grande Segadas! Sou o mais poderoso! O mais forte!

– Você é o mais poderoso! – concorda a criatura.

– Sou o mais poderoso! – berra ainda mais alto o Espírito, fazendo com que sua voz ecoe por todo o ambiente.

– E o mais medroso também! – grita agora uma voz tão forte e troante como a dele.

Segadas arregala os olhos como quem não está entendendo ou como quem pensa que ouviu algo, mas que não aconteceu. Fica extático e em silêncio, aguardando para ver se alguém grita novamente.

– E o mais medroso também! – berra ainda mais forte a voz do lado de fora do bar.

– Mas quem ousa?! – pergunta, olhando para Damiana.

– Será que é com você?

– Mas é lógico que só pode ser comigo! – enfurece-se mais e sai rápido para a rua.

– E o mais medroso também! – repete a enorme figura do lado de fora.

– Otávio?! Como ousa falar assim?! Por acaso está me provocando?! – pergunta ameaçadoramente.

Apesar de Segadas ser ainda mais forte que Otávio, este continua a provocação.

– Está com medo, covarde?!

– Você ficou louco, Otávio?!

– Louco para acabar com você, seu idiota!

– Pois se prepare para sofrer os golpes de meus punhos, imbecil!

– Pois venha, Segadas! Vou parti-lo ao meio.

Dizendo isso, Otávio saca de enorme espada da cinta, enquanto Segadas volta correndo para dentro do bar, retornando rápido, armado de pesado machado.

– Você vai me pagar pela ousadia, Otávio!

E os dois iniciam, então, feroz duelo, onde cada um defende-se, com a espada ou o machado, dos golpes do outro. Segadas parece que irá acabar levando a melhor, pois seus golpes são mais fortes e Otávio, já cansado pelo embate, percebe isso. Lutam por alguns minutos sem que um venha, ainda, a ferir o outro. De repente, Otávio vê a cena que estava aguardando, enquanto combate. Luta por mais alguns poucos instantes até que, sem nada dizer, põe-se a correr, fugindo.

– Ei! Volte aqui! Volte aqui e lute! Covarde! Volte aqui! – vocifera Segadas, agitando o machado ameaçadoramente. – Covarde! Ainda nos encontraremos!

Otávio saíra correndo tão repentinamente que Segadas não tivera tempo nem de pensar em correr atrás, tamanha sua surpresa.

– Imbecil! Covarde! Medroso! – continua a gritar e, vendo que de nada adiantam seus brados, abaixa o pesado machado e retorna lentamente em direção ao bar, cabeça baixa e respirando ofegante. A calçada defronte do bar encontra-se apinhada de Espíritos inferiores e medrosos que, divertidamente, assistiram ao combate. – Você viu que covarde, Damiana? – pergunta à mulher que até poucos momentos atrás estivera assistindo a tudo. – Damiana, onde está você? – pergunta, agora, quando percebe que a criatura não se encontra mais ali.

– Você é grande, Segadas! Colocou Otávio para correr! – diz uma entidade, aplicando leve tapa nas costas dele.

– Saia da frente! Damiana! Damiana! – chama Segadas entrando no bar e dirigindo-se para os fundos do estabelecimento, que é onde instalou-se há algum tempo. – Damiana!

Quando entra no pequeno cômodo, percebe que a figura feminina não se encontra ali.

– Damiana! – grita ainda com mais força.

– Não adianta chamá-la – diz um dos Espíritos. – Eles a levaram.

– Eles a levaram?! E quem são eles?!

– Os asseclas de Otávio. Enquanto vocês lutavam, amordaçaram-na, amarraram-na e a raptaram.

– Raptaram Damiana?! Então aquela luta foi um truque para poderem roubá-la de mim! E você?! – pergunta Segadas levantando o Espírito do chão apenas pegando-o pela garganta. – Você não fez nada para impedir? Por que não os impediu?!

– O que eu poderia ter feito? Eram muitos. Gritei chamando-o, mas você não me ouviu. Além do mais, foi tudo muito rápido.

Segadas, cego de ódio, atira a entidade ao chão e começa a berrar, furioso:

– E vocês todos?! Por que não fizeram nada?! Seu bando de incompetentes! Mas isso não vai ficar assim, não! Isso só pode ser obra de Rufus! Mas ele vai me pagar caro! Vai me pagar muito caro!

Cinquenta

– LUAR, QUERO QUE CONHEÇA UM Espírito, mas para isso é preciso que compreenda certas coisas que Fontes irá agora lhe explicar – diz Cláudia.

É noite e Luar encontra-se desprendido do corpo durante o sono. Assim que adormecera, vira-se, de repente, transportado para um campo muito florido e com algumas árvores frondosas. Percebe que alguma coisa diferente acontecera com a atmosfera, pois tudo se encontra bastante iluminado apenas pela reflexão da luz do Sol pela Lua, ou seja, o luar naquele local é suficiente para se ver com grande nitidez as flores, principalmente, suas formas e cores. Encontra-se na presença de Cláudia, Fontes, Flávio, Miranda e Domingos.

– Vamos nos sentar na relva – convida Fontes.

Luar atende ao convite, percebendo suave maciez na grama daquele campo.

– Luar... – continua Fontes –, como você sabe, o Espírito, após a desencarnação, ou seja, após abandonar o corpo físico, com a morte deste, pode tomar as mais variadas formas de se apresentar. Muitas vezes, detém a mesma aparência, inclusive carregando consigo as imperfeições e mesmo as doenças que

possuía no corpo material e tem que se submeter a verdadeiros e longos tratamentos em hospitais aqui deste plano, sendo que isso somente é possível se o Espírito merecer esses cuidados médicos ou vir a merecer com o passar do tempo.

– Sim...

– Você sabe também que essas variações no campo da aparência do perispírito, são inumeráveis. Há casos em que essa aparência sofre até um fenômeno de rejuvenescimento, como já disse, dependendo do merecimento do Espírito, merecimento esse condizente com as boas ações, quando encarnado. Enfim, o Espírito retorna à verdadeira vida, plasmado de acordo com o que realmente é. Sua aparência revela o que traz no coração.

– Tenho conhecimento disso – concorda Luar.

– Mas ocorre também que Espíritos que já galgaram degraus mais elevados na escala evolutiva, chegam a escolher e plasmar seu perispírito de acordo com a sua própria vontade, certo?

– Sim.

– Pois bem, há um Espírito que queremos que conheça que, apesar da aparência que apresenta, é um ser muito elevado, mas que escolheu essa forma perispiritual, primeiro, porque gosta de se apresentar da maneira mais condizente com a sua, digamos assim, elevada humildade, pois que, se ele se apresentasse aos menos incautos da maneira como realmente é, impressionaria por demais aqueles que o vissem, tamanha sua beleza estética. E nos diz ele, a exemplo de outros que dessa maneira também se apresentam, que escolheu essa forma porque foi assim que teve a grande e bendita oportunidade de resgatar tantos débitos que trazia em sua consciência. Evidentemente que ele já se encontrava preparado para isso, pois como sabemos, Deus não nos dá uma cruz tão pesada que não possamos carregar.

– Entendo. E como é que ele se apresenta?

– Como lhe disse, a exemplo de outros, nosso irmão escolheu a forma física que o personificou quando viveu na terra como escravo, descendente que era de negros trazidos da África na época da escravidão no Brasil.

– Um escravo?

– Sim. Um escravo que viveu dessa maneira encarnado até os noventa e oito anos e que com todo esse tempo de vida, muito aprendeu com o sofrimento físico e moral em fazendas onde o trabalho pesado lhe vergastava o corpo.

– E como ele se chama?

– Hoje é conhecido como Pai Francisco, mas que, quando escravo era conhecido e tratado pelas crianças da fazenda como Véio Neca. As crianças gostavam

muito dele porque vivia contando histórias para elas. Isso com a idade já bastante avançada.

– Véio Neca?

– Sim, mas o tratamos como Pai Francisco.

– E ele ainda fala como um escravo falava naquela época?

– Algumas vezes fala dessa maneira em comunicações mediúnicas que dá em alguns Centros Espíritas, mas conosco, ele se reporta de uma maneira mais normal, apesar de sua aparência. Por vezes, chega a se comunicar conosco no modo de falar daquela época ou, o que é mais comum, mistura o linguajar normal com algumas expressões ou palavras ditas de maneira, vamos dizer assim, erradas.

– E vocês querem que eu o conheça?

– Sim e ele tem trabalho para você.

– Trabalho para mim?

– Ele mesmo irá lhe dizer.

– Mas merecerei esse encontro com Espírito tão elevado? Já me pergunto o porquê de ter esse contato com vocês...

– Luar, é bastante louvável e mesmo admirável essa sua humildade, mas quando o trabalho bate à nossa porta, não podemos permitir que a nossa simplicidade venha tolher a oportunidade de realizá-lo. Continue assim, humilde como é, mas quando um Espírito mais elevado necessitar de seus préstimos, colabore sem questionar.

– Entendo. Mas como faremos para nos encontrarmos com Pai Francisco?

– Dentro em pouco ele estará aqui entre nós. Vamos fazer uma prece.

Todos então se concentram, cerrando os olhos e Fontes profere bonita prece de agradecimento pela oportunidade do trabalho e roga auxílio e proteção do Alto. Assim que termina, abrem os olhos e qual não é a surpresa de Luar quando, bem à sua frente, a pouco mais de um metro, também sentado na relva, se encontra um simpático negro de bigode e cavanhaque brancos, estampando a avançada idade nos sulcos e rugas da face. Porém, seus olhos possuem o brilho intenso de quem se encontra pleno de felicidade. Traja uma camisa branca de mangas abotoadas no punho e de tecido bastante grosso, próprio dos usados na época da escravidão. Também as calças são brancas e os pés descalços. Cobrindo os cabelos brancos encaracolados, um chapéu de palha e na mão direita, apertado ao peito, um livro de capa branca, com o título em letras douradas. Um largo sorriso nos lábios termina por dar àquela figura um ar de muita bondade.

– Boa noite, meus filhos, e que Deus ilumine os seus corações – cumprimenta.

– Boa noite, Pai Francisco – respondem todos e é Fontes quem agora toma a palavra.

– Este é Luar, o moço do qual lhe falei.

– Já o andei observando, viu, filho? – diz o velho.

– Muito prazer, Pai Francisco – responde Luar, timidamente. – E que Deus lhe pague por me dar essa oportunidade de conhecê-lo.

– Ê, ê, ê! – ri o preto velho. – Você é um moço muito bom e penso que poderá me ajudar.

– Ajudá-lo?

– Sim, meu filho. Gostaria que trabalhasse comigo, sabe?

– Trabalhar com o senhor?

– Isso mesmo. Quer dizer, se você quiser.

– Pois gostaria muito.

– Isso é muito bom.

– E que trabalho seria esse, Pai Francisco?

– Gostaria que escrevesse algumas coisas que o "preto véio" tem aqui na cachola.

– Escrever para o senhor?

– Sim. Umas histórias que, penso, seriam de grande utilidade para as pessoas.

– Umas histórias... – balbucia Luar, meio sem entender muito bem tudo aquilo.

– Na verdade, alguns pequenos contos que poderiam ser publicados numa revista.

– Numa revista?

– Numa revista espírita que eu conheço e que é muito divulgada no meio espírita na Terra.

Luar fica um pouco pensativo e finalmente fala o que está pensando:

– Deixe-me ver se entendi bem. O senhor quer que eu escreva alguns contos que logicamente deverá me ditar e eu os farei publicar nessa revista que o senhor mencionou...

– Isso mesmo, meu filho, isso mesmo. Mas essas histórias não são somente minhas, não. Eu apenas as narrarei a você para que as escreva.

– O senhor vai me contar histórias durante o meu desprendimento quando durmo e depois terei que escrevê-las. É isso?

– Pois é mais ou menos isso.

Luar franze o cenho, denotando preocupação.

– Está preocupado por quê, meu filho?

– Bem... é que quando acordo, não me lembro de nada do que acontece quando desprendido de meu corpo.

– Oh, sim, mas não se preocupe. Contarei a história aqui deste lado e quando acordar sentirá forte vontade de escrevê-la.

– Mas como vou me lembrar da história?

– Ê, ê, ê! – ri o velho. – Você vai se lembrar, sim, quer dizer, não vai se lembrar, mas vai escrever o que aqui ouviu. Com as suas próprias palavras, mas o que ouviu deste lado, entendeu? E o "preto véio" estará lá ajudando você através da intuição, viu, meu filho?

– Bem, podemos tentar. Mas e se eu não sentir vontade de escrever?

– Sentirá, sim. Só não poderá ser preguiçoso. Quando sentir vontade, tem que se sentar e escrever. Mas, como já lhe disse, não se preocupe com esses detalhes agora. Pai Francisco dará um jeito para que escreva.

– Tudo bem, mas e quanto a publicar esses escritos?

– Quando terminar de escrever a primeira história que vou lhe contar, aparecerá alguém que se incumbirá de enviá-la para essa revista.

– E se não aparecer? – ainda pergunta Luar, mais para querer saber como funciona essa aproximação dos Espíritos encarnados sob a intuição dos Espíritos Superiores, do que por simples incredulidade, pois confia muito no trabalho dos Espíritos voltados para o Bem.

– Mas quantas perguntas, filho. Tenha confiança nos Irmãos Maiores.

– Eu tenho muita confiança, Pai Francisco, apenas gostaria de saber como tudo isso funciona.

– Meu filho, existem certas coisas que acontecem que seriam difíceis de entender, porque os Espíritos não têm meios de comparação para explicar àqueles que estão aprisionados na matéria e cujas mentes ainda não possuem condições de entendimento. Aliás, esse é um outro assunto que gostaria de lhe falar, porque a Doutrina Espírita já é bastante clara para que os Espíritos nela creiam, inclusive pela lógica das coisas, mas muitas vezes, desejam explicações para algo muito grandioso ainda para o entendimento deles. Gostaria que falasse sobre isso aos irmãos encarnados e vou lhe ensinar uma fórmula de lhes explicar sobre isso.

– Ficaria muito grato se nos desse essa oportunidade de conhecer mais a respeito de como explicar certos assuntos aos encarnados, Pai Francisco.

– Muito bem, Luar. Então, agora, quero convidá-lo a dar um passeio comigo.

Pretendo narrar-lhe a história e, se possível, essa explicação que acho muito importante e que você poderá transmitir aos irmãos da carne, sempre que possível, talvez numa futura palestra.

– Palestra? Eu nunca proferi nenhuma palestra.

– Você disse bem: nunca proferiu. Isso é passado, o que não impede que o faça no presente e no futuro.

Luar fica pensativo e, levantando-se juntamente com Pai Francisco, inicia uma caminhada com ele pelo florido campo, enquanto Cláudia e os outros se despedem e partem.

Cinquenta e um

NA MANHÃ SEGUINTE, LUAR levanta-se bem cedo. Encontra-se bem disposto. Toma um banho e dirige-se para o refeitório da fazenda onde, como sempre, toma o seu café matinal juntamente com Edgar, o encarregado de manutenção das máquinas agrícolas.

– E, então, Luar? Dormiu bem?

– Muito bem, Edgar. Aliás, tive um sonho bastante interessante.

– Que sonho?

– Sonhei que estava num campo, conversando com um homem de cor, um senhor bem velho, de bigode, cavanhaque e cabelos brancos, trajado como no tempo da escravidão.

– E o que ele lhe dizia?

– Não consigo me lembrar totalmente, mas... não sei... parecia falar algo sobre alguém doente... não... não me lembro. A propósito, nesta fazenda já houve escravos?

– Se houve, não sei, Luar. Apenas ouvi dizer que ela é muito antiga. Mas por que me pergunta isso? Acha que esse homem tem alguma coisa a ver com esta fazenda?

– Bobagem minha, Edgar. Penso que esta minha vaga lembrança deva estar relacionada apenas com meu sonho cerebral. Mas deixe para lá.

– E o Centro Espírita? Vai indo bem?

– Oh! Sim. Está indo tudo muito bem e daqui mais alguns dias, começaremos as reuniões de estudo com os frequentadores. Você não gostaria de tomar parte nesse curso de Espiritismo?

– Não sei, Luar, não sei. Talvez um dia...

– Bem, eu vou andando. Tenho que ir até a cidade. Seu Brandão pediu-me que fosse até o Centro ajudar seu Péricles a consertar um encanamento que começou a vazar. Vou aproveitar uma carona com o Gouveia.

– Um bom dia para você, Luar.

– Para você também.

Luar sai do refeitório e encontra Gouveia com quem vai até a cidade. Péricles ainda não havia chegado e Luar, de posse de uma cópia da chave, entra no Centro. Abre algumas janelas e senta-se à mesa de reuniões por cima da qual encontram-se algumas folhas de papel em branco e várias canetas dentro de uma caneca. Num gesto maquinal, apanha algumas folhas, apanha uma das canetas e começa a rabiscar um desenho. Assim permanece distraído por alguns segundos até que, apanhando uma outra folha em branco, escreve no alto da página: "A doença".

– Por que será que escrevi isto? – pergunta-se, pois o fizera sem pensar. – Será que é porque sonhei com aquele preto velho falando em alguém que estava doente? Mas não me lembro de mais nada sobre o sonho – continua a perguntar-se, intimamente.

Nesse momento, parece-lhe surgir uma vaga ideia de um tema para uma pequena história e a imagem de um preto velho sentado e rodeado por quatro crianças lhe vem à mente. Começa, então, a escrever, narrando a conversa das crianças com o escravo onde elas pedem que ele lhes conte uma outra história. E, assim, durante cerca de vinte minutos, fica a escrever o que lhe surge na ideia, terminando com uma lição a respeito da doença. Quando termina, tem os olhos úmidos, bastante emocionado com o que fizera.

– Mas o que é isto? Escrevi uma história com tamanha facilidade... De onde será que vieram essas ideias? – fala consigo mesmo, desta feita, em voz alta, o que não passa despercebido por Péricles, que naquele momento entrava no Centro.

– Bom dia, Luar. Falando sozinho?

– Oh, bom dia, seu Péricles.

O homem insiste:

– Falando sozinho, Luar?

– Acho que pensei alto – responde.

– O que foi que você escreveu tanto?

– Apenas algumas bobagens, seu Péricles.

– Bobagens?

– Sei lá. Senti enorme vontade e escrevi estas coisas aqui.

– Posso ler? – pede o homem.

– Pode, mas...

Péricles apanha os papéis e começa a ler, sentando-se num dos bancos, após perceber do que se tratava, logo nas primeiras frases:

"A doença"

– Véio Neca, conte-nos outra história – pede mais uma vez Carlinhos, menino de treze anos, filho do dono da fazenda.

– Conte sim, Véio Neca – pede uma garotinha de doze anos que, juntamente com Carlinhos e mais duas outras crianças, como de costume, encontram-se sentadas num velho carro de boi que serve como ornamentação da casa-sede da fazenda. Véio Neca, então, um negro de mais de noventa anos de idade sorri e aproxima-se das crianças. Apesar de bem velho e recurvado, devido à idade, ainda possui muita energia em seus gestos. Traz nos lábios, emoldurados por bigode e cavanhaque brancos, um largo sorriso e uma cativante voz de timbre grave. Seus cabelos mais se parecem a flocos de algodão.

– Sobre o que querem ouvir hoje? – pergunta, sorrindo, tirando o chapéu de palha e sentando-se junto às crianças.

– Eu gostei muito daquela história do Zé do Burro que o senhor nos contou da última vez.

– O senhor não sabe nenhuma outra de um escravo que ficou doente? – pergunta um outro menino.

– Escravo que ficou doente?

– Sim.

– Bem... muitos escravos ficavam doentes, mas... deixe-me ver... – responde o velho, tentando lembrar-se de algum fato diferente e que trouxesse algum tipo de ensinamento para a garotada. – Sim... lembro-me de uma história a respeito de doença, mas não de um escravo doente e sim de um feitor que adoeceu e acabou falecendo depois de um ano aprisionado a uma cama. Na verdade, não trabalhava nesta fazenda, e, sim, na fazenda do coronel Cipriano, um homem muito ruim e ambicioso.

– Um feitor que ficou doente?

– Sim. Seu nome era Raimundo e seu maior prazer era castigar os escravos. Para vocês terem uma ideia de como também era, a exemplo do coronel, um homem muito ruim, chegava a inventar falhas dos escravos só para serem castigados por ele. Raimundo batia sem dó nem piedade com o chicote. Muitas vezes, o próprio coronel Cipriano tinha que intervir para não perder o negro, pois se

Raimundo continuasse a bater, piedosamente a morte viria salvar a pobre criatura de suas mãos cruéis.

– Quanta maldade! – exclama uma das crianças.

– E o Raimundo ficou doente? – pergunta Carlinhos, curioso.

– Sim, Raimundo ficou muito doente.

– E que doença ele tinha?

– Não se soube ao certo. O que ficamos sabendo é que ele teve uma febre muito forte e depois começou a sentir muita fraqueza. Emagreceu bastante e quase não conseguia levantar-se mais da cama.

– E ele ficou um ano na cama? – pergunta uma criança.

– Sim, ele demorou cerca de um ano para morrer. O que aconteceu foi que, com a sua doença, o coronel teve que contratar um outro feitor e deu a casa de Raimundo para ele morar.

– Bem feito para o Raimundo! – exclama uma menina.

– Não fale assim, minha filha – diz o velho, carinhosamente. – Não devemos desejar e nem nos contentar com a desgraça dos outros.

– Mas ele era muito ruim – insiste a criança.

– Sim, era muito ruim, mas também era um filho de Deus. Por isso não devemos desejar mal a um filho de nosso Pai, pois também é um nosso irmão.

– E onde ele foi morar?

– Aí é que está o interessante da história. O coronel Cipriano, ruim que o danado era, percebendo que Raimundo dificilmente sairia daquela situação, resolveu fazer-lhe uma maldade.

– Uma maldade para o feitor?

– Sim, uma grande maldade.

– E que maldade foi essa?

– Chamou um escravo de nome Zé Maria, aliás, o negro que mais havia sido surrado pelo feitor e ordenou-lhe que cuidasse da doença dele e, para tanto, que o levasse para a senzala onde ele deveria ser alimentado e tratado.

– Meu Deus! Na senzala junto com todos os escravos que ele havia surrado no tronco?! E o que fizeram com ele?

– Bem, o coronel ordenou que não o maltratassem e que cuidassem muito bem dele, apesar de saber que isso seria quase que impossível. Na verdade, se matassem o feitor, pensava o coronel Cipriano, até seria muito bom, pois Raimundo para nada mais lhe servia.

– Que homem mau! – exclama a menina.

– O coronel era muito mau, mesmo.

– E o que aconteceu com Raimundo?

– Aconteceu que, apesar de todo o ódio que Zé Maria sentia, não permitiu que os outros escravos se aproximassem dele. Zé Maria detinha uma certa hierarquia, uma certa liderança junto aos outros e estes o obedeciam.

– E quem cuidava dele?

– O próprio Zé Maria. No começo, fazia com que Raimundo sentisse muito medo, ameaçando-o de envenenamento, quando ele menos esperasse. Doutras vezes, deixava-o por muitas horas sem água e sem comida, para que sentisse na própria pele o que fazia com os escravos. O tempo foi passando e Raimundo, cada vez mais doente, já não conseguia mexer mais nenhum músculo do corpo, passando todo o tempo deitado. Apenas seus olhos acompanhavam o movimento da senzala, principalmente à noite, quando os escravos ali se reuniam para tocar tambores, cantar e depois dormir. Sentia que nunca mais iria conseguir levantar-se e sofria muito com isso.

– E como ele fazia para comer? – pergunta Carlinhos.

– Zé Maria precisava servir-lhe a comida diretamente na boca, com suas próprias mãos, pois era costume os negros assim se alimentarem, pelo fato de não poderem usar talheres. Raimundo também sentia muito medo quando, à noite, juntamente com os outros escravos, ouvia os gemidos de alguém sendo castigado com o chicote. Nessas horas, via lágrimas de tristeza nos olhos dos negros e olhares de ódio endereçados a ele. Até que um dia, lágrimas de dor e arrependimento banharam também a sua face. Nessa noite, pediu perdão a todos os escravos por tudo que lhes fizera e falou em Deus.

– E os negros o perdoaram?

– Alguns, sim, mas a maioria nem lhe deu atenção.

– E Zé Maria?

– Zé Maria continuava a cuidar dele, alimentando-o e, inclusive, limpando-o quando necessário, já que ele não podia movimentar-se. Tratava também das feridas de suas costas, provocadas pelo fato de permanecer sempre deitado.

– Esse tal de Zé Maria devia ser um homem muito bom, pois cuidava daquele que tanto o chicoteara – comenta Carlinhos.

– Nem tanto. Na verdade, Zé Maria sentia um certo prazer, porque via nisso uma maneira de vingar-se, fazendo com que Raimundo se sentisse humilhado, indefeso e completamente dependente dele, já que, não fosse a sua proteção, já poderia ter sido brutalmente assassinado pelos outros escravos.

– E o que aconteceu depois?

– Um ano já havia se passado quando, numa noite, chegou a grande notícia: havia sido assinada a Lei Áurea e, com ela, a libertação de todos os escravos. Em vão, o coronel Cipriano tentou convencer os negros a continuarem trabalhando para ele. Seus escravos partiram todos, juntamente com negros de outras fazendas próximas, em direção a outros locais de trabalho. Geralmente procuravam fazendas onde há algum tempo não mais se fazia uso do chicote e do tronco. Faziam isso porque, na verdade, precisavam trabalhar, mas não concordavam em continuar prestando serviços a coronéis que muito os maltrataram. Preferiam trabalhar para aqueles que sabiam ter sido abolicionistas, pois estariam prestando-lhes uma recompensa pela luta em benefício deles.

– E Raimundo, Véio Neca? Continuou na fazenda?

– Aí está a razão desta história muito bonita. Zé Maria também queria ir embora dali. Seus companheiros insistiam com ele para acompanhá-los e abandonar aquele que tanto os supliciara, mas algo muito forte parecia prendê-lo ao pé de Raimundo.

– E o que o prendia, Véio Neca?

– Um carinho muito grande por Raimundo, inválido e extremamente indefeso.

– Carinho?! – espanta-se Carlinhos. – Como assim? Raimundo havia sido muito ruim para ele.

– Pois é, meus filhos. Vejam a maravilha do sentimento que Deus colocou no coração de cada homem, de cada filho seu. No começo, Zé Maria sentia muito ódio de Raimundo e somente cuidava dele, a fim de vingar-se, de fazê-lo sentir quão frágil se encontrava e o quanto necessitava de sua ajuda. Depois, com o passar do tempo, vendo o feitor sofrer tanto fisicamente com a doença, começou a sentir muito dó dele.

– É... era para sentir dó, mesmo – comenta uma outra criança.

– E quando percebeu que Raimundo sentia muito arrependimento por todo o mal que praticara, passou a sentir enorme pena.

– Mas dó e pena não significam a mesma coisa? – pergunta a menina.

– Não sei – responde o negro. – Talvez sim, mas no meu entendimento, na minha ignorância, penso que existe uma certa diferença. Enfim, entendam que assim classifico esses dois sentimentos para poder apenas diferenciá-los porque, em primeiro lugar, Zé Maria começou a sentir dó, da mesma forma que sentimos isso por um animal que está agonizando. Depois seu sentimento aprofundou-se um pouco mais, passando a sofrer uma certa angústia, uma certa tristeza diante de tanto sofrimento. E depois, ao perceber que o homem estava profundamente arrependido de tudo e que muito chorava por isso, passou a tentar confortá-lo com palavras de ânimo, falando-lhe de Deus, que certamente estava vendo todo o seu sofrimento e o sincero arrependimento que detinha agora em seu coração.

– E Zé Maria não foi junto com os outros escravos?

– Foi, sim. Dois dias depois que seus companheiros abandonaram a fazenda, apanhou seus poucos pertences e partiu em bom passo a fim de alcançá-los.

– E Raimundo? Ficou sozinho?

– Não, ele morreu antes.

– Morreu?

– Sim. E morreu nos braços de Zé Maria, implorando mais uma vez o seu perdão e rogando a Deus que também o perdoasse. Foi quando Zé Maria percebeu que sentia um carinho bem maior por ele e ambos choraram abraçados até que a morte veio e levou o homem.

As crianças, com lágrimas nos olhos pela triste história ali narrada, aguardam agora o desfecho que Véio Neca sempre dava às suas narrativas.

– Bem, meus filhos, vocês estão esperando minhas últimas palavras, não é?

– Sim – responde a menina.

– Pois bem, mas hoje, quem vai dar a palavra final é aqui o Carlinhos.

– Eu?! – pergunta o menino, assustado.

– Sim, você. Vamos, eu o ajudo. Diga-nos, de maneira bem simples, o que entendeu e observou nessa história.

– Bem... acho que no que diz respeito a Raimundo, foi bom ele ter ficado doente, porque acabou se arrependendo de todo o mal que tinha feito e pediu perdão aos escravos e a Deus. Mamãe sempre fala que antes de partirmos desta vida, temos que nos arrepender do que fizemos de errado para que Deus nos ajude. E foi o que aconteceu com esse feitor, não foi?

– Sim. E quanto ao Zé Maria?

– Também foi bom para o Zé Maria porque o ódio é uma coisa errada e ele, vendo todo o sofrimento de Raimundo, acabou, como o senhor disse, sentindo pena e depois, de tanto ficar junto a ele, acabou tendo um forte sentimento de carinho e de amor por causa de seu sofrimento e de suas lágrimas sinceras.

– Muito bem, Carlinhos. Véio Neca está muito satisfeito com a conclusão que você chegou. Aprendam, então, meus filhos, que tudo na vida tem origem em Deus e se Ele nos dotou de um corpo que pode adoecer é porque isso é necessário, mesmo que as doenças, na maioria das vezes sejam provocadas por

nós mesmos, através de maus hábitos ou até de maus pensamentos e maus atos de nossa parte. Saibam vocês que sentimentos inferiores atuam em nosso corpo, adoecendo-o. E muitas vezes reclamamos e nos revoltamos com a doença, sem entender que ela pode nos trazer um grande benefício se soubermos dela aproveitar como ensinamento de vida. No caso de Raimundo, trouxe-lhe enorme modificação em seu íntimo, o que não aconteceria se continuasse são. Para Zé Maria, que acabou envolvendo-se também com ela, pois a ele cabia a tarefa de cuidar daquele corpo enfermo, também ocorreu um grande benefício: sanou-lhe o ódio de seu coração, sentimento que poderia acompanhá-lo por muito tempo ainda e, inclusive, adoecê-lo também.

– Nós entendemos tudo, Véio Neca – diz Carlinhos. – Entendemos que precisamos confiar em Deus, mesmo nos momentos mais difíceis.

– Isso mesmo. Devemos ter sempre a plena certeza de que Deus quer o melhor para nós, mesmo que nos possa parecer o contrário. Até a doença. Para Raimundo, Zé Maria e para muitos outros que ficaram sabendo da história e com ela muito aprenderam, ela foi uma bênção dos Céus.

– Mas isto está muito bonito, Luar! – comenta Péricles, ao terminar a leitura, também com os olhos úmidos.

– O senhor acha?

– Pois isto merece uma publicação – continua o homem, entusiasmado. – Quanto tempo você levou para escrever este conto?

– Não sei ao certo. Talvez uns vinte minutos.

– Vinte minutos?!

Luar conta, então, ao homem o que sonhara e a vontade que tivera de escrever.

– Isso, e você sabe melhor do que eu, se chama inspiração. É evidente que existem boas e más inspirações, mas tenho certeza de que esta foi muito boa.

– Bem... devo confessar que também gostei.

– Mas é lógico. Escute, você não deixa eu levar este escrito para o senhor Fernando, diretor de uma revista espírita que eu conheço? Gostaria de mostrar a ele. Tenho certeza de que vai querer publicar.

– Publicar?!

– E por que não? É uma boa história e os evangelizadores estão sempre necessitando de material para as suas aulas, material assim, mais prático, entende?

– O senhor faça o que achar melhor. Para mim, tudo bem.

– Fico-lhe muito agradecido. Vou falar com ele, hoje mesmo, no Centro da cidade que frequentava, antes de começar aqui e, olhe, torne a escrever toda vez que sentir vontade, viu? Tenho a impressão de que muita coisa boa vai sair ainda de sua caneta.

– Está bem, seu Péricles, mas agora, vamos trabalhar no cano que está vazando. O senhor trouxe as ferramentas?

Cinquenta e dois

– *ATENÇÃO, SENHORES PASSAGEIROS. Última chamada para o vôo trezentos e sessenta e sete, com destino ao Brasil. Queiram dirigir-se ao portão número oito e boa viagem... Atención, señores pasajeros. Última llamada para el vuelo trescientos...*

– Vamos depressa, Helena, ou perderemos o vôo.

– Estou indo o mais depressa que posso, Marta. Estes meus saltos...

– Espere – grita Marta para a comissária de bordo, já no pé da escada que dá acesso ao avião.

– Suas passagens, por favor.

– Estão aqui – diz Helena, apresentando-as. – Ufa! Pensei que fôssemos perder o avião.

– Agora está tudo bem. Deixe-me ajudá-la a colocar a maleta no bagageiro.

– Me ajude, sim. Está pesada.

– Também, tinha que comprar tanta coisa?

– Você não viu o que eu trouxe na mala.

– Vi, sim. Um exagero.

– Pronto, vamos nos sentar.

– Está melhor, agora?

– Estou bem melhor. Foi apenas um ligeiro mal-estar.

– Por sorte, este aeroporto possui farmácia.

– O medicamento já está fazendo efeito.

– Deve ter sido algo que comeu ontem à noite.

– Comi o mesmo que você, Marta. Foi depois que recebemos a notícia sobre Lélis que comecei a passar mal. Estou muito nervosa e angustiada. Oh, meu Deus...

Helena cai em prantos.

– Não chore, Helena. Tudo vai dar certo. Agora, não sei porque sua mãe foi lhe contar isso ao telefone. Se guardou segredo até agora, deixando que você se divertisse...

– Foi porque eu lhe falei que estava pensando em ficar mais alguns dias aqui na Europa e ela achou que eu deveria saber do ocorrido. Afinal de contas, pelo que ela disse, já se passou mais de um mês que tudo aconteceu...

– E pelo que Mirtes contou a ela, parece que Lélis deve estar correndo perigo de vida; imaginam que foi um atentado contra ele.

– Mas quem poderia querer atentar contra a vida de Lélis? Ele nunca fez nada a ninguém. Sempre foi incapaz de, nem ao menos, discutir mais acaloradamente com quem quer que seja...

– Tem algo de muito estranho nessa história, Helena.

– O que mais me preocupa é que mamãe disse que não estão conseguindo encontrá-lo.

– Aperte o cinto, Helena. O avião vai levantar vôo.

– Sim – responde a moça, afivelando o cinto de segurança.

Helena e Marta são primas e seus pais, também empresários, são muito amigos do doutor Milton e da família. Helena possui vinte e seis anos e Marta, vinte e sete. A exemplo de Lélis, agora Luar, também são espíritas e frequentam a mesma casa espírita que ele. Moram na mesma cidade que Lélis e fazem parte de um grupo, dentro desse Centro, que se ocupa em distribuir mantimentos aos pobres, assim como, "O Evangelho Segundo o Espiritismo" para todas as pessoas que percebem necessitadas de tomarem conhecimento da Doutrina, o mesmo fazendo em campanhas em penitenciárias e hospitais. Os três são amigos inseparáveis e Helena possui um carinho muito especial por ele. Na verdade, gostaria que ele sentisse o mesmo por ela e sonha em namorá-lo um dia, apesar de não ter coragem de lhe confessar o seu amor. Quando tudo aconteceu com Lélis, as duas moças estavam em passeio turístico pela Europa. A mãe de Helena estava sabendo do ocorrido, mas não quis preocupar a filha e nada lhe contou a não ser na noite anterior à da viagem de volta. Sabia que a filha interromperia o passeio se soubesse antes.

– Pelo que você me contou, ele fugiu do hospital quando pareceu ter percebido que tentaram matá-lo.

– Foi o que mamãe imagina ter acontecido. O doutor Milton colocou até um detetive particular para tentar encontrá-lo.

– E não conseguiu nada ainda...

– Disse-me ela que por pouco não conseguiu encontrá-lo, mas que parece que toda vez que está próximo disso, ele desaparece e que... olha... isso ela me confidenciou porque dona Lídia não sabe: o detetive acha que tem alguém atrás dele para tentar eliminá-lo.

– Meu Deus! Mas por que será?

– Ninguém sabe e nós, principalmente nós, que temos tanto conhecimento da vida dele, não temos a mínima ideia do que poderia estar acontecendo.

– Diga-me uma coisa, Helena, você que conversa mais com Lélis...

– Converso mais?

– Sim, Helena. Você é quem mais contato tem com ele.

– Você tem o mesmo contato que eu, Marta.

– Helena... pensa que não sei que você está apaixonada por ele? Que você o ama?

– Meu Deus, Marta!

– Helena...

A moça abaixa os olhos.

– Não precisa ficar assim, prima. Você não consegue esconder e quase todas as pessoas de nosso convívio já perceberam isso. Por que negar? O que há demais nisso? A única coisa que penso é que você deveria ter aberto o seu coração para ele.

– Confessar a Lélis?

– Sim. Quem sabe, já não estariam namorando se você tivesse falado com ele? Não se esqueça de que Lélis também é um pouco tímido para essas coisas. Quem lhe garante que ele não possa estar sentindo o mesmo por você?

– Você está falando bobagens, Marta.

– Não estou, não. Continuo a insistir: você já deveria ter aberto o seu coração, o seu sentimento.

Helena suspira e confessa:

– Sabe, acho que você tem toda a razão.

– Sim. Só que agora ele nem se lembra mais de sua existência.

– Mamãe disse que o psiquiatra explicou ao doutor Milton e à dona Lídia que o restabelecimento da memória de Lélis será apenas uma questão de tempo. Foi uma perda parcial e que, apesar dele não ter condições de poder fazer uma previsão, a qualquer momento, poderá recobrar a memória. Tanto é que ele apenas não sabe, não se lembra de quem é e nem de ninguém, mas detém o conhecimento de tudo que aprendeu, como por exemplo, da Física em que é formado, como da Doutrina Espírita.

– Isso é muito bom.

– E pelo que fiquei sabendo, parece que uma testemunha do atropelamento afirmou que Lélis teria gritado o nome do motorista que o atropelou, mas que ela não se lembra. Talvez esse motorista que o queria eliminar, também tivesse ouvido e, agora, com receio de que ele recobre a memória e se lembre dele, o esteja querendo matar.

– Meu Deus, pobre Lélis. Será que ele está passando dificuldades, passando fome?

– Esses pensamentos me tiraram o sono ontem à noite.

– Sabe o que acho, Helena?

– O quê?

– Penso que com toda a bondade e a educação de Lélis, facilmente ele conquistará a confiança das pessoas que encontrar pelo caminho e que certamente irão ajudá-lo. Acredito até que irão acolhê-lo.

– Você tem toda razão, Marta. Lélis é um moço muito bom e essa sua bondade, como nós sabemos, encontra-se sempre estampada em sua fisionomia. Dificilmente alguém deixará de auxiliá-lo, além do que, se ele mantém o conhecimento da Doutrina Espírita, estará sempre ajudando alguém e Deus não o abandonará.

– Nem os bons Espíritos, pode acreditar.

– Será que não podemos fazer nada, Marta?

– Fazer o quê, Helena?

– Sei lá. O que não podemos é ficar de braços cruzados esperando que ele recobre a memória e volte para casa.

– Não vejo a hora de me encontrar com dona Lídia e com Mirtes. Dona Lídia deve estar sofrendo muito.

– E Mirtes, então? Tem verdadeira adoração pelo irmão.

– E o doutor Milton? Pobre homem.

– E Paulo?

– Paulo? – pergunta Marta, transformando agora sua expressão. – Será que Paulo estará preocupado com o destino de Lélis?

– Marta! Não diga isso! Eles são cunhados!

– Sim, mas Paulo é muito ambicioso. Será que se Lélis desaparecer para sempre, não lhe sobrará mais na herança do doutor Milton?

– Herança, Marta? Ora, o doutor Milton ainda irá demorar muito para abandonar este mundo material.

– É, eu sei, mas existem ambições para as quais não há tempo nem espaço e muito menos vidas humanas, principalmente o poder de mando, de decisão.

– O que é isso, Marta?! Você sabe o que está falando?

– Ah, sei lá! É que nunca tive nenhuma simpatia pelo marido da Mirtes.

Sempre o achei um homem muito ambicioso e tem mais: já o vi criticar Lélis para o doutor Milton.

– Criticar Lélis?

– Sim. Um dia, eu estava lá na casa do doutor Milton e ouvi quando Paulo dizia que Lélis não deveria ocupar um cargo na empresa porque não sabia lidar com os negócios.

– E o doutor Milton?

– Pobre homem. Não entendeu as verdadeiras intenções do genro e disse que talvez o problema de Lélis fosse o seu grande coração, o seu respeito pelo próximo, mas que ele se orgulhava muito disso e nem ligou quando Paulo complementou dizendo que, por causa disso, Lélis ainda poderia vir a falir a empresa se porventura viesse a ser o presidente.

– Meu Deus! Ele falou isso para o doutor Milton?

– Falou, mas o doutor Milton riu e disse que isso nunca iria acontecer, porque ele confiava muito no genro que, evidentemente, com toda a sua capacidade, não permitiria que isso acontecesse. Sabe, o doutor Milton levou tudo na brincadeira, mas eu entendi muito bem a preocupação de Paulo e as palavras venenosas contra Lélis. Parecia que estava querendo fazer com que o sogro começasse a pensar nisso.

– Mas você não está querendo dizer...

– Eu não estou dizendo nada, apenas nomeando uma pessoa que sairia lucrando se Lélis viesse a desaparecer.

– Marta, por favor, não diga isso a ninguém.

– Não vou dizer a ninguém, mas penso que devemos frequentar um pouco mais a casa de Mirtes e ficar de olho no Paulo. Aliás, por que não investigar o que pode estar acontecendo?

– Investigar?

– Sim, Helena, investigar. Somos jornalistas formadas e podemos muito bem sair por aí fazendo perguntas. O que me diz?

– Bem, não sei... gostaria muito de ajudar a encontrar Lélis.

– Pois, então. Vamos investigar a fundo.

– Mas por onde começar?

– Talvez pelo hospital ou pelo detetive que o doutor Milton contratou. O que acha?

– Você tem razão. Temos dinheiro suficiente para sairmos à procura de Lélis e, na verdade, eu nem conseguiria ficar passiva, aguardando as coisas acontecerem.

– Quem sabe não poderemos dar um "furo" de reportagem, heim? Faríamos enorme sucesso, se descobríssemos toda a verdade.

– Marta! Como pode estar pensando numa coisa dessas? A única coisa que penso neste momento é encontrar Lélis e ajudá-lo.

– Desculpe-me, Helena. Você tem razão. Acho que devaneei demais.

– Combinado, então – diz Helena, gravemente. – Vamos procurar Lélis. Vamos mover céus e infernos até encontrá-lo e, se for verdade que alguém esteja planejando eliminá-lo, que Deus nos ajude a descobrir quem é.

– Assim é que se fala, Helena.

Cinquenta e três

APÓS MAIS DE DUAS SEMANAS de busca em pequenas cidades e vilas da região, Romildo e seus homens, já um tanto desanimados e debaixo de intensa pressão por parte de Paulo, que pretende, a todo custo, eliminar o cunhado, encontram-se agora defronte de um pequeno armazém de secos e molhados, na localidade onde Luar se encontra.

– "Armazém do Figueiredo" – lê Romildo e ordena a Aldo e Rubens –: vamos entrar e pedir informações.

Dirigem-se então para o armazém, enquanto Soares, com o pé engessado, aguarda no automóvel. Sente-se muito cansado, pois somente consegue andar, apoiando-se num par de muletas, além de estar com a mente um tanto confusa após o episódio em que Luar o salvara de dentro do buraco onde caíra, empurrado que fora pelo menino Agnaldo. Ficara muito impressionado com a bondade e o desprendimento do rapaz, principalmente quando ele lhe lera o capítulo de um Evangelho onde Jesus concitava os homens a salvarem seus inimigos. Depois disso, não mais conseguira se esforçar para encontrar Luar e, muito pelo contrário, vinha procurando, disfarçadamente, dificultar o trabalho dos companheiros. Estranhamente para ele, não gostaria que algo de mal acontecesse ao rapaz.

– Seu Figueiredo, por favor – pede Romildo, polidamente, mostrando uma foto de Luar ao homem –, o senhor por acaso não viu passar por aqui o rapaz desta fotografia?

O homem olha atentamente para o papel, reconhece Luar, mas não tem plena certeza se deve dizer àqueles homens o que sabe a respeito. Romildo, Aldo e Rubens não lhe inspiram confiança. Procura, então, ganhar tempo a fim de conseguir maiores informações sobre o que pretendem com ele.

– Não me lembro muito bem – responde. – Passa muita gente por aqui, sabe? Este moço é parente de vocês?

– É meu primo e ele me disse que talvez viesse para cá. Gostaria muito de encontrá-lo, pois preciso lhe entregar uma quantia em dinheiro. A mãe dele faleceu e deixou-lhe uma pequena herança.

– Uma pequena herança?

– Sim, e ele está muito necessitado, sabe?

– Entendo...– diz Figueiredo, mas, ainda desconfiado daqueles homens, faz uma tentativa de verificar a sinceridade de Romildo –: Como é o nome dele?

Romildo fica em dúvida agora, quanto ao que dizer, pois não sabe se Luar já recobrou a memória e esteja usando o nome correto. Mesmo assim, arrisca:

– Ele se chama Luar. Luar Peregrino.

– Luar Peregrino?

– Sim. É um nome meio estranho, não?

– Estou estranhando o sobrenome Peregrino.

– O nome o senhor já tinha ouvido falar?

– Sim – concorda finalmente, pois não vê motivos para não dar a informação a Romildo. – Ele passou por aqui há cerca de uns quinze dias ou mais. É... a foto é dele. Estava achando, mesmo, que estava reconhecendo a pessoa desta fotografia.

– E o senhor saberia nos dizer para onde foi ou onde se encontra neste momento?

– Ele estava procurando por seu Brandão.

– Brandão?

– Isso mesmo. O dono da Fazenda Santa Luzia.

– E ele foi para lá?

– Está morando e trabalhando lá. Na verdade, atualmente, ele fica mais aqui na cidade do que na fazenda.

– Aqui na cidade?

– Seu Brandão, ele e mais umas outras pessoas estão fundando um Centro Espírita e Luar é quem está dirigindo tudo, inclusive a reforma feita na casa onde funcionará esse Centro.

– Entendo. E esse lugar é perto daqui?

– Oh, sim. Aliás, pode ser que ele se encontre lá agora. Vamos até lá fora. Vou ensinar-lhe onde fica, inclusive como fazer para chegar até a fazenda, se não o encontrar lá.

Dizendo isso, Figueiredo explica a Romildo como fazer para chegar ao Centro e à fazenda.

– Muito obrigado, seu Figueiredo. Luar ficará muito agradecido ao senhor por nos ter ajudado a encontrá-lo.

– Não seja por isso.

– Boa tarde, então.

– Boa tarde.

Os homens retornam ao carro e, lentamente, dirigem-se à casa, tendo o cuidado de estacionarem o veículo a uma certa distância, próximo a uma pequena estação ferroviária, para não chamar a atenção.

– Vocês me esperem aqui – ordena Romildo. – Irei sozinho para não dar na vista.

– E se ele estiver lá? – pergunta Soares, preocupado com a sorte de Luar.

– Eu o trarei até aqui sob a ameaça de meu revólver. Preparem-se para instalá-lo no porta-malas. Pretendo eliminá-lo fora da cidade.

– Certo – concorda Aldo. – Pode ir. Nós lhe daremos cobertura daqui.

Romildo caminha, então, até a casa indicada pelo dono do armazém. Chegando defronte dela, percebe movimento lá dentro. A porta da frente encontra-se aberta, assim como o pequeno portão de entrada. O homem entra e, sorrateiramente, para entre a porta da rua e uma das janelas que dão para o alpendre onde se encontra. Procura ouvir o que dizem no interior da residência. É Irma quem fala a Péricles, à sua esposa Maria e dona Dulce, mulher de Brandão.

– Penso que tudo se encontra nos devidos lugares.

– Acho que deveria colocar a lousa mais perto da parede para que os que se sentarem aqui atrás possam vê-la sem que a visão seja obstruída pelas cabeças dos que se sentarem mais à frente. – sugere dona Dulce.

– A senhora tem razão. Vou mudá-la de lugar.

– Pode deixar – diz Péricles. – Eu a carrego.

Romildo apura bem os ouvidos, mas não consegue ouvir a voz de Luar ali.

– Acho que não deve estar aqui – pensa. – O que devo fazer? Devo entrar e perguntar por ele? E se ele estiver calado lá dentro? E se me reconhecer? Bem... se isso acontecer, terei que eliminá-lo aí dentro mesmo. O que não posso é ficar aqui parado.

Pensando assim, Romildo entra devagar na casa e é Péricles o primeiro a vê-lo.

– O senhor já veio para a reunião? – pergunta-lhe.

– Reunião?

– Sim, a reunião de hoje mais à noite.

– Oh, sim, a reunião. Sim, talvez venha, mas... não sou desta cidade e acho que errei de endereço...

– Quem o senhor está procurando?

Romildo mente:

– Um homem chamado Antonio. Disseram-me que ele morava aqui.

– Antonio de quê? – pergunta, por sua vez, dona Dulce.

– Não sei o sobrenome, minha senhora. É um homem que trabalha com roupas – inventa agora.

– Não conheço ninguém com esse nome e que trabalha com roupas.

– Só se for o seu João, lá da esquina – diz Irma. – É o único que tem uma loja de roupas.

– Só se for esse. Vocês me desculpem o incômodo.

– Não precisa se desculpar, e se o senhor passar a noite nesta cidade, convidamos-lhe a participar de nossa noite de estudos. Temos a certeza de que gostará muito.

– Pode ser – responde Romildo. – Mas, a propósito, o que vem a ser este local? Uma igreja, por acaso? Com todos estes bancos...

– Não é uma igreja. Trata-se de um Centro Espírita que inauguramos há poucos dias.

– Ah, sim, um Centro Espírita.

– O senhor já ouviu falar de Espiritismo?

– Tenho pouco conhecimento, mas, talvez, eu venha à noite. A que horas começará a reunião de estudos?

– Às vinte horas. Hoje será a aula inaugural – informa Péricles.

– O senhor é quem irá falar?

– Normalmente serei eu a ministrar o curso, mas esta noite penso em pedir para que um nosso amigo profira as primeiras palavras. Afinal de contas, a ideia foi dele – explica Péricles, bastante entusiasmado com o acontecimento.

– E qual o nome desse seu amigo?

– Ele se chama Luar. Luar Peregrino.

– Luar? Estranho nome. Será um apelido? – disfarça Romildo.

– É o nome dele, mesmo – responde dona Dulce. – Um moço muito bom.

– E ele se encontra aqui?

– Não. Hoje ele ficou na fazenda para terminar um serviço no escritório.

– Vocês têm uma fazenda? – pergunta Romildo, na tentativa de disfarçar e dar a ideia de que nada conhece a respeito daquela cidade e das pessoas.

– A fazenda é do marido de dona Dulce.

– Entendo. Bem, muito obrigado pela informação. Já vou indo. E pretendo vir para a reunião.

– Pois será muito bem-vindo.

– Até a noite, então.

– Até mais.

Romildo abandona o Centro e volta até o carro, revelando aos outros a conversa que tivera na casa.

– Desta vez ele não nos escapa – diz Rubens.

– Mas não escapa, mesmo. E você, Soares? Já consegue andar novamente?

– Ainda me dói muito, Romildo. Penso que me esforcei demais naquela cidade.

– Não virá conosco? – pergunta Aldo.

– Não sei, apesar de que não gostaria de perder essa festa.

– Então, você ficará vigiando o carro e, a qualquer movimento suspeito, tocará a buzina por duas vezes.

– Certo, mas daqui a pouco irei procurar um bar. Preciso ir a um banheiro. Retorno logo. Ainda é cedo para entrarmos em ação.

– E quanto a nós? – pergunta Rubens.

– Eu entrarei na reunião sozinho – responde Romildo – Você e Aldo ficarão do lado de fora a alguns metros para me ajudarem a levá-lo até o carro.

– Mas você não pode participar da reunião, Romildo. Ele poderá reconhecê-lo, se lhe voltou a memória.

– Eu não vou entrar na casa. Assim que a reunião começar, ficarei do lado de fora, naquele alpendre, e quando ela terminar, o apanharemos.

– E o que faremos agora? – pergunta Rubens.

– Poderíamos ir até a fazenda – sugere Aldo. – Quem sabe e com um pouco de sorte, não liquidaríamos o assunto agora à tarde mesmo?

– Penso que não devemos nos arriscar – diz Romildo. – Deve haver muita gente lá e, por certo, será difícil passarmos despercebidos. O ideal será cumprir a nossa missão aqui na cidade.

– Você tem razão – concorda Aldo.

– Não poderemos mais falhar.

– Não falharemos desta vez.

– Se quiserem, podem ir comer alguma coisa, mas procurem não andar juntos para não chamarem a atenção – diz Romildo.

Cinquenta e quatro

MUITAS PESSOAS SE ENCONTRAM reunidas no Centro Espírita Allan Kardec. Será a primeira aula sobre a Doutrina Espírita onde iniciarão um estudo, começando pela leitura de uma lição d'"O Evangelho Segundo o Espiritismo" e a seguir, d'"O Livro dos Espíritos".

– Gostaríamos que inaugurasse este nosso trabalho de estudo, Luar, falando-nos algo que sinta ser de muita importância a respeito – pede seu Péricles.

– Isso mesmo – entusiasma-se Nando. – Fale-nos, por exemplo, de como a Doutrina Espírita tem respostas para todas as nossas dúvidas.

– Uma ótima ideia – concorda dona Dulce, esposa de Brandão.

– Tudo bem – aceita Luar. – Vou falar sobre um assunto que acho muito importante que seja abordado neste primeiro dia de aula.

Dizendo isso, Luar dirige-se até a frente do pequeno auditório e inicia, após uma prece:

– Realmente, a Doutrina Espírita, como bem o disse Nando, possui explicações para todas as nossas dúvidas. Todos já têm uma noção dos principais pontos do Espiritismo, tais como a necessidade da reencarnação, não somente para que possamos nos reencontrar com aqueles com os quais contraímos grandes débitos, a fim de resgatarmos esses nossos deslizes do passado, assim como vem nos explicar o porquê das diferenças sociais e físicas entre os Espíritos que reencarnam neste planeta. E é através dessas explicações que conseguimos entender por que alguns nascem ricos ou pobres, saudáveis ou com a saúde comprometida, por que uns têm uma desencarnação amena, após muitos anos de vivência na Terra, enquanto que outros tantos desencarnam precocemente e muitas vezes através de terríveis desastres a lhes tirarem a vida corpórea. Conseguimos entender também o que acontece quando, inesperadamente, e sem aparente motivo, nos encontramos tristes ou deprimidos. Sabemos muito a respeito das coisas da vida e que nos dá a esperança de sermos cada dia mais felizes, desde que nos modifiquemos, pois que Deus quer para nós, os Seus filhos, somente a felicidade. A Doutrina Espírita, certamente, nos dá o real entendimento das coisas; para tudo tem uma explicação e, o que é o mais importante, nos dá o consolo e nos ensina a viver e sermos felizes dentro dos ensinamentos de nosso mestre Jesus, através de Seu Evangelho.

– Isso é verdade – diz seu Péricles, não conseguindo conter essa frase, interrompendo momentaneamente a fala de Luar que, após alguns segundos de reflexão, retoma a palavra:

– Mas há uma coisa muito importante que gostaria de abordar neste momento.

Reflete mais um pouco e lança uma pergunta aos presentes:

– Alguém de vocês sabe o que é uma "seringobola"?

Os presentes entreolham-se como que para confirmar se alguém saberia responder àquela pergunta.

– Ninguém sabe?

Todos fazem um ligeiro sinal negativo com a cabeça.

– Pois bem, vou lhes explicar o que significa. "Seringobola", como o próprio nome diz, é uma bola, uma esfera de aproximadamente uns vinte centímetros de diâmetro, feita de vidro transparente e que possui, em sua própria estrutura, uma seringa, também de vidro. Alguém tem alguma dúvida do que estou explicando? A senhora, aí da primeira fila – diz Luar, referindo-se a uma mulher sentada logo à sua frente –, a senhora conseguiu entender ou, melhor, imaginar essa "seringobola"?

A mulher limita-se a fazer um sinal positivo com a cabeça.

– Por favor, minha senhora, levante-se e diga para os presentes o que imagina ser uma "seringobola".

A mulher se levanta e, virando-se para a plateia, explica:

– Bem, pelo que pude entender, "seringobola" é uma bola de vidro transparente mais ou menos deste tamanho... – diz, mostrando com as mãos como se estivesse segurando a bola – ... e que num ponto qualquer possui uma seringa também de vidro transparente. Seria uma peça só, Luar?

– Isso mesmo. Uma única peça. A bola e a seringa. Muito obrigado pela participação – agradece Luar. – Todos entenderam, então?

A exemplo da senhora, os presentes meneiam a cabeça afirmativamente.

– Muito bem. Agora vamos imaginar que retiramos o êmbolo da seringa... alguém sabe o que é um êmbolo?

Um jovem levanta a mão.

– Poderia nos explicar? – pergunta Luar ao rapaz, que levanta-se e fala:

– Êmbolo é aquela parte móvel da seringa de injeção. É aquela peça que quando puxamos, aspira o líquido e que quando se aplica a injeção, comprime-se para injetar o remédio no corpo.

– Obrigado, meu jovem. Todos entenderam?

Os presentes confirmam novamente.

– Agora, se eu retirar o êmbolo, colocar uma tinta azul, por exemplo, no corpo da seringa, recolocar o êmbolo e comprimi-lo, o que acontece? Logicamente, veremos a tinta azul entrar dentro da bola, certo?

– Certo – balbuciam alguns, enquanto outros dão o característico sinal afirmativo.

– Também poderemos colocar na seringa, uma tinta amarela e injetarmos para dentro da bola. Por favor, queiram imaginar isso.

Luar aguarda alguns segundos e continua.

– Prestem atenção porque eu agora vou movimentar a "seringobola" e misturar as duas tintas. Imaginem isso. Muito bem. Alguém poderia me dizer o que aconteceu?

Uma moça da plateia pede a palavra e diz:

– Quando misturou a tinta azul com a amarela, a mistura delas transformou essas duas cores numa única cor: a verde.

– Parabéns, moça. Parabéns. Todos imaginaram a mesma coisa?

Novamente todos concordam.

– Bem, terminei a minha explicação. Creio que todos entenderam bem o que é "seringobola". Agora, eu pergunto a todos: vocês sabem para que serve esse instrumento?

As pessoas ficam em silêncio.

– Pois vou lhes explicar. Essa tal de "seringobola" não serve para nada. Na verdade, ela não existe. Apenas a inventei para poder lhes explicar algo muito importante.

– Ahhhhhhh! – ouve-se um murmurinho geral, aparecendo um sorriso nos lábios de todos. Luar sorri também e, aguardando alguns segundos, onde as pessoas sussurram comentários entre si, retoma a palavra.

– Meus amigos, vejam vocês que, apenas com palavras, consegui lhes explicar o que era um instrumento que nunca viram e nem ouviram falar, apenas usando termos de comparação. E eu digo termos de comparação porque para tudo que explicamos, utilizamos meios de comparação. Tomemos a nossa "seringobola", como exemplo. Quando eu disse que era uma bola de cerca de uns vinte centímetros de diâmetro, todos entenderam, porque sabem o que é uma bola e têm a ideia do tamanho que enunciei, ou seja, vinte centímetros. Quando lhes disse que era feita de vidro transparente, também facilmente entenderam e imaginaram. Assim também ocorreu quando falei que num dos pontos dessa bola havia uma seringa e também quando me reportei às tintas injetadas nela e que foram misturadas dando uma cor verde, produto da mistura da azul com a amarela. Certo?

– Certo – responde seu Brandão, bastante curioso em saber o que Luar está querendo lhes ensinar com tudo aquilo.

– Agora vamos imaginar uma outra situação. Imaginemos uma tribo de índios que vive numa mata, sem nunca ter tido contato com a civilização. Uma tribo selvagem e ignorante. Você, Nando, por favor, venha até aqui à frente – pede Luar ao filho de seu Brandão.

O moço atende.

– Agora, Nando, gostaria que brincasse um pouco de "faz-de-conta".

– "Faz-de-conta"?

– Sim, "faz-de-conta". Faça de conta que todos nós aqui presentes somos os índios dessa tribo.

– Certo, todos vocês são índios selvagens e ignorantes.

– Você está indo muito bem. Agora, gostaria que nos explicasse, da melhor maneira possível, o que é uma "seringobola", mas não se esqueça de que nós não conhecemos a palavra bola, nem sabemos o que é vidro transparente e, muito menos, uma seringa.

– Bem, vou tentar. Deixe-me ver...

– Pense um pouco e use o melhor de sua criatividade.

O rapaz raciocina um pouco e começa:

– Meus irmãos índios, vou lhes explicar agora o que é uma "seringobola". "Seringobola" é uma bola mais ou menos do tamanho deste coco – diz mostrando um coco imaginário com as mãos – e num dos pontos deste coco existe uma... deixe-me ver... um pedaço de bambu oco, talvez... sim... um bambu oco e que por dentro desse bambu existe um pedaço de pau... que cabe dentro dele e que se pusermos um líquido azul poderemos injetá-lo através desse bambu... apertando o pequeno pedaço de pau e... como posso dizer...? se colocarmos um outro líquido, agora amarelo, veremos tudo se misturar lá dentro e...

– Você consegue ver através de um coco, Nando?

– Oh, não. Bem... esse coco é transparente, ou seja, pelo lado de fora, vemos tudo o que acontece do lado de dentro e...

– Nando, não se esqueça que somos índios selvagens e ignorantes e não conseguimos entender como podemos ver através de um objeto. Não sabemos o que é transparente. Na nossa pouca inteligência, a conclusão máxima que poderemos ter é que você deve ser um louco que não sabe o que fala. Repito: como ver o que acontece dentro de um objeto? Nunca vimos um vidro.

– É... você tem razão. Percebo que é muito difícil, ou quase mesmo impossível, explicar a um índio selvagem e ignorante o que é uma "seringobola".

– Você pode se sentar, Nando, e obrigado.

O moço volta ao seu lugar e Luar continua:

– Meus irmãos, o que eu estou querendo dizer e torno a repetir, é que para tudo o que ensinamos ou explicamos para uma outra pessoa ou um grupo de pessoas, utilizamos meios de comparação para isso. Mas como explicar a uma tribo de indígenas ainda ignorantes, usando meios de comparação, se não conhecem esses meios, ou seja, se não sabem o que é uma esfera transparente, o vidro, a seringa? Fica muito difícil, não é?

Cinquenta e cinco

ENQUANTO LUAR PROFERE a pequena palestra de abertura das aulas no Centro Espírita Allan Kardec, é grande a movimentação do lado de fora do recinto.

– Você, Aldo, posicione-se naquela esquina – ordena Romildo. – Quanto a você, Rubens, fique naquela outra. Soares, permaneça no banco traseiro do carro, mas olhando pela retaguarda. A qualquer movimento estranho, buzine duas vezes para que possamos perceber o que está acontecendo.

– Certo, Romildo.

– Vamos, então. Vou me colocar no alpendre da casa. Vigiarei pela janela e, assim que chegar o momento, quando Luar sair, eu o ameaçarei com esta arma, levando-o até o carro. Nesse momento, Aldo e Rubens se aproximarão, dando-me cobertura, apontando suas armas para as pessoas, intimidando-as contra qualquer esboço de reação. Certo?

– Certo, Romildo – respondem.

– Então, mãos à obra.

Dizendo isso, Romildo aproxima-se da casa e, posicionando-se no alpendre, fica a ouvir as palavras de Luar pela janela, numa posição em que não possa ser visto.

Luar continua a palestra:

– Agora, eu gostaria de dar um outro exemplo, utilizando essa mesma tribo. Imaginem se colocássemos no meio de uma reunião desse grupo de índios, um aparelho receptor a pilha e alguém falasse através de um microfone sem fio, escondido dentro da mata. O que acham que aconteceria?

– Penso que os índios iriam quebrar o aparelho receptor a pauladas – brinca um senhor, sentado na segunda fileira. Todos riem, inclusive Luar.

– Pode ser mesmo – concorda. – Pode ser porque os ignorantes têm o costume de tentar destruir o que não conseguem entender. Até dentre os homens mais civilizados há aqueles que costumam criticar o que não entendem, simplesmente porque isso lhes revela a ignorância de certas coisas, não é verdade?

Luar faz pequena pausa e continua:

– Voltemos à reunião dos índios a ouvirem a voz que lhes fala através do aparelho receptor e imaginemos que não o destruam. Prestem bastante atenção no que vou lhes explicar. Em primeiro lugar, a estupefação e a surpresa tomarão conta de suas mentes ainda infantis. Ficarão muito curiosos ou, talvez, com medo do que não conhecem, achando até que se trate de algum tipo de feitiçaria. Mas poderemos lhes mostrar que é alguém que fala através de um microfone de dentro da mata.

Nesse momento, alguém da plateia levanta a mão pedindo a palavra.

– Pois não, Antonio, pode falar.

– Poderia ser feita uma experiência com eles, da seguinte forma: eles combinariam uma palavra a ser pronunciada e elegeriam alguém para ir até o meio da mata e pronunciá-la. Daí teriam a certeza de que, realmente, o aparelho transmite aquilo que eles queiram que seja transmitido.

– Muito boa a ideia, Antonio. Poderia ser feito isso. Eles, então, tomariam contato com o fenômeno, mas, mesmo assim, não conseguiriam entender como é que tudo funciona, não é mesmo?

– E como poderia ser explicado a eles?

– Aí chegamos ao cerne da questão e na conclusão que quero transmitir a vocês. Vejam bem: a Doutrina Espírita, como sabemos, possui uma explicação correta para tudo o que acontece em nossa vida, tudo girando em torno de uma lógica, em torno de um processo justo de causa e efeito, de ação e reação, do "colhemos o que semeamos", onde Deus, em Sua infinita bondade, nos concede a oportunidade de resgatarmos os nossos débitos e aprendermos com a experiência na carne. Mas onde quero chegar é que muitas coisas os Espíritos ainda não conseguem nos explicar detalhadamente porque não têm, como no caso da "seringobola" aos índios, meios de comparação para isso. Ainda não possuímos conhecimento e entendimento necessários para imaginarmos certas coisas, certos fatos que somente as entidades mais esclarecidas e, principalmente as de nível superior, conseguem entender e visualizar.

– Você quer dizer que nem tudo está à nossa disposição no que diz respeito às verdades do Alto, não é?

– Isso mesmo e o que é mais importante é que não é pelo fato de não conseguirmos ainda compreender o funcionamento de certos acontecimentos é que não devamos neles acreditar. Quanta coisa ainda se encontra fora do alcance de nossa inteligência.

– Poderia nos dar um exemplo?

– Sim. Poderia citar os resgates coletivos como, por exemplo, um desastre aéreo onde desencarnam muitos Espíritos ou um grande incêndio. Sabemos que só pode ser um tipo de resgate dessa natureza, mas nos perguntamos como tantas pessoas que, muitas vezes, nem ao menos se conhecem, conseguem se reunir num mesmo acontecimento. Como imaginar também, por exemplo os diversos e muitos planos da vida, enfim, fatos que, como os índios, em contato com o receptor, sabemos existir porque estamos vendo e ouvindo falar a todo o instante e que, somente sendo assim, conseguimos aceitar? Cremos porque acreditamos na bondade divina e porque somente assim poderia ser, mas os Espíritos não têm, ainda, como nos explicar concretamente, porque somos ainda muito ignorantes. E o que de mais importante quero ressaltar é que, exemplificando, não é pelo fato de não podermos tocar o ar é que não acreditemos em sua existência. Temos muito que aprender ainda e somente com o tempo e com a nossa evolução é que iremos adquirir um entendimento mais amplo, entendem?

– Luar, você poderia tecer uma comparação mais apurada entre nós e os índios?

– Perfeitamente. Vejam vocês que, para que pudéssemos entender muitas coisas que os Espíritos não têm meios para nos explicar porque não temos ainda como lhes oferecer receptividade cognitiva para tanto, teríamos que, como já disse, evoluir muito. Da mesma maneira, isso ocorre com os índios selvagens e ignorantes que, para poderem entender o funcionamento do receptor eletrônico, teriam, em primeiro lugar que aprender a ler, a escrever e depois, tomar contato com a Matemática, a Física, a Química e muitas outras matérias para que pudessem ter ciência de como são os átomos, seus componentes, principalmente os elétrons, intimamente ligados ao fenômeno da eletricidade, transistores, resistências, condensadores, potenciômetros, circuitos integrados, enfim, todo um cabedal de informações para compreenderem o porquê de uma voz ser transformada em corrente eletromagnética, ser transmitida pelo vácuo através de um microfone e de um aparelho transmissor, ser captada por um receptor e novamente transformada em som audível. Além do mais, muitos indígenas não possuem condições para entender e aprender tão rapidamente.

– Entendo...

Nesse momento, Romildo dirige seu olhar para um dos cantos da sala, bem atrás de Luar, e algo lhe chama a atenção.

– Mas o que é aquilo? Parece a mochila dele... sim... é a mochila de Luar. Por que será que ela está aqui? Por que será que a trouxe? Deveria tê-la deixado na fazenda.

Dá, então, um sinal para Aldo que, prontamente vem ao seu encontro, postando-se por trás dele, para também não ser visto.

– Você me chamou, Romildo?

– Sim. Dê uma olhada naquele canto lá no fundo.

– O que tem lá?

– Aquela não é a mochila de Luar? Pelo menos confere com a descrição que Paulo me deu, lembra-se? Eu a descrevi para vocês. Corpo verde escuro e alças e reforços marrons. Inclusive aquelas duas bolsas dos lados, as fivelas pretas e veja também aquele círculo marrom no centro, do mesmo material das alças.

Aldo aperta os olhos para poder ver melhor e diz:

– Parece conferir com a sua descrição, sim, Romildo.

– Mas o que ele estará fazendo com ela aqui?

– Talvez a carregue sempre consigo.

– Não. Já o vimos andando sem ela.

– Tem razão, aliás, é a primeira vez que a vejo, mas a descrição é perfeita e acho que seria muita coincidência uma outra pessoa ter uma mochila igual a essa.

– O que será que está acontecendo?

– Só se ele está pensando em viajar, assim que sair daqui.

– Não sei. Isso não está me cheirando bem.

Por coincidência, num outro ponto do auditório, Brandão encontra-se sentado ao lado de Nando e de sua esposa, dona Dulce, que lhe pergunta baixinho:

– Brandão, por que a mochila de Luar está ali naquele canto? Ele pretende ir para algum lugar?

– Não sei, Dulce – cochicha o homem. – Já lhe perguntei e ele me disse que talvez algo aconteça esta noite.

– E o que poderia acontecer? – pergunta a mulher, agora preocupada.

– Luar achou melhor não me dizer. Falou em querer evitar confusão.

– Confusão?

– Parece que ele está sabendo de alguma coisa. Recebeu um telefonema há cerca de umas duas horas. Lá na fazenda, antes de virmos para cá.

– Um telefonema?

– Sim. Fui eu mesmo que atendi. Um homem que não quis se identificar pediu para falar com ele e chamou-o de Luar.

– Estranho, Brandão.

– Muito estranho e Luar disse-me que preferia não me falar nada, como já lhe disse, para evitar algum tipo de confusão.

– Quem será que telefonou para ele? E, ainda por cima, chamando-o de Luar?

– Não sei, Dulce.

– E Luar não lhe disse mais nada?

– Apenas agradeceu-me por tudo que fiz por ele e que nunca deixasse que o Centro cerrasse suas portas. Que tivéssemos muita fé em Deus, em Jesus e nos bons Espíritos, diante de qualquer dificuldade.

– Mas então ele vai embora, Brandão.

– Também acho, mas não me vi no direito de exigir que me contasse mais, pois insistiu, de maneira veemente, para que não lhe fizesse mais perguntas e que eu o desculpasse por isso.

– Bem, acredito que depois da reunião, ele nos falará a respeito. Não deverá ir embora sem ao menos despedir-se de nós.

– Isso é verdade. A não ser que isso seja necessário.

– Estou ouvindo o que está conversando com mamãe, pai – diz baixinho Nando –, e penso que já tenho alguma ideia do que vai acontecer.

– E o que é, filho?

Tanto Brandão, como Nando e dona Dulce procuram falar bem baixo, quase sem mexer os lábios para não atraírem a atenção e não passarem por mal-educados, já que Luar ainda está proferindo a palestra.

– Bem à tardezinha, um pouco antes de virmos para cá, Luar quis confirmar comigo uma informação que tivera quanto ao horário do trem de carga que passa aqui pela cidade.

– Trem de carga?

– Isso mesmo. Perguntou-me, inclusive, se o trem chega a parar na estação.

– E você sabia desse detalhe?

– Sim. Eu o informei que o trem faz momentânea parada apenas para confirmar o horário com o encarregado da estação. E queria também saber se esse trem levava passageiros. E eu lhe disse que não.

– Você não lhe perguntou o porquê dessas perguntas?

– Perguntei, mas ele me disse que era apenas curiosidade.

– Tenho a impressão de que algo vai fazer Luar fugir desta cidade. O que será, meu Deus? Será que ele está correndo perigo de vida? – pergunta dona Dulce.

– Vocês viram algum estranho pela cidade?

– Eu não, pai.

– E você, Dulce?

– Não... quer dizer, um homem esteve aqui hoje à tarde pedindo informações sobre um tal de Antonio que era proprietário de uma loja de roupas e nós lhe respondemos que não conhecíamos nenhum Antonio que trabalhava com roupas. Dissemos que somente conhecíamos seu João da loja da esquina. Inclusive, chegamos a convidá-lo para vir aqui esta noite para assistir a palestra.

– E ele?

– Ele disse que talvez viesse, mas não o vi aqui, não.

– Quem será esse homem?

– Será que está atrás de Luar, pai?

– Como saber?

– Talvez Luar já esteja sabendo de sua presença e pretenda fugir.

– Mas ele deveria falar comigo. Nós o ajudaríamos.

– Pode ser que ele tenha receio de que haja violência.

– Violência? – exclama dona Dulce, agora em tom um pouco mais alto, fazendo com que os olhares das pessoas ali presentes se voltem para ela. Luar percebe, inclusive quando dona Dulce põe a mão em concha sobre os lábios e abaixa a cabeça. Luar, que havia dado uma pausa em sua fala, bem no momento da palavra de espanto de dona Dulce, continua:

– E para finalizar, resumo tudo no seguinte: a Doutrina Espírita tem explicações para todas as nossas dúvidas, apenas não temos ainda condições de entender como se processam alguns fatos.

– Posso dar um exemplo? – pede Péricles, bastante entusiasmado com a explanação de Luar.

– Pois é claro, meu amigo.

– Trata-se de um exemplo muito simples: todos sabemos que, se batermos com um martelo no dedo, este doerá e que se a batida for muito forte, grande estrago poderá ocorrer, ou seja, temos a consciência de que se executarmos essa ação de golpearmos, ela gerará uma consequência, porém, não necessitamos ter conhecimento do que ocorre com as fibras musculares, com as fibras nervosas e com o tecido epitelial, para sentirmos a dor ou termos o nosso dedo destruído, pois, saibamos ou não, esses danos fatalmente ocorrerão. O que nos interessa é o conhecimento dos efeitos gerados por causas que podemos e devemos evitar. Correto?

– Correto, Péricles. E estou falando sobre tudo isso porque muitas pessoas incautas poderão argumentar fatos que não temos condições ainda de conhecer, apesar de termos conhecimento da essência e de como devemos agir de acordo com os preceitos de nosso mestre Jesus. Simplificando mais, o que estou querendo dizer é que quando vemos uma mesa bater o pé respondendo a perguntas, quando temos notícias de entes queridos através da mediunidade, nos relatando ou recordando de fatos que somente nós e eles sabíamos, não temos como negar a comunicabilidade e o intercâmbio entre os Espíritos desencarnados e nós, Espíritos encarnados, certo? E para isso já temos profundas, corretas e lógicas explicações. Agora, é evidente que, sendo inúmeros os planos espirituais, não tenhamos ainda condições, como já disse, de entender, em toda a sua plenitude, as leis que regem os diversos fenômenos e acontecimentos outros que sabemos existir.

Luar faz pequena pausa como que anunciando que a palestra chegara ao fim e despede-se:

– Bem, meus irmãos, agradeço a atenção de todos e espero que minhas poucas palavras tenham sido de bom proveito. Que Deus nos abençoe.

Os presentes aplaudem Luar, chegando a levantarem-se, numa demonstração de carinho e do muito que apreciaram a sua palestra.

Cinquenta e seis

– SERÁ QUE JÁ ESTÁ TERMINANDO, Aldo? – pergunta Romildo, agora com o semblante tenso.

– Creio que sim. Devo voltar ao meu lugar?

– Espere um pouco. O rapaz parece que vai tornar a falar.

Luar aguarda um pouco para que as pessoas tornem a sentar-se e retoma a palavra:

– Meus irmãos, como todos sabem, este Centro Espírita está sob a direção de nosso irmão Péricles e será ele a dirigir os trabalhos. Será assessorado por sua esposa, grande conhecedora do assunto e por dona Irma que tem uma extraordinária mediunidade. Na verdade, todos terão que estudar bastante a fim de poderem trabalhar pela causa espírita e pela sua divulgação. Portanto, quero pedir a todos um grande empenho. Agora, se me dão licença, necessito ir acertar alguns detalhes na sala de passes e já retorno. Enquanto isso, peço a seu Péricles que lhes fale a respeito do passe, uma prática que será constante nesta casa de orações e estudo. Por favor, seu Péricles.

Dizendo isso, Luar sai do auditório por uma porta que dá para uma pequena sala aos fundos, que servirá para a aplicação de passes.

– Para onde ele estará indo? – pergunta Aldo.

– Apenas entrou naquela sala ali, mas vai ter que voltar, pois sua mochila ainda se encontra apoiada na parede daquele canto – responde Romildo. – Vamos aguardar mais um pouco.

– A noite toda se for preciso.

Alguns minutos se passam até que ouvem o apito de um trem que chega na pequena estação da cidade, localizada a poucas quadras dali, bem próxima ao carro onde se encontra Soares.

– O que é isso? – pergunta Romildo – Um trem?

– Só pode ser.

– Mas que tipo de trem?

– Deve ser de carga, Romildo.

– Não estou gostando nada disso.

– Nem eu, mas Luar deve estar lá naquela sala, pois sua mochila ainda se encontra no mesmo lugar.

– Fique de olhos bem abertos, Aldo.

Mais dois minutos se passam até que Romildo alarma-se:

– Veja, Aldo! O rapaz está apanhando a mochila!

– Está saindo pelos fundos!

– O trem, Aldo! O trem! Ele vai fugir! Venha! Vamos até a outra rua! Deverá sair pela casa vizinha, pulando o muro! Mas outra vez?! E como ficou sabendo?!

Romildo e Aldo saem em disparada pela calçada, alcançando em poucos segundos a esquina onde se encontra Rubens.

– Corra para a outra esquina, Rubens, o homem está fugindo!

– Fugindo?!

Rapidamente dobram a segunda esquina, enquanto Rubens dispara para a outra, mas não encontram Luar.

– Deveríamos ter ido pelo outro lado. Vamos continuar e nos encontrar com Rubens! Ele deve tê-lo interceptado.

Nesse momento, ouvem a buzina do carro disparar.

– É Soares! Deve ter visto alguma coisa! Corra, Aldo!

Dobram mais uma esquina, completando o percurso de três quartos da quadra e já podem ver Rubens correndo em direção à estação de trem, enquanto Soares se encontra em pé do lado de fora do carro, apoiado nas muletas.

– Corram! – grita ele. – Luar entrou correndo na estação e o trem já está partindo!

Romildo e Aldo alcançam Rubens que, esbaforido, corre por fora, de vagão em vagão, tentando descobrir onde Luar possa ter se escondido.

– E, então, Rubens?! – pergunta Romildo, ofegante pelo esforço da corrida.

– Como vou saber? Muitas portas dos vagões estão apenas encostadas. Não estão trancadas. Ele deve ter entrado em um desses vagões, que devem estar vazios, mas como saber? O trem já está em movimento.

Romildo dirige-se até um funcionário da estação e lhe pergunta:

– Para onde vai este trem?

– Para o norte.

– Vai parar na próxima cidade?

– Vai e ficará até amanhã de manhã. Depois, parte de novo.

– Venham! – grita Romildo – Temos que chegar lá antes dele.

Os três saem correndo da estação e apanham o carro.

– Por que não atirou nele, Soares?

– Porque quando o vi já estava entrando na estação.

– Será que você não serve nem para vigiar?

– Romildo, você mandou que eu prestasse atenção na retaguarda e ele passou pela frente do carro. Sorte que percebi algo se movimentando e olhei.

– E era Luar?

– Tenho certeza absoluta. Inclusive estava carregando uma mochila.

– Maldito! Será que somos tão incompetentes assim?

– Excesso de cuidado, Romildo – diz Rubens.

– Excesso de cuidado?! Como assim?!

– Ficamos tentando apanhá-lo para depois eliminá-lo. Você deveria já ter feito isso lá dentro daquele Centro Espírita, mesmo.

– Você acha que sou louco? Colocar a minha cara para todo mundo ver?

– Pois da próxima vez, deixe comigo que eu o liquido rápido.

– Quem dá as ordens aqui sou eu, Rubens, e tudo será feito como eu mandar! Entendeu?!

– Tudo bem, Romildo. Tudo bem. Só que do jeito que você tem planejado, nada tem dado certo.

– O que está querendo dizer com isso, Rubens?

– Que os seus métodos somente têm redundado em fracassos.

– E vocês, o que estão fazendo?

– Seguindo as suas ordens.

– Pois muito bem. Da próxima vez, vocês é quem decidirão como fazê-lo. Só que tem uma coisa: eu é que não vou colocar a minha cara.

– Poderemos usar máscaras, Romildo.

– Isso mesmo – concorda Rubens. – Poderemos usar máscaras.

– Eu ainda estou no comando.

– Mas desse jeito não vamos pegar toda aquela grana do cunhado dele.

– Não se preocupem. Iremos pegá-lo hoje mesmo.

– Pois, então, pise no acelerador, Romildo, se quiser chegar na próxima estação antes do trem.

– O trem é lento?

– Deve ser – responde Rubens. – É um trem de carga e, pelo que pudemos notar, anda lentamente.

– Então pise, Romildo.

***

Em menos de uma hora, Romildo e seus homens chegam à estação da cidade mais próxima.

– O trem já chegou? – pergunta a um funcionário da estação.

– Ainda não. Deve chegar daqui a pouco.

– Quantos trens devem chegar?

– Apenas um.

– Obrigado, vamos esperar.

O tempo passa vagarosamente até que se ouve um apito ao longe, anunciando a chegada da composição.

– É ele! – cochicha Romildo. – Rubens, posicione-se no começo da plataforma. Aldo, você atravesse a linha e fique vigiando do outro lado. Soares, permaneça aqui no centro, enquanto vigiarei o outro extremo. Quando Luar saltar, atirem para matar.

– Certo, Romildo.

Os homens, então, posicionam-se nos locais combinados e aguardam. O trem estaciona, mas alguns minutos se passam sem que ninguém salte.

– Com licença – diz o funcionário da estação para Romildo. – O senhor e seus amigos necessitam de alguma coisa? Estou notando que estão há algum tempo parados aí.

– Sim – responde Romildo – Estamos procurando uma pessoa e tudo nos leva a crer que ela viajou clandestinamente num desses vagões.

– Os senhores são da polícia?

– Somos – mente Romildo –, mas não podemos nos identificar, somos agentes do governo.

– Entendo. O que posso fazer para colaborar?

– Talvez uma revista nos vagões de carga. Os que estão vazios e não estão trancados.

– Pois podem verificar.

– Muito obrigado.

– Podem olhar por este lado da estação. As portas do outro lado dos vagões estão trancadas.

Romildo, então, chama Aldo e, com ele e mais o funcionário, começam a dar uma busca. Entram em todos os vagões vazios, mas apenas encontram um andarilho, um velho maltrapilho que dorme num canto do último vagão.

– Acorde, velho – chama Romildo pelo homem.

O velho abre os olhos. Tem a fisionomia de quem bebera muito.

– Não me maltratem! – grita o andarilho. – Já vou sair.

– Você pode continuar a dormir aí – diz o funcionário –, mas antes, terá que nos responder a uma pergunta.

– Que pergunta?

– Onde pegou este trem?

– Na outra cidade – responde, sonolento.

– Por acaso viu mais alguém entrar num destes vagões?

– Uma outra pessoa?

– Sim, um outro carona.

– Bem, vi alguém que entrou neste vagão.

– E você viu quando ele desceu? – pergunta Romildo.

– Ele saltou naquela curva ali atrás, quando o trem diminuiu a velocidade.

– Maldito! – berra, colérico, Romildo. – Conseguiu escapar mais uma vez!

O funcionário assusta-se com a expressão do homem e, sentindo medo, tenta acalmá-lo.

– Tenha calma, senhor. Se quem procura saltou naquela curva, sei onde interceptá-lo, porque naquele local encontram-se os muros de um clube e ele terá que pegar um único caminho se quiser chegar até a cidade.

– Mostre-nos, então, onde fica esse caminho. Temos que correr.

– Venham. Eu lhes mostro. – diz o funcionário da estação ferroviária que resolvera auxiliá-los, não somente porque disseram ser policiais, mas, principalmente, porque deles sentira medo. Dirigem-se, então, de automóvel até o caminho que margeia os muros de um clube, o qual, fatalmente, conforme dissera o ferroviário, Luar teria que percorrer. Lá chegando, o homem desce do carro e retorna à estação, pois apenas se propusera a levá-los até o início da estrada. Na verdade, sente um grande alívio em abandoná-los.

“O Evangelho é a bússola do Espírito”

A FORTALEZA DE RUFUS

Cinquenta e sete

– ABAIXE OS FARÓIS, ROMILDO – aconselha Rubens. – Será melhor o rapaz não perceber que estamos chegando.

– Certo. Agora, pessoal, prestem atenção em qualquer movimento, em qualquer sombra que se movimentar. Não podemos perdê-lo de novo.

– Atiramos, Romildo?

– Atirem para acertar.

O veículo leva apenas alguns minutos para percorrer todo o caminho e chegar num barranco, um pouco acima da linha férrea.

– Eu não vi nenhum movimento, Romildo – diz Soares.

– Eu tampouco – confirma Aldo.

– Mas que coisa! – esbraveja Romildo – Onde foi parar esse cara?!

– Acho melhor retornarmos rápido – sugere Rubens –, e fazermos o percurso a pé, andando pela beirada. Não sei se reparou, por detrás das árvores que margeiam esta estrada, há um barranco bastante alto. Bem mais alto que este. Ele só pode ter subido aqui neste local. Deve estar escondido no meio das árvores.

– Você tem razão. Vamos voltar.

Incontinenti, Romildo manobra o veículo e retorna rápido para o início da estrada.

– Venham. Vamos caminhar pelo meio das árvores. Cada um apanhe uma lanterna aqui no porta-malas. Quanto a você, Soares, já que não conseguirá caminhar neste terreno, fique no carro e com os olhos bem abertos. Se o vir, atire para matar.

– Certo, Romildo – concorda o homem.

Saem, então, Romildo, Aldo e Rubens à procura de Luar.

***

– Fale, velho! Você viu mesmo, alguém saltando do trem? Não minta para mim! – ordena o funcionário da estação para o andarilho, ainda no vagão de carga. O homem coça a cabeça, sonolento, e responde:

– Eu não vi ninguém.

– E por que mentiu para aqueles policiais?

– O senhor acha, mesmo, que eram policiais?

– Ora, foi o que me disseram.

– Pois eu acho que mentiram para o senhor.

– Por que diz isso?

– Olhe, meu amigo, sou um velho que muito andou por este mundo de Deus, sabe? Aprendi a conhecer as pessoas, pois pouco tenho a fazer a não ser observá-las.

– O que quer dizer com isso?

– Quero dizer que tenho certeza de que não eram policiais e nem mesmo bem intencionados.

– Será?

– Como já lhe disse, aprendi a conhecer as pessoas.

– E por que mentiu?

– Eu apenas lhes disse o que estavam querendo ouvir.

– Mas por quê?

– Estavam muito nervosos. Achei melhor atender ao que desejavam para que fossem logo embora.

– Entendo... – concorda o funcionário da estação. – Confesso que cheguei a sentir medo deles. Eu os levei até a estrada que margeia a linha férrea e o clube. Você conhece o lugar?

– Conheço.

– E não vão encontrar ninguém, não é?

– Não.

– Será que voltarão aqui?

– Penso que sim. Quando perceberem que não há ninguém por lá, retornarão para saber de nós se vimos alguém chegar aqui na estação.

– Isso é ruim. Muito ruim.

– Penso que o senhor deverá mentir – diz o velho.

– Mentir?

– Sim. Minta que viu alguém subindo na plataforma e que quando o senhor dirigiu-se a ele, fugiu da estação em direção ao centro da cidade.

– E por que deveria mentir?

– Para poder ver-se livre deles. Assim como fiz há pouco.

– Acho que tem razão.

***

Realmente, o velho andarilho tem razão no que diz. Romildo, Aldo e Rubens, não satisfeitos por não encontrarem Luar, descem pelo barranco até a via férrea e vasculham por um bom trecho. Nada encontrando, resolvem retornar à estação. Aldo dirige o carro de volta, enquanto Romildo e Rubens percorrem o caminho pelos trilhos. Em pouco tempo alcançam a estação. Quando lá chegam, Aldo já está ao lado do ferroviário.

– E, então, Aldo? – pergunta Romildo, visivelmente contrariado.

– O homem aqui diz ter visto alguém que subiu pela plataforma e que, quando tentou aproximar-se dele, saiu correndo em direção ao centro da cidade.

– Diabos! Ele veio pela linha! Por que não pensamos nisso?

– Seria mais lógico que subisse pelo barranco, senhor policial – arrisca o homem, muito amedrontado.

– Esse Luar é muito inteligente – diz Rubens. – Ele pensou que faríamos o mais lógico e fez o percurso mais perigoso.

– Não percamos tempo, então. Vamos vasculhar esta cidade – ordena Romildo. – E, quanto a você –, diz para o funcionário da estação – fique de olhos bem abertos. Se vir algo, vá até a saída ali e sopre esse apito, aí, com força. A cidade é pequena e poderemos ouvi-lo se estivermos por perto.

– Poderia chamar a polícia – arrisca o homem.

– Não – diz Romildo. – Como já lhe disse, somos policiais do governo e não queremos a polícia comum envolvida nisso.

– Está bem.

– Vamos, pessoal.

Romildo e os outros, então, percorrem lentamente com o carro as ruas da pequena cidade.

– Vamos perguntar ali naquele bar se há algum albergue por aqui – sugere Aldo.

– Penso que será uma perda de tempo – diz Rubens. – Você acha que Luar iria para um albergue? Seria o primeiro lugar onde iríamos procurar.

– Pode ser – concorda Romildo –, mas assim como ele percorreu o caminho de maior perigo que era a linha férrea até a estação, pode ser que pense que não iremos procurar num lugar tão óbvio como um albergue.

– Então, devemos tentar – diz Rubens.

– Vamos até o bar – resolve Romildo, estacionando o veículo, entrando no estabelecimento e voltando em poucos minutos.

– Não há albergues nesta cidade – informa.

– Onde será que ele poderá estar? – pergunta Aldo.

– Vamos pensar um pouco. Soares, você que está tão calado, diga-me uma coisa: onde você procuraria refúgio para passar a noite, sabendo que estariam atrás de você?

– Não saberia dizer – responde.

– E você, Aldo? O que acha?

Aldo pensa um pouco, olha em torno, até que arrisca um palpite:

– Por que não o procuramos na estação?

– Na estação?

– Sim. O rapaz é muito inteligente e penso que não deve ter se afastado muito de lá, no intuito de vigiar os nossos passos.

– Tem lógica – diz Romildo.

– Quando viu que saímos, deve ter retornado e se escondido lá mesmo. Afinal de contas, a estação seria o último lugar onde o procuraríamos.

– Você tem razão.

– Pois eu acho que já o perdemos – comenta Rubens. – Estamos procurando uma agulha num palheiro. Na minha maneira de ver, nesta altura, ele já deve estar percorrendo uma estrada de rodagem. Deve estar tentando pegar uma carona, se já não o conseguiu.

– Pode ser e se tomou esse rumo, penso que o perdemos, sim, mas não penso em desistir. Vamos verificar novamente a estação. Se não o encontrarmos, seguiremos pela estrada.

– Mas em que direção? – pergunta Aldo.

– Penso que na direção norte – comenta Rubens. – Afinal de contas, é isso o que tem feito até agora.

– Também penso assim, além do que, só nos resta arriscar todas as hipóteses.

– Voltemos à estação.

– Vamos estacionar num local onde ele não perceba a nossa presença.

Dizendo isso, os homens retornam à estação ferroviária e, para espanto do funcionário que os vê chegar, começam uma nova vistoria, agora obrigando-o a acompanhá-los. Vasculham tudo: dentro dos vagões de carga, por todos os cantos escuros e até na sala do chefe da estação.

– Não há ninguém, Romildo – diz Aldo –, só nos resta procurarmos Luar na estrada de rodagem.

– Pois é para lá que iremos.

– E se não tivermos sucesso? – pergunta Soares que até agora mantivera-se bastante calado.

– Penso que deveremos voltar para esta cidade. Pode ser que ainda esteja por aqui e amanhã será mais fácil procurá-lo.

– Também penso assim – diz Aldo.

Cinquenta e oito

RETORNANDO ALGUMAS HORAS no tempo, voltemos aos acontecimentos no Centro Espírita Allan Kardec onde Péricles, a pedido de Luar, fizera uma explanação a respeito do passe e convida agora a todos os presentes para que se posicionem numa pequena fila a fim de receberem o passe magnético na sala ao fundo do auditório.

– Onde estará Luar? – pergunta Brandão à esposa, pois o vira apanhar a mochila e sair do Centro.

– Não sei, Brandão. Também o vi sair com a mochila e parecia apressado.

– Pensei que fosse apenas fazer alguma coisa lá fora, saindo pelos fundos, mas já deve fazer mais de meia hora que saiu e ainda não voltou.

– Vá até lá, Brandão – pede a esposa.

– Eu vou com o senhor, pai – diz Nando.

– Vamos, filho.

Brandão e Nando levantam-se e se encaminham para os fundos da sala onde um pequeno corredor dá entrada para uma sala onde serão ministrados os passes e, do outro lado, uma porta que dá acesso a um terreno baldio que atravessa o quarteirão, ligando a rua frontal da casa a uma rua paralela. Mais ao fundo desse corredor, há uma cozinha e dois banheiros.

– Ele saiu por esta porta – diz Brandão ao filho.

Os dois saem da casa, mas não encontram Luar.

– Será que ele foi embora de vez, pai?

– Não sei, Nando. Como disse há pouco, estou estranhando o telefonema que ele recebeu, hoje à tarde, de um homem que queria falar com ele e que o chamou pelo nome.

– Bem estranho, mesmo. Será que ele fugiu novamente?

– Mas por que não falou comigo? Nós poderíamos ajudá-lo. Mesmo que houvesse risco de violência, nós o protegeríamos.

– Ele deve ter os seus motivos, pai.

– Venha, Nando. Vamos atravessar este terreno até a outra rua.

Os dois caminham por entre um mato já bastante crescido, chegando à rua paralela.

– Nem sinal dele.

– Deve ter partido mesmo, filho. Vamos voltar para o Centro.

De volta, dona Dulce, esposa de Brandão, lhe pergunta:

– Não o encontrou?

– Penso que ele partiu, Dulce.

– Partiu sem falar nada? Sem se despedir? – pergunta com os olhos marejados de lágrimas, pois apesar do pequeno tempo de convívio, já aprendera a gostar daquele moço tão gentil e cheio de vida e de conhecimentos. Nando também sente a mesma tristeza.

– Será que ele está correndo risco, pai?

– Não sei, Nando. Só peço a Deus que o proteja.

– Vamos, Brandão. Vamos entrar na fila para o passe.

Péricles, sua esposa Maria, e Irma são os que estão ministrando os passes naquela noite. Brandão, Dulce e Nando são os últimos a tomá-lo e assim que terminam, Péricles faz uma prece de encerramento da reunião e todos partem, permanecendo apenas os seis no Centro.

– Onde estará Luar? – pergunta Péricles.

Brandão não sabe o que dizer, mas Dulce vem em seu socorro:

– Penso que Luar precisou viajar, Péricles.

– Viajar? Mas para onde?

Nesse momento, ouvem uma conhecida voz que interrompe a conversa:

– Viajar? Quem vai viajar?

Todos olham para trás e qual não é a surpresa quando vêem Luar entrando com a mochila às costas.

– Luar?! – exclama dona Dulce.

– Pensamos que tivesse ido embora – diz Brandão.

– Não. Fui apenas dar uma volta. Desculpem-me se não os avisei.

– Tudo bem – concorda Brandão, não querendo conversar a respeito do assunto naquele momento, preferindo deixar para quando chegassem na fazenda.

– Foi tudo bem, seu Péricles?

– Tudo muito bem, Luar. Todos gostaram muito de sua palestra. Estão muito animados.

– Fico muito contente.

– Bem, penso que está na hora de irmos para casa – diz Nando, bastante curioso para ouvir o que Luar tem para contar.

– Vamos, sim – concorda dona Dulce.

– Também vamos indo – diz dona Maria. – Vamos, Péricles?

– Você fecha tudo, dona Irma?

– Podem ir tranquilos. E, mais uma vez, quero agradecer por tudo o que estão fazendo por mim.

– Pois somos nós quem lhe agradecemos, minha irmã – diz Luar. – Necessitamos muito da senhora e da sua mediunidade. A propósito, a senhora viu alguma coisa esta noite?

– Foi uma noite maravilhosa. Todo o ambiente estava resplandecente de luz e muitos Espíritos elevados estiveram presentes na reunião. Agora já posso vê-los. Cláudia está do seu lado, Luar, bem como os seus companheiros de trabalho.

– Pois agradeço muito a eles por tudo o que fizeram em meu benefício esta noite.

– Vamos, então – convida Brandão.

A viagem para a fazenda transcorre calmamente. Todos não se cansam de falar sobre a reunião, revestida de muito sucesso. Quando chegam, Luar faz menção de ir para o seu quarto, mas Brandão pede que os acompanhe até a casa onde moram. Luar concorda e sentam-se todos na sala de estar.

– Luar, não tenho a pretensão de forçá-lo a falar nada além do que você queira, aliás, se nada quiser nos contar, basta que nos fale e não tocaremos mais no assunto, mas gostaria que nos permitisse ajudá-lo, mesmo que isso venha a envolver algum risco.

– Seu Brandão, dona Dulce, Nando – responde Luar –, em primeiro lugar, peço que me perdoem não lhes ter contado nada, antes da reunião do Centro, mas é que tive receio que pudessem se expor inutilmente se soubessem de antemão tudo o que estava acontecendo e principalmente com respeito à minha decisão de como agir esta noite.

– Nós entendemos, Luar – diz Nando.

– Agora já posso lhes narrar tudo. Com referência ao telefonema que recebi esta tarde, devo dizer-lhes que, em primeiro lugar, não tenho certeza nenhuma sobre quem me telefonou, pois falou anonimamente, apesar de eu ter uma suspeita.

– Uma suspeita? – pergunta Brandão.

– Sim. Pareceu-me reconhecer a voz e também o porquê do aviso que a pessoa me deu.

– Aviso?

– O homem que me telefonou, preveniu-me de um atentado que eu sofreria à saída do Centro Espírita.

– Meu Deus! – exclama dona Dulce. – Um atentado?!

– Disse-me também que tinha um plano engendrado para que eu escapasse e, ao mesmo tempo, os despistasse.

– E que plano seria esse, Luar?

– O que eu coloquei em prática esta noite.

– Mas como você pôde confiar nele? E se ele estivesse mentindo apenas para jogar você numa armadilha?

– Também pensei nisso na hora, mas senti sinceridade nas palavras desse homem e decidi arriscar, mesmo porque não poderia agir de outra forma, sem arriscar a vida de inocentes.

– Mas, Luar, se você tivesse me contado, eu o mandaria para uma outra cidade onde, talvez, pudesse ficar alguns dias num hotel.

– Agradeço muito, seu Brandão, mas não sabia o quanto estava sendo vigiado e nem mesmo tinha certeza se esta fazenda também não o estava sendo.

– Entendo.

– Como já disse, não me via no direito de arriscar a segurança de outras pessoas.

– Você é muito bom, Luar – diz dona Dulce.

– Obrigado, mas voltando ao assunto, pareceu-me perceber sinceridade nas palavras dele, além de imaginar quem poderia ser.

– E quem era, Luar?

– Acredito que era aquele homem a quem salvei a vida, tirando-o do buraco naquela noite em que fugi da cidade de seu Medeiros.

– Pode ter sido, sim – concorda Brandão. – Mas como foi que conseguiu escapar e despistá-los?

– Como disse, o plano foi dele. Informou o horário em que passaria um trem de carga e que essa informação ele tinha recebido pouco antes de me telefonar. Aí me determinou o horário que deveria encerrar a minha palestra e que deixasse a minha mochila num lugar bem visível para que fosse vista por todos e que, assim que o trem apitasse, eu deveria apanhá-la e sair pela porta lateral do centro, mas que não fosse para a rua e, sim que, após alguns minutos, retornasse ao Centro e me escondesse até quando pudesse.

– E você se escondeu onde?

– Escondi-me no banheiro.

– Mas você veio da rua... – diz dona Dulce.

– Bem, quando percebi que já havia passado algum tempo, resolvi ir até a estação e dar uma olhada. Ela estava vazia. Depois voltei para cá.

– Mas por que tudo isso? – pergunta Nando.

– Pelo que ele me disse, rapidamente, os homens que estavam atentando contra a minha vida, deveriam ir para a cidade para onde o trem estava se dirigindo.

– Como ele podia ter tanta certeza de que esses homens fariam isso?

– Penso que ele os instigou a tomarem essa decisão.

– Entendo... – confirma Nando. – Ele talvez deva ter dito que o viu correr em direção à estação.

– É verdade. Ele disse que me ajudaria. Que tudo estava muito bem planejado por ele.

– Quer dizer que até um dos homens que querem livrar-se de você, se encontra do seu lado, heim, Luar?

– Isso somente vem provar que o Bem atrai o Bem. Eu salvei a sua vida e ele agora me ajudou.

– Isso é muito bom, Luar. Quem sabe ele não leva esses elementos para longe daqui?

– Pode ser.

Cinquenta e nove

– NÃO DÊ MAIS NENHUM PASSO! – brada um dos guardas que zelam pela segurança do castelo de Rufus, numa tenebrosa localização no umbral. – O que quer?! Diga logo!

Quatro fortes homens, muito bem armados, apontam lanças para o peito de Segadas que, levantando os braços em sinal de obediência, responde:

– Quero falar com Rufus!

– Quem é você?!

– Meu nome é Segadas e ele deve estar me esperando.

Os guardas se entreolham, desconfiados. Nesse momento, uma voz se faz ouvir de cima do muro da fortaleza:

– Tragam-no aqui! Rufus espera por ele.

Os guardas, então, escoltam o Espírito para dentro do castelo, em direção à sala de Rufus.

– Mas que prazerosa visita – exclama Rufus quando vê Segadas entrar em sua sala.

– O que você quer de mim, Rufus? Como ousou raptar Damiana?! – grita o Espírito, raivoso.

– Raptar Damiana? Ninguém a raptou, Segadas. Apenas a convidamos a passar uns dias aqui conosco.

– Maldito! – brada Segadas, precisando ser contido pelos guardas, pois avançara ameaçadoramente em direção a Rufus.

– Contenha-se, meu amigo – previne Rufus. – Não me ameace e nem me

ofenda em meus domínios. Meus guardas estão preparados e instruídos para aniquilar qualquer um que se insurja contra a minha pessoa.

– Por que raptou minha preferida? O que quer de mim? Ah, já sei – diz Segadas, ironicamente –, quer que eu lhe faça algum tipo de serviço que nenhum de seus imbecis comandados consegue fazer...

– Digamos que seja isso, Segadas – responde Rufus, com um sorriso nos lábios.

– Mas por que raptou Damiana? Bastava me procurar. Sabe muito bem que estou sempre pronto a realizar "serviços", se bem pago.

– Você será bem pago. Apenas quisemos ter certeza de que se empenhará, e muito, na realização desse trabalho.

Segadas não vê outra saída a não ser concordar, apesar de que não confia nada em Rufus.

– E o que ganharei com isso, além de recuperar minha Damiana?

– Você faz o preço – responde Rufus.

Segadas pensa um pouco e arrisca:

– Quero Vevila!

– O quê?! Nunca!

– Então, nada feito.

– Faço-lhe uma proposta.

– Que proposta?

– Devolvo-lhe Damiana e muita bebida.

– Quero Vevila!

Vevila é a preferida de Rufus.

– Como quer Vevila?! Acha, por acaso, que Damiana irá concordar com isso?

– Você nem precisa me devolver Damiana.

– Como diz? Não preciso lhe devolver Damiana?

– Não. Basta que me dê Vevila.

– E por que não quer mais Damiana?

– Acha que irei querer de volta uma mulher que não confia mais em mim? Uma mulher que permiti me fosse roubada?

– O que quer dizer com isso?

– Que ficarei com Vevila.

Rufus sente a face ruborizar. Não pode aceitar um acordo dessa natureza. Na verdade, não esperava por isso, mas controla-se e resolve concordar, pelo menos por hora, com a ideia. Segadas, por sua vez, sabendo que dificilmente teria Damiana de volta e, muito menos, Vevila, pois sabe que Rufus não cumpre com nada que promete, apenas foi até a fortaleza no intuito de vingar-se. Não se conforma com o que Rufus lhe fez e, arquitetando um plano, pretende infiltrar-se para tentar tomar o comando de seu, agora, inimigo.

– Está combinado, então – mente Rufus.

– O que devo fazer?

– Quero que destrua Luar. Quero-o aqui nas minhas mãos e sei que tem competência para isso. É difícil para mim, confessar-lhe, mas sei que é o único que poderá fazê-lo.

– Tem noção do que está me pedindo? Sabe muito bem que se Luar, na condição em que se encontra, vier a desencarnar, os "das luzes" o protegerão e o levarão. Você, dificilmente, terá acesso a ele.

– Pois é por isso que quero que trabalhe para mim. Você sabe como transformá-lo, como envolvê-lo para que se modifique e, por consequência, entre em nosso padrão vibratório.

– Não será fácil, Rufus. Sabe que Luar tem muita convicção no que faz e no que acredita. Envolvê-lo para que se torne como nós será uma missão muito difícil, trabalhosa e demorada, além do que necessitarei de muitos trabalhando nisso.

– Pois terá todos os trabalhadores que precisar. De qualquer espécie, viciados de toda a ordem e especialistas em qualquer assunto.

– Está bem. Farei tudo o que for possível, pois o prêmio é muito valioso para mim. Mas ai de você se não cumprir o prometido. Ai de você se não me entregar Vevila como me prometeu. Sabe muito bem do que sou capaz! – ameaça Segadas, mais no intuito de parecer disposto a trabalhar para Rufus, pois o que pretende é levar, sim, a bom termo a tarefa, mas, principalmente, entrar em contato com o maior número possível de trabalhadores de Rufus, no intuito de envolvê-los num plano de tomar o poder. E, no íntimo, diverte-se vislumbrando o sucesso desse seu plano, além de retomar Damiana e tomar Vevila para si.

– Não se preocupe, Segadas. Cumprirei o prometido. Agora me diga do que precisa.

– Quero livre acesso neste castelo para escolher aqueles que trabalharão sob minhas ordens e o afastamento de Faros e daqueles imbecis que trabalham com ele neste caso. E, também, num momento propício, um combate com Otávio.

– Com Otávio?

– Sim, com Otávio. Ele me enganou, o cretino.

– Mas ele estava sob minhas ordens.

– Não me interessa. Apenas estou querendo uma luta franca. Quero terminar o que iniciamos.

– Pois terá esse seu momento, Segadas. Também lhe prometo.

– Penso que você já está prometendo demais.

– E cumprirei tudo.

– Assim espero, Rufus. Assim espero.

– Bem, vou mandar chamar Crota. Ele será seu braço direito e acompanhará todos os seus passos aqui na fortaleza e lá fora.

– Nada disso, Rufus. Aceito Crota até que eu decida quem será o meu braço direito. Depois, quero vê-lo longe de mim.

– Não está exigindo demais, Segadas?

– Não, Rufus. Você quer que eu lhe faça um trabalho porque não tem capacidade para isso. Dessa maneira, quero as coisas como eu planejar. Senão, nada feito.

Rufus precisa se conter. Segadas acabara de chamá-lo de incompetente diante dos guardas e seu sangue ferve de ódio, mas precisa se controlar. Afinal de contas, Segadas tem toda a razão.

– Que seja dessa maneira, Segadas.

– Assim está bom.

– Guardas! Tragam Crota até aqui.

Alguns minutos se passam e entra uma criatura de repulsiva aparência. Esquelético na compleição física, seu rosto aparenta semblante maquiavélico e traiçoeiro.

– Este é Crota, Segadas. Ele será seu imediato aqui dentro. Pode confiar nele.

Segadas aproxima-se do Espírito, dá uma volta ao redor dele como que examinando-o e, sem nada dizer, assim que se posta à sua frente, desfere-lhe violento tapa no rosto, o que faz com que seja atirado a alguns metros de distância.

– Mas o que é isso, Segadas?! – berra Rufus.

– Maldito! – esbraveja Crota.

Segadas, por sua vez, sem denotar qualquer tipo de reação nos músculos da face, fala de maneira calma e fria:

– Vá se acostumando, Crota, pois é assim que costumo tratar meus comandados se me faltarem com o respeito.

– E quem lhe faltou com o respeito?!

– Você! E ainda continua!

– O que estou fazendo?! – grita, entre temeroso e revoltado com aquela atitude.

– Continua a me olhar nos olhos, seu nojento! Abaixe o olhar! Nunca me olhe diretamente, a não ser que eu lhe ordene!

O Espírito abaixa a cabeça, mirando os próprios pés.

– Assim está melhor! E nunca, nunca pense em me trair! Ou será aniquilado pelo meu ódio! Entendeu?!

– Sim.

– Como?!

– Sim.

– Como?!

Crota olha para Rufus, sem nada entender. Este, mais uma vez, contém a raiva e lhe diz:

– Chame-o de chefe.

– Sim, chefe.

– Aprendeu rápido, Crota. Agora, vamos. Quero conhecer tudo nesta fortaleza.

– Como? Conhecer tudo? – pergunta Rufus.

– Já lhe disse que quero livre acesso para conhecer e escolher os meus comandados.

– Está certo. Crota o acompanhará, mas devo lhe prevenir de uma coisa.

– O que é?

– Nunca se aproxime da masmorra e nem de um aposento que Crota lhe mostrará à distância. Meus guardas têm ordem de punir severamente quem se aproximar sem estar junto comigo. Nem tente se arriscar. São ordens severas.

– Tomarei cuidado com isso – concorda Segadas, satisfeito com o rumo da conversa, pois, pelo menos, ficará sabendo onde se localiza a masmorra e esse aposento, onde imagina estar Vevila.

– Melhor assim.

– Vamos, então, Crota! Você vai à frente.

Dizendo isso, Segadas gira sobre os calcanhares, indicando ao Espírito a saída.

Sessenta

SÃO DUAS HORAS DA TARDE de sábado, dia seguinte da aparente fuga de Luar pelo trem de carga. Nesse horário, na fazenda de Brandão, os colonos já voltaram do trabalho, já almoçaram e vão ter o resto da tarde livre, bem como todo o domingo. Nessas tardes, costumam os mais moços jogar futebol, os mais velhos, jogar malhas, pescar ou, simplesmente, reunirem-se próximo a um grande rancho, onde são guardadas algumas pequenas máquinas agrícolas, para jogar conversa fora ou jogar cartas. Outros poucos vão até a cidade para compras. Nesse momento, Luar encontra-se próximo a esse rancho, à sombra de uma árvore, lendo um dos Evangelhos que lhe sobrara, pois os outros que trazia na mochila no dia do atropelamento, já os houvera distribuído. Um senhor de nome Calixto aproxima-se dele e, como quem não quer nada, lhe pergunta:

– Você gosta muito de ler, não, Luar?

– Boa tarde, seu Calixto, como vai?

– Tudo bem – responde o homem, meio sem jeito.

– O senhor me perguntou se gosto de ler, não?

– Sim. Vejo-o sempre com esse livro. Parece-me também que gosta muito dele. Já deve tê-lo lido muitas vezes.

– Oh, sim. Sempre estou a lê-lo.

– É um romance?

– Não, não, seu Calixto. É um Evangelho de Jesus. Veja – diz, mostrando a capa ao homem.

– O Evangelho Segundo o Espiritismo... O senhor é espírita, não?

– Sou, sim, seu Calixto.

– Já ouvi falar. E estão também falando que seu Brandão tornou-se espírita. Ele, dona Dulce e Nando.

– É verdade, sim.

– Dizem que fundaram um Centro Espírita na cidade.

– Também é verdade.

O homem permanece olhando para o livro em silêncio por alguns segundos, até que pergunta:

– Esse livro traz os ensinamentos de Jesus?

– Traz, sim, seu Calixto.

– É muito difícil de entender?

– De maneira alguma, meu amigo. É muito fácil.

– Essa sua religião obriga você a lê-lo tanto assim? Precisa decorá-lo?

Luar ri satisfeito e divertido com a pergunta do homem, respondendo-lhe:

– Não, não. Não somos obrigados a nada, seu Calixto. Leio-o por diversas vezes porque, a cada vez, acabo aprendendo coisas novas.

– Como assim? Não entendo. Pelo que imagino, uma leitura deve nos ensinar tudo.

– Com algum outro tipo de leitura pode ser, mas com o Evangelho, não.

– Continuo a não entender.

– É muito simples: toda vez que o leio, parece-me surgir na mente algum outro tipo de ensinamento, sabe? Nas primeiras vezes, a leitura deste Evangelho nos traz muitos ensinamentos, mas nunca nos para de ensinar porque sempre existirá algum ângulo novo a despertar o nosso conhecimento, o nosso raciocínio.

– Você quer dizer que a cada nova leitura, acaba entendendo melhor.

– Isso mesmo.

– Posso dar uma olhada?

– Tome.

O homem apanha o livro e o folheia sem muito interesse.

– Seu Calixto, vou lhe mostrar uma coisa. Feche o livro e abra-o em qualquer página.

– Em qualquer página?

– Isso mesmo. Abra-o.

O homem obedece e fica a olhar para o livro, com o cenho franzido.

– Aconteceu alguma coisa, seu Calixto?

– Não... quer dizer...

– Fale, seu Calixto.

– Eu não sei...

– O senhor leu algo que o tenha deixado surpreso? Talvez uma coincidência?

– Pode ser...

– Sabe – diz Luar, tentando ser o mais discreto possível, ao mesmo tempo em que tenta explicar algo que lhe ocorre com muito vigor na mente –, o senhor não precisa crer nas palavras que vou lhe dizer, mas nós, espíritas, acreditamos muito que os Espíritos amigos nos auxiliam sempre.

– Entendo... seriam como que anjos da guarda?

– Mais ou menos isso. – concorda Luar – E muitas vezes, esses Espíritos ou anjos da guarda ou como o senhor preferir chamá-los, utilizam as mais variadas maneiras de nos chamar a atenção e mesmo de nos abrir os olhos.

– O que quer dizer com isso?

– Já aconteceu comigo, seu Calixto, eu estar com um problema que me parecia insolúvel e, abrindo aleatoriamente uma página do Evangelho, encontrar a resposta para essa dificuldade por que passava.

– Você acha que esses Espíritos ou anjos da guarda nos fazem abrir a página que mais precisamos ler, nesse Evangelho?

– Isso mesmo, seu Calixto.

– Mas sempre abriremos a página certa?

– Pelo que entendi, quando o senhor abriu essa página do Evangelho, algo que ali estava escrito veio ao encontro de algo que o estava perturbando, certo?

– Correto.

– Pode crer, seu Calixto, que na maioria das vezes, quando abrimos na página certa é porque estamos predispostos a ouvir ou ler conselhos que nos livrem de um problema e que estamos dispostos a mudar o rumo de nossas considerações quanto ao que nos incomoda tanto.

– Realmente, andava um tanto preocupado com o que estava pensando.

– E gostaria de encontrar algo que modificasse esses seus pensamentos, não é?

– Isso mesmo.

– Pois pode ter certeza de que se o senhor, com essa intenção, abrir uma outra página, também irá encontrar uma resposta satisfatória para esse seu problema.

– Será?

– Experimente, seu Calixto. Na verdade, como já disse, todas as lições de Jesus nos amparam e esclarecem.

– Deixe-me ver – diz o homem, marcando a página que abrira com uma folha seca de árvore e abrindo em outra. Lê mentalmente, em silêncio, e olha para Luar com um ar de aprovação.

– Eu estava certo?

– Sim, Luar. Vou abrir em mais outra.

Faz a mesma coisa: abre numa outra página e marca a anterior com outra folha. Seu olhar agora é de estupefação.

– Meu Deus, desta vez foi a mesma frase!

– Verdade?

– Mas não é possível!

Luar percebe agora que os olhos do homem estão marejados de lágrimas.

– O senhor me parece emocionado.

– E estou, mesmo. Deixe-me sentar aqui do seu lado, Luar. Faço questão de lhe contar o que está me acontecendo. Não vou dizer nomes e nem entrar em detalhes, porque acho que não vem ao caso, mas vou lhe explicar: eu estava julgando por demais uma pessoa de minha família e cheguei mesmo a falar muito mal dela a um meu conhecido. Depois, acabei me arrependendo, sabe? Principalmente porque penso que também tenho os meus defeitos, mas o que mais me estava deixando triste é que não imaginava que aquela pessoa os tivesse também.

– Entendo. Aí o senhor abriu a primeira página...

– Nesta primeira página que abri... veja com seus próprios olhos.

Luar olha e lê em voz alta:

– "Não julgueis a fim de que não sejais julgados. Aquele que estiver sem pecado, lhe atire a primeira pedra".

– Percebe? Justamente o que eu estava pensando.

– E depois o senhor abriu em qual página?

– Nesta aqui – diz o homem, mostrando-a a Luar e retirando a folha seca da árvore e apontando um trecho com o indicador.

– "...; porque não anotar os erros de outrem é caridade moral."

– E veja nesta terceira – diz, ainda, indicando um outro trecho de uma outra página que Luar lê em voz alta:

– "É indulgente para com as fraquezas alheias, porque sabe que ele mesmo tem necessidade de indulgência, e se lembra destas palavras do Cristo: aquele que está sem pecado lhe atire a primeira pedra. Não se compraz em procurar os defeitos alheios, nem em colocá-los em evidência. Se a necessidade a isso o obriga, procura sempre o bem que pode atenuar o mal".

– Estou muito impressionado – diz o homem, agora, com lágrimas nos olhos, após ter ouvido a leitura de Luar.

– Esta última frase, seu Calixto, é de grande sabedoria.

– Qual, Luar?

– "Se a necessidade a isso o obriga, procura sempre o bem que pode atenuar o mal".

– Poderia me explicar melhor essa frase?

Luar cerra os olhos e pede a Deus que o ajude, através de Espíritos mais elevados do que ele. Sempre faz isso quando tem que falar algo de tão elevada significação. Nesse momento, com os olhos ainda fechados, vê nitidamente à sua frente, Pai Francisco, o "preto véio", caracterizado como um escravo, que lhe contara a história da doença. Lembra-se de ter sonhado com ele, apesar de não se recordar de que foi ele quem lhe contou essa história que, no dia seguinte ao do sonho, escreveu. E essa figura que não lhe sai da mente, insiste em lhe mostrar uma peneira a poucos metros deles. Concentra-se mais um pouco e acaba por sorrir agradecido quando entende a mensagem do velho. Abre, então, os olhos, e começa a discorrer para Calixto:

– Vou lhe explicar, meu amigo. Está vendo aquela peneira ali, pendurada num prego, naquela parede do rancho?

– Sim. Eu a vejo. O que tem ela?

– Para que serve a peneira, Calixto?

– Ora, para peneirar.

– Certo, mas o que é peneirar?

– Bem, peneirar é separar o que presta do que não presta, como por exemplo, separar as folhinhas secas que não servem para nada, dos grãos que servem para serem cozidos.

– E como se faz isso, Calixto?

– Geralmente, colocamos tudo na peneira e jogamos para cima, para o ar. Antes que tudo caia de volta nela, assopramos com vigor as folhinhas, caindo apenas os grãos na peneira. Também pequeninas pedrinhas, menores que os grãos, saem pelos vãos da peneira.

– Muito bem. Agora, me diga uma coisa: o que fazem com essas pequenas folhas e outras impurezas que não servem para nada?

– Jogamos tudo fora.

– E depois que as jogam fora, esquecem-se delas?

– Sim. O que fazer com o que não presta?

– E dão muito valor ao que fica na peneira, não?

– É o que nos é útil.

– Calixto, procure imaginar-se olhando para o Sol através daquela peneira. A que conclusão você chega?

– Bem, isso me lembra aquela frase: "não tape o Sol com a peneira", não é? Ou seja, dificilmente poderíamos impedir a luz do Sol de passar pela peneira. Mas o que isso tem a ver com a lição do Evangelho?

– É que devemos sempre utilizar uma peneira imaginária quando julgarmos um nosso semelhante, ou seja, que procuremos olhar para ele através de uma peneira, deixando passar pelos seus vãos apenas o que ele tem de bom, assim como a luz do Sol. Afinal de contas, sabemos que Deus plantou em todos nós, os seus filhos, uma chama de amor que, por mais que tentemos apagá-la, não o conseguimos. Todos temos algo de bom no coração, sabe, Calixto? E assim como desprezamos e esquecemos os detritos que são separados pela peneira, assim também devemos fazer quando analisarmos os nossos irmãos. Devemos procurar localizar o lado bom das pessoas em primeiro lugar porque todos nós também detemos muito cisco e muitas impurezas em nós mesmos. Existe uma outra lição de Jesus que nos diz que devemos primeiro retirar a trave de nosso olho antes de pretendermos tirar o argueiro do olho de nosso semelhante, ou trocando as palavras por sinônimos, devemos retirar um tronco de nosso olho antes de pretendermos tirar um cisco do olho de nosso semelhante.

– Foi muito boa esta nossa conversa e gostei muito desse livro, Luar. Onde poderia comprá-lo? Gostaria muito de lê-lo.

– Fique com este, seu Calixto. Hoje, mesmo, seu Péricles irá trazer mais alguns para mim.

– Gostaria muito de pagar pelo livro.

– Pois gostaria que aceitasse este como um presente. Se ele for útil para a sua vida, o que tenho certeza que será, por favor, compre outro, através de seu Péricles, e presenteie alguém com ele. Dessa maneira, estará praticando a caridade.

– Pois assim o farei e muito obrigado por este presente.

– E se o senhor se interessar pelo que ler nesse livro, procure o nosso Centro Espírita. Lá encontrará muitos outros ensinamentos que em muito o ajudarão em sua caminhada em direção à verdadeira felicidade.

Calixto dá um forte abraço em Luar e se afasta.

Sessenta e um

No domingo, à noite...

– Quer dizer, seu Alcides, que o senhor não tem pista nenhuma de Lélis?

– Infelizmente não, dona Helena – responde o detetive particular à moça, amiga de Lélis, hoje Luar. Marta, sua prima, também se encontra presente no apartamento das duas. Havia sido somente após muita insistência das duas moças que o doutor Milton aceitou entrar em contato com o detetive e promover esse encontro.

– O senhor nos disse que existe alguém que está também à procura dele e, conforme o senhor mesmo imagina, com intenções de, talvez, eliminá-lo.

– Sim. É o que penso.

– E este é o número da placa do carro dessa pessoa?

– Isso mesmo. Sabe, foi muito azar aquele guarda ter pedido os meus documentos naquele momento. Por causa disso, perdi esse automóvel de vista, o que, quase tenho certeza, me levaria até ele.

– O senhor quer dizer com isso que esse bandido talvez já o tenha encontrado? – conclui Marta.

– Meu Deus! – exclama Helena, visivelmente apavorada. – Tomara que não tenha conseguido.

– E o que o senhor pretende fazer agora?

– Vou voltar à primeira cidade e procurar conversar e principalmente convencer esse homem, o tal de Clóvis, a me ajudar. Tenho grande convicção que ele saberá me dizer para onde foi Lélis.

– E por que o senhor não foi ainda?

– Eu estava tentando encontrar uma outra pista quando o doutor Milton me pediu que viesse até aqui para conversar com vocês. E, se querem saber, a minha maior missão é a de convencer vocês a ficarem fora desse caso. Pode ser perigoso, sabe?

– O senhor nos desculpe, seu Alcides, e falo em meu nome e no de Marta, mas não iremos desistir de nosso intento de encontrar Lélis. Não é, Marta?

– Não tenha dúvida alguma. Se o senhor nos ajudar, será melhor para nós. Se não, começaremos por conta própria a nossa investigação. O que não podemos e nem conseguiremos é ficar de braços cruzados.

– Mas como farão para iniciar uma investigação? Nem saberiam por onde começar.

– Realmente, não sabemos, mas sairemos por aí fazendo perguntas.

– Já disse que poderá ser perigoso.

– A menos que o senhor nos ajude. Aliás, se nos ajudar, poderemos ajudá-lo também.

– Ajudar-me? – responde Alcides, com um irônico sorriso nos lábios.

– Ajudá-lo, sim. Como não? – responde Helena. – Quem sabe, não conseguiríamos tirar as informações de Clóvis? Afinal de contas, não temos cara de bandido.

Alcides pensa um pouco e, coçando o queixo e olhando para as duas, resolve:

– É... pode ser, sim. Quem sabe...

– Quem sabe o quê, seu Alcides? É lógico que poderemos trabalhar os três juntos.

– Ou talvez nos dê a informação de como chegarmos a esse tal de Clóvis.

– Vocês acham que convenceriam Clóvis a falar?

– Tenho certeza que sim, principalmente Helena, que falará com muita convicção.

– Marta... por favor – pede a moça, encabulada. Já confessara à amiga o seu amor por Lélis.

– Agora, pelo que o senhor nos disse, seria bom que nem Clóvis, nem aquele homem que não parece estar com boas intenções, nos vissem juntos. Principalmente aquele homem, pois assim como o senhor o conhece, pode ser que ele o conheça também.

– Disso não tenho certeza, mas penso que me conhece, sim.

– Pois então nos diga onde fica a casa e o depósito de Clóvis, seu Alcides – pede Helena.

– Iremos até lá e, assim que descobrirmos alguma coisa, ligaremos para o senhor. Se quiser, poderá se hospedar numa cidade próxima.

– Penso ser uma boa ideia – acaba concordando o detetive.

– Mas é claro que é uma boa ideia! – entusiasma-se Marta.

– Também acho – opina Helena.

As duas primas, Marta e Helena, dividem um apartamento na cidade onde também moram os pais de Lélis. Seus familiares moram na Capital, onde seus pais possuem sociedade em grande indústria. Não se conformam com o desaparecimento do amigo e decidem, então, sair à procura dele. São formadas em jornalismo e possuem credenciais. É noite e preparam-se para a viagem até a cidade onde Lélis, agora cognominado de Luar, recebeu o apoio de Clóvis.

– Não vamos levar muita coisa, não, Helena. Vamos colocar o que pudermos nestas mochilas, sem que fiquem muito pesadas. Quando necessário, compraremos o que for preciso e não se esqueça de seu cartão de crédito e um pouco de dinheiro. Não sabemos quanto tempo deveremos viajar.

– Também penso assim, Marta, e que Deus nos ajude a encontrarmos Lélis.

– O que faremos quando o encontrarmos, Helena?

– Penso que contar a verdade a ele.

– E quanto a esse tal de Clóvis?

– Precisaremos convencê-lo.

– Tenho muita fé em Deus e acho que conseguiremos.

– Eu também.

***

São cinco horas da manhã quando Alcides passa pelo apartamento das duas moças para apanhá-las. Ele as guiará até a cidade onde Clóvis mora. Irá com seu carro, seguido pelo de Marta. Helena irá com ela.

– Bom dia, seu Alcides – cumprimenta Helena, o mesmo fazendo Marta.

– Bom dia. Estão prontas?

– Sim. A propósito, seu Alcides, o doutor Milton está sabendo desta nossa decisão?

O homem pensa um pouco e resolve ser sincero.

– Falei com ele ontem à noite. No princípio, ele foi totalmente contra, mas consegui fazê-lo mudar de ideia, pois seria uma grande chance de convencer Clóvis a dar alguma pista de Lélis. E ele me pediu para agradecer a vocês e mandou lhes dizer que está muito grato pelo que irão fazer e pede para que não se arrisquem desnecessariamente, que tomem muito cuidado. Mandou, também, entregar-lhes este número de seu telefone celular para que entrem imediatamente em contato com ele, assim que tiverem alguma notícia ou se precisarem de alguma coisa, principalmente dinheiro.

– Pobre doutor Milton. Como deve estar sofrendo... – diz Marta.

– E dona Lídia? Está sabendo dessa nossa decisão? – pergunta Helena.

– Não e o doutor Milton prefere não lhe contar nada. Não quer preocupá-la ainda mais.

– Pois faz muito bem.

– Acho que podemos ir, não? – pergunta Marta.

– Se estiverem prontas.

– Vamos – diz Helena.

Seu Alcides coloca as mochilas das moças no bagageiro do carro delas e, assim que se instalam, partem em direção à pequena cidade onde Clóvis ajudara Luar. Já são quase onze horas quando chegam a uma cidade vizinha à de destino, onde Alcides faz reserva em um hotel e informa o número do telefone deste para as moças. Viajam por mais meia hora e chegam à cidade, onde o detetive estaciona a algumas quadras de distância do barracão.

– É ali – indica para as moças.

– O que faremos, agora? – pergunta Helena.

– Só vejo um caminho – responde Marta –: irmos até lá.

– Já?

– Por que não? Vamos falar com o homem – diz Marta, decidida.

– Bem, vou aguardar aqui.

– Não acho ser prudente, seu Alcides – diz Helena. – Além do mais, penso que talvez tenhamos que visitar a esposa de seu Clóvis se este não nos der a informação que desejamos. Sabe como é: nós, mulheres, conseguimos nos entender melhor. Por isso, volte para a cidade vizinha e aguarde nosso telefonema. Não seria bom se o senhor fosse visto por aqui.

– Não acho ser a melhor ideia, Helena – refuta o detetive.

– Helena tem toda a razão, seu Alcides – diz Marta. – E não se preocupe conosco. Saberemos nos defender se for o caso e ligaremos para o senhor assim que tivermos alguma informação.

– Pois estarei esperando. Além do telefone do hotel, fiquem com este meu cartão. Aqui tem o número de meu aparelho celular.

Marta apanha o cartão e despede-se do homem.

– Pode ir tranquilo, seu Alcides, e muito obrigado.

– Até logo, seu Alcides – diz Helena, por sua vez.

O detetive entra no carro e parte.

– Vamos lá, Helena – convida Marta. – E que Deus nos ajude.

As moças encaminham-se então em direção ao barracão. Nelson, funcionário de Clóvis, é quem as atende.

– Pois não, em que lhes posso ser útil? – pergunta o rapaz.

– Gostaríamos muito de falar com seu Clóvis – responde Helena.

– Ele não se encontra no momento.

– E poderia nos informar onde poderemos encontrá-lo?

– Sinto muito, mas seu Clóvis está viajando. Somente voltará à noite, por volta das vinte horas. Querem deixar algum recado?

Marta, ao invés de responder, lhe pergunta:

– O senhor poderia nos informar, então, qual o endereço de sua residência?

– Não sei se devo... – responde o rapaz, desconfiado, pois Clóvis lhe advertira a tomar cuidado com estranhos, principalmente se perguntassem por Luar.

– Por que não nos pode dar o endereço dele? Isso nos facilitaria muito, pois se não nos der, teremos que tomar informações na cidade para chegar até lá. E isso até que seria muito fácil nesta pequena cidade onde todos se conhecem, não é?

Nelson pensa um pouco e resolve ir mais fundo:

– Poderiam, pelo menos, me informar o que querem com ele ou com sua esposa?

– Esposa?

– Sim, dona Alice... – responde, arrependendo-se de ter deixado escapar o nome da mulher de Clóvis – ...quer dizer...

– Nada precisa recear... Qual o seu nome?

– Nelson.

– Nada precisa recear, Nelson. Somos pessoas bem intencionadas e quanto ao que queremos, sinto não poder lhe dizer porque é um assunto muito particular.

– Vai nos dar o endereço? – pergunta Helena. – Pode confiar em nós.

– Bem... penso que sim. Como disseram há pouco, não será difícil localizar. Venham, vou lhes ensinar o caminho.

Dizendo isso, Nelson escreve o endereço no papel e sai com elas à rua para lhes indicar o caminho a percorrer.

Sessenta e dois

– EU ESTAVA ESPERANDO POR vocês – diz dona Alice, no portão de sua casa, assim que Helena e Marta chegam.

– O funcionário de seu marido telefonou-lhe, informando-a de nossa chegada?

– Sim. O que desejam?

– Gostaríamos muito de conversar com a senhora, dona Alice – diz, súplice, Helena. – Por favor, nos atenda.

– A respeito do quê?

– De Lélis – responde Marta.

– Lélis? Não conheço ninguém com esse nome.

Nesse momento, as moças percebem que, realmente, a mulher não poderia conhecer ninguém com esse nome, pois Lélis não poderia ter-lhe informado, já que perdera a memória.

– Bem, esse é o seu nome verdadeiro. Acontece que esse moço perdeu a memória e não sabemos com que nome está sendo tratado agora.

A mulher percebe tratar-se de Luar e não consegue disfarçar o ar de preocupação que se lhe estampa no rosto.

– Quem são vocês?

– Somos amigas dele e estamos tentando encontrá-lo. Seus pais, sua irmã e seus amigos estão muito aflitos com o seu desaparecimento. Precisamos encontrá-lo porque, pelo que fomos informadas, ele está sendo perseguido por um homem que deseja eliminá-lo.

Dona Alice não sabe o que dizer, o que fazer naquela situação. Se, pelo menos, Clóvis estivesse ali...

– Por favor, dona Alice – suplica Helena. – Confie em nós. Sabemos que, talvez, a senhora esteja com medo de dar informações sobre ele, pois deve saber mais que nós sobre o que lhe esteja acontecendo, mas se a senhora puder me ouvir com atenção, tenho certeza de que acabará nos dando um voto de confiança. Pode crer. Só queremos o seu bem.

A mulher pensa um pouco, percebe a aflição da moça e toma uma decisão.

– Entrem aqui em minha casa. Vou ouvi-las.

– Muito obrigada, dona Alice. Que Deus a abençoe.

Entram, então, na casa de dona Alice, que as convida a se sentarem num sofá da sala, enquanto ela coloca uma cadeira na frente delas, sentando-se também.

– Vocês podem falar agora.

– Bem, dona Alice – diz Helena –, somos amigas de infância de Lélis e vou lhe confessar uma coisa muito importante que a senhora, como mulher, vai perceber a sinceridade com que lhe falo. Eu amo Lélis. Nunca tive coragem de revelar isso a ele, mas eu o amo muito. Talvez agora, depois desta situação difícil... quer dizer... quando o encontrarmos... eu tenha a coragem suficiente para lhe revelar isso. Sabe, o médico diz que o retorno da memória dele é apenas uma questão de tempo. E é em nome desse amor que eu lhe peço: ajude-nos a encontrá-lo.

– Antes que aqueles que o querem prejudicar o encontrem primeiro – completa Marta.

– Vocês conhecem os pais dele?

– É lógico! Moramos na mesma cidade e praticamente fomos criados juntos.

Nossos pais são muito amigos dos pais dele. Nós frequentamos o mesmo Centro Espírita que ele.

– E vocês têm alguma ideia de quem está querendo eliminá-lo e o porquê disso?

– Não, dona Alice – responde Helena –, não sabemos.

– Mas temos uma certa desconfiança – diz Marta.

– Desconfiam de alguém?

– Marta, por favor – pede Helena. – Não podemos sair por aí desconfiando das pessoas. E eu não creio nessa sua desconfiança.

– Não sei, não, Helena.

– Por favor.

– Está bem, Helena. Não se fala mais nisso.

– Se uma de vocês tem alguma desconfiança, seria bom que falassem à polícia para que ela investigasse.

– Penso não ser o caso – diz Helena.

– Dona Alice, pelo pouco que nos falamos até agora, deu para perceber que a senhora conhece Lélis, tendo em vista que não se mostrou nem um pouco surpresa com a nossa conversa.

– Sim. Eu conheci um rapaz, mas não com esse nome. Com essa história, sim. Hoje ele se utiliza de um outro nome.

– E qual é esse nome?

– A senhora sabe para onde ele foi, dona Alice? – pergunta Helena, aflita pela resposta.

A mulher abaixa a cabeça, pensa um pouco e fala:

– Vocês estão me colocando numa situação difícil. Muito difícil.

– Por quê? A senhora precisa confiar em nós.

– Luar não queria que falássemos nem com a polícia sobre isso.

– Luar?! – pergunta Marta.

– O que foi que eu disse? – pergunta, por sua vez, dona Alice, percebendo que, sem querer, deixara escapar o nome do rapaz.

– A senhora disse que Luar não queria que falassem com a polícia. Quem é Luar? É o nome que Lélis está usando?

A mulher fica um pouco desconcertada até que resolve falar. Afinal de contas, já estava confiando naquelas moças ali à sua frente, principalmente em Helena.

– Luar Peregrino.

– Luar Peregrino?! – exclama, agora, Helena.

– Sim. Esse é o nome que ele está usando, se é que estamos falando sobre a mesma pessoa.

– Mas de onde tirou esse nome?

Dona Alice conta, então, às moças, tudo o que sabe sobre ele, inclusive que é espírita e que, até agora, ela e Clóvis não sabem como foi que ele desapareceu na noite em que os homens que estavam atrás dele, cercaram a sua casa, mais a polícia que trocou tiros com eles. Diz que uma outra pessoa ainda irá lhes contar como foi que ele conseguiu escapar sem ser notado.

– Mas a senhora sabe para onde ele foi, não sabe?

– Sei.

– Por favor, conte para nós, dona Alice – pede Helena, ansiosa.

A mulher pensa um pouco, olhando ora para uma, ora para outra das moças, até que resolve se pronunciar:

– Penso que devo consultar meu marido antes.

– Do que a senhora tem medo, dona Alice? – pergunta Marta. – Será que ainda não percebeu a nossa intenção, a nossa sinceridade?

– Percebo que vocês estão sendo sinceras e não consigo ver maldade em seus corações, mas não gostaria de tomar uma decisão dessas sem falar com meu marido primeiro. Aliás, gostaria que vocês falassem com ele.

– E quando ele volta de viagem, dona Alice?

– Hoje à noite.

– A senhora não acha que cada minuto que passa possa ser decisivo? Temos certeza de que neste mesmo momento, deva existir alguém que está à sua procura.

– Sei disso, mas sei também que ele deve estar em segurança.

– Como a senhora pode ter tanta certeza? Ele está bem escondido?

– Me desculpem, mas não vou lhes dizer nada antes de falar com Clóvis.

– Está bem, dona Alice. Não vamos insistir mais. Quando poderemos vir conversar com seu Clóvis?

– Hoje à noite.

– A que horas?

– Venham por volta das nove horas da noite. Conversarei com ele primeiro.

– Por favor, dona Alice, procure passar para ele a boa impressão que, acredito, a senhora está tendo de nós. E, mais uma vez, confie em nossa boa intenção.

– Está bem. Voltem aqui à noite.

– Voltaremos, sim, dona Alice – diz Helena. – Vamos, Marta?

– Vamos.

– E Deus lhe pague, por enquanto, dona Alice. Até mais.

– Até mais.

As moças saem da casa bastante satisfeitas com a conversa que tiveram, pois percebem que a mulher acreditou nelas.

– O que você achou, Marta?

– Penso que teremos sucesso, Helena. É uma mulher muito boa. Ela vai nos ajudar.

– O que faremos agora?

– Acho melhor procurarmos uma hospedagem em algum hotel da cidade.

– Vamos, então.

– À noite, voltaremos para falar com seu Clóvis.

– Devemos telefonar para o seu Alcides?

– Vamos falar primeiro com o marido de dona Alice. Depois telefonaremos a ele.

***

– Vão ficar muitos dias aqui na cidade? – pergunta o atendente do hotel.

– Penso que só esta noite – responde Marta.

– Vou levá-las até o quarto.

O homem acompanha as moças até o quarto vinte e três.

– Vou tomar um banho, Marta.

– Pode ir, Helena. Depois eu vou.

Depois do banho, descansam um pouco e vão até um pequeno e simples restaurante para almoçarem. Já são quase quatro horas da tarde.

– Não vejo a hora de falarmos com seu Clóvis, Helena – comenta Marta, à mesa do restaurante.

– Estou muito apreensiva.

– Não se preocupe. Tudo vai dar certo. Fique tranquila.

– E se seu Clóvis não nos der nenhuma informação?

– Nós o convenceremos. Tenho certeza de que ele vai perceber que estamos dizendo a verdade.

– Tomara. E o que faremos depois?

– Bem, se ele nos disser para onde Lélis foi, entraremos em contato com seu Alcides e rumamos para o local.

– Penso que talvez tenhamos que convencer outras pessoas, sabe?

– Se preciso for, nós o faremos.

– Será que ele está muito longe?

– Não tenho a mínima ideia. Peço a Deus que ele tenha encontrado um bom lugar para ficar e que tenha ficado por lá. Assim poderemos encontrá-lo mais rapidamente.

– Que Deus nos ajude.

Sessenta e três

NESSE MESMO MOMENTO, LUAR encontra-se descansando em seu quarto na fazenda. É segunda-feira, seis horas da tarde. Alguém bate à porta. Luar atende e depara-se com uma mulher, jovem ainda, cerca de vinte anos de idade.

– Boa tarde – cumprimenta a jovem, um pouco inibida. – Posso falar com você? Seu nome é Luar, não?

– Sim. Esse é o meu nome, mas entre, por favor.

– Foi seu Brandão quem me aconselhou a vir lhe falar.

– Sente-se nesta cadeira, por favor. Seu nome...?

– Letícia.

– Pois muito bem, Letícia. Em que posso lhe ajudar? – pergunta Luar, sentando-se na beirada da cama.

A moça permanece por alguns segundos pensativa e os olhos começam a ficar brilhantes, com uma lágrima teimando em brotar. Ela tenta disfarçar, mas não o consegue, enxugando-a, discretamente.

– Você me parece estar com algum problema, Letícia.

– E estou, sim. Sabe... eu tenho grande respeito para com dona Dulce, esposa de seu Brandão, e quando me vi na situação difícil em que me encontro, procurei-a para me aconselhar. Foi quando seu Brandão, que estava presente e ouviu minha conversa com sua esposa, aconselhou-me a procurá-lo. Disseram que você teria um bom conselho para me dar.

– Posso tentar ajudá-la dentro de minhas possibilidades, Letícia. Mas de que se trata?

– Eu estou grávida – revela a moça num repente.

Luar olha fixamente para ela e fala calmamente:

– Meus parabéns, Letícia. E você está bem, fisicamente?

A moça mostra-se encabulada perante a reação dele e continua:

– Fisicamente estou bem. Penso que tenha engravidado há mais de dois meses.

– E qual o problema, então? – pergunta Luar, já imaginando do que se trata.

– O problema é que eu sou solteira. Meus pais não sabem de nada ainda.

– E seu namorado?

– Ele também está muito assustado.

– Assustado...?

– Sim. Ele acha que é muito cedo para isso e também não pretende casar-se já.

– Vocês se amam?

– Não sei... – responde a moça, um pouco chateada com a própria resposta.

– Tudo não passou apenas de uma aventura, não é?

– É... mais ou menos isso.

– E você me procurou...

– Bem, como já disse, foi seu Brandão e dona Dulce que me pediram para procurá-lo, aliás, nem sei por que fui falar com ela e concordei em vir falar com você. É que... eu não quero ter esse filho... sou muito jovem ainda... meus pais não sabem de nada... eles sofrerão muito com tudo isso e...

Nesse instante, Letícia não consegue conter as lágrimas.

– Tenha calma, Letícia – pede calmamente Luar. – Tudo vai se resolver a contento.

– Mas como? Só mesmo um aborto poderá resolver este meu problema.

– Aborto...?

– Isso mesmo. Um aborto.

– E quem faria isso, Letícia?

A moça enxuga as lágrimas, procura se acalmar um pouco, e responde:

– Tem uma vila a alguns quilômetros daqui, onde uma mulher faz esse tipo de trabalho.

– E você tem ideia do risco que correrá?

– Sei e não me importo. Sou uma moça forte e tenho certeza de que nada irá me acontecer.

– Talvez nada lhe aconteça agora, Letícia.

– O que quer dizer com isso?

– Quero dizer que você um dia terá que prestar contas com a sua própria consciência.

– Como assim?

– Letícia, você não percebe que estará impedindo a vinda de uma criança para este mundo? Não percebe que ela já existe?

– Um feto.

– Sim, um feto. E o que você pensa que é um feto?

– Dona Dulce me disse que você é espírita e que os Espíritos reencarnam como crianças. É verdade?

– É verdade, sim, Letícia, e vai ser por aí que vou tentar demovê-la dessa loucura que pretende fazer, mas, antes, quero que faça um exercício de imaginação. Preste bastante atenção.

A moça se remexe na cadeira e fica atenta. Luar pensa um pouco para definir como fazer aquilo que considera um bom método para as pessoas que se encontram com problemas: um exercício de imaginação. Já o utilizara quando do episódio de seu Armando e Adilson, o rapaz andarilho. Roga auxílio aos Espíritos, chegando a vislumbrar Cláudia ao seu lado, como sempre, a lhe sorrir.

– Diga-me uma coisa, Letícia: você gosta muito de sua mãe?

– Eu a amo muito, Luar. Minha mãe sempre foi uma criatura maravilhosa, sempre me dando atenção e carinho.

– Muito bem. Agora, me diga o seguinte: até onde você consegue lembrar-se de sua infância? Quero dizer, algum acontecimento muito antigo... o mais antigo que possa se lembrar...

– De minha infância? Bem, eu tenho uma memória muito boa. Deixe-me ver... consigo lembrar-me... sim... sabe, chego a recordar de um fato quando eu deveria ter, talvez, uns dois anos. Bem, na verdade, não sei se estou realmente me lembrando ou esteja apenas imaginando isso de tanto que minha mãe me contou, sabe? Penso que, às vezes, confundimos imaginação com recordação.

– Mas tudo bem, Letícia. Conte-me o que foi. Tenha sido esse fato uma lembrança ou não, ele aconteceu, não foi?

– Oh, sim. Mamãe sempre se recorda.

– Conte-me.

– Eu devia, como já disse, contar com uns dois anos de idade, quando minha mãe teve que viajar com meu pai até a cidade e naquele tempo se viajava de carroça puxada por um cavalo, sabe? Diz minha mãe que, chegando na cidade, ela e meu pai entraram numa farmácia para comprar alguns remédios e me deixaram dentro de um caixote que, por acaso, havia nessa farmácia, para que eu não saísse andando.

– Sim...

– Acontece que papai e mamãe se distraíram tanto com a conversa do farmacêutico, que se esqueceram que eu estava ali, pois era a primeira vez que ia com eles, e partiram sem mim, somente dando por minha falta já na metade do caminho.

– Meu Deus, como puderam se esquecer de você? – pergunta Luar, assombrado com aquele acontecimento e, ao mesmo tempo, divertindo-se com aquela história. – E daí? O que aconteceu?

– Quando perceberam, papai colocou o cavalo em disparada de volta à cidade. Quando chegaram na farmácia, o caixote não estava mais lá e levaram o maior susto, apenas se acalmando ao ver o farmacêutico, com um largo sorriso nos lábios, anunciar que eu estava com sua mulher no interior da farmácia, que era onde moravam. Papai e mamãe ouviram o meu choro e correram para dentro atrás de mim. Hoje eles contam essa história achando graça, mas dizem que nunca passaram tamanho sofrimento e angústia do que naquele dia, principalmente no momento em que não encontraram mais o caixote.

– E você não sabe se lembra disso ou se apenas imagina de tanto a sua mãe lhe contar, não é?

– É isso mesmo.

– Muito bem, Letícia. Esse acontecimento veio mesmo a calhar.

– Não entendo.

– Você vai entender. Agora, Letícia, seja lembrança ou não, quero que feche os olhos e imagine-se dentro daquele caixote. Você consegue?

– Sim. Já fiz isso por alguma vezes.

– Procure, de dentro desse caixote, ver sua mãe sendo atendida no balcão da farmácia.

– Estou imaginando e, inclusive, consigo vê-la como se a estivesse olhando de baixo, de acordo com o tamanho que eu tinha naquela época.

Nesse momento, Cláudia e os outros Espíritos que a acompanham, inspiram-na para que consiga ver-se naquela situação.

– Você sente vontade que ela a pegue no colo?

– Sim. Gosto muito de aninhar-me em seu colo.

– E agora? O que acontece?

– Ela se vira e sai por uma porta sem olhar para mim. Junto com meu pai.

– E você? O que sente?

– Insegurança. Mamãe sumiu de minha vista.

– E o que faz?

– Fico olhando para a porta, na esperança que volte.

– E ela não volta?

– Não. Vejo a carroça ser manobrada na rua para retornar e minha mãe que parte sem olhar para mim.

– E então?

– Começo a chorar e um homem me pega no colo. Não gosto do cheiro dele.

– Cheiro?

– Um cheiro forte. Deve ser de remédio.

– O farmacêutico...

– Sim. Daí ele me entrega a uma mulher. Por um segundo, chego a pensar que é mamãe, mas percebo que não é. A mulher me balança muito em seu colo. Quer que eu pare de chorar, mas não consigo.

– E depois?

– Estou muito desesperada.

– O que pensa de sua mãe?

– Sinto uma infelicidade, uma tristeza e um desespero muito grande por ela ter-me abandonado.

– Agora ela chegou.

– Sim, mamãe chega, me toma nos braços e sinto uma grande felicidade. Abraço ela pelo pescoço e ela me beija as mãozinhas. Sabe, apesar de meu tamanho, percebo preocupação nela e isso me deixa mais feliz ainda, porque sinto que ela me quer.

– Muito bem, Letícia. Pode abrir os olhos.

Letícia obedece e grossas lágrimas lhe rolam pela face.

– Por que estamos fazendo isso? – pergunta a moça.

– Eu vou lhe explicar – diz Luar. – Preste atenção. Você passou por todo esse sofrimento porque amava muito a sua mãe, não é?

– Sim.

– E sentia-se segura junto dela.

– Muito. Até hoje.

– Vamos analisar o que aconteceu naquele dia. Pelo que posso lhe explicar, você imaginou que sua mamãe a houvesse abandonado, não é mesmo?

– Era o que sentia, sim, principalmente, depois desse exercício de imaginação.

– Pois muito bem. O que quero que entenda é que um filho, Letícia, mesmo que seja um feto ainda, como você mesma disse, já sente um grande carinho pela mãe que o abriga em seu ventre, sabe?

– Verdade...?

– Pode acreditar. Não somente sente um grande carinho, como também uma grande segurança. E o que é mais importante: quer nascer e quer, instintivamente, ver o rosto de sua mãezinha.

Letícia não consegue novamente conter as lágrimas e passa as mãos pelo ventre.

– Isso mesmo, minha irmã. Acaricie seu filho. Ele vai gostar muito. Ele e quando digo "ele", estou me referindo a um bebê que pode ser um menino ou uma menina, como você já foi, e que está sentindo essa sua carícia.

– Meu bebê.

– Agora, imagine você tirando a vida dele. O que será que irá sentir? Será que não vai sentir nada? Não irá perceber que você não o quer?

– Meu Deus!

– Você acha que ele está aí por mero acaso, Letícia? Talvez não devesse estar sendo gerado agora. Talvez, os planos do Alto fossem para que viesse a ser gerado mais tarde, mas você, na sua inconsequência, adiantou a sua vinda. E o que deve fazer? Por acaso acha que ele não viria um dia? Pensa que o Espírito que vai se reencarnar tem culpa do que aconteceu? Se quer saber, nem em casos de estupro, deve-se tirar a criança, pois ela nada tem a ver com aquele ato, pois pode ter plena certeza, foi com a permissão de Deus que ela está sendo gerada. Mesmo que o pai seja um bandido, um estuprador, isso não significa que a criança assim o seja. Ela é um Espírito que já viveu por muitas vidas passadas e pode ter certeza de que ela tem muito a ver com a mãe. Nada acontece por acaso neste mundo de Deus, Letícia.

– Será mesmo?

– Pode acreditar, minha irmã. E ainda vou lhe dizer mais: quando essa criança nascer e se aninhar em seus braços, a chamar de mamãe, procure imaginar-se sem ela. Tenho plena certeza de que agradecerá a Deus pelo fato de não lhe ter abortado a vida. Imagine isso.

– Não quero mais abortar! Não quero! Quero o meu filho, Luar! Quero o meu filho! – exclama a moça, soluçando e acariciando o ventre.

– Assim é que se fala, Letícia – diz Luar, também muito emocionado e agradecido a Cláudia e seus companheiros ali presentes que lhe deram tanta inspiração e conta isso à moça.

– Os Espíritos é que me ajudaram a entender tudo isso, Luar?

– Sim. Qualquer pessoa quando se encontra bem intencionada, como eu estava em lhe ajudar, sempre recebe a visita benfazeja dos Espíritos para o auxílio que se faz necessário.

– E como vou fazer com minha mãe e meu pai, Luar?

– Conte-lhes a verdade e tente convencer seu namorado quanto a terem esse filho. Convença-o a assumir a paternidade dessa criança e trabalhar e lutar por ela.

– É o que vou fazer. Vou falar com ele primeiro e qualquer que seja a sua decisão, falarei com mamãe e papai. Meu filho nascerá e farei de tudo para que seja feliz.

– Que Deus a abençoe, Letícia. Que Deus a abençoe e a essa criança, mais um nosso irmãozinho que vem ter nesta escola da vida.

Sessenta e quatro

– QUER DIZER QUE ESTA É A ESCADA que dá para a masmorra...? – pergunta Segadas a Crota.

– Sim.

– E Rufus não quer que desçamos por ela.

– Isso mesmo.

– Muito bem. Quero que me mostre, agora, o aposento no qual não devo entrar.

– É por aqui – diz Crota, indicando um extenso corredor que se abre numa ante-sala no final. – Aquela é a porta.

Quando se aproximam mais um pouco, seis guardas apontam armas ameaçadoramente para eles.

– Afastem-se!

– Estou apenas mostrando o lugar por onde este colaborador de Rufus não pode transitar. Por ordem dele.

– Já viram o bastante! – insiste o guarda, ameaçando-os novamente. Segadas e Crota afastam-se, retornando pelo mesmo caminho.

– Crota, você sabe quem está lá dentro?

– Não posso falar nada, chefe. Rufus me proibiu.

– Pois acho melhor você falar, porque se eu descobrir e irei descobrir, direi a Rufus que foi você quem me falou.

– Não faça isso, não. Rufus me castigará. Por favor.

– Já lhe disse: ou você fala ou, quando eu descobrir, mentirei a Rufus dizendo que foi você quem me contou.

Crota sente-se acuado e muito assustado, pois percebe que Segadas é muito frio quando ameaça e aqueles que assim o fazem, cumprem.

– Se eu lhe contar...

– Não falarei nada a Rufus e ainda terei você em alta conta. Não se esqueça que está trabalhando para mim.

– Está bem. Não tenho mesmo outra saída. Vevila vive naquele aposento.

– Vevila... eu já desconfiava. E Damiana?

Crota sabe que, da mesma maneira, não poderá se negar a falar a verdade a Segadas, pois ele é muito perigoso.

– Essa se encontra na masmorra.

– Quem cuida dela?

– Otávio.

– Otávio?! Eu o odeio! E ainda vai me pagar caro! – esbraveja Segadas, cheio de ódio.

– Que mais deseja ver?

– A sala das armas.

– Venha.

E assim Segadas percorre aquela fortaleza, conhecendo todos os caminhos e passagens. Agora, amedrontado, Crota lhe mostra tudo, pois percebe que se mentir, será muito pior quando for descoberto. Decide que assim o fará, procurando ficar do lado de Segadas, principalmente ao perceber que a sua intenção, na verdade, é a de derrubar Rufus e tomar a fortaleza para si. Prefere, então, ser seu aliado.

– Chefe, gostaria de auxiliá-lo na escolha dos combatentes. Conheço um por um.

Segadas olha meio desconfiado para ele.

– Gostaria que soubesse que serei um seu colaborador bastante leal.

– Por que está se oferecendo dessa maneira? – pergunta Segadas, ainda cismado.

– Porque imagino que, no final de tudo, poderei ser bem recompensado.

– E o que o faz pensar assim?

– Porque sou um dos mais antigos daqui e conheço coisas que nem mesmo Rufus conhece.

– Como ele não conhece? É sua fortaleza.

– Rufus não foi o primeiro a comandar esta organização.

– Não?!

– Não. Esta fortaleza foi tomada por ele à força.

– Entendo. E por que você conhece coisas que ele não conhece?

– Simplesmente porque quando ele chegou, eu já estava aqui e fui escolhido por ele para colocá-lo a par de tudo.

– E você não fez isso?

– Não completamente. Existem segredos aqui que somente eu conheço. Eu os guardei como um trunfo para mim.

– Que tipo de segredos?

– Principalmente os das passagens secretas.

– Passagens secretas?

– Sim. Existem muitas passagens secretas nesta fortaleza.

– Isso está começando a me interessar. E me revelará onde se encontram?

– Nem todas, chefe. Eu irei informando quando houver necessidade e, obviamente, não revelarei todas.

– Você é bastante sagaz.

– Apenas cuido de minha segurança. Sei que, enquanto precisar de mim, estarei protegido.

– E como vou saber que não está mentindo?

– Vou lhe mostrar uma delas.

Dizendo isso, Crota começa a caminhar por um outro corredor até chegar defronte de uma parede que parece impedir a passagem de qualquer um.

– O que vai fazer?

– Afaste-se um pouco e, por favor, vire-se de costas.

Segadas obedece. Crota desloca uma pedra que destrava uma tranca, permi-

tindo que a falsa parede gire sobre um eixo, como se fosse uma porta que dá para uma continuação do corredor. Ao abrir, ela impede a visão da pedra deslocada.

– Pode se virar agora.

Segadas volta-se e se assombra com aquilo.

– Mas é uma passagem secreta, mesmo!

– Sim.

– E como você a abriu?

– Este é um dos meus segredos, chefe. Venha, vou lhe mostrar uma coisa – diz Crota, transpondo a passagem, no que é seguido por Segadas. Ao passarem, Crota fecha a parede novamente, ouvindo-se um estalido da tranca.

– Mas isto é fantástico! Onde vai dar esta passagem?

– Siga-me e verá.

Segadas segue Crota por cerca de uns cem metros, num corredor com algumas esquinas até chegarem ao final onde uma parede possui uma portinhola de correr. Crota faz sinal para que Segadas fique em silêncio e, deslizando a pequena porta, esta dá acesso a um buraco de cerca de uns dez centímetros de diâmetro. No interior dessa cavidade existem algumas peças de vidro que funcionam como uma lente grande angular. Crota, então, olha por ela e faz sinal para que Segadas o imite. Olhando pelo orifício, este vê a sala onde teve a conversa com Rufus. Por causa da lente, consegue avistar quase toda a largura do aposento. Rufus encontra-se sentado numa grande mesa de reuniões examinando uns pergaminhos que parecem bem antigos.Não se contém e cochicha no ouvido de Crota.

– Dá para se ouvir as vozes lá de dentro?

Crota puxa um pouco mais a portinhola, descobrindo, agora, outra abertura, fazendo, então, um sinal mais veemente para que Segadas não fale. Rufus, nesse momento, acabara de ler o pergaminho e dá um soco na mesa, parecendo revoltado com alguma coisa. O som é perfeitamente audível. Crota, então, fecha a portinhola e convida Segadas a segui-lo, percorrendo de volta o caminho pelo corredor.

– Mas é fantástico, Crota! – exclama, após saírem da passagem secreta. – Dá para se ouvir o que falam?

– Perfeitamente.

– Você precisa me ensinar como fazer para abrir esta passagem.

– Quando quiser ou for necessário, virei com você até aqui, chefe.

– Certo – concorda Segadas, um pouco contrariado, pois percebe que se encontra nas mãos daquele ser que ele considera desprezível.

– Mais tarde, haverá uma reunião de Rufus com seus imediatos.

– Aqueles que me procuraram?

– Sim. Faros e os outros.

– E viremos ouvi-los?

– Penso que seria muito bom.

– A que horas?

– Eu o avisarei. Agora, se me permite, eu o levarei até os seus aposentos.

– Aposentos para mim?

– Sim. Rufus mandou que eu o instalasse.

– Então, vamos.

* * *

Mais tarde, Crota leva Segadas para espionar a reunião que Rufus fará com Faros, Pórcio, Ozias, Enoque e Ludolfo. Na verdade, todos já estão presentes na sala e Segadas fica a observá-los e a ouvi-los. Tanto o orifício com as lentes, quanto o utilizado para ouvir as vozes, encontram-se devidamente disfarçados, do lado do aposento de Rufus, como peças de metal de um grande escudo chumbado à parede. Esse escudo, além desses enfeites de metal, possui a escultura em relevo de um grande corvo negro, símbolo da Legião dos Corvos.

– Você trouxe Segadas até aqui, Rufus? – pergunta Faros que somente há pouco ficara sabendo da notícia. – Mas para quê?

– Simplesmente para fazer o trabalho que vocês não conseguiram até agora.

– E acha que ele é melhor que nós, Rufus? – pergunta Enoque.

– Para ser melhor que vocês não é preciso muita coisa! – berra Rufus. – Não passam de um bando de incompetentes!

– Você pensa que é fácil vencer Luar, Rufus? – pergunta Ozias. – Ele parece uma rocha e ainda tem a proteção daqueles malditos "das luzes".

– Pois tenho certeza de que Segadas irá resolver esse caso para mim.

– E o que ele ganhará em troca?

– Nada! Nada! Quando terminar o serviço, eu o expulsarei daqui.

– E ele quererá se vingar em nós, não é Rufus?

– Você me parece com medo, Ludolfo.

– Não temos medo de ninguém, Rufus! – esbraveja Faros. – Mas nos diga: como conseguiu que colabore?

– Muito simples: roubei-lhe Damiana.

– O quê?! Roubou-a dele?!

– Sim. Ou pensam que não faço nada pelo fato de não sair daqui? Sou muito inteligente, não sabem?

– Mas como conseguiu fazer isso?

Rufus conta, então, o que planejou para raptar o Espírito feminino.

– E onde ele se encontra agora? – pergunta Ozias.

– Aqui mesmo nesta fortaleza.

– Aqui?!

– Por que o espanto?

– Não posso acreditar. Você o está hospedando?

– Sim. Quero mantê-lo sob as minhas vistas e, além disso, farei com que me informe como anda o seu trabalho sobre Luar.

– E quanto a nós?

– Vocês irão ajudá-lo.

– Ajudar Segadas?!

– E por que não, Faros?

– Porque eu e meus homens estamos nesse caso e não podemos admitir que um estranho venha a nos dar ordens.

– Pois gostaria muito que colaborassem com ele.

– Você gostaria?

Rufus olha para Faros com muito ódio no olhar e berra a plenos pulmões:

– Não gostaria, não! Eu ordeno! Eu ordeno! Mas o que é que está acontecendo?! Vão agora questionar minhas ordens?!

Segadas fica satisfeito em vê-los cheios de animosidade uns para com os outros.

Sessenta e cinco

SÃO QUASE NOVE HORAS DA noite de segunda-feira e Marta e Helena dirigem-se à casa de Clóvis, como fora combinado com Alice, sua esposa.

– Estas são as moças, Clóvis.

– Muito prazer – diz Clóvis, cumprimentando-as. – Queiram sentar-se.

– Obrigada – respondem.

– Alice já me contou sobre a visita de vocês hoje à tarde. Pelo que pude entender, querem encontrar alguém.

– Sim – responde Helena. – Queremos encontrar Lélis.

– Quer dizer que seu verdadeiro nome é Lélis?

– Isso mesmo. Dona Alice nos disse que ele está sendo tratado por Luar.

– Sim. Luar Peregrino.

– E ele estava bem, seu Clóvis? Quero dizer, como ele está se sentindo com esse problema?

– Luar é um bom moço. Muito educado e muito confiante nos desígnios de Deus. Não demonstrou estar desesperado com a situação em que se encontra. Apenas gostaria de recobrar a memória. Gostaria muito de saber se possui parentes, mas teme utilizar-se de qualquer expediente para tentar se mostrar porque não sabe quem o poderá encontrar primeiro. Se aqueles que talvez o amem ou aqueles que o querem eliminar.

– Nós entendemos perfeitamente, seu Clóvis, e é por isso que queremos encontrá-lo. Nós sabemos quais as pessoas que querem o seu bem. Inclusive nós mesmas – explica Marta. – E se o senhor quer saber, Helena aqui o ama muito.

– Minha mulher me disse isso também.

– E, então, seu Clóvis, irá nos ajudar a encontrá-lo?

O homem fica um pouco pensativo até que resolve fazer um teste com as moças.

– Vamos ver. Alice, por favor, apanhe aquele livro que Luar lhe deu.

– O Evangelho?

– Esse mesmo.

– Vou buscá-lo.

– Ele deu um Evangelho para a sua mulher?

– Sim.

– Está aqui – diz dona Alice, voltando com o livro e entregando-o a Clóvis.

– Muito bem, vocês disseram para minha esposa que são espíritas, juntamente com Luar.

– Isso mesmo.

Clóvis abre a primeira página interna do Evangelho e pergunta às moças:

– Luar escreveu uma frase nesta página, dizendo que sempre a escreve antes de presentear uma pessoa com este livro. Vocês poderiam me dizer...

Antes que Clóvis termine de fazer a pergunta, Helena responde:

– Ele sempre escreve: "O Evangelho é a bússola do Espírito".

– É isso mesmo – confirma Clóvis.

– Meu senhor, – pede Helena – confie em nós. Sei que deve estar muito preocupado com a segurança dele, mas será que não percebe que estamos sendo sinceras?

Alice olha para o marido com ar de cumplicidade para com as moças e diz:

– Acho que podemos confiar nelas, Clóvis.

– Muito bem, mas digam-me: o que irão fazer quando o encontrarem?

– Bem, teremos que ter uma longa conversa com ele. Primeiro, teremos que conquistar a sua confiança. Depois, iremos, aos poucos, revelando-lhe a sua verdadeira identidade, falaremos de seus pais, de seus amigos e parentes. Na verdade, não sabemos dizer qual irá ser a sua reação.

– Sabe – diz Helena –, tenho muita esperança que ao nos ver, recobre sua memória ou, pelo menos, parte dela.

– Isso seria o ideal – diz Alice.

– Onde ele está, seu Clóvis? – insiste Marta.

– Bem, na última vez que falou comigo, ele estava na casa de um amigo meu, Medeiros, numa cidade próxima daqui, mas já estava de partida. Pelo que sei, estava fugindo novamente. Medeiros o estava enviando com uma carta para uma fazenda, cujo proprietário, de nome Brandão, o acolheria. Depois disso, não mais falei com ele.

– E com seu Medeiros?

– Com Medeiros, falei rapidamente e ele me informou que Luar já se encontrava devidamente instalado na fazenda e que até estava trabalhando e morando lá.

– Oh, meu Deus, que felicidade! – exclama Helena, bastante emocionada. – Precisamos ir para lá, agora mesmo. Agora mesmo. Onde fica essa fazenda, seu Clóvis?

– Não conheço a localização, mas penso que não deve ser longe.

– O senhor não pode ligar para esse seu amigo, o Medeiros, e lhe perguntar onde fica esse lugar?

– É o que pretendo fazer.

– Diga-me uma coisa, seu Clóvis – pede Marta –: o senhor nunca teve a curiosidade ou o interesse de ir até lá para saber como Luar se encontra, se está bem...

– Já tive, sim. Eu e minha esposa estamos muito preocupados com ele, mas

Medeiros, quando me ligou, pediu-me que não o procurasse, porque eu poderia estar sendo vigiado.

– Entendo...

– Aliás, tenho um certo receio de que vocês saiam daqui e sejam seguidas.

– Será, seu Clóvis? – pergunta Helena.

– Nunca se sabe.

– E o que poderemos fazer, então?

O homem pensa um pouco e responde:

– Nós vamos dar um jeito. Vocês vão ver.

– Então ligue para esse seu amigo, o Medeiros, por favor.

– Vou ligar já.

Dizendo isso, Clóvis dirige-se até o aparelho telefônico, disca um número e fica aguardando.

– Não atende.

– É na farmácia, Clóvis? – pergunta dona Alice.

– Sim. Este é o único telefone dele.

– Ele mora lá, seu Clóvis? – pergunta Helena, bastante ansiosa.

– Mora. Vou ligar mais tarde. Deve ter saído. Talvez, alguma injeção...

– Acho que poderíamos ir para lá, não, Helena? Assim que o encontrarmos, pedimos para ele ligar para cá. O que acha, seu Clóvis? E o senhor tenta mais tarde, também.

– Se quiserem fazer assim...

– Penso que Marta tem razão – concorda Helena. – Assim ganharíamos tempo.

– Que cidade é essa e como fazemos para chegar até lá?

– A cidade é próxima daqui. Talvez uns quarenta ou quarenta e cinco minutos de viagem.

– E para chegarmos até a farmácia?

– Aí vocês terão que perguntar a alguém lá na cidade. Eu sei ir, mas para explicar daqui é um pouco complicado. A farmácia do Medeiros se localiza num bairro afastado, um bairro pobre, sabe? Inclusive, o Medeiros atende a muitos necessitados. Ele mesmo manipula uns remédios, na maioria, chás para alguns tipos de doença e distribui a eles.

– Deve ser um homem muito bom.

– Tem um grande coração, sim. Ele ajudará vocês.

– Mas o senhor tem que falar com ele.

– Ficarei tentando pelo telefone e, caso o encontrem, peçam para ele me ligar.

– Então nos ensine como chegarmos a essa cidade.

– É muito simples. Basta pegar a pista na direção norte.

– Direção norte?

– Sim. Ao contrário de onde vieram.

– Ah, sim.

– É a próxima cidade.

– Será fácil.

– Procurem pelo Medeiros da farmácia. Todos o conhecem.

– Não seria bom vocês entrarem em contato com os pais de Luar? Eles poderiam encontrar-se com vocês e irem juntos – sugere dona Alice.

– Já pensamos nisso, minha senhora – responde Helena –, mas temo que algo aconteça e não quero que sofram mais. Assim que o encontrarmos, nós o levaremos de volta para casa.

– Agora, por favor – pede Clóvis –, concordem com Luar. Ele é um rapaz bastante inteligente e sabe as consequências que poderão advir se não tomarem o devido cuidado.

– Fique tranquilo, seu Clóvis. Vamos tomar o máximo de precaução.

– Bem, agora vamos tratar de uma maneira de vocês saírem daqui sem levantarem suspeitas, caso esta casa esteja sendo vigiada.

– O que faremos?

– Vamos até o meu barracão. Vou com o meu carro e vocês me seguem.

– Está certo – concorda Marta.

As moças se despedem de dona Alice e saem da casa com destino ao barracão de Clóvis, seguindo-o com o automóvel. Lá chegando, ele pede às moças para descerem e entrarem no barracão.

– Não sei se é um excesso de zelo de minha parte, mas não custa nada disfarçarmos – diz Clóvis.

– O senhor tem razão.

– Bem, eu trabalho com produtos farmacêuticos e muitas mercadorias. Por isso, vou fechar algumas caixas vazias e colocá-las no porta-malas do carro de vocês.

– Entendi, seu Clóvis – diz Helena. – Se alguém estiver vigiando o senhor, pensará que somos simples compradoras. É isso?

– Isso mesmo.

Clóvis, então, coloca duas caixas no porta-malas do carro das moças e despede-se delas, que partem de volta ao hotel. A intenção é seguirem viagem no dia seguinte, bem de manhã.

Sessenta e seis

– JÁ FAZ MAIS DE TRÊS DIAS que o estamos procurando e nada! Mas será que não fazemos nada certo?! – exclama Romildo a seus homens, bastante revoltado com a situação. Desde sexta-feira à noite, quando Luar fugiu do Centro Espírita e apanhou o trem de carga, não conseguem nenhuma pista dele. Já procuraram pela cidade onde o trem parou, por toda a estação, pela estrada de rodagem e nada.

– Estamos sem sorte, mesmo – comenta Soares, sentado no banco de trás do automóvel, com o pé engessado.

– Não é questão de sorte, não – diz Aldo. – O rapaz tem parte com alguma força oculta. Ele é espírita.

– Ora, deixe de bobagens – fala Rubens, por sua vez. – O problema é que estamos querendo fazer um serviço limpo demais. Estamos sempre à espreita. Temos mais é que agir. Eu já disse isso a você, Romildo.

– Da próxima vez que o encontrarmos, vamos agir, a despeito de qualquer coisa – resolve Romildo que já percebe que Rubens tem razão no que diz.

– Assim é que se fala, Romildo – anima-se Aldo. – Vamos agir e receber logo o nosso dinheiro. Paulo já deve estar furioso conosco. Você falou com ele ontem à noite, não?

– Sim. Ele me ligou.

– E o que ele queria?

– Pediu-me para trocarmos de carro. Disse que aquele detetive particular, contratado pela família, aquele tal de Alcides, anotou o número da placa de nosso carro e entregou-o para o pai do rapaz.

– Mas, então, precisamos tomar logo essa providência! – exclama Rubens.

– Não precisamos ter pressa. Paulo me disse que conseguiu contornar a situação, dizendo que era de um outro detetive que ele contratou.

– Sim, mas não sabemos o que poderá acontecer se, quando agirmos, alguma outra pessoa anotar também o número da placa.

– Rubens tem razão, Romildo – diz Aldo.

– Esta noite, trocaremos de veículo.

– E o que faremos agora?

– Precisamos pensar. Aliás, isso é algo que temos feito muito pouco. Estamos correndo para lá e para cá, sem raciocinarmos um pouco.

– É verdade.

– Você não diz nada, Soares? – pergunta Romildo ao homem que vem mantendo-se em profundo silêncio. – O que está acontecendo com você, heim? Não fala nada...

– Estou tentando raciocinar, enquanto vocês ficam a discutir – responde Soares, para disfarçar, pois tem medo de que acabem desconfiando dele. Na verdade, foi ele quem avisou Luar sobre o atentado que sofreria, arquitetando, inclusive, um plano de fuga, ou melhor, da pretensa fuga pelo trem de carga. O telefonema que Luar recebera aquela tarde havia partido dele.

– Você anda muito quieto, sim – diz Rubens.

Soares não era mais o mesmo, desde que Luar lhe salvara a vida naquela noite e lera para ele a passagem do Evangelho onde Jesus nos ensina que devemos salvar os nossos inimigos. Aquilo o impressionara demais.

– Vamos raciocinar um pouco, então – resolve Romildo. – Nós chegamos naquela cidade e ficamos de tocaia no Centro Espírita onde Luar fazia a palestra. Eu fiquei vigiando pela janela e tenho certeza absoluta de que ele não me viu. Por que ele fugiu se não sabia de nossa presença?

– Você foi até lá, Romildo. Talvez alguém tenha desconfiado.

– Não acredito. Luar estava na fazenda e pelo que pude perceber, aquelas pessoas ficaram por lá até a hora de começar a reunião. E Luar trouxe a mochila, o que significa que já estava com a intenção de fugir.

– Talvez tenham ligado para ele lá do Centro.

– Podem crer, não desconfiaram de mim.

– Creio que se ele pensasse que estávamos ali para eliminá-lo, talvez nem viesse para o Centro. Não iria se arriscar a levar um tiro em plena palestra. Ele não iria imaginar que o esperaríamos terminar, sair do Centro, para investirmos contra ele. Já teria fugido lá da fazenda mesmo – sugere Aldo.

– Eu também acho – diz Rubens. – Ele parecia, realmente, saber que o esperaríamos sair do Centro.

– Mas como poderia ter tanta certeza se apenas nós sabíamos como iríamos agir?

– Eu já disse: ele é espírita, não é? – diz Aldo.

– Ora, Aldo, pare com essas bobagens!

– A não ser que alguém tenha ouvido a nossa conversa. Que tenha ouvido o que planejamos – fala Soares, tentando desviar o rumo da conversa. Já está começando a ficar preocupado.

– Ninguém nos ouviu, Soares.

– Mas como ele poderia ter tanta certeza de que não iríamos agir até que a reunião terminasse? – pergunta Rubens, indignado. – E ele tinha essa certeza. Não iria se arriscar.

Os homens ficam em silêncio até que Rubens, não conseguindo conter mais o que pensava, olha para Soares e lhe pergunta à queima-roupa:

– Conte-nos uma coisa, Soares. É algo que ainda não consegui atinar, sabe?

– O que é, Rubens? – pergunta o homem, preocupado e não conseguindo disfarçar essa sua preocupação, o que é prontamente notada pelos outros.

– Como conseguiu sair daquele buraco com o pé quebrado? Pelo que pude ver, aquela vala era bastante funda. Talvez uns três metros de profundidade.

– Já disse que não sei como consegui sair de lá. Fui me agarrando em umas raízes e consegui safar-me dali. Por que está me perguntando isso?

– Porque estou achando você muito estranho depois daquele episódio.

– Estranho? – pergunta Soares, engolindo em seco.

– E você está me parecendo um pouco nervoso com esta pergunta que lhe fiz.

– Nervoso...? Quem está nervoso?

– Você, Soares.

– Ora, pare com isso!

– Eu me lembro que assim que decidimos o que fazer à noite naquele Centro, você se afastou de nós para ir até um bar e voltou mais de uma hora depois.

– O que está querendo dizer com isso, Rubens?! – pergunta rispidamente Soares, numa tentativa de mostrar indignação e revolta com o que o outro estava a lhe acusar.

– Estou querendo dizer que você poderia muito bem ter avisado Luar – dispara Rubens. – E vou mais além: você foi para um bar para os lados da estação. Será que não foi tomar informações a respeito do horário do trem de carga?

– Você está louco, Rubens?! Por que eu iria fazer isso?

– Não sei, Soares, mas estou achando muito estranha essa história de alguém tê-lo empurrado para dentro daquele buraco e você ter saído sozinho dele. Sabe o que estou achando? Que você está de conluio com esse tal de Luar. Penso que você o está ajudando.

– Você deve estar ficando louco, mesmo!

– Louco...? E se quer saber mais, penso que ele lhe prometeu alguma recompensa se o ajudasse a descobrir quem ele é, porque é lógico que ele deve estar desconfiado que pode ser uma pessoa rica. E nós sabemos que ele é. O que foi que ele lhe prometeu, heim, Soares? O que foi que ele lhe prometeu, heim?

– Ninguém prometeu nada a ninguém!

– Então me diga o que você estava fazendo lá naquela noite? Por que resolveu ir sozinho atrás dele?

– Eu já expliquei a Romildo. Eu tentei convencê-lo a seguir por aquele caminho, mas ele não quis. Então eu fui sozinho e me empurraram para dentro daquele maldito buraco.

– Pois eu acho que está mentindo!

– Não me chame de mentiroso! – berra Soares, sacando um revólver da cinta.

– Ei, parem já com isso! – grita Romildo. – Chega! Guarde o revólver, Soares, e pode apanhar suas coisas e cair fora!

– Como, cair fora?!

– Foi o que você ouviu. Caia fora, antes que seja tarde.

– E por que eu? Por que não Rubens? Bem que poderia ter sido ele a avisar o rapaz.

– Ora, seu...?!

– Chega! Já disse! Não se fala mais nisso! Soares, pegue suas coisas e vá embora! Sei que não foi o Rubens e não vou admitir que alguém do grupo saque uma arma contra o outro.

Soares obedece e afasta-se, apoiando-se no par de muletas. No fundo, sente-se satisfeito que tudo tenha terminado dessa maneira.

– Mas será que ele fez uma coisa dessas? – pergunta Aldo. – Porque se o fez, deveria ser punido.

– Não temos certeza – explica Romildo –, mas na dúvida... Além do mais, não quero ver ninguém ameaçando o outro e, também, Soares já não estava servindo para mais nada com aquele pé quebrado.

– E se ele fizer algo contra nós? Se der com a língua nos dentes?

– Não fará isso. Agora, vamos pensar sobre o que devemos fazer.

– Sabem o que acho? – pergunta Aldo.

– O quê?

– Estou chegando à conclusão de que Luar nem chegou a sair daquela cidade e nem daquele Centro.

– Como?

– Penso que foi uma maneira de nos despistar. Afinal de contas, por que deixaria aquela mochila à vista?

– Será?

– Deve tê-la deixado naquele lugar para nos chamar a atenção. Depois, apanhou-a e fingiu sair do Centro. Assim que percebeu que você não estava mais lá, Romildo, deve ter entrado novamente.

– Sabe que acho que Aldo tem razão? – opina Rubens. – Por que não o vimos correr até a estação? Acreditamos no que Soares nos disse. Vejam bem: se Luar tivesse fugido naquela hora, nós o teríamos visto, pois teria de correr em minha direção ou, então, na direção contrária, encontrando-se com vocês.

– Tem lógica. Se corremos em volta daquela quadra indo nos encontrar com você, como foi que ele sumiu?

– Nestas alturas, deve estar lá na fazenda.

– Então, nos fez de bobo mais uma vez.

– Com a ajuda de Soares, aquele traidor! Deveríamos castigá-lo! Vamos atrás dele!

– Não percamos mais tempo com Soares e não devemos chamar a atenção.

– Você tem razão.

– Vamos voltar para aquela cidade e vasculhar tudo.

Dizendo isso, Romildo, Aldo e Rubens entram no carro e dirigem-se para a cidade onde se encontra Luar.

Sessenta e sete

– AQUI ESTÁ O SEU PRIMEIRO pagamento, Luar – diz Gouveia, entregando-lhe um envelope com o dinheiro. – Por favor, queira conferir.

Luar confere o dinheiro, guardando-o no bolso. É terça-feira, dia seguinte à da conversa de Marta e Helena com Clóvis.

– Está certo, Gouveia.

– Seu Brandão pediu que eu lhe perguntasse se está satisfeito com essa quantia.

– Gouveia, é mais do que mereço, aliás, seu Brandão é muito generoso. E ainda tenho parte do dinheiro que seu Orlando, Clóvis e seu Medeiros me emprestaram.

Luar retira, então, uma folha de papel do bolso e estende-a para Gouveia.

– O que é isto, Luar?

– Nessa folha está anotado tudo o que devo a eles. Gostaria que me ajudasse a fazer chegar às mãos deles, o pagamento dessas dívidas. No caso de seu Orlando, o motorista que me deu carona, tirando-me da Capital, você tem aí o nome do banco, o número da agência e o da conta bancária. Tem aí, também, o endereço de seu Clóvis e de seu Medeiros. Tome este dinheiro e, por favor, como já disse, devolva a eles.

– Com muito prazer, Luar – diz Gouveia, impressionado com a honestidade dele. – Mas vai sobrar algum para você?

– Oh, sim, vai sobrar. Na verdade, pouco gastei do que me emprestaram; com exceção das passagens de ônibus, pouco gastei. E tenho muita coisa ainda. Talvez precise comprar mais umas duas camisas e alguma roupa íntima. Não preciso de mais nada.

Nesse momento, chega Edgar no escritório com um recado para Luar.

– Luar, seu Brandão quer lhe falar.

– Obrigado, Edgar. Gouveia, se me dá licença.

– Vá lá. Não faça seu Brandão esperar.

Luar encaminha-se até a sede da fazenda onde Brandão o espera na varanda da casa. Junto dele encontra-se um casal de meia-idade.

– Sente-se aqui, Luar. Quero que conheça seu Pereira e sua esposa, dona Vera.

– Muito prazer. Meu nome é Luar.

– Já sabemos – diz o homem, apertando forte sua mão, enquanto a mulher o abraça com muito carinho, parecendo externar grande admiração por ele.

– Este casal quer lhe fazer um agradecimento, Luar.

– Agradecimento?

– Somos os pais de Letícia.

– Oh, sim, e como está ela?

– Graças a Deus e a você, está muito bem. E viemos lhe agradecer pelo que fez por ela, pelos conselhos que lhe deu – diz a mãe.

– Ora, eu não fiz nada de mais. Apenas a aconselhei a fazer o melhor. Letícia estava muito angustiada.

– Pois torno a repetir que nos sentimos muito gratos a você, principalmente por tê-la convencido a nos falar sobre a sua gravidez.

– Foi o melhor caminho, não?

– Foi sim – diz o pai que, até aquele momento, mantivera-se em silêncio. – Quando Letícia nos falou, senti uma grande revolta e enorme vontade de castigá-la, mas acabei chegando à conclusão de que melhor seria se a amparássemos. Chamamos seu namorado, conversamos, e ele concordou em que Letícia tenha o filho e que assumirá a sua paternidade. Diz que assim que puder, pretende se casar. Virá conversar com você também, Luar.

– Agradeçamos a Deus por toda essa ventura, então – diz Luar.

– Ela nos contou tudo o que lhe disse. Você foi muito inteligente e salvou a criança, o nosso neto – comenta dona Vera.

– Eu não quis entrar em maiores detalhes com ela, mas não foi somente a criança que eu salvei.

– Realmente – interrompe, agora, Brandão –, pode ser que você a tenha salvo de um aborto mal feito. Já ouvi dizer de muitas mulheres que vieram a morrer por causa disso.

– Não é só por isso também.

– O que é, então, Luar?

– É que um crime dessa natureza, fatalmente vem a prejudicar grandemente o perispírito da mãe. O senhor já tem conhecimento sobre o perispírito.

– Sim, já estudamos a respeito.

– Pois, então. Tudo o que fazemos propositadamente ao nosso corpo material, se reflete em nosso perispírito, não somente pelo prejuízo material de nosso corpo, mas, principalmente, pela nossa intenção no que praticamos.

– Entendo. Como exemplo, temos o que sentimentos mesquinhos como os de inveja, egoísmo, ódio e revolta podem provocar nele, não é?

– Isso mesmo. Quantas e quantas mulheres reencarnam com problemas de ordem ginecológica, sem poderem ter filhos, ulcerações as mais diversas, câncer, enfim, tantas outras enfermidades, provocadas, nada mais, nada menos, por mal uso desse abençoado aparelho em outras encarnações. Isso sem falar de possíveis perseguições da entidade reencarnante que teve essa sua oportunidade truncada apenas por motivos fúteis da mãe e, muitas vezes, do pai.

– Entendo. E quanto a casos em que a mãe corre risco de vida?

– Pelo que sabemos, devemos, nesse caso, preservar a vida da mãe, como opção.

– Não entendo do que estão falando – diz dona Vera.

– Se a senhora se interessar e quiser conhecer isso que estamos comentando, dona Vera, – diz Brandão – poderemos lhe explicar melhor do ponto de vista da religião que eu e Luar abraçamos, que é o Espiritismo.

– Espiritismo? Os senhores são espíritas?

– Luar há bastante tempo já. Eu, há algumas semanas, mas já tenho algum conhecimento sobre isso.

– Gostaria muito de aprender sobre o assunto.

– Poderá frequentar um curso que começaremos esta semana no Centro Espírita que inauguramos na cidade.

– Eu gostaria também – diz o homem.

– Pois estão os dois convidados.

– Nós iremos, sim. Agora, gostaríamos de ir embora e mais uma vez, que Deus o abençoe pelo que fez com nossa Letícia, Luar.

– Podem ter certeza de que pouco fiz, seu Pereira. Aliás, tive muita ajuda dos Espíritos amigos para falar convenientemente com sua filha. Agradeçam a eles e a Deus que permite esse bendito intercâmbio entre os encarnados e os desencarnados.

– Rezaremos por eles – diz a mulher.

– E por você também – completa o homem.

– Eu lhes agradeço.

– Bem, já vamos indo. Até mais, Luar. Até mais, seu Brandão.

– Até mais.

O casal se afasta e Brandão aproveita para conversar um pouco com Luar.

– E, então? Está gostando daqui?

– Muito, seu Brandão.

– Não pretende nos deixar, não, Luar?

O rapaz pensa um pouco e, parecendo sentir uma intuição, responde:

– Não sei, seu Brandão.

– Por quê, Luar?

– Sinto que devo continuar a minha caminhada na direção norte.

– Mas já? Precisamos de você lá no Centro.

– Seu Péricles cuidará de tudo. Além do mais, tenho certeza de que logo, logo, o senhor e dona Dulce já estarão bastante conscientizados a respeito da Doutrina Espírita e detendo muitos conhecimentos. Por isso, é necessário que estudem bastante.

– Assim o faremos. Mas espero que ainda fique um bom tempo conosco.

– Tudo depende, seu Brandão.

– Depende de quê, Luar? Fique conosco até recuperar a sua memória.

– Vamos fazer o seguinte: ficarei enquanto não tiver necessidade de ir embora. Quando essa necessidade surgir, terei plena convicção de que é porque terei mesmo que partir. Confio muito em Deus e na intuição dos Espíritos do Bem.

– Agora já me sinto mais aliviado porque penso que essa necessidade não vai surgir tão rápido. Aqueles homens, neste momento, devem estar muito longe procurando por você e não mais o molestarão. Nunca irão imaginar que você não saiu deste lugar naquela noite.

– Tomara que não. Agora, se me permite, vou voltar para o trabalho.

– Pode ir, Luar, e um bom dia para você.

– Até logo,então.

Luar despede-se de Brandão e começa a contornar a casa em direção ao escritório. Quando dobra o primeiro dos cantos da sede, ouve a voz de Dulce que parece estar chegando muito esbaforida.

– Brandão! Brandão! – chama pelo marido.

– O que foi, Dulce? O que aconteceu? Parece que viu fantasmas.

– E vi, sim, Brandão! Vi, sim!

– Acalme-se, mulher. Sente-se aqui e me conte: o que foi que viu?

Luar estanca os passos e fica a escutar a conversa, preocupado com a maneira como Dulce chegou e fala com o marido.

– Eu vi o homem, Brandão! E ainda escutei o que falava com outros dois! Todos muito mal-encarados.

– Que homem, criatura?

– Aquele que esteve no Centro Espírita, antes da palestra de Luar. Agora tenho certeza de que foi o mesmo que apareceu lá à noite.

– E por que você tem essa certeza?

– Pela conversa que ouvi.

– E o que foi que você ouviu?

– Eu fui ao Centro, como você me pediu, para preencher aquelas fichas dos frequentadores, quando percebi que tentavam abrir a porta da frente.

– Ela estava fechada?

– Sim. Quando cheguei, Irma precisou sair e achei melhor trancar a porta por dentro já que iria ficar lá sozinha.

– E tentaram entrar?

– Eu ouvi um barulho na porta e vi quando a maçaneta foi girada. Ia dizer para que esperasse, que eu iria abrir a porta, pois pensei que fosse Irma que tivesse voltado, mas antes que o fizesse, ouvi uma voz masculina do lado de fora e achei melhor não falar nada. Aproximei-me da porta sem fazer barulho e fiquei a escutar. Quase a abri porque pensei que fosse você, Luar ou seu Péricles, mas percebi que se tratava de uma voz desconhecida. Passei muito medo, Brandão.

– Você viu quem estava do lado de fora?

– Vi. Eu espiei por um espaço da cortina da janela e vi que era aquele homem que lá estivera na sexta-feira à tarde. Nem estava pensando em nada e por pouco também não abri a porta naquele instante, também não o fazendo porque ouvi uma das frases que falaram.

– E o que foi que ouviu?

– Um deles, não aquele senhor, um outro, disse que desta vez não falhariam. Que assim que vissem Luar, atirariam para matar.

– Meu Deus!

– E disse mais: que não deixariam testemunhas. Que se alguém estivesse junto dele, morreria também.

Luar sente um estremecimento percorrer-lhe o corpo.

– Meu Deus! – pensa. – Eles voltaram. Estou correndo risco de vida e quem estiver comigo também.

– O que mais disseram, Dulce?

– Que se não encontrassem Luar na cidade, viriam até a fazenda e ficariam nos vigiando.

– Coloco-os a correr, se por aqui aparecerem.

– Eles me parecem muito perigosos, Brandão.

– Eu sei, Dulce. São bandidos frios.

– O que faremos?

– Bem, colocarei guardas vigiando. Se perceberem a presença de estranhos, chamaremos a polícia.

– E Luar?

– Falarei com ele. Pedirei que venha para a nossa casa e que não saia por uns bons tempos até que tudo se esfrie.

– Mas se a polícia vier até aqui...

– Não teremos problemas, Dulce. Apenas a chamaremos pelo fato de estranhos estarem entrando na fazenda sem permissão. Nada falaremos a respeito de Luar e, tampouco, aqueles homens falarão sobre isso.

– E se confessarem na polícia?

– Deixe comigo, Dulce. Se isso acontecer, levarei Luar para bem longe daqui.

Luar, por sua vez, afasta-se em direção ao seu quarto e apanha a mochila. Recolhe algumas roupas limpas e já secas que pendurara no varal, colocando-as também dentro dela. Embrulha o dinheiro num papel e o enfia dentro da camisa que abotoa até o colarinho. Sai sorrateiramente, procurando verificar se ninguém o está vendo sair. Antes disso, escreve um bilhete de profundo agradecimento a Brandão e sua esposa por tudo o que lhe fizeram, enviando um abraço a todos os amigos e companheiros de Doutrina. A seguir, procura caminhar pelo mato, ladeando a estrada.

– Preciso alcançar a estrada de rodagem. Lá tomarei o primeiro ônibus que passar em direção ao norte.

* * *

Neste momento, Marta e Helena, após terem entrado em contato com Medeiros, já se encontram na estrada de terra em direção à fazenda de Brandão. O veículo não está em velocidade, porque a estrada de terra, com muitos buracos, não permite.

– Não vejo a hora de me encontrar com Lélis, Marta – diz Helena, ansiosa.

– Foi bom termos ido até a casa de seu Medeiros. Seu Clóvis iria ficar tentando por muito tempo falar com ele pelo telefone.

– É verdade. Foi muito azar seu telefone estar com problemas. Ainda bem que o encontramos. Mas ainda acho que deveríamos avisar seu Alcides.

– Não se preocupe, Helena. Assim que nos encontrarmos com Lélis, nós lhe telefonaremos. Fiquei com receio de trazê-lo junto. Poderia, talvez, levantar suspeitas.

De repente, logo após uma curva, Helena dá um alerta:

– Cuidado, Marta. Um cachorro no meio da estrada.

A uma distância de uns cinquenta metros, um pequeno cão encontra-se deitado bem no meio do caminho. Marta começa a frear o carro quando o vulto de um homem se precipita de dentro da mata e, agarrando o cão, atira-se com ele para o acostamento do outro lado. Rapidamente, e ainda com o cãozinho nas mãos, embrenha-se no meio das árvores.

– Meu Deus! – exclama Marta, após parar o automóvel. Helena, que se encontra no banco do carona, do lado por onde o homem entrou na mata, grita para ele, vendo-o de costas.

– Ei, moço! Você se machucou?

O vulto, sem se voltar para as moças, limita-se a fazer um sinal negativo com o dedo indicador, continuando a andar. Marta recoloca o carro em movimento e o homem para. Abraça o cachorrinho, admirando-o.

– Puxa, foi por pouco, heim, meu amigo? – pergunta, então, Luar, ao pequenino cão que lhe lambe o rosto.

"O Evangelho é a bússola do Espírito"

As pessoas certas

Sessenta e oito

LUAR RETORNA À ESTRADA, ainda com o cãozinho nos braços.

– Você não deve dormir no meio da estrada, meu amigo – fala Luar docemente para o pequeno cão, colocando-o no chão. Este começa a pular nas pernas dele, na tentativa de que Luar o pegue novamente. – Não, não, Totó. Não posso levá-lo comigo. Você fica por aqui.

O pequeno animal parece entendê-lo porque se limita a olhá-lo, abanando o rabinho.

– Isso mesmo. Volte para casa. Vamos! Volte para sua casa!

Dizendo isso, Luar começa a caminhar em direção à cidade.

– Tenho que caminhar rápido – pensa. – Se Brandão encontrar o meu bilhete antes que eu chegue à cidade, certamente virá atrás de mim tentando persuadir-me a não partir. Também terei que prestar muita atenção. Se vir algum automóvel vindo nesta direção, deverei esconder-me na mata. Podem ser aqueles homens. Mas meu Deus, o que será que está acontecendo?! Por que estão querendo me eliminar? Não creio ter feito algo de tão grave a ponto de quererem vingar-se de alguma coisa. Penso que Clóvis está certo. Deve ser por algum interesse financeiro. Talvez, mesmo, uma herança... E essa minha mente vazia de passado... Quando recuperarei minha memória?

Luar já se encontra há quase uma hora de caminhada em direção à cidade quando percebe um automóvel que vem em sentido contrário. Rapidamente entra pela mata, escondendo-se por detrás de uns arbustos. Não consegue ver quem dirige o veículo, apenas dando para perceber que três homens se encontram dentro dele.

– Será que são eles? – pergunta-se, aguardando que o carro desapareça numa curva para retornar à estrada.

***

Nesse mesmo instante, Marta e Helena estão atravessando uma porteira que leva à fazenda de Brandão. São barradas por oito homens, armados com espingardas. São trabalhadores da fazenda que Brandão colocou vigiando a entrada.

– Quem são vocês e o que desejam? – pergunta um deles, que parece ser o líder.

– Meu nome é Marta e esta é Helena. Estamos procurando por seu Brandão. Viemos da parte de seu Medeiros.

O homem retira o telefone celular da cinta e liga para Brandão.

– Seu Brandão, estão aqui duas moças que querem lhe falar. Dizem ter vindo da parte de seu Medeiros... Como?... O nome delas? Dizem chamar-se Marta e Helena. O que desejam? Vou perguntar-lhes.

Marta, que ouvira as palavras do peão, se adianta:

– Diga ao seu patrão que queremos lhe falar sobre Luar Peregrino.

– As moças estão dizendo que querem conversar com o senhor sobre o Luar.

Brandão fica sem saber o que resolver, temeroso que se encontra, mas decide atendê-las e diz ao homem que deixem-nas entrar e que dois deles as acompanhem a cavalo.

– Meu Deus, Marta! – exclama Helena – Por que tantos homens armados nesta fazenda?

– Realmente é bastante estranho.

– Será que isso tem algo a ver com Luar? Será que todos esses homens estão aí para protegê-lo?

– Pelo que seu Clóvis e seu Medeiros contaram, acredito que Luar deva estar sendo muito perseguido e esse fazendeiro, seu Brandão, deve estar tendo todo o cuidado para que ninguém entre nesta fazenda.

– Marta, será que Luar terá alguma reação quando nos vir? Tenho rezado muito para que aconteça um milagre. Quem sabe com a visão de alguém que ele conheceu...?

– Seria maravilhoso, Helena.

– Estou com medo, Marta.

– Eu também, principalmente porque receio que nada disso aconteça.

– Pelo menos, contaremos tudo a ele.

– Será que irá acreditar em nós?

– Creio que irá querer se certificar de que estamos falando a verdade.

– Pois poderá fazê-lo.

– Veja, Marta. O homem está nos indicando aquela casa. Dirija o carro até lá.

– Deve ser onde mora seu Brandão.

– Há alguém em pé lá no alpendre.

– Vou estacionar debaixo daquela árvore.

Marta estaciona o carro, descem e dirigem-se até Brandão que as aguarda.

– Vocês podem voltar à porteira – ordena para os dois homens que acompanharam o veículo a cavalo.

Brandão, então, após cumprimentar as moças, convida-as a sentarem-se em cadeiras no alpendre da casa, chamando Dulce para a conversa.

– Pelo que disseram, vieram até aqui para falar a respeito de Luar, por indicação de Medeiros... – inicia Brandão, assim que Dulce cumprimenta Marta e Helena e senta-se também.

– Isso mesmo – concorda Helena –. Inclusive, trouxemos uma carta de seu Medeiros. Seu Clóvis entrou em contato telefônico com ele.

– Deixe-me ver a carta.

– Luar se encontra aqui? – pergunta Helena, demonstrando grande ansiedade.

– Já iremos tratar disso, moça – responde Brandão, abrindo a carta. Lê com atenção, pensa um pouco e rompe o silêncio: – Medeiros diz aqui que poderei confiar em vocês e que conhecem Luar, sendo suas amigas.

– Isso mesmo, seu Brandão – confirma Marta. – Somos amigos desde crianças e tenho quase que plena certeza de que Lélis, assim que nos vir, se lembrará de nós duas.

– Temos muita fé de que sua memória poderá voltar – acrescenta Helena.

– O nome dele é Lélis? – pergunta Dulce.

– Sim. Seu verdadeiro nome é esse.

– E, obviamente, vocês conhecem seus pais?

– É claro. Seu pai chama-se Milton e Lídia é o nome de sua mãe.

– Ele possui mais parentes?

– Tem uma irmã, chamada Mirtes, casada com Paulo.

– E seus pais são ricos?

– Muito ricos, seu Brandão. O doutor Milton é um rico empresário.

– E vocês têm alguma ideia do porquê de estarem querendo eliminá-lo? – pergunta a mulher.

– Não, dona Dulce. Não temos a mínima ideia. Lélis sempre foi um bom moço, nunca teve inimigos – responde Marta.

– Somente amigos – complementa Helena. – É um moço muito educado e tem um grande coração.

– Problemas de herança? – insiste Brandão.

As moças entreolham-se.

– Parece que vocês sabem de alguma coisa.

– Não... quero dizer... Marta é quem anda desconfiada de Paulo, cunhado de Luar. De minha parte, acho um absurdo esse seu pensamento.

– E por que você pensa assim, Marta?

– Não sei, seu Brandão. É que nunca simpatizei com esse seu cunhado. Ele sempre me pareceu ambicioso demais. Mas não posso afirmar nada. Na verdade, nem deveria estar fazendo suposições a respeito dele. É que, na falta de suspeitos, foi a única pessoa que me surgiu à mente.

– Você não pode ir suspeitando dos outros assim, Marta – repreende-a Helena. – Como já disse, acho isso um absurdo.

– É muito grave o que está ocorrendo com Luar ou Lélis, como vocês o estão chamando agora. Já tentaram contra a vida dele e não estão brincando. Deve haver muito dinheiro nessa jogada.

– O senhor acha que ele ainda corre perigo de vida?

– Enquanto estiver aqui comigo, creio que não conseguirão nada. Tenho a fazenda protegida contra qualquer tipo de estranho.

– Podemos vê-lo? – pergunta Helena, com o coração descompassado.

– Creio que sim, mas penso que deverão ir com calma com ele. Não entendo nada sobre a mente humana e não sei se esse tipo de revelação pode ser feito de uma maneira muito abrupta.

– Saberemos como falar com ele, seu Brandão – responde Marta – Além do mais, com todo o conhecimento espírita das coisas da vida, temos certeza de que Lélis saberá assimilar tudo com muita calma.

– Está bem, então.

Nesse momento, chega Nando e Brandão o coloca a par do que está acontecendo, após apresentar-lhe as moças.

– Quer que eu vá chamá-lo, papai?

– Quero, Nando. Se ele não estiver no escritório, procure por ele em seu quarto.

Nando sai, então, em busca de Luar. Helena encontra-se com os olhos marejados, o que não passa despercebido de Marta.

– Você está muito nervosa, Helena. Procure acalmar-se.

– Tenho medo de que ele não nos reconheça.

– Pois tenho absoluta certeza de que não nos reconhecerá de pronto.

– Oh, meu Deus!

– Não se aflija, minha filha – consola-a dona Dulce – Pode ser que ele não as reconheça agora, mas quem sabe, com o passar dos dias?

– Com o passar dos dias?

– Sim, Helena. Você não deve estar pensando que as deixaremos levá-lo, sem que ele recupere a memória, não é?

– Creio que ele irá querer ir, sim. Afinal de contas, o levaremos até a sua família. E também creio que Lélis se lembrará de quem tentou atropelá-lo, pois de acordo com Alcides, um detetive particular que o doutor Milton contratou, Lélis gritou o nome da pessoa que fez isso. Ele deverá lembrar-se dessa pessoa e poderá ter uma ideia de quem foi o autor intelectual do que está acontecendo.

– Tomara que sim – concorda a mulher.

Sessenta e nove

– MAS, PAPAI, POR QUE PERMITIU que elas levassem esse plano adiante? Pode ser muito perigoso! – diz Mirtes ao pai, Dr. Milton.

– Eu disse isso a Alcides, mas ele conseguiu convencer-me de que talvez elas consigam com que outras pessoas, que se envolveram com Lélis e o auxiliaram, possam lhes prestar algumas informações muito importantes quanto ao seu destino.

– Mesmo assim...

– Além do mais, Alcides me prometeu que iria cuidar delas, que estaria sempre por perto.

– Só que elas desapareceram, deixando-o no hotel. São umas loucas!

– É... o Alcides se deixou enganar.

– Mas por que não quiseram levá-lo junto?

– Não sei, minha filha. Penso que imaginaram ser bem mais fácil agirem sozinhas para não levantarem suspeitas.

– E o que ele irá fazer?

– Disse-me que irá tentar convencer um tal de Clóvis a lhe dar o paradeiro delas. Que irá explicar a ele o perigo que elas estão correndo.

– Oh, meu Deus! Mas o que será que está acontecendo?

– Sinceramente, não faço a mínima ideia, Mirtes. Não faço a mínima ideia. Principalmente sobre quem poderia querer causar mal ao Lélis. Ele não possuía inimigos e não vejo a mínima possibilidade de alguém tirar algum proveito com a sua morte.

Mirtes permanece por algum tempo pensativa até que, de repente, se pronuncia:

– Papai, diga-me uma coisa.

– O quê, filha?

– O senhor me disse que Paulo contratou um outro detetive particular porque não confiava em Alcides...

– Sim. Foi isso o que ele me disse.

– O senhor confia nesse Alcides?

– Confio, minha filha. Alcides já prestou serviços para mim e tenho nele enorme confiança.

– E o senhor procurou saber a quem pertencia o automóvel com aquele número de placa?

– Não, Mirtes. Paulo me disse que era desse detetive que ele contratara.

– E o senhor não acha estranho Paulo saber o número da placa do carro desse homem? Quero dizer, como ou por quê ele teria decorado esse número, pois como o senhor mesmo narrou, bastou que ele olhasse para o número anotado e já dissesse tratar-se da placa do carro desse detetive.

– O que você está querendo dizer com isso, filha? Por acaso desconfia de alguma coisa? De seu próprio marido? Confio muito em Paulo e penso que ele está fazendo o máximo possível para localizar Lélis.

Mirtes olha para baixo, não encarando o pai, e novamente permanece pensativa.

– Mirtes... o que está passando pela sua cabeça?

– Não sei, papai, mas acho que o senhor deveria verificar esse número da placa.

– Por que me diz isso? Fale, minha filha. Seja sincera. Seu irmão corre risco de vida.

– Sente-se aqui, meu pai. Gostaria de lhe revelar algumas coisas.

– Que coisas, Mirtes? Você está me deixando preocupado – diz o homem, sentando-se num sofá. Nesse momento, sua esposa, Lídia, encontra-se deitada. Na verdade, vem conseguindo suportar toda essa situação, a poder de calmantes que a fazem dormir muito.

– Bem..., em primeiro lugar, gostaria que soubesse que eu e Paulo, há algum tempo, não vivemos da maneira como aparentamos, sabe?

– Como assim, filha?

– Nós não nos combinamos mais. Vivemos brigando muito, principalmente por culpa dele mesmo. Anda muito nervoso e se o senhor quer saber, creio que já não o amo mais como antigamente.

– Mas o que fez com que o casamento de vocês chegasse a esse ponto?

– Bem, de minha parte, creio que a desmedida ambição de Paulo.

– Ambição? Não estou entendendo. Ele praticamente dirige uma boa parte dos negócios da empresa. Faz e desfaz e muito bem, diga-se de passagem. Tem de tudo: dinheiro, poder...

– Sei disso, mas ele não se contenta com tudo isso. Quer muito mais.

– Mas o que ele quer mais?

– Já há algum tempo vem falando muito sobre o destino de suas empresas, pai.

– Destino de minhas empresas? Como? Elas, um dia, serão de vocês três: Paulo, você e Lélis.

– Pois esse é o problema. Eu nunca lhe revelei isso, para que não se preocupasse, mas penso que não devo esconder mais do senhor.

– Esconder o quê, Mirtes?

– Paulo meteu na cabeça que Lélis não tem condições de administrar nada, que o senhor já está velho e que ele, Paulo, já deveria ser colocado como presidente de tudo.

– O que está me dizendo?! Paulo lhe disse isso?

– Sim e não só vive me dizendo isso, como quer que eu faça alguma coisa. Quer que eu convença Lélis e o senhor para que o coloquem como presidente das empresas.

– Ele vive lhe dizendo isso? Mas por que não me fala isso pessoalmente?

– Ele me disse que tem tentado entrar nesse assunto com o senhor, mas que o senhor leva tudo na brincadeira.

– Levo na brincadeira porque acho que ele está brincando.

– Mas não está, não, meu pai. Fala sério e já estou cansada disso tudo, sabe?

– Pobre Mirtes – diz o homem, abraçando a filha. – Mas ele fica perturbando você com isso? – ainda pergunta, como quem não quer acreditar. Sempre julgara o genro uma pessoa honesta e principalmente fraterna para com ele e Lélis.

– Paulo fica insistindo que se as empresas continuarem nas mãos do senhor e de Lélis, fatalmente sucumbirão. Que ele, sim, tem a visão e o pulso forte para comandar.

– Meu Deus! – diz o doutor Milton, deixando-se cair pesadamente na poltrona. – Nunca imaginei que ele pudesse ser tão ambicioso desse jeito. E ainda a faz sofrer com isso.

– E o que mais me preocupa, pai...

– O que é, Mirtes? Fale! Não me esconda mais nada.

– Não sei, papai, mas há alguns meses, ele ficou muito preocupado, irado mesmo,...

– Irado?

– Sim, irado. Ele comentou que ouviu o senhor dizendo para um amigo que Lélis seria o seu herdeiro e que nem tocou em meu nome e no dele.

– Eu disse a um amigo...? Não me lembro...

– Disse que o senhor falou a um tal de senhor Waldir.

– Waldir... sim... Waldir, um grande amigo meu e um ótimo parceiro de negócios. Mas deixe-me lembrar... sim... deixe-me ver... realmente, há alguns meses, esse meu amigo esteve lá na empresa e ficamos muito tempo a conversar. Sim, me lembro. Ficamos a falar de nossas famílias e ele me dizia que tinha uma filha um ano mais nova que Lélis e que poderíamos apresentá-los. Brincou dizendo que talvez os dois pudessem vir a enamorar-se, mas pura brincadeira. Foi quando eu lhe disse que Lélis seria um grande partido, haja vista que seria meu herdeiro, meu sucessor. E ainda me lembro mais... sim... Paulo chegou lá, talvez nesse momento da conversa, mas... nunca pensei... não passou de uma simples brincadeira entre dois grandes amigos. Tanto que nem nos lembramos mais dessa nossa conversa e muito menos de levá-la adiante.

– Mas Paulo deve ter ficado muito furioso com o que o senhor disse a esse seu amigo.

– Mas sem motivo nenhum. O que pensa ele? Que vou fazer Lélis herdeiro e deixar você, minha filha, de fora?

– Papai, penso que Paulo anda doente. Uma doença que se chama ambição.

– Mas o que isso teria a ver com o número da placa do carro?

– Não sei... acho que é só uma tolice que anda passando pelos meus pensamentos...

– E que tolice é essa, Mirtes?

A moça pensa um pouco até que não consegue conter as lágrimas e é entre soluços que revela ao pai o que anda pensando:

– Tenho medo de que Paulo esteja envolvido nesse atentado contra Lélis.

– O quê?! O que me diz?! Não, Mirtes, não posso acreditar numa coisa dessas.

– Nem eu, pai, mas diante de tudo o que vem acontecendo... diante das atitudes de Paulo... tão nervoso... e falando baixinho ao telefone ou disfarçando as frases. Tenho notado, sabe?

– Falando baixinho ao telefone?

– Sim. Muitas vezes atendi ao telefone primeiro que ele e pareceu-me ser a mesma voz de sempre. E não gostei nada daquela voz.

– Voz masculina?

– Sim e por algumas vezes, pareceu-me a voz de Romildo.

– Romildo? Mas Romildo não é o motorista particular dele?

– Esse mesmo. Estão sempre ao telefone e, pode parecer estranho, mas desde que Luar foi acidentado, não tenho mais visto Romildo.

– E o que ele diz sobre isso?

– Quando lhe perguntei, informou-me que o havia despedido. Mas tenho quase que certeza de que aquela voz era a do Romildo.

– Muito estranho, filha.

– Por isso acho que deveria verificar a quem pertence aquele número de placa.

– Bem, de uma coisa tenho certeza: ela não pertence a nenhum dos seus carros.

– Talvez o tenha alugado.

– Mas, filha, afinal de contas, do que é que estamos falando? Será que estamos cogitando de que Paulo seria capaz de querer eliminar Lélis?

Mirtes fica em silêncio.

– Você sabe de mais alguma coisa que não quer me contar?

– Não, pai, não sei de nada, mas é que de uns tempos para cá, comecei a ver Paulo com outros olhos, sabe? Ele não é mais aquele homem com quem me casei. Pelo que o conheço agora, não duvido de mais nada. Penso que ele se transformou muito e que nada, nada mesmo, pode impedir a sua sede de poder.

– Meu Deus, Mirtes, vendo-a falar assim, sinto medo até de que continue a conviver com ele.

– Não precisa se preocupar, papai. Sei como lidar com ele. Não se preocupe. Mas de uma coisa pode ter plena certeza: ficarei de olhos bem abertos.

– Faça isso, minha filha. E vou tentar localizar o número da tal placa e... oh, meu Deus!

– O que foi, papai?

– Agora me lembrei: quando Paulo me disse que ela pertencia ao carro do detetive que havia contratado, joguei fora o papel em que a havia anotado.

– É uma pena, mas vamos ficar de olhos bem abertos.

– E sabe mais o que vou fazer?

– O quê?

– Vou pedir ao Alcides para que coloque um outro detetive a vigiá-lo. Um só, não. Quantos forem necessários. Quero que o vigiem vinte e quatro horas por dia.

– É uma boa ideia.

Setenta

– E ENTÃO, SEGADAS, JÁ SE encontra preparado para a missão? Pelo que Crota me informou, já conheceu toda a fortaleza – pergunta Rufus.

– Sim, já conheci alguma coisa. No momento, estou arregimentando aqueles que trabalharão sob as minhas ordens.

– E quando começará a agir?

– Tenha calma, Rufus. Se quiser que eu tenha êxito, não me apresse. Tudo tem que ser muito bem planejado.

– Hum... – resmunga Rufus, não muito satisfeito com a resposta.

– A propósito, percebi que muitos de seus comandados encontram-se um pouco arrefecidos.

– Como assim? – pergunta Rufus, já sabendo do que se trata. Lembra-se muito bem de Higino e de outros tantos que estão se bandeando para o lado dos "das luzes".

– Na verdade, não está sendo muito fácil escolher aqueles que realmente trabalharão com afinco. Parece-me que você não está sabendo comandar bem seus subordinados. Muitos se encontram apáticos demais. Está faltando pulso, Rufus.

– E você teria condições de enumerar quem são?

– Não vejo porque perder tempo com isso. Estou escolhendo a dedo os que ainda percebo possuírem grande dose de revolta e ódio. São desses que preciso. O resto é problema seu, mas gostaria de lhe avisar que existem muitos traidores nesta sua fortaleza e que, provavelmente, estão fazendo de tudo para influenciar os outros.

– Malditos! – esbraveja Rufus. – Malditos!

– Isto aqui mais está parecendo um asilo de dementes, de arrependidos. Até você já não parece ser mais o mesmo – complementa Segadas, dando sonora gargalhada em tom de galhofa.

– Não ria, Segadas! Não ria! Quem pensa que é?!

– A sua salvação, meu amigo. A sua salvação.

– Você, minha salvação?

– Sim, a sua salvação. Não o fosse, por que fez com que eu viesse lhe ajudar? Porque você é um fracassado, Rufus! Um fracassado! Você e seus imediatos! Todos um grande bando de tolos!

– Não fale assim comigo, Segadas, ou mando trancafiá-lo! Você não está em condições de se expressar desse jeito!

– Ora, Rufus, você sabe que estou dizendo a verdade. Sabe que está fracassando e que precisa de mim. Não somente para vencer esse tal de Luar, como principalmente, para ajudá-lo a pôr em ordem este manicômio que você chama de fortaleza.

Segadas quer deixar Rufus irado, humilhando-o. Quer que ele se sinta pequeno diante dele e de seus guardas, presentes naquela sala e ouvindo tudo o que diz. E continua:

– E não vai demorar muito, Rufus, e este monte de escombros que você insiste em chamar de fortaleza, acabará se desmoronando. Não vai demorar muito e não terá vibrações de ódio suficientes para manter tudo isto aqui e será derrotado pelos seus próprios seguidores, influenciados pelos "das luzes".

– Você está me irritando, Segadas!

– Não gosta de ouvir verdades, não é?!

– Não gosto de ser tratado dessa maneira! Pare com isso, Segadas, ou vai se arrepender amargamente!

– Ora, Rufus, cale-se! Até seus seguidores mais fiéis já estão percebendo isso. Já estão percebendo que você está enfraquecendo.

– O que você anda dizendo aos meus comandados, Segadas?! Não permitirei que os influencie com essa conversa! Guardas! Prendam este infeliz!

Segadas dá outra sonora gargalhada, voltando-se para os guardas de Rufus, em número de oito.

– Venham, infelizes! Venham me prender! Venham, bando de medrosos e fracotes! Venham! Não podem comigo! Não possuem o ódio que tenho no coração! Eu os dizimarei de um só golpe! Venham!

– Guardas! Prendam-no! Já disse!

Tanto Segadas quanto Rufus percebem que os guardas estão titubeantes em cumprir aquela ordem. Apesar de serem oito contra apenas um, conhecem a ira e a força de Segadas que, inteligentemente, resolve voltar atrás, pois sabe que nada ganhará se tentar resistir à prisão. Na verdade, já demonstrou ser mais forte que todos e não precisa continuar com aquele jogo. E muda o tom de voz e das palavras, fingindo algum receio, o que faz com que tanto Rufus, quanto os próprios guardas sintam um alívio diante de tal atitude:

– Não precisa fazer isso, Rufus. Sei que seus guardas conseguirão me prender. Por isso peço-lhe que os detenha. Ainda não comecei meu trabalho. Apenas disse isso tudo a você para que tome cuidado com seus comandados e tome enérgicas e rápidas providências quanto a um motim que estou sentindo no ar.

– Podem voltar, guardas – ordena Rufus, apesar de ter visto que eles, nem ao menos, se dignaram a dar um passo. – Não precisam usar de violência.

Segadas está satisfeito, pois percebe que a própria guarda pessoal de Rufus sabe que ele tem toda a razão no que falou e que, talvez, já tenha encontrado ali, somente com a sua fala, mais oito fortes aliados. Outros tantos já conseguiu influenciar durante sua pouca permanência naquele castelo quando pôde, juntamente com Crota, conversar com um grande número de seguidores de Rufus.

– De qualquer maneira, vou ajudá-lo também com os que insistem em se bandear para o lado dos "das luzes", Rufus. Sei como vencê-los e dar um belo exemplo aos outros.

– E como fará isso?

– Eu o farei, se me der carta branca para tal.

– Farei o que pedir, Segadas, mas lhe aviso: não tente me trair, ou muito se arrependerá! Sabe muito bem que não pode medir forças comigo! – esbraveja mais uma vez Rufus, apesar de não ter muita convicção disso. E pela primeira vez, arrepende-se de ter trazido Segadas para dentro de sua fortaleza. Percebe que, talvez, o melhor seja, agora, aliar-se a ele – O que necessita para realizar essa façanha?

– De muito pouco. Dentro de duas horas, quero que uma grande parte de seus comandados esteja reunida em círculo no pátio e que estes, cujos nomes se encontram nesta lista, sejam algemados e colocados no centro desse círculo.

– E o que irá fazer com eles? Deve ter ficado sabendo o que aconteceu com Higino e alguns outros.

– Crota me contou. Como lhe disse, você não soube agir. Verá o que farei com esses rebeldes!

Dizendo isso, Segadas dá meia volta e retira-se dos aposentos de Rufus. Os guardas não fazem nenhuma menção em impedir a sua saída, o que fariam com qualquer outro que ousasse sair daquele recinto, sem a permissão de Rufus.

– Guardas! Quero falar com Faros! Agora!

Pouco tempo se passa e um dos guardas volta com uma notícia que muito desagrada a Rufus:

– Sinto lhe informar, chefe, mas Faros não se encontra na fortaleza. Neste momento, deve estar junto aos terrenos. O sentinela me informou que ele, Pórcio, Enoque, Ozias e Ludolfo encontram-se em trabalho na luta contra Luar.

– Na luta contra Luar... mais parece uma piada de mau gosto. Pois diga a um mensageiro que preciso dele aqui, o mais rápido possível.

– Sim, Rufus.

Nesse instante, a porta é aberta, dando entrada a Faros e seus companheiros.

– Mas que organização! Que organização! – berra Rufus. – Acabaram de me informar que vocês estavam junto aos encarnados e agora o que vejo?! Um bando de incompetentes invadindo os meus aposentos! Será que ninguém consegue mais me informar o que se passa e onde se encontram realmente meus comandados?!

– Estávamos retornando, Rufus, quando devem ter-lhe informado.

– E posso saber o que estão fazendo aqui?! Não têm uma missão a cumprir?! Por que ficam indo e vindo?! Querem me deixar mais furioso do que me encontro?!

– Temos uma boa notícia, Rufus.

– Uma boa notícia?! Uma boa notícia?! Pois espero que seja mesmo, ou verão o que farei com vocês!

– Romildo e seus homens, através de nossa influência, conseguiram finalmente encontrar Luar.

– Encontraram Luar? E o eliminaram?!

– Isso não sabemos ainda, mas sabemos que têm conhecimento de onde ele se encontra.

Nesse momento, Rufus não consegue conter tamanha ira:

– Seus imbecis!!! Seus imbecis!!! O que estão fazendo?! O que estão fazendo?!

– Por que está tão revoltado, Rufus? Essa não é uma boa notícia?

– Se conseguiram encontrar Luar, o que é que vocês estão fazendo aqui?!

– Viemos dar-lhe a boa notícia.

– Segadas tem toda a razão! Tem toda a razão! Estou cercado de incompetentes! Incompetentes!

– Mas, chefe...

– Cale-se, Faros! Cale-se! Vou tornar a lhes perguntar: se Romildo encontrou Luar, o que é que estão fazendo aqui?! O lugar de vocês é lá! Junto deles! Junto deles! Seus imbecis!

– Eles saberão o que fazer, Rufus.

– Será, Faros?! Quantas vezes já falharam! Aquele bando de incompetentes também.

– Pois vamos retornar agora mesmo, Rufus.

– Agora não! Agora preciso falar-lhes.

Faros e os outros entreolham-se, parecendo nada entenderem. Apenas percebem que Rufus está furioso demais e isso não é nada bom para eles.

– Aproximem-se mais – ordena Rufus – Guardas, saiam e aguardem do lado de fora da porta. Se precisar, os chamo.

Os guardas obedecem e Rufus procura falar num volume mais baixo. Não quer que os guardas o ouçam.

– Vocês não sabem o que aconteceu há pouco aqui.

– O que foi, Rufus?

– Chamei Segadas a fim de me inteirar do trabalho que realiza e ele me destratou na frente dos guardas.

– Destratou você?!

– Sim.

– E você não mandou prendê-lo?

– Ordenei aos guardas que o prendessem e sabem o que aconteceu?

– ?

– Segadas enfrentou a minha guarda!

– Não acredito. E o que os guardas fizeram?

– Nada.

– Nada?!

– Pareciam estar com medo dele.

– E daí?

– Daí que a sorte foi que Segadas voltou atrás, dizendo não ser preciso que o prendessem e que ele apenas agira daquela forma para me mostrar que existem outros como Higino.

– Disso nós já sabemos.

– Sim, mas pelo que Segadas me deu a entender, esse movimento está ficando cada vez mais forte.

– O que faremos?

– Pois sou eu quem pergunta a vocês: o que poderíamos fazer para acabar com esses traidores?

– Bem, não seria nada difícil localizá-los, descobrir quem são. O problema é: o que faríamos com eles? Você viu o que aconteceu com Higino. No momento em que mais foi supliciado, praticamente desapareceu como por encanto. Esses "das luzes" possuem muita força. Além do mais, muitos deles já devem estar sabendo do ocorrido na masmorra e certamente se encontram mais otimistas quanto ao movimento, quanto ao desejo de desertarem.

– Esse é o grande problema. Mas ainda continuo a lhes perguntar: o que fazer?

Faros e os outros ficam a pensar numa solução, mas nada conseguem dizer a respeito.

– E você, Rufus, conseguiu ter alguma ideia?

– Não, Faros. Não consegui ter nenhuma ideia. Só que Segadas teve.

– Teve? E que ideia ele teve?

– Ainda não sei. Segadas pediu-me que dentro de duas horas reunisse a maioria de meus comandados no pátio da fortaleza e que levasse para lá, presos e algemados, esta lista de nomes e que ele teria a solução para o caso.

– Mas que solução? Se ele os supliciar, será pior.

– Aí é que está a questão. Segadas tem um plano e eu não. Ficarei desmoralizado se ele conseguir controlar esses amotinados.

– Isso é verdade. Aos olhos dos outros, ele parecerá melhor que você.

– E o que devo fazer? Já me sinto arrependido de ter trazido Segadas para cá. Ele não perderá a oportunidade de me humilhar. Já desconfio de suas intenções. Certamente está querendo conquistar tudo isto aqui e me expulsar.

– Por que não chamamos Crota? Ele deve estar a par das intenções de Segadas.

– Não deixa de ser uma boa ideia, Faros. Vamos dar um tempo e quando estiver faltando uma hora para a reunião, pediremos a Crota que venha até aqui. Enquanto isso, Faros, você e seus comandados, providenciem esta reunião e prendam estes que têm seus nomes nesta lista.

– Deixe por nossa conta, Rufus.

* * *

– Se você revelar alguma coisa a ele...! – ameaça Segadas, bem próximo dali.

– Fique tranquilo, Segadas. Estou do seu lado.

– Pois acho muito bom para você.

Segadas e Crota, então, fecham o nicho que dá para ver e ouvir o que se passa nos aposentos de Rufus e saem pelos corredores da passagem secreta.

Setenta e um

– HÁ OITO HOMENS ARMADOS na entrada da fazenda, Romildo – informa Aldo, que havia ido a pé até mais perto da porteira, já que Romildo estacionara o carro, escondido, a uns cem metros de distância para não serem notados. Rubens ficara com ele.

– Será que não há outra entrada? – pergunta Romildo.

– Deve haver, mas deve ser do outro lado. Não tenho a mínima ideia de como fazer para chegar até lá.

– E por aqui, somente pela porteira, mesmo. A fazenda é toda cercada por arames e nesse descampado nos veriam se tentássemos entrar a pé.

– Teremos que esperar escurecer – diz Rubens.

– Penso ser muito arriscado – opina Aldo.

– Mas o que poderemos fazer? – pergunta Romildo. – Temos que entrar nessa fazenda.

– E se esperarmos que Luar saia para ir até a cidade?

– E você acha que esse tal de Brandão vai deixá-lo sair sozinho, sem nenhuma proteção?

– Poderemos contar com o fator surpresa. Atiramos em todos eles.

– Vou ligar para Paulo e lhe explicar o que está acontecendo. Quem sabe nos manda mais homens.

– E daí teremos que dividir o dinheiro, não é, Romildo? Acho que devemos agir sozinhos. Apenas nós três.

– Também sou da mesma opinião de Rubens – diz Aldo. – Além do que, esses homens não estão acostumados com violência. Nós os pegaremos antes mesmo que esbocem uma reação.

– E se Luar ficar muito tempo aí na fazenda? Não podemos ficar de plantão aqui para sempre. Alguém fatalmente nos verá.

– Então não sei o que fazer.

– Tenho uma ideia, Romildo – diz Rubens.

– Qual a ideia?

– Por que esperarmos Luar aqui? Se ele sair, obviamente será para ir até aquele Centro Espírita. Poderemos montar guarda lá na cidade.

– Na cidade seremos vistos.

– Poderemos nos revezar no final desta estrada, onde ela entra na cidade.

– Penso ser uma boa ideia. Existe lá um galpão abandonado de onde dá para ver todo o movimento de quem chega ou sai pela estrada.

– Tem razão. De nada adiantará ficarmos aqui.

– Vamos para lá, então.

***

– Luar! Mas que prazer em revê-lo! Entre! – exclama Péricles, em sua casa, para onde Luar se dirigiu, assim que chegou à cidade. – Fico muito feliz com sua visita.

– Minha visita será curta, seu Péricles. Apenas estou passando por aqui para ver se o senhor trouxe os livros que lhe pedi: os Evangelhos.

– Trouxe, sim, meu amigo, mas venha! Entre!

Luar acompanha o homem até o interior de sua casa.

– Maria! Maria! Venha até aqui. Temos visita.

– Luar! Que prazer em recebê-lo. Sente-se. Vou preparar um café.

– Não se preocupe, dona Maria. Estou só de passagem.

– Faço questão. Tomará um café e comerá um pedaço de bolo. Fique à vontade. Já volto.

– Sente-se, Luar.

– Obrigado, seu Péricles – agradece, sentando-se e depositando sua mochila ao lado da poltrona.

– Você vai viajar?

– Oh, sim, seu Brandão pediu-me que fosse resolver uns negócios para ele na Capital – mente o rapaz, não querendo revelar a verdade a Péricles. Informa que vai para essa cidade, justamente porque irá em direção oposta. Luar pensa que, se porventura, fosse perguntado ao amigo qual o seu destino, ele informaria ser a Capital. Luar detesta mentir, mas não vê uma outra solução.

– Você vai de ônibus?

– Isso mesmo.

– Mas, Luar, o ônibus para a Capital já partiu há, pelo menos, uma meia hora e não tem outro, a não ser amanhã de manhã.

Luar não contava com isso. Abaixa a cabeça, sem saber o que dizer, permanecendo por alguns instantes pensativo.

– Meu amigo, está acontecendo alguma coisa? – pergunta Péricles, vendo o rapaz visivelmente constrangido com o que dissera. – Pode falar, meu amigo. Algum problema? Sabe que pode contar comigo.

– Gostaria que o senhor me perdoasse, seu Péricles. Eu menti para o senhor. Não estou indo para a Capital.

– E por que mentiu? Continuo a insistir: está com algum problema?

– Estou, sim, seu Péricles, mas gostaria de não envolvê-lo.

– Tudo bem, Luar. Você não precisa me contar, se não quiser, mas, por favor, deixe-me ajudá-lo. Confio plenamente em você.

– Obrigado, seu Péricles, e, perdoe-me, mais uma vez, por ter-lhe mentido.

– Esqueça isso. Agora, diga-me: o que posso fazer para ajudá-lo?

– Estou mesmo precisando de ajuda.

– Pois fale, homem!

– O senhor saberia me informar a que horas sai algum ônibus em direção ao norte?

– Na direção norte?

– Sim.

– Bem... deixe-me ver... penso que há um, logo mais às vinte horas. Agora são dezoito horas e trinta minutos. Creio que daqui a uma hora e meia. Mas, espere. Vou ligar para a agência rodoviária e confirmar.

Dizendo isso, Péricles faz uma ligação e confirma o horário.

– É isso, mesmo, Luar. Há um ônibus que sai às vinte horas.

– A próxima cidade fica muito distante?

– Não. Creio que terá que viajar por cerca de meia hora. Trata-se de uma cidade como esta. Mas o que vai fazer lá, se nem sabe que cidade é?

– Estou fugindo, seu Péricles.

– Fugindo?!

– É uma história muito longa, meu amigo, e creio que seu Brandão a contará ao senhor.

– Brandão está sabendo que está fugindo? Por acaso, está fugindo dele?

– Não, não, seu Péricles. Não estou fugindo de seu Brandão, não. Ele tem sido um homem muito bom para mim. Ajudou-me muito. Ele, dona Dulce e Nando. Na verdade, nem sei se ele já está sabendo que saí da fazenda. Deixei um bilhete para ele.

– Um bilhete?

– Sim. No bilhete, apenas conto-lhe que estou indo embora. Ele sabe o porquê.

– Está indo embora, definitivamente?

– Definitivamente, talvez não, mas no momento, tenho que partir.

– Luar, percebo que não quer mesmo contar-me o que lhe está acontecendo e respeito esse seu desejo, mas, por favor, deixe-me ajudá-lo. O que poderei fazer por você?

Luar pensa um pouco e responde:

– Quero manter-me escondido aqui até as dezenove horas. Depois, se o senhor puder, gostaria que me levasse de carro até a estrada, num lugar onde poderei apanhar o ônibus.

– E por que não o toma na rodoviária?

– Não posso me arriscar a ser visto.

– Meu Deus, Luar! Estou começando a ficar assustado com tudo isso.

– Não precisa se preocupar, seu Péricles. Apenas lhe peço que me ajude nisso e que não conte a ninguém que estou tomando esse rumo. Nem para o seu Brandão. Não quero mais envolvê-lo nessa minha história. Ele já se envolveu demais e, pode crer, trata-se de algo muito perigoso.

– Bem, Luar, vou fazer o que me pede. Levarei você até um ponto da estrada e avisarei o motorista do ônibus para apanhá-lo nesse local.

– Que Deus lhe pague por isso e pode ter certeza de que não fiz e nem estou fazendo nada de errado. Confie em mim.

– Confio em você, Luar.

Nesse instante, a esposa de Péricles entra na sala com o café e o bolo.

– Aqui está o café, Luar. Beba e coma um pedaço de bolo. Coma quanto quiser.

– Obrigado, dona Maria.

– Você vai viajar? – pergunta a mulher, vendo a mochila ao lado da poltrona.

– Luar vai para a Capital, Maria.

– Hoje, mesmo?

– Hoje, sim – responde o homem.

– Mas ainda há algum ônibus hoje?

– Eu liguei para a companhia e me informaram que hoje haverá um ônibus extra – mente Péricles para a mulher.

Luar olha para ele, agradecido.

– Sabe, Luar, Fernando, o diretor da revista, gostou muito de seu conto.

– Verdade?

– Sim e irá publicá-lo no próximo número, aliás, já estará sendo impresso semana que vem.

– Muito bonito o conto, Luar – comenta a mulher – Eu o li antes de Péricles levá-lo. Você está de parabéns.

– Muito obrigado, mas parabenize o Plano Espiritual. Tenho certeza de que o escrevi através de inspiração. Não possuo condições para escrever algo assim.

– E o Fernando quer que escreva outros, Luar, e como não sabemos o quanto vai demorar nessa viagem, vou dar-lhe o meu endereço para que, assim que escrever outro, me envie pelo correio. Eu o farei chegar às mãos do Fernando.

– Você vai demorar tanto assim na Capital? – pergunta a esposa de Péricles.

– Não sei, dona Maria.

– Não vai demorar, não, mas não custa darmos a Luar o nosso endereço. Por favor, Maria, anote-o em uma folha de papel e entregue a ele.

– Vou anotá-lo, agora mesmo – responde, afastando-se em direção ao quarto.

– Você não teve mais nenhum sonho que o inspirasse a escrever, Luar?

– Tive, sim, seu Péricles. Aconteceu anteontem. Sonhei que me encontrava num local, um tipo de repartição pública e que estava sendo muito bem atendido pelos seus funcionários.

– Nem sempre isso acontece, Luar. Infelizmente, existem muitas pessoas que não tratam os semelhantes com muita atenção.

– Isso ocorre porque ainda não sabem a oportunidade que estão perdendo de fazerem o bem. Quando nós atendemos alguém, não sabemos como esse alguém se encontra emocionalmente, psicologicamente. Não sabemos os problemas que as pessoas podem estar carregando consigo, as tristezas, as desventuras. Não imaginamos como estaríamos auxiliando-as, se as tratássemos com carinho, com atenção, propiciando-lhes uma visão diferente e mais positiva da vida, ao verem que se encontram cercadas de pessoas boas. Certamente seus problemas teriam sua intensidade diminuída, ao passo que se as tratarmos com indelicadeza, sem, pelo menos, um sorriso nos lábios, seus problemas terão uma conotação muito mais grave. Quantos irmãos se desesperam simplesmente porque não conseguem ver uma esperança, uma saída, por culpa das próprias pessoas que os cercam.

– Isso é verdade, Luar. Você deveria escrever sobre isso.

– Eu já escrevi, seu Péricles.

– Já?

– Na noite anterior. Estava sem sono. Trata-se de um conto um pouco diferente e terá que, se aprovado, ser impresso usando-se três tipos de letras diferentes para diferenciar as diversas situações, a fim de que o leitor o entenda melhor.

– Compreendo. E está aí com você?

– Está aqui em minha mochila.

– Deixe-me vê-lo, Luar.

O rapaz entrega, então, algumas folhas escritas, onde determinados trechos se encontram sublinhados e outros, com uma letra diferente.

– Ah, entendi. Você escreveu com sua letra normal, com uma diferente e com outra sublinhada com traços.

– Isso mesmo. Cada uma representa uma situação diferente. Por isso que lhe disse que terá que ser impressa com tipos ou fontes de letras diferentes.

Péricles abre as folhas dobradas e lê o título: As pessoas certas.

Setenta e dois

UMA HORA ANTES, APROXIMADAMENTE...

– Papai, Luar foi embora – informa Nando, retornando apressado ao alpendre onde ainda se encontram reunidos Brandão, sua esposa Dulce, Marta e Helena.

– Mas como sabe disso?

– Ele deixou um bilhete.

– Um bilhete? Deixe-me lê-lo – pede Brandão.

– O que diz o bilhete? – pergunta Dulce, ansiosa.

Brandão desdobra o papel e lê primeiro mentalmente e, depois, em voz alta, para que todos ouçam:

– "Senhor Brandão, dona Dulce e Nando. Serei eternamente agradecido por tudo o que fizeram por mim, mas tenho que ir embora. Não quero envolvê-los mais. Sinto muito perigo no ar. Não se preocupem comigo. Saberei me cuidar. Um grande abraço a todos e, por favor, dediquem-se de coração aos trabalhos do Centro Espírita. Luar."

– Oh, meu Deus! Ele foi embora mesmo! – exclama Dulce, tristemente – Que Deus o proteja...

– Não posso acreditar – diz, por sua vez, Helena. – Agora que estávamos tão perto dele... Tenho certeza de que o faríamos recuperar a memória ou, pelo menos, levá-lo de volta para a sua casa onde, tenho certeza, o doutor Milton saberia como protegê-lo.

– Mas será que ele está muito longe? – pergunta Marta – A que horas imaginam que ele se foi?

– Bem, eu estive com ele por volta das três horas da tarde – diz Brandão. – Mas não sei se ele partiu logo em seguida.

– Será que ele ouviu minha conversa com você? – pergunta Dulce.

– Pode ser...

– Podemos saber que conversa? – pergunta Marta.

– Dulce viu os homens que estão tentando eliminá-lo e ouviu-os dizer que viriam para a fazenda atrás dele.

– Entendo. Foi por isso que o senhor colocou aqueles seguranças na entrada.

– Isso mesmo.

– E agora? O que faremos? – pergunta Helena, aflita.

– Creio que ele não deve estar longe, papai – comenta Nando. – Deve ter ido até a cidade e depois, talvez, apanhado algum ônibus.

– Você tem razão, Nando, e ele deve se dirigir em direção ao norte.

– Em direção ao norte?

– Foi o que me disse, aliás, é o que tem feito até agora: viajado sempre em direção ao norte. Você sabe os horários dos ônibus, Nando?

– Pelo que sei, um já deve ter partido para a Capital...

– Não acredito que ele tenha apanhado esse ônibus. Como disse, Luar pretende continuar viagem em direção ao norte.

– Há um ônibus que sai nessa direção às vinte horas, papai.

– Então, não percamos tempo – exclama Marta. – Vamos atrás dele.

– Será que já chegou à cidade? – pergunta Helena.

– Penso que deva estar chegando. Se ele partiu logo após ter ouvido minha conversa com Brandão... – raciocina Dulce.

– Tudo bem, vamos atrás dele – concorda Brandão –, mas, antes, vamos raciocinar um pouco. Por tudo o que Luar já me contou, ele tem se mostrado bastante inteligente e não creio que iria se arriscar. Creio que tudo fará para não se deixar notar por aqueles homens. Por isso, penso que, assim que chegar à cidade, procurará ficar escondido até que o ônibus parta ou que, então, como já fez anteriormente, apanhe-o na estrada.

– Mas, então, papai, devemos procurá-lo nessa estrada. Talvez, se seguíssemos esse ônibus, assim que ele estacionasse para alguém, conseguiríamos encontrá-lo.

– Essa é uma ótima ideia, Nando.

– Então, não percamos tempo.

– Vamos fazer o seguinte: levaremos alguns homens conosco, filho.

– Poderemos ir em duas conduções.

– Isso mesmo.

– Nós também iremos – diz Helena.

– Penso que deveriam nos aguardar aqui. Pode ser perigoso.

– Por favor, seu Brandão, não vamos ficar aqui, não. Vamos fazer o seguinte: eu e Helena iremos com o nosso carro atrás de vocês e prometo manter uma certa distância.

– Está bem. Vamos, então. Nando, convoque quatro homens. Iremos com os dois jipes.

– É pra já, papai.

Tudo preparado, partem os dois veículos, seguidos por Marta e Helena. Em pouco tempo, estão passando defronte do barracão onde Romildo e seus homens se encontram.

– Romildo! Romildo! – grita Aldo, que se encontrava vigiando a estrada, correndo em direção à construção abandonada.

– O que foi, Aldo? – pergunta Rubens que vem ao seu encontro, juntamente com Romildo.

– Acabam de passar dois jipes e um pouco mais atrás um carro de passeio.

– Conseguiu ver os ocupantes?

– No primeiro veículo, dois homens que acredito serem o tal de Brandão e seu filho. Pelo que me lembro, estavam no Centro naquela noite.

– E no outro?

– No seguinte, havia quatro homens. No carro de passeio, duas moças. Não as conheço. Estavam indo em direção à cidade.

– Vamos até lá, então. Com muito cuidado para não chamarmos a atenção. Temos que vigiar e, quem sabe, encontrarmos Luar.

Nesse momento, em casa de Péricles, alguém bate palmas no portão. Luar levanta-se, assustado.

– Tenha calma, meu amigo – pede Péricles. – Fique aqui. Vou ver quem é.

Mesmo assim, Luar apanha a mochila e a coloca às costas enquanto Péricles vai atender, procurando ouvir e tentar reconhecer quem se encontra lá fora.

– Seu Péricles! Venha ver! Um homem subiu no alto do depósito d'água e ameaça saltar! Lá na praça!

Luar percebe ser a voz de um garoto.

– Sabe quem é, Luizinho? – pergunta Péricles.

– O que está acontecendo? – pergunta dona Maria, entrando na sala, atraída pelos gritos do garoto.

– Não sei. Parece que alguém está querendo saltar de cima de um depósito d'água – responde Luar, saindo também da casa, acompanhado pela mulher.

– O que foi, Péricles?

– Luizinho está me dizendo que um homem subiu no depósito d'água e ameaça saltar.

– Meu Deus! Vamos até lá – diz a mulher.

Péricles volta-se para Luar.

– Espere aqui. Já voltamos.

– Eu vou também – responde Luar.

– Então, vamos.

Realmente, uma multidão se encontra aglomerada na praça, em torno de um alto depósito d'água, responsável pelo abastecimento do centro da cidade. Alguns policiais cercam o local, afastando o povo, enquanto o delegado de polícia tenta convencê-lo a descer, falando com ele, em altos brados.

– Desça daí, Toninho! Desça daí! O que está pretendendo fazer?

O homem encontra-se bem no topo do depósito, agarrado a uma grade que o contorna. Havia subido por uma estreita escada de ferro, presa na torre que sustenta a caixa de cimento.

– Eu vou saltar! – berra o homem, enquanto uma mulher, com uma criança no colo, chora, desesperada.

– Não deixem que meu marido salte! Por favor! Oh, meu Deus!

Luar aproxima-se da mulher e lhe pergunta:

– Por que ele quer se matar, senhora?

– Ele ficou sabendo que está com uma doença incurável e está desesperado. Está fora de si. Alguém precisa fazer alguma coisa! Alguém precisa tirá-lo de lá! Ele vai pular, moço!

– Meu Deus! – exclama Luar.

Nesse momento, parece ouvir uma voz dentro de sua mente. Uma voz feminina que lhe diz: – Faça alguma coisa, Luar. Você pode e vai conseguir.

– Segure isto para mim – pede, então, Luar, entregando a mochila para a esposa de Péricles, partindo rápido em direção à torre e, antes mesmo que um policial consiga detê-lo, começa a subir as escadas.

– Volte aqui, rapaz! Volte aqui! – grita o policial.

– Vejam! – brada uma pessoa na multidão – Alguém está subindo lá.

– Mas é Luar! – exclama Péricles – O que ele pretende?

– Meu Deus! – exclama Maria.

Luar continua a subir pela escada da torre.

– Afaste-se! Afaste-se! – grita, agora, o homem, desesperado, agarrado ainda na grade do depósito.

– Não pule! Não faça nada! Preciso conversar com você! – grita Luar.

– Quem é aquele louco?! – pergunta o delegado de polícia – Quem o autorizou a subir?

– Não o conheço – responde um dos guardas.

– Quem é aquele homem? – perguntam-se as pessoas.

– Afaste-se! – torna a gritar o homem. – Ou eu pulo já!

– Não faça isso – pede Luar, agora com mais calma, continuando a subir. – Oh, meu Deus, me ajude! – pensa, olhando para baixo e vendo a altura em que já se encontra.

– Eu vou pular!

Nesse momento, Luar ouve novamente a voz feminina a lhe falar na mente:

– Luar, tenha calma. Você já está quase no topo. Pare agora e procure concentrar sua visão na figura que se encontra ao lado do homem.

– É Cláudia quem me fala – conclui Luar – Me ajude, Cláudia.

No mesmo instante, Luar vê a figura de uma senhora de idade ao lado do homem.

– Ela se chama Lola e é a mãe dele – ouve, novamente, a voz a lhe falar – Fale para ele.

– Espere, meu amigo. Sua mãe Lola está aí do seu lado e quer que eu lhe transmita um recado.

– Não coloque minha mãe nisto! – esbraveja o homem.

O Espírito da senhora olha para Luar e fala com ele, instruindo-o a falar com o filho. E Luar volta-se novamente para o homem:

– Sua mãe está lhe dizendo que vai ajudá-lo a superar essa sua doença.

– Pare com isso! Pensa que vou acreditar que minha mãe está aqui?

– Pois ela está aí do seu lado e pede para que eu lhe fale sobre o dia em que você contraiu rubéola. Você era pequeno. Tinha apenas sete anos e que ela lhe comprou a bola que você sonhava possuir.

O homem olha fixo para Luar.

– Quem lhe contou isso? Minha esposa?

– Você alguma vez contou isso à sua esposa?

– Não me lembro. Pode ser que tenha contado.

– Sua mãe ainda lhe diz mais: que nesse dia, ela se ajoelhou aos pés de sua cama e orou para que São Judas Tadeu, seu santo protetor, viesse em seu auxílio e que, alguns dias depois, encontrou uma medalha desse santo e lhe deu de presente.

O homem agarra-se mais à grade e fica a olhar para o horizonte, onde o Sol já começa a avermelhar o céu.

– Você está mentindo... minha mãe não pode estar falando isso para você...

– Ela está ao seu lado e lhe manda perguntar se ainda se lembra de quando usou, pela primeira vez, um paletó xadrez.

– Quem é você?! Quem lhe falou sobre isso?!

– Sua mãe – insiste Luar. – Ela se encontra ao seu lado.

– Nunca disse isso a ninguém... – choraminga o homem – Mas como pode estar aqui se ela já morreu?

– E você pensa, por acaso, que a morte aniquila as pessoas? – pergunta Luar, subindo mais alguns degraus e posicionando-se bem próximo a ele. – Somente o corpo material morre, meu amigo. O Espírito ou a alma, como você preferir que eu denomine, continua vivo. Pensa também que irá fugir de seu problema, suicidando-se? Assim como sua mãe não morreu e encontra-se ao seu lado, mais viva do que nunca, você também não irá morrer. Somente o seu corpo. Você continuará vivo, em Espírito, e sabe o que acontecerá? Por muito tempo sentirá as consequências desse seu ato, porque somente a Deus cabe decidir quando será o momento da morte de nosso corpo físico.

– Você, por acaso, é espírita?

– Sou e sei o que estou lhe falando.

– Como você vê minha mãe?

– Ela está trajando um vestido azul escuro, estampado com pequeninas rosas. Traz um lenço por sobre a cabeça e um terço de oração feito de contas de vidro.

– Que mais?

– Um par de brincos pequenos em forma de pérolas e em seu dedo, um anel prateado, com uma chapa oval, onde se encontram gravadas as letras “MLP” entrelaçadas.

– É minha mãe, sim! É minha mãe! Você a está vendo!

– Pois ela lhe pede, em prantos, que não faça essa loucura. Diz que vai ajudá-lo em sua doença. Acredite e confie em mim, meu amigo.

– Só pode ser ela. Eu vou descer.

– Venha. Eu o ajudo.

Luar, então, o ampara e, fazendo com que ele comece a descer primeiro, lhe diz:

– Agradeça a Deus por tudo, meu amigo, e procure pelo seu Péricles. Ele vai ajudá-lo.

O homem inicia, então, a descida da torre e Luar procura descer alguns degraus depois dele.

– Muito obrigado, meu Deus. Muito obrigado, Jesus. Muito obrigado, Cláudia e queridos amigos espirituais.

– Será que ele viu mesmo a mãe dele? – perguntam-se agora os presentes, que a tudo ouviram.

Quando o homem alcança o solo, sua esposa corre a abraçá-lo e o povo os rodeia. Luar ainda se encontra na metade do caminho da escada. Péricles, que procurara acompanhar tudo de perto, apanha a sua mochila com a mulher e vai ao seu encontro.

– É ele! É Lélis! – grita Helena, mostrando Luar a Marta e a Brandão.

Estes, quando chegaram à cidade, foram atraídos pela grande movimentação na praça e a tudo assistiram, sem perceber que era Luar quem se encontrava lá em cima, pois estavam localizados no lado em que o homem se encontrava, isto é, do lado oposto ao que Luar subira. Sabiam e até chegavam a ver parte de uma pessoa subindo pela escada, mas não conseguiam identificá-la e muito pouco ouviram da conversa entre Luar e o homem, porque se encontravam um pouco mais distantes, haja vista o grande número de pessoas no local. Na verdade, nem se encontravam muito interessados. Porém, agora que Luar estava mais próximo ao chão e chegando mais perto para saberem do que se tratava é que Helena o reconheceu. Mas, também:

– É o nosso homem, Romildo! É Luar!

– Já percebi, Aldo. Ouvi quando aquela moça gritou seu nome.

– Luar! – grita Brandão, gesticulando – Aqui!

O rapaz o ouve no momento em que, já mais embaixo, se encontra com Péricles e apanha sua mochila.

– Vamos apanhá-lo – diz Rubens.

– Espere – ordena Romildo. – Vamos segui-lo. Há muitos policiais aqui e também esses homens de Brandão, que devem estar armados. Vamos nos aproximar mais.

– Preciso ir, Péricles. Expus-me demais.

– Mas vou levá-lo até a estrada.

– Mudei de ideia, meu amigo. Vou me confundir com a multidão. Obrigado por tudo. Até um dia.

– Mas, Luar!

Sem mais nada falar, o rapaz, infiltra-se no meio do povo e consegue agachar-se atrás de um caminho de plantas da praça e, nessa posição, esgueira-se por uns bons metros até alguns automóveis estacionados. Esconde-se, agora, por entre eles e, atravessando uma rua, afasta-se da praça.

– Mas onde foi que ele se meteu? – perguntam-se, quase ao mesmo tempo, Brandão e as moças de um lado e Romildo e seus homens de outro.

– Nós o perdemos – lamenta-se Helena, tentando avistá-lo por entre as pessoas.

– Diabos! Nós o perdemos de novo! – esbraveja Romildo.

– Vamos entrar no meio dessa gente e procurá-lo. Não pode desaparecer dessa maneira.

– Veja, Nando. É Péricles. Vamos falar com ele – diz Brandão.

Setenta e três

SÃO VINTE HORAS E BRANDÃO, Nando e Péricles ocupam um dos jipes, seguidos pelos empregados, mais Marta e Helena, no automóvel. Péricles explicara tudo o que acontecera e resolvem aguardar a saída do ônibus para segui-lo. Têm a esperança de encontrarem Luar, quando este parar o ônibus na estrada, pois é o que imaginam que ele irá fazer. A uma quadra de distância, Romildo, Aldo e Rubens os seguem.

– Veja, Nando, o ônibus está partindo. Vamos esperar alguns minutos e o acompanharemos a uma certa distância. Fiquem de olhos bem abertos na estrada. Talvez o ônibus não pare para Luar e não podemos passar por ele, sem vê-lo.

– Pode deixar, pai. Prestarei bastante atenção.

– Vamos agora.

– Estão saindo atrás daquele ônibus, Romildo. Vamos segui-los com cuidado. Acho que já entendi o que pretendem. Talvez Luar já esteja na estrada, pensando em parar o veículo.

– Vamos agir desta vez, Romildo – diz Aldo.

– Temos que agir.

No automóvel, Helena fala com Marta:

– Oh, Marta, quase conseguimos.

– Deus irá nos ajudar, Helena. Era ele mesmo, não era?

– Claro que era ele. Eu o reconheceria nem que estivesse de barba e, além do mais, aquele senhor, seu Péricles, contou tudo.

– Tem razão, mas será que ele fará o que havia planejado? Será que não desistiu dessa ideia?

– Tomara que não, Marta, e que nós consigamos desta vez.

– Mas por que ele fugiu de seu Brandão?

– Ele deve temer pela segurança dele.

– Meu Deus, devem ser homens terríveis que estão atrás dele.

– São bandidos, Marta.

– Cada vez me convenço mais de que Paulo está metido nisso tudo.

– Também já estou começando a acreditar.

– Só pode ser, Helena. Pobre Mirtes.

– Veja. Entraram na pista. Não os perca de vista.

– Pode deixar e fique de olho no acostamento da estrada, Helena.

– Ficarei.

E o verdadeiro comboio começa a percorrer a estrada de rodagem. O ônibus à frente, depois, os jipes, o automóvel das moças e bem atrás o veículo com Romildo, Aldo e Rubens. Quando já faz quase trinta minutos que estão rodando sem que o ônibus pare em lugar nenhum, Brandão estaciona no acostamento.

– Realmente, Luar mudou de ideia e não veio apanhar o ônibus. Pelo tanto que já rodamos, seria impossível que ele estivesse mais à frente. Não teria condições de caminhar até aqui, quanto mais à frente deste ponto.

– O senhor tem razão, pai.

Brandão desce do jipe e dirige-se até o automóvel das moças, comentando com elas essa sua conclusão.

– Ele deve estar escondido na cidade, seu Brandão.

No veículo de Romildo, que também estacionara bem atrás e apagara as luzes para não serem notados, os homens fazem o mesmo comentário:

– Não deve ter vindo pela estrada.

– Deve ter ficado amoitado na cidade. Vamos voltar.

E todos retornam, só que desta vez, com o carro de Romildo à frente até que os outros veículos o ultrapassem.

– Vejam, também estão voltando.

– Luar só pode estar na cidade. Mas como faremos para encontrá-lo?

– Não sei, ainda – responde Romildo –, mas se estiver por lá, teremos que encontrá-lo.

Mais algum tempo se passa e Brandão e os outros, inclusive Marta e Helena, encontram-se no interior da casa de Péricles, comentando o ocorrido e o que pode

Luar ter feito. Do lado de fora, Romildo, Aldo e Rubens ficam à espreita, procurando não serem notados pelos homens de Brandão que ainda se encontram num dos jipes, estacionado defronte da casa.

– Ele deve estar escondido em algum canto – comenta Brandão.

– Será que não está no Centro? Ele tem uma chave de lá.

– Creio que não. Seria muito perigoso. Luar não iria se arriscar assim.

– Mas onde terá se metido?

– Teremos que procurá-lo, Brandão.

– Mas começaremos por onde?

– Vamos pensar um pouco. Onde você se esconderia se estivesse no lugar de Luar?

– Sinceramente não sei.

– Pode ser que tenha voltado na direção sul.

– Acho pouco provável – argumenta Brandão – Ele parece ter uma fixação muito grande pela direção norte.

– Creio que deva estar aqui mesmo nesta cidade – comenta, por sua vez, Nando.

– Mas onde?

– Não tenho a mínima ideia.

– E o que faremos agora? – pergunta Helena, já bastante angustiada.

– Vou fazer um café para nós – diz dona Maria – Enquanto isso, gostaria que lessem o conto que Luar entregou a Péricles quando esteve aqui horas atrás. Eu o li e gostei muito.

– É mesmo. Luar me disse que havia tido um sonho e que o escrevera ontem à noite, mas não tive ainda a oportunidade de lê-lo, pois um garoto veio me avisar sobre o que estava acontecendo na praça.

– A propósito – diz dona Maria –, fiquei muito impressionada com a coragem de Luar e como conseguiu convencer aquele infeliz a descer de lá. Ele viu, mesmo, a mãe do homem?

– Viu, sim, Maria – responde Péricles – Luar está se tornando um grande médium.

– E os Espíritos devem tê-lo ajudado nisso – complementa Nando.

– Disso, podem ter certeza.

– Mas vamos ver o conto que ele escreveu.

– Leia você primeiro, Péricles – pede Brandão – Vou ter uma conversa com meus homens que estão lá fora. Vou pedir-lhes que percorram a cidade à procura de Luar.

– Uma boa ideia, Brandão.

O fazendeiro conversa com os homens e estes saem com o veículo.

– Olhe, Romildo, o jipe com os homens está saindo. O que faremos?

– Penso que não precisamos fazer nada. Se porventura, encontrarem o rapaz, o trarão até aqui. Vamos aguardar.

No interior da casa, Péricles começa a leitura do conto:

"As pessoas certas"

– E hoje é o último dia, João.

– Preciso fazer essa inscrição de qualquer maneira, Vera. Sou um bom mecânico e tenho certeza de que essa é a minha grande chance de arrumar um emprego.

– E sua mãe? Precisa levá-la ao médico hoje. Ela não está nada bem.

– Vou fazer isso, também. Pegarei uma guia de consulta no hospital. Ainda bem que ela tem um plano público de saúde, senão, não sei como faríamos.

– Será que dará tempo de você fazer a inscrição para esse concurso público e levar sua mãe ao médico?

– Tem que dar, Vera. Precisamos muito desse emprego. Já estou começando a ficar desesperado. Estou com os nervos à flor da pele. Há muito tempo não consigo mais dormir direito e acordo sobressaltado todas as noites.

– Eu também, João. Tenho sentido uma tristeza muito grande. Olho para o berço do Júnior e não consigo conter as lágrimas.

– Se Deus quiser, desta vez vou conseguir.

– Mas procure se acalmar, João, para que possa fazer tudo direitinho. Você achou a foto para a inscrição?

– Achei, apesar de ela já ter mais de oito anos. Está um pouco diferente. Envelheci muito nestes últimos meses.

Vera abraça o marido, tentando dar-lhe apoio. João encontra-se desempregado há quase um ano e o pouco dinheiro que recebeu com a demissão já está chegando ao fim. Possuem um filho de apenas dois anos de idade e a mãe de João, dona Elvira, que mora com eles, encontra-se no momento muito doente, com um princípio de pneumonia. Dona Elvira é pensionista do falecido marido, recebendo pequeno salário que mal lhe dá para comprar os remédios diários para normalizar sua pressão. É segunda-feira e, no dia anterior, Vera ficara sabendo de um concurso público para vários tipos de serviços, dentre eles, o de mecânico de manutenção em máquinas de terraplenagem, especialidade do marido.

– Bem, Vera, vou primeiro até a Prefeitura e depois irei até o hospital. Bem à tarde, levarei mamãe ao médico. Não me espere para almoçar porque não vou ter tempo para isso.

– Boa sorte, João. Que Deus o acompanhe.

João sai apressado, pois além de ter que fazer sua inscrição para o concurso, terá também que apanhar uma guia de consulta e levar a mãe ao médico. A tudo isso, soma-se a dificuldade da cidade grande, capital do Estado, onde tudo é muito longe. Dessa forma, João apanha um ônibus circular e dirige-se, primeiramente, até a Prefeitura. Na verdade, o tempo que terá que gastar para tudo isso é suficiente, já que tem o dia todo, dependendo, obviamente, das diversas pessoas com quem terá que se relacionar. Dessa forma, a partir de agora, passaremos a ver toda essa sua caminhada de duas formas, as quais o leitor poderá identificar pelos dois diferentes tipos de letra:

8:00 h

– Bom dia, minha senhora. Preciso de uma informação... – diz João para a mulher que se encontra por detrás de uma escrivaninha na repartição da Prefeitura e que, lixando as unhas, conversa com outra das funcionárias.

– Um momento, senhor – responde. – Sente-se ali numa daquelas cadeiras e aguarde um pouco. Começaremos a atender às nove horas.

– Mas é apenas uma informação...

– Faça o favor de aguardar – diz, rispidamente, a mulher, levantando-se e dirigindo-se para uma sala contígua, acompanhada pela outra funcionária, deixando João sozinho.

8:00 h

– Bom dia, minha senhora. Preciso de uma informação... – diz João para a mulher que se encontra por detrás de uma escrivaninha na repartição da Prefeitura e que, lixando as unhas, conversa com outra das funcionárias.

– Bom dia, meu senhor. Em que posso lhe ser útil? – responde a mulher, sorrindo e colocando a lixa dentro da gaveta.

– É aqui que estão acolhendo inscrições para o concurso de mecânico?

– É aqui, mesmo.

– Posso fazê-la agora? Ainda tenho que ir apanhar uma guia para levar minha mãe ao médico...

– Bem, o horário de atendimento é a partir das nove horas, mas não há mal algum em que eu lhe atenda agora. O senhor trouxe uma foto? Preciso também de seus documentos.

– Esta foto serve? É um pouco antiga...

– Está bastante diferente, mas dá para ver que é o senhor. Vamos aproveitá-la. Se o senhor passar nos testes e for empregado, daí, então, lhe pediremos uma nova. Mas por favor, sente-se. Vou preencher a ficha de inscrição. Basta que me responda a umas poucas perguntas.

9:00 h

– A senhora já pode me atender, agora? Já são nove horas e ainda tenho que ir a um hospital apanhar uma guia e levar minha mãe ao médico. – pergunta João, que ficara à espera da funcionária, desde as oito horas.

– Um momento só, meu senhor, eu já volto – responde a mulher que, nem bem entrara na sala, sai novamente em direção à cozinha em busca de um café, deixando o pobre homem a esperar por mais quinze minutos. Quando retorna, não consegue esconder um ar contrafeito por ter que atender João e muitas outras pessoas que ali já formam uma fila para se inscreverem. – Pode aproximar-se agora. Trouxe seus documentos e uma foto? – pergunta, sem olhar para João.

– Estão aqui.

A mulher apanha os documentos e a foto, olha de relance para o homem e afirma, categórica:

– Esta foto não serve. Está muito velha. Nem se parece com o senhor.

– Por favor, minha senhora. É a única que tenho no momento. Não posso fazer minha inscrição e trazer uma nova foto amanhã? Penso que não irá dar tempo.

– O prazo de inscrição para o concurso encerra-se às dezesseis horas. Traga uma foto atual. O próximo – diz a mulher, secamente, chamando outra pessoa da fila, enquanto João retira-se, bastante preocupado. A mulher fê-lo esperar uma hora e agora terá que correr contra o tempo. Em primeiro lugar precisará tirar uma fotografia.

8:30 h

– Sinto-me muito mais animado – pensa João ao sair da Prefeitura. – Ainda bem que existem pessoas boas neste mundo. A mulher atendeu-me antes do horário e aceitou aquela minha foto. Estava preocupado com ela. Era muito antiga. Agora vou até o hospital apanhar uma guia para minha mãe.

Pensando assim, João apanha um ônibus em direção ao hospital. Paga a passagem, percorre o corredor do veículo e, aproximando-se do motorista lhe pergunta:

– Diga-me uma coisa: este ônibus passa pelo Hospital Boa Esperança?

– Não – responde o homem. – Vamos passar por detrás dele, na avenida expressa.

– E o primeiro ponto de parada, logo após passarmos por ele, fica muito longe?

– Fica sim. O próximo ponto fica há cerca de uns dois mil metros. O senhor deveria ter apanhado o ônibus que vai até a avenida Moreira. Esse, sim, passa bem defronte do hospital onde tem um ponto de parada.

– Entendo...

– Mas não se preocupe – diz o motorista. – Não é permitido, mas darei uma rápida parada para que o senhor desça. Depois, é só caminhar por mais duas quadras no sentido sul e chegará rapidamente ao hospital. E para voltar, existem diversas linhas, inclusive, duas, para o centro da cidade.

– Deus lhe pague, meu bom homem. Não imagina o quanto está me ajudando.

9:10 h

– Oh, meu Deus, aquela mulher bem que poderia ter-me atendido antes. Pelo menos, já poderia ter ido atrás de uma nova fotografia. Perdi mais de uma hora sentado lá. Onde será que vou encontrar um estúdio fotográfico? Vou perguntar naquele bar – diz João, para consigo mesmo, entrando no bar e perguntando ao proprietário se conhece algum fotógrafo naquelas imediações.

– Sinto muito, senhor. Não conheço nenhum estúdio por aqui. Penso que o senhor deverá encontrar um no centro da cidade.

– O centro fica tão longe daqui – pensa, desanimado. – Por que aquela mulher não aceitou esta minha fotografia? Não custava nada. Depois eu lhe traria uma outra.

Toma, então, um ônibus e dirige-se até o centro da cidade. Caminha por uns quinze minutos até encontrar um estúdio fotográfico onde tira a foto para a inscrição.

– Por favor, volte dentro de uma hora que a foto estará pronta – diz o fotógrafo.

– Não dá para fazê-la mais rápido? Ainda tenho que voltar à Prefeitura.

– Vou fazer o possível. Volte em quarenta minutos – responde o homem, sem muita convicção nas palavras.

– O que faço agora? – pensa João, já na calçada. – Será que dará tempo de ir até o hospital apanhar uma guia? Já são quase dez horas e quinze minutos. Se lá fecharem para o almoço, perderei a viagem. Acho melhor esperar a fotografia ficar pronta.

Quarenta minutos se passam e João, que ficara andando a esmo, esperando os minutos passarem, retorna ao fotógrafo e qual não é sua surpresa quando vê a porta do estúdio fechada com uma tabuleta na vitrine: "Fechado para o almoço".

– Mas o que é isso?! O homem pediu-me para voltar dentro de quarenta minutos e saiu para almoçar! Mas será que ninguém respeita mais ninguém?!

O coitado não sabe o que fazer e entra numa pequena papelaria localizada ao lado.

– Por favor, dê-me uma informação: a que horas o fotógrafo aqui ao lado volta do almoço?

– Ele costuma sair às onze horas e só retorna às treze e trinta.

– Ele não mora aí?

– Não. Ele mora longe do centro.

– Mas ele me disse para voltar em quarenta minutos para apanhar uma foto...

– Sinto muito, nada posso fazer – responde o balconista, voltando-lhe as costas.

João sai da papelaria bastante desorientado.

– Deveria ter ido até o hospital. Deixe-me ver... – pensa – Sim, vou até o hospital, depois apanho minha mãe, levo-a ao médico, volto até aqui e vou para a Prefeitura. Será que dará tempo, meu Deus? Bem, se minha mãe estiver melhor, talvez eu possa levá-la amanhã ao médico.

11:30 h

– Já voltou, João? O que aconteceu? – pergunta Vera, preocupada ao ver o marido chegando em casa naquele horário.

– Você pode não acreditar, mas já fiz tudo o que tinha que fazer. Só falta levar mamãe ao médico. Pensei que não fosse dar tempo, mas graças a Deus e às pessoas que me atenderam até agora, tudo deu certo. Estou impressionado com a atenção e o carinho com que todos me trataram hoje. Veja só: a mulher da

Prefeitura me atendeu antes do horário, aceitando aquela fotografia antiga, explicando-me tudo direitinho a respeito do concurso; peguei um ônibus errado, mas o motorista me ajudou, parando num lugar fora da linha; a moça que me atendeu no hospital o fez com tanta gentileza que nem sabia como lhe agradecer. Além de me preencher rapidamente a guia, fez questão de ligar para o médico marcando hora para a consulta da mamãe. Sabe, Vera, sinto-me muito mais animado e esperançoso hoje, vendo que existem muitas pessoas boas neste mundo de Deus. Estou, mesmo, muito confiante.

– Existem muitas pessoas boas neste mundo, João, mas venha almoçar que logo terá que levar sua mãe ao médico.

– Onde está o Júnior? Quero lhe dar um abraço.

11:45 h

– Acabamos de fechar, meu senhor. Reabriremos o guichê das guias após as catorze horas.

– Por favor, moça. Eu já estou começando a ficar desesperado. Tomei um ônibus errado e o motorista negou-se a parar próximo daqui. Precisei caminhar dois quilômetros a pé. Tenho que pegar esta guia, voltar para a cidade, apanhar uma fotografia, ir até a Prefeitura fazer uma ficha de inscrição para um concurso, pois estou desempregado, levar minha mãe ao médico. Ela está com pneumonia, sabe? E também não tenho culpa sobre a fotografia. O fotógrafo me disse para voltar depois de quarenta minutos e quando voltei, ele tinha ido almoçar. A mulher da Prefeitura não quis aceitar esta minha foto. Veja: a senhora acha que está muito diferente de mim? A senhora acha que...

– Acalme-se, meu senhor. O que é isso?! O senhor parece um alucinado!

Realmente, João despejara todas aquelas palavras de uma só vez. Não se conformava com o fato de a moça estar fechando o guichê, sem atendê-lo.

– Por favor, moça, dê-me a guia. Por favor. Você não faz ideia de como vai ajudar-me. Por favor, estou desesperado... desesperado... desesperado... desesperaaaaaado!

– Acorde, João! Acorde! Você está sonhando! Por que está gritando assim, dizendo que está desesperado?!

Já é madrugada do dia seguinte e o homem acorda sobressaltado e com o coração batendo descompassadamente no peito.

– Ufa! – diz aliviado. – Ainda bem que foi um sonho. Sabe que sonhei com tudo o que fiz ontem de manhã, porém com tudo dando errado? Meu Deus! Ainda bem que foi um sonho mesmo! Depois de ser tão bem atendido e tratado pelas pessoas ontem, agora este sonho maluco! Graças a Deus que esse tipo de pessoas não existe na vida real. Ou será que existe?

– Procure dormir, João – diz Vera, carinhosamente – e, por favor, sonhe com as **pessoas certas**.

Setenta e quatro

– FOI UMA GRANDE SORTE TÊ-LO encontrado, Clemente – diz Luar a um senhor que conhecera quando de sua palestra no Centro Espírita –, principalmente pelo fato de estar me dando esta carona.

– Pois é um grande prazer para mim, Luar. Mas a maior sorte foi você estar passando defronte de minha casa bem no momento em que eu estava saindo. Vi você com essa mochila e logo pensei: Luar deve estar com intenção de viajar. Se estiver indo para o mesmo lado que eu, será muito bom. Sabe, não gosto muito de viajar sozinho. Ana, minha mulher, também não aprecia que eu viaje só, principalmente à noite. Está mais tranquila sabendo que você está comigo.

Luar, quando, após algum tempo, ainda vagava pelas ruas da cidade, depois do episódio da praça, teve a felicidade de encontrar Clemente, que estava retirando o automóvel da garagem de sua casa, justamente para uma viagem em direção ao norte. Este o reconhecera e lhe perguntara se estava pretendendo viajar e combinaram irem juntos. Já se encontram, agora, na estrada.

– Gostei muito de sua palestra, Luar. Muito bem colocada a questão de nossa condição ainda inferior e que, realmente, o Plano Espiritual não nos pode dar tudo a conhecer.

– Mas que diante das evidências, podemos crer e que, na verdade, esse é o mérito maior: crer porque raciocinamos e não, apenas, porque nos dizem.

– Tem razão, Luar. Agora, o mais difícil é modificarmos o nosso íntimo, a nossa maneira de pensar e agir para evoluirmos dentro dos ensinamentos de Jesus.

– É difícil, mas não impossível, Clemente.

– Não sei, não. Temos certas tendências, certa maneira de sermos que considero quase impossível nos modificarmos. Talvez, numa outra encarnação...

– Por que numa outra encarnação? Por que esperarmos? Somos o mesmo Espírito, seja nesta ou noutra vestimenta física.

– Penso que não, Luar. Vou lhe dar um exemplo: eu mesmo tenho um grande defeito: não tenho paciência para com as pessoas e, quase sempre, acabo insultando alguém por causa desse meu temperamento. Na minha maneira de entender, acho que me é muito difícil modificar isso. Temperamento é algo que está intimamente ligado com o Espírito. Nasci sem paciência e não vejo como mudar.

– Pois, de minha parte, vejo uma maneira bastante fácil de modificar temperamentos.

– Como assim?

– Também vou lhe dar um exemplo: imagine uma pessoa que nunca tocou piano em toda a sua vida.

– Minha esposa toca muito bem.

– Pois esse vai ser um bom exemplo. Diga-me uma coisa: há quanto tempo ela toca?

– Creio que há uns dez anos mais ou menos.

– Isso quer dizer que ela começou a aprender quando tinha que idade?

– Deixe-me ver... Ela está com cinquenta e oito anos... Acredito que começou a interessar-se aos quarenta e poucos anos.

– E quando ela se interessou, tinha já alguma noção de como executar uma música?

– Tenho certeza que não, aliás, lembro-me que no começo quase desistiu da ideia. Dizia ser muito difícil.

– Pois está aí a resposta para tudo.

– Como assim? – pergunta Clemente, já imaginando a continuação da explicação de Luar.

– Tudo na vida, meu amigo, é treinamento e muito esforço e pode ter absoluta certeza de que desses dois ingredientes, resultará enorme satisfação.

– Inclusive com a paciência?

– Pois é isso. Veja você: diz que não tem paciência, que não nasceu com essa virtude e que acha que somente numa outra encarnação poderá vir a nascer com essa característica.

– Sim...

– Sua esposa não sabia tocar piano. E se ela achasse que não teria condições para tanto e que somente numa outra encarnação talvez nascesse com esse dom? Estaria ela, hoje, tocando tão bem como você próprio disse?

– Creio que não, mas acredito também que ela já trouxe essa facilidade de uma outra vida.

– Clemente, deixe-me explicar-lhe uma coisa: existem Espíritos, sim, que nascem com uma facilidade maior para alguma atividade porque já trouxeram essa bagagem com eles, ou seja, que numa outra vida corpórea ou espiritual já haviam aprendido, mas você há de convir que sempre houve uma primeira vez. Ou seja, em algum momento de suas vidas, resolveram aprender e dedicaram-se a isso, correto?

– Sim.

– Então, imaginemos que sua esposa nunca tenha tocado esse instrumento e, talvez, nunca o tenha feito já que você falou que ela até achava que nunca iria conseguir.

– Foi o que aconteceu...

– Só que ela dedicou-se com afinco a aprender e conseguiu, não é?

– Certo.

– E hoje, como ela toca?

– Como assim?

– Penso que basta que ela olhe para a pauta musical e instintivamente consiga tocar, sem precisar fazer quase que nenhum esforço. Podemos até comparar isso com a capacidade que temos para dirigir um automóvel. Quando você dirigiu pela primeira vez, acredito que teve um certo grau de dificuldade.

– Isso é verdade. Lembro-me que no início até precisava pensar onde se encontrava o breque, que marcha teria que engatar... até para virar uma esquina encontrava dificuldade...

– E hoje? Este seu carro não parece ser uma extensão de seu próprio corpo? Você precisa pensar para realizar qualquer manobra com ele?

– Não. Simplesmente faço.

– Pois é isso. Quando treinamos bastante, quando praticamos, aprendemos de tal forma que o que aprendemos passa a fazer parte de nós mesmos. E quando isso nos torna felizes, o aprendizado é constante e assimilamos tudo rapidamente.

– Certo. E a paciência?

– Você tem que praticá-la. Imagine se sua esposa achasse impossível tocar piano e ficasse a esperar uma outra encarnação para isso.

– É... iria ficar esperando sempre.

– Entendeu, agora? Você tem que praticar muito a paciência. E não será de um dia para outro que a conquistará. Sua esposa levou muito tempo para começar a tocar de maneira correta. Tenho certeza de que, assim como no exemplo do automóvel, o teclado do piano passou a ser uma extensão de seus dedos, obedecendo instintivamente o comando de seu cérebro e isso certamente lhe deve dar um enorme prazer.

– Isso é verdade.

– Pois assim você terá que fazer com a paciência. Terá que praticar bastante. Comece contando até dez cada vez que for perdê-la. Quantas e quantas vezes você a perdeu e depois se arrependeu? Quantas e quantas vezes ficou magoado consigo mesmo por ter dito algo que, depois de ter se acalmado, se arrependeu porque agiu movido pela intolerância?

– Muitas e muitas vezes.

– Pois, então. Se você tivesse se contido e se lembrasse depois do que quase disse, tenho certeza de que ficaria muito feliz em não ter dito aquela frase que poderia magoar profundamente alguém.

– Isso já me aconteceu algumas poucas vezes.

– Se você fizer um grande esforço e se controlar quando estiver para perder a paciência, sentirá um enorme alívio quando se acalmar. Na verdade, uma grande alegria, mesmo. E cada alegria nova será, certamente, um novo encorajamento, um novo estímulo para continuar treinando e se modificando. Enfim, assimilando essa virtude. Podemos imaginar a alegria que sua esposa começou a sentir cada vez que não errava mais as notas musicais e o quanto isso a fez continuar nesse esforço de aprendizagem.

– Você tem razão, Luar. Temos mesmo que aprender, praticando. Vou procurar ser um bom aluno. Vou começar a praticar. Mas, me diga uma coisa: onde aprendeu a explicar as coisas dessa maneira tão compreensível? Vejo você como uma pessoa... vamos dizer assim... perfeita.

– Longe disso, Clemente, longe disso. Estou muito longe da perfeição. O que acontece... pelo menos é a maneira como consigo explicar, é que sou médium e os Espíritos amigos me auxiliam nos pensamentos.

– Uma inspiração?

– Isso mesmo. Quando vou falar sobre algum assunto, tudo flui muito fácil, mas pode crer que são lições que mais servem para mim próprio do que para aqueles para quem falo.

– Mas essa serviu para mim.

– Para mim também, Clemente. Felizmente tenho a consciência de que o médium nem sempre é o que fala, como muitos pensam. Acredito que o médium fala mais sobre aquilo que não é. Os Espíritos Superiores, quando procuram transmitir algum ensinamento moral, geralmente procuram ensinar o próprio médium naquilo que ele mais necessita também. Muitas vezes, estamos falando para nós mesmos.

– Você é muito humilde, Luar.

– E como deveríamos ser, Clemente, se ainda somos tão insignificantes neste planeta tão inferior ainda?

– Mas devemos procurar ser felizes, não é?

– Isso sempre e, principalmente, tornar o nosso próximo, feliz. Apesar de minha inferioridade e do tanto que ainda tenho que "treinar" e praticar, tenho consciência, pelas próprias palavras de Jesus, que Deus deseja que sejamos todos felizes e que essa felicidade é diretamente proporcional à felicidade que propiciarmos ao nosso semelhante.

– E você, neste momento, deve estar sentindo uma grande felicidade, Luar.

– Por que, Clemente?

– Porque com o que me disse até agora nesta nossa viagem, está me fazendo muito feliz pelo que estou aprendendo e por tudo o que antevejo que vou melhorar com o que aprendi. E se me está fazendo feliz, só pode estar também pleno de felicidade.

– Sinto-me muito bem por estar em sua companhia, meu amigo.

– Bem, Luar, logo chegarei a meu destino que é a próxima cidade. Você está com planos de ir até onde? Nem me lembrei de lhe perguntar. Você me perguntou, apenas, se eu iria na direção norte.

– Você volta hoje?

– Sim. Vim apenas buscar uma tia. Ela tem um compromisso amanhã lá em nossa cidade e não quis que viajasse de ônibus, que sai muito tarde. Vou apenas apanhá-la e retornar. Você quer que eu o leve a algum endereço? Está a serviço de seu Brandão?

– Não, não, Clemente. Na verdade... bem... preciso de um grande favor seu.

– Pois fale, Luar.

– Não quero que conte a ninguém que me deixou aqui nesta cidade.

– Por quê? Está com algum problema?

– Gostaria de não envolvê-lo nisso, meu amigo. Peço que confie em mim. Não fiz e nem estou fazendo nada de errado. Apenas lhe peço esse grande favor. Tenho certeza de que um dia eu ainda lhe contarei o que está acontecendo, mas agora não posso.

– Bem, apenas minha mulher sabe que você veio junto comigo. O que quer que eu lhe diga?

– Peça-lhe esse grande favor em meu nome, mas não diga a ninguém que me trouxe até aqui.

– Fique tranquilo, Luar. Guardarei segredo e tenho certeza de que minha esposa também o fará, mas se precisar de ajuda, sabe que pode contar comigo. Vou lhe dar o número de meu telefone. Qualquer coisa, basta ligar. Irei correndo ao seu encontro.

– Muito obrigado, Clemente. Sei que fará isso.

Setenta e cinco

NESSE MOMENTO, NO PÁTIO DA fortaleza de Rufus, uma estranha reunião se inicia. Um grande número dos comandados de Rufus ali se encontra em círculo, enquanto que um outro grupo de Espíritos, algemados uns aos outros, se localiza no centro. Rufus, Segadas, Faros e seus companheiros ocupam um lugar de destaque um pouco mais acima. Crota havia sido chamado antes por Rufus, mas nada dissera sobre o plano de Segadas que, lentamente, se dirige até o centro e fala alto para que todos o ouçam:

– Creio que a grande maioria de vocês sabe porque se encontra aqui neste momento. Sabem que está ocorrendo um arremedo de motim e que estes que aqui se encontram algemados fazem parte dessa rebelião. Estão com estranhas ideias na cabeça e pensam que serão auxiliados pelos "das luzes". Pura ilusão.

E, virando-se para os que estão no centro, e algemados, continua:

– Ninguém quer vocês, entendem?! Ninguém vai ajudá-los! A única ajuda que poderiam ter e que já tiveram foi por parte desta Legião, que os tirou do sofrimento em que viviam nas zonas mais baixas, junto àqueles inclementes animais, supliciadores de infelizes como vocês! Por que se rebelam? Ingratos! Ingratos! Isso é o que são! Ingratos! Pensam que algum tipo de anjo virá em socorro de vocês?! Vieram um dia?! Não! Quem os livrou daqueles animais foi esta Legião! E agora se voltam contra ela?! Pois retornarão aos confins do grande sofrimento! Serão levados de volta para onde vieram e de onde nunca deveriam ter saído! De onde nunca deveriam ter sido salvos!

Uma gritaria incontida se inicia. A maioria daqueles Espíritos infelizes, na verdade, não salvos, mas prisioneiros da Legião, começa a se desesperar. Realmente, encontravam-se dispostos a se modificarem, começavam a acreditar que Espíritos Superiores os viriam libertar, assim como o fizeram com Higino, fato esse que ficaram sabendo através de alguns dos guardas que presenciaram o seu desaparecimento da cela das masmorras . Porém, neste momento, já não têm tanta certeza disso e temem em retornar para as regiões mais inferiores. A maioria grita por clemência, jurando lealdade. Rufus sente-se vitorioso, pois vê que aquela ameaça acabaria pondo um fim no motim que começara a se instalar na fortaleza, porém sente grande mal-estar em ver que Segadas estava conseguindo aquilo que não conseguira. Por que não tivera aquela ideia antes? Nesse momento, Segadas retorna para perto dele.

– Uma boa ideia, Segadas. Tenho certeza de que não mais se amotinarão e voltarão a me obedecer.

– Não voltarão a obedecê-lo, não.

– Por que não?

– Porque serão levados para as trevas.

– Mas já se arrependeram do que estavam fazendo e precisamos deles.

– O que precisamos, Rufus, é dar o exemplo, ou, logo, logo, começarão com estranhas ideias novamente.

– Não concordo, Segadas.

– Pois terá que concordar. Deu-me carta branca para agir e é assim que agirei.

– Não acha que está indo longe demais?

– Não pediu a minha ajuda, Rufus? Será que preciso lembrá-lo de que esses imbecis que o acompanham nada fariam no tocante a este assunto? Nem mesmo você!

– Não fale assim comigo, Segadas!

– Ninguém está nos ouvindo, Rufus, a não ser esse idiota do Faros e seus homens.

Faros e os outros tremem de raiva, mas não tomam nenhuma atitude. Em primeiro lugar, porque, na verdade, Segadas tem razão no que diz respeito a eles e também porque não têm coragem suficiente para enfrentá-lo. Rufus, por sua vez, não querendo parecer um incompetente, resolve transferir toda essa sua incompetência para Faros:

– Segadas, no fundo, você tem razão! Dou a mão à palmatória. Faros e esses outros só se mostraram incompetentes mesmo! Pois, então, faça isso! Vou mandar levar esses amotinados para serem atirados às trevas!

– Eu mesmo farei isso, Rufus! Eu mesmo farei isso! Dê-me alguns soldados e uma escolta. Nós os levaremos agora mesmo. Mas não quero muitos soldados, não. Uns trinta apenas.

– Mas é muito pouco, Segadas. Será arriscado aproximarem-se daquela região com tão poucos soldados.

– Não se preocupe. Sei como agir.

– Pois escolha-os, então.

– Venha, Crota! – ordena Segadas, escolhendo uma escolta que, imediatamente e sem se importar com a gritaria e os rogos daqueles infelizes Espíritos do mal, os conduzem para fora da fortaleza, levando-os todos para um local afastado dali, sendo observados por Rufus, através de grande abertura, à guiza de janela, já de volta aos seus aposentos, juntamente com Faros e os outros. Mais alguns minutos e todos desaparecem, escondidos pela pesada e espessa névoa pardacenta. A gritaria ainda é intensa. Todos pedem clemência.

– Calem-se! Calem-se! – berra Segadas – Soldados! Dêem a volta por aqui – ordena, olhando em direção à fortaleza e percebendo que a névoa os encobre – Crota! Qual o caminho?

– Por aí, mesmo.

– Não seremos vistos por ninguém da fortaleza?

– Não.

Os soldados obedecem às ordens de Segadas, levando todos no caminho indicado. Contornam, ao longe, a fortaleza e retornam pelo outro lado, aproximando-se novamente. Formações rochosas sustentam o outro lado da construção.

– É logo ali à frente – indica Crota.

Atravessam uma verdadeira floresta de árvores petrificadas até chegarem às rochas. Uma bem camuflada passagem pelas pedras os leva ao interior de grande gruta onde pesada grade se encontra trancada. Crota, então, armado de grande chave a abre, dando entrada a todos. Ainda se ouvem murmúrios lamuriosos de muito medo.

– Calem-se, já disse! – berra Segadas com grande autoridade. Todos se calam. Os soldados se enfileiram do lado interno, à frente da imensa grade.

– Quais as ordens? – pergunta um Espírito que parece ser o chefe daquele pequeno número de soldados.

Segadas olha para Crota que toma a palavra, falando aos soldados, ao mesmo tempo em que abre uma nova grade, mais ao fundo da caverna:

– Vocês, agora, deverão entrar por esse corredor que dá acesso ao pátio da fortaleza.

– Ao pátio da fortaleza? – pergunta, desconfiado, o líder dos soldados de Rufus.

– Sim. Essa é uma passagem secreta que os levará ao pátio. Uma outra grade já está aberta para que passem para o interior. Vão já!

– E eles? – pergunta, ainda, o Espírito, mais desconfiado.

– Não faça mais perguntas! – berra Segadas – Não estamos aqui para dar explicações. Rufus os aguarda lá e não se demorem na travessia. Vão!

Os cerca de trinta soldados, então, se infiltram pela pequena e estreita passagem, seguindo o líder que não ousa desobedecer e nem mais fazer perguntas. Porém, quando o último homem termina de entrar pelo corredor, Crota, rapidamente cerra a grade, trancando-a. Na verdade, o comprido corredor não leva a lugar algum e levará pelo menos alguns minutos para que eles o percebam.

– Todos vocês! – ordena Crota, dirigindo-se aos Espíritos que ainda se encontram algemados uns aos outros – Venham até aqui e empurrem esta grande pedra.

Realmente, enorme pedra se encontra ao lado da grade.

– Vamos! – ordena Segadas, com sua grave e potente voz de comando. – Façam o que ele está dizendo! Rápido!

As infelizes criaturas obedecem, rolando a pedra e apoiando-a por sobre a abertura onde a grade já se encontra trancada. Nenhum som mais se ouvirá lá de dentro, onde os soldados permanecerão trancados.

– Pronto! Agora voltem todos para aqui – ordena Segadas – e ouçam-me com atenção.

Mais de uma centena de Espíritos ali se encontra, agora amedrontados quanto aos seus destinos e prestam atenção nas palavras de Segadas. Na verdade, são entidades que se desviaram do caminho do Bem, foram escravizadas por Rufus e obrigadas a lhe prestarem serviços os mais variados, todos voltados ao mal. Há pouco tempo é que, cansadas de tanta maldade, viram-se na esperança de serem resgatadas por mensageiros de Jesus, doutrinadas que foram ao longo desse tempo por Higino. No momento não se encontram em condições de serem prontamente ajudadas pelos Espíritos do Bem porque ainda não possuem fé suficiente para tanto e, temerosas de serem levadas novamente para zonas mais terríveis, sentem a esperança de que Segadas as poupe, dando-lhes uma nova chance.

– Ouçam todos! – continua Segadas. – Vou lhes dar uma chance, mas será a última. A última, entenderam?!

Todos abaixam a cabeça, gesto que naquele local significa concordância e subserviência.

– Muito bem. Vocês permanecerão aqui por algum tempo até que eu os venha buscar. A minha intenção é tomar essa fortaleza à força. Tenho certeza de que em pouco tempo muitos outros estarão do meu lado e quando chegar a hora precisarei do apoio de vocês, também. Mas, lembrem-se: não perdoarei traições. Estou lhes salvando a pele e exijo obediência em troca. Sabem muito bem do que sou capaz. Já tiveram uma pequena mostra com o que fizemos com aqueles soldados, fiéis a Rufus. E não se preocupem com nada. Crota se encarregará de cuidar de vocês. Apenas se preocupem com o que lhes acontecerá se não me obedecerem.

– Estaremos do seu lado – diz um dos Espíritos, tentando representar os outros que, esperançosos, repetem, gritando: – Estaremos do seu lado.

– Vamos, agora, Crota – ordena Segadas.

Os dois saem, trancam o portão e jogam a chave das algemas para que os infelizes se libertem.

– Você tem certeza de que Rufus não dará por falta daqueles soldados, Crota?

– Por algum tempo, não, Segadas. Mas não podemos demorar para agir porque outros perceberão e não sei quanto tempo levará para que a notícia chegue até Rufus. Por isso, teremos que ser rápidos para pôr em prática os meus planos.

Setenta e seis

CLEMENTE DEIXA LUAR NO centro da pequena cidade e parte, após deixar o número de seu telefone com ele.

– O que farei agora? – pensa o rapaz, caminhando sem rumo. – Não podia ficar mais lá ou estaria pondo em risco a vida de pessoas que muito me ajudaram.

São mais de vinte e uma horas quando Luar alcança a praça central da cidade. Sente fome e dirige-se a um supermercado que ainda se encontra aberto, onde compra algumas frutas e outros alimentos que sabe conter as propriedades nutritivas de que necessita. Senta-se num banco da praça e se alimenta.

– Preciso arrumar um local para passar a noite. Amanhã verei o que fazer – pensa.

Faz uma prece pedindo auxílio aos Espíritos, principalmente à Cláudia, para que o auxilie no tocante a manter a calma e a tranquilidade. Depois de comer, levanta-se e começa a percorrer algumas ruas da cidade. Não pretende procurar pela existência de algum albergue, pois teme que aqueles homens o encontrem se, porventura, decidirem procurá-lo naquela cidade. De repente, ao virar uma esquina, ouve a conversa de um homem com uma mulher defronte de uma construção:

– Penso que terei que dormir aqui, Deise. Não sei a que horas poderá chegar o caminhão com a carga de pisos e não sabem onde moramos. Receio que se chegarem e não tiverem a quem entregar, poderão ir embora.

– Mas dormir aqui, Pedro?

– O que eu posso fazer?

– Não haveria ninguém disposto a fazer esse favor para nós?

– Quem, Deise?

Luar parece entender o que está ocorrendo e aproxima-se do casal que ali se encontra, próximo a um automóvel estacionado.

– Desculpem-me interrompê-los – diz –, mas é que não pude deixar de ouvir o que diziam e, pelo que estou entendendo, estão precisando de alguém para passar a noite nesta construção.

O homem olha meio desconfiado para Luar e é a mulher quem fala:

– Pois é isso mesmo. Você, por acaso, estaria disposto a passar a noite aqui?

– Se me explicarem o que devo fazer... Estou de passagem por esta cidade e não tenho onde ficar até amanhã.

– Deise... – diz o homem, sem saber o que resolver.

– Por que não, Pedro? Não há nada de valor aí. Se o caminhão chegar, o rapaz vai nos avisar.

– Bem... é... pode ser...

– Não precisam se preocupar com nada. Eu só quero um lugar para dormir. Nem precisam me pagar nada por isso.

– Tudo bem – resolve o homem. – O problema é o seguinte: era para ter chegado um caminhão com uma carga de pisos para esta casa que estamos construindo e ainda não chegou. O dono da loja, que se localiza em outra cidade, comprometeu-se a me entregar hoje, mas disse-me que poderiam chegar a qualquer momento, até mesmo de madrugada. Quis passar para ele o endereço onde estou morando para que o caminhão passasse por lá primeiro, mas a condução já havia saído da loja e não deu tempo.

– Pois não há problema. Eu durmo aqui e quando eles chegarem eu aviso o senhor. Como fazer para avisá-lo?

– É muito simples. Você segue esta rua até o fim e dobra à esquerda. É a terceira casa do lado esquerdo, número quatrocentos e trinta e oito.

– Quatrocentos e trinta e oito. Está certo. O nome do senhor é Pedro, não?

– Sim. Meu nome é Pedro.

– E como vai fazer para dormir aí no chão? – pergunta a mulher.

– Não há problema. Vou forrar o chão com este papelão e dormirei sentado mesmo. Tenho um pequeno cobertor aqui na mochila.

– Tenho um bom pedaço de plástico lá dentro. Pode deitar-se nele.

– Eu lhes agradeço muito. Não tinha onde dormir.

– Você está viajando para onde?

Luar não sabe o que responder, pois nem sabe os nomes das cidades e resolve falar a verdade.

– Bem... Estou procurando um emprego e um lugar para ficar.

– Um emprego...?

– Sim.

O homem pensa um pouco.

– Amanhã poderemos conversar sobre isso. Quem sabe...

– Se o senhor tiver alguma coisa para mim, eu agradeço muito.

– Vamos ver. Bem, se o caminhão chegar, você me avisa.

– Penso que terá que ficar num lugar visível – diz a mulher.

– Isso é verdade – concorda o homem.

– Não se preocupe, seu Pedro. Ficarei aqui do lado de fora e, como disse, apenas cochilarei um pouco, sentado. Se um caminhão estacionar aqui à frente, me verão e, tenho certeza, acordarei com o ronco do motor.

– Certo. Então, até mais.

– Até mais, seu Pedro, e uma boa noite.

O casal parte com o carro e Luar ainda ouve quando a mulher comenta com o marido:

– Parece ser um bom moço.

Luar, então, arruma um lugar visível e senta-se, cobrindo-se com o cobertor e enganchando o braço esquerdo numa das alças da mochila. Poucos minutos se passam, tempo suficiente para fazer uma prece, e adormece. Mais alguns minutos e encontra-se desprendido do corpo, em Espírito. Como de outras vezes, encontra-se com o Espírito Cláudia e seus companheiros.

– Meus parabéns, Luar. Você cumpriu muito bem a sua obrigação de auxílio ao próximo, no caso daquela tentativa de suicídio.

– Não me cumprimente porque nada mereço. Sei que, se não fosse vocês, eu nada teria conseguido.

– Estou cumprimentando apenas a sua coragem e seu desprendimento.

– Muito obrigado – agradece, humildemente.

– Hoje queremos que conheça uma outra pessoa, Luar – diz Fontes.

– E quem é?

– Uma senhora muito boa, mas que vem sofrendo muito com o filho. Vocês já conviveram em outras vidas, Luar.

– Já? E como?

– Isso não vem ao caso, mesmo por que, como você sabe, Deus nos dá o bendi-

to esquecimento do passado. Apenas lhe digo isso porque sei que irá simpatizar muito com ela. Como se já a conhecesse.

– E ela se lembra?

– Ela, sim.

– Deve ser um Espírito feminino muito evoluído, então.

– Pode ter certeza disso.

– E como se chama?

– Seu nome é Rebeca.

– Bonito nome.

– Veja. Ela vem chegando.

Luar olha para a direção em que Fontes lhe aponta e vê simpática senhora de meia-idade que se aproxima. Traja uma túnica verde-água e suave luz lhe contorna a silhueta.

– Como vai, Luar?

– A senhora me conhece? – pergunta o rapaz, visivelmente emocionado com a presença do Espírito.

– Sim, Luar, eu o conheço e tenho acompanhado os seus passos.

– Acompanhado os meus passos?

– De uma forma que você ainda não entende – responde Cláudia.

– Sim... E...

– Bem, Luar, necessito muito de seus préstimos.

– A senhora necessita de meus préstimos?

– Quanto a Rufus.

– Rufus...? Espere... um dia tive a visão de um rosto e pareceu-me ter esse nome.

– E ele vem tentando prejudicá-lo, Luar. Coisas do passado que não vem ao caso falarmos a respeito. A propósito, Rufus foi meu filho em outra vida.

– Entendo. E temos algo em comum.

– Isso mesmo.

– E o que posso fazer para ajudá-la, senhora?

– Preciso que fale com ele.

– Quer que eu fale com seu filho?

– Sim, Luar. Há muito tempo tenho tentado me fazer notar por ele, sem sucesso. Ele se encontra muito cristalizado em seu ódio contra Deus e contra você.

– Entendo...

– Gostaria que entrasse em contato com ele. Creio ser essa uma possibilidade de eu me fazer ver por ele. Talvez assim me ouça. Tenho tentado atingir a sua mente, mas não tenho conseguido.

– E o que deveria eu falar a ele?

– Talvez se lhe pedisse perdão...

– Perdão? Mas o que fiz de tão grave assim para ele?

– Na mente doentia de meu filho, você o traiu quando começou a dedicar-se aos ensinamentos de Jesus.

– E como abordá-lo?

– Eu o auxiliarei, Luar. Mas devo preveni-lo de que não será nada fácil para você esse contato com ele e com o mundo em que vive.

– Minha senhora, se eu devo algo ao seu filho, devo resgatar essa dívida e tudo farei para isso. Pode contar comigo. O que devo fazer?

– Depois de amanhã, através da intuição, tentaremos fazer com que se dirija a um lugar bastante ermo, talvez um campo com um lago, onde deverá adormecer para não ser incomodado quando se liberar do corpo, através do sono.

– Será que conseguirão me levar até um lugar assim?

– Temos que tentar, meu rapaz. Muitas outras entidades virão em meu auxílio para que tudo transcorra como planejamos. Mas previno-o, mais uma vez, que será uma experiência um tanto difícil para você. Por isso, lhe pedimos muita fé.

– Farei todo o possível, senhora.

– Tenho certeza de que o fará. Agora, Luar, preciso ir.

– Procurarei colaborar o máximo e rogo a Deus e a Jesus que me ajudem.

– Até mais, então, Luar – despede-se o Espírito.

– Até mais, minha senhora.

Setenta e sete

JÁ PASSA DA MEIA-NOITE E TODOS ainda se encontram reunidos na casa de Péricles: Brandão, Nando, Marta, Helena, dona Maria e o próprio Péricles.

– Um veículo está estacionando aí fora, Brandão – informa Péricles. – Devem ser os seus homens.

– Mande-os entrar – diz dona Maria – Vou servir um café a eles.

Brandão sai para a rua e retorna com eles.

– E então? – pergunta Nando.

– Não encontraram Luar – informa Brandão – Percorreram toda a cidade, entrando, inclusive, em algumas construções para verificar se Luar não estaria escondido em alguma delas.

– Mas onde será que ele se escondeu?

– Ele não conhece mais ninguém aqui na cidade? – pergunta Helena, ansiosa. – Poderia ter-se abrigado em alguma casa.

– Isso mesmo – concorda Marta. – Alguém pode tê-lo acolhido. Talvez algum espírita que frequenta o Centro.

– Pode ser – concorda Brandão. – Você faz alguma ideia, Nando? Péricles?

– Talvez na casa do João ou do Clemente.

– Por que não procurar no Centro? – pergunta dona Maria.

– Meus homens estiveram lá e falaram com Irma. Ele não esteve lá.

– Por que não saímos nós três – pergunta Nando. – Eu, seu Péricles e você, papai, e procuramos em algumas residências de espíritas?

– Podemos tentar.

– Vou até a casa do João – diz Péricles.

– Irei até a de Clemente – informa Brandão, enquanto Nando resolve visitar algumas outras pessoas que conhecem Luar.

– Vamos com o senhor, seu Brandão – dizem as moças.

– Dentro de meia hora nos encontramos aqui novamente.

– Vamos nos três veículos.

– O senhor pode vir conosco, seu Brandão – sugere Marta.

Dali a alguns instantes, Romildo, Aldo e Rubens vêem a movimentação fora da casa.

– Para onde estarão indo?

– Não faço a mínima ideia. Vamos segui-los.

– Mas cada carro está se dirigindo numa direção diferente. Vamos seguir qual deles?

– Vamos atrás do fazendeiro. Ele está entrando no veículo daquelas moças.

– Engraçado, parece que as conheço de algum lugar – diz Romildo. – Preciso descobrir quem são.

– Se você acha que as conhece, Romildo, melhor que elas não o vejam. Podem reconhecê-lo também.

– Não deixarei que me vejam.

O automóvel de Marta parte em direção à casa de Clemente e Romildo os segue a alguma distância, com os faróis apagados.

– Estacionaram ali à frente – informa Aldo. – Vamos parar por aqui.

– Estão entrando naquela casa. Será que Luar se encontra lá? – pergunta Rubens.

– Como iremos saber?

– Eu irei a pé e tentarei verificar – diz Aldo. – Melhor você ficar aqui, Romildo. As moças não devem vê-lo enquanto não se lembrar quem são e se o conhecem.

– Você tem razão. Vá, mas com cuidado.

Aldo desce do automóvel e caminha até a casa.

– Brandão! Aconteceu alguma coisa?! – pergunta Clemente ao atender a porta, fingindo preocupação, pois sabe que estão à procura de Luar. O homem, assim que chegara à cidade onde deixara Luar, apanhara a tia e voltara. Havia chegado da viagem há cerca de meia hora e já estava se preparando para dormir.

– Clemente, estamos procurando por Luar. Você, por acaso, o viu hoje?

– Por que me pergunta? Está acontecendo alguma coisa? – pergunta Clemente na tentativa de saber o porquê de tudo aquilo, ao mesmo tempo em que evita mentir.

– Está, sim, Clemente.

– Mas, entrem, por favor. Vou abrir a porta de meu escritório. Lá poderemos conversar mais sossegados. Esperem um pouco.

Clemente entra na casa e abre uma porta que dá acesso para o abrigo onde Brandão e as moças se encontram. Clemente é advogado. Convida-os a entrarem.

– Por favor, sentem-se.

Brandão apresenta as moças e sentam-se.

– Mas diga-me, Brandão, o que está acontecendo?

– Clemente, é uma história muito complicada e penso que não seria prudente lhe relatar... desculpe-me, sim?... mas apenas gostaríamos de saber se você viu ou falou com Luar hoje.

Clemente fica por alguns segundos em silêncio. Havia prometido a Luar nada revelar a respeito de seu paradeiro, mas sente que algo muito sério está acontecendo, principalmente pelo fato de Brandão o estar procurando àquela hora da noite e por Luar ter feito tanto mistério. Não sabe que atitude tomar.

– Brandão, não me leve a mal, mas não seria possível você me contar o que está acontecendo?

Brandão, por sua vez, percebe que o homem deve estar sabendo de alguma coisa e que, apesar da amizade que os une, teme revelar o que sabe. Nesse momento, Aldo já está próximo da casa e percebe, através de uma janela, que há luz acesa no cômodo. A porta que dá para o abrigo encontra-se entreaberta e resolve arriscar-se, entrando nele e apurando o ouvido bem próximo a essa porta.

– Bem, Clemente, vou tentar lhe narrar bem rapidamente o que está acontecendo e espero que você se decida a nos ajudar e, principalmente, a Luar. Percebo que esteve com ele, mas teme em nos contar, pois acredito que Luar lhe tenha pedido sigilo sobre o seu paradeiro. De qualquer maneira, peço-lhe que confie em mim e nestas moças, Marta e Helena, que são amigas dele desde os tempos de infância e tudo querem fazer para auxiliá-lo neste momento de grande dificuldade que ele atravessa.

– Então elas se chamam Marta e Helena... – pensa Aldo. Romildo vai gostar de saber.

– Por favor, Brandão, conte-me.

– Na verdade, meu amigo, Luar corre risco de vida.

– Risco de vida?!

– Isso mesmo e é por isso que tem que nos ajudar a encontrá-lo. Ele não quer que nos fale onde ele se encontra porque tem medo de nos envolver com o seu drama. Teme por nossas vidas.

– Meu Deus!

– O que acontece, Clemente, é que algumas pessoas, bandidos mesmo, estão tentando eliminá-lo e ele já vem fugindo há tempos, de cidade em cidade, até que aportou aqui, mais propriamente em minha fazenda, encaminhado pelo Medeiros.

– Medeiros também o conhece?

– Sim. Luar já esteve hospedado na casa dele e conseguiu escapar por pouco.

– Mas por que estão querendo eliminá-lo?

– Luar não é o nome dele e somente hoje fiquei sabendo que ele se chama Lélis. Acontece que ele perdeu a memória num atentado que sofreu na Capital.

– Perdeu a memória? Mas ele parece ter tanto conhecimento das coisas, principalmente a respeito da Doutrina Espírita.

– Ele apenas não sabe quem é e não se lembra das pessoas, mas mantém todo o conhecimento adquirido. De acordo com o médico que o atendeu, essa sua perda de memória não é muito profunda e que ele, a qualquer momento, poderá recuperá-la – explica Marta.

– E é por isso – diz Helena – que esses homens estão atrás dele. Pelo que sabemos, uma testemunha o ouviu pronunciar o nome de quem atentou contra a sua vida, na Capital e, obviamente, quando recuperar a memória, se lembrará quem foi.

– Entendo. Mas por que o querem matar?

– Acreditamos que seja por herança, seu Clemente – responde Marta. – O pai dele é muito rico.

– Então deve ter alguém da família envolvido nessa história.

– Só pode ser e desconfiamos de Paulo, seu cunhado. Um homem muito ambicioso.

– Estão desconfiadas de Paulo. Romildo precisa saber disso também – pensa Aldo.

– E por que não falam com a polícia?

– Não temos provas.

– Entendo. E ele está fugindo porque não quer envolvê-los nisso...

– Isso mesmo, mas nós temos como protegê-lo, Clemente, e estas moças poderão levá-lo até seus pais. Por isso, meu amigo, se você está sabendo de alguma coisa, deve nos contar.

– Brandão, diga-me uma coisa e vocês duas, – diz Clemente, dirigindo-se a Marta e Helena – não me levem a mal, mas tenho que fazer esta pergunta: Brandão, desde quando conhece estas moças?

– Desde hoje. Por quê?

– E já confia nelas?

– Oh, meu Deus! – exclama Helena.

– Já lhes pedi para não me levarem a mal. O que acontece é que, pelo que me contaram, todo o cuidado é pouco. Se vocês estão sendo sinceras, entenderão muito bem por que estou fazendo esta pergunta.

– Entendemos, sim, seu Clemente – diz Marta – Também estaríamos desconfiando de tudo e de todos.

– Pois, torno-lhe a perguntar, Brandão: confia nestas moças?

Brandão olha para elas, pensa por alguns segundos e responde:

– Confio, Clemente. Já consigo sentir plena confiança nelas.

– Muito bem. Realmente, sei onde está Luar.

– O senhor sabe? – pergunta Helena.

– Sei, mas prometi a ele que não revelaria a ninguém.

– E não vai nos contar, Clemente? – pergunta Brandão ao amigo. – Luar está correndo risco de vida.

– Bem, Brandão, prometi a ele que não revelaria a ninguém, mas pelo que você está me contando, penso que não tenho outra saída.

– Agora vamos ficar sabendo – pensa Aldo, ainda escondido e ouvindo pela fresta da porta que dá para o abrigo da casa de Clemente.

– Eu o levei com meu carro até uma cidade vizinha daqui.

– Na direção norte?

– Sim. Você sabe qual a cidade.

– Sei. É bem perto.

– Pois foi assim.

– E onde o deixou, Clemente? Em algum hotel ou albergue?

– Não. Deixei-o no centro da cidade e retornei. Havia ido apenas buscar uma tia que se encontra agora aqui em minha casa.

– A que horas deixou-o lá? – pergunta Nando, que havia chegado ali instantes antes.

– Acredito que por volta... deixe-me ver... um pouco mais de vinte e uma horas, aproximadamente.

– Que horas são agora? – pergunta Helena a Marta.

– Quase uma hora da madrugada.

– O que faremos? – pergunta Marta.

– Nando, – pede Brandão – procure o outro carro com os homens e peça que venham até aqui.

– Vou já, pai.

– Pretendem procurá-lo, agora?

– Iremos para lá assim que meus homens chegarem.

– Vou junto com vocês – decide Clemente – Poderei mostrar-lhes o lugar onde o deixei.

– Isso será de grande valia, Clemente.

– A cidade é grande, seu Clemente? – pergunta Helena, bastante tensa e preocupada.

– Não é e creio que não será difícil encontrá-lo.

– Teremos que tomar muito cuidado para não sermos seguidos – comenta Brandão.

Aldo, que havia se escondido nas sombras do abrigo, no momento em que Nando chegara e saíra, resolve retornar junto a Romildo e Rubens, pois já se arriscara demais.

– E, então, Aldo, alguma novidade?

– A melhor delas.

– Encontraram Luar?

– Ainda não, mas já estou sabendo onde ele se encontra. Aquele homem lhe deu uma carona até uma cidade vizinha, próxima daqui. Também descobri que aquelas moças, Marta e Helena, estão desconfiadas de Paulo.

– Ele precisa saber disso – diz Romildo.

– Creio que para não levantarmos suspeitas, deveríamos nos locomover já para aquela cidade e aguardarmos na entrada. Será muito difícil segui-los sem que percebam. Já comentaram o fato de terem de tomar muito cuidado conosco.

– Você tem razão, Aldo. Vamos partir já.

Dizendo isso, Romildo, Aldo e Rubens entram no carro e rumam em direção à pequena cidade onde Luar se encontra. Nesse mesmo momento, os homens de Brandão chegam à casa de Clemente e, após algumas providências a fim de se assegurarem de que não estão sendo vigiados, partem também. Clemente vai com Nando em seu veículo, Marta, Helena e Brandão em outro e os outros, no jipe da fazenda.

– Mas Luar não disse nada ao senhor quanto ao destino que tomaria, seu Clemente?

– Nada e procurei não perguntar, pois percebi que estava um tanto misterioso. Não quis ser indiscreto.

– Onde irá passar a noite, meu Deus?

– Talvez em algum hotel...

– Não creio. Luar é muito inteligente e não se hospedaria em nenhum lugar onde pudessem encontrá-lo. Nem mesmo em algum albergue, se é que essa cidade possui um.

– Você tem razão.

– O senhor conhece bem essa cidade, seu Clemente?

– Um pouco, Nando. Já estive lá por diversas vezes por causa de minha tia, mas nunca cheguei a percorrê-la totalmente.

– Não sabe se existe algum local onde Luar, após tomar informações, possa ter se dirigido?

– Não tenho a mínima ideia. Apenas sei que existe um local turístico lá.

– Local turístico?

– Sim. Existe um bosque próximo da cidade com um pequeno lago e um campo, onde árvores bastante copadas servem de sombra para as pessoas fazerem piquenique. Parece ser bastante movimentado nos fins de semana.

– Pode ser que ele tenha se dirigido para lá. Pelo que sei, Luar é dado a acampar. Possui, inclusive, em sua mochila, um pequeno cobertor.

– Pode ser. Se ele ficou sabendo da existência desse local, talvez tenha ido.

– E como se chega lá?

– Existe uma estrada de terra que liga a cidade a esse bosque.

– A que distância?

– Cerca de uns cinco quilômetros, creio.

– E se ele estiver lá, seria fácil encontrá-lo agora à noite?

– Não creio, Nando. Apesar do local não ser muito grande, o bosque é muito fechado e é tudo muito escuro. Não existe iluminação.

– Entendo.

– Talvez tenhamos que aguardar o amanhecer.

Após meia hora de viagem, chegam finalmente à cidade. Já são duas e meia da madrugada e estacionam junto a uma praça no centro. Sem se aperceberem que foram seguidos, desde a entrada, por Romildo, Aldo e Rubens, descem todos dos veículos, reunindo-se para tomarem a melhor decisão quanto ao que fazerem. Nando e Clemente falam sobre a possibilidade de Luar se encontrar no bosque, mas que seria difícil encontrá-lo àquela hora por causa da escuridão.

– Penso que deveríamos procurar bares que estejam abertos e perguntar sobre ele. Talvez tenha entrado em algum desses estabelecimentos para tomar informações – sugere Marta.

– Penso ser uma boa ideia – concorda Brandão – A cidade não é grande e poderemos fazer isso rapidamente.

– Vamos, então – diz Nando – Vocês todos ouviram, não? – fala aos homens – Vamos fazer o seguinte: Vocês fazem o lado norte da cidade, eu e Clemente faremos a parte sul, papai e as moças o lado oeste e depois nos encontraremos neste outro lado para o percorrermos. Não demorará muito porque acredito serem poucos os bares abertos a esta hora da madrugada. Se virem algum policial ou qualquer pessoa pelas ruas, perguntem também a eles.

Dizendo isso, todos saem em busca de informações, enquanto Romildo e seus homens, ouvindo a conversa, protegidos que se encontram, com o carro estacionado no interior de um posto de combustível, fechado àquela hora, engendram um outro procedimento:

– Não é a primeira vez que Luar se embrenha em lugares com árvores para se esconder. – comenta Rubens – Por que não tentamos esse tal de bosque? Afinal de contas, não poderemos ficar tomando informações, pois poderíamos nos encontrar com eles e nem poderemos ficar seguindo-os nesta cidade deserta. Das duas formas poderíamos ser descobertos, e se nada temos de melhor a fazer...

– Penso que Rubens tem razão, Romildo. Poderíamos tentar.

– Algum de vocês saberia dizer onde se localiza esse bosque?

– Há uma placa bem ali, Romildo, indicando o caminho. Veja.

– Você tem razão e é justamente para o lado leste, para onde não foram ainda.

– Vamos para lá.

Os três dirigem-se, então, até o bosque por uma estreita estrada de terra.

– Mas é muito escuro aqui – comenta Romildo.

– Veja... logo ali à frente...

O farol do veículo ilumina uma placa indicando ser a entrada do local.

– Como procurá-lo aqui, nessa escuridão?

– Vamos fazer o seguinte: como ouvimos, eles não virão aqui esta noite. Vamos passar o resto da madrugada logo ali à frente. Assim que clarear, começaremos a procurá-lo.

– Penso ser uma boa ideia. Pelo menos, é a única que temos no momento – diz Rubens – Não adianta voltarmos para a cidade. Não temos como fazer outra coisa sem sermos vistos por eles.

– Penso que Luar deva estar aqui – comenta Romildo.

– E quem sabe não poderá chegar a qualquer instante?

– Pode ser também.

Nesse ínterim, Brandão e os outros estão percorrendo as ruas da cidade e tomando informações, sem lograr êxito algum. Quando já são quase três horas da manhã, decidem interromper as buscas e retornar no dia seguinte para irem até o bosque.

"O Evangelho é a bússola do Espírito"

A Hora é Agora

Setenta e oito

O SOM DE UMA BUZINA ACORDA Luar, trazendo-o novamente para o mundo material, já que estivera desprendido durante o sono, em contato com Cláudia, seus companheiros e Rebeca, mãe de Rufus. É o caminhão de pisos que chega à casa. São quase três horas da madrugada.

– Há alguém em casa? – pergunta a voz do motorista que, juntamente com seu ajudante, desce do veículo.

– Estou aqui – responde Luar, levantando-se e dirigindo-se até os homens.

– O senhor é o dono da construção? – pergunta o motorista.

– Não, mas estou aqui para recebê-los. Seu Pedro, o proprietário, pediu-me que os esperasse e que fosse avisá-lo assim que chegassem. Ele mora aqui perto. Por favor, aguardem um minuto que vou chamá-lo.

Dizendo isso, Luar dirige-se até a casa de Pedro. Alguns minutos se passam e retornam os dois.

E assim, os dois homens, e também Luar, descarregam o caminhão, empilhando tudo no primeiro cômodo da construção. Quando terminam, o caminhão parte e Pedro agradece a Luar.

– Muito obrigado, meu amigo. Nosso trato era apenas para você permanecer aqui à espera do caminhão e você ainda ajudou a transportar as caixas.

– Não há nada a agradecer, seu Pedro. Na verdade, não conseguiria ficar apenas olhando aqueles homens fazendo o serviço. Até me distraí.

– Eu lhe agradeço e, a propósito, você disse que estava à procura de trabalho...

– Sim. Preciso trabalhar e arrumar um lugar para ficar.

– Você já trabalhou com que tipo de serviço?

– Eu trabalhava no escritório de uma fazenda, onde também morava – responde, preocupado com as perguntas que, certamente, viriam a seguir, pois nem documentos possuía e nem gostaria que o homem ligasse para Brandão a fim de tomar informações se, porventura, se interessasse em empregá-lo em algum tipo de trabalho.

Nesse momento, inspirado por Cláudia e seus companheiros, Pedro pergunta a Luar:

– Você professa alguma religião, Luar?

– Sou espírita.

– Mas você possui bom conhecimento a respeito do Espiritismo?

Luar sente, então, uma grande emoção ao ouvir aquela pergunta, pois percebe que ela talvez não tenha vindo ao acaso ou, pelo menos, não fora em vão que talvez tivesse ali aportado junto àquele homem.

– Posso lhe afirmar que sim, seu Pedro. Possuo um bom conhecimento sobre o assunto.

O homem pensa um pouco, coça o queixo, como quem está para decidir alguma coisa e fala:

– Sabe, Luar, nem eu e nem minha mulher somos espíritas, apesar de simpatizarmos um pouco com essa religião. Na verdade, somos católicos, mas o pai de minha esposa, hoje com oitenta e quatro anos de idade, é espírita desde a sua mocidade e atualmente encontra-se bastante enfermo. Já há alguns meses foi acometido de uma doença que lhe tem comprometido a circulação, o que fez com que perdesse boa parte de seus movimentos. Permanece por quase todo o tempo deitado em uma cama e apenas consegue se sentar por alguns minutos, o suficiente para alimentar-se. Mesmo assim, é necessário lhe dar o alimento na boca. Suas mãos já não possuem firmeza para segurar uma colher.

– Eu sinto muito. E ele é lúcido?

– Na maior parte do tempo, sim. Às vezes, perde um pouco a noção das coisas e fala frases ininteligíveis, oriundas de pensamentos desconexos. Diz o médico que também é consequência da baixa circulação sanguínea.

– Entendo.

– Acontece, Luar, que estamos tendo dificuldades em contratar alguém para passar as noites com ele em seu quarto. Durante o dia, duas enfermeiras se revezam nesse mister, mas à noite...

– O senhor parece estar tendo a ideia de que eu faça esse trabalho...

– Poderia ser.

– Mas o senhor nem me conhece direito...

– Você me pareceu um bom sujeito e posso tentar.

– Não tenho conhecimento algum de enfermagem. Não saberia aplicar uma injeção se fosse necessário.

– Não haverá necessidade, Luar. E se porventura for necessário, você pode solicitar a presença de uma das enfermeiras.

– E pelo fato de eu ser um espírita...

– Oh, sim. Meu sogro... a propósito, seu nome é Ricardo, encontraria em você uma ótima companhia, pois é o assunto que ele mais gosta de conversar e as enfermeiras não se sentem muito à vontade para lidar com esse tema.

– Bem, seu Pedro, eu preciso de um lugar para dormir e um pouco de dinheiro para me alimentar.

– Você poderá dormir com ele, que reside num quarto com banheiro privativo nos fundos de minha casa, e poderá almoçar e jantar com as enfermeiras. Além disso, poderei lhe pagar um salário condizente com as horas que trabalhar, descontadas as despesas com alimentação.

– Só existe um problema, seu Pedro.

– Que problema?

– Não possuo documentos.

– Não possui documentos?

– Não. Fui acidentado há alguns meses e creio que me foram roubados.

– Não pediu uma segunda via deles?

Luar pensa um pouco e percebe que sempre que se envolver com alguém dessa maneira, terá que dizer a verdade, pelo menos, parte dela.

– Eu não sei quem sou, seu Pedro.

– Não sabe quem é?

– Não. Com o acidente, mais precisamente, um atropelamento, bati com a cabeça e perdi a memória. Não me recordo quem sou e nem de pessoas com as quais devo ter convivido. Luar é um nome que adotei.

– Mas que situação. E como trabalhou no escritório de uma fazenda?

– Tenho sido muito ajudado, sabe?

– E por que saiu de lá e veio ter nesta cidade?

– Seu Pedro, o senhor me perdoe, mas não gostaria de falar sobre esse assunto. Sei que, dessa maneira, o senhor terá toda a razão para não me empregar, mas não posso mentir.

O homem pensa um pouco e, olhando bem no fundo dos olhos de Luar, auxiliado também por Cláudia, através de forte inspiração, diz num repente:

– Se quiser, poderá começar a trabalhar hoje mesmo.

– Verdade?! – exclama o moço, emocionado, principalmente com o auxílio que sente estar tendo de Cláudia e os outros.

– Verdade. Venha, vamos até minha casa. Quero dar a boa notícia a Deise, que está dormindo com seu Ricardo. Ela já está ficando muito esgotada com isso.

Pedro e Luar, então, dirigem-se à casa. Lá chegando, por volta das quatro horas da madrugada, o homem convida Luar a entrar por um pequeno portão nos fundos do abrigo de sua casa até o quintal, onde uma confortável construção se apresenta, constituída de um quarto, uma pequena sala e um banheiro.

– Aguarde aqui, Luar. Vou acordar Deise.

Dizendo isso, Pedro entra e conversa baixinho com a mulher. Alguns minutos se passam e os dois vêm ao seu encontro.

– Bom dia, Luar – cumprimenta a mulher – Pedro falou-me da possibilidade de você prestar este serviço de acompanhamento ao meu pai.

– Para mim, estaria ótimo. Apenas expliquei a seu Pedro que não tenho experiência quanto a esse tipo de serviço.

– Não creio que terá problemas, Luar, a não ser... bem... você falou a ele sobre a higiene de papai? – pergunta Deise ao marido.

– Não, não falei.

– Higiene? – pergunta o moço.

– Sim. É que será necessário que faça a higiene nele quando fizer as suas necessidades, além do curativo em sua perna.

– Isso não será problema, dona Deise. Somos todos irmãos e sei que, um dia, talvez, alguém tenha que realizar o mesmo por mim. Além do que, ser-me-á uma grande experiência para minha vida.

– Você é uma pessoa muito boa, Luar. Papai também tem esses pensamentos. Seria o Espiritismo a dar a vocês essa maneira de ver a vida?

– Não somente o Espiritismo, minha senhora, mas principalmente, os ensinamentos de Jesus.

– Tenho certeza de que você se dará bem com papai.

– Farei o possível, dona Deise.

– Bem, então, vamos combinar tudo: o seu horário de trabalho será das vinte horas até as sete horas da manhã. Terá todo o dia livre e poderá vir almoçar com a enfermeira da parte da manhã, ao meio-dia.

– Na verdade, Luar, você não terá que ficar acordado durante todo o tempo – explica Pedro. – Seu Ricardo costuma adormecer por volta das vinte e três horas e somente acorda uma vez durante a madrugada, quando terá que dar-lhe de beber e, se for o caso, fazer-lhe a higiene.

– E durante o dia?

– Você o terá livre, Luar.

– Se o senhor tiver algum trabalho para mim, poderei ajudá-lo.

– Pode ser. Trabalho com o ramo de construções e..., quem sabe, não poderá ganhar mais algum dinheiro com pequenos serviços?

– Tudo combinado, então? – pergunta a mulher.

– Tudo bem, mas não gostaria de enganá-los quanto ao tempo em que poderei permanecer neste serviço.

– Não entendo – diz Deise.

– Como já expliquei ao seu Pedro, perdi a memória e...

– Ele me disse.

– Talvez... quando a recuperar, tenha que partir.

A mulher sorri para ele e responde:

– Não se preocupe com isso, Luar. Teremos imensa alegria se a recuperar logo. Não somos egoístas a ponto de não desejar isso a você apenas pelo fato de não poder mais permanecer a nosso serviço.

– Eu lhes agradeço muito pela oportunidade, principalmente pelo fato de não me conhecerem. Farei o possível para não decepcioná-los. Podem ter certeza. Querem que eu comece já?

– Penso que seria melhor que nós o apresentássemos a papai primeiro e agora ele está dormindo.

– Tudo bem. Volto, então, à construção. Vou tentar dormir mais um pouco.

– Tudo certo, Luar – concorda Pedro – Mas esteja aqui ao meio-dia para almoçar e conhecer seu Ricardo.

– Estarei sem falta. Até mais.

– Até mais, Luar.

Setenta e nove

– DIABOS! SÓ ME FALTAVA ESSA! O que essas intrometidas pensam que estão fazendo?! Pois estão condenadas também! Entendeu?! – esbraveja Paulo ao telefone, desligando-o.

– Do que você está falando, Paulo? – pergunta Mirtes ao marido que, não sabendo que a mulher se encontrava em casa, agora se atrapalha todo para explicar a sua evidente ira ao telefone. Paulo estivera falando com Romildo, que lhe informara que Marta e Helena estavam procurando por Luar e que estavam sendo ajudadas pelo fazendeiro. Mas o que mais o deixara furioso era o fato de que elas estavam desconfiadas dele.

– Nada, não, querida. Problemas na empresa.

– Mas você disse que “elas” estariam condenadas também. Do que se trata?

– Já lhe disse: problemas na empresa. São algumas funcionárias que não estão mais cumprindo a contento as suas obrigações e que, por mim, já estão condenadas a serem despedidas.

– Com quem você estava falando?

– Com Carlos, o encarregado – mente Paulo.

– A propósito, onde se encontra aquele seu motorista, o Romildo? – pergunta Mirtes, mesmo sabendo que Paulo já lhe havia informado tê-lo despedido.

– Eu já lhe disse uma vez que o despedi, Mirtes. Mas por que tantas perguntas?

– Estamos apenas conversando, Paulo. Percebi você tão nervoso que resolvi saber o porquê de tamanha explosão de cólera. Quanto a Romildo, simplesmente lembrei-me dele e, realmente, você já me havia dito.

– Não gosto que fique fazendo perguntas sobre o meu trabalho, Mirtes.

– E por que não, Paulo? – pergunta a mulher, agora no intuito de perscrutá-lo – Afinal de contas, sou uma das herdeiras e você tem que me prestar contas, sim. Não é porque somos marido e mulher que não precisa falar-me a respeito do que ocorre.

– Não foi bem isso o que eu quis dizer, Mirtes – diz Paulo, mais polidamente, com a intenção de agradar a esposa.

– Afinal de contas, – continua Mirtes, em tom brincalhão, para não dar a perceber que pretende colocá-lo em seu devido lugar quanto ao futuro das empresas e que ele somente receberá algo se continuar casado com ela – somos casados em regime de separação de bens e você, mesmo quando eu herdar metade das empresas de papai, será meu empregado.

– Seu empregado, Mirtes?! – exclama Paulo, que já se encontra bastante nervoso com a notícia que Romildo lhe passara. Mirtes, por sua vez, procura rir do descontrole dele.

– Maneira de dizer, Paulo. Você continuará fazendo o que faz, mas as empresas serão minhas e de Lélis que, espero e oro muito por isso, – agora diz emocionada – já esteja de volta a esta casa. Mas não falemos mais sobre isso, mesmo porque, espero que papai e mamãe vivam por muitos e muitos anos.

Paulo procura controlar-se falando mais mansamente, apesar de não conseguir sair do assunto:

– Tudo bem, Mirtes. É lógico que também desejo que seus pais vivam por muitos anos, mas preocupo-me ouvindo-a falar dessa maneira, como se eu não passasse de um simples empregado que pudesse ser dispensado de uma hora para outra. Afinal de contas, já dediquei muitos anos de minha vida trabalhando para o sucesso das empresas. Não quero ficar o resto de meus dias como empregado, apesar de ocupar posição de destaque nos negócios. Você sabe o que penso. Sabe que almejo um dia vir a ser o presidente. Sabe que tenho muito mais capacidade que todos vocês para dirigir essas empresas de seu pai.

– Olhe, Paulo, como já lhe disse, esse é um assunto que não me agrada e que acho ser muito cedo para discuti-lo.

– Mas eu já disse a você inúmeras vezes...

– Pois eu vou lhe dizer uma coisa, Paulo – diz Mirtes, de maneira enérgica – Enquanto meu irmão não reaparecer, não quero mais ouvir falar disso e se você não estiver contente com o que faz, peça demissão.

– Mas que palavras são essas, Mirtes? Você é minha mulher. Sabe o quanto a amo e não pode me tratar assim. Por que está fazendo isso?

– Estou lhe falando dessa maneira porque já não aguento mais essas suas explosões de ódio ao telefone e mesmo a maneira como tem me tratado, porque está sempre com os nervos à flor da pele – desabafa Mirtes.

Paulo, por sua vez, sente que está correndo um grande risco em agir assim em sua casa e que pode pôr tudo a perder se não se controlar. Já não consegue dormir direito, tamanha a preocupação com o lento andamento das ações de Romildo e seus homens e, ainda agora, com aquelas moças bisbilhotando e desconfiando dele. Procura, então, tranquilizar a mulher:

– Perdoe-me, Mirtes. Realmente, ando muito nervoso, mas são os negócios.

– Os negócios não estão indo bem, Paulo? – pergunta Mirtes, provocando-o – Papai me informa sempre que tudo está indo muito bem.

– Não são bem os negócios. Estamos faturando muito. O que quero dizer é que o trabalho é bastante intenso, cansativo.

– Se anda cansado e não tem condições de realizar a sua parte, contrate alguém para ajudá-lo. Pode ser que seja a falta de Lélis.

– Lélis não está fazendo falta nenhuma! – esbraveja Paulo, perdendo o controle novamente e traindo os seus sentimentos.

– Meu irmão não lhe faz falta, Paulo? Pois para mim faz muita falta e também para papai e, principalmente, mamãe, que vive na cama e a poder de fortíssimos tranquilizantes.

– Eu não quis dizer isso, Mirtes. É lógico que sinto falta dele. É quase como um irmão para mim. Apenas estou dizendo que a sua ausência não faz falta para o andamento do meu trabalho.

Nesse momento, Mirtes não consegue mais se controlar e desabafa algo que há muito tempo vem trazendo preso em seu coração:

– E sabe o que mais, Paulo? Às vezes, chego a pensar que você tem a ver com o que está acontecendo com Lélis.

– Mirtes?! O que está dizendo?!

Mirtes não consegue se controlar mais e, em convulsivo choro, sai correndo da sala, trancando-se em seu quarto. Paulo permanece, por alguns segundos, extático com o que ouvira.

– Só me faltava essa! – exclama, contrariado – Mirtes desconfiada de mim! Só pode ser obra daquelas duas! Preciso desfazer essa impressão.

Dirige-se, então, até o quarto, mas a porta encontra-se trancada por dentro.

– Mirtes, meu bem, abra esta porta. Quero lhe falar.

– Vá embora, Paulo. Vá embora – pede a mulher.

– Não posso acreditar que você esteja pensando isso de mim. Por favor, abra esta porta.

– Vá embora, por favor. Depois conversaremos.

– Mas, Mirtes...

– Por favor, Paulo, vá embora.

O homem percebe que não adianta insistir e sai da casa, dirigindo sem rumo pelas ruas da Capital.

– Acho que fui longe demais. Do jeito que as coisas estão se encaminhando, logo acabarão descobrindo tudo – pensa. – Tenho que parar com tudo isso enquanto é tempo – decide, estacionando em uma esquina e ligando para Romildo de seu telefone celular.

– Romildo, é Paulo quem está falando. Preciso conversar com vocês, pessoalmente, e urgente. Venham para a Capital.

Romildo, do outro lado da linha, não entende essa decisão repentina.

– O que está dizendo? Agora que estamos perto de alcançarmos o rapaz...

– Já lhe disse, Romildo. Venham todos para a Capital. Quero falar-lhes o quanto antes possível. Assim que chegarem aqui, me telefone e dirijam-se ao local de costume. Parem com a missão.

– Mas, Paulo...

– Não discuta, Romildo e faça o que estou lhe dizendo. Se continuarem aí, estarão correndo risco de serem presos – mente. – Voltem imediatamente. Vamos parar por uns tempos. De qualquer maneira vou lhes pagar o combinado.

– Tudo bem, Paulo. Você sabe o que faz. Vamos retornar.

Assim que desliga o telefone, Paulo fica a remoer planos de ação:

– Preciso eliminar Romildo. Lélis, quando recobrar a memória, irá se lembrar dele, e se estiver vivo, poderá me incriminar.

* * *

Enquanto isso, Mirtes encontra-se em profunda desolação.

– Meu Deus! Será que agi corretamente? – reflete, numa grande dúvida que se lhe instala na mente – Não deveria ter falado a Paulo sobre essa minha desconfiança. E se estiver errada? Apesar de ter certeza de que ele está por trás de tudo o que está acontecendo com Lélis, não posso acusá-lo dessa maneira, sem prova alguma. Além do mais, não deveria ter-lhe falado dessa minha desconfiança, para que pudesse vigiá-lo. Agora não poderei fazê-lo. Além do mais, como será a nossa vida daqui para frente? E se ele for, mesmo, perigoso? Poderei estar correndo risco de vida. Oh, meu Deus! Ajude-me a tomar uma resolução.

Nesse momento, seu pai, o Dr. Milton, toca a campainha da casa.

– Quem será que está lá fora? – pergunta-se, amedrontada – Será que é Paulo, tentando me atrair para fora do quarto? Mas por que estou sentindo tanto medo assim? Será ele capaz de fazer-me algo de ruim? Creio que não. Não iria arriscar o casamento. Afinal de contas, a herdeira sou eu.

Mirtes aproxima-se da porta do quarto com a intenção de sair e abrir a porta da rua, mas novamente o medo abate-se sobre ela. Toma, então, resoluta decisão: vai até a janela do quarto, abre-a e sai por ela, contornando a casa por um corredor que a cerca e espiando quem está a tocar a campainha. E qual não é o seu alívio ao ver o pai.

– Papai?!

– Mirtes? Por que demorou a atender? Estava na área de serviço?

A moça começa a rir, talvez pelo nervosismo que a tomara minutos antes e que agora se esvai em ver o pai.

– Não. Eu estava no quarto.

– No quarto? E por que não me atendeu pela porta da frente?

– Venha, papai. Vamos entrar.

Dizendo isso, retorna pelo mesmo caminho com o Dr. Milton a segui-la. Quando chega à porta dos fundos da casa, constata que ela se encontra trancada por dentro.

– Não estou entendendo, Mirtes. A porta está trancada?

A moça ri novamente.

– Espere um pouco, pai. Vou abrir a porta para o senhor.

E qual não é a surpresa do homem quando vê a filha entrar na casa pela janela de seu quarto e, em poucos instantes vir abrir a porta para que ele entre.

– Mas o que está acontecendo, Mirtes? Você saiu pela janela?

– Entre, papai. Vou lhe contar tudo.

* * *

– Você não vai ficar mais nem um segundo aqui, minha filha. Apanhe suas coisas e vamos para minha casa. Coloque numa mala apenas o necessário. Você sabe para onde foi Paulo?

– Não. Ele saiu quando percebeu que eu não iria abrir a porta do quarto.

– Mas, Mirtes, você tem mesmo certeza do que está falando? Ou seja, dessa desconfiança sobre o seu marido?

– Tenho, pai.

– Mas precisamos tomar alguma providência. Vou falar com um delegado, meu amigo.

– Penso que deve fazer isso, sim.

– E se estivermos errados?

– O máximo que ele poderá fazer é nos processar.

– Que Deus nos ajude, filha, e que com isso possamos encontrar Lélis, de uma vez por todas.

– Tenho certeza de que Paulo sabe, pelo menos, em que região Lélis se encontra.

– Apresse-se, Mirtes. Vamos embora. Você vai almoçar conosco.

– Elza, a minha empregada, saiu para as compras, papai.

– Ela tem as chaves da casa?

– Tem.

– Então deixe um bilhete para ela, dizendo que precisou sair, que talvez não volte antes do anoitecer e para ela trancar a casa quando for embora.

– Mas ela vai perceber que levei roupas.

– Se isso acontecer, ela irá telefonar lá para minha casa e então lhe diremos que não sabemos onde você está.

– Tudo bem, papai. O senhor sabe o que faz.

* * *

– Vamos voltar – diz Romildo.

– Voltar?

– Sim. Acabei de falar com Paulo e ele pede que suspendamos todos os planos. Quer falar conosco na Capital.

– Não estou entendendo – diz Aldo.

– Ele disse que vai nos pagar o combinado e quer que não façamos mais nada contra Luar.

– Mas será possível?

– Isso não está me agradando, Romildo.

– Bem, vamos cumprir as ordens dele. Se nos pagar o combinado...

– Mas disse que nos pagaria mais se tivéssemos êxito.

– Vamos cobrar isso dele, também. Não somos nós que estamos desistindo. Ele que pague.

– Vamos, então. De nada adianta ficarmos aqui fazendo conjeturas.

E assim, os três homens afastam-se do bosque, quase encontrando-se com os carros que levam Brandão, Nando, Clemente, Marta, Helena e os outros. São dez horas da manhã.

– É aqui – informa Clemente.

– Vamos entrar.

Percorrem, então, todo o bosque e nada encontram. Chegam a chamar por Luar que não os atende.

– Acho que ele não veio para cá, não – comenta Clemente. – Vamos voltar para a cidade e fazer as mesmas investigações junto a donos de bares.

– Vamos voltar – concorda Brandão.

– Oh, meu Deus – exclama Helena. – Será que não vamos encontrá-lo? Onde será que se escondeu?

E partem todos em direção ao centro da cidade onde recomeçam suas investigações, perguntando aqui e ali.

Oitenta

FALTAM DEZ MINUTOS PARA as doze horas quando Luar bate à casa de Pedro e é atendido por Deise, sua esposa.

– Entre, Luar – convida amavelmente – Não faça cerimônias. Vamos até o apartamento de papai. Quero apresentá-lo a ele e à Rose, a enfermeira.

Luar acompanha a mulher pela casa até chegarem à porta dos fundos. A uns seis metros, encontra-se a construção do apartamento com sala, quarto e banheiro que abriga o velho doente.

– Rose, este é Luar, sobre o qual lhe falei hoje de manhã. Ele vai passar as noites com papai e hoje já almoça com você.

Rose é uma senhora de aproximadamente uns cinquenta e seis anos de idade, bastante simpática, que cumprimenta Luar com muita alegria.

– Muito prazer. Seu nome é Luar, mesmo?

– Luar Peregrino.

– Luar Peregrino?!

– Isso mesmo e é o único que eu possuo.

– Oh, desculpe-me, Luar, mas é que nunca ouvi falar de alguém que tivesse um nome assim.

– Disso tenho plena certeza – responde o rapaz, sorrindo ante a estupefação da mulher.

– Mas seja bem-vindo. Vamos almoçar e depois lhe explicarei alguns cuidados que terá que dispensar ao seu Ricardo. Quando você chegar, logo mais à noite, Santina, a outra enfermeira, lhe dará mais detalhes.

– Antes venha conhecê-lo, Luar – pede Deise.

Os três entram no quarto onde um senhor encontra-se deitado numa cama alta e com grade móvel de proteção. Trata-se de um homem de aparência bastante envelhecida, já com oitenta e quatro anos de idade, magro, mas de fisionomia bastante simpática, com vivo brilho no olhar, característica esta que destoa do resto de sua aparência. Traja um pijama de listras azuis e brancas e meias bem alvas.

– Papai, este é o moço de quem lhe falei. Vai passar as noites com o senhor.

O ancião gira a cabeça em direção a Luar e é com esforço que ergue um pouco os braços, movimentando lentamente as mãos num gesto de cumprimento. Tudo isso acompanhado por um também leve sorriso nos lábios.

– Seja bem-vindo, meu filho – fala em voz baixa, mas firme – Aproxime-se mais.

Luar obedece, aperta levemente a mão do homem e agradece:

– Obrigado pela receptividade, seu Ricardo. Procurarei ser uma boa companhia para o senhor.

O velho, continuando a segurar-lhe a mão, continua:

– Disso tenho certeza, pois vejo muita bondade em seu olhar, meu filho. Deise me disse que você é espírita.

– Sim.

– Pois fico muito feliz. Sabe... já estou, como se diz popularmente, no fim da linha e ser-me-á muito gratificante se puder viver os meus últimos dias ao lado de um seguidor do Espiritismo, de um seguidor dos ensinamentos do Evangelho de Jesus.

– Nos daremos muito bem, apenas não penso que partirá logo – responde Luar, polidamente.

– Deus é quem sabe, não é, filho?

– Isso é verdade.

– Papai recebe algumas poucas visitas de companheiros espíritas, mas muito esporadicamente.

– Não é culpa deles, Deise – responde o velho, procurando justificar os amigos – Todos são muito ocupados com seus afazeres.

– Vêm mais quando necessitam de algum conselho – continua Deise.

– Conselhos, não. Apenas palavras de ânimo de quem já não pode mais realizar nada a não ser ficar orando.

– O senhor não consegue ler, seu Ricardo?

– Muito pouco, Luar. Minha vista já não tem mais a mesma capacidade e canso-me muito depressa.

– Quando quiser, poderei ler para o senhor.

– Gostaria muito, mas não quero que se canse muito comigo.

– Será um grande prazer.

– Possuo muitos livros, apesar de gostar mais do "O Evangelho Segundo o Espiritismo".

– Trago alguns aqui na mochila.

– Verdade? E o que faz com eles?

– Procuro distribuí-los aos que considero mais necessitados.

– Você é realmente um bom moço e um bom espírita, porque não basta apenas usufruirmos os benefícios do conhecimento das coisas. Temos que repassar esses conhecimentos aos nossos irmãos, não é verdade?

– Tem toda a razão, seu Ricardo.

– Agora, por favor, Luar, vá almoçar antes que a comida esfrie.

– Vou, sim.

Luar, então, acompanha Rose até a sala do apartamento e senta-se para almoçar.

– Se você não se importar em perder algum tempo, já que seu horário será a partir das vinte horas, gostaria que me acompanhasse em algumas providências para que já comece a se familiarizar com o tratamento que terá que dispensar a seu Ricardo.

– Não me importo, não, e acho isso muito importante, pois não tenho nenhum conhecimento.

– Não haverá nada de complicado, inclusive, se precisar de algo, basta que chame por dona Deise; ela entrará em contato comigo e eu virei até aqui.

– Muito obrigado, Rose.

Assim que terminam de almoçar, Rose e Luar retornam ao quarto onde a moça lhe mostra os horários que terá que ministrar alguns remédios ao ancião, bem como a maneira correta de fazer-lhe a higiene necessária. Nesse momento, Deise retorna e mostra a ele onde poderá banhar-se, oferecendo-lhe os préstimos de sua empregada quanto às suas roupas.

– Nem sei como lhe agradecer, dona Deise. À senhora e ao seu Pedro.

– Não nos agradeça nada, Luar. Apenas nos retribua, sendo uma ótima companhia para o meu pai. Trate-o com muito carinho.

– A senhora pode ficar tranquila quanto a isso.

***

São dezenove horas e quarenta minutos quando Luar retorna à casa e se apresenta a Santina, a enfermeira que terá que substituir. Esta lhe dá mais algumas instruções e parte. O homem sorri para ele e lhe pede para sentar-se ao seu lado.

– Gostaria de conversar um pouco com você, Luar.

– Estou disposto a ouvi-lo, seu Ricardo.

– Lembra-se de nossa conversa há poucas horas?

– Sobre a necessidade de instruirmos nossos irmãos a respeito da Doutrina Espírita?

– Isso mesmo. Pois vou lhe dizer uma coisa: li há algum tempo, numa pesquisa sobre o Espiritismo no Brasil, que nós, espíritas, somos uma pequena porcentagem da população. Sabe o que isso significa, Luar?

– Diga, seu Ricardo.

– Isso significa que somos um número muito pequeno e que, na verdade, fazemos parte de um grupo bastante privilegiado.

– Privilegiado...

– Sim e sabe por quê? Porque nós, espíritas não chegamos a sofrer nem essa pequena porcentagem em relação ao que sofre o restante dos habitantes deste nosso país.

– Também penso assim.

– Sei que muitas pessoas iriam me perguntar: como não sofremos? Será que esse velho, já no fim da vida, nunca passou pela amarga experiência de perder o convívio com algum ente querido, apartado de si pela frieza da morte física? Será que nunca passou, por exemplo, pelo dissabor de se ver desempregado? Será que nunca passou pela difícil provação de ver um ente querido sofrendo por causa de fatal doença?

– Entendo...

– Compreendo perfeitamente esses pensamentos que um irmão possa ter com respeito a este assunto e lhe dou toda a razão em dizer que nós, espíritas, também sofremos, mas, em contrapartida, continuo a afirmar que, em qualquer destes constrangimentos ou outros que possam ocorrer, causando-nos transtornos e tristezas, sofremos bem menos do que sofrem os que ainda não conhecem a Doutrina Espírita, não é verdade?

– Tenho certeza disso – responde Luar, abismado com a lucidez de seu Ricardo e com a sua sabedoria, pela maneira como vê as coisas da vida.

– E por quê? Podem continuar a perguntar. É muito simples: os que não têm as mesmas respostas que temos na Doutrina Espírita, não compreendem realmente as razões do sofrimento humano e que esses "sofrimentos" não passam de aprendizado para todos e que não existe o chamado "castigo de Deus". Não sabem que Deus não castiga ninguém e que tudo o que nos ocorre são consequências de nossos próprios atos. São oportunidades benditas de aprendermos com os nossos erros.

– O senhor tem toda a razão – concorda Luar, ainda muito impressionado com as palavras daquele ancião doente do corpo, mas tão são da mente e da razão.

– Não possuem também o consolo do intercâmbio com o Plano Espiritual, a reaproximação com os entes queridos que já abandonaram o corpo físico, mas que se encontram mais vivos do que nunca. Não têm a mesma certeza que temos de que a vida é eterna e que Deus somente deseja para nós, Seus filhos, a verdadeira felicidade e que a reserva para nós, deixando a nosso cargo o tempo que poderemos levar para alcançá-la.

– Além de nos ter enviado Jesus, que nos deixou ensinamentos suficientes para que possamos alcançar esse tão grandioso destino – complementa Luar.

– Mas o mais importante, Luar, é o seguinte: por que somos nós esses "privilegiados"? Será que Deus nos escolheu aleatoriamente para sofrermos menos, comparativamente aos nossos irmãos?

– Não poderíamos ter sido escolhidos por mero acaso, não é, seu Ricardo?

– De maneira nenhuma, Luar. Sabemos que o acaso não existe. O que existe é um grande comprometimento. Um comprometimento de retribuição por tudo o que nos tem sido proporcionado nesta nossa presente encarnação.

– Isso é verdade, seu Ricardo. Muito temos sido agraciados com o conhecimento da Doutrina Espírita e também tenho absoluta certeza de que todos estamos comprometidos com toda essa felicidade.

– Você está entendendo tudo, Luar. Deus, nosso Pai, deseja que nos esforcemos para conseguirmos transmitir aos nossos irmãos de jornada, ainda desconhecedores da verdade que conhecemos, ainda desconhecedores dos ensinamentos de Jesus, os porquês da vida para que possam também conhecer o caminho da verdadeira felicidade e sofrer bem menos do que sofrem.

– E o senhor vê isso nos livros que espalhamos, não é, seu Ricardo?

– Não somente nos livros, que são portadores das maiores dádivas do conhecimento, mas também, através do nosso exemplo, demonstrando em nossa face, o sorriso da felicidade que detemos para que possam questionar-se do porquê de sermos tão felizes, fazendo com que se interessem pela Doutrina Espírita e pelos caminhos do Cristo.

– Bonitas palavras, seu Ricardo, e cheias de muita verdade.

– Estou lhe dizendo tudo isso, meu filho, para que você, moço ainda, continue a distribuir esses benditos Evangelhos de Jesus e a ensinar a seus semelhantes com o seu próprio exemplo. Sinto que você passa por sérias dificuldades, mas sinto também que tem dado exemplos de muita fé em Deus.

– Minhas dificuldades são muitas, sim, mas tenho a felicidade do conhecimento espírita que me proporciona muita esperança.

– E qual o tamanho dessas suas dificuldades, Luar?

– Não têm um tamanho nem um peso que eu não possa suportar. Como sabemos, Deus não nos dá um fardo tão pesado que não possamos carregar em nossos ombros, bem como coloca muitos amigos em nosso caminho que, sem notarmos, nos ajudam nos momentos mais difíceis.

– Luar, por favor, ajeite meu travesseiro.

– Pois não, seu Ricardo.

– Vou procurar dormir um pouco, agora.

– Faça isso, seu Ricardo. Dentro de aproximadamente uma hora terei que acordá-lo para ministrar-lhe mais um remédio.

– Pode me acordar.

– Vou preparar o despertador, pois sinto-me também um pouco cansado e poderei pegar no sono.

– Deite-se nessa cama, Luar, e descanse também.

Luar deita-se e o dia chega rápido. Os dois dormem tranquilamente, apenas sendo acordados pelo relógio nas horas da medicação. De manhã bem cedo, antes de chegar a enfermeira, Luar faz uma troca de roupas no ancião. Quando já está para sair, o homem o chama.

– Pois não, seu Ricardo.

– Luar, tive um sonho e não sei se você deva levá-lo a sério, mas sonhei com uma moça muito bonita que me pedia para lembrá-lo de um compromisso que você assumiu anteontem à noite, quando desprendido do corpo durante o sono.

– Compromisso?

– Ela me pediu para lembrá-lo que deverá procurar um local bem ermo para passar a tarde. De preferência, um campo e que deverá deitar-se e, se possível, entregar-se ao sono.

– Um lugar ermo? Um campo?

– Foi o que disse. Creio que vocês se encontrarão durante o seu desprendimento durante o sono.

– Espere... – diz Luar, parecendo lembrar-se de algo. – Sim... Sonhei também... Parece que devo procurar um campo onde existe um pequeno lago...

– Existe um lugar assim aqui nesta cidade.

– Existe?

– Sim. Por favor, chame Rose.

Luar obedece, pedindo à enfermeira que venha até o quarto.

– Pois não, seu Ricardo?

– Rose, por favor, ensine a Luar como poderá fazer para chegar até aquele bosque da cidade. Existe um pequeno lago.

– Sei onde fica.

– Vá até lá, Luar, depois do almoço. Durante a semana permanece totalmente vazio. Vá até lá e procure a sombra de uma árvore. Parece que os Espíritos têm um trabalho para você.

– Do que é que vocês estão falando? – pergunta Rose, curiosa. – Luar vai arrumar outro serviço? Não vai mais trabalhar aqui?

– Não, Rose – responde Luar, sorrindo –, é apenas um pequeno trabalho que seu Ricardo me indicou.

– Trabalho? Mas o que seu Ricardo sabe a respeito disso? Ele não sai deste quarto.

– Não se preocupe com isso, Rose – pede o velho – e deixe de ser bisbilhoteira – arremata, divertindo-se.

– O senhor me parece bem mais disposto hoje, seu Ricardo. E muito mais feliz.

– Você tem razão. Sinto-me muito disposto e tenho certeza de que é porque arrumei um amigo.

– Amigo, papai? – pergunta Deise, entrando no quarto. – Bom dia, Rose. Bom dia, Luar.

– Bom dia – respondem os dois.

– Mas o senhor estava dizendo que arrumou um amigo e, realmente, vejo que está com melhor aparência hoje.

– Sim. Luar já começou a me fazer um bem muito grande.

– É bondade dele, dona Deise.

– E não se esqueça, meu filho – pede o velho –, de ir até lá depois do almoço e hoje à noite quero que me conte tudo.

– Do que é que estão falando?

– Seu Ricardo diz ter arrumado um trabalho para Luar.

– Trabalho? – pergunta Deise, também curiosa.

– Não se preocupe, dona Deise – interfere o rapaz – Coisa de espíritas.

– Ah, entendo. Realmente, você será uma boa companhia para papai.

– Já está sendo – fala o ancião, bastante entusiasmado – Já está sendo.

Oitenta e um

SÃO TREZE HORAS E CINQUENTA minutos e Luar já se encontra num bonito campo cercado por um bosque. Trata-se de um lugar turístico da cidade que, naquele horário, encontra-se deserto. Depois de algumas informações, chegara ali caminhando, visto distar-se da cidade pouco mais de cinco quilômetros. Um pequeno lago de águas tranquilas e límpidas dá um toque de muita calma ao local. Luar, conforme aconselhado por seu Ricardo, procura um lugar adequado, ao abrigo de algumas árvores, retira pequeno cobertor da mochila e o estende no chão, sobre o qual senta-se. Apanha um exemplar do "O Evangelho Segundo o Espiritismo", abre-o ao acaso e lê o que se apresenta naquela página:

"Se alguém vos bate na face direita, apresentai-lhe também a outra": 7. *Tendes aprendido que foi dito: olho por olho e dente por dente. Eu vos digo para não resistirdes ao mal que se vos queiram fazer;* mas se alguém vos bate na face direita, apresentai-lhe também a esquerda; *e se alguém quer demandar convosco para tomar vossa túnica, abandonai-lhe também vossa capa; e se alguém quer vos constranger a fazer mil passos com ele, fazei ainda dois mil. Dai àquele que vos pede e não repilais àquele que quer vos tomar emprestado".*

E Luar continua a ler o texto até que inesperado sono vem lhe tirar a concentração e o faz deitar-se, adormecendo quase que instantaneamente. Em poucos minutos vê-se desprendido do corpo, caminhando, em Espírito, até a beira do lago. Senta-se e fica a observar as águas tranquilas.

– Bonita a leitura, não, Luar? – diz uma voz atrás de si.

Luar volta-se e se depara com o preto velho.

– Pai Francisco?!

– Tudo bem, filho?

– Tudo bem. Agora me lembro que Cláudia e dona Rebeca me disseram que eu deveria ajudá-las quanto a Rufus. Não sei quem é esse Espírito, apenas que tivemos contato num passado remoto e que teria que lhe pedir perdão. Mas não consigo imaginar do que se trata.

– Não precisa se preocupar com isso, Luar. No momento, saberá como fazê-lo e tomará ciência de algumas coisas.

– Procurarei fazer o melhor, Pai Francisco.

– Tenho certeza de que o fará, mas voltemos ao bonito ensinamento de Jesus que estava lendo há pouco. Ainda temos algum tempo até que Cláudia, dona Rebeca e os outros juntem-se a nós. O que aprendeu com a lição que leu?

– Bem... Jesus nos ensinou que devemos apresentar a nossa face esquerda quando alguém nos bater na direita e que, pela interpretação dos Espíritos Superiores, Ele queria nos dizer que não é preciso retribuir o mal com o mal; que o homem deve aceitar com humildade tudo o que tende a rebaixar-lhe o orgulho; que é mais glorioso para si ser ferido do que ferir; suportar pacientemente uma injustiça, do que ele próprio cometer uma; que vale mais ser enganado do que enganar, ser arruinado do que arruinar os outros.

– E você tem exercitado essa lição, Luar?

Luar abaixa a cabeça, pensa um pouco e responde:

– Tenho procurado, Pai Francisco, apesar de não ser fácil, mas tenho lem-

branças de que das muitas vezes em que segui esse sublime ensinamento, senti-me muito bem depois.

– Sei que tem feito isso constantemente, meu filho, mas gostaria de lhe ensinar mais alguma coisa a respeito dessa lição.

– E o que é?

– É que, mesmo agindo dessa maneira, faltou algo muito importante.

– Faltou? E o que foi que faltou?

– Em todas as vezes que isso aconteceu, ou seja, quando simbolicamente bateram em sua face e você apresentou a outra, numa atitude de muita humildade e compreensão para com esses agressores, chegou a se perguntar por que assim o fizeram?

– Por que me "bateram" na face?

– Isso mesmo.

– Bem...

– Será que todas as vezes que isso ocorreu, você não teria dado razões, dado motivos para que o fizessem? Quando digo razões, estou me referindo ao fato de você ter suscitado em alguém essa atitude menos digna. Porque nada justifica esse ato, mas quando ocorreu, qual a sua cota de culpabilidade?

Luar pensa um pouco e percebe a lição que o preto velho está lhe passando e responde, bastante emocionado:

– Entendo o que o senhor quer dizer: se alguém se insurgiu de maneira violenta contra mim, seja por meio de insultos ou outras atitudes, como disse, menos dignas, devo ter feito algo para que esse irmão assim agisse. Na verdade, talvez eu o tenha feito agir assim, não é isso?

– Exatamente. É lógico que existem situações em que um nosso agressor nos agride graciosamente, sem que nada lhe tenhamos feito ou dado motivos para ele assim agir, mas, muitas vezes, somos a mola propulsora desses atos de nossos semelhantes.

– E daí, podemos ser considerados muito mais culpados do que eles mesmos, porque tivéssemos agido de outra forma, nada aconteceria.

– Você entendeu muito bem.

– Uma grande lição, Pai Francisco. Vou procurar prestar bastante atenção nisso. Quanto menos tivermos que "apresentar a nossa face esquerda", melhor para todos nós, não é?

– É isso mesmo, mas existe um outro detalhe muito importante também nessas situações.

– Outro detalhe?

– Sim. Preste atenção. Muitas vezes, como já disse, somos compelidos a apresentar a nossa outra face. E o que acontece quando isso ocorre, além de, como você mesmo disse, sentir-se bem consigo mesmo?

– Creio que, agindo assim, consegui também evitar algo muito pior. Talvez a continuação do problema.

– Isso é verdade, Luar, mas faltou uma coisa.

– Faltou?

– Veja bem: você agiu corretamente, dentro dos ensinamentos do Mestre, mas somente apresentando a outra face, será que seu ofensor não saiu humilhado por essa sua atitude?

– Humilhado...? Sim... em alguns casos... Não havia pensado nisso.

– Tudo o que fazemos de bom para com um nosso semelhante, Luar, temos que fazê-lo sem que ele o perceba ou, então, que nos humilhemos também.

– E no caso em questão...?

– Faltou que, em primeiro lugar, procurássemos realmente entender o nosso agressor e, principalmente, tentasse fazer com que ele nos perdoasse por lhe termos provocado tão nociva e comprometedora atitude. Faltou uma reconciliação sincera e humilde de nossa parte.

Luar fita aquele Espírito de tão elevada humildade, que se apresenta como um preto velho, e que tantas lições de sabedoria lhe tem dado. Sente-se muito emocionado com tudo o que ouviu naquele instante e diz, com muita simplicidade:

– O senhor tem toda a razão, Pai Francisco. Ainda temos muito a aprender. Na verdade, temos que complementar todas as lições do Cristo com aquela, das mais importantes que nos legou: "amar o próximo como a si mesmo".

– Você sabe.

Nesse momento, Luar sente uma nova emoção: Cláudia, Domingos, Flávio, Fontes, Miranda e Rebeca estão se aproximando deles, juntamente com mais outras nove entidades espirituais trajando longas túnicas de um tom cinza claro e detalhes em prata. Nunca as tinha visto antes.

– Boa tarde, Pai Francisco. Boa tarde, Luar – cumprimentam todas ao chegar, no que são correspondidas pelos dois. As outras nove mantêm-se a pouca distância, apenas meneando a cabeça em sinal de cumprimento.

Cláudia e Rebeca aproximam-se de Luar e sentam-se à sua frente na relva macia.

– Está pronto a ajudar Rebeca? – pergunta Cláudia.

– Farei o que me pedirem.

– Pode ter certeza, Luar, que você também será um dos grandes beneficiados.

– E o que devo fazer?

É Rebeca quem responde:

– Luar, não poderemos colocá-lo a par de acontecimentos do passado porque certamente essas lembranças não lhe seriam benéficas. É evidente que, durante esta missão, alguns fatos poderão vir à tona, uns corretos, outros não. Por isso, peço-lhe que encare tudo com muita calma e tranquilidade. Não se deixe envolver por nada que lhe seja revelado. Saiba que o passado apenas nos serve como aprendizado. Para Deus, nosso Pai que muito nos ama, interessa o que somos hoje, as nossas sinceras e benfazejas intenções e o nosso intuito de trilhar o caminho do Bem. Lembre-se de que nenhum de nós teve um passado sem máculas.

– Entendo o que a senhora quer dizer, dona Rebeca e sinto-me preparado.

– Muito bem. Hoje iremos visitar alguém muito caro para mim. Como já lhe disse, trata-se de meu filho, Rufus, que vive em região umbralina de onde comanda verdadeiro exército de Espíritos, a maioria, aprisionados pelo pretérito em suas consciências e que se prestam a serviços nocivos do mal. Em passado bastante remoto, você e meu filho foram companheiros em atos pouco dignos, porém, com o passar do tempo, você felizmente se libertou e procurou servir a Deus e a Jesus, nosso mestre. Isso fez com que Rufus alimentasse por você grande ódio, proclamando-o como um seu traidor e tudo tem feito para prejudicá-lo.

– Entendo...

– Infelizmente, muita culpa detenho no tocante a esse caráter de meu filho e há séculos venho tentando, de todas as formas, modificá-lo, porém sem conseguir quase nenhum progresso. Ele não ouve aquilo que procuro lhe intuir e sofre muito na situação em que se encontra porque o ódio e a revolta que detém por Deus e por todos, em seu coração, muito o fazem sofrer. Também não conseguiu ainda se libertar das viciações dos prazeres menos dignos e sabemos que isso traz grande sofrimento aos corações.

– Compreendo perfeitamente.

– Não sei se teremos êxito nesta nossa missão, mas será mais uma tentativa. Penso que se ele se vir frente a frente com você, alguma modificação possa ocorrer.

– A senhora me disse que o caminho seria o de eu pedir perdão a ele.

– Sim, Luar. Como Pai Francisco deve ter-lhe dito, na maioria das vezes, somos culpados pelo ódio que um irmão nosso possa sentir por nós.

– Ele me explicou muito bem e sei a que a senhora se refere: devo ter, com a grande convivência, que suponho ter tido com ele, alimentado e apoiado os seus atos de despotismo. Penso que essa seria a palavra correta.

– Isso mesmo, Luar.

– Como já lhe disse, procurarei fazer o melhor.

– Podemos partir, então?

– Façamos uma prece a Deus – diz Cláudia –, pedindo-Lhe proteção e auxílio.

– Sim. Peço a Pai Francisco que a profira. Quanto a você, Luar, durante a viagem que empreenderemos, procure permanecer em oração e nada tema. Estaremos todos protegidos.

– E se meu corpo acordar?

– Uma equipe de Espíritos, especialistas nesses casos, já se encontra ao lado de seu envoltório material adormecido, cuidando para que permaneça nesse estado pelo maior tempo possível.

– Façamos, então, a prece – sugere Pai Francisco, já em atitude de recolhimento.

Oitenta e dois

– RUFUS, APRISIONAMOS ALGUÉM bisbilhotando nas imediações da fortaleza – informa um dos guardas, entrando. – Diz querer falar com você.

– Agora não posso atender a ninguém. Tranque-o no calabouço. Depois veremos do que se trata.

– Ele diz que é muito importante e que não tem muito tempo.

– O quê?! Não tem muito tempo?! Quem pensa que é?!

– Diz que você o conhece e insiste em lhe falar.

– Mas quem será esse atrevido?! Tranque-o no calabouço.

– Chefe, só conseguimos trazê-lo até aqui porque assim o permitiu. Possui uma força estranha. Parece cercado por forte energia desconhecida.

– Forte energia?

– Penso que se encontra protegido pelos "das luzes", apesar de não conseguirmos vê-los.

– O quê?

– É o que penso. Aliás, também percebemos o cordão luminoso. Só pode ser um encarnado, desprendido durante o sono do corpo material.

– Mas só me faltava essa! E ele disse o nome?

– Sim. Diz chamar-se Luar.

– Luar?! – pergunta Rufus, perplexo.

– Isso mesmo.

– Pois traga-o aqui, imediatamente! E monte guarda reforçada à porta.

– Sim, chefe – responde o guarda, saindo em busca do pretenso prisioneiro, deixando Rufus atônito, sem conseguir raciocinar direito.

– Por que será que veio até aqui? E como conseguiu isso? Só pode ter sido com a ajuda daqueles "das luzes". Mas se pensa que vai conseguir sair daqui facilmente, engana-se! Vou desligá-lo do corpo! – Guarda! Guarda! – grita, então, fazendo com que um deles entre no aposento antes de trazerem Luar.

– O que deseja, Rufus?

– Chame Segadas imediatamente.

– Sim, chefe – diz o Espírito, saindo.

Mais alguns minutos se passam e, antes que Segadas chegue, a imensa porta se abre, dando passagem a Luar, ladeado por um grupo de oito guardas. Na verdade, ele não se encontra sozinho, mas acompanhado por Cláudia, seus companheiros, Rebeca e as outras entidades de apoio, porém, Rufus e os outros não conseguem visualizá-los. Também não conseguem perceber a forte energia que envolve Luar, protegendo-o, energia essa proporcionada por todos aqueles Espíritos de Luz. Luar impressiona-se com todo aquele ambiente, principalmente com a compleição dos habitantes daquele tenebroso local, mais precisamente com Rufus. Parece conhecê-lo de há muito tempo. Rufus, por sua vez, não consegue definir o que sente naquele momento. Um misto de sentimentos, principalmente uma estranha emoção lhe invade a alma. Luta consigo mesmo numa tentativa de reter o ódio que sente por aquela criatura que, inopinadamente, entra em seus domínios. Nesse instante, parece rever todo um passado, inclusive passando a sentir Luar como o conhecera e convivera com ele há alguns séculos. Na verdade, até a presente data, não mais o vira. Apenas o perseguia através de seus comandados e esse encontro o desconcerta.

– Que sentimentos são estes que me envolvem? – pergunta-se a si mesmo e, por mais que se esforce, não consegue emitir palavras da maneira como gostaria, ou seja, com o ódio que, até aquele momento movia suas ações e pensamentos a respeito de seu antigo companheiro de jornadas. E é quase com mansidão que lhe fala:

– Mas que surpresa, Laio! Não esperava que isso fosse acontecer um dia. Você, aqui em meus domínios, e sob a minha força!

– Laio? – pergunta Luar.

– Não se lembra mais de seu antigo nome?

– Não. Deus permitiu-me o esquecimento do passado para que pudesse modificar os meus instintos que, acredito, não terem sido nada satisfatórios num pretérito tão distante.

– Muito distante mesmo, Laio, ou prefere que o chame de Luar?

– Como desejar, Rufus.

O Espírito agora se espanta.

– Como sabe o meu nome?

– Sei de algumas coisas por obra de amigos espirituais que querem nos auxiliar.

– Auxiliar-nos? Não entendo. Não estou necessitando de auxílio algum.

A porta novamente se abre e um guarda anuncia a presença de Segadas. Rufus, então, modifica as suas intenções:

– Pois pode dispensá-lo. E não quero ser perturbado por ninguém.

– Sim, chefe.

– Mas vamos continuar a nossa conversa, Laio. Prefiro chamá-lo assim, se não se importa.

– Como quiser, meu irmão.

– Irmão?! Não sou seu irmão!

– Somos todos irmãos, Rufus, já que possuímos um mesmo pai, Deus, nosso criador.

– Aproxime-se mais, Laio. Quero vê-lo mais de perto.

Luar atende ao pedido e, de repente, grande transformação parece se operar na sua aparência. Não mais se apresenta com o rosto atual e nem com as roupas que estivera usando, mas sim com a fisionomia e os trajes da época em que vivera como Laio, companheiro de lutas de Rufus. A grande diferença se encontra em seu semblante, agora sereno e bondoso e não mais enérgico e severo. Trata-se de uma providência que os Espíritos que o acompanham estão utilizando para tocar bem fundo o coração de Rufus que detinha, no passado, fortíssima afinidade por ele.

– Mas o que está acontecendo? – pergunta-se Rufus a si mesmo ao ver o antigo amigo, ali à sua frente – Estarei enlouquecendo?

– Podemos conversar agora, meu irmão – diz Luar, sob forte inspiração de Cláudia e de Rebeca, amparadas por todos os outros companheiros. E, a partir deste momento, Luar passa a falar como um médium, onde toda a conversa será inspirada, mediunicamente. Evidentemente, Luar não se lembrará de nada do que acontecer durante esse episódio.

– O que veio fazer aqui, Laio? – pergunta Rufus, cada vez mais impressionado e, mesmo, emocionado, pois antigos sentimentos de amizade lhe afloram à mente.

– Como lhe disse, venho até sua presença para que possamos receber o gran-

de auxílio que tanto necessitamos, mas o mais importante é o sincero pedido que tenho a lhe fazer.

– Pedido? Que pedido?

– Rufus, meu irmão, por tudo o que já fomos, por tudo o que realizamos juntos, por todo o sentimento que nos uniu por tanto tempo, venho, humildemente, lhe implorar o seu perdão.

– Perdão? – pergunta Rufus, cada vez mais impressionado com tudo aquilo.

– Sim e é em nome de nossos antigos laços que lhe peço também que possibilite que conversemos a sós como sempre o fazíamos no passado.

Rufus vê-se, cada vez mais, envolvido por um torvelinho de recordações, como se tivesse retornado a um passado onde Luar, visto agora como Laio, fazia parte importante em sua vida e é num arroubo que ordena:

– Guardas! Saiam todos! Permaneçam do lado de fora da porta e torno a repetir: por nada quero ser interrompido.

Os guardas obedecem e saem, deixando Rufus e Laio a sós, apenas com a presença invisível para ele dos Espíritos Benfeitores que acompanham a cena, continuando a inspirar o rapaz.

– Você me pede perdão... – retoma Rufus o fio da conversa, logo em seguida.

– Isso mesmo, Rufus.

– Roga-me o perdão por ter-me abandonado, seguindo aquele a quem chamam de Cristo...?

– Não, Rufus. Saiba que por momento algum me arrependo de ter feito o que fiz: dedicar a minha vida aos pobres e estropiados a quem tanto prejudicamos e fizemos sofrer.

– Não?! Não se penitencia de ter-se tornado um padre em sua anterior vida terrena?

– Não, meu irmão. O que fiz só me trouxe alegria porque consegui resgatar um pouco dos males que causei e saiba que dedico aquela minha nova vivência a você, meu irmão.

– Você desertou, Laio!

– Não de você, Rufus, porque o considero o meu grande amigo e irmão.

– Então me pede perdão do quê?

– Peço-lhe perdão por tê-lo incentivado ao mal através de meus sórdidos e cruéis exemplos. Peço-lhe perdão por não ter-me devotado mais a que você também se transformasse. Peço-lhe perdão pelo ódio que sente por mim e que o faz sofrer tanto. Peço-lhe perdão por tudo o que não fiz em seu benefício. E peço-lhe perdão por todo o mal que lhe causei.

– E pensa que o perdoarei por isso? Não, Laio. Poderei perdoá-lo, sim, por sua traição, se juntar-se novamente a mim. Veja, Laio, todo este império. Veja o poder que detenho nas mãos. E você? O que possui? Nada. Não possui nada, a não ser envolver-se com fracassados da vida, verdadeiros párias da sociedade. Tenho acompanhado você através de relatos de meus comandados. Sei que hoje se encontra entregue a uma estúpida religião onde pregam o amor e auxiliam esses desgraçados que, humilhados, batem à porta dessa ridícula casa religiosa onde trabalha e que denominam de Centro Espírita. O que pensa que está fazendo? Por acaso pretende mudar o mundo, mudar as suas misérias? Não se iluda, Laio. Volte para mim, como o companheiro de armas que sempre foi e venha gozar da inebriante satisfação do poder. Juntos, e você sabe disso, poderemos governar tudo isto.

– Você me convida a governar com você este mundo de podridão e sofrimento, Rufus? Que satisfação sente nisso? Não sabe que Deus poderia, a qualquer momento, acabar com tudo isto aqui?

– E por que não o faz?

– Não o faz porque quer que seus filhos se modifiquem pela sinceridade de seus sentimentos e não por algo a lhes ser imposto.

– Se esse Deus, de quem tanto fala, amasse realmente seus filhos, não permitiria que eu continuasse com minhas obras.

– Deus sabe o momento certo para tudo, Rufus. Por que pensa que Ele se disporá a auxiliar aqueles que não querem o Seu auxílio? Que não têm fé? De que adiantaria?

– Momento certo para tudo? Que momento certo, Laio?

– Meu irmão, você é inteligente e tem conhecimento dos processos regenerativos deste nosso Planeta. Não desconhece que, apesar de todo esse poder que julga ter sobre esses seus estropiados comandados, não tem poder algum sobre a vontade do Criador, assim como eu não o tive quando retornei à carne.

– Você quis retornar à carne, Laio. Eu não quero. Essa é a grande diferença.

– Como já lhe disse, Rufus, você é bastante inteligente e sabe que não é assim. Não desconhece a existência das reencarnações compulsórias. Sabe que a cada dia que passa, a cada hora, a cada minuto, a cada segundo, todos estamos a um número de passos cada vez menores em direção a uma grande passagem, seja ela do plano material ao espiritual ou do espiritual ao material e que você não poderá fugir desse destino.

– Do que é que está falando, Laio?

– Estou dizendo que a cada segundo que se passa, estou mais perto de desencarnar e você de reencarnar.

– Você está louco!

– Não estou louco, não, Rufus, e você sabe disso. Sabe que por mais que possa amealhar bens e poderes, não os terá para sempre. Sabe que apenas levará consigo, para a carne, os valores espirituais que acumular na presente vida, sejam eles bons ou maus. Sabe que, para os bons, a felicidade é a consciência tranquila do dever cumprido, não obstante o tipo de corpo que vier a ter. Mas sabe também o que é reservado para os maus. Não por castigo de Deus, mas por força das próprias energias vibratórias, construtoras das formas.

– Não quero saber disso! Não quero saber disso!

– Não adianta fugir do que é imutável, meu irmão, e sabe que as leis de causa e efeito, as leis de Deus, nosso Pai e Criador, não podem ser modificadas ao nosso bel-prazer.

– O que sabe você sobre minha próxima reencarnação? – pergunta, agora, demonstrando que as palavras de Luar lhe estão fazendo algum efeito em sua mente.

– Nada sei sobre isso, Rufus. O que quero lhe dizer é que tenho plena certeza de que ela será inevitável. Você sabe disso. Agora eu lhe pergunto: já parou para pensar em como será, depois de tantos desmandos de sua parte, depois de tantas atrocidades cometidas em nome de um tolo orgulho, de uma tola vaidade, em nome de um poder que nada traz de felicidade?

– Você está querendo me amedrontar, Laio. Apenas isso.

– Amedrontar, Rufus? Pense bem. Você possui até capacidade para imaginar o que a vida carnal lhe reserva depois de tudo o que fez.

– Que fizemos, você quer dizer.

– Do que fizemos, sim, Rufus, e sinto a consciência bastante pesada tendo em vista que tenho culpa em muito do que errou. E é por isso que venho aqui hoje para lhe pedir perdão pela minha parcela de culpa e oferecer-lhe um braço amigo para libertá-lo de tanto sofrimento que, certamente, o cercará num futuro que, acredito, não esteja muito distante.

– Você está me deixando atordoado, Laio.

– Pois é exatamente o que pretendo fazer: atordoá-lo. Fazer você parar para pensar.

– O que fez você modificar-se tanto, Laio?

– O mesmo que está acontecendo com você agora, meu irmão. Alguém que um dia nos foi tão caro fez o mesmo por mim. Chamou-me à consciência, fazendo-me ver o quanto estava enganado a respeito da vida. Mostrou-me o verdadeiro caminho. Sei que será difícil para você modificar-se de um momento para outro, mas tenho fé que estas minhas considerações o farão mudar a visão que tem das coisas, do mundo, do universo, da mesma forma como ocorreu comigo.

Rufus fica a olhar para o antigo amigo sem conseguir emitir sequer uma palavra. Nunca, em toda a sua vida, sentira algo parecido. Suas fibras mais íntimas estão como que sendo injetadas de estranha energia e sua mente parece um turbilhão de conflitantes pensamentos. A única coisa que tem certeza naquele momento é que há muito tempo não se sente daquela maneira: feliz com a presença do companheiro de tantas lutas, ali à sua frente. Não consegue entender por que não mais o odeia tanto e se pergunta que poder seria aquele que conseguira transformá-lo tanto em tão pouco tempo? E, num impulso irresistível, aproxima-se do amigo e coloca suas mãos sobre os seus ombros, gesto este muito frequente no relacionamento dos dois guerreiros.

– Laio, se tenho algo a lhe perdoar, peço-lhe que me perdoe também. Não sei o que lhe dizer a respeito de tudo o que me falou e nem sei se, quando for embora, ainda estarei a pensar desta maneira. Talvez volte a odiá-lo e a desejar que se junte a mim novamente, que passe a pensar como penso, mas prometo-lhe raciocinar sobre tudo o que me falou. Inexplicavelmente ainda o vejo como a um amigo.

Oitenta e três

– MAS O QUE ESTÁ ACONTECENDO *com esse imbecil?! – murmura Segadas que, juntamente com Crota, encontra-se no compartimento secreto onde, através de um orifício, avista todo o aposento de Rufus e ouve o que se fala em seu interior.*

Crota, que também espiona através de outro artifício, próximo a Segadas, responde calmamente:

– Rufus está se deixando levar por sentimentalismos. Pelo que sei, Rufus e Laio foram grandes companheiros no passado. Eram como dois irmãos.

– Mas será que ele não percebe que tudo isso não passa de um truque daqueles "das luzes"?

– Não se preocupe tanto, Segadas. Se você quer tomar para si o comando desta fortaleza, nada melhor do que Rufus enfraquecer-se e nada melhor para isso do que um sentimento fraco como esse que está sentindo neste momento.

Segadas pensa um pouco e diz:

– Sabe que você tem razão, Crota?

– Talvez o melhor a fazer seja alimentar ainda mais essas bobagens no coração de Rufus. Tenho certeza de que isso facilitará em muito as coisas para nós.

– Desde que isso não venha a atrapalhar os meus planos...

– Vamos ouvi-los mais um pouco – aconselha o outro.

***

– Ainda tenho outras revelações a lhe fazer, Rufus. Você não teve mais notícias de Amaro e nem de sua mãe, nossa dedicada Rebeca?

Rufus abaixa a cabeça, ficando alguns segundos com o olhar fixo no solo, parecendo querer colocar em ordem os seus pensamentos. Deixa-se, então, sentar-se numa grande cadeira e confessa:

– O que está fazendo comigo, Laio? Já estava quase conseguindo me esquecer...

– Esquecer-se de sua mãe e de seu filho, Rufus?

– Por muito tempo tentei encontrá-los. Meus comandados se desdobraram nessa tríplice procura: minha mãe, meu filho e você.

– E apenas conseguiu encontrar-me, não é?

– Sim. Na verdade, meu ódio por você era tanto que, para falar a verdade, concentrei todos os meus esforços nessa tentativa.

– E na mãe de Amaro?

– Foi apenas uma simples criada que eu soube, há pouco tempo, estar vivendo como uma médica na vida atual. Mas não tenho preocupação nenhuma para com ela. Quando deu Amaro à luz, desapareceu. Renegou o próprio filho. Para mim foi melhor. Quantas recordações você está me fazendo ter neste momento. Amaro foi um grande guerreiro, não, Laio? O melhor de todos.

– E o mais sanguinário também.

– E não éramos todos nós assim? Até mãe Rebeca gostava de um belo troféu.

– É verdade, Rufus, mas o tempo passa e o arrependimento nos arrebenta o coração.

– O meu ainda nem se abalou.

– Está abalado agora, Rufus. Sinto isso.

– Onde será que se encontra mãe Rebeca e Amaro? Creio que já reencarnados.

– Talvez...

Rufus tem um sobressalto.

– Você sabe alguma coisa sobre eles?

– Talvez... – repete Luar.

Os olhos de Rufus arregalam-se.

– Se sabe de alguma coisa, diga-me, Laio.

– Se você os encontrasse, o que faria?

– Não sei o que faria, mas gostaria que estivessem bem.

Nesse momento, Luar sente um ligeiro estremecimento. Parece que seu corpo adormecido teima em despertar. Ciente do que está ocorrendo, Cláudia aproxima-se mais dele e, temendo que ele retorne ao corpo muito rapidamente, com muito mais vigor lhe inspira as últimas palavras:

– Rufus, amanhã à noite, aguarde-me do lado de fora desta sua fortaleza. Virei buscá-lo, pois quero lhe mostrar alguns fatos.

– Que fatos?

– Fatos relacionados à sua mãe e a Amaro.

– Ei! Aonde você vai?!

– Até mais, Rufus. – diz Luar, como que despedindo-se.

– Espere...

Luar, então, ainda caracterizado como Laio, através de mentalizações dos Espíritos que o acompanham, é puxado com muita velocidade daquela fortaleza, deixando Rufus sozinho.

– Laio!!!

* * *

São quase cinco horas da tarde e Luar desperta de seu sono no bosque onde se deitara e adormecera. Sentando-se, apanha o livro que deixara cair ao seu lado, colocando-o de volta na mochila.

– Será que aconteceu alguma coisa? – pergunta-se. – Meu Deus, como dormi pesado...

Levanta-se e parte em direção à cidade, levando cerca de uma hora para chegar. Dirige-se, como combinado, à casa de dona Deise que o leva até o apartamento de seu Ricardo. O velho está dormindo e aproveita para banhar-se. Depois, come um lanche que Santina prepara para ele. Lava algumas peças de roupa, estende-as para secar e senta-se à beira de sua cama ao lado da do velho.

– Santina, se quiser ir, vou ficar aqui desde já.

– Posso ir, Luar?

– Vá tranquila. Já sei os horários dos remédios.

– Então, eu vou, sim. Tenho muitos afazeres lá em casa. Até amanhã, Luar, e muito obrigado.

– De nada, Santina.

Luar apanha um jornal espírita que se encontra sobre uma pequena mesa e começa a lê-lo. Dona Deise compra periódicos espíritas para que as enfermeiras leiam para seu Ricardo. Mais de meia hora se passa até que o velho desperta e vê Luar sentado, ali, ao seu lado.

– Você já veio, Luar?

– Cheguei agora há pouco, seu Ricardo.

– E daí? Fez o que lhe recomendei? Foi até o campo?

– Fui, sim.

– E adormeceu?

– Instantaneamente. Foi só eu começar a ler o Evangelho e caí em pesado sono.

– Lembra-se de alguma coisa?

– Não, seu Ricardo. Apenas parece-me ter sonhado com um grande castelo e com alguém que me pareceu um amigo de longa data, mas não me lembro mais de sua fisionomia.

– Por quanto tempo dormiu?

– Creio que aproximadamente umas três horas.

O velho sorri e diz:

– Tenho a impressão de que participou de um grande trabalho.

– Pode ser – concorda o moço.

– O que está lendo aí?

– Um artigo sobre Espíritos obsessores.

– Rose o leu para mim. Trata-se de um artigo de muita profundidade.

– Também achei, seu Ricardo.

– Sabe, Luar, o que penso a respeito dos Espíritos obsessores e dos obsidiados?

– Gostaria muito de saber, seu Ricardo.

– Preste atenção, então. O que você pensa a respeito dos Espíritos obsessores?

– Penso que são entidades muito sofredoras, não?

– Isso mesmo. Na verdade, existem vários tipos de obsessores, mas vamos considerar aqueles mais conhecidos. Existem aqueles que são inimigos do passado e que querem, a todo custo, vingar-se de seus desafetos e aproximam-se deles tentando prejudicá-los. Certo?

– Correto.

– Existem aqueles outros que apenas se comprazem em fazer o mal, seja a quem for. Dentre esses, há aqueles que se prestam a isso, recebendo ordens.

– E quanto aos que recebem ordens, – diz Luar – podemos classificá-los em três categorias, pelo menos são as que me vêm à mente, agora: uns, como o senhor mesmo disse, agem apenas pelo prazer de fazer o mal; outros, em troca de favores, geralmente ligados às viciações que possuem; e também aqueles que agem obrigados, simplesmente por medo das consequências punitivas se não cumprirem o que lhe ordenam.

– Pois é isso mesmo. Agora, o que as pessoas obsidiadas desejam quando recorrem a Deus, aos Espíritos, aos Centros...?

– Querem se ver livres dessa obsessão.

– Mas querem livrar-se rapidamente do problema, não é?

– Isso é verdade.

– Ah, lembrei-me de um outro tipo de Espírito obsessor: aqueles que são atraídos por encarnados despreparados. São os casos em que as pessoas valorizam tanto os problemas por que passam, que acabam atraindo-os por afinidade. Lembro-me bem de um exemplo que uma vez um palestrante deu. Ele fez menção aos próprios encarnados que são atraídos uns aos outros quando possuem problemas idênticos. Aqueles que sofrem, por exemplo, de uma doença ligada ao estômago, procuram conversar com pessoas portadoras do mesmo mal, só que, muitas vezes, não para, juntas, procurarem uma cura, mas apenas para reclamarem umas às outras.

– Quantos exemplos desses vemos no nosso dia-a-dia. Nós mesmos, muitas vezes...

– Nós mesmos... Mas preste atenção onde quero chegar. O que os obsidiados desejam quando se sentem prisioneiros dessas entidades infelizes?

– Afastarem-nas.

– Você falou certo: afastarem-nas. Porque, na verdade, nós mesmos as atraímos muitas vezes; e de que adianta um trabalho que apenas as afaste?

– Nada, seu Ricardo. Eu sei que existem trabalhos dentro do espiritualismo religioso, que não considero kardecista, que se utilizam desse expediente. Espíritos, servidores de médiuns, também em troca de algum tipo de favor, simplesmente afastam essas entidades perturbadoras através da força bruta, sem nada fazerem para ajudá-los, mostrando a elas o verdadeiro caminho.

– Você explicou muito bem, Luar.

– E como disse, de que adianta afastá-las? Não conseguindo mantê-las à distância por toda a eternidade, o que acontece?

– Acontece que seu ódio pelo obsidiado em muito aumentará e quando estiverem livres, novamente...

– Por isso é necessário esclarecê-las e ajudá-las a encontrar um novo caminho para o progresso espiritual para que possam novamente marchar em busca da felicidade.

– Muito bem explicado, também, mas penso que existe uma maneira muito boa de não se sentir mais a influência dessas criaturas.

– E qual é, seu Ricardo?

– Influenciando-as.

– Influenciando-as? – pergunta Luar, apesar de já ter noção da resposta que irá ter.

– Isso mesmo, influenciando-as. Imagine se seguíssemos a contento os ensinamentos de Jesus? O que aconteceria? É evidente que seríamos os melhores professores para elas, pois a atenção delas, sempre voltada para nós, faria com que, através de nossos exemplos, aprendessem grande lições.

– O senhor está sendo brilhante, seu Ricardo, pois, afinal de contas, quem seria o melhor professor para um obsessor?

– É lógico que seria o próprio obsidiado. Como já disse, ele é a pessoa, o Espírito encarnado, sobre o qual o obsessor tem toda a sua atenção voltada. Nada lhe escapa aos olhos e ao coração. E qual o melhor aluno?

– Aquele que tem toda a sua atenção voltada para a aula.

– E qual o melhor professor?

– Aquele que tem sobre si toda a atenção do aluno.

– Pois é isso. Ninguém melhor do que nós próprios para ensinar aos nossos próprios obsessores. É lógico que tudo o que fizerem no Centro Espírita, em nosso favor, terá a sua importância, mas também, de que adianta um bom trabalho se não houver o exemplo que ensina e doutrina?

– Gostei muito desta nossa conversa, seu Ricardo, e, por falar nisso, ouvi dizer que o senhor escreveu um conto. Poderia lê-lo?

– Ah, não. Trata-se apenas de um arremedo de escrito.

– Mas posso gostar dele.

– Você faz questão, mesmo?

– Absoluta.

– Então, Luar, por favor, abra aquela gaveta do guarda-roupa.

– Esta?

– Isso mesmo – responde o velho, erguendo um pouco a cabeça – É um caderno de capa verde.

– Já o achei. E agora, o que quer que eu faça?

– Leia-o, meu filho. Se precisar, tem uma caneta ali em cima da mesa. Pode apanhá-la.

– Uma caneta?

– Sim. Uma caneta para corrigir prováveis erros de português e mesmo doutrinários.

– Deixe-me lê-lo primeiro.

– Faça como quiser, Luar, mas quero que saiba que o escrevi há muitos anos, quando ainda era moço e ficava esperando muito as coisas acontecerem. Pode ver que o conto tem o título: "A Hora é Agora".

– Estou vendo e vou lê-lo já.

Oitenta e quatro

"A Hora é Agora"

– *PRESTE ATENÇÃO, MEU FILHO. Estou morrendo e os Espíritos de nossos antepassados já se encontram aqui para guiar-me na grande viagem, mas, antes, preciso revelar-lhe um segredo – diz o velho índio ao filho Ayumara, de trinta e sete anos, ao sentir que suas forças já o estão abandonando no momento derradeiro da partida.*

– *Diga, meu pai.*

– *Peço aos Espíritos que me dêem forças para que eu tenha tempo suficiente para contar-lhe tudo.*

– *Eu lhe darei as minhas forças – diz o filho, tomando as mãos do velho.*

– *O que quero lhe contar, aconteceu há muitos anos num belo dia em que saí para caçar e embrenhei-me na Mata da Cobra.*

– *Na Mata da Cobra? O senhor entrou lá?*

– *Sim.*

– *Meu pai, o senhor é um bravo.*

– *Deixe-me contar-lhe. Entrei na mata naquele dia e caminhei muito, encontrando caça abundante. Quando já estava para retornar, vi um pássaro diferente, bastante colorido, pousado em uma árvore, por detrás de um espesso cipoal. Caminhei vagarosamente até perto dele e foi, então, que estaquei, profundamente deslumbrado com o que vi um pouco mais ao longe.*

– *O que foi que o senhor viu?*

– *Percebi, logo à frente, atravessando a cortina de cipós... eu vi... meu filho, ... fico emocionado...*

– *Conte, pai.*

– *Vi uma imensa e linda cachoeira e dela bebi a mais deliciosa água que já havia experimentado. Uma água diferente, sabe? Uma água leve, com um ligeiro gosto de mato. Vi, também, muitas árvores desconhecidas, com muitas frutas. Delas provei e pareceu-me sentir o sabor do mel em suas polpas.*

– E por que o senhor nunca revelou isso aos outros da aldeia?

– Esse é o grande segredo, meu filho, que quero lhe revelar.

– Pois diga, meu pai.

– O meu primeiro impulso, realmente, foi o de contar a todos e levá-los correndo até aquele verdadeiro paraíso, mas quando aqui cheguei na aldeia, fiquei com medo e resolvi pensar um pouco melhor.

– E por quê?

– Na época, achei melhor descobrir, antes, uma maneira de fazer essa revelação, porque tive receio de que não soubessem aproveitar bem tudo o que aquele local poderia oferecer-lhes. Além disso, tive medo, também, de passar por mentiroso, pois a maioria teme embrenhar-se naquela mata, e passei todos estes anos usufruindo sozinho daquele lugar maravilhoso, pensando e pensando sobre uma maneira de fazê-los participar também daquela minha felicidade. E hoje que me encontro à beira da morte, quero lhe ensinar o caminho e pedir-lhe que descubra uma maneira de revelá-lo a todos os seus irmãos.

– Farei isso, meu pai, mas conte-me onde fica esse paraíso.

O velho índio, então, com muito esforço, relata minuciosamente ao filho como chegar ao cipoal no interior da Mata da Cobra, vindo a falecer, logo em seguida. Passado o ritual de despedida do velho guerreiro, Ayumara, munido de muita coragem e confiança no que o pai lhe contara, percorre o caminho ensinado e, da mesma maneira que o velho índio, deleita-se com tudo o que aquele local, ainda praticamente virgem, pode oferecer.

– Realmente, meu pai tinha razão. Isto é um verdadeiro paraíso – diz para consigo mesmo, passando três dias e três noites naquela mata, desvendando e conhecendo, cada vez mais, as maravilhas que a natureza, graciosamente, ali plantara. – Mas não posso fazer como meu pai. Tenho que contar a todos os outros para que possam vir, também, usufruir tudo isto. Talvez, até mudarmo-nos para cá. Sim – continua a pensar – vou fazer isso, porém, acho que, primeiramente, devo pesquisar e conhecer melhor todos os mistérios deste lugar. Devo conhecer tudo como a palma de minha mão, para, só então, anunciar o que meu saudoso pai descobriu.

E daquele dia em diante, Ayumara, sorrateiramente, sem que ninguém perceba, realiza mais e mais incursões na Mata da Cachoeira, que foi como a batizou, a fim de descobrir novos caminhos, novas árvores, novos frutos e novos animais. Porém, o tempo passa e Ayumara envelhece, chegando também, assim como a seu pai, a hora da despedida do mundo material e pede a presença de seu filho Taiguara no intuito de contar-lhe o segredo da mata e assim o faz, rogando que ele não perca tempo com mais pesquisas e leve o povo para lá morar. Taiguara promete ao pai que fará o melhor possível para atender ao seu pedido.

– Não posso acreditar no que vejo! – exclama Taiguara ao entrar naquela mata. – Preciso contar a todos sobre este paraíso!

E, dizendo isso, volta correndo para a aldeia, visivelmente emocionado com o que vira e, principalmente, com o que ainda tinha para deliciar-se, pois o velho Ayumara contara-lhe todos os segredos que pudera desvendar durante todos os anos que passara na mata. Chega esbaforido e tenta reunir todos os índios a fim de revelar-lhes de uma só vez aquela descoberta que somente ele conhecia. Estava muito orgulhoso disso. Tinha certeza de que seria considerado um grande guerreiro. Porém, por mais que tentasse, não conseguia reunir a todos de uma só vez. Quando conseguia reunir um pequeno grupo, os outros se dispersavam para tratar de suas atividades. Mesmo à noite, era-lhe difícil. Decidiu, então, procurar o Cacique da tribo para pedir-lhe que fizesse uma reunião, dizendo-lhe que tinha uma grande revelação a fazer.

– Que grande revelação é essa, meu filho? – pergunta-lhe o chefe maior da tribo.

– O senhor me desculpe, mas gostaria de eu mesmo falar a todos de uma só vez – pede Taiguara, tomado de orgulho e de egoísmo, pretendendo angariar, somente para si, os louros da descoberta.

– Isso é impossível, Taiguara. A nossa tradição diz que somente o Cacique pode falar a todos de uma só vez. Se você me contar o que sabe, farei uma análise do assunto e, aí, então, se eu achar que é do interesse de todos, eu mesmo farei a comunicação.

Taiguara pensa um pouco e, temendo não ser levado a sério, meneia a cabeça negativamente. O Cacique ainda insiste mais uma vez, sabiamente, sugerindo-lhe:

– Se não quer contar-me, mas acha muito importante que os outros saibam, conte a alguns poucos e estes se incumbirão de repassar aos outros. O que não se pode é fazer uma grande reunião.

Taiguara agradece a atenção e sai, cabisbaixo, da tenda do Cacique e, até o fim de seus dias, dirige-se à Mata da Cachoeira, onde fica tentando descobrir uma forma de falar a todos e, da mesma forma, como seu pai e seu avô fizeram na hora da derradeira partida, chama o filho Aracaya e relata-lhe tudo, pedindo que descubra uma maneira de tornar público o segredo que já passara incólume por três gerações.

Aracaya, assim como o pai, fica, então, conhecendo a Mata da Cachoeira e após muitos dias de reflexão, acaba descobrindo mirabolante maneira de realizar o que o pai lhe pedira. Procurando chamar a atenção de todos, corre até a aldeia, sobe numa grande árvore e, munido de um arco e de muitas flechas, começa a atirá-las a esmo sobre todos os que se aproximam daquele local, na intenção de fazer com que a tribo se aglomere debaixo da árvore para, então, falar de uma só vez, sem que tenha descumprido a lei, pois, afinal de contas, não conclamara nenhuma reunião pública. Porém, o que acontece é que, terminadas as flechas, da árvore é retirado e, como costume da tribo, é amarrado pelas mãos e pelos pés num dos troncos da barraca de sua mãe, permanecendo, dessa maneira, por muitos anos, sendo alimentado por uma velha índia. Ninguém mais, a partir daquele momento, dá-lhe ouvidos, já que é considerado como alguém que perdera a razão. Alguns anos se passam e Aracaya vem a falecer sem ter nenhum descendente para contar sobre a Mata da Cachoeira.

* * *

– Bonita história, irmão Hélio – exclama o jovem Mário, Espírito que habita uma colônia de socorro no Plano Espiritual e que frequenta aulas de moral cristã, juntamente com outros tantos aprendizes.

– Mas ainda estão faltando as considerações finais, irmão – reclama um outro rapaz.

– Creio já terem entendido, mas vou atendê-los. Todos nós sabemos que possuímos duas importantes missões, tanto no plano espiritual, quanto no plano terreno: uma que é a de evoluirmos moralmente, com a grande oportunidade que Deus, nosso Pai, nos oferece, a fim de apararmos as arestas de nossa ignorância; e a outra, intrinsecamente ligada à primeira, já que, se cumprida, em muito contribuirá com ela, que é a de servir ao nosso semelhante. E isso, obviamente, podemos cumprir até nas ocupações mais simples e anônimas. Agora, imaginem naquelas de cunho mais importante como, por exemplo, repassarmos aos nossos irmãos, seja por meio de ensinamentos teóricos, seja por edificantes ensinamentos, através do exemplo prático, as lições de Jesus que já assimilamos em nossos corações.

– Sim... – concorda um dos rapazes.

– Agora, quantas e quantas vezes, temos agido como o velho índio, seu filho Ayumara, o neto Taiguara e, finalmente, Aracaya, achando que ainda é cedo para cumprirmos com essa ou aquela missão, amparando-nos com a íntima desculpa de que não possuímos condições para tanto ou, então, que nossos irmãos necessitados não têm capacidade de assimilação, que não temos tempo ou, mesmo, o que é pior, sentirmo-nos travados pelo nosso egoísmo, pelo nosso orgulho ou imensamente aprisionados pelos prazeres e gozos materiais.

– É verdade... – concorda Mário.

– É verdade, sim – diz Amilcar, um Espírito ainda encarnado e que ali se encontra, desprendido do corpo, durante o sono físico e que, para ali, fora levado por seu mentor espiritual. – Ontem mesmo forjei bela desculpa para não fazer um trabalho que achava muito inferior à minha capacidade. Hoje entendo que todo o labor é muito importante para todos os que nos cercam e quanto tempo perdemos

na ociosidade, aguardando uma oportunidade melhor para iniciarmos a nossa obra.

– É isso mesmo, Amilcar – continua o irmão Hélio. – Não devemos perder nunca o nosso tempo, mesmo que seja para oferecermos um simples sorriso a um nosso semelhante ou sermos polidos e educados com todos os que nos cercam, tendo sempre uma palavra amiga e compreensiva. A oportunidade nos é oferecida a todo momento, a cada minuto, a cada segundo e não podemos perdê-la porque na verdade, e é bom lembrarmo-nos sempre disso: a hora é agora!

Quando Luar termina a leitura, seu Ricardo havia adormecido.

Oitenta e cinco

– E AGORA, PAI, O QUE FAREMOS? – pergunta Nando a Brandão, após passarem todo o dia procurando informações sobre Luar.

– Estou muito preocupada – diz Marta – E se o encontraram antes de nós?

– Nem fale nisso – diz Helena, bastante angustiada.

– Será que ele não rumou para a próxima cidade? – arrisca Clemente – É uma cidade bastante pequena, quase uma vila.

– Poderíamos ir até lá – sugere Brandão.

– E se ele estiver aqui ainda?

– Podemos fazer o seguinte – diz Helena –: Eu e Marta ficaremos hospedadas aqui, num hotel, e entraremos em contato com o detetive Alcides pedindo para que venha até aqui e, enquanto isso, vocês poderiam ir até essa cidade.

– Penso ser uma boa ideia – diz Nando.

– Também acho – concorda Brandão. – Vamos fazer o seguinte: vamos todos para lá e Helena e Marta ficam aqui. Amanhã, neste mesmo horário, nos encontramos de novo neste local.

– Vamos, então, acompanhá-las até o hotel. Depois partiremos.

E assim o fazem. Enquanto os homens dirigem-se para a outra cidade, Marta e Helena se hospedam no único hotel da cidade.

– Será que seu Alcides ainda se encontra hospedado naquele lugar?

– Não sei, Marta, mas vamos ligar para o seu telefone celular.

– Boa ideia. Você tem o número?

– Tenho aqui na bolsa. Tome.

Marta liga e Alcides atende prontamente.

– Seu Alcides?

– Sim.

– Aqui é Marta.

– Marta?! Onde foi que vocês se meteram?! Estou desesperado à procura de vocês.

– Onde o senhor está agora?

– Acabei de sair da farmácia de um tal de seu Medeiros. Levei um tempão para convencer seu Clóvis e sua esposa a me informar o que estava acontecendo. Foi preciso que eu ligasse para o Dr. Milton e o colocasse ao telefone com os dois.

– E eles acreditaram nele?

– Somente depois que Dr. Milton chegou às lágrimas.

– Pobre homem.

– Mas por que não me avisaram como combinamos? O que está acontecendo?

– O senhor ia para onde agora?

– Ia para uma cidade vizinha onde há uma fazenda de um senhor chamado Brandão. Seu Medeiros foi quem me indicou.

– Por favor, seu Alcides, venha até aqui.

– Mas onde estão?

Marta lhe explica e lhe conta rapidamente o que está acontecendo.

– Meu Deus! Mas isso está uma verdadeira confusão!

– Estamos desesperadas, seu Alcides.

– Diga-me uma coisa, Marta: vocês chegaram a vê-lo?

– Sim, numa praça onde ele conseguiu evitar uma tentativa de suicídio de um homem que queria atirar-se de um depósito d'água.

– De um depósito d'água?

– Sim.

– E não conseguiram entrar em contato com ele?

– Não. Foi tudo muito rápido e ele fugiu, desaparecendo na multidão.

– Bem, já estou indo para aí. Em que hotel estão?

– Nem me lembro o nome agora, seu Alcides, mas é o único hotel da cidade.

– O nome do hotel é Vila Nova – informa Helena.

– O nome do hotel é Vila Nova.

– Está bem, mas, por favor, não me deixem mais na mão. Se forem embora daí, antes que eu chegue, por favor me telefonem.

– Pode ficar tranquilo, seu Alcides.

– Até mais, então.

– Até mais.

– Ele virá? – pergunta Helena.

– Sim.

– Onde ele se encontra agora?

– Pelo que me falou, na cidade onde mora seu Medeiros.

– Agora, realmente, estou apavorada, Marta. Meu Deus, estivemos a poucos metros dele...!

– Tudo vai dar certo, Helena, acalme-se.

– Onde será que Lélis se encontra neste momento? Estará aqui nesta cidade? Já terá partido?

– Helena, vamos fazer o seguinte: tomaremos um banho e iremos comer alguma coisa.

– Comer, Marta? Não tenho fome.

– Helena, se quisermos continuar com esta busca, é importante que nos alimentemos ou não teremos forças para tanto. Por isso, já para o banho. Vou depois de você.

As moças se banham e descem à procura de um lugar para comerem alguma coisa. Já escurecera e somente conseguem encontrar uma padaria onde se alimentam com sanduíches e leite. Quando terminam, resolvem dar uma volta pela cidade. Desta feita, vão a pé.

– Vamos percorrer o máximo que pudermos esta cidade, Marta. Quem sabe, Deus nos ajuda e encontramos alguma pista.

Dizendo isso, passam a caminhar pelas ruas até que, cansadas, resolvem se sentarem um pouco num banco da pequena praça.

– Se Lélis estiver ainda nesta cidade, Helena, deve estar bem escondido.

– Isso é verdade. Ele não ficaria à vista.

– Mas se isso estiver acontecendo, é porque alguém o acolheu em sua casa, talvez.

– Mas quem faria isso?

– Não se esqueça de que ele vem conseguindo isso desde que fugiu da Capital.

– É verdade. Lélis é uma pessoa que consegue facilmente cativar a admiração dos outros.

Oitenta e seis

ALGUMAS HORAS MAIS TARDE, vamos encontrar Luar desprendido do corpo durante o sono e novamente em contato com Cláudia, Fontes, Domingos, Flávio, Miranda e Rebeca.

– Não me lembro de nada do que falei, Cláudia – diz Luar, referindo-se ao episódio daquela tarde quando, com a aparência de Laio, falara com Rufus – Lembro-me apenas do ocorrido até entrarmos naquela fortaleza e ficar frente a frente com o seu filho, dona Rebeca. Depois, me senti como se fosse uma outra pessoa, mas logo em seguida, me vi impulsionado em direção ao bosque e acordei.

Cláudia lhe sorri e Luar continua:

– A partir daí, então já sob a influência de meu cérebro material, não me lembrei nem mesmo de lá ter estado. Conforme disse a seu Ricardo, lembrava-me apenas e vagamente de ter sonhado com um castelo e com alguém que parecia conhecer de longa data. Bastante interessante o controle de nossas lembranças, quando desprendidos do corpo.

– Sim, Luar. Como você sabe, o Espírito encarnado lembra muito pouco do que ocorre durante o sono, durante o seu desprendimento quando nesse estado. Geralmente, as lembranças se misturam com o que o cérebro mais materializado do corpo físico vai liberando durante o sono. É certo que muitas vezes, quando algumas lembranças são necessárias, os Espíritos auxiliam os encarnados a se recordarem com mais perfeição

– Eu entendo muito bem que quando acordo, não me lembro destes nossos encontros, de nossas conversas, apesar de saber que o que aprendo aqui, fica gravado em minha mente como aprendizado, haja vista, o episódio do conto que escrevi e sei que quando Pai Francisco inspirou-me a escrevê-lo lá no Centro Espírita, esse feito foi facilitado porque já o conhecia, pois o ouvira dele próprio.

– Isso mesmo, Luar.

– Entendo também que quando me encontro desprendido novamente do corpo durante o sono, volto a recordar destes nossos encontros anteriores, mas o que aconteceu hoje à tarde...

– Luar, – explica Cláudia – você trabalhou como médium, só que como médium inconsciente, entende?

– Médium?

– Sim. Você não desconhece que um Espírito, revestido de seu perispírito, pode, também, servir de médium, de ponte entre Espíritos de níveis diferentes.

– Sim.

– Rufus não nos estava vendo, mas você estava falando com ele sob inspiração, algumas vezes de Rebeca, outras, de mim própria.

– E não me lembro de nada porque não seria conveniente que eu me lembrasse de fatos do passado que, obviamente, dizem respeito à minha vida pregressa...

– Isso mesmo.

– Pois eu lhes agradeço por isso.

Nesse momento, Rebeca toma a palavra:

– Luar, amanhã à noite, teremos uma missão muito importante num novo desprendimento. Iremos, inclusive, vir com uma equipe um pouco maior já que também teremos que manter seu Ricardo adormecido enquanto você estiver desprendido. Não podemos correr o risco dele acordá-lo.

– Terá que ser à noite?

– Sim, Luar. Terá que ser à noite, porque outros Espíritos encarnados terão que comparecer também e para isso teremos mais facilidade nesse horário.

– Entendo.

De repente, outra entidade começa a se aproximar. Encontra-se envolta em muita luz.

– É Pai Francisco! – exclama Luar, feliz.

– Sim. É Pai Francisco – concorda Domingos.

– Seja bem-vindo, Pai Francisco – diz Cláudia.

– Obrigado e que Deus nos abençoe a todos.

E, olhando para Luar, lhe pergunta:

– E o nosso cooperador, como vai?

– Muito bem, Pai Francisco. Nem sei como agradecer a Deus por estar me proporcionando tão grata oportunidade de me encontrar com vocês e de poder dar uma pequena colaboração nesse bendito trabalho que realizam.

– Você não é o único, não, Luar, que, encarnado, presta serviços ao verdadeiro plano da vida – diz Rebeca.

– Sei disso. O intercâmbio deve ser bastante intenso.

– Mas não é fácil conseguirmos colaboradores encarnados, não – complementa Fontes. – A grande maioria dos encarnados ainda se aprisiona muito às coisas da Terra.

– A Terra... – diz Pai Francisco, como se estivesse analisando-a e pensando no que irá falar – É o grande remédio que Deus oferece aos Espíritos ligados a este núcleo gravitacional. Um grande remédio...

– Remédio, Pai Francisco? – pergunta Luar.

– Sim, meu filho, e você sabe disso. É através da reencarnação que nos curamos de muitos males morais e físicos. Morais, porque podemos resgatar débitos do passado junto aos nossos credores, aqueles a quem prejudicamos, enfim, a quem causamos muitos dissabores, muitos sofrimentos, transformando, como é do seu conhecimento, ódio, aversão, desejos de vingança, em amor.

– Sim, Pai Francisco.

– E físico porque muitos males que se instalaram em nosso perispírito, causados pela nossa invigilância, sejam eles também físicos ou morais, poderão ser dissipados através do contato, ou melhor, da interação com um corpo mais material, na verdade, plasmado pelo próprio perispírito doente. Costumamos comparar esse fato com uma gota de tinta que é enxugada, absorvida, por um mata-borrão.

– Bonita comparação, Pai Francisco.

O preto velho apenas sorri e continua:

– Mas como todo remédio, é necessário que seja tomado com cuidado, com muitas precauções, sabe?

– Precauções? – pergunta Luar, curioso.

– Precauções, sim. Quando um médico lhe receita um remédio, como você o toma?

– Bem... de acordo com a sua prescrição.

– Muito bem. Vamos supor que ele prescreva um comprimido por dia. Você deverá tomar um comprimido por dia, certo?

– Certo.

– Agora, o que acha que poderá acontecer se você, por livre e espontânea vontade, resolver tomar todos os comprimidos do vidro de uma só vez?

– Poderei ficar muito doente, Pai Francisco, ou, até mesmo, provocar a morte do corpo físico.

– É isso mesmo. Com o remédio da reencarnação, quando tomamos contato com a matéria mais densa, também é necessário que sigamos as devidas prescrições. Muitos Espíritos, infelizmente, ao reencarnarem, resolvem tomar todos os comprimidos, ou seja, deixam-se envolver por demais com a materialidade. Tornam-se ambiciosos, querendo possuir cada vez mais, ou seja, parecem querer tomar todo o remédio que Deus lhes propicia, de uma só vez e da maneira mais errada e equivocada, confundindo o comprimido com a saúde. Sentem mais prazer com o remédio do que com a própria saúde.

– Uma bela comparação – diz Cláudia.

– E como sabermos a maneira correta de tomar esse bendito remédio, Pai Francisco? – pergunta Luar, no intuito de ouvir mais explicações daquela sábia criatura.

– É muito simples, filho. Em primeiro lugar, vamos analisar bem seus efeitos colaterais e seguirmos corretamente a bula desse caridoso medicamento.

– Bula, Pai Francisco?

– Isso mesmo, a bula. A bula do médico dos médicos: Jesus. Sua bula é única. Trata-se de Seus ensinamentos, de Seu Evangelho.

– Profunda lição... – comenta Flávio.

– E a medida, Pai Francisco, imaginando que esse remédio fosse comparado não a um comprimido, mas a um elixir? – pergunta Luar, animado com as palavras do sábio preto velho.

– A medida, Luar? Bem... a medida, digamos que tenha que conter apenas o que realmente necessitamos e não mais do que isso para que não falte a um nosso irmão, o seu quinhão desse santo remédio.

– Gostaria muito de me lembrar dessa lição quando retornar ao meu corpo físico – diz Luar.

– Não se preocupe, meu filho. Você irá se lembrar, sim. Em primeiro lugar, da essência do ensinamento que é o que mais interessa. Quanto a lembrar em detalhes, quem sabe, um dia, não os escreverá, talvez, até melhor?

Luar sorri, humildemente.

– Está na hora de retornar, Luar – diz Cláudia. – Amanhã à noite, precisaremos de seus préstimos.

– Podem contar comigo.

– Deus o abençoe, Luar – agradece Rebeca, comovida.

Oitenta e sete

NESSE MESMO INSTANTE, VAMOS encontrar Soares, um dos homens de Romildo, que fora expulso por ele do grupo, num bar mal frequentado da Capital. Está a beber junto de um amigo, também de vida desregrada.

– Interessante a sua história, Soares. Quer dizer que esse tal de Luar salvou a sua vida, mesmo sabendo que você pretendia eliminá-lo?

– Pois é o que eu estou lhe dizendo.

– Você fez bem em ajudá-lo a escapar, Soares. Só não me conformo de ter desistido de uma boa soma em dinheiro por causa disso.

– Sabe, Tião, existem certos momentos na vida da gente em que fazemos coisas que não entendemos.

– Penso que você foi justo, Soares. Afinal de contas, o rapaz poderia tê-lo abandonado naquele buraco.

– Pois é, mas ainda sinto que não fiz o suficiente por ele.

– Por quê, Soares? Já o ajudou a escapar, não foi?

– Sim, mas sei que ainda corre risco de vida. Apesar da incompetência de Romildo e dos outros, mais cedo ou mais tarde o encontrarão, se é que isso já não aconteceu e já não o eliminaram.

– E o que pretende fazer?

– Não sei. Na verdade, nem tenho ideia de onde poderão estar neste momento.

– Pois eu penso que sua maior preocupação deveria ser com o prêmio.

– Com o prêmio?

– Sim. Afinal de contas, você trabalhou uns bons dias, não foi?

– Foi, mas...

– Esse tal de Paulo iria lhes pagar muito dinheiro?

– Sim... Era muito dinheiro e ainda uma polpuda gratificação.

Tião pensa um pouco e continua:

– Acho que deveria tentar receber a sua parte.

– Minha parte?

– Lógico. Um homem rico daqueles deveria lhe pagar pelo que fez. Você não diz que se trata de muito dinheiro?

– Sim.

– Então...

– Mas o que vou dizer a ele?

– Aproveite a situação, Soares. Afinal de contas, você sabe muito.

– Não estou entendendo...

– Talvez ele possa lhe pagar pelo seu silêncio. Possa pagar para que você fique de boca fechada.

– Chantagem?

– Sim, por que não?

Soares põe-se a pensar.

– Vamos, meu amigo, aproveite a oportunidade – instiga o outro, com um estranho brilho de cobiça nos olhos.

– Não sei...

– Ora, Soares, você não vai deixar passar essa oportunidade, vai?

– Devo confessar que talvez esteja sem coragem.

– Escute, meu amigo, é evidente que você não deverá cuidar disso sozinho. Dessa maneira, poderemos fazer uma sociedade.

– Uma sociedade?

– Sim. Eu ajudo você e dividimos a grana.

– Estou mesmo precisando de dinheiro, mas nem sei como começar.

– Pois eu sei, Soares. Se topar, conte-me todos os detalhes e deixe o resto por minha conta.

Soares, então, conta tudo para Tião e resolvem agir naquele momento mesmo.

– Venha, Soares. Vamos até a minha casa. De lá telefonaremos para esse tal de Paulo.

– Está bem – concorda o outro.

* * *

– Doutor Paulo, aqui é Soares.

– Soares?

– Sim... ou não se lembra mais de mim?

– Conheço, pelo menos, uns quatro Soares – responde o homem do outro lado da linha.

– Vou lhe refrescar a memória, doutor: Soares, Romildo, Luar...

– Oh, sim, Soares. O que você quer? Não está com Romildo?

– Não. Romildo me expulsou do grupo.

– Romildo o expulsou? Mas por quê?

– Isso não vem ao caso agora, doutor.

– E o que vem ao caso, Soares?

– Quero a minha parte.

– Você quer a sua parte? E o que o faz pensar que eu terei que lhe pagar? Se foi expulso por Romildo, boa coisa não deve ter feito.

– Já lhe disse que isso não interessa. Quero a minha parte.

– Preciso conversar com Romildo antes.

– Sem conversas, doutor. Quero a minha parte.

– E por conta de quê, Soares?

– Do meu silêncio, doutor.

Paulo sente um estremecimento lhe percorrer o corpo. Sua esposa desconfia dele e foi embora para a casa do pai. Neste momento, ele se encontra sozinho em sua casa e Soares o chama pelo telefone celular. Na verdade, a intenção dele é pagar aos homens para que eles o esqueçam. Mudou de planos e o que pensa agora é interromper tudo e tentar convencer Mirtes e seu pai de que não tem nada a ver com o que está acontecendo. Aposta, inclusive, que talvez Luar não recobre mais a memória e não se lembre de Romildo tentando atropelá-lo. Num futuro, quem sabe, tente novamente eliminá-lo? Procura, agora, controlar-se para tentar dominar a situação junto a Soares.

– Preciso pensar no assunto, Soares. Na verdade, devo-lhe algum dinheiro, sim. Afinal de contas, apesar de ter sido expulso do grupo, trabalhou também e não sou homem de ficar devendo. Vou lhe pagar, sim.

– E quanto é que irá me pagar, doutor?

– Bem... preciso conversar com Romildo para ver o que lhe devo pagar.

– Já lhe disse, doutor, sem conversas! Romildo não vai permitir que me pague. Quero uma negociação agora. Como já lhe disse, não estou lhe cobrando o meu serviço, estou lhe vendendo o meu silêncio.

– Mas isso é chantagem, Soares!

– O doutor pode chamar do que quiser.

– Tudo bem, Soares. Vamos fazer o seguinte: não dá para negociarmos por telefone. Vamos marcar um encontro.

– Certo, doutor, mas não me venha com truques!

– Não haverá truques, Soares. Dê-me o número de seu telefone. Ligarei para você.

– Nada feito, doutor. Eu lhe dou até amanhã cedo para resolver. Ligarei novamente às oito horas. Passar bem.

Dizendo isso, Soares desliga o telefone.

– Muito bem, Soares – diz Tião, entusiasmado com o rumo das coisas.

– Não sei, Tião. Estou receoso. Esse tal de doutor Paulo é um homem bastante traiçoeiro.

– Você deve fazer o seguinte: se perceber qualquer tipo de sujeira, diga-lhe que tem um amigo que também sabe de tudo. Se ele quiser uma confirmação, dê-lhe o número deste telefone. Ele liga para mim e eu confirmo.

– Parece ser uma boa ideia.

– É uma boa ideia, Soares.

***

Assim que Paulo desliga o telefone, liga para Romildo.

– Romildo? É Paulo quem está falando.

– Pois não, doutor – responde o bandido.

– Onde você está?

– Estou na estrada rumo à Capital, como o doutor me pediu.

– Você chega ainda hoje?

– De madrugada.

– Muito bem. Nosso encontro será amanhã de manhã, por volta das dez horas, naquele barracão onde conversamos da outra vez.

– Certo. Estaremos lá.

– Só tem um problema, Romildo.

– Problema? Que problema?

– Soares.

– Soares? O que aquele miserável está querendo? Nós o expulsamos do grupo. Temos fortes indícios de que ele favoreceu a fuga de Luar.

– Ele está me chantageando.

– Chantageando?!

– Quer que eu lhe pague pelo seu silêncio.

– E o doutor sabe onde ele se encontra?

– Não tenho a mínima ideia. Fiquei de lhe dar uma resposta amanhã às oito horas. Ele vai me ligar.

– Então, doutor, por que não marca um encontro com ele no barracão? Chegaremos antes das dez e o pegaremos. Vamos lhe dar uma lição. Na verdade, vamos conseguir o seu silêncio.

– Combinado, Romildo.

– A propósito, doutor, por que quer que cancelemos a missão?

– Não se preocupe com isso, Romildo. Na verdade, tenho a intenção de cancelá-la por enquanto. Preciso dar um tempo para que as coisas esfriem um pouco. Depois voltaremos à carga.

– O doutor é quem sabe.

– Então, estamos combinados.

"O Evangelho é a bússola do Espírito"

O REGRESSO

Oitenta e oito

– DOUTOR MILTON? AQUI é Valério, o detetive.

– Pois não, Valério. Alguma notícia?

Valério é um detetive particular que o doutor Milton contratou para vigiar Paulo, assim que ouviu a suspeita da filha Mirtes.

– Desculpe-me incomodá-lo tão cedo, doutor, mas é que algo de estranho está ocorrendo.

– E o que é, Valério?

– Paulo, seu genro, encontra-se agora num daqueles barracões abandonados, de sua propriedade. Entrou sozinho e fechou a porta. Sem ser notado, consegui espiar por uma pequena janela e o vi sentado num caixote, carregando uma arma.

– Uma arma?

– Sim, um revólver.

– Um revólver?

– Isso mesmo e parece estar esperando alguém.

– Onde você está, Valério?

– Estou aqui do lado de fora, próximo à janela. Estou lhe falando através de meu telefone celular.

– E não há mais ninguém com ele?

– Não... ei... espere... parece que está chegando mais alguém. Isso mesmo. Três homens acabam de estacionar um carro do outro lado do barracão.

– Não deixe que o vejam, Valério – fala Dr. Milton, preocupado.

– Vou desligar, agora. Preciso contornar a construção para vê-los mais de perto.

– Tenha cuidado, Valério, e se perceber que algo de ruim possa acontecer, chame a polícia. Ou ligue para mim que eu o faço.

– Sim, Dr. Milton.

Valério desliga, então, o telefone e, cuidadosamente, contorna o barracão a tempo de ver Romildo, Aldo e Rubens ali entrarem. Retorna ao local onde estivera e espia pela janela, ouvindo-lhes a conversa.

– E, então, Dr. Paulo, marcou o encontro com Soares?

– Marquei para as dez horas. Dentro em pouco ele deverá estar aqui.

– E o acerto conosco?

– Vamos liquidar com esse problema primeiro. Depois acerto tudo com vocês.

– Está bem – concorda Romildo, dando, a seguir, ordens a seus homens – Aldo, Rubens, vamos nos esconder por detrás daqueles caixotes ali. A ordem é para liquidá-lo, patrão?

– Aqui não, Romildo. Não quero meu nome envolvido com esse crime e este barracão pertence às empresas de meu sogro. Façam o que têm a fazer longe daqui.

– Está certo, mas teremos que cobrar por isso.

– Tudo bem, Romildo, e não se esqueçam, estou parando com os nossos planos apenas temporariamente. Logo, logo, pretendo entrar em contato com vocês para terminarmos o nosso propósito.

– É só nos chamar.

Do lado de fora, Valério chega a uma conclusão:

– Dr. Milton tinha razão em desconfiar de seu genro. O homem está mesmo querendo liquidar alguém e só pode, mesmo, ser Lélis. Mas, pelo jeito, pretendem acabar com esse tal de Soares. Acho melhor ligar para o doutor e pedir para que ele chame a polícia.

Pensando assim, Valério liga mais uma vez.

– Dr. Milton? É Valério, novamente.

– O que está acontecendo?

– Bem, aqueles três sujeitos são bandidos mesmo, e pretendem liquidar com alguém.

– Meu Deus! Com Lélis?

– Penso que não, doutor. Falaram num tal de Soares. Deve ser alguém ligado a eles, pois parecem conhecê-lo bem.

– Pois pedirei à polícia que vá até aí. Também me colocarei a caminho.

– Pode ser perigoso, doutor.

– Ficarei de longe e só me aproximarei quando vir que tudo está resolvido.

– E qual alegação dará à polícia?

– Não se preocupe, Valério. Tenho amigos.

– Tenho certeza de que é o melhor caminho.

– Continue vigiando, Valério. Até mais.

– Até mais, Dr. Milton.

Algum tempo se passa e Valério vê quando mais um homem chega ao local. É Soares, ainda apoiado num par de muletas.

– Deve ser esse o tal que estão esperando e que pretendem liquidar. Oh, meu Deus, será que a polícia vai chegar a tempo? – pergunta-se o detetive. – Tenho que fazer alguma coisa... Mas o quê?

De repente, Valério tem uma ideia e corre para o local onde os primeiros homens a chegar estacionaram o automóvel. No interior do barracão, Paulo continua a aguardar a chegada de Soares, enquanto os outros encontram-se escondidos por detrás de uns caixotes, à espreita.

– Doutor Paulo? – chama Soares, entrando no barracão – O senhor está aí?

– Aqui, Soares – responde Paulo sem se mexer.

Soares olha, então, à sua direita e vê Paulo sentado no caixote com o revólver em cima de um outro. No mesmo instante, saca seu revólver também.

– Não será preciso isso, Soares. Minha arma está apenas aqui em cima.

– Por precaução, a minha ficará em minha mão.

– Aproxime-se, Soares.

O outro obedece e para a cerca de uns dois metros dele.

– Quer dizer que você resolveu fazer uma chantagem comigo, não é, Soares?

– Eu não diria uma chantagem, mas um pequeno negócio.

– Tudo bem. Eu vou lhe pagar, mas, antes, diga-me uma coisa: alguém mais sabe desta nossa história?

– Sim, por isso não tente nenhum truque comigo.

– Mas você contou para alguém, Soares?!

– E você acha que viria até aqui sem garantias?

– Você ficou louco?! Quer me arruinar?! Já não terei garantia se amanhã ou depois você não virá de novo chantagear-me! Imagine essa outra pessoa! Você é um imbecil, Soares!

Soares se assusta com a explosão de Paulo e procura manter-se dono da situação:

– Eu não tinha escolha, doutor. Como já lhe disse, não posso me arriscar e eu respondo por essa outra pessoa. Ela só o delatará se algo me acontecer. Aliás, não tenho muito tempo. Tenho hora marcada para retornar. Se eu não aparecer, ela dará com a língua nos dentes.

– Pois assim não faço negócio com você, Soares. Só o farei se souber de quem se trata.

– Nada feito, doutor. O senhor terá que me pagar já.

Nesse momento, Romildo sai de trás do caixote onde se encontra escondido. Rubens e Aldo o imitam, todos apontando armas para Soares.

– É blefe desse safado, doutor Paulo! É blefe desse safado! – berra Romildo.

– Espere! – grita Paulo.

– Você vai morrer, Soares! Traidor!

– Não! – grita ainda Paulo.

Cinco estampidos são então ouvidos no interior do barracão, seguidos pelo som das sirenes da polícia que está chegando ao local. Dois tiros partem da arma de Romildo, seguidos por mais dois das de Rubens e Aldo. O quinto parte do revólver de Soares, que alveja Paulo mortalmente.

– Cerquem o local – grita o chefe dos policiais que, de armas em punho, entram pela porta principal do barracão, a tempo de renderem os três homens. Paulo e Soares encontram-se estendidos no solo.

– Estes dois não têm mais vida – informa um dos policiais após examiná-los.

– O senhor pode entrar, doutor Milton – avisa um outro soldado.

– Venha, Valério.

Quando entram, Romildo, Aldo e Rubens já estão sendo algemados para serem levados para as viaturas. O Dr. Milton ajoelha-se ao lado do genro e lágrimas lhe brotam dos olhos.

– Está morto, Dr. Milton – informa o Delegado que chegara junto com os policiais. – Era seu genro, não? Meus sentimentos.

Dr. Milton levanta-se lentamente e é amparado por Valério.

– Vamos embora daqui, Dr. Milton.

– Um momento – diz e, dirigindo-se ao Delegado, seu amigo, pede-lhe que o comunique a respeito do que aqueles homens sabem a respeito de Lélis, seu filho.

– Hoje mesmo entrarei em contato com o senhor, Dr. Milton.

– Como vou dizer a Mirtes? E a Lídia? E meu filho? Onde estará?

– Venha, Dr. Milton. Eu o acompanharei até a sua casa.

– Obrigado, Valério. Deixe-me ligar para o Alcides e lhe comunicar o que aconteceu aqui. A propósito, Valério, peça ao Delegado os nomes desses homens. Preciso relatar também a Alcides. Um deles, eu conheço. É Romildo. Foi motorista de meu genro até pouco tempo atrás.

Valério fala com o Delegado e retorna com os nomes:

– Realmente, Dr. Milton, um deles se chama Romildo. Os outros são Aldo, Rubens e Soares, o que morreu.

– Vou ligar para Alcides.

Nesse momento, seu olhar cruza com o de Romildo e não se contém. Dá um salto e agarra o homem pelo pescoço.

– Fale, desgraçado! O que fizeram com o meu filho?! O que fizeram com Lélis?!

– Não fizemos nada, doutor. Ele está vivo.

– E onde está?

– Nós o perdemos numa pequena cidade.

– E que cidade é essa? Que cidade é essa?

– Fale, moço – pede o Delegado, calmamente,e afastando Milton dele. – Se falar, será melhor para você.

Romildo explica, então, onde se situa a cidade e o seu nome, além de adiantar que Paulo era o mandante de tudo.

– Venha, Valério. Vou ligar para Alcides.

Oitenta e nove

– SEU ALCIDES! QUE BOM VÊ-LO novamente! – cumprimentam, efusivamente, Marta e Helena, o detetive que acabara de chegar ao hotel.

– Pois eu deveria lhes dar um belo puxão de orelhas por terem me deixado para trás.

– Perdoe-nos, seu Alcides – pede Marta. – Achamos que seria melhor se continuássemos sozinhas.

– Mas por que o senhor demorou tanto para chegar?

– Tive problemas com o carro, Helena. E daí? Tiveram notícias de Lélis?

– Estamos aguardando seu Brandão e os outros. Ainda não retornaram da outra cidade.

– Estou com esperanças, Marta – diz Helena. – Será que essa demora não significa nada?

– Talvez.

– Mas me contem tudo o que aconteceu – pede o detetive. – Venham, vamos nos sentar aqui – convida, mostrando os sofás da sala de estar do hotel.

– É uma longa história.

– Imagino. Mas, vocês chegaram mesmo a vê-lo?

– Nós o vimos, sim, seu Alcides – diz Helena.

– E o perderam?

– Sim...

Nesse momento, o telefone celular do detetive toca e este o atende.

– Alô? Quem? Dr. Milton?

– Dr. Milton?

Alcides faz um sinal para que Helena aguarde e continua a falar:

– É Alcides, sim. Estou aqui com Marta e Helena. O que aconteceu?! Paulo?!

– O que foi?! – pergunta Helena, ansiosa.

– Morto?!... Entendo... Sei... E o senhor tem informações de Lélis? Disseram que ele está vivo...

– Lélis está vivo? – pergunta Marta.

– Ele se encontra nesta cidade? Foi o que disseram imaginar... Sei... E como está dona Mirtes? Entendo... E a sua esposa? Sei... está bem, Dr. Milton. Vou fazer o que puder para encontrá-lo. Há mais pessoas procurando por ele. São amigos. Tudo bem. Eu telefono. Até logo... sim... eu transmitirei seu abraço a elas... até mais.

– O que aconteceu, Alcides? – perguntam as moças.

– Era o Dr. Milton. Disse que Paulo foi morto por um dos bandidos que estavam atrás de Lélis. Ainda não se sabe o porquê, mas três deles estão presos e certamente irão confessar. Aliás, o chefe deles já confessou que trabalhavam a mando de Paulo, que Lélis ainda se encontra vivo e que eles perderam a sua pista nesta cidade.

– Oh, graças a Deus! Graças a Deus! – exclama Helena, soluçando.

– Mas onde será que ele se encontra escondido?

– É o que teremos que descobrir agora – diz o detetive. – Pelo menos, está vivo e não corre mais perigo de vida.

– E se fizéssemos um anúncio na emissora de rádio da cidade? – sugere Helena.

– Não iria dar certo. Lélis não iria acreditar. Temos que encontrá-lo pessoalmente, mesmo.

Nesse momento, os automóveis com Brandão e os outros estacionam em frente do hotel.

– É seu Brandão! – grita Helena, correndo em direção a eles, seguida por Marta e Alcides. – E, então, seu Brandão? Alguma notícia?

– Nada, Helena. Vasculhamos toda a cidade.

– Temos boas notícias, seu Brandão.

– Boas notícias?

– Sim – confirma Marta. – Lélis está vivo.

– Como sabem?

– Aqueles homens que queriam eliminá-lo estão presos e disseram que ele ainda se encontra com vida e que, talvez, ainda esteja nesta cidade.

– Mas como sabem disso?

– O Dr. Milton, pai de Lélis, telefonou dizendo. Oh, desculpem-me, este é Alcides, detetive particular contratado pelo pai de Lélis. Foi ele quem recebeu o telefonema.

– Pelo menos, sabemos que ele está vivo e que não corre mais perigo de vida, pois aqueles bandidos estão presos. Basta, agora, encontrá-lo.

– E sabe quem estava por trás de tudo, seu Brandão?

– Não me diga que o cunhado dele, conforme vocês suspeitavam?

– Isso mesmo.

– Meu Deus!

– O que faremos agora? – pergunta Marta.

– Não podemos ir embora sem nenhuma solução – diz Nando. – Teremos que permanecer nesta cidade até encontramos Luar.

– Pois continuaremos a busca – diz Marta.

– Venham – convida Brandão. – Vamos nos registrar neste hotel. Precisamos todos de um bom banho e não sabemos por quanto tempo ainda necessitaremos continuar nesta cidade.

– Uma boa ideia, pai.

– Telefone novamente para sua mãe, Nando. Explique tudo a ela.

– Vou ligar, sim.

– Ligarei para minha mulher também – diz Clemente.

– Será que o encontraremos? – pergunta Helena, angustiada.

– Temos que encontrá-lo – afirma Brandão. – Se preciso for, bateremos de porta em porta.

* * *

Na casa do Dr. Milton, enorme constrangimento se abate sobre a família.

Mirtes, apesar de não mais amar seu marido, não deixa de se entristecer profundamente. Afinal de contas, não era assim que gostaria que tudo terminasse, pelo menos não era esse o destino que desejava para si, pois, por muitos anos, desde o início de sua vida conjugal, tinha muita dedicação pelo homem com o qual se casara.

E dona Lídia? Como fariam para colocá-la a par dos últimos acontecimentos? Ela nem sabia do risco de vida que seu filho estava correndo. Já bastava o seu sofrimento em não saber de seu paradeiro e, principalmente, pelo fato dele haver perdido a memória. O Dr. Milton, por sua vez, sente-se mais esperançoso agora em, pelo menos, encontrar seu filho com vida. E sentia que isso logo, logo, aconteceria, pois havia muitas pessoas à sua procura e tudo parecia indicar que Lélis se encontrava escondido naquela cidade ou nas redondezas. Já tomara providências para enviar Valério, o outro detetive particular, ao encontro de Alcides para auxiliá-lo. Agora, tinha que providenciar o enterro de Paulo. Já avisara seus pais, que residiam em outro Estado, sobre o ocorrido, e enviara funcionários para, em seu nome, cuidar de todas as formalidades junto à polícia e à funerária. Faria também o possível para que esse caso não viesse a se tornar um escândalo.

Nesse momento, encontra-se com Mirtes no quarto da esposa.

– Querida, estamos perto de encontrarmos Lélis – informa.

– Verdade, Milton? Não me engane mais.

– Agora é sério, Lídia. Já sabemos, pelo menos, onde ele se encontra. Deve estar numa cidade onde o estão procurando ou numa outra, bem próxima.

– E por que não o acham? – pergunta em lágrimas. – Por que não colocam um anúncio com sua foto nos jornais dessas cidades?

– Preciso lhe contar alguns fatos, Lídia.

– Que fatos?

– Até o presente momento, pouco pudemos fazer, porque o nosso filho corria risco de vida.

– Risco de vida?!

– Sim, Lídia, mas graças a Deus, esse risco já não existe mais.

– Não? Não estou entendendo, Milton. Por favor, conte-me toda a verdade.

– Vou lhe contar, querida. Quando Lélis foi atropelado, aquilo, na verdade, foi um atentado contra ele.

– Um atentado?! Meu Deus! Mas quem teria interesse em atentar contra a sua vida? Lélis sempre foi um bom moço. Nunca teve inimigos...

– Sabemos disso, Lídia, mas foi o que aconteceu e parece que Lélis, no hospital, ouviu comentários a respeito e fugiu.

– Foi por isso que fugiu?

– Sim, Lídia. Acontece que, de acordo com uma testemunha, Lélis gritou o nome do motorista que dirigia o carro.

– E quem ela disse que era?

– Ela não se lembrava.

– E vocês já sabem quem foi?

– Agora sabemos.

– E quem foi, Milton?

– Romildo, Lídia. E ele já está preso.

– Romildo? O motorista de Paulo? Mas por quê?

– Seja forte, mamãe. Vamos lhe contar algumas coisas que a senhora não vai acreditar.

– Falem, por favor. Não me escondam mais nada.

– Sabe, mamãe, devo lhe dizer algo muito importante que a senhora também não sabia: já há muito tempo não amo mais Paulo. Ele, ao longo do tempo, mostrou quem verdadeiramente é: uma pessoa ambiciosa e sem escrúpulos.

– Por isso que você veio aqui para a nossa casa? Você disse que era porque ele estava viajando.

– Não, mamãe. Eu vim para cá porque estava com medo dele.

– Medo, filha?

– Sim, mamãe. Medo.

– E onde ele está agora? Ei! Esperem um pouco... o que Paulo tem a ver com tudo isso?

– Muito, mamãe.

– Vocês não estão querendo me dizer que esse atentado...

– É isso mesmo, Lídia.

A mulher, agora, cai em prantos.

– Não posso acreditar... Paulo... Eu o considerava como um outro filho...

– Nós sabemos disso, mamãe.

– E onde ele está agora? Se Romildo está preso...

– Romildo confessou tudo. Ele e mais dois bandidos de seu grupo.

– E ele confessou...

– Que estavam agindo a mando de Paulo.

– Mas por quê? Por que queria matar nosso Lélis?

– Por ambição, mamãe. Paulo queria ser o único herdeiro e ambicionava o cargo de presidente das empresas.

– Não posso acreditar. Mas onde ele está? Também está preso?

– Não, mamãe. Paulo está morto.

– Morto?!

– Sim. Ele e um outro bandido.

– Não consigo, mesmo, acreditar. Pobre Cecília e Guilherme. Você já os avisou, Milton?

– Já, Lídia. E também já estamos providenciando o funeral de Paulo.

– E vocês acham que irão encontrar o nosso Lélis?

– Tenho certeza disso, Lídia.

– E sabe quem chegou mais perto de encontrá-lo, mamãe? Que inclusive chegaram a vê-lo?

– Chegaram a vê-lo? Quem?

– Marta e Helena.

– Marta e Helena?

– Sim. Desde que chegaram ao Brasil, estão se empenhando na procura de Lélis.

– E chegaram a vê-lo...

– Sim, mamãe, e tenho certeza de que logo ele estará de volta a esta casa.

– E sua memória?

– Isso não importa, mamãe. Ele receberá um tratamento adequado. Além do mais, o médico disse que isso será apenas uma questão de tempo.

– Que Deus nos ajude. Que Deus nos ajude e perdoe Paulo. E que conforte seus pobres pais.

Noventa

JÁ É NOITE E LUAR, APÓS REALIZAR todos os seus afazeres junto a seu Ricardo, incluindo banho e higiene pessoal, encontra-se sentado em sua cama ao lado do ancião, lendo para ele algumas passagens do "O Evangelho Segundo o Espiritismo". Quando termina, seu Ricardo lhe fala mais uma vez da importância de se divulgar a doutrina através do livro.

– Sabe, Luar, o livro é a grande ferramenta de divulgação da Doutrina Espírita e dela os Espíritos se utilizam para auxiliar os mais necessitados.

– Isso é verdade, seu Ricardo.

– E, partindo dessa verdade, Luar, nada melhor do que espalharmos, cada vez mais, essas ferramentas para que esses Espíritos, mensageiros de Jesus, possam tê-las sempre ao seu alcance a fim de efetuar esse auxílio a tantos que dela necessitem.

O velho, então, se ajeita melhor na cama e pede:

– Luar, você não faz questão de ler mais algumas páginas para mim, em voz alta?

– Será um prazer, seu Ricardo. Inclusive, a leitura do Evangelho é sempre um bom preparo para uma noite de sono tranquilo para o corpo e para o Espírito, preparando-o para sua emancipação.

– Isso mesmo.

Luar, então, recomeça a leitura em voz alta, mas, logo, logo, ambos se entregam ao sono.

* * *

– Até que horas aquele imbecil vai ficar ali parado, esperando, heim, Crota? – pergunta Segadas.

Os dois estão fora da fortaleza, escondidos por detrás de umas rochas, espionando Rufus que, a uns trinta metros de distância, aguarda Laio que prometeu vir buscá-lo.

– Deve estar esperando por aquele rapaz que se transformou num guerreiro para impressioná-lo – responde Crota.

– Onde já se viu? Ser enganado por um Espírito da carne.

– Mas ele tem muito poder, Segadas. Conseguiu se transformar muito bem.

– Ora, Crota, isso é coisa dos "das luzes".

– E o que pretende fazer, Segadas?

– Assim que esse tal de Laio ou Luar, sei lá quem, vier buscá-lo, vou segui-los, sem que percebam. Quero ver o que esse rapaz está planejando.

– Veja, Segadas. Ele está se aproximando. E vem sozinho, como da outra vez.

– E você acha que ele está sozinho, Crota? Deve estar sendo auxiliado por aquela moça e seus companheiros.

– Moça? Que moça?

– Você não a conhece. Já conseguiu me roubar um seguidor. E você não os vê porque se tornam invisíveis quando querem.

– Hum!

– Ouça o que dizem.

– É você, Laio? – pergunta Rufus ao ver o vulto levemente nimbado de luz que se aproxima.

– Sou eu, sim, Rufus. E vim buscá-lo. Quero levá-lo a um lugar para que conheça alguém.

– E quem é esse alguém?

– Gostaria que visse com seus próprios olhos, sem que soubesse antes de quem se trata.

– Pois eu irei com você.

– Então, vamos. Siga-me.

Dizendo isso, Laio volta-se, retornando pelo mesmo caminho, no que é seguido por Rufus.

– Vou atrás deles, Crota.

– Vá, Segadas.

Porém, quando Segadas começa a caminhar, estranha força parece contê-lo no lugar. Não consegue dar nenhum passo.

– Vá, Segadas – fala Crota.

– Não consigo andar – responde o outro. – Parece que algo segura minhas pernas e elas não obedecem.

– Procure dar um passo para trás.

Segadas faz o que Crota sugere e consegue voltar, porém, quando tenta andar novamente para frente, na mesma direção em que foram Rufus e Luar, já não consegue se movimentar.

– Mas que droga é essa?! – esbraveja. – Quem ousa segurar-me?! Quem ousa segurar-me?! Responda!

– Eu o estou segurando, Segadas – responde uma voz que parte de trás dos

dois. Segadas e Crota olham na direção e vêem Cláudia que, sentada sobre uma pedra, olha para os dois com um largo e franco sorriso nos lábios.

– Você, novamente?! – berra, irado, Segadas.

– Nossos caminhos estão sempre se cruzando, não é?

– É você quem me segura?

– Sim.

– Como faz isso se está longe de mim?

– E precisaria estar ao seu lado para isso?

– Não acredito! Como faz isso?

– Com muito amor, meu irmão.

– Irmão?! Não sou seu irmão!

– Como não? Somos irmãos em Deus, que é nosso Pai comum.

– Já lhe perguntei: como faz isso?!

– E eu já lhe respondi: com muito amor.

– Pois lhe ordeno que me solte!

– Isso significaria não mais sentir amor por você, meu irmão.

– E por que acha que me segura porque tem amor por mim e não o contrário? Afinal de contas, está fazendo mal a mim.

– Aí é que você se engana. Se não gostasse de você, como a um irmão, deixaria que fosse atrás daqueles dois.

– E por quê?

– Porque iria se comprometer junto à vida, junto a Deus.

– Comprometer-me?

– Sim, Segadas. Se você os seguisse, iria atrapalhar uma boa ação e por isso ficaria comprometido com a sua consciência. Não indo, muita coisa boa vai acontecer e isso lhe fará mais bem do que mal.

– Que história é essa de bem e mal?

– Ora, Segadas, você sabe distinguir muito bem o Bem e o mal. Sabe o quanto está comprometendo o seu futuro, a sua colheita com esses seus atos pouco dignos.

– Mas Rufus não é nada diferente de mim. Por que o protege?

– Existe uma diferença, sim, Segadas. Uma diferença que está se operando agora quando ele resolveu ir ao encontro do desconhecido, apenas porque ouviu as palavras de seu amigo que lhe falou sobre o bem.

– E para onde ele está indo?

– Ele está se encaminhando para a felicidade.

– Não acredito nisso. Felicidade, como vocês imaginam, não existe.

– E como é que você imagina ser a felicidade?

– Felicidade é poder. É ser temido. É ser mais forte que os outros.

– Pela maneira como você a define, felicidade, para você, é sinônimo de solidão.

– Como solidão?

– Porque ter poder sobre os outros, ser temido por todos e ser o mais forte, da maneira como você imagina a força, só pode lhe trazer solidão. Aqueles que o temem, aqueles que são mais fracos, certamente afastam-se de você. Você se acha feliz na solidão em que vive?

– Eu não vivo só.

– Não? E quem são seus companheiros? Pelo que estou vendo resumem-se na pessoa de Crota, que somente está ao seu lado por dois motivos: por temê-lo e para aproveitar-se das sobras que você lhe dará a troco de sua pretensa e fingida lealdade.

– Ei! Quem você pensa que é para falar assim de mim?

– Perdoe-me, Crota, mas é a pura verdade. Você era leal a Rufus até aparecer um outro mais forte e, obviamente, será leal a algum outro que surgir, mais forte que Segadas.

– Eu sei que é assim, moça! – exclama Segadas. – E daí? Crota me respeita.

– Ele o respeita ou teme?

– É tudo a mesma coisa.

– Não é tudo a mesma coisa, não, meu irmão. Vou lhe explicar algumas coisas que você tem que tomar consciência, apesar de saber. Em primeiro lugar, que força é essa que você tanto apregoa possuir se nem consegue se locomover apenas com a força de meu amor fraterno?

Segadas fita Cláudia com o semblante pleno de surpresa por estar sendo ali submetido ao poder de um Espírito que, para ele, deveria pertencer ao sexo frágil. Sente-se diminuído naquela situação.

– E quanto a ser temido, Segadas? Que prazer isso lhe traz? Será que não consegue enxergar muito mais satisfação em saber que Espíritos, seguidores de Jesus, que vocês costumam chamar de "das luzes", são, ao invés de temidos, respeitados e amados pelo bem que praticam? Não consegue enxergar felicidade no fato de tantas criaturas se aproximarem de nós em busca de auxílio e proteção, ao invés de se afastarem, temendo qualquer ato menos digno de nossa parte? Imagine-se, meu irmão, rodeado de outros tantos, agradecidos a você por ter usado a sua inteligência em benefício deles. Imagine-se sendo amado e não temido.

– Não vejo as coisas dessa maneira. Aliás, não teria chance nenhuma – fala, agora, Segadas, num tom de voz um pouco diferente. Parece ter sido atingido por um raio tranquilizador a partir do momento em que Cláudia começou a falar com ele.

– E por que pensa assim? Apenas porque não se lembra mais como é ser feliz? Ora, Segadas, Deus nos dá todas as chances de sermos felizes. Nós é que as perdemos por nosso próprio livre-arbítrio.

– Não posso me lembrar do que nunca fui.

– Nunca foi feliz, Segadas? Tem certeza? Nem quando recebeu a própria vida, em sua última encarnação sobre a Terra, sendo embalado por uma mulher que ainda o ama tanto?

– De que está falando?

– De sua mãe, Segadas.

– Minha mãe?! Nem me lembro mais dela! Aliás, penso que nunca gostou de mim.

– Pode ser que não tenha gostado o quanto deveria, mas foi sua mãe. E ela ainda o ama e, pode ter certeza, cada vez mais.

– Não me venha com truques, moça! Não me venha com truques!

– Não vou lhe fazer truques, meu irmão. Apenas lhe digo que sua mãe o ama muito, ainda. Digo-lhe também que você só não é feliz porque não quer.

– Vá embora, mulher! Vá embora!

– Vou embora, sim, Segadas. Mas pense bem em tudo o que eu lhe disse.

– Eu não vou pensar em nada!

– Então fique com a sua solidão.

Dizendo isso, Cláudia desaparece.

– Diabos! Essa mulher me fez perder tempo!

– Ela tem muita força, heim, Segadas?

– Cale-se, Crota!

– Experimente andar agora – diz o Espírito, tentando mudar de assunto.

Segadas ensaia alguns passos à frente e consegue caminhar.

– Pronto! Já estou livre!

Mas nesse momento, ele não sabe mais para onde ir, pois já há muito perdera Rufus e Luar de vista.

– Diabos, mais uma vez! Agora já não sei mais para onde foram! Essa mulher só me atrapalhou!

– *Não vai procurá-los? – sugere Crota.*

– *Procurá-los onde, imbecil?! Como procurá-los?! Já devem estar longe! Sabe quantos caminhos existem por aqui?! Incontáveis! Droga!*

Noventa e um

– *ISTO PARECE UM HOSPITAL, Laio – comenta Rufus ao chegarem defronte de uma grande construção do plano material.*

– *É uma clínica, Rufus.*

– *Que tipo de clínica?*

– *Uma clínica psiquiátrica.*

– *Clínica psiquiátrica?*

– *Isso mesmo.*

– *Mas o que viemos fazer aqui?*

– *Apenas uma visita.*

– *Você já esteve aqui antes?*

Luar, agora transformado e com a aparência de Laio, novamente age como médium inspirado neste momento por Rebeca, acompanhada por Flávio, Fontes, Domingos e Miranda. Cláudia acaba de chegar.

– *Algumas vezes – responde.*

– *Vem visitar alguém?*

– *Sim, alguém que você conhece bem.*

– *Conheço?*

– *Sabe, Rufus, preciso lhe explicar algumas coisas que você precisa saber.*

– *Fale, Laio, e aproveite enquanto não me encontro mais sentindo ódio por você. Não sei quanto tempo isso pode durar. Aliás, nem sei o que está acontecendo comigo desde que você apareceu em minha fortaleza. Foi uma boa ideia a sua de apresentar-se dessa maneira, como Laio e não como Luar. Parece incrível, mas ainda sinto os laços da forte amizade que nos unia quando naquele passado que nem sei precisar há quanto tempo.*

– *É sobre isso que quero lhe falar, Rufus. Sentemo-nos neste banco, antes de entrarmos na clínica.*

– *Prefiro nesta relva. Faz muito tempo que não sinto o contato com o verde. Traz-me recordações profundas.*

Luar o acompanha e sentam-se frente a frente.

– Sabe, Rufus, fomos grandes companheiros e poderosos senhores de terras. Chegamos a dominar vasta área e usufruímos todo o gozo material com que poderíamos sonhar.

– Isso é verdade.

– Mas, para isso, cometemos muitas atrocidades, não?

– Não vejo dessa maneira, Laio. Naquela época, inclusive, chegamos a conversar sobre isso e sabíamos que estávamos fazendo o melhor para com aqueles que se encontravam sob a nossa proteção. Para que não fôssemos derrotados um dia, procurávamos derrotar primeiro. Para que nosso povo não fosse escravizado, procurávamos escravizar primeiro. Não fizemos o melhor por todos os que se encontravam sob a nossa proteção?

– Sob a nossa proteção, Rufus?

– E não se encontravam sob a nossa proteção?

– Sob nossa proteção ou sob o nosso jugo, Rufus? Nós os espoliávamos, fazendo com que, exageradamente, nos servissem.

– Ora, Laio, tínhamos que cobrar um preço pelo nosso serviço, pela nossa proteção.

– Um alto preço, não? Além do mais, agíamos com a justificativa de que estávamos lutando contra os hereges, em nome de Cristo. Matando em nome de Cristo, Rufus?

– Mas gostávamos daquilo, não? A lei era dos mais fortes.

– Fizemos muita gente infeliz, Rufus. Nós os explorávamos em nosso benefício e no dos guerreiros que fazíamos lutar.

– Tinham que ter uma boa paga também.

– Nós éramos covardes, Rufus.

– Covardes?! Como ousa falar assim?!

– Covardes, sim, meu amigo. Nós atacávamos homens que nem sabiam manejar uma arma, quando a tinham. Atacávamos velhos, mulheres e crianças indefesas. Roubávamos tudo e muitos morriam de fome. Eu, mesmo, quantos expulsei de minhas terras, condenando-os a morrer à míngua ou devorados por animais. O que éramos nós, senão assassinos frios e covardes?

– Pois eu não penso assim, Laio.

– Você pensa sim, Rufus. Não pensava naquela época, mas agora está muito mudado.

– Como lhe disse, apenas por estes dias. Desconfio que me fizeram alguma bruxaria, Laio! Por acaso, você se transformou num bruxo?

– Bruxo, Rufus? Não. Acredite-me. Agora, discordo de você quando diz que se modificou apenas nestes dias. Você já vem se modificando há muito tempo.

– Há muito tempo? Você está louco!

– Não estou, não, Rufus. Sei que quando se encontra a sós consigo mesmo, começa a se recordar de tudo isso e sente grande opressão a lhe invadir o peito. Você sabe o quanto erramos, mas tem medo de o admitir, pois teme ter que arcar com as consequências. Teme ter que resgatar tudo isso. Teme ser castigado por Deus.

– Quem lhe disse isso?!

– Espíritos Superiores, Rufus, que a tudo vêem, que tudo sabem. Você é um livro aberto, meu amigo. Graças a Deus, você já não é mais o mesmo de antes. Já sente pulsar no coração o amor que Deus lhe plantou no peito como o fez com todos nós, os Seus filhos, e que teimamos em abafar por causa de nossas ambições e vaidades.

Rufus permanece em silêncio, como que a concordar com tudo o que Luar lhe fala, mas, de repente, parecendo acordar, como se um lampejo do passado o fizesse sempre retornar desses devaneios, explode:

– Não é verdade! Não é verdade! E o meu ódio por você?! Meu ódio pela sua traição?!

Luar, na figura de Laio, continua, mais mansamente ainda, a lhe falar:

– Que ódio, Rufus? Não sente mais ódio por mim. O que insiste em morar em seu peito, em sua alma, é apenas algo que o faz culpar-me por tudo o que lhe está acontecendo. E você tem razão. Sou culpado por muito do que você foi, Rufus. E foi por isso que estive em sua fortaleza: para pedir-lhe perdão. Inclusive pelo fato de ter sido feliz como padre em encarnação posterior àquela. Passei muito tempo no umbral, alvo de muitas perseguições e acabei sentindo que realmente errara muito e Deus, todo bondade, deu-me uma nova oportunidade de refazer, em parte, tantos males cometidos. Reencarnei na bendita materialidade e tornei-me um sacerdote com enorme vontade de fazer o bem.

– Pois eu não sofri tanto assim nesse local que você denomina de umbral, não. Fui muito forte e acabei mais dominando do que sendo dominado. Tentei alcançá-lo, mas não consegui e vi com muito desprezo quando você foi socorrido por aqueles "das luzes". Mais ódio senti quando o vi sacerdote. Pensava: que Deus é esse que permite que alguém como ele fale com o povo como se fosse o melhor dos homens? Se existe mesmo o pecado, ele é um pecador igual a mim.

– Eu não lhe disse? Seu ódio por mim e por Deus e Seus mensageiros era mais pelo fato de você imaginar que eu havia sido escolhido para aquilo. Não fui escolhido, não, Rufus. Sofri muito com a minha consciência antes de me propor a reencarnar e me tornar um sacerdote. Vi desfilarem à minha frente muitos daque-

les que eu tanto fizera sofrer e, principalmente, pelo fato de lhes ter plantado o ódio e o desejo de vingança no coração.

– Senti muito a sua falta, Laio, mas não sucumbi. Éramos grandes companheiros, mas, para mim, era um traidor.

– Quero ajudá-lo, Rufus. Sei que não possui mais em você a motivação que o impulsionava ao mal.

– Que motivação?

– A de me destruir. Era isso que alimentava as suas forças. Eu era a sua meta, mas, agora, graças a Deus, ela não existe mais.

– Como pode ter tanta certeza disso, Laio?

– Leio em seus olhos.

Rebeca, nesse momento, comovida, não consegue conter as lágrimas de emoção ao ver seu querido filho transformando-se aos poucos. Rufus parece sentir-lhe a presença, pois passa a vivenciar momentos de muita paz. Baixa os olhos e permanece alguns minutos em silêncio, após o que, fala com calma inflexão na voz:

– Você tem razão, meu amigo. Você tem razão. E agora? O que devo fazer?

– Existem muitos outros aqui que irão ajudá-lo, mesmo porque precisamos de você para auxiliar alguém que lhe foi muito querido no passado.

– Muito querido? De quem está falando?

– Acompanhe-me. Vamos entrar. Verá com seus próprios olhos.

Os dois, então, entram na clínica e, pudesse algum encarnado vê-los naquele momento, por certo ficaria estarrecido com a bizarra cena: dois guerreiros vestidos com malhas metálicas, elmo nas cabeças e espada nos cinturões de couro, percorrendo aqueles brancos e limpos corredores. Luar estaca de repente e mostra a porta de um quarto a Rufus.

– É aqui. Vamos entrar.

– O que há aí?

– Venha – convida Luar.

Ambos entram no cômodo simples onde existem apenas uma cama, uma cadeira e um guarda-roupa. Na cama, um menino dorme sono tranquilo.

– Veja, Rufus.

O Espírito olha para o garoto, sem nada entender.

– Quem é ele?

– Seu nome é Agnaldo – responde Luar, apontando para a criança que o salvara, empurrando Soares para dentro do buraco naquela noite de sua fuga.

– Agnaldo? Quem é Agnaldo?

– Agnaldo é hoje um bom menino. Somente possui uma deficiência mental que a bondade de Deus lhe concedeu a fim de lhe afastar os inimigos mais ferrenhos.

– Não entendo, Laio.

– É muito simples, Rufus. Este garoto, no passado, foi um homem que cometeu tantas atrocidades, fez tantos inimigos que, após a sua desencarnação, passou a ser alvo de todos eles, movidos por fortes desejos de vingança. Não tinha paz, pois, por todos os lados, Espíritos avançavam sobre ele, supliciando-o com muito ódio em seus corações. O mesmo que aconteceu comigo e com você um dia. Mas o sofrimento dele foi maior ainda porque havia sido muito mais implacável do que nós dois juntos. Um dia, por mérito de sua pobre e sofredora avó, conseguiu com que a Espiritualidade lhe tocasse o coração tão cansado de sofrimento e ele rogou a Deus que viesse em seu auxílio. Lágrimas amargas de sofrimento brotaram de seus olhos e Ele, nosso Criador, lhe concedeu um período de paz. Reencarnou não como você está vendo: um simples débil mental. Reencarnou como um ser defeituoso, um ser vegetativo, com deformações horríveis em sua aparência. Seus algozes e perseguidores demoraram para encontrá-lo na carne e quando o conseguiram, não puderam, ou melhor, não tiveram condições de supliciá-lo mais do que se encontrava supliciado e desistiram da vingança. Por força dessa encarnação tão difícil e com o perispírito ainda muito comprometido, principalmente a parte cerebral, depois de mais uma desencarnação, tornou a reencarnar como você está vendo agora. Corpo com aparência quase normal, mas cérebro ainda imperfeito, o que faz com que não consiga raciocinar normalmente. É o que chamamos de debilidade mental. Não chega a ser uma grande debilidade, mas o retém ainda longe de maiores aprendizados. Logo, quando retornar, talvez já tenha a possibilidade de vir a ter uma mente sadia, após longo período de tratamento que se lhe operará no Plano Espiritual.

– Todos os débeis mentais têm essa causa, Laio?

– Nem todos, Rufus. Alguns reencarnam assim, como uma missão escolhida por eles mesmos, muitas vezes, para darem um exemplo, outros, para, talvez, unir criaturas, seus pais.

– Mas o que tem a ver essa criança conosco?

– Tem muito a ver conosco, Rufus, e, principalmente a você que esperamos o auxilie um dia, quando tiver voltado à normalidade.

– Não estou entendendo.

– Olhe bem para ele, Rufus. Vou rogar aos Amigos Espirituais que favoreçam a sua visão para que você possa vê-lo como ele foi no passado. Olhe fixamente para ele.

Rufus obedece ao amigo e, de repente, um grito lhe escapa dos lábios:

– Meu Deus!

É a primeira vez, depois de muito tempo, que essa palavra sai de sua boca e ele repete:

– Meu Deus! É meu filho Amaro! É meu filho Amaro!

Rufus, então, abraça a criança e chora, convulsivamente, amparado por Luar e pelas outras entidades, principalmente Rebeca que ele ainda não consegue visualizar.

– Sim, Rufus, é seu filho Amaro que, por culpa nossa, foi o mais implacável dos guerreiros.

– Meu Deus! Meu filho!

– Venha, agora, Rufus. Venha – pede Luar. – Quero que veja uma outra pessoa.

Rufus levanta-se da posição em que se encontrava abraçado ao filho e tem uma nova e emocionante surpresa ao deparar-se com Rebeca.

– Mãe! Mãe! Minha mãe!

E os dois se abraçam, deixando-se ficar por algum tempo nesse carinhoso enlace, e é tamanha a emoção, tamanha a vibração de amor, arrependimento e esperança naquele momento, que todos os outros Espíritos podem, agora, ser notados por ele.

– Venha, meu filho. Venha comigo. Vamos lá para fora. Ainda temos importante missão a cumprir com a ajuda destes nossos amigos e de tantos outros que nos aguardam.

Noventa e dois

– ELES ESTÃO VOLTANDO! – GRITA Crota, correndo para o interior da fortaleza.

Segadas corre até uma janela bem estreita e avista Rufus e Luar, ainda com a aparência de Laio, caminhando em direção à fortaleza onde se encontra.

– Mas onde será que foram?

– Preste atenção, Segadas – diz Crota. – Não percebe algo de diferente em Rufus?

– Sim: uma tênue luminosidade o envolve. Mas que diabos significa isso?!

– Parece que Rufus se bandeou para o lado dos "das luzes".

– Pois não permitirei que entrem aqui. Guardas! Guardas! – chama.

– O que deseja, Segadas? – pergunta o chefe deles, entrando nos aposentos de Rufus que é onde se encontram os dois.

– Olhe por esta janela. Veja. Parece que seu chefe Rufus está nos traindo.

– É verdade – confirma o Espírito. – Parece que irradia um pouco de luz.

– Pois é isso mesmo. Ele está enfeitiçado pelos "das luzes".

– O que quer que se faça, Segadas?

– Não quero que entrem nesta fortaleza.

– Mas Rufus é o nosso chefe...

– Será que você não entendeu o que eu disse? Rufus não é mais o chefe daqui. Passou para o lado de nossos inimigos.

– Será...?

– Mas não está vendo a luz que irradia? Está certo que é uma luz muito fraca, quase se apagando, mas isso é um sinal de que deixou-se enfeitiçar. Não podem deixá-lo entrar.

O guarda encontra-se ainda em dúvida, mas teme desobedecer Segadas. Muito mais que a Rufus.

– Não o deixaremos entrar até que se explique – concorda o guarda.

– Faça isso.

O guarda se retira, mas enorme confusão começa a acontecer na fortaleza. Alguns dos soldados atendem ao chefe da guarda, porém, a maioria se amotina. Não acreditam que Rufus tenha se rendido aos "das luzes". Muitos, por receio a ele, outros, na esperança de que isso seja verdade, pois encontram-se cansados daquela vida, principalmente pelo fato de prestarem serviços ali obrigados e por medo.

– Estou ordenando! Façam o que mando! – grita o chefe da guarda.

– Não podemos ir contra Rufus – respondem.

– Ele não é mais o nosso chefe. Nosso chefe, agora, é Segadas.

Os amotinados aproveitam a confusão reinante e abrem os portões da fortaleza. Sentem-se corajosos, pois se nada estiver acontecendo com Rufus, este nada fará contra eles e, se porventura, ele estiver mesmo do lado dos "das luzes", estarão colaborando com um movimento que seria o de libertação para eles.

– Fechem esses portões! – esbraveja Segadas, do alto da torre. – Fechem esses malditos portões ou vão se arrepender.

Mas os Espíritos são em grande número e, após abrirem os portões, correm na direção de Rufus. O mais corajoso deles, grita:

– Rufus, estão querendo trancar os portões para que você não entre. Venha depressa, enquanto estão conseguindo mantê-lo aberto. Segadas pretende tomar o poder e o chefe da guarda o está apoiando.

– Não se preocupem com isso! Venham até mim! Hoje é o dia da libertação!

O Espírito, então, volta-se em direção à fortaleza e chama:

– Venham todos! Rufus irá nos dar a liberdade! Venham todos para fora.

– É um truque, seus imbecis! – berra Segadas. – Rufus está fazendo isso apenas para se certificar quem são os traidores. Vejam quem o acompanha! É um de seus companheiros. Um de seus amigos.

– Será que é um truque? – pergunta uma das entidades amotinadas.

– Nada temam! – diz Luar em alta voz. – Vejam quem está conosco!

E, olhando na direção de Cláudia e os demais Espíritos de Luz, roga-lhes:

– Por favor, façam-se visíveis para eles. Eles precisam acreditar.

Nesse momento, todos se deixam ver com brilhantes luzes a lhes emoldurarem o corpo.

– Rufus está falando a verdade! – berra um outro. – Vamos até ele!

– Voltem! – grita Segadas, enfurecido.

O chefe da guarda volta-se para Segadas:

– Quando os amotinados saírem, fecharemos os portões. Esses traidores que vão embora! Não precisamos de gente fraca.

– Pois faça isso e aprisione aqueles que conseguir.

Mais da metade dos Espíritos saem da fortaleza e, os que permanecem sob as ordens de Segadas, fecham os portões. Este, por sua vez, aproxima-se das ameias dos altos muros e grita para Rufus:

– Você está derrotado, Rufus! Todos vocês!

– Aí é que você se engana, Segadas. Agora é que nos sentimos vitoriosos.

– O que pretendem?! Enfrentar-nos?!

– Estamos livres! Mas ainda há muitos a serem libertos.

– Pois venham à luta!

Rufus, então, ao contrário do que Segadas esperava, a um só comando, por indicação de Cláudia, dirige-se, acompanhado pelos outros, para os lados da fortaleza.

– Para onde estarão indo? – pergunta Segadas.

– Não faço a mínima ideia – responde Crota.

– Veja. Estão indo em direção àquele calabouço onde aprisionamos o grupo de amotinados e os guardas.

– Irão libertá-los – diz Crota.

– Que o façam! Não passam de um bando de imbecis!

Quando Rufus, Luar e os outros chegam até a gruta, o primeiro ordena:

– Derrubem a grade.

Imediatamente os Espíritos põem abaixo a grade e entram na caverna onde mais de uma centena foram ali aprisionados por Segadas.

– Ouçam-me todos! – diz Rufus – Hoje seremos todos auxiliados pelos "das luzes". Quem quiser, poderá me seguir e a todos os outros. Quem preferir, que fique.

Uma das entidades ali presentes, temerosa, ousa perguntar:

– O que quer de nós, Rufus? Punir-nos?

– Ninguém irá punir ninguém. Nada temam. Vejam.

Nesse momento, Cláudia e os outros companheiros, cobertos de luzes, entram na gruta.

– Mas é verdade! É verdade!

– Rufus não está mentindo!

– Seremos livres e amparados pelos "das luzes"!

– Finalmente, meu Deus!

– Ainda temos que tomar algumas providências – diz Luar, inspirado por Cláudia. – Vocês aí, afastem essa rocha.

Os Espíritos obedecem e arrombam a grade que mantém prisioneiros os trinta guardas. Estes, ao verem Rufus, fogem, correndo para fora da gruta.

– E agora, Laio? – pergunta Rufus a Luar.

– Vamos nos localizar novamente à frente da fortaleza.

A uma nova ordem de comando de Rufus, todos dirigem-se até o lugar apontado por Luar.

– Cláudia, agora, irá tomar o comando, Rufus.

O Espírito feminino, então, pede profundo silêncio a todos, solicitando-lhes também que a acompanhem numa prece que irá proferir. Das muralhas da fortaleza, Segadas e outros tantos ficam a olhá-los sem nada entender.

– O que estarão fazendo, Crota?

– Não sei. O que sei é que não imaginava que seriam tantos os amotinados.

Cláudia, então, inicia uma prece no que é acompanhada mentalmente por todos aqueles infelizes, a maioria, estropiados fisicamente.

– Deus, nosso Pai, Jesus, nosso Mestre, Mensageiros da Espiritualidade, abençoai-nos neste momento difícil e de grande expectativa. Abençoai estes infelizes, colocando em seus corações eflúvios de paz e confiança. Que possam todos eles, infratores da Grande Lei do Universo, sentir o amparo, o amor e a proteção, antevendo dias melhores e a felicidade que os aguarda. Que seus entes queridos, que seus amigos do passado, já conhecedores e seguidores de Seus ensinamentos, façam-se visíveis para que, num grande amplexo, possam caminhar todos juntos

para uma nova vida de amor e de trabalho no Bem. Abençoai também aqueles que insistem em permanecer na retaguarda dos descaminhos e do mal. Possam sentir também a fonte criadora do Universo a lhes tocar o íntimo, modificando-lhes os pendores e que este local de sofrimento e lamúrias possa ser transformado em campos produtivos de amor e bondade.

Nesse momento, intensa luz se faz presente e de seu interior, verdadeiro exército de Espíritos voltados ao Bem começam a aproximar-se da grande massa ainda estupefata pelos acontecimentos. Nenhum deles fica nesse instante sem a atenção e o carinho dos verdadeiros anfitriões da boa nova. Também muitos daqueles que ainda se encontram na fortaleza, ao verem todo aquele esplendor de luzes, dela fogem, eis que os portões se abrem como que movidos por intensa e misteriosa energia.

– Mas o que está acontecendo?! – esbraveja Segadas que vê tantos Espíritos, inopinadamente, fugirem daquele local, correndo felizes em direção aos que se encontram do lado de fora. – Voltem aqui! Voltem aqui! Não se deixem enganar por esses truques! Serão todos aprisionados!

– Eles não o ouvem, Segadas – diz Crota.

– Mas muitos ainda ficarão aqui e logo, logo, conseguiremos arrebatar novos colaboradores – diz Segadas, procurando amenizar a situação crítica para ele.

– Venham todos! – conclama Cláudia aos que ainda insistem em permanecer na fortaleza ao lado de Segadas. – Venham para um mundo melhor. Nós os ampararemos.

– Não a ouçam! Não a ouçam! – berra o Espírito. – Não se deixem levar pelo canto da sereia!

– Veja, Segadas! – grita, agora, assustado, Crota.

– O que foi?!

– As paredes! Veja!

Segadas olha para as paredes da fortaleza e percebe que algo muito estranho está acontecendo: suas pedras parecem estar sendo invadidas por intensa luz que começa como que a desintegrá-las.

– Isto aqui vai ser destruído! – fala Crota, extremamente assustado.

– Mas que diabos isso significa?!

– Vamos descer, Segadas! Vamos descer! Desçam todos! Isto aqui vai desabar.

E, realmente, à medida que todos descem as escadas de pedra que levam até o solo, a fortaleza começa a desintegrar-se, desaparecendo e deixando no solo, nauseabundo material negro e viscoso, como se tivesse sido derretida. Mais alguns minutos se passam e essa matéria vai-se incorporando à terra. Em pouco tempo não mais existe nenhuma fortaleza e Segadas, Crota e os que ainda se encontram do seu lado, vêem-se sozinhos num campo escuro e fétido, a ouvirem vozes ameaçadoras que partem de grande pântano a muitos metros atrás.

– Vamos fugir! – grita Crota. – Vamos para a crosta.

E, como loucos, disparam em outra direção, caminho que os levará mais próximo ao plano material da Terra. Segadas também foge e quando se encontra a cerca de uns cem metros de distância, volta-se e, de punhos cerrados, grita para Cláudia e todos os outros:

– Vocês vão me pagar! Vão me pagar!

– Não dêem ouvidos a ele – fala Cláudia serenamente –. Vamos embora, em marcha para um futuro melhor e feliz. Um dia, também eles, perceberão esta oportunidade. Vamos todos. Domingos, por favor, acompanhe Luar em seu retorno à Terra.

Nesse momento, Rebeca abraça o rapaz, agradecendo-lhe por tudo o que fizera. Luar não se apresenta mais como Laio. Mesmo assim, Rufus o abraça, agradecido também e pedindo-lhe que olhe por Agnaldo. E, antes que ele parta, Cláudia, olhando no fundo de seus olhos, se despede, revelando-lhe:

– Até um dia, Luar. Logo você estará junto aos seus. Muita fé, muita confiança em sua vida e não se esqueça: estaremos sempre prontos a auxiliá-lo enquanto estiver disposto a trabalhar para o Bem e em nome de Jesus.

Dizendo isso, todos começam a se afastar, o mesmo fazendo Luar, acompanhado por Domingos.

Noventa e três

– VENHA, HELENA, TEMOS MUITO trabalho pela frente – diz o Espírito Diógenes para a moça, agora também em Espírito, desprendida durante o sono. Há algum tempo que Helena, quando tem seu corpo entregue ao sono e se emancipa, faz parte de uma equipe de socorro, liderada por Diógenes, desencarnado, e outros tantos socorristas. Na verdade, são muitos os que ali se encontram, tanto desencarnados quanto encarnados, libertos da matéria, a ela ligados por um fio de luz. É evidente que de nada se lembram quando despertam, ficando apenas algum tipo de sonho relacionado ao que fizeram, porém bastante embaralhado, com ideias e cenas que o cérebro material libera nesse estado.

– Quem iremos atender hoje, irmão Diógenes?

– Um irmão que está próximo da desencarnação e que merece todo o nosso apoio neste momento.

– E quem é ele?

– Um trabalhador da seara espírita e que muito realizou em prol de centenas de necessitados.

– Qual era o seu trabalho?

– Comandava um grupo de pessoas incumbidas do trabalho assistencial de um Centro Espírita.

– Desta cidade?

– Sim. Esta cidade possui um bairro muito pobre, habitado por pessoas que, na maioria das vezes, nem têm o que comer.

– E ele distribuía alimentos?

– Sim. Visitava os necessitados com sua equipe, anotava em fichas as suas necessidades mais prementes e procurava resolver esses seus problemas.

– Mas o maior problema deles era a alimentação...?

– Alimentação, remédios, trabalho, até noções de higiene. Sem falar na campanha de leite e roupas para as crianças.

– E ele e essa equipe encontravam apoio da população da cidade?

– Oh, sim. O povo desta cidade é muito bom, mas é preciso que alguém trabalhe bastante para angariar tudo isso.

– Entendo... E esse senhor...

– Antonio Sales é o seu nome.

– E agora, com a sua desencarnação, esse trabalho irá sofrer solução de continuidade?

– Acredito que não porque ele conseguiu formar grandes trabalhadores do Bem. Tenho plena certeza de que não deixarão morrer essa tarefa.

– E onde ele se encontra?

– Está em seu lar. Os médicos, percebendo que mais nada poderiam fazer por ele, permitiram que seus familiares o levassem para casa onde deverá ter a sua passagem ao lado dos seus.

– Qual a idade dele?

– Oitenta e seis anos.

– Oitenta e seis anos? E tinha toda essa disposição?

– Oh, sim. Minha filha, o trabalho no Bem rejuvenesce o corpo e dá muita disposição. O Antonio irá desencarnar porque está vencendo o seu prazo na matéria.

– Entendo... e seus familiares? Também são espíritas?

– Sua mulher, seus dois filhos e seus três netos.

– Os netos também?

– Sim. Já frequentam o Centro Espírita num curso de Evangelização. Eduardo, o mais velho, tem catorze anos, depois, o Geraldo, com doze e Aninha com oito.

– Esses são os netos. E seus filhos?

– João e Lúcia são os filhos e Neide é a sua esposa.

– E o que iremos fazer?

– Iremos até lá no intuito de auxiliar no que for preciso. Muitos Espíritos amigos lá já se encontram, além dos que são especializados nesse mister da desencarnação.

– Todos os encarnados possuem essa ajuda nesse momento de transição?

– A maioria, não. Necessário se faz merecer esse apoio.

– Entendo.

– Mas não percamos tempo e vamos até lá.

– Vamos.

E assim, em número de doze Espíritos desencarnados e oito liberados durante o sono, num total de vinte criaturas, encaminham-se para a casa de Antonio Sales. À entrada, protegida por Espíritos guardiões que se fazem sempre presentes nesses momentos de auxílio, Diógenes se apresenta ao encarregado daquele trabalho e entra na casa, acompanhado pelos demais, dirigindo-se diretamente até o quarto de Antonio que se encontra deitado e coberto por branco lençol. São muitos os Espíritos ali presentes em oração, guardando uma certa distância da cama. Próximos a Antonio, sua mulher e seus filhos, além dos Espíritos encarregados do processo de desligamento.

– Parecem estar endereçando ao nosso irmão muita energia – comenta Helena, sussurrando.

– Sim. Neste momento, irão fazer com que Antonio melhore um pouco suas condições fisiológicas e se reanime para que seus familiares se animem quanto ao seu estado e desliguem um pouco o pensamento dele.

– Eles estão dificultando o desligamento, Diógenes?

– Isso é muito frequente nesses momentos. Os familiares, evidentemente, não desejam que ele parta e emitem vibrações desesperadas, orando profundamente pelo seu restabelecimento. Isso acaba por provocar um empecilho para o seu desenlace.

– Como se estivessem retendo seu Espírito ao corpo?

– Mais ou menos isso.

– E farão com que ele se reanime para que seus familiares se tranquilizem e se desliguem dessas vibrações?

– Isso mesmo, Helena. Você vai ver.

Realmente, após um quarto de hora, Antonio balbucia algumas palavras, sua cor volta um pouco ao normal e mexe uma das mãos.

– Veja, mamãe – exclama Lúcia, a filha. – Papai parece estar se recuperando.

– Antonio... – chama a mulher, com carinho – Antonio...

Os olhos do homem se entreabrem e ele olha para a esposa, parecendo sorrir.

– Acho que o médico acertou desta vez, mamãe, com esse último medicamento.

– Oh, que Deus o ajude.

A mulher se levanta da posição inclinada em que se encontra e abraça os filhos pela cintura. João, o outro filho, inspirado por uma das entidades ali presentes, pede à mãe que vá tomar um chá, solicitando à irmã que a acompanhe. Neide, então, após a insistência do filho, sai do quarto, acompanhada por Lúcia. João toma uma das mãos do pai entre as suas e ora, rogando a Deus que seja feita a Sua vontade e que, se for chegado o momento, que o velho seja bem amparado pela Espiritualidade. Mais uma vez, inspirado por entidade que o abraça pelos ombros, afasta-se um pouco do leito, indo até a janela tomar um pouco de ar. Mais alguns minutos se passam e Antonio já se encontra praticamente liberto do corpo, pairando a pouco mais de vinte centímetros de distância deste. Encontra-se ainda a ele ligado por tênues fios que os Espíritos, em breve tempo, conseguem romper, amparando o homem e colocando-o numa maca previamente colocada ao lado da cama. Ainda dá tempo para que Antonio vislumbre a presença de amigos que o antecederam e caia em profundo e reconfortante sono, medicado que fora para esse fim.

– Tudo terminado, Diógenes?

– Sim, Helena. Antonio, por seus grandes méritos, será agora encaminhado a um hospital de nosso plano para que possa ser convenientemente tratado. Apesar de todo o seu merecimento, ainda carece de tratamento para a doença que lhe comprometeu também o seu perispírito.

– Entendo. E agora?

– Agora, nosso trabalho se restringirá ao apoio à família, também merecedora e, principalmente, pelo exemplo que deverão transmitir, espíritas que são.

– Exemplo?

– Sim, Helena. Esta é uma grande oportunidade de divulgar o Espiritismo.

– Como assim?

– Com a tranquilidade de quem confia em Deus e que se encontra amplamente apoiado na Doutrina Espírita.

– Isso quer dizer que eles, através da serenidade, poderão demonstrar a força da fé na Doutrina dos Espíritos?

– Isso mesmo. Os espíritas devem difundir o que acreditam através de suas atitudes serenas e equilibradas. E esta é uma das oportunidades. Neide, João e Lúcia possuem essa capacidade e nós iremos ajudá-los nessa sublime missão.

***

– Meus pêsames, dona Neide – diz um senhor de meia-idade, apertando a mão da viúva.

– Obrigada, seu Abelardo, por ter vindo. Antonio tinha no senhor um grande amigo e irmão.

– Sei disso e estou sentindo grande tristeza por nos ter deixado.

– Apenas fisicamente, não? Tenho certeza de que ele continuará trabalhando em benefício dos infortunados, nos dando forças para continuar o grandioso trabalho do qual era um dos maiores entusiastas.

– Vai ser muito difícil continuar sem a sua presença física.

– Não vai, não, seu Abelardo. O Centro Espírita possui trabalhadores muito dedicados que certamente continuarão com esse serviço assistencial.

– Faremos o possível, dona Neide.

– Oh, Neide, que tristeza! – comenta uma senhora, aproximando-se.

– Sim, uma grande tristeza. – concorda, enxugando uma lágrima. – Mas creio que Antonio não gostaria de nos ver desesperados e por isso estamos, eu e meus filhos, procurando aceitar os desígnios do Alto e orando para que ele esteja sendo bem atendido no verdadeiro plano da vida.

– Disso todos temos certeza.

– Boa tarde, dona Olga – cumprimenta Lúcia, aproximando-se.

– Oh, Lúcia, meus sentimentos. Estávamos conversando, eu e sua mãe, a respeito de Antonio. Um grande homem e um grande espírita.

– É verdade. Papai sempre foi um exemplo de dedicação e de trabalho na seara de Jesus. Vamos sentir muito a falta de sua presença física, mas temos o consolo da vida eterna, não é? Sabemos que, brevemente, estará dentre nós nos auxiliando com suas inspirações e com sua presença espiritual de muito amor e carinho. Sabemos também que um dia nos encontraremos novamente.

Mais pessoas se acercam de Neide e Lúcia e João também se aproxima, abraçando a mãe e a irmã. Todos cumprimentam João, que se pronuncia muito calmamente:

– O Plano Espiritual deve estar em festa neste momento com o retorno de papai.

– Isso é verdade. – concorda Abelardo. – E a vida é assim. Na partida, tristeza para quem fica e alegria para quem recebe.

– Não devemos nos entristecer – continua o rapaz –, afinal de contas, papai é um vitorioso. É certo que demoraremos um pouco para nos acostumarmos à vida sem ele ao nosso lado, no dia-a-dia, mas teremos muita fé, esperança e confiança nos Espíritos amigos.

***

– Impressionante a serenidade de dona Neide e seus filhos, não, Carlos? – comenta Rosa, sua esposa – Não sei se reagiria dessa maneira, apesar de todo o conhecimento espírita que possuo.

– Eu também, apesar de que acho que os Espíritos amigos muito nos amparam nesses momentos.

– Isso é verdade, mas é necessário que tenhamos muita confiança em Deus para podermos sentir esse amparo e assimilá-lo.

– Será que Antonio está por aqui? – pergunta o marido.

– Pode ser... ou, talvez, já o tenham levado para tratamento em alguma colônia de socorro.

– Acredito que seja isso que esteja acontecendo.

***

– *Você tinha razão, Diógenes – diz Helena –, dona Neide e seus filhos estão dando grande exemplo de serenidade.*

– *Preste atenção e verá que estão sendo muito auxiliados.*

– *Sim, muitos Espíritos se encontram amparando-os.*

– *Porque possuem merecimento para isso, Helena.*

– *Diógenes...*

– *Sim.*

– *Será que poderíamos ver como se encontra Paulo, aquele cunhado de Lélis de quem lhe falei? Neste momento, deve estar ocorrendo o seu velório também.*

– *Não devo levá-la até lá, Helena.*

– *Por quê?*

– *Porque acredito que não gostaria de vê-lo na situação em que se encontra.*

– *Entendo...*

– *Paulo, pelo que me contou, deve se encontrar num estado bastante lastimável porque, na verdade, foi ele mesmo quem, através de sua desmesurada ambição, propiciou a própria morte ao envolver-se com aqueles marginais e principalmente ao envolver-se naquele torpe desejo de eliminar o cunhado.*

– Seria um caso de suicídio?

– Não como o entendemos, ou seja, aquele em que o Espírito encarnado atenta contra a própria vida, mas não deixa de ser uma espécie de atentado, pois como lhe disse, se ele não tivesse se envolvido com esse tipo de coisa, não teria tido esse fim tão trágico. Além do mais, ele cometeu um homicídio também ao provocar a morte daquele outro marginal.

– Ele está sofrendo, Diógenes?

– Digamos que ele está respondendo por uma má sementeira. Acredito que esteja colhendo o que ele mesmo semeou. Não como castigo, mas como consequência de seus próprios atos. É evidente que um dia chegará em que, ao se arrepender sinceramente do que fez ou tentou fazer e decidir resgatar esse débito, Deus não o deixará ao desamparo e lhe dará nova oportunidade.

– Pobre Mirtes.

– Mirtes era sua esposa, não?

– Sim.

– Você deve ajudá-la, Helena.

– Pois eu o farei, Diógenes. Imagino que ela não mais o amava, mas, de qualquer maneira era o seu marido, não?

– As pessoas boas e caridosas sempre sofrem com os trágicos acontecimentos, Helena.

– Eu irei ajudá-la, sim.

– E quanto a Lélis, Helena?

– Estou sofrendo muito, Diógenes. Tenho orado tanto...

– Tudo vai dar certo, você vai ver, minha irmã.

– Por que diz isso? Sabe de alguma coisa a respeito dele? Da última vez que conversamos, você disse que nada sabia.

– Realmente não sabemos tudo, Helena. Não é porque somos Espíritos livres da matéria que detemos o conhecimento de tudo o que acontece. O que muitas vezes ocorre é que trocamos informações com outros irmãos.

– Mas, então, você poderá descobrir onde Lélis se encontra, Diógenes?

– Não é tão fácil assim, Helena. Não podemos modificar os desígnios de Deus apenas porque, como já lhe disse, somos Espíritos livres da matéria.

– Entendo...

– Mas não se entristeça, minha irmã. Tudo vai dar certo – diz Diógenes com estranho sorriso nos lábios.

– Assim espero.

Noventa e quatro

– PARA ONDE ESTAMOS INDO, Domingos? – pergunta Luar, percebendo que o Espírito não o está levando para o seu quarto, junto a seu Ricardo, na casa de Pedro.

– Vamos a um velório.

– Velório?

– Sim. O velório de um trabalhador espírita desta cidade.

– E o que iremos fazer lá?

– Pretendo lhe propiciar um encontro com uma pessoa.

– E quem é essa pessoa?

– Alguém que poderá ajudá-lo a resolver esse seu problema.

– Um Espírito desencarnado?

– Não. Um Espírito que se encontra liberto do corpo durante o sono, como você se encontra agora.

– E essa pessoa poderá me ajudar?

– Sim.

– Mas como nos lembraremos, eu e ela, depois de despertos? Ou vai me ajudar apenas agora, desprendidos que nos encontramos?

– Vamos ver como poderá ser isso.

– Diga-me uma coisa, Domingos: ela me conhece? Quero dizer, me conhece como encarnado?

– Sim, conhece.

– E quem é?

Nesse momento, chegam a um jardim que antecede a entrada do velório da cidade e Domingos convida Luar a sentar-se com ele num banco, debaixo de uma árvore.

– Luar, essa pessoa o conhece e, pelo que sabemos, gosta muito de você. Poderá confiar plenamente nela.

– E eu a conheço, quer dizer... eu a conhecia antes de perder a memória?

– Conhecia, sim, Luar.

– Escute, Domingos. Depois que fugi do hospital, somente encontrei pessoas desconhecidas, ou seja, pessoas que nunca haviam me visto antes e, consequentemente, eu nunca havia tido contato com elas. Dessa maneira, é natural que eu não as reconhecesse mesmo que tivesse, de repente, recuperado a memória.

– Sim...

– O que estou querendo dizer... bem... será que eu poderia me lembrar dela? Quero dizer... será que vendo-a...?

– Isso eu não sei lhe informar. O que sei é que Helena lhe dedica um amor muito grande.

– Helena...?

– Sim. Esse nome lhe diz alguma coisa?

Luar pensa um pouco.

– Não. Não me faz lembrar de ninguém.

– Como eu estava dizendo, essa moça o conhece desde há muitos anos, inclusive frequentavam juntos um trabalho de assistência a necessitados num Centro Espírita.

– Quer dizer que eu frequentava um Centro Espírita?

– Sim.

– Helena...

– Na verdade ela se encontra nesta cidade junto com uma prima que também fazia parte desse grupo de trabalho com você. Seu nome é Marta. Esse nome lhe diz alguma coisa?

– Marta... não... não me lembro. Mas o que estão fazendo aqui nesta cidade? O que mais você sabe, Domingos? Conhece a minha família?

– Não conheço a sua família, Luar. Somente sei que seus pais e sua irmã o amam muito.

– Meus pais? Minha irmã? – pergunta Luar, agora muito emocionado.

– Isso mesmo.

– Devem estar sofrendo muito com o meu desaparecimento...

– Estão sofrendo muito, sim, Luar.

– E essas moças?

– Como lhe disse, essas duas moças são amigas suas e se encontram à sua procura.

– E como conseguiram chegar até esta cidade?

– Bem, pelo que sei e sei muito pouco, a não ser pelo que Cláudia me informou, havia um detetive particular à sua procura e essas moças conseguiram convencê-lo a lhes dar algumas informações e encontram-se agora em seu encalço.

– Meu Deus! E quanto aos homens que queriam me eliminar?

– Cláudia me disse que se encontram presos e que o mandante, desencarnado.

– E quem era esse mandante, Domingos?!

– Não posso lhe dizer mais, Luar. No momento certo tomará conhecimento, mesmo porque, o ideal é que tenha todas essas informações quando de volta ao corpo. De que adiantaria lhe passar tantas informações se as vai esquecer depois?

– Tem razão, mas de que adiantará encontrar-me com Helena?

– Você verá, Luar. O amor desse Espírito por você resolverá tudo. Verá.

– O seu amor?

– Helena detém um grande amor por você.

– E agora devo me encontrar com ela?

– Isso mesmo.

– Lá no velório?

– Não. Aqui mesmo. Olhe lá para aquela porta. Irmão Diógenes a está trazendo até aqui.

Luar levanta-se, volta o olhar para o local indicado por Domingos e vê uma moça muito bonita acompanhando um outro Espírito.

* * *

– Por que está me levando para o jardim, Diógenes? – pergunta Helena.

– Uma pequena surpresa, minha irmã – responde o Espírito, sorrindo.

– Uma surpresa?

– Sim. Olhe quem está lá debaixo daquela árvore.

Helena olha na direção indicada e quase não reconhece de pronto quem ali se encontra, porém, poucos segundos se passam para que seu coração comece a bater descompassadamente e grita:

– Lélis! Lélis!

– Lélis? – pergunta Luar a Domingos.

– Seu verdadeiro nome é Lélis, Luar.

O rapaz volta-se novamente em direção à moça e vê que esta vem correndo ao seu encontro, de braços abertos.

– Lélis! – clama Helena, abraçando-o e quase sem controle, passando as mãos pelo seu rosto. – Lélis! É você! Não me reconhece? Sou Helena!

Luar não sabe o que dizer e nem como reagir. Apenas sente imensa emoção em encontrar alguém que o conhece e que percebe ter um grande carinho para com ele.

– Helena? – balbucia o moço – Não me lembro, mas sinto-me muito contente em me encontrar com você.

– Não se lembra de mim? – pergunta a moça, agora mais controlada, segurando Luar pelos ombros, com lágrimas de alegria nos olhos.

– Não me lembro, mas confesso que há algo de familiar em você.

– Se Deus quiser, um dia se lembrará.

– Se Deus quiser... – repete o rapaz.

– E agora, Diógenes? – pergunta a moça. – De que adianta termos nos encontrado se amanhã não nos lembraremos disso?

– De alguma coisa se lembrarão, sim – responde Domingos, sorrindo.

– Nos lembraremos?

– Nós vamos dar um jeito.

– E como?

– Venham. Vamos todos até o hotel – convida Domingos.

– Vamos ver Marta?

– Não, Helena. Já vou lhe mostrar.

Dizendo isso, encaminham-se até defronte do hotel.

– Luar, vamos até a casa onde você se encontra hospedado.

– O que está pretendendo, Domingos?

– Apenas quero que Helena aprenda o caminho.

– Aprender o caminho?

– Sim.

– Então vou prestar muita atenção – diz a moça, que se encontra muito feliz ao lado de Luar.

Caminham por alguns quarteirões até que Luar para defronte de uma casa.

– É aqui que me encontro hospedado.

– Quem hospedou você, Luar? – pergunta Helena.

– Seu Pedro e dona Deise.

– E por que fizeram isso?

– Estou dormindo num apartamento nos fundos da casa. Na verdade, tomo conta de seu Ricardo, pai deles que se encontra muito doente.

– Você toma conta dele?

– Sim. Durante o dia, revezam-se duas enfermeiras e à noite, cuido dele.

– Ele lhe dá muito trabalho, Lélis? – pergunta Helena que ainda não se acostumou a chamá-lo de Luar.

– Não, absolutamente. Seu Ricardo é um homem muito bom. É espírita, sabe? À noite tenho lido alguma coisa para ele.

– Muito bem – corta a conversa Domingos. – Já não temos mais muito tempo.

Um dos dois poderá acordar a qualquer momento. Helena, por favor, procure um objeto ou algum detalhe da casa que possa lhe chamar a atenção.

– Algum detalhe da casa? – Deixe-me ver... já sei: esse portãozinho com o número da residência pregado nele. Um portãozinho vermelho com o número quatrocentos e trinta e oito.

– Agora, procure guardar bem na memória essa imagem e esse número. Quando acordar vai se lembrar dele. Assim que o fizer, procure anotá-lo em algum lugar.

– Como irei me lembrar disso?

– Nós a ajudaremos.

– Tudo bem, vou tentar gravá-lo na memória.

Dizendo isso, Helena procura memorizar bem esse número, procurando vê-lo na mente.

– Agora vou acompanhá-la de volta ao hotel – diz Diógenes.

– E eu acompanho Luar até seu quarto. – diz Domingos.

– Até mais, Lélis – despede-se a moça.

– Até mais, se Deus quiser – responde o moço.

– Venha, Luar – convida Domingos, acompanhando-o até o quarto onde seu Ricardo encontra-se com o corpo deitado na cama, mas ele mesmo, Espírito, afastado do corpo alguns poucos centímetros. Sua cabeça encontra-se virada em direção ao corpo de Luar, onde dá para ver o início do fio de luz que lhe prende o corpo ao perispírito.

– O senhor está desprendido, seu Ricardo? – pergunta o rapaz.

– Estou, sim, meu irmão. Percebi que se encontrava fora daqui e procurei ajudá-lo em seu sono, orando bastante para que não acordasse. Havia aqui também algumas outras entidades desencarnadas que faziam o mesmo. Estavam olhando por você. Agora há pouco foram embora, no exato momento em que vocês chegaram.

– Não vi ninguém – diz Luar.

– Pois eu os vi – diz Domingos – Assim que perceberam a nossa chegada, partiram.

– Bem, fico por aqui, não é, Domingos?

– Sim. Deite-se aí ao lado de seu corpo. Logo, logo, estará novamente integrado a ele.

– Deus lhe pague por tudo, Domingos.

– Que Deus o abençoe, meu irmão.

– Dê um grande abraço a Cláudia.

– Eu darei. Boa sorte, Luar.

– Obrigado – agradece o rapaz.

Nesse momento, Luar, já reintegrado ao corpo, mexe-se na cama e adormece novamente, desta feita, com pouco desprendimento.

Noventa e cinco

É MANHÃ DO DIA SEGUINTE e no hotel todos já se encontram de pé. Após o desjejum saem para a rua, reunindo-se numa pequena praça.

– O que faremos? – pergunta Marta.

– Penso que temos que fazer o que disse ontem – diz Brandão – Percorrer todos os bairros da cidade e acredito que bater de porta em porta.

– O que acha disso, Helena? – pergunta Marta à moça que se encontra um pouco mais distante, parecendo alheia à conversa, concentrada num pequeno pedaço de papel – Helena! O que foi? Você parece distraída.

– Heim?

– Estou falando com você, prima.

Helena se aproxima ainda com os olhos no papel.

– O que tem aí?

– Não sei...

– Não sabe?

– Quando acordei, hoje de manhã, veio-me um número à mente e tive uma estranha intuição de anotar esse número neste pedaço de papel. Naquela hora não me importei muito com isso e o guardei no bolso, mas não sei o que está acontecendo comigo...

– O que foi, Helena? – pergunta Marta, aproximando-se da prima.

– Veja... um número: quatrocentos e trinta e oito... Parece que sonhei com ele.

– Sonhou com esse número?

Os outros ficam a olhá-la sem entender por que tanta preocupação por causa de um simples número.

– A casa, Helena – sopra-lhe aos ouvidos, Diógenes – Lembre-se do portãozinho vermelho.

– Estou me lembrando de mais alguma coisa.

– E o que é?

– Um portãozinho... sim... um portãozinho vermelho com este número.

– O número de uma casa, Helena? – pergunta Marta, parecendo entender do que se trata, já que, espírita que é, sabe da possibilidade do intercâmbio com o plano espiritual no desprendimento durante o sono.

– Parece ser. Penso que sonhei com esse portãozinho e com este número. Assim que acordei...

– Do que estão falando? – pergunta Brandão.

– Helena parece ter sonhado com um portãozinho vermelho de uma casa onde se encontra inscrito este número: quatrocentos e trinta e oito.

– *Vamos, Brandão – procura inspirar Diógenes – Você sabe que isso é possível. Já leu a respeito e Luar já lhe falou sobre isso.*

O homem tem esse pensamento e, rompendo com pequenas dúvidas, dispara:

– Pois vamos procurar uma casa com um portãozinho vermelho com esse número.

– O senhor acha? – pergunta Helena.

– *Meu Deus, Helena – insiste o Espírito –, você sabe! Vamos, diga que é isso!*

– Pois é isso mesmo. Agora tenho certeza. Num possível desprendimento durante o sono, me mostraram a casa onde Lélis se encontra instalado e é esta aqui: uma casa com um portãozinho vermelho e com este número.

– Pois o que estamos esperando? – pergunta Clemente – Vamos procurar essa casa.

Brandão, então, chama seus homens e lhes dá as instruções. Em seguida, saem nos três carros: Nando com os homens num veículo, Brandão, Clemente e Alcides em outro e Marta e Helena no delas, ficando de se encontrarem após uma hora na mesma praça para, se nada conseguirem, tentarem em outros locais da cidade. Primeiramente, deverão procurar em sua parte central.

– Meu Deus, nos ajude! – pede Helena, aflita, percorrendo devagar as ruas.

– Você não se lembra de nada desse sonho, Helena? – pergunta Marta a dirigir o veículo.

– Não sei, Marta. Tem momentos em que pareço estar me lembrando de algo, mas logo desaparece.

– Quais imagens lhe vieram à mente?

– Pode parecer estranho, mas vejo um velório...

– Um velório?

– Sim, um velório.

– Seria o de Paulo? Será que você não esteve lá durante o sono?

– Não sei. Lembro-me também de um gramado. É noite, sabe? E vejo alguém em pé ao lado de um banco. Saio correndo em direção a essa pessoa e... meu Deus!

– O que foi, Helena? Lembrou-se de mais alguma coisa?

– Acho que é Lélis quem lá se encontrava – diz, ainda, agora com os olhos fechados, na tentativa de se lembrar mais.

– Lélis?

– Sim e eu o abraço.

– E como ele parece estar?

– Não me conhece, mas aparenta estar contente.

De repente, ao virar uma esquina, após cerca de uns vinte minutos, Marta exclama, com nervosismo na voz:

– Veja, Helena! Um portãozinho vermelho lá mais à frente.

– É esse mesmo! – grita a moça. – É esse! Tenho certeza!

– E tem um número nele!

– Mais rápido, Marta!

A moça acelera o automóvel e estaciona ao lado dele.

– Quatrocentos e trinta e oito! Quatrocentos e trinta e oito! – grita Helena, sentindo vertigens de tanta emoção – É aqui! É aqui!

E, descendo rapidamente do carro, corre até o portão. Afasta-se um pouco para melhor observar a casa.

– Agora tenho certeza, Marta! É aqui mesmo.

– Vamos bater – diz a outra.

– O que vamos dizer?

– Não sei. Será que essa família vai tentar protegê-lo como dona Alice e seu Clóvis e não querer nos dizer nada?

– Pode ser, Marta.

– Tenho medo de que ele fuja novamente. Talvez devêssemos vir até aqui com os outros.

– Não, Marta! Não vamos nos arriscar mais.

– Mas o que faremos?

E resoluta, Helena abre o pequeno portão, dizendo:

– Eu vou entrar.

– Não pode fazer isso, Helena. Não pode ir entrando assim na casa dos outros.

– Desejam alguma coisa? – pergunta uma voz feminina.

As moças olham para o lado direito e vêem uma mulher que acabou de aparecer à janela da casa. Após se refazerem do susto, Helena responde:

– Minha senhora, poderia nos ajudar?

– Em que posso servi-las?

– Gostaríamos de conversar com a senhora, mas não a essa distância. Poderia nos atender mais de perto?

– Um momento – diz a mulher, entrando e voltando, logo em seguida, acompanhada por Pedro.

– Queiram entrar – convida, já que conseguira perceber tratar-se de moças de confiança pela própria aparência que detinham.

– Obrigada. Nem sabemos como lhe agradecer.

Deise as leva para a sala da casa, no que é acompanhada por Pedro.

– Sentem-se, por favor. O que desejam?

– Estamos procurando por uma pessoa.

– Uma pessoa? – pergunta Deise. Pedro limita-se a ouvir a conversa.

– Sim, uma pessoa e tenho a intuição de que ela foi acolhida nesta casa – responde Helena.

– E o que a faz pensar assim?

– Não sei como lhe explicar, senhora...

– Deise. Pode me tratar por Deise e este é meu marido Pedro.

– Muito bem, dona Deise. Há algum tempo estamos procurando por uma pessoa muito querida e esta noite sonhei com este portãozinho vermelho, com esse mesmo número pregado nele. Tenho certeza de que foi um sinal de Deus.

– Um sinal de Deus?

– Sim, porque estamos desesperadas atrás desse nosso amigo.

– E como ele se chama? – pergunta Pedro.

– Seu nome é Lélis, mas também é conhecido por Luar.

– Luar?

– O senhor o conhece, seu Pedro?

O homem olha para a mulher e, sem saber toda a história do jovem, nem lhe passa pela cabeça mentir àquelas moças. Sabem apenas que Luar perdeu a memória.

– Sim, nós o conhecemos.

– Ele está morando aqui?

– À noite. Ele dorme aqui e toma conta de meu pai que está muito doente.

– Oh, meu Deus! – exclama Helena. – E onde ele se encontra agora?

– Deve estar lá no apartamento, nos fundos desta casa, não, Pedro?

– Sim. Penso que ainda está lá.

– O senhor poderia chamá-lo para nós? – pergunta Marta.

– Decerto que sim.

– Um momento. – pede Helena. – Gostaria de ir até lá.

– E ele vai reconhecê-la?

– Creio que não, mas não posso mais correr o risco de perdê-lo.

– Perdê-lo? Por quê?

– É uma longa história, dona Deise. Por favor, deixe-me ir ao seu encontro.

– Por mim, tudo bem – concorda o homem.

– Por mim, também.

– Você vem, Marta?

– Vou, sim.

– Eu lhes indico o caminho e fico muito contente por tê-lo encontrado. Ele me disse haver perdido a memória e parece ser um bom moço.

– E ele é, seu Pedro. Pode ter absoluta certeza.

– Venham. É por aqui.

Dizendo isso, Pedro as encaminha até o apartamento de seu Ricardo. Luar, nesse momento, está colocando a mochila às costas para sair um pouco e retornar apenas no horário do almoço. Sempre carrega a mochila junto de si, pois teme ter que, de repente, fugir novamente. E é quando já está saindo pela porta do quarto que Helena entra na pequena sala e o vê.

– Lélis!

Luar volta-se para ela sem nada entender e a moça, compreendendo, chama-o novamente, agora pelo nome com que é conhecido:

– Luar!

O rapaz estranha aquilo, apesar de perceber sinceridade na expressão daquela moça ao pronunciar o seu nome.

– Quem é você? – pergunta e, agora, vendo Marta que entra também, torna a perguntar: – Quem são vocês?

– Nós o amamos muito, Luar – responde Helena entre soluços e lágrimas o que deixa o rapaz bastante enternecido. E é então que Helena, como o fizera em seu desprendimento na noite anterior, se atira nos braços do rapaz, acariciando o seu rosto. Marta também o abraça.

– Não se lembra mais de mim? Não se lembra mais de nós duas?

– Não sei... vocês não me parecem estranhas... principalmente você – diz referindo-se a Helena – mas... sinceramente, não sei.

– Eu sou Helena e esta é Marta. Somos primas e muito amigas de você, de seus pais, de sua irmã.

– Amigas? De meus pais? De minha irmã? Então eu tenho uma família mesmo?

– E que família, Lélis!

– Lélis? O meu verdadeiro nome é Lélis?

– Sim. Lélis Altese. Seu pai se chama Milton, sua mãe, Lídia e sua irmã, Mirtes. E amam muito você, Lélis.

– E estão sofrendo muito por sua causa.

– Eu não me lembro de nada.

– Nós sabemos disso, Lélis, ou você gostaria que o chamássemos de Luar?

– Pode ser. Talvez até que tudo se resolva.

– Você tem que vir conosco, Luar – diz Helena.

– Não sei se já posso.

– Pode sim – diz, por sua vez, Marta – Você não corre mais risco de vida. Os que estavam atentando contra você já se encontram presos.

– Mas por que tudo isso?

– É uma longa história, Luar, e penso que não deveria se preocupar com ela agora. Venha. Seu Brandão, Nando e Clemente estão conosco. Na verdade o estão procurando neste momento. Ficamos de nos encontrarmos com eles na praça dentro de pouco menos de meia hora.

– Bem... penso que tenho que ir com vocês.

– Pode confiar em nós, Luar.

– Eu confio.

– E ficamos muito contentes com isso, Luar – diz Pedro, abraçado a Deise – E considere-se despedido – brinca, ainda – Apenas não se esqueça de despedir-se de seu patrão.

Luar volta-se e entra no quarto.

– Seu Ricardo...

– Eu ouvi tudo daqui, Luar, e fico muito contente também. Nunca irei me esquecer de você. Trouxe-me muita luz nos dias finais de minha vida aqui na Terra.

– Não diga isso, seu Ricardo. O senhor ainda vai viver muito neste plano.

– Não me iludo, não, Luar, e nem tenho muita pretensão de continuar aqui.

Tenho certeza de que serei mais útil no lado de lá. Afinal de contas, creio que irão me curar nesse verdadeiro plano da vida.

– Disso tenho certeza.

– Pois seja feliz, meu irmão, e continue assim como você é: um bom menino. E não me venha com despedidas. Caia fora!

Luar olha espantado para ele.

– Mas não sem antes me dar um abraço – complementa o ancião.

Luar o abraça e sai do quarto. Uma lágrima escorre dos cansados olhos de seu Ricardo. Está feliz.

Noventa e seis

– LUAR! É LUAR! – GRITA NANDO ao chegar com os homens na praça da cidade e vendo o rapaz com Helena e Marta. No mesmo instante, do outro lado da praça, outra voz exclama:

– Luar! Luar!

É Brandão que também chega naquele momento. Abraçam-se todos com muita alegria.

– Graças a Deus! – diz Clemente.

– Por que fugiu, Luar? Nós o protegeríamos – pergunta e afirma Brandão.

– Como lhes disse, não poderia expô-los a perigo algum. E ele existia, realmente. Aqueles homens não estavam brincando – responde o rapaz.

– Mas, graças a Deus, tudo se resolveu a contento. Você já sabe o que aconteceu, Luar?

– Fiquei sabendo, por intermédio de Helena e Marta, que eles se encontram presos e que um deles morreu, assim como meu cunhado.

– Você não se lembra dele, não é?

– Não. Ainda não me lembro de nada.

– Pensei que você fosse reconhecer as moças, suas amigas, Luar.

– Não. Não as reconheço, apesar de... não sei bem... algo me parece bastante familiar em Helena. Parece que a conheço, sim, de algum lugar, mas não sei dizer bem ao certo...

– Você haverá de recobrar sua memória, Lélis – diz Marta.

– Lélis... sabe que acho um bonito nome? – brinca o rapaz.

– Mas sabemos que já se acostumou com Luar, não é?

– Sim...

– Vamos então continuar chamando-o de Luar até que recupere o seu passado – diz Helena, que ainda se encontra agarrada ao braço dele.

– Só tenho que agradecer a vocês duas por terem me encontrado, mas como é que foi essa história do portão, Helena?

– Como lhe disse, penso ter sonhado com aquele portãozinho e com o número da casa.

– Sabe o que penso disso tudo, Luar? – pergunta Marta.

– O quê?

– Você disse que Helena não lhe parece ser uma estranha e que até acha seu rosto bastante familiar, não é?

– Sim.

– Quem sabe não se encontraram durante o desprendimento do sono e você tenha lhe mostrado a casa onde se encontrava? Quando ela acordou, lembrou-se disso.

Luar olha para Helena e, sorrindo para ela, responde a Marta:

– Pode ser...

– Não deixa de ser uma boa e lógica explicação – comenta Nando.

– Mas, conte-nos, Helena: foi difícil encontrar a casa? – pede Clemente.

– Até que foi fácil, seu Clemente. Depois de percorrermos algumas ruas, demos de topo com o portãozinho vermelho e conversamos com o casal que lá mora. Foi quando nos informaram que Luar estava hospedado num apartamento dos fundos, cuidando do pai da mulher, que se encontrava doente.

– Seu Ricardo – diz Luar. – Um bom homem.

– E o que vamos fazer agora?

– Penso que devemos ligar para o Dr. Milton – sugere Alcides que, até aquele momento, estava somente observando.

– Luar, este é Alcides, um detetive particular que esteve a serviço de seu pai, procurando-o.

– Como vai, seu Alcides?

– Pois o meu maior prazer é vê-lo vivo, Luar. Seu pai e, principalmente sua mãe, estão sofrendo muito.

– E minha irmã? Mirtes é seu nome, não é?

– Sim, Mirtes – responde Marta. – Ela ama muito você, Luar, e sofre muito também.

– Deve sofrer muito mesmo, principalmente quanto ao que aconteceu com seu marido.

– Ela já não o amava mais, Luar – explica Helena – Pelo menos, foi o que me confidenciou um dia.

– Entendo... Mas qual era a intenção de Paulo, meu cunhado?

– Ele pretendia ser, no futuro, o único herdeiro de seu pai.

– Meu pai é muito rico, mesmo?

– Muito, Luar. Ele possui várias empresas.

– E eu trabalhava com ele?

– Trabalhava. Você e Paulo.

Luar abaixa o olhar.

– Não consigo me lembrar de nada.

– Não vamos ligar para o Dr. Milton? – insiste Alcides.

– Oh, sim – diz Marta.

– Quem falará com ele?

– Helena poderá falar.

– Eu?

– Sim, Helena. Fale com o Dr. Milton. Afinal de contas, foi você quem encontrou Luar.

Alcides, então, disca um número em seu telefone celular.

– Dr. Milton? É Alcides... Sim... Alcides... Como?... Sim, temos boas notícias, mas Helena é quem as dará, pois o mérito é todo dela.

– Ora, seu Alcides.

– Fale com ele, Helena.

– Dr. Milton? Aqui é Helena. Encontramos Luar. Quer dizer, encontramos Lélis.

– Meu Deus! – exclama o homem que se encontra do outro lado da linha, tendo ao seu lado, naquele momento, sua esposa Lídia e a filha Mirtes. Acabaram de chegar do sepultamento de Paulo.

– Dr. Milton...

– Por favor, Helena, repita isso.

– Encontramos Lélis, Dr. Milton. Ele se encontra aqui do meu lado.

– Encontraram Lélis! Encontraram Lélis! – grita o homem para a esposa e a filha.

– Encontraram o meu filho! – exclama dona Lídia. – Encontraram Lélis, Mirtes! Encontraram Lélis! E como ele está?

– Como ele está, Helena?

– Está muito bem, Dr. Milton.

– E a sua memória?

– Bem... ainda não conseguiu recuperá-la, mas creio que, muito em breve, conseguirá. Quase está me reconhecendo.

– Oh, meu Deus! Helena, deixe-me falar com ele – pede, súplice.

Helena, então, passa o telefone para Luar, dizendo-lhe:

– Luar, sei que não se lembra de seu pai, mas, por favor, não o chame de Dr. Milton. Trate-o por papai, como sempre o fez.

O rapaz concorda com a cabeça e apanha o telefone.

– Alô?

– Lélis!

– Sou eu, sim, papai.

– Ele me chamou de papai, Lídia! Ele me chamou de papai! – fala o homem, muito emocionado, já com lágrimas nos olhos.

– Deixe-me falar com ele.

– Fale, mulher.

– Meu filho, meu filho querido! Você está bem?

Luar se comove ao ouvir aquela voz tão emocionada e carinhosa.

– Estou bem, sim, mamãe.

– Você se lembra de nós, meu filho?

– Ainda não consigo, mamãe, mas tenho certeza de que o conseguirei e, se a chamo de mamãe, é porque, apesar de não me lembrar, sinto um grande amor nos unindo – consegue falar o rapaz, numa tentativa de ser-lhe o mais grato possível.

– E quando você voltará para casa, meu filho? Estamos todos com muitas saudades.

– Deixe-me ver aqui com os outros – pede Luar e, dirigindo-se para Helena, pergunta:

– Quando vamos voltar?

– Hoje mesmo, Luar! Hoje mesmo!

– Hoje, mamãe.

– Diga que à noite estaremos lá – pede Marta.

– Dizem que hoje à noite.

– Lélis estará aqui hoje à noite! – exclama dona Lídia, informando ao marido e à filha.

– Deixe-me falar com ele, mamãe – pede Mirtes.

– Lélis, meu filho, sua irmã quer lhe falar.

– Alô, Lélis.

– Sim.

– Aqui quem fala é Mirtes, sua irmã.

– Como vai, Mirtes?

– Agora está tudo bem, meu irmão querido. Eu o amo muito.

– E eu saberei corresponder ao amor que todos vocês sentem por mim – responde Luar. É a única coisa que consegue dizer já que ainda não se lembra de ninguém.

– Papai quer falar com você, novamente, Lélis.

– Filho!

– Sim, papai.

– Não perca mais tempo e volte para casa. Estamos todos com muitas saudades e ansiosos por abraçá-lo.

– Irei sim, papai.

– Vou desligar, então.

– Pode desligar.

– Sua mãe ainda quer lhe falar.

É com a voz embargada pela emoção que dona Lídia ainda consegue pronunciar:

– Volte logo, meu filho. Eu o amo muito. Todos nós o amamos muito.

– Voltarei logo, mamãe – responde o rapaz, despedindo-se e desligando o telefone.

– Como se sente, Luar? – pergunta Brandão.

– Não sei. Fiquei muito feliz em ouvi-los e sentir o amor que têm por mim, mas tenho um pouco de medo.

– Medo de quê, Luar? – pergunta-lhe Helena.

– Medo de magoá-los, não conseguindo corresponder à altura o amor que sentem por mim.

– Não se preocupe com isso. Nós estaremos ao seu lado. Eu e Marta.

– Temos certeza de que não só em pouco tempo os estará amando, como também recuperará a sua memória. Um bom médico tratará desse seu problema.

– Que Deus me ajude. Aliás, é o que tem feito sempre. Sei também que muitos Espíritos amigos me ajudaram muito.

– E continuarão a auxiliá-lo, Luar. Você é um bom homem – afirma Clemente.

– Bem, vamos preparar a nossa partida – sugere Helena –, ou não chegaremos para o jantar.

Luar sorri, agora mais confiante e feliz. E, depois de combinarem tudo, principalmente promessas de visitas mútuas, Luar parte com Marta e Helena com destino ao seu lar. Na estrada, ele comenta:

– Sabem, pelo menos para algumas coisas boas tudo isto serviu.

– Para quê, Luar?

– Aprendi muita coisa. Convivi com muita gente e descobri que existem muitas pessoas boas neste mundo, sempre dispostas a auxiliar o próximo. Também tive a oportunidade de colaborar para a formação e constituição de uma casa espírita.

– Isso foi muito bom, Luar.

– E pretendo continuar com esse trabalho de divulgação da Doutrina Espírita.

– Temos certeza de que o fará – responde Helena.

– O que pretende fazer em primeiro lugar? – pergunta-lhe Marta.

– Assim que descansar um pouco, tenho ideia de visitar seu Clóvis e sua esposa, seu Medeiros, seu Brandão...

– Se quiser, poderemos acompanhá-lo, Luar – sugere Helena, no que é interrompida por Marta.

– Pois eu quero descansar um pouco também e, talvez, continuar aquela viagem, mas Helena poderá acompanhá-lo.

– Terei um grande prazer com a sua companhia, Helena.

A moça cora um pouco ao perceber as intenções da amiga em aproximá-los mais e diz:

– Na verdade, não sei se terei tempo para isso.

– Terá sim, Helena. Tenho certeza de que terá – diz Marta.

E é Luar quem continua com a conversa:

– Mas há alguém que precisarei visitar em primeiro lugar. Aliás, isso foi uma promessa que lhe fiz.

– E quem é essa pessoa, Luar?

– Um garoto.

– Um garoto?

– Sim.

– E quem é ele?

– Ele se chama Agnaldo e é um grande menino.

FIM